검무
연구

검무
연구

김영희춤연구소 편

보고사
BOGOSA

우리 삶의 흔적과 무늬를 품고있는 춤, 검무

전통춤 종목도 시류와 대중의 관심에 따라 변화한다. 검무는 조선후기에 전국적으로 추어진 후 궁중 정재로 채택되었으며, 대한제국기와 일제강점기에도 지속적으로 큰 인기를 누렸다. 하지만 한국전쟁 이후 전통예술 보존의 명분으로 시행된 무형문화재보호제도에서 1967년에 진주검무가 유일하게 국가무형문화재 제7호로 지정되었을 뿐, 검무에 대한 관심은 축소되었다. 20세기 후반에는 홀춤으로 추는 승무, 살풀이춤, 태평무 등이 전통춤 공연의 주요 프로그램이 되었다. 검무는 2인 이상의 대무(對舞)로 추어야 하고, 일제강점과 한국전쟁을 겪은 후 검기(劍氣)가 한층 쇠약해지면서, 찰랑거리며 칼을 돌리는 기예적인 춤으로 인식되었던 것이다.

검무에 대한 무용학계의 연구는 교방 계통의 검무를 중심으로 단일 종목의 현황 파악을 중심으로 이루어졌다. 한문학에서 조선시대 검무와 국가의례에 대한 기본적인 연구성과가 나오기 시작하면서 검무에 대한 관심은 시야를 넓히기 시작했다.

검무에 대한 김영희춤연구소의 관심도 이즈음 시작되었고, 우리 문화에 등장한 검무들을 분류해보니, 기녀 검무, 무예 검무, 의례에서 춘 검무, 놀이나 연희로 춘 검무, 무속에서 춘 검무, 신무용 계열에서 춘 검무 등으로 그 영역은 매우 다양했다. 이러한 춤들을 2012년부터 2017년까지 김영희춤연구소의 기획으로 '검무전(劍舞展) 시리즈 Ⅰ~Ⅳ'공연에 올렸다.

이렇게 공연 '검무전'이 진행되는 동안 검무를 학문적으로 조명하기 위한 필요성이 제기되었다. 이를 위해 김영희춤연구소 주최로 2015년 첫 번째 검무심포지움을 시작했고, 2017년과 2019년까지 3회에 걸쳐 개최했다. 매회 심포지움에 '검무의 역사와 미의식', '검무의 부흥과 다양성', '검무의 격정'이라는 부제를 설정했다. 이는 검무를 이해하기 위한, 또한 검무를 둘러싼 주제의식이라고 하겠다. 각 분야의 연구자들은 이러한 취지의 검무심포지움에 격려와 함께 주옥같은 발표를 해주셨으니, 기존의 연구성과를 바탕으로 또는 새로운 시각으로 총 12편이 발표되었다.

하지만 회를 거듭할수록 검무 연구의 영역과 과제는 더욱 넓어지고, 새롭게 떠올랐다. 검무는 무용, 음악, 미술, 무예, 한문학, 복식과 소품, 의례, 민속, 역사, 철학 등의 분야와 관련되어 있기 때문이다. 또한 각 종류의 검무들을 학문적으로 조명할 필요도 있기 때문이다. 검무의 유산과 문화적 가치는 참으로 막중하고 귀중함을 깨닫지 않을 수 없었다.

이상의 과정을 거치며 미약하나마 검무심포지움에서 제기된 문제의식과 연구성과들을 모아『검무 연구』의 발간을 추진하였다. 이 책에 실린 논문들은 15편으로, 검무심포지움에서 발표한 글과 발표하지 않았으나 소개가 필요한 분야의 귀한 논문도 수록했다. 책은 4부 구성으로, 1부 '史'는 춤, 미술, 무예의 역사에서 검무를 살펴보았다. 2부 '類'는 여러 종류의 검무들을 다루었으니, 그중 황창무, 정대업지무, 궁중에서 추어진 검기무·공막무·첨수무, 항장무, 동학도들이 추었던 칼노래 칼춤의 검무, 북한의 칼춤에 대한 연구이다. 3부 '聯'은 검무와 관련된 분야 중 음악, 복식, 무예의 측면에서 분석한 검무 연구를 실었다. 4부 '想思'는 검무의 철학적 배경이나 미학적 풍격, 검무의 구조를 분석한 글로 편성했다. 附에는 검무심포지움의 후기를 넣었다. 그리고 매회 검무심포지움 Ⅰ~Ⅲ에서 발표된 논문의 목차, '검무전 Ⅰ~Ⅳ'에서 공연된 프로그램과 출연자를 소개했다.

우리나라의 검무는 고구려의 안악 3호분(357)이나, 5세기 전반 평안남도 대동 팔청리 고분벽화(5세기 전반), 신라 황창랑의 설화로 거슬러 올라간다.

그 이전 기록되지 않은 검무도 상정한다면, 한국 춤의 역사에서 가장 깊은 연원을 갖는 춤이다. 그리고 검무에 있어서 검은 철기(鐵器)로서의 상징성과, 베다·절단하다·지킨다는 의미와 함께 일상과 역사에 무수히 등장했었다. 검무는 이렇게 우리 삶의 흔적과 무늬들을, 우리 춤의 인문(人文)을 품고 있는 춤이다. 비록 『검무 연구』의 연구성과는 매우 미소하더라도, 발간을 계기로 검무에 대한 관심과 이해의 폭이 심화되기를 편저자로서 간절히 소망한다.

귀한 글을 발표하고 실어주신 연구자님들께 다시한번 감사의 뜻을 표하며, 편집과 제작을 맡아주신 보고사의 김흥국 사장님과 이경민 편집자에게도 감사의 뜻한 표합니다. 그리고 무엇보다 우리 문화에서 다양한 검무를 추고 전승해주신 분들과 그 검무를 지금도 수련하고 계승하고 있는 검무의 전승자, 연행자 분들께도 진심으로 존경과 감사의 뜻을 표합니다.

2020년 액운이 모두 사라지기를 기원하며
김영희 씀.

차례

1부 史

한국 춤의 역사에 등장한 검무 　　　　　　　　　　　　　　　　| 김영희

한국 검무의 발생 배경과 조선 후기 풍속화·기록화의 여성 쌍검무

　　　　　　　　　　　　　　　　　　　　　　　　　　　　　| 이태호

동북아역사상 한국인의 칼잠개다룸과 겨룸짓 및 칼춤의 의미 　| 박선식

2부 類

3부 聯

4부　想思

附 : 김영희춤연구소 검무심포지움 후기

1부

史

한국 춤의 역사에 등장한 검무

김영희

1. 시작하며

검무(劍舞)하면 대개 여성 2인이나 4인이 추는 교방 계열의 전통춤을 떠올린다. 또는 드라마나 영화 속에서 기술적으로 보기 좋게 편집된 협객이나 기녀들의 검무를 떠올리기도 한다. 검무에 대한 인상이나 기억은 참으로 한정적이고 표피적이다. 하지만 한국 춤의 역사에는 다양한 검무들이 등장했다.

검무는 고구려의 고분벽화에 남아있으며, 통일 이전 신라의 황창랑 설화에도 검무가 등장한다. 황창랑의 검무는 공연을 위해 춘 것이 아니라, 삼국이 치열하게 정쟁(政爭)하는 상황에서 호국의 의지로 황창랑이 추었다. 또 황창랑을 추모하기 위해 추었던 검무도 황창랑의 죽엄에 대한 개인 또는 집단의 치유 과정으로 추어졌던 것이다. 그러한 황창랑무가 예술로 정화되어 천년 넘게 이어졌고, 또 다른 검무의 바탕이 되었다.

한국 춤의 역사에 등장하는 검무들은 역사적 문화적 배경을 갖고 있으니, 삶의 중요한 통과의례에서 추어지기도 했고, 예술작품으로 발전하기도 했다. 하지만 한국 춤의 역사에 등장한 검무들의 면면이 아직 충분히 드러나지 않았다고 보며, 검무를 다시 들여다보고자 한다. 각 검무들이 어떤 자리에서 어떤 의미로 추어졌는지도 살펴보면, 그 이면의 역사적 배경이나 인문적 의미와 예술적 가치 등을 공론화할 수 있는 기초 작업이 될 것이다. 어느 춤이나 마찬가지지만 겉으로 드러난 춤사위 뿐만이 아니라 그 역사와 배경을 살핌으로써 춤을 온전히 이해하며 감상할 수 있을 것이기 때문이다.

2. 삼국시대와 고려시대

삼국시대 중에서 고구려의 검무는 문헌 기록상 남아있지 않다. 다만 신채호
(1880~1936)의 『조선상고사』에서 고구려의 전성기를 설명하며 "태조 때에 와서
매해 3월과 10월에 신수두大祭에 모든 군중을 모아 혹 칼도 춤추며 혹 활도
쏘며, 혹 깨금질도 하며, 혹 택견이도 하며 혹 강빙(江氷)을 깨고 물 속에 들어
가 물싸움도 하며, 혹 가무를 연(演)하야 그 미악(美惡)를 보며, … "[1]라 했다.
'칼도 춤추며'라는 대목에서 고구려인들이 실제로 칼춤을 추었거나, 칼을 들고
수련하는 모습을 춤추는 모습으로 표현했을 수도 있는데, 전쟁이 이어졌던 고
구려에서 무예 수련 중에 칼을 다루었음을 능히 짐작할 수 있다. 또 춤이 발달
하지 않은 상황에서 여흥이 벌어지면 칼춤을 추었을 가능성도 있다.

다행히 고구려의 고분 벽화들에 검무가 생생히 남아있다. 황해도에 위치한
안악3호분(357) 고분 벽화의 행렬도[2]에서 호위무사들이 한 손에 검, 다른 손에
활을 들고 역동적인 춤세로 나아가고 있다. 행렬의 의전(儀典) 과정에서 호기롭
게 춤추는 듯하다. 5세기 초로 추정되는 평남 대동 팔청리 고분의 동벽행렬도
에도 타고(打鼓), 완함 연주, 장대타기 등과 함께 검술 수련하는 모습이 생동감
있다. 춤추는 동작으로도 손색이 없다.

그리고 신라가 삼국을 통일하기 전 황창랑의 검무가 추어졌었다. 『동경잡기
(東京雜記)』[3] 「풍속」편 '무검지희(舞劍之戲)' 조에서 볼 수 있다.

> 무검지희(舞劍之戲)
> 황창랑(黃倡郎)은 신라 사람이다. 전설에 의하면 나이 칠세에 백제의 저잣거리에
> 들어가 칼춤을 추니 구경꾼이 담처럼 모였다. 백제왕이 소문을 듣고 불러 보고는
> 당으로 올라와 칼춤을 추라고 명했다. 황창랑은 그리하여 칼춤을 추다가 백제왕을

---

1   4편. 고구려 전성시대 (2) 太次시대 선배제도 (『조선일보』 1931.7.23)

2   이 책의 50쪽에서 그림을 볼 수 있다.

3   『동경잡기』는 작자 미상으로 전해오던 『동경지(東京誌)』를 1669년(현종 10) 민주면(閔周冕)이
    이채(李採) 등 향중 인사와 함께 편집, 보완하여 『동경잡기』라고 개칭, 간행하였다. 이것을 1711년
    (숙종 37) 남지훈(南至熏)이 첨보(添補)하여 재간하고, 1845년 성원묵(成原默)이 다시 증보, 정정
    하여 중간하였다. 3권 3책이다.

찌르려 하여, 백제 사람들이 그를 죽였다. 신라 사람들이 그를 가엾게 여겨 그의 형상을 본따서 가면을 만들어 칼춤을 추는 형상을 만들었는데 지금까지 그 칼춤이 전해온다고 한다.[4]

이 내용에는 두 가지 칼춤이 나온다. 황창랑이 추었다는 칼춤과 신라 사람들이 가면을 쓰고 추었다는 칼춤이다. 황창랑이 춘 칼춤은 칼의 기예를 춤으로 추며, 백제왕 앞에서 검기(劍氣)를 보여주었을 것이다. 그리고 신라 사람들이 가면을 쓰고 추었다는 칼춤은 황창랑의 칼을 다루는 기예와 함께 황창랑의 의로운 모습을 본따서 춤추었을 것이다. 이 춤이 후세에 전해진 〈황창랑무(黃倡郎舞)〉이다. 이렇게 신라에서 검무가 추어졌으며, 황창랑무는 한국 춤의 역사에서 가장 오래된 역사를 갖는 춤이 되었다.

이 황창랑무는 경주 지방에서 고려 말에도 추어졌다. 고려 말 문장가였던 이첨(李詹, 1345~1405)이 계림(경주의 옛 이름)에 갔을 때 가면을 쓴 동자가 검무를 추는 것을 보았고, 그 동자는 황창의 설화를 그대로 설명했다고 한다.

> 이첨이 밝혀 이르기를, 을축년(1385) 겨울에 계림(鷄林)에 객(客)으로 갔을 때 부윤(府尹) 배공(裵公)이 향악(鄕樂)을 베풀어 위로하였는데, 가면을 쓴 동자가 뜰에서 검을 들고 춤을 추기에 물었더니 다음과 같이 말하였다. "신라에 황창이라는 자가 있었는데 나이가 15, 6세 정도이나 춤을 잘 추었다. 그는 왕을 뵙고 말하기를 원컨대 임금님을 위하여 백제왕을 쳐서 임금님의 원수를 갚겠습니다. … 그의 어머니가 듣고 목 놓아 슬피 울다가 눈이 멀었다. 사람들이 그의 어머니 눈이 도로 밝아지게 하려고 사람을 시켜 뜰에서 칼춤을 추게 하고 '황창이 와서 춤을 춘다. 황창이 죽었다는 말은 거짓이다.'라니 그의 어머니가 기뻐서 울다가 즉시 눈이 도로 밝아졌다고 한다. 황창은 어렸지만 능히 나라 일을 위해 죽었으므로 향악에 실려 전해진다."[5]

---

4 「風俗」: '舞劍之戱' 黃昌郎新羅人也 諺傳 年七歲入百濟 市中舞劍 觀者如堵 濟王聞之 召觀 命升堂舞劍 倡郎因刺王 國人殺之 羅人哀之 像其容 爲假面 作舞劍之狀 至今傳之.(민주면·이채·김건준 저, 조철 역, 『국역 동경잡기』, 민속원, 2014, 650쪽)

5 李詹辨日 乙丑冬 客于鷄林 府尹裵公設鄕樂 以勞之 有假面童子劍舞於廷 問之云 羅代有黃昌者 年可十五六歲 善舞 此謁於王日 臣願爲王 繫百濟王 以報王之仇 … 王許之則往舞於通衢, 國人觀者如堵. 王聞召至宮中使舞而觀之, 昌擊王於座殺之. 遂爲左右所害. … 母聞號哭遂喪明, 人有爲其母謀還明者, 令人劍舞於庭, 紿之日昌來舞矣, 前言誣, 耳母喜泣之即還明. 以昌幼而能死事故

위 기록을 『동경잡기』 풍속편에 실린 '무검지희'의 이야기와 비교했을 때 눈 먼 어머니가 등장한 점은 다르지만, 황창이 백제왕 앞에서 칼춤을 추었으며, 그의 행적이 신라인들에 의해 추모되고 기억되었음은 동일하다.[6]

그래서 황창의 춤이던 황창을 기리는 춤이던 고려 말까지 경주 지역에서 가 면을 쓰고 추는 검무가 연희되었음을 확인할 수 있다. 다만 이 검무가 조선시대 까지 전승된 경로라든가, 춤의 형태나 연희 방식 등을 자세히 알 수 없는 점이 아쉽다. 『문헌비고』의 기록대로 처용무와 병진했다면 구나의식으로 가면을 쓰 고 춘 검무였을 것이다.

3. 조선시대

1) 일무(佾舞) – 소무지무와 정대업지무

일무(佾舞)로 추는 검무는 〈소무지무(昭武之舞)〉와 〈정대업지무(定大業之 舞)〉가 있다. 조선 건국 후 왕실의 제반 의례를 오례의(五禮儀)로 정립했는데, 길례(吉禮)인 제향에서 열을 지어 검무를 추었던 것이다. 아부(雅部) 제향에서 〈소무지무〉를 추고, 속부(俗部) 제향에서 〈정대업지무〉를 추었으니, 소무지무 는 가로 6줄 세로 8줄로 모두 48명이 추었고, 정대업지무는 가로 6줄 세로 6줄 로 36명이 추었다.

〈소무지무〉는 문무(文舞)인 〈열문지무(烈文之舞)〉와 함께 아부 제향에서 추 는 무무(武舞)이다. 각각 무공(武功)과 문치(文治)를 드러낸다. 아악의 문무를 춤출 때는 약적(籥翟)을, 아악의 무무를 출 때는 간척(干戚)을 잡는다. 무무의 간(干)은 방패이고, 척(戚)은 도끼이다. 전쟁에서 공격과 방어에 사용하는 무기 를 잡고 전쟁의 과정과 무공을 표현하는 춤이다.

載之, 鄕樂流傳云. (『동경잡기』 「인물」 편 신라관창 조)

6 『증보문헌비고』 인물 편에 실린 글의 후반에는 신라 황창의 설화로 알려진 것이 사실은 관창이 와전된 것이라는 설명을 달고 있다.

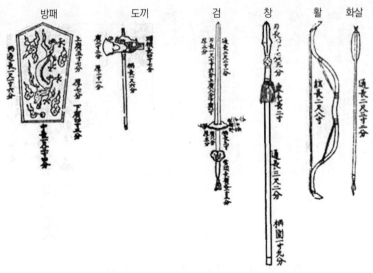

그림 1. 〈소무지무〉의 춤 도구 『악학궤범』   그림 2. 〈정대업지무〉의 춤 도구 『악학궤범』

그리고 속부 제향에서 추었던 무무인 〈정대업지무〉는 문무인 〈보태평지무〉와 짝을 이룬다. 문무는 음양사상에 따라 양에 해당하므로 양을 표현할 수 있는 무구인 약(籥)과 적(翟)을 잡고 춤춘다. 반면 정대업지무는 무(武)를 상징하는 무무이므로 음에 해당하며, 검(劍)·창(槍)·궁시(弓矢)의 무기를 잡고 춤춘다.[7] 정대업지무는 종묘제례에서 두 번째 술을 올리는 아헌(亞獻)과 세 번째 술을 올리는 종헌(終獻)에서 추어졌다.

그런데 종묘에서 추었고 현재도 추어지는 정대업지무는 원래 세종대 회례연(會禮宴)을 위해 창작되었었다. 회례연에서 정대업 정재를 출 때는 다섯 가지 진을 만드는 오진(五陣)의 춤이 추어졌다. 선위(宣威)의 장(章)에서 오진을 행했는데, 본진(本陣) → 곡진(曲陣) → 직진(直陣) → 예진(銳陣) → 원진(圓陣) → 방진(方陣) → 본진(本陣)으로 진행된다. 여기 71명 중 36명이 검, 창, 활과 화살을 들고 일무를 추며, 35명은 의물 악기를 잡는데, 모두 비단갑옷을 입고 청단투구를 착용하였다. 이렇게 화려하고 장대했던 〈정대업〉 정재를 세조 10년(1464)부터 제향에 사용했던 것이다. 종묘에서 연행할 때는 오진을 만들지 않았고 일무(佾舞)만 춤추었다.

---

7 김영희·김채원·김채현·이종숙·조경아, 『한국춤통사』, 보고사, 2014, 125쪽.

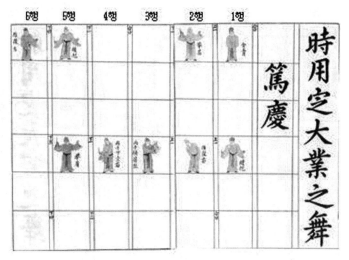

그림 3. 〈정대업지무〉의 독경(篤慶) 시작 부분 『시용무보』[8]

이렇게 일무로 추었던 무무는 이미 고려 의종 때부터 추어졌고, 이는 중국 으로부터 수입된 것이었다. 물론 중국 주(周)나라 때에 이미 일무가 있었고, 간 과 척이 춤의 도구로 사용되었음을 『예기』「악기」에서 볼 수 있다. 무공(武功)을 칭송하고 기리는 춤이 고대부터 추어졌으며, 종묘에서 추어지면서 의식(儀式) 적 특성이 강화되었을 것이다.

조상의 무공을 표현하기 위해 간과 척, 또는 칼과 창과 궁시를 들고 추는 일무의 칼춤은 시대를 지나며 추상화되었고, 병장기를 들고 긴박하게 움직이 는 무예의 특성은 사라지게 되었다. 그 대신 무덕(武德)을 기리고 받드는 일무 로 전형화된 것이다. 칼을 휘두르며 추는 춤은 아니지만, 목검을 들고 추는 정 대업지무는 의례춤으로 상징성을 획득했고 현재도 전승되고 있다.

2) 황창무

〈황창무(黃倡舞)〉는 고려의 〈황창랑무〉에 이어진 춤이다. 앞 장에서 고려 말 에 이첨이 경주에서 보았음을 확인했는데, 조선 초에도 이 춤은 회자되었다. 조선 초의 문신 김종직(金宗直, 1431~1492)이 『동도악부(東都樂府)』에서 황창랑

---

8 이종숙, 『종묘제례악 일무의 왜곡과 실제』, 민속원, 2012, 147쪽 재인용.

의 고사를 거론하면서, 8구의 시로 황창랑의 기개를 칭찬했다. 그리고 심광세(沈光世, 1577~1624)는 황창무가 경주에 전해진다는 기록을 남겼고[9], 이영익(李泠翊, 1740~?)도 황창무를 설명하며 "영남교방에 지금도 그 춤이 전해진다."[10]고 했으며, 강위(姜瑋, 1820~1884)의 시 〈황창랑〉에서도 황창무가 쾌활하게 공연된다고 하였다.[11] 또한 진주목사 정현석이 1872년에 편찬한 『교방가요』에도 황창무가 기록되어 있어 그 흔적을 확인할 수 있다. 경주를 중심으로 영남 지방에 19세기까지 황창무가 전승되었던 것이다.

그렇게 여러 시문에서 〈황창무〉를 거론하고 칭송했지만, 대개 이 춤의 배경과 기상(氣像)에 대한 언급이 주를 이루었고, 검무의 형태나 진행에 대한 설명이나 표현은 희소하다. 그리고 김만중(金萬重, 1637~1692)이 지은 『서포집(西浦集)』의 〈관황창무(觀黃倡舞)〉에서 "파란 눈썹의 여아 황창무를 추네"[12]라 했다. 동자가 아닌 기녀로 춤꾼이 바뀌었음을 알 수 있다. 기녀들이 황창무를 추기 시작하면서 탈을 쓰지 않았을 가능성이 크다.

황창무는 신라시대에 발생하여 조선 말까지 이어진 우리 고유의 춤이며, 호국 정신과 상무정신을 일깨우는 춤이었다. 가면을 쓰고 추는 검무로, 검무의 다양한 표현방식을 가늠할 수 있는 춤이다. 하지만 현재는 전해지지 않는다.

3) 교방의 기녀 검무

조선시대에 교방의 기녀들이 검무를 추기 시작하면서 검무는 새로운 전개를 보여주었다.[13] 17세기 후반부터 18세기 전반에 살았던 조태억(趙泰億, 1675~1728)의 '검무'라는 시에 "경주 천년 흥망을 한탄하매 / 月城과 첨성대는 반이 이미 황폐해졌다 / 오로지 교방있어 옛 풍속 전하는데 / 춤은 쌍검에서 왔으니 황창랑을

---

9 『해동악부(海東樂府)』 '黃倡郞': 新羅人 其父死於百濟 黃昌年十餘學劍舞 舞於百濟市 王聞而見之 逐刺王 與之同死 至今慶州傳習此舞.

10 『신재집영(信齋集嶺)』 책 1 '黃昌舞': 嶺南敎坊 至今傳其舞爲戲.

11 『고환당수초(古歡堂收艸)』 시고(詩稿) 권2, 「황창랑」: 戲場快活演黃倡.

12 『서포집(西浦集)』 「관황창무(觀黃倡舞)」: 翠眉女兒黃昌舞.

13 이에 대해서는 조혁상의 선행 연구인 「조선조 검무시의 일연구」(성균관대학교 석사학위논문, 2004)를 참고하였음을 밝힌다.

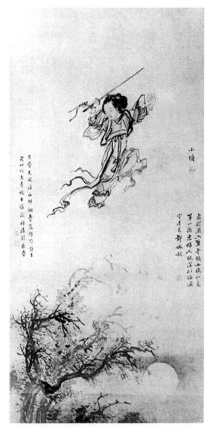

그림 4. 이재관(1783~1837경)의
〈여협도〉, 종이에 수묵담채,
139.4×66.7, 국립중앙박물관 소장

배웠도다"[14]라고 표현하였다. 당시 경주는 황폐해졌지만, 교방을 통해 황창무가 전승되어 기녀들이 쌍검으로 춤을 추었음을 알 수 있다.

경주 뿐만이 아니라 전국에서 검무가 추어졌다. 김창업(金昌業, 1658~1721)은 『노가재연행일기(老稼齋燕行日記)』에서 "1712년 중국 사행에서 돌아오는 길에 선천에 들러서 밤에 검무를 관람했는데, 어릴 적에는 검무를 보지 못했지만 근래에 팔도(八道)에 대유행을 하고 있다."[15]고 했다. 18세기 초에 기녀들의 검무가 전국적으로 크게 유행했던 것이다.

그리고 문단(文壇)에서 한 흐름을 형성할 정도로 문인들은 많은 검무시를 썼다. 김창업은 〈화백씨간검무(和伯氏看劍舞)〉에서 평안도 선천에서 본 검무를 표현하였다. 신광수(申光洙, 1712~1775)는 「한벽당 12곡」에서 전주 기생의 검무를 기록했고,[16] 평양 연광정연회에서 본 추강월의 검무도 시로 남겼다.[17] 정약용(1762~1836)은 진주 기생의 검무를 보고 〈무검편증미인(舞劍篇贈美人)〉이라는 제하의 장장 32행의 시를 남겼다. 박제가(1750~1805) 역시 〈검무기(劍舞記)〉를 남겼는데,[18] 검무로 이름을 날린 밀양 기생 운심의 제자들이 춘 검무

14 『겸재집(謙齋集)』 권6 '劍舞'
15 『노가재연행일기』 권9 癸巳 3월 18일: … 劍舞, 我輩兒時所未見, 數十年來漸盛, 今遍于八道, 有妓邑, 皆具其服色, 動樂必先묻此妓, 如此小兒, 亦能爲此, 殆世變也.
16 『석북집(石北集)』 「전주한벽당십이곡(全州寒碧堂十二曲)」: 全州兒學女男粧 寒碧堂中劍舞長.
17 『석북집(石北集)』 권2 '練光亭贈劍舞妓秋江月'
18 『정유각집(貞蕤閣集)』 권1 '劍舞記'

에 대한 감상이었다. 검무의 진행과정과 춤사위, 기녀들의 맵시, 검무의 기예, 검무가 끝난 후 사좌여공 적연무언(四坐如空 寂然無言), 즉 검기(劍氣)가 가득하고 검무의 높은 기예에 매혹되어서 온 좌석이 텅 빈 것처럼 적연히 말이 없는 연석의 분위기를 표현하였다.

유득공(柳得恭, 1748~1807)이 쓴 〈검무부(劍舞賦)〉[19]에서도 검무를 추는 기생의 자태와 검무의 전개과정, 검무의 춤사위와 정조를 알 수 있다. 최성애는 조선후기에 유행한 여러 검무들에서 협(俠)이라는 미의식을 추출하였다.[20] 또 조선후기 교방에서 춘 검무에 대해 김미영은 조선 후기 교방 검무의 미적 특징을 분석하며 비경미(飛輕美), 격동미(激動美), 격정미(激情美), 여협미(女俠美), 비장미(悲壯美), 강개미(慷慨美), 기예미(技藝美)를 꼽았다.[21]

황창무가 황창랑의 설화를 바탕으로 탈을 쓰고, 동자 1인이 추며, 연희적 요소의 가능성이 있는 검무였다면, 교방 기녀들이 춘 검무는 탈을 쓰지 않고 전복을 입고 춤추었다. 검의 길이는 팔뚝보다 길며, 2인의 대무(對舞)로 춘다. 춤의 구성은 맨 손으로 추다가 앉아서 검을 들 듯 말 듯 하다가 검을 잡고 춤춘다. 상대(相對)하거나 상배(相背)하며 춤추고 검으로 상대를 겨루다가 검을 던져 춤을 끝내기도 하였다. 조선 후기 교방의 검무는 검을 다루는 춤사위에서 기예가 돋보이고 역동적이었다. 또한 협의 기운까지 느끼게 해 줄 정도로 검기(劍氣)가 충만했던 춤이다.

이렇게 교방에서 검무가 크게 일어난 것은 조선 후기 사회적 흐름과 관련이 있을 것이다. 왕조는 부국강병을 꾀했었고, 민간에서는 유협전(遊俠傳)이 유행했으니, 상무(尙武)정신을 되새기고 고취시키는 의식을 검무에 반영했으리라고 본다. 그래서 교방의 검무는 검을 다루는 무사들 뿐만이 아니라 문인들 사이에서도 탐미의 대상이 되었던 것이다.

19 『영재집(泠齋集)』 권14 '劍舞賦'
20 최성애, 「18, 19세기 사행록에 표현된 검무 '俠'의 특징 연구」, 성균관대학교 박사학위논문, 2009.
21 김미영, 「문학작품에 표현된 18세기 교방검무의 미적 특징」, 『한국무용사학』 6호, 한국무용사학회, 2007, 199~200쪽.

4) 궁중의 검무

교방에서 추어지던 기녀들의 검무는 궁중에 들어가면서 또 다른 양상을 보여주었다. 정조가 어머니 혜경궁 홍씨의 환갑을 축하하는 궁중잔치를 수원 화성에서 했을 때 교방의 검무는 2인 검무로 처음 궁중연회에서 추어졌다.[22] 1795(정조 19)년 윤 2월 13일 봉수당 진찬에서 춘운(春雲)과 운선(雲仙)이라는 경기(京妓)가 춤추었다. 『정리의궤』에 그려진 그림을 보면 치마저고리에 전복을 입고 전립을 썼다. 양날의 검은 팔 길이만큼 길다.

그림 5. 〈검무〉『정리의궤』(1795)   그림 6. 〈검기무〉『진찬의궤』(1829)

그런데 검무는 순조 기축년(1929)부터 〈검기무(劍器舞)〉로 이름이 바뀌었고, 칼의 모양도 한 쪽에만 날이 있는 도(刀)로 바뀌었다. 또 대개 4인의 대무 구성으로 추었으며, 창사와 의물이 없었다. 『정재무도홀기』에서 검기무의 춤과 진행을 알 수 있다.

---

22 검무가 궁중에서 추어지게 된 배경에 대한 조경아의 연구가 있다. 1795년 진찬의 총리대신을 맡았던 채제공(1720~1799)이 이전에 평양감사와 평안병사로 재임했는데, 지방 교방 활동이 활발한 평안도에서 검무와 선유락을 익숙히 보았으며, 검무를 기록하기도 하였다. 이 경험을 바탕으로 진찬에 검무와 선유락을 추천했을 것이라는 의견이다.(조경아, 「조선후기 의궤를 통해 본 정재 연구」, 한국학중앙연구원 박사학위논문, 2009, 236쪽 참조)

음악은 무령지곡(武寧之曲)이며 향악과 당악을 함께 연주했다. 악사는 어전 가운데 검기(劍器)를 놓고 좌우로 나온다. 박을 치며 춤을 이루고 서로 마주하며 춤추며 나가고 춤추며 물러서고 바꾸어 선다. 혹은 뒤로, 혹은 얼굴을 보며 춤춘다. 서로 마주하여 꿇어앉아 춤추고 칼을 놀리고 칼을 잡아 번쩍번쩍 나부끼면서 놀리고 칼을 서로 부딪쳐 막으며 춤추며 아울러 일어서서 춤추기 시작한다. 각기 재주를 부려 제비가 집을 찾아 돌아가듯 자리가 바람에 움직이도록 춤추며 앞으로 나갔다 뒤로 물러났다 하다가 음악을 그친다.[23]

검을 악사가 무대에 놓고 나간다 했으니, 처음에는 손춤을 추었다. 꿇어앉는다는 대목도 교방 검무의 진행과 같다. 그리고 혹은 뒤로 혹은 얼굴을 보며 춤춘다 했으니, 상대 상배하며 추는 것이다. 그리고 '칼을 잡아 번쩍번쩍 나부끼면서 놀리고 칼을 서로 부딪쳐 막으며 춤춘다'는 대목을 보면 교방에서 추던 역동적인 동작이 궁중에서도 남아있었다고 하겠다. '제비가 집을 찾아 돌아가듯'은 연귀소(鷰歸巢) 동작이며, '자리가 바람에 움직이도록 춤추며'는 연풍대(筵風擡) 동작을 말한다. 연귀소나 연풍대에서 가볍고 빠르며 날듯한 움직임을 느낄 수 있다. 의궤에 그려진 그림을 보면 춤추는 기녀 4명의 역동적 모습이 포착되어 있다. 신윤복이 그린 〈쌍검대무〉의 모습과 유사하다.

〈검기무〉는 1829년부터 1902년까지 궁중의 각 연향에서 32회 추어졌으니[24], 인기 있는 종목이었고, 대한제국에서도 중요한 정재 종목이었다. 대한제국 시기인 1902년 사월의 진연에서는 〈쌍검기무〉로 추어지기도 했다. 흥미로운 사실은 정재종목 중에 검무를 춘 기녀가 가장 포상을 많이 받았다는 점이다. 검무가 공연된 연향에서는 검무를 춘 여령에게 가장 많은 포상을 주는 것이 일반적이다. 검무는 창사도 없고, 죽간자 등의 의물도 없고, 오로지 춤으로만 승부를 거는 정재이다. 검무는 춤이 가장 두드러진 정재인데 성리학의 이상을 드러낸 정재를 제치고 그보다 많은 포상을 주었다는 것은 의미심장하다.[25] 이 의견에 동의하며,

23 인남순, 김종수 공역, 『여령정재홀기』, 민속원, 2001, 255쪽.

24 1829년 기축진찬에서 3회, 1848년 무신진찬에서 2회, 1868년 무진진찬에서 2회, 1873년 계유진작에서 2회, 1877년 정축진찬에서 2회, 1887년 정해진찬에서 3회, 1892년 임진진찬에서 5회, 1901년 신축진찬에서 3회, 1901년 신축진연에서 3회, 1902년 임인4월 진연에서 2회, 1902년 임인 11월 진연에서 3회 추어졌다. 이 수치는 조경아의 「조선후기 의궤를 통해 본 정재 연구」(한국학중앙연구원 박사학위논문, 2009) 296쪽의 표 '부록 11 조선후기 연향 의궤별 정재공연종목과 횟수'를 참조했다.

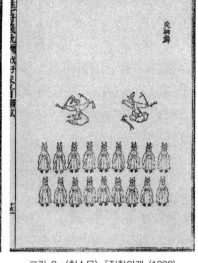

그림 7. 〈공막무〉『진작의궤』(1828)   그림 8. 〈첨수무〉『진찬의궤』(1828)

궁중의 연회에서 검무가 차지하는 의미를 짚어볼 필요가 있을 것이다.

그런데 검기무 외에 궁중에서 검을 들고 추는 칼춤으로 〈공막무(公莫舞)〉와 〈첨수무(尖袖舞)〉가 있었다. 〈공막무〉는 순조 때 무자년(1828)의 진작에서 단 한 번 추어졌다. 『진작의궤』에서 공막무에 대한 설명은 간단하다.

> 公莫舞:『잡무곡(雜舞曲)』에서는 건무(巾舞)라고 하였다. 항장이 칼춤을 추자 항백이 소매로 막으며 항장에게 그대는 그러지 마시외[公莫]라고 말하는 것처럼 하였다. 뒤에 검무가 되었는데, 향악을 사용하였다. ○ 두 무동이 높은 운계(雲髻)를 쓰고 전복을 입고 각각 두 자루의 검을 들고 서로 마주보고 춤춘다.[26]

작품 설명에서 항장과 항백의 홍문연 고사를 언급했지만, 무동 2인에게 어떤 역할로 설정하지는 않은 듯하다. 공막무도 역시 창사가 없으며, 의궤 그림에서 보듯이 긴 칼을 들고 상대하며 춤추고 있다. 이때 춤춘 무동 2인은 신광협

---

25 조경아, 「조선후기 의궤를 통해 본 정재 연구」, 한국학중앙연구원 박사학위논문, 2009, 202~203쪽.

26 公莫舞:『雜舞曲』云巾舞也. 項莊舞劍, 項伯以袖隔之, 若語莊云公莫. 後爲劍舞, 鄕樂用之. ○ 兩舞童戴雲髻, 着戰服, 各持二劍, 相對而舞. (이의강, 『국역순조무자진작의궤』, 보고사, 2006, 309쪽.)

(辛光協)과 김명풍(金命豊)이라고 한다.[27]

〈첨수무(尖袖舞)〉는 정조 때 1795년 화성 연회부터 고종황제 때 1901년 신축진찬까지 12회 추어졌다.[28] 그런데 첨수무는 2종이다. 첨수의(尖袖衣)를 입고 추는 춤이 있고[29], 검기를 들고 추는 춤이 있는데, 검기를 들고 추는 첨수무는 순조 때 1828년의 진작에서 무동 2인이 추었다.

무동이 칼을 들고 추었던 첨수무에 대해 의궤에서는 '두 무동이 피변(皮弁)을 쓰고 첨수의(尖袖衣)를 입고 두 자루의 검을 들고 서로 마주보고 춤춘다.'[30]고 설명하였다. 〈공막무〉를 추는 무동이 운계를 쓰고 전복을 입었던 점과 비교하면, 첨수무에서는 무동이 피변을 쓰고 첨수의를 입었다. 의상에서 차이가 난다. 춤의 진행과 춤사위에 있어서 차이점이 있는지는 알 수 없다.

정조 때 교방의 검무가 궁중에 들어간 후 검기무로 명칭이 바뀐 점, 공막무나 첨수무라는 제목으로 검무의 스토리를 바꾸고 춤의 의상을 바꿨던 점은 검무가 궁중으로 들어가면서 궁중 연회에 맞게 적응하는 과정이었다고 할 수 있다. 하지만 기녀들이 추는 검기무만 남게 되었다.

5) 항장무

〈항장무(項莊舞)〉는 중국의 초(楚)나라 항우와 한(漢)나라 유방이 벌린 초한전쟁 중에 홍문의 잔치에서 벌어진 일화를 배경으로 만들어진 무극(舞劇)이다. 주요인물은 항우(項羽), 우미인(虞美人), 유방(劉邦), 범증(范增), 장량(張良), 항장(降將), 항백(項伯), 번쾌(樊噲)이고, 중군(中軍), 집사(執事)와 기수(旗手)도 등장한다.

항장무는 평안도 선천지방 기녀들을 중심으로 추어졌고, 이들의 기예가 가

---

27 송방송, 『의궤 속의 우리 춤과 음악을 찾아서』, 보고사, 2008, 225쪽 참고.

28 이 수치는 조경아의 「조선후기 의궤를 통해 본 정재 연구」(한국학중앙연구원 박사학위논문, 2009) 296쪽의 표 '부록 11 조선후기 연향 의궤별 정재공연종목과 횟수'를 참조했다.

29 첨수의를 입고 추는 춤은 원래 손에 아무 것도 들지 않고 손바닥만 번복하며 추었기 때문에 속칭 엽무(葉舞)였으나, 영조 때 첨수무로 고쳐 부르게 했다고 한다.(장사훈, 『한국전통무용연구』, 일지사, 1977, 314쪽.)

30 尖袖舞 : 'O 兩舞童戴皮弁, 着尖袖衣, 各持二劍, 相對而舞.' (이의강, 『국역순조무자진작의궤』, 보고사, 2006, 68쪽.)

사진 1. 〈항장무〉의 등장인물들(1910년대)

장 뛰어났다고 하는데, 이 춤이 조선에서 어떤 경위로 만들어지고 추어졌는지
는 확실치 않다. 다만 지식인들이 항장무의 배경인 홍문연(鴻門宴) 고사를 잘
알고 있었으며, 조선과 중국의 문물이 드나드는 요지였던 평안도 지역 사람들
은 중국의 문화예술을 접할 기회가 많았을 것이라 본다.

주로 중국 사행(使行)의 노정 중 사신들을 위로하는 연회에서 항장무가 연행
되었었다. 박영원(朴永元, 1791~1854)은 선천에서 머물 때 밤에 본 여악 중에
항장무를 보고 시를 남겼다. "홍문의 잔치를 대하여 검과 방패를 벌리니 [對疊
鴻門釖盾張] / 조롱박 그림을 누가 교방에 보냈는가 [畵葫誰遣入敎坊] / 원래 유
방과 항우가 있던 시기의 일이 [元來劉項當年事] / 바로 사람들 놀이장소에 있구
나. [眞是人間一戱場]"[31]라 했다. 즉 유방과 항우의 고사를 꾸민 연희를 선천의
교방에서 보았다는 말이다.

평안도 성천부 기생의 항장무 연희 솜씨가 유명해지자, 1873년(고종 10)에
신정왕후의 대비책봉 40주년을 위한 진작에서 항장무는 궁중의 정재 종목으로
채택되었다. 주로 성천의 기생들이 선상되어 춤추었고, 이후 대한제국 시기까
지 다섯 연향[32]에서 연행되었다.

---

31 박영원, 『오서집(梧墅集)』 책3. '宿宣川 野觀妓樂 有所謂項莊舞者 偶吟一絶'
32 1873년 계유진작, 1887년 정해진찬, 1892년 임진진찬, 1901년 신축 5월 진연, 1902년 임인 4월
   진연, 1902년 임인 11월 진연에서 추어졌다. 조경아의 「조선후기 의궤를 통해 본 정재 연구」

〈항장무〉는 홍문연의 이야기를 배경으로 인물에 맞는 검무들이 추어졌을 것이라 짐작할 수 있다. 항장의 검무, 항장과 항백의 검무 대무(對舞), 번쾌의 검무가 있으며, 특히 위기에서 유방을 구하는 번쾌의 검무에서 박수가 쏟아져 나왔다고 한다.[33] 춤과 검술의 기예만으로 작품의 구성을 갖춘 교방의 〈검무〉나 궁중의 〈검기무〉와 달리 항장무는 인물의 특성과 스토리의 전개를 보여준 검무였다. 일제강점기 초반까지 기생조합과 권번이 규모가 큰 공연에서 이 춤을 공연했으나, 일제강점 후반에는 연희되지 않았다.

6) 검결의 칼춤

검결(劍訣)의 칼춤은 조선 말에 동학교도들이 추었던 춤으로, 구전으로 전해진다. 조선 말의 정치적 혼란기에 서양 외세의 침략 속에서 최제우(崔濟愚, 1824~1864)가 서학(西學)에 반대하는 동학(東學)[34]을 주창하며 동학의 입문과 수련을 위해 추었던 춤이다.

검결의 칼춤이 구전으로만 전해졌지만, 춤을 추었던 정황은 『고종실록』에 남아있다. "여러 명이 모여 도를 강론하는 자리에서는 최가(최제우)가 글을 외워 귀신을 내리게 하고 나서, 손에 나무칼을 쥔 채로 처음에는 무릎을 꿇고 있다가 일어나고, 나중에는 칼춤을 추면서 공중으로 한 길도 넘게 뛰어 올랐다가 한참 만에야 내려오는 것을 제 눈으로 본 사람도 있다고 합니다."[35]라고 했다. 즉 이 칼춤은 목검을 들고 추며, 의식을 치루듯 무릎을 꿇어앉아 집중하기도 하고, 검술을 행하며 검무를 추다가 한 길도 넘게 훌쩍 뛰어올랐던 것이다.

그리고 춤에 대한 구체적 기록은 남아있지 않지만, 검결의 가사에서 칼춤의 기운과 정조를 짐작할 수 있다. 그 가사는 『용담유사(龍潭遺詞)』에 전한다.

296쪽의 표 '부록 11 조선후기 연향 의궤별 정재공연종목과 횟수' 참조.

33 『매일신보』 1913. 11. 8.

34 동학의 교지가 시천주(侍天主) 신앙에 기초하면서도 보국안민(保國安民)과 광제창생(廣濟蒼生)을 내세운 점에서 민족적이고 사회적인 종교이다. '동학'이란 교조 최제우가 서교(西敎 : 천주교)의 도래에 대항하여 동쪽 나라인 우리나라의 도를 일으킨다는 뜻에서 붙인 이름이며, 1905년에 손병희(孫秉熙)에 의해 천도교(天道敎)로 개칭되었다. (『한국민족문화대백과사전』)

35 『고종실록』 권1, 1863년 12월 20일. '선전관 정운귀가 최제우와 동학에 대해 보고하다' (김채원, 「민중사 속의 〈용담검무(龍潭劍舞)〉」, 『한국무용사학』 12호, 한국무용사학회, 2011, 77쪽 재인용.)

사진 2. 놀이패 한두레의 〈칼노래 칼춤〉 중 검결의 춤[36]

시호(時乎)시호 이내시호 부재래지(不再來之) 시호(時乎)로다

만세일지(萬世一之) 장부(丈夫)로서

오만년지(五萬年之) 시호(時乎)로다

용천검(龍泉劍) 드는 칼을 아니쓰고 무엇하리

무수장삼(舞袖長衫) 떨쳐입고 이칼저칼 넌즛 들어

호호망망(浩浩茫茫) 넓은천지(天地) 일신(一身)으로 비껴서서

칼노래 한곡조(曲調)를 시호시호 불러내니

용천검(龍泉劍) 날랜칼은 일월(日月)을 희롱(戲弄)하고

게으른 무수장삼(舞袖長衫) 우주(宇宙)에 덮여있네

만고명장(萬古名將) 어디있나 장부당전(丈夫當前) 무장사(無壯士)라

좋을시고 좋을시고 이내신명(身命) 좋을시고[37]

연구자 김채원은 이 가사 중 '용천검 드는 칼을 아니 쓰고 무엇하리, 무수장

---

36 김영희춤연구소 주최, 2014 검무전, 서강대학교 메리홀, 2014.10.10.

37 『용담유사』는 1860년(철종 11)에서 1863년에 걸쳐 지어졌다. 수록 내용은 용담가(龍潭歌), 안심가
(安心歌), 교훈가(教訓歌), 몽중노소문답가(夢中老少問答歌), 도수사(道修詞), 권학가(勸學歌),
도덕가(道德歌), 흥비가(興比歌), 검결(劍訣)의 9편이다.

삼 펼쳐 입고 이칼 저칼 넌즛 들어 호호망망 넓은 천지 일신으로 비켜서서 칼노래 한 곡조를 시호시호 불러내니'에서 최제우는 수도에만 그치지 않고 새로운 시대를 위한 변혁은 넓은 천지를 향해 휘두르는 칼춤으로 일으켜야 함을 노래 속에 담고 있다.[38]고 분석했다. 그리고 파사현정(破邪顯正)[39]의 정신을 담고 있다는 측면에서 볼 때 "그 때가 왔다"고 한다면 엎드려 그릇된 것을 바로잡고 우주의 이치를 옳게 세우기 위한 결의를 다지는 모습이 타당하며, 후천개벽을 열겠다는 열망을 담고 있다면 그것은 비장감이 배어있는 모습을 통해 이제 일어설 때임을 표출해야 마땅하다고 했다.[40] 검결의 칼춤이 담았을 정조가 느껴지는 듯하다.

검결의 칼춤은 조선 말의 시대적 격변기에 동학을 주창하며 인내천 사상으로 세상을 회복하고자 했던 민중의 염원이 담긴 춤이라고 하겠다. 〈황창무〉가 삼국의 정쟁을 배경으로 대중에 의해 만들어지고 천년 넘게 이어졌듯이 조선 말의 격변기에 시대적 변혁 의지를 담아 만들어지고 추어진 검무였다.

4. 일제강점기

1) 기생조합과 권번의 기녀검무

(1) 극장 전속 기생의 검무

1894년 동학혁명으로 검결의 칼춤이 추어지고, 이어서 대한제국이 위엄을 갖추기 위해 1901, 1902년의 성대한 진연, 진찬에서 검기무가 추어지는 즈음에, 개화기의 공연예술은 서서히 변하기 시작했다.

---

38 김채원, 「민중사 속의 〈용담검무(龍潭劍舞)〉」, 『한국무용사학』 12호, 한국무용사학회, 2011, 81쪽.
39 불교에서 사용하는 합성어로 파사(破邪)는 절복(折伏)과 같은 의미의 '엎드려 절하다'를 가리키며, 현정(顯正)은 '바르게 드러낸다'는 의미이다. 또한 다음 백과사전에는 '그릇된 것을 깨뜨리고 올바르게 바로잡다'의 뜻으로 나오며, 파사(破邪)는 '나쁜 것(邪)을 깨뜨리다(破)'이며, 현정(顯正)은 '정(正)을 드러내다(顯)'이다. 따라서 그릇된 것을 바로잡고 진리를 옳게 세우는데 일신을 바친다는 뜻으로도 해석할 수 있다.
40 김채원, 「민중사 속의 〈용담검무〉」, 『한국무용사학』 12호, 한국무용사학회, 2011, 82쪽. 참고로 놀이패 한두레가 1994년에 동학 100주년을 기념하여 채희완 연출로 〈칼노래 칼춤〉을 공연하였다.

조선춤이 처음으로 극장 무대에 올랐던 1902년 12월의 '소춘대유희(笑春臺
遊戱)' 이후 1907년 12월 25일부터 3일간 올린 경성고아원을 위한 관기들의 자
선연주회[41]와 1908년 사설극장 광무대의 기획 공연[42]에 검무가 추어졌다. 1912
년 4월 21일부터 5월 26일까지 진행된 단성사의 '강선루' 기획공연에도 검무가
포함되었다.[43] 또한 흥행사 박승필이 운영하는 광무대는 전통 가무와 연희를
주로 무대에 올린 극장으로 검무를 주요한 종목으로 공연하였다. 그리고 해방
이 될 때까지 검무가 계속 추어졌다. 극장의 상설공연이나 기획공연에서 검무
는 빠지지 않던 레퍼토리였던 것이다. 일간지 기사나 사진 자료들에서 일제강
점기 내내 검무의 모습을 볼 수 있다.

(2) 기생조합과 권번의 기녀 검무

1908년 경시청이 궁중 여악을 폐한 후 경시청 관할 하에 민간의 기생들을
재조직하면서 기생조합소가 만들어졌다. 한성기생조합소는 1910년에 일본의
조선일일신문사의 초청을 받았는데[44], 일본 공연을 위해 〈검무〉를 포함한 7 종
목을 계약했다.[45] 그리고 경성시민을 위로하기 위해 매일신보사와 경성일보사
가 주최한 춘계대운동회에서 조선기생의 검무 등을 여흥으로 한다고 했다.[46]
이때의 조선기생은 한성기생조합소의 기생을 말한다.

그리고 1913년에 광교기생조합과 다동기생조합이 설립되며 기생들의 활동
이 활발해졌다. 1913년 9월 8일 고종의 탄신을 축하하는 연회에 양 조합 기생
이 검기무를 추었다.[47] 또한 천장절 축하공연을 준비하는 의주 기생 중에 옥엽

---

41 『대한매일신보』, 1907.12.24.

42 『황성신문』, 1908.5.28.

43 『매일신보』, 1912년 5월 7, 8, 9, 10, 11, 14, 15, 18, 19, 21, 22, 23, 24일자 기사에 강선루의 당일
    프로그램과 검무를 추는 기생의 이름이 소개되었다. 1912년 5월 7일에 검무를 춘 기생은 錦蓮,
    翠蓮, 玉蓮, 菊姫였다. (『매일신보』, 1912.5.7 ②)

44 『황성신문』, 1910.5.13.

45 「기생 급 창기에 관한 서류철」, 『서울학사료총서』 권7, 서울시립대학교 서울학연구소, 1995,
    232~235쪽. (송방송, 「한성기생조합소의 예술사회사적 조명」, 『한국근대음악사연구』, 민속원,
    2003, 103쪽 재인용)

46 『매일신보』, 1912.4.14. ③

47 이 축하연에 광교조합과 다동조합의 기생들이 정재 공연에 참여했고, 검기무를 포함해서 열두

과 도홍의 검무를 꼽았고,[48] 신창기생조합은 일본 동북지방 흉작과 앵도지방 참해에 대한 의연연주회에서 검무를 추었다.[49] 조선의 여악제도가 사라진 후에 도 기생조합소와 기생조합의 기생들은 〈검무〉를 주요한 종목으로 추었고 전승 했던 것이다.

그리고 1917년에 한남권번을 필두로 경성의 기생조합이 권번으로 바뀌기 시 작하면서 1920년대 들어 기생조직의 명칭은 전국적으로 권번으로 바뀌었다. 권번으로 바뀐 후에도 검무는 계속 이어졌다. 『조선미인보감』의 기생 605명 중 94명이 검무를 특기로 꼽았다.[50] 1921년 일본의 음악학자 다나베 히사오(田 邊尙雄)가 조선 음악의 조사 기행 중 4월 5일에 단성사에서 판소리, 잡가, 승무 와 함께 2인의 검무를 보았고, 4월 9일에는 평양기생학교에서 4인의 검무를, 4월 11일에도 송병준의 별저에서 8인이 추는 검무를 보았다. 4월 12일에는 명 월관 뒷마당에서 4인의 검무를 보았다.[51]

다나베는 검무에 관한 느낌을 짧게 서술했다. '〈검무〉는 2인무, 4인무, 8인 무 등 여러 가지가 있으며, 그 인원에 따라 몸의 움직임도 다소의 차이는 있는 데 보통 4사람 것이 많고, 4명이 2명씩 나누어 양쪽에서 마주보고 추는 것이다. 나는 전에 (4월 5일 밤) 경성의 기석(妓席)에서 기생 둘이서 하는 검무를 봤는데 이것은 많이 속화(俗化)한 것으로 이 평양의 학기(學妓)가 춘 것과는 많이 다른 듯이 보였다. 후에 4월 11일 송병준 백작 별저에서 본 관기의 검무는 성장(盛裝) 한 8명으로 행하여졌는데, 이것은 더욱 더 훌륭하였다.'[52]고 하였다.

그리고 각종 연주회에서 기생들은 검무를 추었다. 대정권번 어린 기생의 기 묘한 팔검무[53], 고향 동포 구제를 위한 공연에서 대동권번의 검무[54], 사권번 연합

종목이 추어졌다.(김영희, 「이왕직 아악부의 궁중무 전승」, 『무용역사기록학』 42호, 무용역사기 록학회, 2006, 21쪽.)

48 『매일신보』, 1913.10.25. ③
49 『매일신보』, 1914.2.11. ③
50 조선연구회 편, 『조선미인보감』, 민속원, 2007, 54쪽 참고.
51 김영희, 「한국 근대춤에서 검무의 변화 연구」, 『한국무용사학』 10호, 한국무용사학회, 2009, 265쪽.
52 田邊尙雄, 『중국·조선음악조사기행』, 音樂之友社, 동경, 1970, 78쪽.
53 『조선일보』, 1921.3.19. ③
54 『매일신보』, 1923.8.14. ③

연주회에서 한남권번 프로그램 중에도 검무가 있었고[55], 조선권번은 팔검무로
추었다.[56] 조선시대에 이어 일제강점기에도 검무를 짝수로 팔검무, 사검무, 이
검무로 추었음을 알 수 있다. 관기 출신의 기생들이 아직 활동하거나 노기(老妓)
가 춤을 가르치고 있었으니 검무의 형태에 큰 변화는 없었을 것으로 판단한다.

사진 3. 1930년 무렵 대정권번 기생의 검무[57]

그러나 일제강점기의 검무는 칼의 모양이나 춤의 미감에 있어서 변화가 있
었다. 위의 사진은 대정권번 마당에서 4인무로 추는 〈검무〉이다. 1930년 전후
의 모습으로 치마선이 부풀어져 있지 않고 직선처럼 매끄럽게 빠져있다. 이 변
화는 일제강점기 후반 기생의 치마저고리 모양이 유행에 따라 변했던 것으로
보이며, 당시의 얼굴 화장 스타일과 함께, 그 전체적인 이미지는 부드럽고 여
린 느낌이다.

조선 후기와 비교했을 때 가장 큰 변화는 칼이 짧아지고, 칼의 목이 돌아간
다는 점이다. 무슨 이유로 칼의 모양이 바뀌었는지 알 수 없지만, 이는 갑작스
런 변화이다. 검무의 내부적 요인보다는 검무의 외부적 요인에 의한 것일 수
있다. 그래서 칼의 목이 돌아가고 칼을 돌려야 한다면 새로운 동작이 만들어졌

55 『매일신보』, 1925.5.19. ②
56 『매일신보』, 1925.5.23. ②
57 김영희, 박민일, 신현규, 이민주, 『기생 100년 엽서 속의 기생읽기』, 국립민속박물관, 2008, 56쪽.

을 것이다. 칼날이 돌아가는 소리는 춤의
정적을 깨고 춤판에 활기를 넣어준다. 칼을
빠르게 빙글빙글 돌리며 기교를 보여주지
만, 검(劍)의 위용을 찾을 수 없고, 칼을 좌
우로 번갈아 돌려 속도감을 보여주지만, 조
선 후기 기생의 검무에서 느꼈던 '별을 바다
에 침몰시키는 검의 기운'(劍氣星沈海)'[58]을
느끼게 하지는 못한다.[59]

사진 4. 동기(童妓)의 검무

일제강점기의 검무는 무구의 변화 뿐만이
아니라 춤의 기운이나 스타일에 있어서 변화
가 있었던 것이다. 조선후기에 신윤복이 그린
〈쌍검무도〉나 김준근이 그린 〈창기검무〉에서 보이는 활달하고 역동적인 이미지
가 축소되었다. 또한 동시대 무용가 최승희가 자신이 춘 검무의 안무의도를 설명
하면서, 당시 기생의 검무에 대해 '기생의 손으로 悠長纖弱(유장섬약)한 여성적
동작으로 변해젓든 것이다.'[60]라고 언급했다. 즉 극장을 통한 흥행으로 춤의 유통
방식이 변화한 환경과 더불어 일제로부터 관리감독을 받아야 했던 상황이 검무가
보여주었던 상무(尚武)정신이나 검기(劍氣)를 상실하게 했던 것으로 보인다.

2) 조선음악무용연구회의 검무

조선음악무용연구회는 1937년 12월 한성준이 설립한 춤 단체이다. 기생 조
직이 아닌 조선춤 전문 단체로서, 독자적인 공연예술을 위해 활동했다. 조선음
악무용연구회는 1938년 5월 2일 향토연예대회 중 '고무용대회', 1938년 6월 23
일의 '고전무용대회', 1939년 2월 22일부터 3월 19일까지 행한 '남선순업공연',
1940년 2월 27일 부민관에서 올린 '도동기념공연'에서 빠지지 않고 〈검무〉를

---

58 『耳溪集』 권4, 「朝天館觀劍舞 留贈主人鄭令」.

59 김영희, 「한국 근대춤에서 검무의 변화 연구」, 『한국무용사학』 10호, 한국무용사학회, 2009,
273쪽.

60 최승일, 『최승희 자서전』, 이문당, 1937, 150쪽.

추었다. 출연자는 이선과 장홍심, 또는 한영숙 강춘자의 이인무로 추었으며, 공연의 초반에 배치되었다. 검무의 작품 설명으로 '칼춤이라면 누구나 모르는 이 없으리만큼 바라춤과 한 가지로 유명하다. 호사스럽고 엄장한 무관복을 입고 날낸 호랑이와 같이 뛰노는 이 춤이야말로 가장 씩씩해 보이고 생기가 있는 것이다.'[61]라고 하였다.[62]

조선음악무용연구회의 검무가 어떤 특징을 가졌는지에 대해서는 다른 사료가 없어서 언급하기가 어렵다. 다만 '호사스럽고 엄장한 무관복을 입고 날낸 호랑이와 같이 뛰논다'거나, '가장 씩씩해 보이고 생기가 있다'는 춤의 인상은 현행 검무의 의식(儀式)적이고, 유장한 인상과는 다르다고 할 수 있다. 조선음악무용연구회의 검무는 한성준이 권번에서 춤 선생을 했으므로, 권번의 기생들이 추었던 검무와 크게 다르지 않았으리라 본다.[63]

3) 신무용의 검무

신무용으로 처음 추어진 최승희의 〈검무〉는 1934년 동경 일본청년회관에서 행한 1회 발표회 때 선보였다. 검무에 대해 '타악 반주로 추는 勇壯한 춤이다. 유래로 조선의 검무는 신라시대의 용장, 조선의 木村長門守라고 할만한 黃昌의 영웅적 행위를 찬미해서 만든 용장한 무용이였던 것을, 기생의 손으로 유장섬약(悠長纖弱)한 여성적 동작으로 변형된 것이다. 최여사는 처음의 자태로 복귀시켜서, 검무 본래의 면목을 발휘하려고 창작한 것이다. 쌍수에 단검을 갖고 추는 壯勇한 작품이다.'[64]라고 설명했다. 유장섬약(悠長纖弱)한 여성춤으로 변한 조선의 검무를 황창의 영웅적 모습으로 용장하게 보여주고자 했다는 것이다.

최승희는 〈검무〉를 미주유럽공연에서도 추었다. 1938년 2월 2일에 로스엘젤레스의 이벨극장에서 올린 공연 중 2부의 첫 프로그램으로 추었고, 공연 후 재미교포신문이었던 『신한민보』에 기사가 실렸다. 검무에 대해 '무장(武裝)을

---

61 『조선일보』, 1938.6.19.

62 김영희, 「한국 근대춤에서 검무의 변화 연구」, 『한국무용사학』 10호, 한국무용사학회, 2009, 269~270쪽.

63 김영희, 위의 글, 2009, 270쪽.

64 최승일, 『최승희 자서전』, 이문당, 1937, 150쪽.

사진 5. 〈장검무〉 (최승희 안무, 1942)[66]　　　　사진 6. 〈검무〉 (최승희 안무, 1934)

하고 검을 들고 나올 때에 눈에서 영취(靈鷲)가 돌고 정신이 발발하여 검을 내여 두를 때에는 그 소리에 관객의 정신까지 어지러워지고 맘속까지 서늘하여지는 기분적 춤이였다.'[65]고 했다. 비록 비전문가의 감상이지만 최승희가 춘 〈검무〉의 분위기를 짐작할 수 있다. 최승희의 제자 김백봉이 재구성하였고, 현재 그 제자들이 〈격(格)〉이라는 제목으로 추고 있다.

　　그러나 세계일주 공연 후 1942년에 안무한 최승희의 〈장검무〉를 보면 여성 춤으로 바뀌었다. 위 〈사진 6〉에서 바지가 치마로 바뀌었고, 뿔이 달린 관이 아니라 족두리를 쓰고 한삼과 장검을 휘두른다. 미소를 띠고 분위기는 화사하다. 1942년 동경의 장기공연 프로그램에는 '신라시대 화랑의 영웅적 행위를 찬양한 데서 유래된 춤으로 조선시대에 기생들에 의해 추어졌던 검무를 그 나름대로 재창작해서 소개하는 춤.'[67]이라 설명했다. 기생들이 추었던 검무를 재창작했다고 했으니, 기녀검무에 초점을 맞춘 춤이다. 이 〈장검무〉는 최승희 특유

---

65 「최승희여사의 무용을 보고」, 『신한민보』, 1938.2.10.(제1570호).

66 정수웅, 『최승희』, 눈빛, 2004, 210쪽.

67 정병호, 『춤추는 최승희』, 뿌리깊은나무, 1995, 219쪽.

의 여성미를 강조했으며, 명랑하고 밝은 스타일로 춘 검무였다.

　월북 후 최승희의 장검무는 한 번 더 변했다. 안성희에게 안무해준 〈장검무〉를 보면, 그 모습은 마치 경극 〈패왕별희〉에 나오는 우미인의 모습과 비슷하다. 잘록한 허리와 머리에 쓴 관, 여성스러운 장신구와 양 손에 쥔 장검이 그러하다. 칼도 양쪽 칼날의 직선형 칼이다. 해방 전후 중국 춤을 연구한 최승희가 중국의 검무를 응용하여 창작한 춤이다. 사진에서 느낄 수 있는 〈장검무〉의 인상은 힘이 느껴지고 역동적이다. 안성희가 추었던 〈장검무〉는 최승희 월북 후 국내외 공연에서 수차례 추어졌고, 이후 북한에서 만든 무용극들에 인용되었다.[68]

　신무용을 추었던 최승희의 검무는 1934년의 〈쌍검무〉로부터 1942년의 〈장검무〉, 1950년의 〈장검무〉로 변했다. 이 작품들은 각각 다른 작품이라고 할 수 있을 정도로 춤의 모티브도 다르고, 춤이 주는 이미지들도 상이하다. 각 시기별로 최승희의 예술적 고민이 형상화되었다고 할 수 있다. 최승희의 검무는 신무용계열에서 제자들의 검무에 영향을 미쳤다.

3) 민속의례와 놀이에서 칼춤

(1) 휘쟁이춤

　〈휘쟁이춤〉은 경상도 지역에서 장례 행렬 중에 상여가 나갈 때 귀면(鬼面)의 탈을 쓰고 양 손에 큰 칼 두 개를 휘두르며 추는 춤이다. 이 춤은 1983년 국립극장 '4회 한국명무전'에서 밀양의 김타업(金他業, 1913~1990)이 추어 알려졌다.

　요령이나 쇠소리는 쓰지 않고, 장구 북장단으로 무서운 형용의 탈을 쓰고

사진 7. 휘쟁이춤[69]

68 김영희, 「한국 근대춤에서 검무의 변화 연구」, 『한국무용사학』 10호, 한국무용사학회, 2009, 272쪽.
69 구희서·정범태, 『한국의 명무』, 한국일보사, 1985, 365쪽.

두 손에 청룡도를 들고 휘두르며 잡귀잡신을 베면서 상여 앞에서 나아가는 것이다. 김타업은 어려서 흉내를 내다가 어른이 되어 휘쟁이춤으로 불려다녔다고 한다.[70] 상여 앞에 방상시 탈을 놓거나 방상시 탈을 쓰고 나아갔던 형식에서 보다 적극적으로, 휘쟁이춤은 귀면(鬼面)의 탈을 쓰고 큰 칼을 휘두르며 액을 물리치는 칼춤이다. 베어버린다는 칼의 원초적인 의미가 죽음이라는 통과의례 속에서 상징적으로 사용되면서 칼춤의 또 다른 전형을 만든 춤이다. 한국 춤의 역사에서 칼춤의 의미와 용도를 확대한 또 다른 사례라고 하겠다.

(2) 북청사자놀음의 칼춤

북청사자놀음에도 〈칼춤〉이 있다. 북청사자놀음은 함경북도 북청에서 사자를 중심으로 놀던 놀이이다.[71] 정월대보름에 크게 놀았는데, 한국전쟁 뒤 월남한 연희자들에 의해 전승되다가, 1967년에 중요무형문화재 제15호로 지정되었다.

사진 8. 북청사자놀음 중 칼춤[72]

---

70 구희서·정범태, 『한국의 명무』, 한국일보사, 1985, 363쪽.

71 북청사자놀이는 마당놀이에서 길놀이·꺽쇠 양반·애원성춤·거사사당춤·무동춤·꼽새춤·칼춤·넋두리춤을 추고, 사자놀이마당에서 사자춤·영감노장으로 구성된다. 1998년부터 2002년까지 전광석(田光石)이 북청사자놀음의 칼춤의 예능보유자였다.

72 김영희춤연구소 주최, 검무전(劍舞展) Ⅲ, 남산국악당, 2016.9.27.

전체 10과장 중에 7과장에 칼춤이 들어가는데, 꼭쇠가 중앙에 2벌의 칼을 마주보게 갖다 놓으면 남성 2인이 등장한다. 바지저고리에 행전을 차고 머리띠를 맸다. 처음에는 맨 손으로 추다가 꿇어앉아 바닥에 놓인 칼을 집어들고 칼춤을 추기 시작한다. 북청사자놀음 특유의 겅중거리는 동작으로 나아갔다 들어갔다 하거나, 제자리에서 다리동작을 하며 칼춤을 춘다. 기녀들의 검무용 칼과 모양은 다르지만 칼을 돌리며 춘다. 북청사자놀음의 마당놀이는 각 춤이 특별한 연결구조 없이 장기자랑처럼 이어지는데, 여러 춤 사이에서 칼춤이 추어진다. 칼춤이 어떤 경로로 북청사자놀음에서 추어지게 되었는지 알 수 없으나, 함경도 지역의 연희에서 유일하게 남아있는 칼춤이다.

5. 1960년대 이후

1) 전통 검무

(1) 진주검무

〈진주검무〉는 진주교방의 춤으로 정현석의 『교방가요』에 기록되어 있고, 일제강점기에도 이어졌다. 문화재제도가 처음 시행된 1962년 무렵 진주에는 최순이(崔順伊, 일명 崔完子, 1891~1973)라는 노기도 생존해 있었고,[73] 그 외 권번에서 활동했던 예인들이 생존했기에 진주검무의 연행은 충분히 가능했었다. 이들에 의해 1967년에 팔검무를 갖춰 진주검무가 무형문화재 12호로 지정되었다. 이후 진주검무는 20세기 후반 교방춤 계열 검무의 모범이 되었다. 검무가 다른 지역에 남아있었으나 짝을 갖춰 4인무나 2인무로 재연되지 않았기에 희소가치가 있었던 것이다. 진주검무는 다른 지역의 기녀 검무에 비해 의례적 특성이 강하다. 한삼춤, 손춤, 칼춤의 순서가 모두 갖춰져 있다.

---

73 김천흥·박헌봉·유기룡, 『무형문화재조사보고서 제18호: 진주검무』, 176쪽.

사진 9. 〈진주검무〉[74]

〈통영검무〉는 1987년에 통영승전무(중요무형문화재 21호, 1968년 지정)에서 추가로 지정되었다. 통영승전무의 예능보유자 정순남(1906~1983)이 먼저 검무를 추고 북춤을 추었다는 증언이 토대가 되었다. 통영검무는 통영교방청의 기녀들이 추었을 것이며, 춤의 계보는 교방청에 적을 두었던 김해근(1847~?)의 직계제자인 이국화(1890~?)에게 실기를 배운 정순남이 50여 년간을 보존 지속해 왔다고 한다.[75] 궁중 계통의 검무로서 같은 경상도 지역의 진주검무와는 다른 특징을 보여준다.

〈호남검무〉는 호남에서 추어졌고 광주권번과 광주국악원을 통해 전수되어 왔다. 1920년대 광주 유지들에 의해 설립된 광주권번은 1944년 해체되기까지 춤, 소리, 기악 등을 교습하는 기생 양성기관으로 자리하였는데 한말 관기로 유명했던 조앵무를 비롯하여 신방초, 이장선, 이창조, 신갑도 등과 그 뒤를 이어 김금옥, 박영구 등이 춤선생으로 명성을 날렸다. 신갑도 선생은 한말 팔도의 검무를 모두 보유했을 정도로 검무에 탁월하였다. 한진옥이 보유했던 검무는 이러한 신갑도의 검무와 이장선, 이창조의 검무를 체득하여 체계화한 춤으로 뚜렷한 계보를 따르는 춤이다. 광주권번은 해방 후 광주국악원으로, 다시 1973년 시립광주국악원으로 이어졌고, 한진옥이 춤사범으로 1987년까지 활동했다.[76]

74 문화재청 홈페이지 〈진주검무〉.
75 임수정, 『한국의 교방 검무』, 민속원, 2011, 57쪽.

사진 10. 이매방류 호남검무

현재 호남검무보존회가 활동중이다.

또 다른 호남검무는 이매방(1926~2015)의 검무이다. 처음에는 〈광주검무〉라는 제목으로 추었지만 근래 호남검무라 칭하기도 한다. 이매방은 목포 출신으로 목포와 광주의 권번에서 춤을 배웠으니, 그의 검무는 호남기방 계열이다. 그가 춤을 배우기 시작한 것은 7~8세 부터였지만 검무를 배우기 시작한 것은 12~13세 부터였다. 검무의 스승 역시 이대조와 이창조였다.[77] 이매방은 전통춤 중에 승무와 검무를 법무(法舞)로 꼽았었다. 현재 이매방의 제자들에 의해 전승되고 있다.

〈해주검무〉는 한말 한일합방 이후 궁이 폐함에 따라 해주권번을 통하여 그 맥을 이어 왔으며, 1930년대에 해주권번에서 춤을 지도하던 장양선이라는 국악인에 의해 전해졌다.[78] 그의 제자 양소운(1924~2006, 봉산탈춤 예능보유자)은 해주권번에서 장양선에게 검무 등을 배워 활동했었고, 월남 후 인천에 자리잡았다. 1982년 해주검무를 처음 재현하기 시작하여 1983년 인천에서 해주검무보존회를 결성하고 매년 발표하였다.[79] 한삼춤이 없으며, 염불장단이 없이 늦타령으로 시작하는 것이 특징이다.

---

76 임순자, 『호남검무』, 태학사, 1998, 31쪽.
77 구히서 정범태, 『한국의 명무』, 한국일보사, 1985, 53쪽.
78 임수정, 『한국의 교방 검무』, 민속원, 2011, 60쪽.
79 박경미, 「해주검무의 춤사위 고찰」, 숙명여자대학교 석사학위논문, 2005, 30쪽.

사진 11. 〈해주검무〉[80]

〈평양검무〉는 이북 문화재인 평안남도 무형문화재 1호로 2001년 2월 23일에 지정되었다. 평양의 검무는 조선시대 뿐만이 아니라 일제강점기에도 그 명성이 자자했었다. 하지만 분단 이후 남한에서는 분명한 전승자가 없었으나 1985년부터 이봉애(1923~2019)가 복원하기 시작하였고, 활발하게 활동하고 있다. 칼 동작이 시원하고 돌 때 칼로 땅을 치면서 도는 동작이 특징이다.[81]

사진 12. 평양검무

80 김영희춤연구소, 검무전 I, 한국문화의집, 2012.4.12.
81 이지연, 「이봉애의 평양검무 연구」, 중앙대학교 교육대학원 석사학위논문, 2004, 48쪽.

2011년에 경기 무형문화재 53호로 지정된 〈경기검무〉는 한성준이 구성한 춤이다. 한성준이 조선권번이나 한성권번 등 서울, 경기지역의 권번에서 기생들을 지도한바 있고, 1937년 설립한 조선음악무용연구회를 통해 검무를 공연하였다. 현재 중요무형문화재 제 92호 태평무 보유자인 강선영(1925~2016)과 그의 제자들에 의해 경기검무가 전승되고 있다.[82] 예능보유자는 강선영의 제자인 김근희이며, 후반에서 경쾌하고 활달한 전개가 특이하다.

사진 13. 경기검무

〈밀양검무〉는 밀양 지역의 예술적 토대 위에서 복원창작된 검무이다. 1970년 대부터 밀양국악협회 주축으로 민속예술을 복원하기 시작했고, 검무로 유명했던 밀양 기생 운심에 대한 문헌 자료가 소개되었다. 이에 밀양권번 출신 예인이었던 정금수(1929~1992)로 하여금 밀양검무를 복원하게 했고, 이때 전통춤꾼 김은희가 참여하였다. 김은희는 정금수에게 배운 검무에 박제가의 '검무기'를 기본구성으로 하고, 『무예도보통지』의 쌍검보의 동작을 참고하여 밀양검무를 구성하였다. 1991년 밀양에서 처음 선보인 후 꾸준히 공연하였다.[83] 남도대풍류로 반주하며, 2인의 기녀가 칼을 겨루는 대목을 구성한 점이 밀양검무의 특징이다.

82 이주희, 「경기검무 춤사위 구조연구」, 중앙대학교 석사학위논문, 2007, 49쪽.

83 노한나, 「밀양검무의 춤사위 분석에 따른 미학적 성격 연구」, 성균관대학교 박사학위논문, 2014, 84~86쪽 참조.

사진 14. 밀양검무[84]

　　그리고 중앙에 알려지지 않았지만 대구를 중심으로 추고 있는 정소산류 〈달
구벌 검무〉가 있다. 정소산(본명 鄭柳色, 1904~1978)은 대구 달성권번의 춤 선
생이었는데, 백년욱이 정소산에게 배워 이 춤을 전승하고 있다. 동작이 많지
않지만 기교 없이 단정하며 칼놀림이 절도 있다.

사진 15. 달구벌 검무[85]

---

84 김영희춤연구소 주최, 검무전 Ⅱ, 한국문화의 집, 2013.7.18.
85 김영희춤연구소 주최, 2014검무전, 서강대학교 메리홀, 2014.10.10.

2) 신무용 검무

사진 16. 〈섬광〉(김백봉 안무, 1954)

1960년대에 한국학이 일어나고 문화재제도가 시행되면서 전통예술에 대한 관심이 높아졌지만, 전통춤의 환경과 여건은 여전히 악화되었다. 개화 이후 서양 문물이 수입되면서 전통문화예술에 대한 부정적 인식이 계속됐고, 최승희 조택원이 정립한 신무용이 춤계의 대세였기 때문이다. 이런 상황에서 신무용 스타일의 검무가 창작되어 공연되었다. 신무용을 정립한 최승희가 월북했기에 그의 검무를 볼 수는 없었고, 그의 제자였던 김백봉(1927~)과 전황(1927~2015)이 한국전쟁 시에 월남하였고, 이들이 신무용 스타일의 검무를 창작하여 발표하였다.

김백봉의 검무 〈섬광(閃光)〉은 독무로 추는 춤이다, 1954년에 초연되었고, 이후 군무로 재안무되었다. 그리고 전황(全黃)이 안무한 2인의 〈장검무〉도 있다. 두 작품이 최승희가 1950년에 창작한 〈장검무〉의 영향을 받았다고 할 수 있다. 이매방은 전통춤꾼이었음에도 시대적 흐름에 따라 신무용 〈장검무〉를 창작했다. 처음에는 여장을 하고 독무로 추었으나 후에 군무로 재구성하여 제자들이 추고 있다. 세 작품이 공히 중국풍의 의상에 장검을 들고 춘다. 한순옥(韓順玉, 1932~)이 안무한 독무 검무도 있다.

6. 마치며

검(劍)과 검무(劍舞)는 우리 문화에서 오랫동안 회자되고 등장한 텍스트였다. 삶의 치열한 과제와 직접 닿아있기도 하였고, 예술작품으로 승화되어 우리 춤 문화의 한 전형을 창출하기도 하였다. 검(劍)과 검무(劍舞)는 우리 춤의, 나아가 우리 문화의 소중한 유산이자 보고이다.

645년에 태어나 660년에 죽은 화랑 관창이 황창이라면, 황창이 백제왕 앞에서 춤추고 신라인들이 가면을 쓰고 황창랑무를 춘 때는 660년이다. 그로부터 가면을 쓰고 추는 황창랑무가 조선 중기까지 이어졌다면 김만중(1637~1692)이 어린 동기(童妓)가 추는 것을 보았다는 17세기 중후반까지 최소한 1000년을 이어온 춤이다. 문헌상 가장 오랜 역사를 갖는 춤인 것이다.

그리고 조선 후기에 교방의 검무가 크게 일어났는데, 이는 부국강병을 꾀하고 유협(遊俠)이 증가했던 조선후기 사회적 분위기와 관계가 있다고 본다. 이 시기에 지어진 시문들을 보면 기녀들이 추었던 교방의 검무는 지식인과 예인들에게 시대적 탐미의 대상이었다. 좌중에 검기(劍氣)를 자아내던 여협(女俠)의 모습 속에서 상무정신을 고취했으며, 역동적(力動的)인 춤사위와 극적(極的)인 구성을 보여주었던 검무는 당대 최고의 춤이었던 것이다. 결국 검무는 궁중에 들어가 정재의 영역을 확장시켰다.

하지만 20세기 초 일제강점기에 검무의 칼은 짧아지고 칼의 목이 돌아가게 되었다. 장검을 양 손에 쥐고 추는 검무 사위와는 스케일도 다르며, 춤의 인상도 달라졌다. 상무(尙武)나 여협(女俠)의 기운은 축소되었다. 극장의 흥행물로서 기예적이거나 완상(玩賞)을 위한 춤으로 미의식이 변질되었다고 할 수 있다.[86] 이러한 흐름은 20세기 중반에 전통예술이 제도에 의해 간신히 보호되는 상황에서 그대로 이어졌다.

한편 〈항장무〉는 중국의 고사를 토대로 들어와 연희되었고, 그 중에 추어진 칼춤은 극적 긴장감 속에서 갈채를 받았다. 또 동학도들이 추었던 '검결의 칼춤'은 사람이 곧 하늘이라는 뜻을 담아 만민평등의 간절한 염원을 담은 춤이었다. 그리고 신무용가 최승희는 우리 역사에 등장했던 여러 검무를 기반으로 신무용 〈쌍검무〉와 〈장검무〉를 창작하였다. 〈검무〉가 이렇게 많은 공연 흔적을 남길 수 있었던 것은 이전 시기에 이어져온 검무의 역사와 전통이 풍부했기 때문이었다.

---

86 김영희, 「한국 근대춤에서 검무의 변화 연구」, 『한국무용사학』 10호, 한국무용사학회, 2009, 273~274쪽.

근래 '검무'는 각 지역에 전승된 교방춤 계통의 전통춤으로만 인식되거나, 간혹 검술을 다루는 무사들이 상품화된 공연을 위해 정체가 분명치 않은 의상과 음악을 배경으로 검무를 추기도 한다. 그러나 이는 한국 검무의 일부일 뿐이다. 한국 춤의 역사에 등장한 검무의 다양한 면면들은 그 형식 뿐만이 아니라 내용에 있어서도 다양하며, 인문(人文)적 의미도 현재적으로 되새겨 보아야 할 것이다.

김영희춤연구소는 2012년부터 3회에 걸친 '검무전(劍舞展)'[87]에서 18 종목의 검무와 2편의 무예검을 무대에 올렸다. 각 지역의 교방 검무들을 보았고, 통과 의례나 역사적 사건 속에서 추었던 검무들도 보았다. 또한 우리 역사가 품고 있는 검무의 자산을 토대로 창작된 검무들도 무대에 올렸다. 이종호 안무의 〈황창(黃昌)의 비(飛)〉, 신미경 안무의 〈검무낭(劍舞娘)〉과 〈계월향(桂月香)〉, 이주희 안무의 〈남이환상(南怡幻想)〉 중에서 장검무, 김용철 안무의 〈무무(武舞) - 다른 공기〉가 그러하다. 이러한 시도는 검무를 보는 현재적 시각이 작품화된 성과였다. 검무의 역사에 대한 이해와 함께 더욱 풍성한 검무가 우리 춤의 역사에 남기를 기대한다.

2015년 11월 20일에 동숭동 예술가의집에서 김영희춤연구소가 주최한
검무심포지엄 Ⅰ에서 발표한 글을 수정·보완하였다.

---

87 '검무전 Ⅰ'(2012.4.12. / 서울 대치동 한국문화의집), '검무전 Ⅱ'(2013.7.18. / 서울 대치동 한국 문화의집), '2014 검무전'(2014.10.9~10. / 서강대학교 메리홀 대극장)

한국 검무의 발생 배경과
조선 후기 풍속화·기록화의 여성 쌍검무

이태호

1. 시작하며

칼은 생활도구 내지 호신용 무기이다. 刀와 劍으로 일컬어지는 칼은 살생이나 무술을 떠올리기 쉽지만, 특정세력의 권위를 드러내는 수단이기도 했다. 금속 가공기술이 발전한 청동기시대부터 그렇게 활용되었으며, 청동검은 지배층의 힘을 상징하는 의기(儀器)였다. 철기시대 이후 쇠칼은 전투 시 주요 살상무기로 자리 잡았고, 군대의 지휘체계나 절대군주의 상징물이었다. 조선 말기의 〈철종 어진〉과 흥선대원군 〈이하응 초상〉의 배경에 세워놓은 칼이 그런 양상을 잘 보여준다. 군복차림의 〈철종 어진〉에는 칼집에 넣은 화려한 보검이 화면 오른쪽에 세워져 있다. 높은 탁자를 앞에 놓고 의자에 좌정한 유복차림의 〈이하응 초상〉에는 칼집에서 뺀 채 세워 둔 외날 검이 섬뜩함을 자아낸다. 이러한 이미지는 왕권과 왕실의 기운이 약화되어가던, 조선의 몰락기임에도 불구하고 여전히 검이 절대 권위의 상징적인 무구였음을 확인시켜준다.

또한 칼은 불교나 도교, 유교 등 동아시아 종교 문화에서도 빼놓을 수 없는 귀물(貴物)이었다. 불교에서는 수호신이 소지하고, 심신수양의 덕목으로 등장한다. 유교 문인들도 절제, 수련, 풍류 등의 상징으로 칼을 지닌 선객(仙客) 도상을 선호했다. 이러한 점들이 검무(劍舞)의 성장 배경일 법하다. 4~7세기 고구려 고분벽화가 보여주듯이 발생 초기에는 검무를 무예나 검술훈련과 동일시하였을 터인데, 후대로 내려올수록 오락이나 공연예술로 자리 잡았다.

한국회화사를 통틀어 조선시대 검무 그림의 대표작은 1810년대 혜원 신윤복의 유명한 풍속화 〈쌍검대무〉이다. 공연예술 형태의 여성 쌍검무는 조선 후기 궁중과 관청의 기록화에서 발견된다. 두 사람이 양 손에 칼을 한 자루씩 들고 대련하는 여성 쌍검무가 궁중행사에 등장한 첫 사례로는 1795년 정조가 세상을 떠난 사도세자와 혜경궁 홍씨의 회갑년을 맞아 시행한 화성행사를 들 수 있다. 이후 궁중과 관아의 연회 그림에는 선유락, 포구락, 북춤, 처용무 등과 함께 검무 장면이 삽입된다. 이들부터 1880~90년대 김준근의 기산풍속도첩에 포함된 검무도까지, 궁중기록화와 풍속화의 검무 그림에는 19세기 검무의 유행과 그 형식 변모가 고스란하다.

그럼 고구려 고분벽화부터 조선시대까지 옛 그림에 보이는 칼춤의 선형(先形)을 찾아보고, 조선 후기 풍속화와 기록화에 나타난 여성 무용수들이 추는 쌍검무의 이미지를 정리해보겠다.

2. 한국 검무의 발생배경

고려 말 쌍매당(雙梅堂) 이첨(李詹, 1345~1405)이 언급했던 황창랑(黃倡郎)의 검무(劍舞) 일화를 지금까지 한국 검무의 연원으로 여겨왔다.[1] 황창랑은 삼국시대 신라 화랑 관창(官昌)과 동일시되기도 하며, 그가 춘 검무를 조선시대 편수검·쌍수검 형식의 원형으로 추정하기도 했다.[2] 그러나 황창랑은 후대 기록의 인물인데다, 철제로 만든 삼국시대의 둥근고리 큰 칼인 환두대도(環頭大刀)로 소년이 검무를 춘다는 게 쉽지 않았을 것이라는 점에서 다소 신빙성이 떨어진다. 당시의 환두대도는 1m 내외로, 길고 무거워 소년이 양손에 두 칼을 들고 움직이기에는 무리가 있을 법하다.

한국 검무의 기원으로 여기는 신라에서 검무가 그려진 사례는 아직 없다. 우리 검무의 연원은 신라 황창랑보다 훨씬 이전인, 근 300년 전의 고구려 고분

---

1 吳光運, 『海東樂府』; 成原黙, 『東京雜記』; 金宗直, 『東都樂府』; 李裕元, 『嘉梧藁略』; 鄭顯奭, 『敎坊歌謠』 등.

2 조혁상, 「조선조 劍舞의 武術的 성격에 대한 고찰」, 『한국무용사학』 10, 무용역사기록학회, 2009, 229~255쪽.

벽화에서 찾아진다. 고분벽화에는 검과 관련한 도상이 뚜렷하게 남아 있고, 검무로 유추할 만한 자료들이 상당하다. 삼국시대 이후 불교미술에 등장하는 칼을 든 신상 조각이나 회화도 검무와의 친연성이 없지 않다. 조선 후기에는 본격적으로 여성 쌍검무가 그려졌으며, 검객 혹은 신선과 관련된 고사인물도나 도석인물도가 유행했다. 한편 뚜렷한 증거를 확인하기 어렵지만, 고구려부터 조선시대까지 한국 검무의 형태는 중국 검무와 무관하지 않았을 터이다.

1) 고구려 고분벽화의 검과 舞

고구려 고분벽화에 그려진 검과 검무는 7세기 전반인 신라의 황창랑 일화보다 훨씬 앞선, 4~7세기 고구려에 한국무용과 칼춤의 원형이 존재했음을 알려준다.[3] 둥근고리 손잡이의 환두대도형 외날 쇠칼이 등장한다. 당시 중국에서 양날 쇠칼이 주류를 이뤘던 것을 감안하면, 외날은 한국식 칼이랄 만하다.

고구려 고분벽화에는 다양한 용도의 칼이 등장한다. 각저총 안간 북벽의 묘주인 생활도에는 왼쪽허리에 칼을 착용한 묘주인이 보인다. 칼은 환두대도이며, 귀족신분인 그의 지위를 표상한다. 안악3호분(357년)·덕흥리벽화고분(408년)·약수리벽화고분의 행렬도에는 병사들이 비교적 짧은 길이의 환두대도를 어깨에 멘 모습으로 그려져 있다. 의례용으로 사용된 예는 삼실총의 호위무사와 개마총의 병사들이 있다. 장례 장면과 연계되어 '받들어 칼' 자세를 취한 개마총 병사들의 행렬은 무척 흥미롭다. 이처럼 장례 혹은 의례에 칼이 쓰인 흔적들은 4~5세기 벽화에서 발견된다. 살상용으로 쓰인 사례는 통구12호분 벽화의 전투도가 유일하다. 칼로 적의 목을 베는 그림인즉, 모양과 크기로 보아 환두대도는 아니다.

고분벽화를 전체적으로 살펴보면, 칼을 쥔 병사의 비율이 현저히 낮다. 창을 든 병사가 절반가량으로 가장 많고, 그 다음 도끼, 활 순이다. 환두대도는 열 명 중 한 명 정도가 착용하였다.[4] 이로 보아 아무나 칼을 소지하지 못했던

---

3 이태호, 「벽화로 본 고구려」, 『대고구려역사 중국에는 없다』, 예문당, 2004, 67~99쪽.

4 서영교, 「고구려 고분벽화에 보이는 고구려의 전술과 무기」, 『고구려발해연구』17, 고구려발해학회, 2004, 347~368쪽.

그림 1. 안악3호분, 행렬도 무악대부분, 고구려 4세기 중엽

모양이다. 지휘용도로, 지금으로 치면 중대장 혹은 그보다 상위의 부대장이어야 칼을 들었던 것으로 짐작된다.

여러 고분벽화 중 검무는 안악3호분 회랑의 대행렬도 가운데 군악무(軍樂舞)에 보인다. 무덤주인을 상징하는 깃발과 황토마 좌우에, 북 2조와 종 1조의 타악기 악대와 두 명의 군무가 배치되어 있다. 북과 종은 두 사람이 어깨에 메고 이동하는 담고나 담종 형태이며, 연주자가 각각 한사람씩 따른다. 이들 앞에 왼편으로 외날 刀와 활처럼 생긴 무기를 든 두 남자 무용수의 춤동작이 눈에 띈다.〈그림 1〉 이 장면을 우리 역사 속 칼춤의 첫 시작이라고 볼만하다. 안악3호분에는 357년의 묘지명문이 있으므로, 4세기 중엽 군사행렬에서 검무가 연행되었음을 알 수 있다.

외날 도(刀)와 활의 무기조합은 후한대 화상석에서도 발견된다. 중국 안휘성에서 발굴된 한나라 화상석 중에 안악3호분의 도상과 흡사한 칼과 활 모양의 무구들을 쥔 〈연무(演武)〉 장면이 눈길을 끈다. 이 화상석은 시기적으로 후한대 3세기경

그림 2. 연무, 후한 3세기, 안휘성 숙현 출토 화상석

에 해당되며, 4세기 고구려 고분벽화에 미친 영향을 짐작케 한다.〈그림 2〉 맨손으로 대련하는 두 남자의 무술 장면 왼편, 검무는 복장으로 미루어 볼 때 두 여성으로 해석되기도 한다.[5]

　칼춤과 유사한 형태의 도상은 팔청리벽화고분에도 등장한다. 북과 완함 연주자, 기마 나팔수의 연주에 맞추어 장대다리, 공과 막대기를 던져 받는 등 여러 재주를 부리는 사람들의 교예 장면에 환두대도형 칼을 한 자루씩 쥔 두 무사의 춤이 끼어 있다. 윗사람은 칼을 오른쪽으로 찌르며 양 무릎을 굽힌 자세이고, 아랫사람은 오른손의 칼을 세우고 얼굴을 쳐든 자세인 게 영락없는 춤사위이다.

　5~7세기 고분벽화의 수호무사 이미지에서도 칼춤이 연상된다. 그 좋은 예가 약수리벽화고분과 통구사신총이다. 5세기 약수리벽화고분의 환두대도를 든 역사상(力士像)은 가장 칼춤답다.〈그림 3〉 왼손에 쥔 외날 刀를 어깨 위로 올리고 오른손을 허리쪽으로 내린 동작이나, 한쪽 무릎을 들어 올린 동작은 춤사위 같다. 통구사신총 입구에 위치한 창과 금색 무구를 든 역사상의 전진하는 자세도 무예와 유사한 춤으로 보인다.

그림 3. 약수리벽화고분, 환두대도를 든 역사상, 고구려 5세기

---

5 『中國畫像石全集』 4, 江蘇·安徽·浙江, 山東美術出版社·河南美術出版社, 2000, 圖173.

뻣뻣이 서서 무덤이나 묘주인을 엄숙하게 수호하는 형태가 아니라, 한 발을 든 채 몸을 트는 역동적인 자세가 그러하다.

5세기 무용총의 춤과 6세기 말~7세기 전반 통구사신총, 통구오회분4호묘·5호묘, 강서대묘 등에 표현된 비천이나 선인(仙人)의 춤동작을 비교해보면, 고구려의 춤이 느린 스텝에서 빠른 동세로 변화했음을 알 수 있다.[6] 6~7세기 통구지역 고분에 나타난 선인의 춤동작은 고구려 춤의 빠른 동세를 노래한 이태백의 싯귀와 부합한다.[7]

2) 불교미술 속의 검

삼국시대 도검문화는 고구려 고분벽화의 무기나 의기, 그리고 권위적 표식물 등 칼의 쓰임새를 짐작케 하는 도상들에 나타난다. 이와 동시기에 수용되어 정착된 불교미술에서는 주로 호법신들과 함께 칼이 등장한다. 삼국시대부터 조선시대까지 사천왕이나 팔부중, 십이지신상 가운데 칼을 소지한 신장상들을 발견할 수 있다. 칼은 지혜를 표상하는 문수보살의 지물이기도 하다. 사원(寺院)에서 '심검당(尋劍堂)'은 설선당(說禪堂)이나 적묵당(寂默堂)처럼 스님들이 수행하는 승방(僧房)이다. 깨달음의 '칼을 찾는 집'이라는 심검당의 당호는 심신의 단련을 칼에 비유한 것이다. 칼처럼 예리한 정신으로 번뇌나 망상을 물리친다는 의미이다.

불교에서 칼의 엄정함이나 섬찍함은 조선시대 16~19세기 감로도(甘露圖) 하단 부분에 표현된다. 현실세계와 지옥도로 채워진 감로도 하단에는 '충의장사(忠義將帥)'나 인간 현실의 '도검상살(刀劍相殺)' 장면이 등장한다. 두 장수 중한 사람이 칼로 스스로 목을 쳐 두상을 한손에 든 채 서있는 충의장수상은 일본 藥仙寺(약센지) 소장 〈감로도〉(1589), 남장사 〈감로도〉(1701), 해인사 〈감로도〉(1723) 등 하단에 보인다. 또한 충의장수는 수륙재(水陸齋)와 관련하여 충성과 절개를 지킨 장수를 기리기 위해 삽입된 듯하다. 충의장수상은 충절과 의리

---

6 이태호, 「벽화로 본 고구려」, 『대고구려역사 중국에는 없다』, 예문당, 2004, 67~99쪽.

7 金花折風帽 白馬小遲回 翩翩舞廣袖 似鳥海東來: 李白, 「高句麗」; 이영주·임도현·신하윤 역, 『이태백 시집』, 학고방, 2015.

를 칼에 빗댄 상징적 도상으로, 여기서 삶과 죽음을 연출한 칼춤의 한 배경을 찾을 수 있겠다. 18세기 후기 선암사 〈감로도〉와 1728년 쌍계사의 〈감로도〉 하단 도상에는 병사 무리가 함께 표현되기도 했다.

유교와 도교에서도 道의 정신구현을 칼의 날카로운 성질에 비유했다. 유교 사회인 조선시대의 도검문화는 의검(義劍), 신검(神劍), 수양검(修養劍)으로 이 해된다. 악한 존재나 적을 살상하는 의검은 사대부의 의리정신을 나타낸다. 흔 히 문학 속에서 묘사되는 것처럼, 칼은 사악함을 지켜주는 벽사(辟邪)의 신물 (神物)로써 신검의 면모를 드러내기도 한다. 또 군자의 수신기물(修身器物)인 수 양검의 의미는 군신이나 부자관계에 칼이 증여되는 과정에서 찾기도 한다.[8] 이 처럼 조선시대의 도검문화는 유교사회임에도 불구하고, 불교나 도교적인 요소 가 복합되어 있다.

3) 도교미술의 仙客과 女俠

조선 후기에는 도석인물화가 널리 그려졌다. 신선도는 물론 달마나 한산· 습득 같은 선종불교 관련 인물상들도 자주 등장한다. 이러한 회화적 소재들은 임진왜란·병자호란 같은 전쟁의 혼란기를 겪은 뒤 본격적으로 유행하였다. 강 팍한 전쟁 이후 사람들의 불안감을 잠재우기 위한 장수(長壽)나 벽사(辟邪)의 의미로 시작되었을 터이고, 조선 후기 경제 성장에 따라 풍요를 바라는 상류층 에서 유행하였을 법하다. 조선 후기 도석인물화 가운데 칼춤과 연관된 대표적 인 사례로는 윤두서의 〈여협도〉, 이인상의 〈검선도〉, 그리고 김홍도의 〈비선 검무도〉를 비롯한 김홍도 일파의 군선도류 등이 있다.

공재(恭齋) 윤두서(尹斗緖, 1668~1715)의 〈여협도(女俠圖)〉(18세기 초, 국립중 앙박물관 소장)는 조선 후기 여성 검무의 발전을 예고하는 초기 사례이다.[9] 당 (唐) 홍선전(紅線傳)과 관련된 고사 장면을 담은 그림으로 추정된다.[10] 화면의

---

8 조혁상, 「조선 후기 刀劍贈與에 대한 고찰」, 『한국문화연구』 27, 이화여자대학교 한국문화연구 원, 2014, 7~40쪽.

9 국립광주박물관, 『공재 윤두서』, 2014, 도 58.

10 중국 당나라 전기소설(傳記小說). 노주절도사 설숭의 여종인 홍선은 위박절도사 전승사가 노주를 칠 계획을 세운 것을 알고, 밤에 전승사의 침전에 숨어들어가 금합을 가지고 나온다. 다음날

한 가운데에 등장하는 홍선은 넓은 소매의 무복을 입고 오른손에는 금확을 들었다. 둥근 태을신(太乙神) 표지를 이마에 붙인 채 하늘로 오르는 모습이다. 발 아래로 솟아오르는 흰 흔적과 병영은 여협의 상징물로 살짝 삽입하였다. 오른쪽 어깨에 걸쳐 앞으로 멘 칼은 외날이다.

이 밖에도 공재 윤두서의 〈격룡도〉와 〈격호도〉(18세기 초, 해남 녹우당 소장, 공재화첩가전 윤씨가보, 가전보회, 보물 제 481호) 같은 검선도(劍仙圖)도 전한다. 이들 그림에는 양날 劍이 등장한다. 공재 윤두서 같은 문인화가들은 도교 검선도를 상당히 많이 그렸다. 유교 문인의 도교 문화 수용을 시사하는 고사인물도(故事人物圖)가 조선시대 칼 문화를 발전시키는데 보탬이 되었다는 생각이 들 정도이다. 윤두서를 따라 이인상, 강희언, 김두량, 김홍도 등이 검과 관련한 고사인물화나 도석인물화를 심심치 않게 남겼다.

능호관(凌壺觀) 이인상(李麟祥, 1710~1760)의 〈검선도〉와 윤두서의 아들인 낙서(駱西) 윤덕희(尹德熙, 1685~1766)의 〈칼을 쥔 신선도〉(이상 18세기 중엽, 국립중앙박물관 소장)는 신선에 빗댄 문인의 무인의식을 적절히 대변해준다. 김홍도가 그린 것으로 전하는 〈해상군선도〉(18세기 후반~19세기 초반, 국립중앙박물관 소장)의 칼을 등에 멘 여동빈(呂洞賓)이 상당한 인기를 끌었던 것도 이러한 맥락으로 이해된다. 조선시대는 문인사회임에도, 사인(士人)층이 어릴 때부터 무술을 선호하거나 연마하는 등 사내의 여전한 무인기질을 엿보게 한다. 단원(檀園) 김홍도(金弘道)의 〈비선검무도(飛仙劍舞圖)〉(18세기 말, 개인소장)는 윤두서의 〈여협도〉에 등장하는 홍선과 유사한 소재이다. 검을 빼들고 하늘로 차고 오르는 모습이 검무를 연상케 한다. 한편 단원풍으로 그린 소당 이재관 〈여협도〉나, 휴식하는 여객을 그린 임당 백은배 〈검선도〉 등에는 양날 劍이 등장한다.

조선시대 문인들이 자신의 학문 혹은 삶의 공간에 칼을 끌어온 사례로는 단원 김홍도의 〈포의풍류도(布衣風流圖)〉(18세기 말, 개인소장)가 있다. 비파를 연주하는 인물 앞에 칼집에서 뺀 양날 劍이 비스듬히 놓여 있다. 생황, 파초 잎, 붓과 벼루, 서책, 종이 등과 함께 검이 사대부 문인의 풍류 생활에 등장해 흥미

설숭이 사자를 보내 금합을 돌려주니 전승사는 자객이 침입했었음에 놀라 설숭을 치려던 계획을 포기했다.

롭다. 검이 문인의 삶에서 중요한 영역이었음을 짐작케 하기 때문이다. 이는 道人이나 神仙 등을 통해 습득한 결단력이나 비장감 등 문인들이 추구한 '수양검'의 의미를 떠올리게 한다.

4) 중국의 검무와 청대 여성 검무도

중국은 청동기시대의 운남성 암각화에 등장하는 인물 군상에서 검무의 기원을 찾는다. 칼처럼 생긴 무기와 방패를 들고 군무(軍舞) 동작을 취한 장면을 검무 이미지의 첫 사례로 꼽는다.[11] 또한 춘추시대에 공자의 제자인 자로가 군복을 입고 스승 앞에서 칼춤을 췄다는 『공자가어(孔子家語)』의 기록을 검무의 시원으로 삼기도 한다.[12] 후한대에는 산동이나 하남지역 화상석(畵象石)에 교예나 무술 등 칼춤과 유사한 장면이 상당히 많다. 단검이나 쌍검 무예가 함께 표현된 무악과 교예 등은 앞서 언급한 것처럼 고구려 고분벽화와 연관성이 있어 주목된다.[13]

당나라 때에는 궁정, 군대, 문인, 도가에서 검무가 유행했고, 그 형식이 완성되었다. 이는 두보, 이태백, 백거이, 사공도 등의 시에서 나오는 두 무용수의 쌍검대무에 대한 묘사를 통해 확인된다. 당 시기에는 배민(裵民) 장군의 검무가 유명했고, 이태백은 스스로 검무를 즐겼다고 하며, 공손(公孫) 같이 칼춤 추는 여성 무용수도 등장했다.[14] 전하는 그림은 없으나, 「춘앵전」에 묘사된 춤동작 조각에서 검무의 동작을 연상해 볼 수 있다.[15] 당나라 때 크게 유행했던 중국의 칼춤은 유교사회인 송나라 시기부터 일시적으로 중단되었던 것으로 짐작된다. 송·원대에는 검무 도상이 보이지 않기 때문이다. 명·청대에 들어서야 무술과 무도의 기본이 형성되면서 검무가 공연예술로 부흥하였다.[16]

청나라 가경(嘉慶) 연간(1796~1820) 화원인 유란(喩蘭)의 《사녀청오도책(仕女

11 왕홍원, 「중국 검기무에 대한 연구: 기원전 21세기부터 기원 907년」, 중앙대학교 석사학위논문, 2014.

12 『孔子家語』; 李英·楊愛華·呂宏·趙云書, 「劍舞考論」, 『體育文化尋刊』, 2004.10., 78~80쪽.

13 『中國畵像石全集』1,2,3 山東漢畵像石: 6 河南漢畵像石, 7 四川漢畵像石, 山東美術出版社·河南美術出版社, 2000.6; 이태호·유홍준, 『고구려 고분벽화』, 풀빛, 1995.

14 王永平, 「唐代劍器舞考」, 『靑海師範大學學報(社會科學版)』, 1990.3, 91~96쪽.

15 국립경주박물관, 『唐代 명품전』 중국 섬서역사박물관 소장전 도록, 2012.

16 李英·楊愛華·呂宏·趙云書, 「劍舞考論」, 『體育文化尋刊』, 2004.10, 78~80쪽.

그림 4. 유란, 검무도, 사녀청오도책 중에서,
18세기 말~19세기 초, 종이에 수묵채색, 17x22.7cm, 청대 궁정구장

淸娛圖册)》8폭을 보면, 상류층 여성들의 취미 생활에 탄금, 취소, 투호, 독서, 바둑 등과 더불어 검무가 포함되어 있다.[17] 〈검무도〉에 등장하는 두 여인은 나이 차가 커 마치 모녀 같다. 우측의 큰 여인은 오른손에만 검을 쥐고, 좌측의 작은 여인은 양손에 검을 쥔 채 대련하는 모습이다. 비록 군복차림은 아니나, 양날 劍을 사용하는 점은 조선 후기 쌍검무와 얼추 관련 있어 보인다. 〈그림 4〉 천의자락을 걸친 화려한 의상을 비롯한 머리스타일과 치레거리들은 청대 여성 검무가 공연 예술로 자리 잡았음을 알려준다. 이밖에 검무도 사례가 드물며, 검무는 1949년 이후 공연물로 부상했다. 경극대사 매란방(梅蘭芳)이 패왕별희에서 태극 검법을 쌍검무로 재창조하면서, 공연물로 새롭게 유행되었다고 한다.[18]

3. 조선 후기 기록화·풍속화의 여성 쌍검무

조선시대를 대표하는 음악서로 성종 시절 발간된『악학궤범』에 검무에 대한

---

17 『明淸風俗畵』故宮博物院藏文物珍品, 2008, 圖63, 142~145쪽.
18 李英·楊愛華·呂宏·趙云書, 「劍舞考論」, 『體育文化尋刊』, 2004.10., 78~80쪽.

기록은 없다.[19] 앞서 언급했듯이 황창랑을 기리는 검무 형식이 신라춤인 처용무와 더불어 고려·조선으로 지속되었으리라는 가능성을 짐작하는 정도이다. 검무의 지방공연 기록이 읍지『성천지(成川誌)』(선조 36, 1603)와『속성천지(續成川誌)』(효종 7, 1656)에 보이나, 발행시기가 1842년이다. 검무와 관련된 조선시대의 첫 문헌기록은 숙종 때 서포(西浦) 김만중(金萬重, 1637~1692)의 검무시〈관황창무(觀黃昌舞)〉로 추정한다.[20] 이후 성호(星湖) 이익(李瀷, 1681~1763)에 이어 박제가, 유득공, 정약용 등이 여성 검무의 춤사위와 그 아름다움을 시나 산문으로 썼다.[21]

한편 쌍검무는 에도시대 쇼군 앞에서 연기한 조선통신사(1636~1811) 측 마상재(馬上才) 가운데 말을 탄 두 사람이 벌이는 마상(馬上) '쌍검술(雙劍術)'에서 그려진다. 마상재는 당시 일본인에게 인기가 많았던 탓에 일본인 화가의《마상재도권(馬上才圖卷)》그림이나 판화가 여러 본 제작되어 지금까지 전한다.[22] 이러한 마상 쌍검술의 도상은 17세기 중반쯤 군대에서 칼춤이 연행되었음을 알려주는 근거이기도 하다.

검무 이미지는 군부대를 증설하고 무예도보를 발간하는 등 군사문화(軍事文化)와 무관(武官)의 지위를 크게 진작시킨 정조 시절《화성원행도병》에 나타난다. 이후 전개된 한국 춤에서 여성 검무의 위상이 높았던 만큼, 그 연행은 폭넓게 진행되었다.[23] 18세기 말~20세기 초 궁궐과 지방관아에서 이루어진 칼춤이 궁중기록화나 의궤도, 지방관 연회도, 신윤복이나 김준근의 풍속도에 포함된 점으로 미루어 볼 때 그러하다. 오히려 명·청대보다 조선 후기의 칼춤 그림 사례가 훨씬 많이 그려졌다.

19 『악학궤범』; 조혁상, 「조선조 劍舞의 武術的 성격에 대한 고찰」, 『한국무용사학』 10, 무용역사기록학회, 2009, 229~255쪽.

20 조혁상, 「조선조 검무시의 일연구」, 성균관대학교 석사학위논문, 2004.

21 김미영, 「문학작품에 표현된 18세기 교방검무의 미적특징」, 『한국무용사학』 6, 무용역사기록학회, 2007, 173~205쪽; 조혁상, 「조선조 검무시의 일연구」, 성균관대학교 석사학위논문, 2004.

22 부산박물관, 『조선시대 통신사와 부산』, 2015. 도 78,79.

23 김영희·김채원·김채현·이종숙·조경아, 『한국춤통사』, 보고사, 2014.

1) 18세기 후반~19세기 초, 정조~순조 초

(1) ① 〈봉수당진찬도(奉壽堂進饌圖)〉, 김득신 외, 《화성원행도병(華城園幸圖屛)》
8폭 병풍 (1795년)

② 〈검무〉(좌)와 〈선유락〉, 『원행을묘정리의궤(園幸乙卯整理儀軌)』10권 8책
(1797년)

③ 〈검무〉(좌)와 〈선유락〉, 《원행정리의궤도(園幸整理儀軌圖)》첩 (19세기 필사
이모본(筆寫移模本))

1795년(정조19) 정조가 어머니 혜경궁 홍씨(1735~1805)와 비운에 간 아버지
사도세자(1735~1762)의 회갑년을 맞아 윤2월 11일부터 16일까지 화성에서 대규
모 잔치를 치뤘다. 이 행사를 기록한 그림으로 8폭 병풍과 의궤도 책이 전한다.
병풍과 도설을 그린 화가는 김홍도 일파인 김득신, 최득현, 이인문, 이명규,
장한종, 허식 등이다. 정조 시절 뛰어난 화원들의 솜씨답게 화면 구성이나 묘
사력에서 궁중기록화 가운데 최고 걸작으로 꼽힌다.

《화성원행도병》 8폭 병풍은 〈화성성묘전배도〉, 〈낙남헌방방도〉, 〈봉수당진
찬도〉, 〈낙남헌양로연도〉, 〈서장대야조도〉, 〈득중정어사도〉, 〈환어행렬도〉,
〈한강주교환어도〉로 꾸며져 있고, 시대차이를 보이는 여러 본이 전한다.[24] 행사
장면을 디테일하게 담은 병풍 전체를 펼쳐보면, 회갑연회 잔치이기도 하려니와
왕실 권위를 호위하는 수천명 장용영(壯勇營) 부대의 군사퍼레이드 같다. 사선구
도로 부감한 〈환어행렬도〉는 정조의 무력시위를 잘 드러낸 사례이다. 혜경궁
홍씨 가마 주변을 수행하는, 중무장한 붉은색 병사 대열은 정조의 막강한 힘을
여실히 과시한다. 당시 노론 계열 고위관료들이 병사들의 행진을 관람하며 정조
에 대한 두려움을 느꼈다고 전할 정도이다. 그리고 〈환어행렬도〉를 비롯한 몇몇
행사 장면에는 많은 구경꾼들이 등장하며, 풍속화 시대의 도상적 특징을 뚜렷하
게 보여준다.[25]

의궤도의 연행에 포함된 검무는 전체행사의 핵심 잔치로, 혜경궁 홍씨의 회

---

24 『정조, 8일간의 수원행차』 정조대왕 을묘년 수원행차 220주년 기념 특별기획전, 수원화성박물관,
2015; 박정혜, 『조선시대 궁중기록화 연구』, 일지사, 2000, 295~387쪽.

25 이태호, 『풍속화』(하나), 대원사, 1995.

그림 5. 쌍검무의 검과 모자, 봉수당진찬도 부분, 김득신 외, 《화성원행도》 8폭 병풍 중에서,
1795년, 비단에 수묵채색, 151.2x62.7cm, 동국대학교박물관 소장

갑연〈봉수당진찬도〉에 보인다. 이는 궁중에서 벌어진 조선시대 검무 연행의
첫 이미지이다. 윤2월 12일 행사였던〈봉수당진찬도〉의 여러 본 가운데 동국대
학교 박물관 소장품에만 유일하게 검무의 흔적이 그려져 있다. 이 점으로 미루
어 볼 때 동국대본이 비록 8폭 중 한 점이지만, 1795년작《화성원행도병》의
원본격으로 그 기준작을 삼을만 하다.

화면 중단에 네 자루의 칼과 붉은 보자기, 공작털이 장식된 전립 두 개가
덩그러니 놓여 있다.〈그림 5〉북춤과 선유락이 진행되는 가운데 '쌍검무의 검
과 모자'는 두 명의 무용수가 검무를 마치고 악대의 오른편 아래 구석에 잠깐
숨겨 놓은 듯하다. '11자'로 나란히 놓거나 'X자'로 놓은 네 칼은 손잡이가 짧
은 외날이다. 진검처럼 칼날이 서슬 퍼렇다. 혜경궁 홍씨의 잔치상 앞에 절하
는 두 여인이 검무를 춘 무용수가 아닐까 싶다. 검무를 끝낸 뒤 혜경궁 홍씨
에게 배례하는 장면으로 해석된다.〈봉수당진찬도〉의 공연을 잘 살핀 화가의
눈썰미가 돋보이는, 현장감을 적절히 살린 표현이다.〈봉수당진찬도〉의 춤들
은 박을 치는 지휘자를 포함하여 40명으로 구성되어 있다. 여성 춤 공연과
남성악단 사이에는 가림막이 없는데, 이후에는 양자 사이에 칸을 나누어 진
행시킨다.

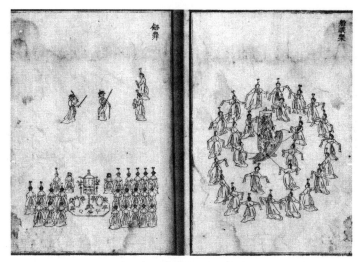

그림 6. 검무(좌) 『원행을묘정리의궤』
1797년, 종이에 목판화, 33.8x21.8cm

그림 7. 검무(좌) 선유락, 《원행을묘정리의궤도》첩, 19세기 이모본,
62.2x47.3cm, 국립중앙박물관 소장

　『원행을묘정리의궤』와 《원행정리의궤도》첩에 그려진 '검무'항목에는 박을
치는 두 여성 지휘자에 맞추어 두 여성의 쌍검무를 설정해 놓았다. 검무 아래에
는 연화 장식대와 25명의 무용수들이 도열해 있다. 여기서는 〈봉수당진찬도〉
의 외날과 달리 양날 장검 형태로 묘사되어 있다.〈그림 6〉아마도 행사 장면을
그린 화가들과 의궤를 그린 화가들 사이에 사실적 인식의 차이가 있었던 듯하
다. 후대에 도상들만 다시 모사한 《원행정리의궤도》첩에는 묘사 기량의 격차

가 더욱 선명하다.〈그림 7〉장검의 칼끝은 다이아몬드 형태로 강조하고, 손잡이
에는 유소 장식이 달려 있다. 이는 당시 실재하던 칼이라고 보기는 어렵고, 더
불어 탄력 없는 선묘의 인물묘사와 미숙한 칼의 표현으로 보아《원행정리의궤
도》첩은 19세기 중반쯤에 다시 그린 모사도 묶음으로 추정된다.

쌍검무는 무술 연마에서 유래된 연행인 까닭에 정조 때 간행된 목판본『무예도보
통지』에 실린 '쌍검총도(雙劍總圖)'를 통해서도 그 동작을 가늠할 수 있다.[26] '쌍검총
도'에 의하면《화성원행도병》의 우측 무용수는 '진전살적(進前殺賊)', 좌측의 무용
수는 '전일우(前一扝)(장검기무(藏劍起舞))' 자세이다. 1797년『원행을묘정리의궤』
의 도상은《화성원행도병》과 반대로 표현했다. 우측 무용수는 '전일우(前一扝)(장
검기무)', 좌측 무용수는 '진전살적(進前殺賊)'의 몸짓을 보인다. '쌍검총도'의 마무
리 동작은 '항장기무(項藏起舞)'로, 한 손을 어깨 위로 올리는 자세이다.『원행을묘
정리의궤』의 두 무용수도 칼춤 연행의 마지막에 이 춤사위를 추었을 것이다.

《원행정리의궤도》중 화성행사에서 귀경하여 내외빈과 함께 벌린〈연희당
진찬도〉에는 어좌 아래 장검을 어깨에 걸친 두 명의 여령(女伶)이 보인다. 이들
이 지닌 칼 손잡이에는 붉은색 유소가 장식되어 있다. 18~19세기 궁중의궤도
에 칼 혹은 활을 찬 여성 경호원들이 등장하는 점으로 볼 때, 여성 검무의 무용
수는 여령의 역할을 수행했을 듯 싶다.

(2) 〈지전 주인이 감상하는 쌍검무〉,《태평성시도(太平盛市圖)》8폭 병풍
    (18세기 말~19세기 초)

조선시대 중국풍의 여성 검무가 등장한 회화작품은《태평성시도》병풍이
다. 제작 시기는 18세기 말 정조 시절 혹은 그 때의 문예 수준과 경향이 유지된
19세기 초 순조 초기 시절쯤이다. 제목대로 태평시대 번영한 도시풍속도 형식
으로, 8폭 대형 병풍이다.[27] 복장이나 건축물은 청조 회화의 영향이 담긴 중국
식 도상이고, 여기에 조선적 풍속이 혼재해 있다.[28]

---

26 『武藝圖譜通志』, '雙劍總圖'.

27 국립중앙박물관, 『조선시대 풍속화』, 2002, 도 11.

28 이수미, 「국립중앙박물관 소장 〈태평성시도〉병풍 연구」, 서울대학교 박사학위논문, 2004.

그림 8. 지전주인이 감상하는 쌍검무, 《태평성시도》 8폭 병풍 부분,
18세기 말~19세기 초, 비단에 수묵채색, 각 폭 113.6x49.1cm, 국립중앙박물관 소장

    《태평성시도》 병풍의 6번째 폭 상단에 두 여성 무용수의 쌍검무가 보인다.
〈그림 8〉〈지전주인이 감상하는 쌍검무〉이다. 종이가게 지전(紙廛)이 있는 기와
건물 왼편, 개울가 둥근 축대 위에 설치된 방형 정자에서 두 여인이 쌍검대무를
춘다. 노령의 지전 주인이 의자에 걸터앉아 검무를 감상하는 장면으로 설정되어
있다. 노인은 검은 선을 댄 황포에 동파관을 쓴 문인차림이다. 그의 주변에는
긴 杖을 든 네 경호 인물, 깔때기를 쓴 집사, 긴 막대기의 부채를 든 두 시종이
둘러 있다. 상인이면서 문사인 지전주인의 신분을 적절히 과시한 분위기이다.
    검무를 위한 악단은 북, 장고, 해금, 대금, 2명의 피리 연주자로 구성된 삼
현육각에 생황 연주자를 포함시켜 7명으로 짜여져 있다. 조선 후기 빠른 리듬
을 보여주는 전형적 소규모 악단 구성이다. 노란색 답호를 걸치고 검은색 띠를
두른 여성 무용수는 각각 붉은색과 초록색 저고리를 입고 서로 대련하는 모습

이다. 무관의 답호 복장이면서 군모인 전모를 쓰지 않았다. 머리를 올려 묶은
고계형 수식(首飾)이 병풍의 여타 장면과 마찬가지로 중국식 복장인 점이 눈에
띈다. 그러면서도 두 무용수의 검무 복장이나 대련 모습은 앞선 청대 유란의
〈검무도〉〈그림 4〉와 비교할 때, 상당히 다르다. 조선화시켜 그린 셈이다. 칼은
『무예도보통지』(1790)에 보이는 상당히 긴 외날 검과 유사하다. 검무 장면 오
른편으로 노소의 남성 구경꾼들이 몰려 있다. 칼춤이 민간에 연행되면서 정착
된 현장을 유추케 하는 장면이다.

(3) 〈쌍검대무(雙劍對舞)〉, 신윤복, 《혜원풍속화첩(蕙園風俗畵帖)》
    (19세기 초, 국보 135호.)

그림 9. 신윤복, 〈쌍검대무〉, 19세기초, 종이에 수묵채색, 28.2x35.6cm, 간송미술관 소장

《혜원풍속화첩》30점 가운데 한 점인 〈쌍검대무〉는 마당에 돗자리를 깔고
벌어진 기방풍속도이다. 젊은 남자 둘과 나이든 남자 둘, 그리고 칼춤 추는 두
여인을 포함한 네 명의 기생, 여섯 명의 삼현육각 연주자, 이들의 행락을 구경
하는 소년몸종과 노인양반 등 모두 열여섯 명의 인물이 보인다.〈그림 9〉화첩의
풍속도 30점 중에서 가장 많은 사람이 등장한다. 연극의 한 장면을 순간 포착

하듯이 부감하였고, 배경을 생략한 채 많은 사람들을 조화롭게 구성했다.

　　화면의 아래쪽 근경 뒷모습의 연주자들은 북, 장고, 대금, 피리, 피리, 해금의 삼현육각으로 짜여 있다. 풍속화에서 삼현육각은 김홍도의 〈무동〉에 처음 등장하며, 당시 민간에서도 널리 유행한 악단이다. 칼춤과 함께 빠른 박자의 리듬이 발달한 조선 후기 음악형태를 잘 보여주는 구성이다. 오른편으로 장고와 북이 마주보면서 소리 맞추는 정황을 적절히 잡아내고, 해금을 연주하면서 뒤돌아보는 악사의 배치는 마치 그림 감상자와 눈이 마주치도록 연출한 듯하다. 이들 너머로 춤과 행락이 전개된다.

　　삼현육각의 연주에 맞추어 쌍검무를 추는 두 무희는 모두 무관 복장이다. 왼편의 무용수는 가체한 머리에 깃털이 달린 전립을 썼다. 전립의 양태 안은 남색이다. 흰색 거들지가 달린 연두색 저고리는 소매통이 좁고, 그 위에 입은 갈색 답호는 안감이 주황색으로 된 겹옷이다. 남색의 전대는 전복의 오른쪽 겨드랑이 뒤쪽으로 매었다. 주홍색의 폭넓은 치마, 그 아래로 보이는 하얀 바지부리와 버선이 춤동작을 날렵하게 해준다. 전신이 활처럼 휜 오른쪽 무용수의 자세는 더욱 공격적이다. 복장은 왼편의 무녀와 유사하나, 복색에 차이를 두었다. 청색과 홍색의 치마로 무용수를 대비시켜 놓은 것이다. 옥색 저고리에 동일한 색의 전대를 맸고, 전복 안감은 짙은 홍색으로 된 겹옷 차림이다. 남치마 자락 끝을 질끈 묶었는데, 아마도 춤을 출 때 보일지도 모르는 속옷을 가리기 위한 것 같다.[29]

　　두 무희가 쥔 쌍칼은 한쪽 날이다. 손잡이가 긴 진검 스타일의 칼춤용 칼로 여겨진다. 붉은 치마, 노란 저고리 차림의 왼편 무희가 쥔 칼에는 장식이 없다. 『원행을묘정리의궤』에 등장한 검무의 칼과 같은 형태이다. 그런데 파란색 남치마와 옥색 저고리를 입은 오른편 무희의 칼에는《원행정리의궤도》의 〈연희당진찬도〉에 배치한 두 여령처럼 손잡이 끝에 매듭이 있는 유소를 장식했다.

　　칼춤은 긴 자리를 깔고 청홍팀이 좌우에서 대련하는 식으로 진행된다. 바닥에 깔린 자리는 펜싱 경기의 피스트와 유사한 칼춤의 제한공간일 법하다. 바닥의 경계선을 나가면 지는 검술경기를 연상케 한다. 이러한 검무 장면에 대해

---

29 이상 〈쌍검대무〉에 대한 설명은 이태호·양숙향, 「간송미술관 소장 혜원풍속화첩을 통해 본 19세기
　（순조~고종년간） 민간의 복식과 생활상」, 『강좌미술사』 15, 한국미술사연구소, 2000, 220~222쪽
　요약 재인용.

다산(茶山) 정약용(丁若鏞)은 〈무검편증미인(舞劍篇贈美人)〉이라는 칠언시에서
'왼쪽에서 찌르고 오른쪽에서 찌르고 서로 닿지를 않네(左鋌右鋌無相觸) 치고
베고 뛰어오르고 솟구치니 소름이 돋네(擊刺跳躍紛駭矚)'라고 읊었다.[30]

　우측의 무용수는 오른손을 뒤로하여 칼을 댄 채 허리를 굽히고, 왼손으로는
칼을 일자로 쥐고 머리 위로 올린 자세이다. 이는『무예도보통지』'쌍검총도'의
'초대방적(初退防賊)' 동작과 흡사하다.[31] 좌측의 무용수는 칼을 쥔 양손을 내리
고 있지만, 곧 손을 들어 올리려는 자세이다. 이는 '비진격적(飛進擊賊)'과 흡사
하며, '쌍검총도'의 4~5번째에 해당되는 검무 장면으로 해석된다. 이처럼 비슷
한 장면들이 많은 것으로 보아, 신윤복의 〈쌍검대무〉를 포함하여 의궤도의 칼춤
도상은『무예도보통지』를 참고하여 스케치한 것으로 생각된다. 정확한 인물묘
사가 빼어난 이 무예보의 밑그림은 김홍도가 주관했을 것으로 본다.[32]

2) 19세기 전반, 순조 시절

(1) 필자미상, 〈부벽루연회〉, 《평양감사향연도》 3폭 (19세기 초반)

　새 평양감사의 부임을 환영하는 《평양감사향연도》는 〈월야선유〉, 〈부벽루
연회〉, 〈연광정연회〉 세 점으로 꾸며졌다.[33] 〈부벽루연회〉 상단에 '檀園'의 도
서낙관이 있으나 이는 후대의 위조이다. 〈부벽루연회〉와 〈연광정연회〉는 평양
성 안의 낮 연회 장면을, 〈월야선유〉는 평양성을 배경으로 대동강의 밤 연회
장면을 세세하게 담은 그림이다. 옆으로 긴 화면에 파노라마로 평양성 전경과
그 속에서 벌인 연회와 구경꾼을 가득 그린, 이 연작은 조선 후기 지방화가의
지방 관아 행사기록화이면서 동시에 풍속화로도 손색이 없다.

　검무는 〈부벽루연회〉에 등장한다. 지휘자와 삼현육각의 연주에 맞추어 무
대에는 두 여성의 칼춤이 처용무, 포구락, 북춤과 함께 진행된다.〈그림 10〉 궁
중연회와 비슷한 구성이면서도, 지방관아의 위상에 걸맞게 악단구성이 단촐해

---

30 정약용, 『여유당전서』.

31 『무예도보통지』 '쌍검총도'.

32 정병모, 「무예도보통지의 판화」, 『진단학보』 91, 진단학회, 2001, 411~443쪽.

33 국립중앙박물관, 『조선시대 풍속화』, 2002, 도 9.

그림 10. 필자미상, 부벽루연회 부분, 《평양감사향연도》 중에서,
19세기 초반, 종이에 채색, 각 폭 71.21x96.6cm, 국립중앙박물관 소장

졌다. 포구락과 북춤 사이에서 쌍검무를 추는 무용수들은 신윤복의 〈쌍검대
무〉와 유사한 청홍대비의 복색이다. 왼편 무용수는 남치마와 흰 저고리 위에
갈색 답호를 걸친 차림이고, 오른편 무용수는 초록색 답호를 입고 빨간 치마에
노란 저고리 차림이다. 무희가 쥔 양날 칼은 유소장식이 없다. 칼끝이 뭉툭하
면서 흰색이고, 칼날의 아래쪽으로 내려올수록 색 무늬가 장식된 것이 검무용
으로 여겨진다. 두툼한 느낌으로 보아 나무칼인 듯하다.

신윤복의 그림과 견주어 보면 상대를 향한 기세만은 날렵하나, 동작이 크지
않고 느슨한 편이다. 청홍 대련임에도 검술 동작이 완연히 춤사위로 변모하였
다. 〈부벽루연회〉는 쌍검무가 평양지역의 형식으로 자리 잡혔음을 시사한다.
2인 1조의 칼춤의 형태와 복식으로 보아, 《평양감사향연도》 3폭은 19세기 전반
기에 그려졌으리라 추정된다.

(2) 필자미상, 〈연광정 검무〉〈선화당 검무〉,《평안감사환영도》 8폭 병풍의
　　부분 (19세기 초반)

그림 11. 필자미상, 연광정 검무,《평양감사환영도》8폭 병풍에서, 19세기 초반,
비단에 수묵채색, 각 폭 128.1x405cm, 피바디 엑섹스 박물관 소장

그림 12. 필자미상, 선화당 검무,《평양감사환영도》8폭 병풍에서, 19세기 초반,
비단에 수묵채색, 각 폭 128.1x405cm, 피바디 엑섹스 박물관 소장

《평안감사환영도》8폭 병풍은 앞의《평양감사향연도》3폭보다 구경꾼과 향연 장면을 훨씬 세밀하고 스펙터클하게 담았다.[34] 각 폭마다 사선구도를 활용하여, 평안감사가 부임하는 장면부터 평양성과 대동강에서 벌어진 밤낮의 연회를 가득 채운, 5미터 남짓의 대형 화폭이 장관이다.《평양감사향연도》보다 선묘가 섬세하지만 묘사기량은 좀 떨어지는 편이다. 도화서 1급 궁중화원이 아닌 지방화가의 작품으로 생각되며, 그 때문에 리얼리티를 정확히 살린 이미지로 보기는 어렵다.

칼춤은 연광정과 평양관아 선화당에서 벌인 연회, 두 장면에 등장한다.〈그림 11,12〉〈연광정 검무〉와 〈선화당 검무〉는 다른 무용 없이 진행하는 쌍검무 단독 공연이다. 무용수는 손잡이에 유소가 달린 꽤 기다란 외날 검을 들고 있다. 춤동작은 크지 않으며, 일대 일로 마주한 채 청홍팀으로 나뉘어 있다. 19세기 후반에는 청홍 대련이 나타나지 않기 때문에, 앞의《평양감사향연도》와 마찬가지로 작품의 편년을 19세기 전반기로 추정케 한다. 궁중의궤도의 칼과 다른, 지방색이 두드러진 칼의 형태와 2명의 쌍검무로 보아 더욱 그러하다.

(3) 〈첨수무〉〈검기〉, 『순조무자진작의궤(純祖戊子進爵儀軌)』
(1828년, 총 2권 2책)

『순조무자진작의궤』는 1828년 2월 창경궁 자경전(慈慶殿) 진작례(進爵禮)와 6월 창덕궁 연경당(演慶堂)에서 거행되었던 진작례 합편(合編)이다.[35] 순조(1790~1834) 때 효명세자(1809~1830)의 주관으로 거행된 행사였다. 효명세자는 왕위에 오르지 못했지만, 헌종(1827~ 1849)의 부왕으로 익종(翼宗)에 추존되었다. 2월에는 모후인 순원왕후(純元王后, 1789~1857)의 40세를 경축하기 위해, 6월에는 탄신일을 경축하기 위해 궁중잔치가 벌어졌다. 이 외에도 순조 대에는 여러 궁중 향연의 의궤도가 제작되었다. 1827년 9월 10일 순원왕후 김씨에게 '明敬'이라는 존호를 올리고, 이를 기념하기 위해 같은 날 자경전에서 벌인 진작의식을 담은

---

34 국립중앙박물관·조선일보사, 『한국풍물 유길준과 개화의 꿈』, 미국 피바디에섹스박물관 소장 100년 전 도록, 1994.11.

35 이의강 번역, 『순조무자진작의궤』, 보고사, 2006.

그림 13. 쌍검 첨수무 부분, 『순조무자진작의궤』,
1828년, 종이에 목판화 활자본, 37.1x24.1cm, 서울대학교 규장각 소장

『자경전진작정례의궤(慈慶殿進爵整禮儀軌)』가 전한다. 1829년 2월에는 순조의 등극 30년과 탄신 40년을 경축하는 진찬(進饌)을, 6월에는 탄신일을 경축하는 진찬을 거행한 『순조기축진찬의궤(純祖己丑進饌儀軌)』가 그 대표적인 사례이다. 모두 도화서 출신 당대 최고 화원들이 제작한 궁중기록화풍이다.

　『순조무자진작의궤』의 연희 가운데 조선 중기부터 전하는 향악정재 '첨수무(尖袖舞)' 형식의 칼춤이 눈길을 끈다. 〈첨수무〉는 2명이 칼춤을 추고, 18명의 협무(挾舞)가 두 줄로 늘어서서 동시에 춤을 공연한다. 상당히 거대한 연행이다. 2명이 추는 쌍검무는 마지막 순서로 등장한 모양이다.〈그림 13〉 1828년 6월 1일 연경당 진작에서 시연된 공막무(公莫舞)도 조선 후기 검무계열의 궁중 정재로 보인다.[36] 공막무의 춤 절차는 첨수무(尖袖舞)와 거의 유사하다. 이 두 장면에 사용된 외날 칼의 모양은 앞 시기와 크게 달라졌다. 〈검기〉의 칼등에 솟은 돌기는 깃털 장식이, 손잡이에는 나비매듭의 유소장식이 달려 있다.〈그림 14〉

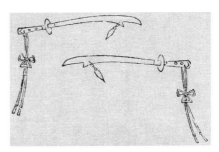

그림 14. 검기 쌍검부분, 『순조무자진작의궤』,
1828년, 종이에 목판화, 37.1x24.1cm,
서울대학교 규장각 소장

---

36 임수정, 「조선시대 궁중검무의 유형별 고찰」, 『우리춤연구』 9, 한양대학교 우리춤연구소, 2009, 9~43쪽.

한 사람의 칼에만 유소장식을 한 신윤복의 〈쌍검대무〉에 비해 『순조무자진작의 궤』에서는 양자 모두 장식했다. 다음해 1829년에 진행된 『순조기축진찬의궤』의 칼도 같은 형태로 그려진 것으로 보아, 이러한 칼 모양이 1828년 『순조무자진작의 궤』 이후 형식화된 것으로 생각된다.

(4) 〈자경전내진찬도(慈慶殿內進饌圖)〉, 이수민 외, 《순조기축진찬도(純祖己丑進饌圖)》 8폭 병풍 (1829년)

1829년 순조(1790~1834)의 보령이 40세가 되고 왕위에 등극한지 30년이 되는 해를 기념하여 효명세자가 창경궁에서 2월과 6월에 진찬례를 올렸다. 《순조기축진찬도》는 2월 9일 명정전(明政殿) 외진찬(外進饌)과 12일의 자경전(慈慶殿) 내진찬(內進饌) 연회 장면을 총 8폭으로 구성한 병풍이다.[37] 이수민 등 13명의 도화서 화원들이 기량을 뽐낸 전형적인 궁중기록화로 두 틀이 전한다.

검무는 화면의 왼편 〈자경전내진찬도〉 향연에 등장한다. 좌우로 나뉘어 앉

그림 15. 연희당진찬도 부분, 이수민 외, 《순조기축진찬도》 병풍에서,
1829년, 비단에 수묵채색, 150.2x420.7cm, 국립중앙박물관 소장

---

37 국립중앙박물관, 『조선시대 궁중행사도 I』, 2010, 도 5, 6.

은 뒷모습의 악단은 47명으로 구성되고, 이에 맞추어 북춤, 포구락, 선유락 등 대규모 연행이 진행되는 장면이다. 남성 악단 앞에는 흰 커튼을 쳐 여성 무용수들과 분리한 점이 눈에 띈다. 춤 공연의 맨 아래 오른쪽 악단 흰 커튼 앞에 쌍검을 든 두 명의 무희가 보인다. 〈그림 15〉 우측의 무희는 『무예도보통지』의 '진전살적(進前殺賊)', 좌측은 '전일타(前一打)' 자세이다. 두 사람 모두 남치마 차림이어서, 이전과는 달리 청홍의 대련이 약화된 느낌이다. 대신에 답호가 좌우로 날리는 모습을 보면, 서로 대결하는 품새가 크고 동작이 빠르다. 칼의 형태는 이전과 차이를 보인다. 칼날이 곡선으로 휘고 칼등에 날카로운 돌기가, 손잡이에는 유소장식이 달려 있다. 이 시점에 들어 검무용 칼이 巫具의 청룡도답게 새로이 디자인된 듯하다. 칼춤이 무술적인 무예보다 공연용 춤사위 중심으로 바뀌었음을 시사하는 변모이다.

이 장면에는 활과 화살로 무장한 두 명의 여령도 등장한다. 홍초립에 남색 철릭 위로 붉은 띠를 둘렀고 검은 군화를 신었다. 큰 가체 위로 얹은 군모가 어색해보이지만, 경호원다운 당찬 자세이다. 자경전 안에는 〈연희당진찬도〉와 같이 군복을 입지 않고 칼을 든 女伶이 배치되어 있다. 왕실 여성을 위한 여자 경호원을 별도로 두었던 모양이다. 그들이 지닌 칼의 형태를 보면, 그 손잡이와 유소장식이 칼춤의 칼에도 반영된 듯하다.

3) 19세기 중후반, 헌종~고종 시절

(1) 〈통명전야진찬도(通明殿夜進饌圖)〉, 백은배 외, 《헌종무신진찬도(憲宗戊申進饌圖)》 8폭 병풍 (1848년)

《헌종무신진찬도》는 1848년에 대왕대비 순원왕후 김씨의 육순과 왕대비 신정왕후 조씨의 망오(望五)인 41세를 경축하는 창경궁 진찬례를 담은 8폭 병풍이다. 국립중앙박물관에는 무신년의 진찬을 그린 궁중행사도가 다섯 틀이나 전한다.[38] 의궤청 패장으로 이한철·박기준·김정규가 참여했으며, 화원은 백은배 등 7인이 참여하여 제작하였다.[39] 《헌종무신진찬도》의 1·2폭에는 진찬일 전

---

38 국립중앙박물관, 『조선시대 궁중행사도 I』, 2010, 도 9, 10, 11,12,13.
39 『戊申進饌儀軌』卷一, 「傳教」.

그림 16. 통명전진찬도 부분, 백은배 외, 《헌종무신진찬도》 병풍에서,
1848년, 비단에 수묵채색, 139x384cm, 국립중앙박물관 소장

날 3월 16일에 거행된 〈인정전진하례〉를 그리고, 3·4폭은 17일 〈통명전진찬
도〉, 5·6폭은 〈통명전야진찬도〉, 7폭은 19일 〈통명전익일회작〉, 마지막 8폭
은 좌목이다. 도화서 일급 화원들이 제작한 궁중의 밤낮 연회 장면답게 화려한
구성과 색채미가 돋보인다.

　검무는 5·6폭 〈통명전야진찬도〉의 춤 공연에 등장한다. 춤은 앞서 1829년
의 《순조기축진찬도》보다 축소되었는데, 악단 구성은 2배로 늘었다. 춤 공연
아래에는 40명의 악사들이 배치되고, 단 아래에도 편종이나 편경같은 큰 악기
를 연주하는 40명이 보인다. 80명의 대규모 악단 구성이다. 악단과 무용 공연
장면 사이에는 아예 붉은색 칸막이를 설치하였는 바, 서양의 오페라처럼 춤 공
연을 집중해서 관람하려 한 듯하다. 남녀를 구별한 점도 흥미롭다.

　통명전 앞마당 붉은색 칸막이 안에서 벌어진 저녁 춤잔치 가운데 검무는 제

그림 17. 통명전진찬도 4인조 검무부분, 이수민 외, 《헌종무신진찬도》 병풍에서,
1848년, 비단에 수묵채색, 139x384cm, 국립중앙박물관 소장

6폭의 왼편 상단에 보인다.〈그림 16〉칼은 『순조무자진작의궤』(1828)나 『순조
기축진찬의궤』(1829)와 같은 형태이다. 칼등 고리에는 붉은색 깃털이, 손잡이
에는 붉은색 나비모양 매듭장식의 기다란 유소가 달려 있다. 적색 손잡이에 부
착된 코등이는 금박으로, 궁중 검의 화려함을 한껏 뽐낸다.〈그림 17〉살상용
검이라기보다 무용을 위한 것으로, 청동검이나 목검으로 대체된 듯하다.

　《헌종무신진찬도》병풍에서 검무는 2인 2조로, 네 명이 춘다. 이런 구성으
로는 첫 사례이다. 무용수 네 명 모두 남치마에 노란색 저고리, 갈색 답호 차림
이다. 서로 간격을 두고 서 있는 하단의 두 무용수들은 동작이 상당히 뻣뻣하
다. 상단의 무용수들은 마주보며 주저앉아 있다. 얼핏 보면, 왼쪽 무용수가 오
른손에 쥐었던 칼을 땅에 떨어뜨린 순간을 포착한 듯하고, 오른쪽 무용수는 승
리감으로 양팔을 벌리며 일어서려는 자세를 취한 것으로 생각된다. 그러나 『교
방가요』의 설명에 따르면 검무는 두 검을 바닥에 놓고 시작하니,〈통명전야진
찬도〉의 왼쪽 무용수는 바닥에 두었던 칼을 오른손으로 잡으려는 상태이다.[40]

40 鄭顯奭, 『敎坊歌謠』: 네 명의 기녀가 나란히 절을 하고 일어서면 풍악을 울린다. 두 번째 북이
　　울리면 한 손을 들어올리고, 다섯 번째 북이 울리면 두 손을 들어올리거나 혹 한손은 들어올리고
　　한 손은 내리기도 한다. 쌍쌍이 마주하여 춤(對舞)를 추다가 서로 마주앉아 칼을 희롱하는데
　　먼저 칼 한 자루를 집어 들고 다음에 또 한 자루를 집어 들고 춤을 추다가 곧 일어나서 춤을
　　춘다. 나아가고 물러서기를 몇 차례하며 서로 쫓고 서로 칼을 치다가 마침내 '연풍대(宴風臺)'를

이들 궁중행사에도 역시 여령이 등장한다. 칼이 아닌 활을 들고 경호하는
모습으로 그려져 있다.

(2) 〈왕세자회작도(王世子會酌圖)〉, 조석진 외, 《고종정해진찬도(高宗丁亥進饌圖)》
10폭 병풍 (1887년)

그림 18. 왕세자회작도 부분, 조석진 외, 《고종정해진찬도》
중 9폭 병풍에서, 1887년, 비단에 수묵채색,
147x485.5cm, 국립중앙박물관 소장

《고종정해진찬도》는 1887년(고종24) 1
월 대왕대비 신정왕후(神貞王后, 1808~
1890)의 팔순 기념으로 경복궁 진찬을 기
록한 10폭 병풍이다.[41] 1월 27일 낮과 밤에
만경전 내진찬을 벌였다. 1월 28일에는
고종의 회작이, 1월 29일에는 왕세자의
회작이 있었다. 《고종정해진찬도》의 1·2
폭은 1월 1일 고종의 경축 〈근정전진하도
(勤政殿陳賀圖)〉, 3·4폭은 1월 27일 〈만경
전내진찬도(萬慶殿內進饌圖)〉, 7·8폭은 1
월 29일 〈고종회작도(高宗會酌圖)〉, 9폭
은 1월 29일 〈왕세자회작도(王世子會酌
圖)〉이고, 10폭은 좌목이다.

조선 말기 고종 시절 대표적인 궁중기록
화로, 각 폭마다 위로 갈수록 약간 좁혀
그리는 투시도법식 공간에 행사 장면을 연
출했다. 이전에 비해 악단 구성도 40명에서
20명으로 크게 축소되었고, 춤 공연도 단출
해졌다. 전체적인 행사장면은 형식화된 구

한다. 이것은 칼을 휘두르고 몸을 돌리면서 원을 그리며 나가는 것으로 일명 '연풍대(軟風隊)'라고
도 한다. 칼을 겨드랑이에 끼고 한번 돌고, 칼 하나를 휘두르며 한번 돌고, 쌍칼을 휘두르며
한번 돌고, 칼을 찌르며 한번 돈다. 한 명의 기녀가 춤출 때 세 명의 기녀는 쉰다. 칼을 던지고
절하고 나간다. (정현석 편저·성무경 역주, 『교방가요』, 보고사, 2002, 191쪽에서 재인용)
41 국립중앙박물관, 『조선시대 궁중행사도 Ⅰ』, 2010.

성으로 간소해지고, 묘사기량도 떨어진다. 하지만 여전히 화려한 왕실문화를 잘 반영한 궁중기록화 병풍으로 두 틀이 알려져 있다. 조석진·박용훈·전수묵·서원희·정홍구·김기락·이기성·박정현 등 화원이 참여하여 제작했다.[42]

칼춤은 마지막 9번째 폭으로, 왕세자가 대왕대비에게 올리는 〈왕세자회작도〉에 등장한다. 네 명이 2인 2조로 구성된 공연이다. 의상이나 자세, 칼의 모습은 모두 앞의 《헌종무신진찬도》를 모본으로 삼아 그린 것처럼 비슷하다.〈그림 18〉 그러나 경직된 동세를 보이는 등 이전에 비해 묘사 수준이 턱없이 떨어진다. 나라의 기운이 쇠함에 따라 화원의 기량도 낮아지는, 조선 몰락기의 정황이 잘 드러난 궁중화이다.

4인조 검무는 광무5년(1901) 5월 《고종신축진찬도병(高宗辛丑進饌圖屛)》과 『신축진찬의궤(辛丑進饌儀軌)』까지 이어졌다. 의궤의 인물선묘가 각지고 딱딱하며, 묘사기량이 크게 퇴락한 양상이다. 신축진찬은 대왕대비로 헌종의 계비였던 효정왕후 홍씨의 71세를 축하하여 경운궁(慶運宮) 경운당(慶運堂)에서 고종이 올린 잔치이다. 박용훈 등 7명의 화원이 진찬을 그린 10첩 병풍과 의궤도책이 남아 있다. 목판화 활자본 『신축진찬의궤(辛丑進饌儀軌)』는 일본 궁내청에서 환수되어 특별전에 소개된 바 있다.(국립고궁박물관, 2011.12.) 의궤

그림 19. 검기무 부분, 『신축진찬의궤』에서, 1901년, 종이에 목판화

---

42 『丁亥進饌儀軌』卷一, 「傳敎」.

도의 '검기무'란의 상단 왼편에 보이는 무용수의 두 칼이 모두 땅에 놓여진
부분은 앞선 4인조 검무와의 차이점이다.〈그림 19〉

　　이러한 4인조 검무 구성의 정착은『정재무도홀기』나 정현석(鄭顯奭)의『교방
가요』에 잘 정리되어 있다. 무용수는 의녀 3명과 상방 1명으로『정재무도홀기』에
그림 대신 문자로 도면화해 놓았다.[43] 궁중검무의 무용수는 나인이나 상궁들
가운데 검을 잘 다루는 사람을 선발한 듯하다. 검무의 진행 설명과 함께 그려진
『교방가요』의 삽도는 치졸한 솜씨이다.[44] 더불어 4인 검무의 쇠퇴기다운 변화
현상이 드러난다. 여기서는 융복을 입은 소기(少妓) 2명, 황삼을 입은 동기(童妓)
2명으로 검무가 구성되고, 연주 악단은 역시 삼현육각이다. 1901년까지만 해도
의녀나 여령들이 추던 4인 여성 쌍검무가 여자 2인과 동자 2인으로 변화된 것을
기술한 듯하다. 그러니『교방가요』는 1901년 이후에 정리된 문헌으로 생각된다.

4) 19세기 말~20세기 초, 대한제국기

(1) 필자미상,〈신관도임연회도(新官到任宴會圖)〉(19세기 말~20세기 초)

그림 20. 필자미상, 쌍검무와 삼현육각연주 부분, 신관도임연회도,
19세기말~20세기초, 종이에 수묵채색,140.2x103.3cm, 고려대학교박물관 소장

---

43 『呈才舞圖忽記』: 성무경·이의강 번역,『정재무도홀기』보고사, 2005.
44 정현석,『교방가요』: 정현석 편저, 성무경 역주,『교방가요』, 보고사, 2002.

〈신관도임연회도〉는 어느 고을인지 밝혀져 있지 않으나, 신관 사또의 부임을 기념하여 관아에서 벌인 연회 장면을 담은 그림이다.[45] 평양감사연회도 쯤으로 추정된다. 연회 장면이 크게 간소화되어 관아의 마당에는 삼현육각의 연주에 맞추어 검무만 진행된다. 동헌 안 의자에 좌정한 주인공 사또를 다른 사람들보다 크게 그렸음이 눈에 띈다. 마당에는 내외빈이 가득하게 열지어 앉아 있으며, 그 가운데 검무를 추는 두 기녀가 등장해 있다.〈그림 20〉빨간 치마에 노란 저고리, 그 위에 갈색 답호를 걸친 차림이다. 무용수가 양팔을 벌리고 있음에도 춤의 동세가 그리 크지 않다. 춤동작이 엉성하고 묘사 기량의 수준도 낮다. 서툰 지방 화가의 솜씨이기도 하려니와 건물의 모양새나 흐트러진 인물구성이 조선 말기의 퇴락미를 잘 보여준다.

칼은 길이가 짧아진 외날이다. 칼등에는 장식이 있는 반면 손잡이에 유소가 없다. 이는 조선 말기 검무용 칼이 변화한 결과이며, 동시에 지방 검무의 특징으로 여겨진다.

(2) 김준근 기산풍속도첩의 검무

〈신관도임연회도〉의 검무 동작은 〈창기검무(娼妓劍舞)〉, 〈검무기(劍舞妓)〉, 〈기생검무추고〉 등 1880~90년대 외국인에게 인기 있던 김준근(金俊根)의 기산풍속도첩(箕山風俗圖帖)들에 그대로 등장한다. 선 채로 진행되는 춤동작은 유연함이 떨어지고 동세가 작다.〈그림 21〉무예적인 감흥이 전혀 없는 모습이다. 칼은 앞의 〈신관도임연회도〉와 동일하게 유소장식이 없는 작은 크기의 외날이다. 2인조 4명으로 구성된 검무 형식은 더 이상 공연되지 않은 듯하다.

그림 21. 기산 김준근, 〈기생검무추고〉,
19세기말, 스왈슨 수집본,
종이에 수묵채색, 23.2x16cm,
숭실대학교 한국기독교박물관 소장

---

45 고려대학교 박물관, 『조선시대 기록화의 세계』, 2001; 국립중앙박물관, 『조선시대 풍속화』, 2002.

그림 22. 기생검무(좌) 보현(줄타기우), 나카무라 킨조, 『조선풍속화보』에서, 1910년 발행

일본인 화가 나카무라 킨조(中村金城)는 『조선풍속화보』를 그려 식민지 지배
직후인 1910년 9월에 화첩으로 발간했다.[46] 이 화보에 〈步絃(줄타기)〉와 나란히
실린 〈기생검무(妓生劍舞)〉 역시 김준근의 그것과 같은 칼, 유사한 춤동작이다.
〈그림 22〉 도판 배열도 비슷해서 김준근의 풍속도를 보고 그렸을 법한 화보집이
다. 궁중에서 쓰던 유소장식이 사라지고, 칼등 끝에만 깃을 장식했다. 1910년
이후 일제강점기 들어 손잡이 부분에서 칼날이 회전하게 된 이후로 검무의 무예
다운 큰 동작이 완연히 사라지고, 공연예술로 변모하는 양상을 보인다.[47]

4. 마치며

조선 후기 풍속화와 기록화 등 옛 그림에 표현된 여성 쌍검무의 도상은 검무
는 물론 한국춤의 형상미를 그려보게 한다. 그 시대적 변화상은 아래와 같이
정리된다.

첫째, 18세기 말~19세기 초인 정조~순조 초기 《태평성시도》, 《화성원행도

---

46 中村金城, 『朝鮮風俗畫譜』乾, 富里昇進堂, 1910, 25쪽.

47 김영희, 「한국 근대춤에서 검무의 변화 연구」, 『한국무용사학』 10, 한국무용사학회, 2009.6,
   257~278쪽.

병》과『원행을묘정리의궤』, 신윤복〈쌍검대무〉등에서는 검무가 2인 1조로 이루어져 있다. 신윤복의〈쌍검대무〉는 1810년대 청홍의 대련 형식을 갖춘, 민간에 유포된 칼춤의 전형으로 여겨진다. 큰 동세의 빠른 춤동작에서 무예의 절도 있는 기운이 느껴진다. 칼은 외날이나 양날을 사용했고, 모두 진검 스타일이다. 이 그림들은 궁중과 민간에서 검무가 동시에 연행되었음 알려준다. 1795년 같은 행사를 그린《화성원행도병》과『원행을묘정리의궤』는 검무 칼의 형태가 서로 다른 모습이다.『원행을묘정리의궤』의 칼은 진검을 무디게 모조한 검무용으로 보인다.

　둘째, 19세기 전반인 순조시절《평양감사향연도》나《평안감사환영도》,《순조기축진찬도》병풍들이나『순조무자진작의궤』등을 보면 2인 1조 검무가 궁중이나 지방관아 공적 행사의 공연으로 자리 잡혔음을 알려준다. 칼은 검무용으로 디자인되고, 손잡이에 유소가 장식된다. 궁중검무의 경우 무용수의 복장은 모두 동일한 남치마로 쌍방 대결 분위기가 위축되었고, 무술적인 기세가 약화된 이미지를 보여준다. 검무를 추는 여성의 군복차림과 칼은 조선 후기 궁중 기록화에 등장하는 여성 경호원과 일치한다. 이 잘 훈련된 여령들에 의해 여성 검무가 완성되었을 법하다.

　셋째, 19세기 중후반인 헌종~고종《헌종무신진찬도》,《고종정해진찬도》등 병풍에는 2인 2조의 4인 검무가 등장한다. 검무에 사용된 칼은 외날로, 짧고 반달처럼 휜 모습이다. 칼등에 날카로운 돌출이 있으며 깃털이나 장식이 달려 있다. 칼날과 손잡이 사이 코등이에는 금박을, 손잡이에는 매듭형태의 장식을 치장했다.

　넷째, 19세기 말~20세기 초 대한제국기의〈신관도임연회도〉나 김준근 풍속화첩에 등장한 검무 도상은 표현력이 크게 떨어지기도 하려니와, 몸을 굽히거나 크게 돌리는 춤의 기세도 사라진 편이다. 두 무희가 마주 선채로 추는 검무 동작이 작아지고, 무예의 긴장감이 완연히 사라진다. 소형 춤칼은 칼등에만 장식이 달려 있다. 1890년대부터 1910년대에는 2인 검무가 다시 등장하며, 이런 형식은 20세기 전반 일제강점기의 칼춤 공연으로 전승되었다.

　이처럼 조선 후기 풍속화와 궁중기록화에 나타난 여성 검무의 이미지는 공연 형식의 변모와 시대변화를 읽게 해준다. 18세기 말~19세기 초 검무는 대련이나 무예의 검술을 연상시키지만, 19세기 후반~20세기 초 검무는 무예보다 춤 공연의 형태만 남는 양상을 잘 드러낸다. 이런 무예적 기운의 퇴락과 검무의 양식적 변모는 조선 사회의 몰락을 연상케 한다.

이 논문은 2015년 11월 20일 김영희춤연구소 검무심포지움 I 에서 발표한
「옛 그림에 보이는 한국 칼춤의 이미지」를 수정·보완하여,
위 제목으로 『인문과학연구논총』 제37권 2호 통권46
(명지대학교 인문과학연구소, 2016. 05)에 게재되었다.

동북아역사상 한국인의 칼잠개다룸과 겨룸짓 및 칼춤의 의미

박선식

1. 여는 글

- 우리의 칼잠개(刀劍兵器), 겨룸짓(武藝) 그리고 잠개춤(武器舞踊)으로서의 칼춤(劍舞)이 지닌 편곬(歷史)과 그 지닌 뜻을 고민해본다

무기를 뜻하는 한국의 고어는 '잠개'라는 어휘인데, 그것은 『救急簡易方諺解』에서 확인된다.[1] 그런데 어째서 잠개라는 음운이 발생되었는지는 분명치 않다. 다만 武를 '止戈' 곧 '창(戈) 따위의 무기를 멈추게(止) 함'이란 뜻으로 풀이하는 보편적 해석에 근거를 두고 고민해 볼 필요를 느낀다. '止'는 곧 '멈춤'이나 '잠들게 함'의 뜻과 상통하는데, 한국 古語인 '잠개'(무기)의 '잠'이 바로 모든 환란의 요소을 '잠들게 하는'이란 뜻으로 추론되며, 다시 전용도구의 접미사로 흔히 쓰이는 '개'[2]를 붙여 모든 환란의 요소를 '잠들게 하는' 또는 '잠재우는' 전용 도구(개)라는 풀이가 가능해지기도 한다. 여기서 평화와 안녕을 위협하는, 곧 환란을 일으키는 요소를 잠재우기 위해서는 칼잠개 따위의 병장기를 손에

---

1 '믄득 티이며 갈잠개예 허러 피 빗 안해 ᄀ' 『救急簡易方諺解』은 조선 성종의 명으로 1489년(성종 20) 윤호(尹壕) 등이 편찬하여 활자본(을해자) 8권 8책으로 간행한 구급의학서이다. 구급방서로서는 가장 완비된 책으로 중풍과 두통 등 127종의 질병에 대한 치료 方文에 한글 번역을 달았다. 이 『구급간역방언해』에서 보이는 '잠개'는 무기이고, '갈잠개'는 칼형태의 무기 곧, 刀劍兵器(刀兵)를 뜻한다. 그런데 갈은 지금의 '칼'로 경음화되었기에 '갈잠개'를 오늘날 대다수 言衆의 언어관행에 따라 바꾼다면, '칼잠개'가 됨은 당연한 추론이다.

2 먼지를 터는데 쓰는 전용도구는 '털이개(먼지떨이)'이고, 지우는 데 쓰는 전용도구는 '지우개'이듯이, 한국어의 도구적 어휘에 있어, -개는 일종의 전용도구적 용구의 끝에 붙이는 일종의 접미사이다. 그러나 지는 데 쓰는 전용도구인 '지게'는 지개가 아니고 지게인 점을 생각할 때 -개와 -게는 의미상 서로 상통하여 넘나들 수 있는 접미사로 이해된다.

그림 1.
《訓蒙字會》
속에 보이는 武

쥐고서 대항해야 할 터이다. 그러한 무력적 행위는 '겨룸'이고, 그 겨룸을 익숙하게 다듬질(연마, 단련)하는 행위는 일종의 '짓'이기에 武藝라는 한자 어휘를 우리의 말로 조합하면 '겨룸짓'이라는 어휘를 착안하게 된다.[3]

그런데 흔히 무예와 관련하여 해당 전문인을 통칭하여 武人 또는 武俠이라는 어휘로 표현하는 경우가 있다. 여기서 武를 두고 조선조 음운서인 《訓蒙字會》를 참고하면, '매올(매울) 무'로 표현된 점에 주목하게 된다. 그러므로 무인이란 매운 기세를 지닌 인물의 뜻을 지닌다. 또한 俠자에는 1. 의기롭다 2. 豪俠하다(호방하고 의협심이 있다) 3. 가볍다 4. 젊다 5. 끼다 6. 제멋대로 굴다 따위의 뜻이 담겨 있는데, 기본적으로 갖추어진 힘을 믿고(끼고) 당당한 기운(俠氣)을 드러낸다는 의미를 지닌다. 따라서 무와 협은 매운 맛을 드러낼 줄 아는 완력을 소유하고 있다는 뜻을 지니고 있고, 무인이나 무협은 그러한 성정과 기예를 갖춘 인물을 뜻한다.

인류가 칼잠개를 다루는 데 그 시원은 石劍으로까지 소급이 가능할 텐데, 목검이 지닌 재료적 한계 때문에 과연 석검이 가장 오래된 칼잠개(刀兵)였는지는 단언하기 어렵다. 상식적으로 목검이 석검보다는 앞서 출현했을 테지만, 실제 선사시기까지 소급이 가능한 목검은 사실상 지금껏 전해지지 않고 있는 현실을 고려할 수밖에 없다. 따라서 석검만을 대상으로 한다면, 한국의 여수 오림동에 전하는 고인돌 측벽 그림에 보이는 석검이나, 의창 평성리에서 출토된 두 자루의 마제석검은 칼잠개 다룸의 '펼곳'[4](펼쳐져 온 내력, 유래 곧 歷史)을 살피는 중요한 고고자료

---

3 본 연구자는 오래전부터 어째서 한국무예를 거론하면서 '武藝'에 해당하는 본래의 우리말조차 찾아보려는 노력들이 선행되지 않을까 몹시 아쉬워하고 있었다. 그러한 가운데 '겨룸'과 '짓'이라는 우리말을 조합하여 무예라는 한자어를 대용할 수 있다는 소박한 생각에 이르렀다. 그러나 관계분야의 전문가들이 느낄 일반적 반응은 본 연구자와 얼마든지 다를 수 있음을 애초부터 상정하고 있기에, 현재로서는 '겨룸짓'이란 조합어휘를 '武藝'라는 한자어에 대체하자고 강권하고 싶은 의도는 아직 추호도 없고 보다 합리적인 우리말의 모색만을 관계분야 제현들에게 제언하는 수준에서 머물고자 함을 밝힌다.

인 셈이다. 거론된 오림동의 고인돌벽에 보이는 석검은 인체와 비례감을 무시한 채 사람의 크기보다 크게 묘사된 일종의 神體와 같이 대상화했다는 의미를 읽어내게 한다. 또한 의창 평성리에서 출토된 두 자루의 마제석검을 보면 한 쪽은 둥글고, 한 쪽은 마치 평행사변형상으로 네모나게 모가 져 있음은, 동아시아의 天圓地方 의식을 견주어보게 한다. 따라서 한쪽은 하늘이면서 남성성을, 다른 한 쪽은 땅이면서 여성성을 제 각기 표현하고 있는지 고민을 불러일으키기에 충분하다. 어떻든 두 사례를 통해 칼잠개가 결코 수렵이나 전쟁 등의 목적에 국한하지 않고, 주술적 祈願儀禮와도 연관되는 특별한 의미의 도구로서도 기능하였음을 이해하게 된다. 따라서 칼잠개를 다루었던 동북아의 선사시기부터 해당 인류가 지닌 인문적 관념은 도대체 어떻게 형성되었는지, 그리고 그와 연관된 겨룸짓(武藝)과 잠개춤(武器舞踊)[5]으로서의 칼춤의 지난 흔적을 살피는 문제는 매우 흥미로운 인문적 탐색과정이라 할 수 있다.

하지만 동북아 역사상 거론이 가능한 칼잠개다룸(刀劍使用)의 연원을 일천한 자료를 통해서나마 살피고, 그에 연관하여 겨룸짓과 칼춤의 상관성을 가능한 문헌자료와 해당 고고자료의 간헐적 비교를 통해 어설프게나마 거론하고자 함은 순전히 본 연구자의 연구의욕의 과잉이라고 고백한다. 따라서 소략한 고

---

4 주로 역사 관련 논저를 발표해온 본 연구자는 앞서 밝혔듯이 武藝 뿐만이 아닌, 歷史의 순 우리말이 무엇인지를 몹시 고민해왔던 터이다. 제 나라의 고유어로 지칭되는 역사 관련 어휘에 관한 고민조차 하지도 않은 채 제 나라의 역사가 어떻다느니 운운함이란 그 자체가 어불성설이란 생각을 지니고 있었기 때문이다. 그러나 본 연구자는 역사라는 뜻을 지닌 우리말을 찾는데 사실상 아직 성공하지 못했다. 다만 무예의 조합어휘로 '겨룸짓'이란 조합어휘를 착안한 사례처럼, 본인은 어줍잖은 지력을 지닌 채로 국어사전류를 숱하게 뒤적이다가 궁여지책으로 '펼친'이나 '펼쳐진', 또는 '펼쳐온' 이란 뜻을 一音節로 표현하는 '편'이란 어휘에, '사물의 유래' 또는 '한 쪽으로 트여나가는 방향이나 길'이란 뜻을 지닌 고유어인 '곬'을 조합하여 '歷史'라는 어휘를 '편곬' 정도의 어휘로 대체하여 표현할 수 있지 않을까 하는 생각에 이르렀다. 하지만 이 어휘 역시 현재로서는 그저 본인의 견해에 그쳐 제안을 하고자 하는 상황이기에, 학계의 준열한 의견은 차후에 본 연구자가 감당할 몫으로 여겨진다. 따라서 '겨룸짓'을 착안하면서 느끼는 소감과 같이 현재로서는 '편곬'이란 조합어휘를 '歷史'라는 한자어에 대체하자고 강권하고 싶은 의도는 아직 추호도 없고, 보다 합리적인 우리말의 모색만을 관계분야 제현들에게 제언하는 수준에서 머물고자 함을 밝힌다.

5 잠개춤이라는 어휘는 필자의 졸고, 「한국의 持劍文化 및 劍舞의 역사성과 '잠개춤'의 동아시아적 연원」, 『한국검무의 재발견』, 한국전통무예진흥학회 추계학술발표회 자료집, (사)한국전통무예진흥학회, 2014.)의 5쪽에서 "持劍文化와 劍舞를 포괄하는 또 다른 예술적 개념어로 본 연구자는 '잠개춤'을 제안하고자 한다. '잠개'란 병장기의 고유한 한국어이다. 따라서 도검이나 창 그리고 방패 따위의 병장기를 지니고서 펼치는 춤을 '잠개춤'이라고 요약할 수 있을 터이다."라고 밝혔다.

민의 결과를 주저함도 없이 제현들에게 공개함은, 질정을 통한 연구내용의 심화를 기대하는 본 연구자의 소박한 학문적 소망이 작동된 것임을 아울러 고백하며, 서툴고 영성한 고찰의 결과를 전개해보고자 한다.

2. 동북아 역사상 도검사용 연원과 한국의 상관성에 관한 고민

1) 동북아 역사상 도와 검의 구분과 혼용, 그 적절성 여부

동북아 역사 속에서 가장 보편적 무기인 하나였던 칼잠개를 한자로 구분할 경우, 흔히 도와 검으로 나누는 경우가 많다. 그러나 한국의 경우에는 '鋏(협)' 또는 '釗(쇠)'라는 음운으로 표현하기도 한 특이한 경우도 있었던 점은 유의할 바다.[6]

그림 2. 『무예도보통지』 속에
소개되고 있는 제독검의 모습
(한 쪽 날 칼이다)

그림 3. 『訓蒙字會』
속에 보이는 刀

그림 4. 『訓蒙字會』 속에
보이는 각종 무기관련 한자와 劍

---

6 조선 중기의 趙汝籍이 편집한 『靑鶴集』에서, 긴 칼을 '長鋏'이라고 표현했고, 李鼎均이 순한문으로 구성한 『興武王演義』(1887年 作. 1899年 刊行)를 보면, '회나무로 만든 칼'이란 뜻으로 '槐釗'라는 어휘를 사용하고 있었음이 주목된다.

어떻든 동북아 문화권에서는 칼잠개를 '鋏(협)'과 '釗(쇠)'보다는 刀와 劍으로 표현하였는데, 도(刀)는 한 쪽 날 칼이고, 검(劍)은 좌우 두 날을 지닌 칼로 이해하는 게 보편적 견해이다. 그러나 그 같은 견해는 일본문화사에 경우 적절할지 모르나 한중의 경우에는 꼭 그렇지만도 않은 점은 이미 잘 알려진 바다. 조선후기에 관청에서 집대성된 『무예도보통지』의 '銳刀' 설명부분에서 "두 개의 날이 있는 게 劍이고, 홑으로 날이 있는 게 刀라고 일컬었고, 후세에 刀와 劍은 서로 뒤섞였고, 옛적에는 劍을 숭상하였고 후세에는 刀를 숭상하였"[7]음을 밝히고 있음이 참고가 된다. 그래서 『무예도보통지』가 편찬된 조선 정조의 시기에 있어서도 '제독검' 항목에서 그림으로 도시된 칼의 형태가 검이라는 한자어로 표현되어 있음에도, 그 칼날의 생김새가 한 쪽 날을 이루고 있는 형상을 이해하게 된다. 곧 18세기에 동아시아의 도검 구분관념은 그리 확고하지도 분명하지도 않은 그야말로 희미한 형편이었음을 확인하게 된다.

그러나 조선조 음운교과서라 할 수 있는 『훈몽자회』를 보면, 도는 단순히 '갈 도'라고 했는데 비하여, 검은 '환도 검'이라고 그 설명한 표현이 다르다. 특히 세주를 달기를, "세속에서 부르길, 요도 또는 환도라 말한다."(俗呼腰刀又曰還刀)고 밝혀 劍자의 활용이 刀에 비하여 분명히 완전히 꾸며진 칼갖춤 전체를 지칭하는 것임을 명확하게 인식시키고 있다. 다시 말해 요도 또는 환도라고 명명할 만큼 칼의 모습이 外裝부분까지 완비된 상태를 칼날의 모습과 무관하게 劍이라고 지칭한 것이다.

따라서 '갈' 곧 '칼'이라는 말은 어쩌면 칼날 자체를 표현한 것일 가능성이 느껴진다. 그러나 검의 경우, '환도 검'이라고 표현한 것은 劍자의 용례가 칼날이 아닌 칼날을 포함한 칼갖춤 전체를 지칭하고 있다는 점에서, 적어도 18세기를 전후한 동아시아에서 도와 검이라는 구분은 칼날이 아닌 도검으로서의 제작상태를 기준으로 한 자루의 도검으로 완비되었는지 여부를 구분하는 표현으로 지칭되었을 가능성을 엿보게 하고 있다. 지금도 전하고 있는 조선조 명장 이순신의 사당인 아산 현충사에 소장된 두 자루의 大環刀를 정작 '長劍'이라고 언급해 온 사실도 그 같은 점을 뚜렷하게 확인시켜주고 있다.

---

7 兩刃曰劍單刃曰刀後世刀與劍相混然古世尙劍後世尙刀. 『武藝圖譜通志』 '銳刀' '案'.

2) 한국인의 칼잠개 다룸(刀劍使用)의 연원과 '치우(蚩尤)'의 연관 문제

한국의 선사시기는 충북의 금굴 유적 발굴로 구석기 사용의 역사가 무려 70만 년 전까지 소급되지만 당시의 구석기인이 오늘날의 한국인과 직적접인 관련이 있는지의 여부에 관해 누구도 속 시원한 답변을 주저하고 있는 형편이다.

그러나 한반도에서 속속 발굴된 신석기 유적지의 여러 유물상을 통해 이후 청동기와 철기로 이어지는 일정한 연관적 요소들은 한반도인의 역사적 경험이 적어도 신석기시기를 전후하여 전개되었을 개연성을 넉넉히 추론케 하고 있다.

하지만 한국인이 저술한 여러 저작물 속의 일부에는 오늘날의 한국인의 선조가 결코 지금의 한반도에 국한하지 않는다는 관점이 적잖게 드러나고 있는 점은 주목할 바이다. 따라서 유물이 발굴된 현재의 강역에만 치우쳐 歷史像을 논의하는 협애한 태도에 심각한 재고를 요구하고 있다. 이를테면, 『四千年間 朝鮮俚語解釋』이란 책자를 보면, '지위'를 설명하기를, "조선단군시대 이상에 치우라는 장사가 생겨나서 구리머리요 쇠이마요 입으로 안개를 토하여 오리지방이 희미하게 하는 바 중국에 들어가서 황제헌원씨와 싸우다가 지남거를 만나 잽혔다는 말이 있지만은 그는 그러한지를 모르겠고 조선민족의 집짓고 사는 법을 치우가 시작하여 가르쳤음으로 후세에서 집짓는 사람을 지위라 함은 치우의 성명으로 꺼림하여 치우란 말을 와전하여 지위라 함이니라"[8]고 하고 있다.

그런데 우리가 주목할 점은 치우를 한국인으로 보는 관점이 일제강점기를 넘어 그 이전의 어느 시기까지 소급이 가능한가이다. 치우가 한국인의 선조로 언급된 시기가 이르면 이를수록 한국역사상의 질과 양의 양면에서 논의가능한 부분은 그만큼 확장되어질 수 있음은 당연하다.

여기서 고려조 후기의 고위 관료를 지낸 이암의 소작으로 전하는 『太白眞訓』을 견주어 볼 필요를 느낀다. 『태백진훈』을 보면, "위대하구려! 치우는 부를 축적하였고, 군중들은 사방에서 와서 믿고 기뻐했다. 의관에 칼을 두르고 올라

---

8 金東縉, 『四千年間 朝鮮俚語解釋』, 京城 德興書林 發行, 昭和3년(1928). 『서울문화』 13집, 2009년 12월, (사)서울문화사학회, 263~264쪽에서 재인용.

타고 신기를 마필로써 하였고 운송하고 조
운하기를 배편으로 하여 四海의 안이 모두
하늘의 공덕을 좇았다.[9]는 내용을 보게 된
다. 해당『태백진훈』에서 저자인 이암은
치우를 우리 겨레의 상고시기 선조로 거론
하고 있는 점은 특기할 부분이다. 그래서
해당문장에서 "군중들은 사방에서 와서 믿
고 기뻐했다. 의관에 칼을 두르고 올라타
고 신기를 마필로써 하였다"는 내용은 한
국역사상의 전개에 있어, 한국인의 刀劍

그림 5. 산동 기남 지역에서 발견된
화상석에 표현된 儺戱의 장면
(山東省沂南縣北寨村驅儺圖)

사용의 역사를 적어도 치우의 시기까지 소급할 수 있는 가능성을 시사받는다.

한편 지금의 山東省 沂南縣 北寨村에서 수습된 구나도(驅儺圖)는 상고시기
의 잠개춤(武器舞踊)이 어떤 형태로 베풀어졌는지를 추정할 만한 단서를 제공
하고 있다. 해당하는 구나도에 그려진 연희자는 바로 方相氏를 표현한 것이라
는 견해가 있는데, 방상씨는 도철과 연관되고 도철은 다시 치우와 연관된다는
견해가 있기 때문이다.[10] 만일 그 같은 견해가 타당하다면, 山東省 沂南縣北寨
村에서 수습된 구나도 속의 방상씨가 베풀고 있는 일종의 雙劍舞 형상의 잠개
춤은 치우의 문화(儺戱)가 남긴 문화적 유습이거나 치우 당대의 문화가 전승되
고, 또 변용된 모습일 개연성이 있다.[11]

그런데 唐의 李筌이 撰한 것으로 전해지는『태백음경(太白陰經)』에는 치우를
제사지내는 문장이 소개되어 있고, 그 가운데 몇 몇 구절은 치우와 황제의 군진

---

9 大哉蚩尤畜富能群四來信悅衣冠帶劍乘載以馬運漕以舟四海之內悉遵天功. 李嵒,『太白眞訓』,
   '中篇'.

10 方相、蚩尤, 其實一也, "方相的原型只能是蚩尤". 顧朴光在其論著『中國面具史』中 인터넷 사이
    트 'Baidu' 참조함.

11 이 驅儺圖 속의 방상씨가 쥐고 있는 잠개의 형상은 조선조 선조가 임란공신인 김명윤에게 하사했
    다는 쌍검을 연상시키고, 또한 조선후기에 김준근이 그린 '기생 검무하는 모양'에서 보이는 칼을
    연상시키기도 한다. 구나도의 방상씨가 쥐고 있는 잠개가 조선조 선조인 김명윤에게 하사된 쌍검
    과 또한 김준근의 그림 속의 칼 등과 반드시 같은 것은 아니지만, 구나도의 잠개와 김명윤의
    쌍검 그리고 김준근의 그림 속의 가지칼날이 달린 칼은 모두 가지달린 잠개라는 공통성을 지니고
    있음이 흥미롭다.

이 격돌하면서 드러낸 行軍과 動兵에 관련된 양상을 어느 정도 표현하고 있어 눈길을 끈다. 해당 내용을 보면 "태고지초에 풍속은 돈후함과 소박함을 숭상했고, 돌을 쳐내어 쇠뇌를 만들었고, 나무를 휘어 활을 만들었다. … 다섯 병장기의 이로움을 창제하여 온 나라의 자산을 이루었다. 임금과 왕자는 群生을 기르고, 不德한 곳에 의로운 정벌을 한다. 戎狄은 음흉하고 교활하였고 거미처럼 요충지에 모여 차지했다. 이제 여섯 부대를 엄히 경계하여 하늘의 벌을 삼가 행하니, 神은 어둡지 않아, 경사스러운 복이 찾아와 이르렀고, 악어가죽 북으로 하여금 기운은 북돋아졌다. 곰 깃발은 권위를 보좌하고, 소읍에는 굳센 성곽이 없도다. 들에는 횡포한 군진이 없으니, 서리가 날리듯이 나무를 말아버리고, 산을 뽑듯이 달걀을 눌렀다. 불길은 거세고 바람은 휩쓸고 병장기의 채색은 크게 한가지였다."[12]는 내용이다.

언뜻 해당 문장에는 도검이 거론되지 않았지만, "다섯 병장기의 이로움"에서 말하는 다섯 병장기 곧 五兵에는 칼이 속하는 데 이 부분은 《龍魚河圖》를 통해서도 확인된다.[13] 따라서 치우를 한국인의 先代인물로 수용한다면, 한국인의 도검 사용의 연원은 치우의 시기까지 소급이 될 여지가 있다 하겠다.

3) 치우와 대립한 强大邑落首長 '軒轅氏' 軍陣의 도검기술과 관련 儀仗行爲

『路史』에 따르면 헌원씨는 매우 명민한 문화영웅이었음을 알게 된다. 그 해당 문장을 보면, "헌원씨는 공상의 북쪽에서 일어났다. 만물을 이어지게 하고, 지혜를 열었다. 구르는 바람으로 쑥이 멈추지 않는 것을 보고, 이에 탈 수레를 만들었다. 바퀴는 소박하게 얽어졌는데, 가로지른 나무는 軒(수레채)이 되고 곧은 나무는 轅(끌채)이 되었다. 술그릇으로써 임금을 존대하였다. 따라서 부르기를 헌원씨라 했다. 때기 밭을 저울질했고, 무덤 길을 살폈으며, 막힌 것은 통하

---

12 太古之初, 風尙敦素, 拓石爲弩, 弦木爲弧。今乃爍金爲兵, 割革爲甲, 樹旗幟, 建鼓聲, 爲戈矛, 爲戟盾。聖人禦宇, 奄有寰海, 四征不庭, 服强畏威, 伐叛誅暴, 制五兵之利, 爲萬國之資。皇帝子育群生, 義征不德。戎狄兇狡, 蟻聚要荒。今六師戒嚴, 恭行天罰, 神之不昧, 景福來臻, 使鼉鼓增氣, 熊旗佐威, 邑無堅城, 野無橫陣, 如飛霜而卷木, 如拔山而壓卵, 火烈風掃, 戎夏大同. 唐 李筌 撰, 『太白陰經』, 八卷(浙江範懋柱家天一閣藏本)〈祭蚩尤文篇〉第七十五.

13 造五兵, 伖刀戟大弩『龍魚河圖』.

게 하였으니, 이에 四方을 擅斷하였다. 산을 벌목하여 구리를 얻어 칼과 재화를 이루었다. 저울대로 강역의 경중을 저울질 함으로써 천하를 다스렸다."[14]는 내용을 알게 된다. 헌원이 구리를 채굴하여 그것을 재료로 일종의 銅製 刀劍을 제작했음을 추론하게 하는 대목이다. 어떻든 앞서의 『路史』기록을 통해 헌원의 시기에 동검의 사용이 있었음을 상상해 보게 된다. 賈島가 지은 '劍歌'에서도 황제헌원이 지녔던 칼인 '雪鍔'이 거론(雪鍔又得軒皇遺 등)되고도 있어 참고가 된다.

여기서 『上淸含象劍鑑圖』의 '鑄劍鏡法竝藥' 조 기록도 비교되는데, 그에 따르면, "무릇 칼과 거울을 주조함에 반드시 백번 담금질한 참된 쇠를 얻어 주조함이 옳다. 무릇 단련된 쇠가 精緻해지고 나서 주사와 은이 없이 쇠를 구부리면 精劍으로 이름할 수 없다. 태고 이래의 검과 신이한 거울은 헌원황제로부터 신서공이 받은 비법이었다."[15]는 내용을 보게 된다. 이 문장을 통해 황제헌원으로부터 '精劍'의 제조비법이 전승되었음을 추정하게 되는데, 이 문장의 진위를 파악하기 곤란한 점을 들어 황제헌원의 위대성을 심화시키려는 의도에서 후인이 부가한 것인지도 알 수 없다. 더욱이 『路史』에서는 "구리를 얻어 칼과 재화를 이루었다."고 했는데, 『上淸含象劍鑑圖』의 '鑄劍鏡法竝藥' 조 기록에서는 "百鍊眞鐵"을 써서 칼을 주조했다는 내용은 차이가 있다. 물론 황제헌원의 군진내 기술수준이 동검단계에서 "百鍊眞鐵"을 사용한 철제 도검의 제작단계로 바뀐 사정을 추정해볼 수도 있다.

어떻든 황제헌원을 두고 '精劍'의 제조비법을 지닌 금속기술자의 한 사람이었다는 듯한 이미지를 확산하려는 의도는 분명하게 파악되는 셈이다. 치우를 두고 각종 무기의 제조기술을 연 선구적 문화영웅으로 거론하는 것처럼, 황제헌원도 비슷한 맥락에서 기술적 선구자인 듯이 묘사되었음은 이해가 가는 대목이기도 하다. 그런데 황제헌원이 玄女 등으로부터 印劍을 받고 치우와 군사적

---

14 軒轅氏, 作於空桑之北. 紹物開智, 見轉風之蓬不已者, 於是作制乘車, 輪璞較, 橫木爲軒, 直木爲轅, 以尊太上, 故號曰軒轅氏。權畸、羨審、通塞, 於是擅四方, 伐山取銅以爲刀貨, 以衡域之輕重, 而天下治矣。『路史』卷七, '軒轅氏'

15 凡鑄劍鏡, 須得百鍊眞鐵可鑄。凡鍊鐵旣精, 无硃砂銀勾鐵, 不名精劍。所以太古劍神鏡, 自軒轅黃帝受神胥公法。『上淸含象劍鑑圖』의 '鑄劍鏡法竝藥' 條.

대결을 진두지휘했다는 설화내용을 고려한다면 전혀 얼토당토한 기록의 덧칠 행위라고 성토만 할 것은 아닌듯하다.

한편 銅製 刀劍으로 익숙한 도검제품으로 이른바 비파형 동검이나, 세형동검은 잘 알려진 도검류이다. 특히 중국의 남산근 지역에서 드러난 동검의 경우를 보면 그 칼자루의 부조된 형상이 한 쪽은 남성 裸身이 그 반대 쪽에는 여성 裸身이 각기 조형되어 있음이 특징적이다.

그런데 『靈寶六丁秘法』의 '無言法' 항목을 보면, "초제를 제사지냄은 丁日을 맞아 한다. 상 위에 좌정한 밤에 눈을 감고 생각을 편안히 하는데, 상은 印案으로 하고서, 한 면은 서쪽으로 머리를 두고 몸에 육정옥녀인을 두르는데, 이는 구천현녀와 관련한 옥녀의 인(九天玄女管係玉女之印)이다."[16]는 내용을 보게 된다. 여기서 거론된 구천현녀는 헌원이 치우와 군사적 대립과 격전을 벌이는 과정에서 헌원에게 도움을 준 일종의 여성지도자이다. 문제는 그녀가 단순하게 정치지도를 하는 데 그치지 않고 『玄女兵法』이라는 기록과 印劍이라는 구체적 무기를 전달한 점이다. 또한 『靈寶六丁秘法』의 '無言法' 항목을 견주어본다면, 현녀가 헌원에게 준 印劍은 사실 印과 劍으로 구분이 가능한 神聖持物이었을 가능성이 추론된다. 마치 한국상고시기를 거론함에 환웅과 연관되는 天符印을 연상하면 현녀의 印이 어떤 것이었는지를 쉽게 추정해볼 수 있다.

어떻든 『靈寶六丁秘法』의 '無言法' 항목에서는 현녀의 그 印을 보존하는 방법(存印法)을 설명하기를 "먼저 東北印을 평안히 하는데 丁卯玉女가 印角에 서는데 손으로 靑蛇之劍을 쥐고, 다음 丁巳玉女는 東南角에 있어 손으로 黃蛇之劍 혹은 白蛇之劍을 쥔다. 다음 西南印을 편안히 함에 丁未玉女가 印角에 서는데, 손으로 白之劍 혹은 黃之劍을 쥔다. 다음으로 西北印을 편안히 하는데 丁丑玉女가 印角에 서는데, 손으로 黑之劍 혹은 黃之劍을 쥔다. 다음으로 丁酉丁亥玉女가 좌우에 서서 손으로 靑蛇之劍 혹은 黃蛇之劍을 쥐고서 편안히 한다."는 내용을 드러내고 있다. 거론된 내용을 도표로 요약하면 〈표 1〉과 같다.

---

16 祭醮祭遇丁日, 夜於床上坐定, 閉目存想 : 床爲印案, 一面西爲頭, 身帶六丁玉女印, 其印是九天玄女管係玉女之印也. 『靈寶六丁秘法』의 '無言法' 항목.

표1. 玉女 各人別 定位置와 携帶持物(도검)의 구분관계

해당 玉女	서는 위치	휴대 인	휴대 도검	비고
丁卯玉女	印角	東北印	靑蛇之劍	유일하게 한 종류의 劍을 휴대함.
丁巳玉女	東南角	불명	黃蛇之劍 혹은 白蛇之劍	
丁未玉女	印角	西南印	白之劍 혹은 黃之劍	黃蛇之劍이 아닌 黃之劍이고, 白蛇之劍이 아닌 白之劍인 점이 주목됨.
丁丑玉女	印角	西北印	黑之劍 혹은 黃之劍	黑之劍만 거론되고, 黑蛇之劍은 아예 거론조차 되지 않은 점이 주목됨.
丁酉丁亥玉女	左右	불명	靑蛇之劍 혹은 黃蛇之劍	

『靈寶六丁秘法』의 '無言法' 항목의 내용을 통해 동아시아의 칼과 연관된 儀仗行爲가 애초부터 일정한 지리적 방향성에 바탕을 두고서 구성되었을 개연성을 느끼게 된다. 여기서 선사시기부터 매장의례의 하나로 주검의 頭向이 일정한 지리적 방향과 연관됨이 이미 고고학적 연구성과로 심심찮게 거론된 점을 고려하게 된다. 따라서 죽은 이가 아닌 산 자들이 자신들의 삶과 연관하여 안녕과 평화를 기원하고자, 持物로서 칼을 지니고 일정하게 의식을 집전하는 가운데 역시 지리적 방향성을 일일이 요건화한 측면은 일면 작위적이기도 하지만 충분히 이해가 되는 인문적 행위라 할 만하다. 물론 어째서 각각의 이른바 玉女들이 지닌 印들이 동서남북이 아니고 동북, 서남 서북인지, 그리고 해당 지물도 靑白黑赤黃으로 명확히 구분되지 않고 '黃蛇之劍 혹은 白蛇之劍'으로 되거나, '白之劍 혹은 黃之劍' 그리고 '黑之劍 혹은 黃之劍' 또는 '靑蛇之劍 혹은 黃蛇之劍' 따위로 혼란스럽게 뒤섞인 것인지 그 이유를 분명하게 헤아리기가 쉽지 않다. 다만 적어도 오늘날 五方色과 연관되어 베풀어지는 현전 무용의 원형성이 사뭇 『靈寶六丁秘法』의 '無言法' 항목의 내용과 비교될 만한 여지가 느껴짐은 가볍게 지나칠 일은 아닌 것 같다. 그것은 적어도 동아시아의 무용에서 흔히 거론되는 闢邪的 의미와도 연관될 소지가 있기 때문인데, 여전히 각각의 玉女들이 서는 角의 위치와 持物인 각각의 劍들이 지니는 대응관계가 五方的 관념과 꼭 일치하지 않기에 더 이상의 상론이 곤란함이 아쉬울 뿐이다.

그런데 『岱史』에 따르면 海岱로 지칭되는 지금의 산동반도와 강소성 일원

에는 한국인의 역사적 시원지인 九黎의 상고적 유풍을 짐작케 하는 전설과 해당 유적이 지금도 전해지고 있어, 옥녀 관련 고찰의 방향이 다소 다양해질 수있는 여지를 느낀다. 이를테면 紫府仙人(紫府先生)을 연상시키기에 부족하지않은 '劍匣石', '試劍石', '仙影石', 그리고 天眞仙女의 일화를 연상시키는 '玉女山'[17] 등인데 관련 유적에 대한 『岱史』 속 일부 기록내용이 흥미롭다. 곧 "劍匣石은 커다란 골짜기에 있는데, 서쪽에 모가 난 돌이 궤짝과 같았다. 서로 전하기를, 궤짝에는 보검이 있어 仙人이 거두어 갔다고 한다."[18]라던가, "試劍石은큰 골짜기의 입구에 있는데, 서로 전하기를 仙人이 돌 궤짝의 보검을 거두어이 돌덩이를 잘라 베었다고 한다."[19]라거나 "玉女山은 花岳의 꼭대기에서 동북10리쯤의 곳으로 玉女가 참됨을 수도하던 돌 집이 그 산 아래에 있다."[20]는 따위의 설명이 그러하다. 거론된 내용들을 다시 종합해보면, 옥녀는 참됨을 수련하던 여성수행자였고, 그녀는 한국의 시원에 해당하는 구려 땅의 자부선생이있던 자부궁의 천진선녀와도 비교해 볼 수 있는 여성임을 알 수 있다. 따라서지금의 북한 덕흥리에 있는 고구려의 고분내 西壁天井壁畵상에 등장하는 두'玉女'는 본래부터 우리 상고시기의 설화적 인물인 천진선녀나 혹은 참됨을 수련하던 여성수행자였던 '옥녀'와 연관될 가능성을 느끼게 된다.

한편 『瑤池記』에 따르면 "황제는 일찍이 岱嶽觀을 세우고 七女를 보냈는데, 雲冠에 羽衣를 입었다. 향을 사르고 수도하여 서쪽 昆眞人을 맞았는데, 玉女는七女의 한 사람이었다. 그는 수련하면서 도를 얻은 사람이었다."[21]라는 내용이

---

17 자부선인과 관련되는 風山을 설명하는 글에 '長洲는 일명 靑丘라 한다. 남해의 辰巳之地에 있다.
   땅은 사방 오천리이고, 해안으로 가면 20만리이다. 첫째의 풍요가 산천이다. 또 큰 나무가 많다.
   나무는 2천둘레가 있다. 한 지역 위에 오로지 숲과 나무이다. 그런 까닭에 일명 푸른 언덕(靑丘)이
   다. 천고이래 仙草와 靈藥이 있고, 달콤한 물줄기는 옥과 꽃부리같다. 또 風山이 있는데 산에
   항상 소리가 震動했고, 紫府宮이 있었다. 天眞仙女가 이 땅에서 노닐었다.'(『雲笈七籤』卷之二十
   六・十洲三島)는 내용이 참고가 된다. 이 문장에서 보이는 天眞仙女는 '참됨을 닦은'(修眞) 玉女라
   는 『岱史』속 '玉女山' 유적 일화와 상통함이 느껴져 흥미롭다. 인터넷(www.scimao.com/)을 통해
   확인되는 산동반도 내의 옥녀산에 관해서는 '在今山東泰安縣北泰山東北頂上。明鄒德傳有『玉女
   山』詩.'란 내용이 참고된다.
18 劍匣石, 在大峪西有方石如匣相傳匣有寶劍仙人取去. 『岱史』(二).
19 試劍石, 在大峪口相傳仙人取石匣寶劍斷劈此石. 『岱史』(二).
20 玉女山, 花岳頂東北十里許有玉女修眞石屋在其下. 『岱史』(二).
21 黃帝嘗建岱嶽觀, 遣女七, 雲冠羽衣, 焚修以迎西昆眞人。玉女蓋七女之一, 其修而得道者. 『瑤
   池記』, 李諤.

보인다. 또 『登泰山記』에 따르면, "또한 동북으로 2리의 거리에서 碧霞之宮에
이르는데, 서로 전하기를 황제의 시기에 이루어졌고, 七女를 보내어 雲冠에 羽
衣를 岱嶽의 위에서 입게 하여 서쪽 崑眞人을 맞게 했다. 玉女는 그 한 사람으로
道術을 지닌 사람이었다."[22]는 비슷한 내용이 보인다. 따라서 『瑤池記』와 『登泰
山記』만을 검토한다면, 『靈寶六丁秘法』의 '無言法' 항목에서 보이는 제 가기
다른 劍을 지니고, 서로 다른 위치에 서서 의장의식을 갖춘 각각의 옥녀는 황제
헌원과 연관된 여성세력일 가능성은 높아진다. 그럼에도 玉女山의 玉女가 참됨
을 수도하던 여성수행자였고, 紫府宮의 天眞仙女의 명칭에 같은 '眞'가 확인되
는 점은 옥녀의 문화가 과연 황제헌원 계열만의 고유문화였는지 의문을 들게
한다. 또한 황제헌원이 치우와의 군사적 대결과정에서 자문을 얻고자 풍산의
자부선생에게 찾아가 가르침을 구하였다는 『抱朴子』 등의 기록을 견주어보면,
황제헌원측에게서 확인되는 각각의 옥녀에 관한 의장의식은 그 연원이 九黎
땅 風山의 자부선인과 무관하다고 단언하긴 어려울 듯싶다. 따라서 동북아의
상고시기에 존재했던 이른바 '옥녀'라는 이름의 여성문화와 그녀들이 베풀었던
각각의 持劍儀仗儀式은 황제헌원만이 아닌 구려 땅 풍산의 山中女性 修行文化
와 일정한 연관성이 담겨있을 개연성을 조심스럽게 추정해 볼 여지를 느끼게
된다. 더욱이 상고시기를 지나 고대시기에 고구려 땅에서 고분을 형성함에 그
안의 벽화에 옥녀를 표현한 점은 황제헌원계열의 옥녀문화가 과연 황제헌원의
계열로만 볼 수 있는가하는 문제를 제기하게 만든다. 고구려의 德興里古墳의
西壁天井壁畵上에 등장하는 두 '玉女'의 분명한 모습을 통해, 청구 땅의 天眞仙
女로부터 비롯된 고구려의 옥녀에 이르기 까지 한국 역사상 여성수행문화의
존재를 희미하게나마 추론하게 되며, 그러한 여성수행문화가 발해정효공주무
덤의 여성무사들의 持兵儀杖儀式의 모습과도 연결될 수 있을 터이다.

4) 동북아 선사시기 돌칼의 사용과 靑銅短劍 활용행위의 다중적 의미

인류는 선사시대부터 도구를 사용했는데, 뗀석기를 썼던 구석기시대로부터

---

22 又東北二里至碧霞之宮. 相傳爲黃帝時, 遣七女雲冠羽衣於岱嶽之上. 以迓西崑眞人而玉女其一
之有道術者。《登泰山記》, 文翔鳳.

그림 6. 강원도 고성 문암리 출토 간돌칼

간석기를 썼던 신석기시대에 이르기까지, 도구를 이용한 채집은 물론 동물과의 접전은 피할 수 없는 생활의 모습이었다. 특히 집단적인 사냥의 경우, 은밀하게 계곡 등지에 숨어서 동물을 기다려 공격하는 경우나 한쪽으로 몰아서 사냥하는 몰이사냥의 경우, 날카로운 창끝은 무엇보다 소중했을 것이다. 따라서 선사시기부터 인류가 소중하게 여긴 사냥도구는 창끝이었을 개연성은 충분하다.[23]

그런데 동북아 상고이래 돌로 다듬어진 석창의 존재는 숱한 발굴로 확인됐는데, 석창과는 달리 석검의 경우 반드시 사냥 등의 수렵활동에만 국한하여 사용되었겠느냐 하는 의문을 하게 된다. 물론 석재를 다듬어 칼날을 형성하여 사용한 예를 보여주는 강원도 고성 문암리 출토의 돌칼을 보면, 이미 신석기 시기를 전후하여 매우 날카로운 칼잠개를 만들어 사용한 실례를 인정하게 된다. 문암리 출토 돌칼은 특히 칼 몸에 타원형상의 구멍이 이루어져 사용하는 당사자가 손을 끼워 썼거나, 경우에 따라 그 구멍에 끈이나 줄을 넣어 막대기에 묶어 사용했을 가능성도 추론되기도 한다. 만약 문암리 출토 돌칼이 구멍에 끈이나 줄을 매어 막대기에 묶어 사용했다면, 해당 돌칼을 쓰던 선사인은 비교적 긴 힘의 모멘트를 발휘하였을 터이다. 물리학적으로 힘의 모멘트는 '물체가 움직이도록 힘이 작용한 효과. 또는 그것을 나타내는 양'인데, 그 원리에 따르면 돌칼을 묶은 긴 막대기의 길이가 길수록 칼날에 실리는 살상력은 커진다는 논리가 가능해진다. 그러나 문암리 출토 돌칼이 그저 사용자의 손아귀에만 구속되어 사용되었다면 오로지 사용자의 순수한 팔 길이에 해당하는 힘의 모멘트만 드러났을 터이기에 사용자는 매우 신중한 주의력을 지니지 않으면, 짐승과의 접전에서 반드시 유리하였다고 할 수는 없을 터이다. 따라서 문암리 출토 돌칼은 그저 단순한 식재료 조리용의 도구로 한정하여 사용되었을 개연성도 존재한다.

한편 한반도의 경상북도 청도군 화양읍 진라리에서 확인된 고인돌은 물론

---

23 박선식, 「한국역사상 特殊戰 사례와 관련 전투기예의 검토」, 『한국무예의 발전방향』(2013 한국전통무예진흥학회 추계 학술발표회 자료집), (사)한국전통무예진흥학회, 17~18쪽 인용.

주변 집자리 등지에서 출토된 청
동기 시대의 간돌칼들은 많은 점
을 생각하게 한다. 구체적으로 보
면, 우선 진라리 고인돌 1호에서 출
토된 간돌검은 전체 길이 39.8㎝,
칼몸 길이 29.9㎝, 손잡이 길이
9.9㎝, 칼몸 두께 1.0㎝이고, 칼몸
의 단면은 마름모꼴이다. 다음 진

그림 7. 경북 청도군 화양읍 진라리
고인돌에서 수습된 간돌칼

라리 고인돌 3호에서 출토된 간돌칼은 전체 길이 66.7㎝, 칼몸 길이 48.9㎝,
칼몸 두께 1.7㎝이고 칼몸의 단면은 마름모꼴이다. 그리고 진라리 고인돌 4호에
서 출토된 간돌칼은 전체 길이 28.4㎝, 칼몸 길이 20.0㎝, 손잡이 길이 8.4㎝,
칼몸 두께 0.8㎝이고, 칼몸의 단면은 볼록 렌즈형이다.

진라리 고인돌에서 출토된 돌칼들이 그 전체길이가 짧게는 28.4㎝에서 길
게는 66.7㎝에 이르는 것을 보면, 청동기 시기를 전후하여 한반도의 선사인이
사용한 돌칼의 길이가 사용자마다 달랐을 개연성을 느끼게 하고 있다. 그런데
진라리 고인돌의 무덤에서 드러난 돌칼과는 달리 주변 주거지에서 출토된 돌칼
들의 칼몸 형태가 모두 삼각형이고, 능각이 서지 않은 볼록 렌즈형의 단면을
갖춘 점이 주목된다. 이에 비교하여 고인돌의 부장품으로 들어간 돌칼들은 4호
고인돌 출토품을 제외하면 모두 능각이 있다. 기본 형태에서도 1호와 3호 고인
돌 출토품은 검신이 직인화한 것은 물론이고, 칼코와 손잡이 끝이 지나치게 과
장되거나 날카롭게 처리되어 완전히 儀器化된 석검임을 알 수 있다. 이로써
선사시기에 사용된 돌칼이 생활상의 연장으로 사용된 경우보다 장례 등의 절차
에 따라 매장한 석검이 한 층 의기화된 형상인 것이 어떤 의미로 해석되어야
할지는 과제이다. 물론 의기화된 석검의 사용자가 죽기 전에는 威信材[24]로서
쓰였다가 사용자가 삶을 다하면서 주검과 함께 해당 부족을 지키는 수호적 산
물로 취급되고 있었음을 말해준다고 풀이가 가능하다. 그러나 의기화된 석검

---

24 威信財는 고고학계에서 흔히 '신분이나 권위를 상징하는 물품들의 통칭'으로 사용되는 어휘로
　주로 화려한 칼이나 금동관 따위 등이 해당한다.

은 政敎一致(제정일치)적 사회상의 한 단면을 전해주는 자료의 의미도 찾아진
다 하겠다. 그런데 진라리의 유적에서 주거지 4호 출토품과 고인돌 4호 출토품
은 칼몸의 형태나 그 연마 방식 등이 거의 같은 시기 산물이어서 주거지와 무덤
의 상관관계를 보여주는 좋은 대비 자료가 된다. 생존 당시의 생활 도구이자
의기가 고스란히 장례에 쓰였던 점을 알게 된다.

	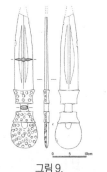	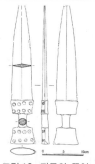
그림 8. 여수 오림동의 고인돌 측벽에 보이는 암각화	그림 9. 자루의 끝이 둥근 모습을 띤 의창 평성리 출토 마제석검	그림 10. 자루의 끝이 평행사변형상으로 네모나게 모가 진 의창 평성리출토 마제석검
사람보다 상대적으로 크게 묘사한 석검의 크기를 통해 한국선사인의 일부가 칼잠개(刀劍)에 대하여 주술적 기원의례를 행하는 독특한 관념을 읽을 수 있다.	칼 자루의 끝이 둥근 형상임을 두고 언뜻 天圓地方을 연상하며, 天이 男性性과 연결된다는 동아시아적 관념과 비교하게 된다.	칼 자루의 끝이 모가 난 형상임을 두고 언뜻 天圓地方을 연상하며, 地가 女性性과 연결된다는 동아시아적 관념과 비교하게 된다.

한편 한반도의 여수 오림동 지역에 현전하고 있는 고인돌의 측벽에 사람의
크기보다 더 큰 비례감으로 묘사된 칼이 보이는데, 이 칼은 결코 수렵용의 수단
이라기보다는 무엇인가를 희구하고자 하는 경우와 결부되어 그 기원의 대상이
되고 있다는 느낌을 주고 있다. 더불어 의창 평성리에서 드러난 두 개의 석검은
한 쪽 자루 끝이 둥글고, 한 쪽 자루 끝이 모가 진 형상인데, 이는 두 돌칼이
한 셋트라는 생각을 불러일으키기에 충분한 형상이다. 문제는 각기 다른 칼 자
루의 끝 모습인데, 언뜻 천원지방의 사상을 견주어본다면, 한 석검은 천 또는
남성성의 칼이고, 한 석검은 지 또는 여성성의 칼이라는 소박한 생각을 하게
된다. 물론 의창지역의 선사인들이 과연 그토록 고상한 음양론적 세계관을 지
녔는지는 전혀 알 수 없다. 그러나 지금의 파주 심학산에 음양적 생식숭배의식

이 반영된 두 거석이 존재했고, 두 거석에 각기 男根 형상과 女根 형상의 패인 흔적이 확인된 점[25]은 한국의 先代 先史人들에게 음양론적 세계관이 있었을 개연성을 강하게 느끼게 하고 있다. 또한 오림동 고인돌에 표현된 석검의 모습은 역시 해당 고인돌의 벽에 표현된 두 사람의 기원행위와 연관된 기도대상이었을 개연성을 느끼게 하고 있다. 칼 끝이 지상에 박히듯이 서있는 형상은 지상세계의 고단함을 조장하는 그 어떤 부정적 요소조차 꼭 눌려 꼼짝하지 못하게 해달라는 간절한 희구를 반영한 측면을 추론하도록 유도하고 있다.

결국 의창에서 수습된 두 석검이나 오림동 고인돌 벽에 표현된 석검을 통해 선사시기에 석검이 반드시 수렵활동이나 사람사이의 다툼에서나 쓰인 것이 아닌, 기원행위나 음양상생의 희구와 연관된 주술적 목적에도 석검이 사용되었을 가능성을 느끼게 한다. 다시 말해 석검의 용도가 이중적 또는 다중적으로 고찰될 수 있는 여지를 느끼게 된다.

그림 11. 이른바 요녕식 동검이라고도 지칭되는 비파형 청동단검

그림 12. 남산근 유적지(현재 중국)에서 출토된 청동단검으로 음양일체적 의미를 추론케 함

한편 창끝의 모양을 고스란히 닮되 구모가 매우 작아진 화살촉의 발명으로 비교적 멀리 떨어져서도 사냥이 가능해지면서, 인류는 지형을 살펴 은밀하게 숨어서 사냥하는 방식을 선호했을 터이다. 하지만 예기치 못한 동물과의 조우

---

25 박선식, 「한국선사인의 병치거석물 조형행위와 생식숭배 및 풍요기원의식의 상관성 검토」, 『명과학연구』 제5호, JH지식곳간채, 2015, 259~309쪽.

를 상정할 때, 긴급하게 사용할 수 있는 돌망치나 돌도끼는 무척 소중한 위기처리 수단이었을 것이다. 그러한 선사시기부터의 도구 사용관습은 청동기 시기에 이르러 장창이나 단창의 존재와 별도로 짧은 단검의 사용이 병행되었다고 여겨진다. 이전부터 사용되던 짧은 석검의 기능적 효용성을 뒤이어 보다 재료의 강도가 높아진 단검의 출현은 모든 이의 바라는 바였을 터이다. 비파형 청동단검(요녕식 청동단검)의 존재는 바로 그 같은 관점에서 살펴볼 유물이라 할 수 있다. 길이가 비교적 짧은 청동단검은 평지에서 만나는 맹수나 적군을 상대하기에는 상식적으로 불가능하다. 짧은 칼몸은 아무리 강한 힘을 발휘한다고 해도 이른바 '힘의 모멘트'가 약할 수밖에 없다. 따라서 청동단검은 예기치 못한 경우나 은밀히 잠입하여 접전할 경우에 유용한 특수상황의 전투수단으로서 그 가치가 높았을 것으로 추정된다.[26] 그런데 남산근 유적에서 드러난 청동단검을 보면 그 손잡이의 형상이 한 쪽은 남성 裸身의 모습이고, 반대쪽에는 여성 裸身의 모습을 띠고 있는 점은 많은 점을 생각하게 한다. 이미 선사시기에 거석의 설치를 통한 생식숭배의식의 단면을 알려주는 사례가 거론[27]되기도 한 것처럼, 남녀 나신이 각기 형상화된 남산근 유적의 수습된 청동단검은 역시 음양일체적 조화의 희구라든가 아니면 생식숭배의 기원의식과 연관된 단검의 제작이 이루어진 것이라는 관점을 이끌어낸다. 역시 앞서 거론한 것처럼 한반도 의창에서 드러난 두 석검의 의미와 비슷한 검토를 할 필요를 느낀다. 곧 음양상생의 희구와 연관된 주술적 목적과 견주어 볼 수 있는 여지를 느낀다. 따라서 동북아 역사에 있어 석검이든 동검이든 그 용도가 반드시 수렵이나 전투목적으로만 쓰여진 것이 아니고, 일정한 기원의례에 주술적 소망을 담는 일종의 神體와 같은 성격을 아울러 지니고 사용되었다는 추론은 얼마든지 가능하다 하겠다.

---

26 박선식, 「한국역사상 特殊戰 사례와 관련 전투기예의 검토」, 17~18쪽 인용.

27 박선식, 「한국 선사인의 立置巨石物 조형행위와 생식숭배 및 풍요기원의식의 상관성 검토」, 『명과학연구』 제5호, JH지식곳간채, 2015.

3. 한국인의 고대시기 도검의 운용과 관련 기예의 전개

1) 고구려의 鐵大刀와 관련 칼쓰기 무예의 상관관계

고구려는 역대로 북방세력과 끊임없이 무력대결을 벌였던 나라였다. 따라서 창검술은 각 무사들이 익숙히 익혀야 했던 무예였다. 중국의 기록인『梁書』를 보면, "나라사람들은 기력을 중시했고, 궁술과 창검에 익숙했다. 갑옷이 있으며 전투를 연습했다"라는 내용이 보인다. 고구려인의 보편적 정서와 기품이 어떠했던가를 단적으로 엿보게 하는 대목이다. 그래서인지 고구려의 벽화를 보면 칼을 쥐고 등장하는 내용이 적지 않다. 이를테면, 삼실총의 수문장도, 안악2호분의 문위무인도, 안악3호분의 행렬도, 약수리벽화의 수위도, 통구12호분의 전투도 등이 그러하다.

한편 고구려의 칼은 여러 가지가 있었던 것으로 이해되어진다. 칼몸이 비교적 짧으면서도 적의 갑주를 가르며 공격할 수 있게 만든 칼이 있었고, 거꾸로 장대한 길이의 大刀 계열 도검과 환두도검류가 있었다.

고구려의 대도 유물 가운데, 북한의 1호무덤에서 드러난 장대한 철대도(쇠로 된 긴 칼)를 들 수 있다. 이 칼은 한쪽만이 칼날이 있는 모양으로, 그 길이는 무려 122.1cm로써 칼몸과 자루의 슴베까지 연결된 형태이다. 그 정도의 칼은 넉넉히 적을 단번에 겁먹게 할 수도 있었을 터이다. 그런데 이 칼의 슴베의 끝에는 고리가 있지 않음이 흥미롭다. 흔히 고리가 있는 환두대도와는 또 다른 전투용의 칼인듯하다. 더불어 이 칼은 언뜻 고구려 대무신왕대의 용감한 칼쓰기 무사였던 '괴유(고구려 초기의 검객)'를 연상케 해준다. 이 칼을 통해 고구려 당시의 철대도의 한 모습을 쉽게 짐작할 수 있다. 또한 고구려 무사들의 일부가 일찍부터 비교적 긴 행동반경이 요구되는 大刀術(긴칼을 쓰는 무예)을 익혔음을 쉽게 추측할 수 있다.

2) 신라 황창랑 설화와 화랑 무예

신라의 서라벌에 전승되는 설화로 黃昌郎 故事가 있다. 황창랑은 우국지정이 깊었던 소년으로 신라와 적국관계였던 백제에 적대감을 지녔다고 한다. 그

그림 13. 육군사관학교에 설치되어 있는 전투화랑상

리하여 빼어난 칼춤솜씨를 뽐내며 백제에 잠입하였고, 그 소문을 듣고서 백제 임금이 왕궁에 초대하여 칼춤을 연희토록 했다고 한다. 마침내 황창랑은 백제 궁궐 안에서 현란한 칼춤솜씨로 좌중을 매혹시킨뒤 백제임금을 칼로 찔렀다고 한다. 황창랑은 곧 백제군사에 의해 죽게 됐고, 아들이 세상을 떠난 줄 모르는 황창랑의 어머니는 그만 사라진 아들이 보고싶어 하면서 괴로워했다고 한다. 그런 소식에 슬퍼진 서라벌 사람들이 어린 황창랑의 모습을 꾸며 그 어머니를 위로했다고 하며, 더불어 황창랑의 칼춤이 됐다는 게 설화의 요지다.[28] 하지만 설화 속의 황창랑은 正史書의 기록에는 보이지 않아, 그 실재성이 의심스러운 상태다. 다만 신라가 백제와 적대국이었던 시절이 분명히 존재했던 만큼, 신라인의 反백제정서를 담아 퍼진 설화일 개연성이 있다. 또한 당시 신라 청소년들이 칼춤을 추고 지냈을 가능성 또한 읽혀지며, 칼춤 자체가 요인의 저격을 목적으로 하는 일종의 전투기예일 수 있다는 단서를 제공한다고 하겠다. 칼춤을 목적으로 쓰는 도검이 실제 어떠한 모습이었는지는 전혀 알 수 없으나, 소년인 황창랑이 운용한 칼은 그리 길지 않았을 것이고, 그에 따른 劍舞勢는 소년의 체구가 그리 크지 않았다는 전제로 생각할 때, 소년의 몸맵시 만큼이나 매우 빠른 칼쓰기였던 것으로 짐작된다. 따라서 검무세를 활용한 특별전투기예란 빠른 칼쓰기와 짧은 칼몸의 특성을 최대한 극대화한 것이란 결론에 이르게 된다.

한편 신라의 화랑제도를 보면 화랑과 그 낭도들의 일상에서 文事와 武事의

---

28 黃昌의 고사를 전하는 기록을 보면, "세간에 전하는 말에 8세 동자가 신라왕을 위하여 백제에 대한 유감을 풀고자, 백제의 저자에 가서 칼춤을 추니, 구경하는 사람들이 담장처럼 빽빽이 둘러쌌다. 백제왕이 이를 듣고 궁중에 불러들여 춤을 추게 하니, 창랑이 그 자리에서 왕을 찔러 죽였다. 후세 사람들이 가면을 만들어 이를 본뜨고 〈處容舞〉와 함께 아울러 공연하였다고 한다."(『增補文獻備考』권106〈樂考〉17: "黃昌郎舞. 諺傳, 八歲童子, 爲新羅王, 謀釋憾於百濟, 往百濟市以劍舞, 市人觀者如堵墻. 百濟王聞之, 召入宮[令]舞, 昌郎於座揕王殺之. 後世作假面以像之, 與處容舞竝陣.")

겸전노력이 확인된다. 비록 위서의 논쟁가능성을 지닌 책이지만, 이른바『필사본 화랑세기』를 보면 향가를 잘하고 속세를 떠나 유람을 즐겼던 설원랑의 무리를 특별히 雲上人이라 지칭한 점이 주목된다. 설원랑이 어렸을 적부터 "화랑의 놀이를 좋아하여, 매일 냇가에서 아이들과 화랑의 놀이를 익혔다."는 대목도 눈여겨 볼 점이다. 짐작컨대 신라 화랑과 그 낭도들은 자연친화적인 야외유희 등을 통한 자연주의적 자연관과 세계관을 중시하고, 점차 전문적인 전투기예나 향가 등의 예술부문 기예에도 그 심도를 깊게 한 듯하다. 따라서 그들이 전장에서 예기치 못한 상황을 맞을 때는 소년시절부터 체득한 자연주의적 정서와 그 기예에 따라 응용력을 발휘하는 전투특성을 드러냈을 터이다.[29]

3) 신라와 백제의 거듭된 무력대결과 청년 검객들의 활약

신라의 진흥왕은 553년에 한강유역을 확보한 뒤, 다시 555년(진흥왕 16) 10월에 북한산에 올라 가슴에 품고 있던 북진정책을 가다듬었다. 뒤이어 진흥왕은 557년에 충주를 소경으로 삼았다. 백제가 그토록 아끼던 철산지 충주를 중요한 행정단위로 구획정리한 셈이다.

필사본『화랑세기』에 따르면, 진지왕이 폐위됨에 따라 외가가 가야계인 文弩가 8세 풍월주에 올랐다고 한다.[30] 그런데 필사본『화랑세기』에 따르면, 문노는 칼쓰기의 달인으로 일찍이 사다함을 가르친 바 있고, 다른 여러 수행자들에게도 칼쓰기를 가르쳤다고 한다. 그의 발탁은 그같이 뛰어난 칼쓰기 등의 무예와도 관련이 있던 것으로 추정된다. 당시 신라왕조 입장에서 뛰어난 전투요원이 무엇보다 소중했던 점을 비추어본다면, 당연한 현상으로 이해될 수 있다.[31] 어떻든 문노의 공적 부각은 사다함과 같은 신라 진골출신이 아닌 여느 청년으로서는 매우 크나큰 사회적 위상변화라고 생각된다.

신라 내부에 건강한 기풍이 조성되면서, 신라의 제도도 거듭 변했다. 583(진

---

29 박선식, 「한국역사상 特殊戰 사례와 관련 전투기예의 검토」, 19~20쪽에서 인용.

30 김대문 저·조기영 편역, 『화랑세기』, 도서출판 장락, 1997, 7쪽.

31 文弩의 공식적 부각과 함께 곱씹어 볼 만한 인물이 있다. 바로 김유신이다. 김유신은 금관국(가락국)의 후예로 그의 조부가 바로 金武力이며, 문노와 비슷한 가야계 혈통인이다.

평왕 5) 정월에, 병부에 船府署를 둔 것을 한 예로 들 수 있다. 당시 선부서의 설립은 한강유역은 물론 동해북부까지 확보한 신라의 확대된 해양정책과정으로 이해된다. 뿐만 아니라 그에 따른 수군력 강화의 필요성이 작용했고, 신라 수군 부대의 증가가 뒤이었음을 짐작할 수 있다. 그 같은 과정에 가야의 수군역량이 부분적으로 결합됐을 개연성도 있다고 이해된다.

결국 신라는 법흥왕대부터 군사제도를 충실화하며, 가야계 인재들의 수용에 적극적이었음을 알 수 있다. 그 무렵을 전후하여 풍월도 등 청년수행조직이 활성화됐고, 그들은 전란기의 전투요원으로 나설 만큼 다부지게 교육됐다. 창검술과 기마술 그리고 궁술 등은 그들의 주요 무예조련과목이었다. 뒤이어 청년조직은 신라관군과 유기적으로 결합됐고, 전장에서 때로 전투를 주도하기까지 했다. 그리하여 맞이한 한강유역의 확보는 당연한 것인지도 모른다.

4) 김유신의 칼쓰기와 칼만들기

『삼국사기』 등 관련 기록을 보면, 김유신은 이른바 '寶劍'이라는 칼을 지닌 채 산중 수련을 했다고 한다. 삼국사기의 경우 비록 고려조의 기록물이지만, 적어도 김유신의 칼이 예사의 칼보다는 장식성이 돋보이는 화려한 칼이었을 개연성을 느끼게 한다. 따라서 김유신의 보검은 현재 여러 고분에서 드러난 상감시문된 환두대도류와 비슷했을 개연성이 있다고 볼 수 있다.

한편 여러 기록을 통해 김유신이 실전에서 드러낸 칼쓰기의 정도를 알 수 있는 내용을 보게 된다. 한 예로 김유신이 中幢의 幢主로서 참전했던 629년(진평왕 51)의 낭비성 공방전을 들 수 있다. 당시 김유신은 전투과정에서 말을 탄 채 고구려의 진영을 들이쳐 적장을 베기도 하고, 깃발을 빼앗기도 했다고 한다.[32] 김유신의 그 같은 행동을 통해 김유신이 쓰던 칼이 마상용으로도 적절했음을 짐작할 수 있다. 때문에 김유신은 딱히 곧은 직도계열의 환두도만을 썼다고는 볼 수 없을 것 같다. 말을 탄 채로 직도계열의 환두도로써 자유로이 적을 베기는 여간 쉽지 않았을 것이기 때문이다.

---

32 乃跨馬拔劍, 向敵陣直前, 三入三出, 每入或斬將, 或搴旗.『三國史記』'신라본기 권제4, 진평왕 51년' 조. 遒跨馬拔劍, 跳坑出入敵陣, 斬將軍.『三國史記』'열전 제1, 김유신 上'

낭비성 전투를 치룬 김유신은 칼날이 칼날 쪽으로 완연히 휜 한쪽날 칼(刀)을 썼을 것으로 추정된다. 그것은 현재 전하고 있는 고구려의 장대한 철대도의 형상과도 비슷한 칼이었을 것으로 여겨진다. 여기서 당시와 거의 같은 시기의 것으로 여겨지는 중국 측의 이른바, 〈唐代持刀强人圖〉[33]를 참고할 필요가 있다. 거론된 그림을 보면 시기는 명확치 않지만 당나라인들도 곧은 환두도가 아닌 칼날이 휜 칼(刀)를 쥐고 있었음은 주목할 점이다. 또한 7세기 무렵의 연개소문도 다섯 자루의 刀를 착용했다는 기록도 주목할 점이다. 연개소문의 다섯 자루의 칼은 칼날이 제작기 용도에 따라 달랐을 가능성이 추론된다.

결론적으로 김유신은 심신수양의 목적으로는 장식성이 가미된 '寶劍'을, 거친 연무의 과정에서는 무겁고 단단한 훈련용 '鐵製刀劍'을, 그리고 전투과정에서는 환두도는 물론 마상용으로 적합하게 휘어진 '戰鬪刀'를 자유자재로 사용했을 것으로 이해된다.

한편으로 김유신은 칼쓰기가 뛰어났던 만큼, 칼을 만드는데도 적잖게 열정적이었다. 필사본『화랑세기』에 따르면 김유신은 풍월주에 임명된 직후 낭도들과 같이 병장기를 만들었다고 한다. 거론된 내용의 병장기가 구체적으로 어떠한 것들인지는 분명치 않으나, 기본적으로 창검이 제작물품에 들어있었다고 추정된다. 그런데 김유신은 문무왕 4년(664)에 여진족 방비를 위해 溟州(현재의 강릉으로 비정됨) 지역에 군사를 주둔했다고 한다. 김유신은 그 시기에 禪智寺에서 칼을 주조했다고도 한다.[34] 김유신이 칼을 주조한 것은 여진과의 전투를 대비한 조치였을 것이기 때문에, 칼의 제조는 김유신의 전투와 관련한 온갖 경륜에 맞춰져 이루어졌을 것임을 짐작할 수 있다. 뛰어난 칼쓰기의 기예를 지닌 김유신은 전투용의 칼의 제작에까지 주도적이었던 모양이다.

5) 백제의 건국과 초기 발전의 바탕이 된 무력기반과 칼

백제는 온조가 남하한 이후 점차 馬韓을 복속시키기 위해 노력했고, 이어 남한강 유역의 수로를 활용한 성장전략을 폈다. 백제가 차지한 충주분지는 토

---

33 중국측의 '해방군출판사'에서 발행한『中國古代兵器圖集』, 1990, '彩版 23'의 부분 참조.
34 김선풍·김경남 공저,『강릉단오제 연구』, 보고사, 1998, 39쪽.『臨瀛誌』'神堂'.

지가 비옥하며, 철, 활석 등 지하자원이 풍부한 곳이다. 때문에 백제는 이 지역을 활용한 국세확장을 꾀했을 것이며, 근초고왕대의 적극적인 발전이 가능했던 한 원인으로도 이해된다.

백제는 온조 집권시절에 일찌감치 마한의 지휘부를 무력화시켰다.[35] 마한 복속은 기병화된 백제군의 특성과 마한지역이 갖는 평지적 광활함의 소산이라고도 한다.[36] 그 같은 견해가 정당하다면 백제의 초기 기병전술은 부여와 고구려의 전술과 깊은 유사성과 상관성이 있다고도 풀이된다. 물론 백제군 나름대로의 전술발전과정도 있었을 것이다. 어떻든 백제가 마한지역을 확보함으로서부해안의 물산을 장악할 수 있었고, 그것은 백제 성장의 경제적 토대가 되었을 것이다. 더욱이 충주분지 등의 지하자원은 각종 武備를 갖추는 군수산업의 바탕이었다고 이해된다. 그 같은 기술력은 이후에 설립된 '刀部' 등 무비관련기관의 확실한 기초가 됐을 것이다.

한편 삼국과 가야열국은 자국의 실리확보를 위해 숨가쁜 쟁패를 거듭했다. 그것은 대체로 비옥한 한강유역의 쟁탈을 목적으로 지속되는 경향을 띠었다.

4세기의 한강은 백제의 차지였다. 백제는 근초고왕대 갖춰진 생산력을 기반으로 비약적인 성장을 이루어냈다. 그리하여 그들의 국력은 한반도 서남부는 물론 요서와 산동지역 그리고 일본의 구주 일원까지 걸친 것이었다. 담로체계는 그 같은 백제의 광역적 활동을 엿보게하는 하나의 단서가 될 수 있다. 한편으로 당시 백제가 갖추었던 철제가공기술이 흥성의 바탕이 되었다고 이해된다. 그러므로 백제의 왕이 일본의 왕에게 七支刀[37]를 하사해주었고, 卓素와 같은

---

35 신채호, 『조선상고사』 제4편 열국의 쟁웅시대, 일신서적출판사, 1995.

36 이도학, 『새로쓰는 백제사』, 푸른역사, 1997, 106쪽.

37 본 연구자는 七支刀를 일찍이 '일곱불길칼'로 파악한 바 있다.(박선식, 「배달겨레 도검이야기-3, 백제편」, 『월간 검도세계』(통권 11호), 1998년 7월호) 이유는 무엇보다 칼몸과 가지칼이 이루는 모양을 직관적으로 바라본 데에 있다. 더불어 『周書』의 「異域傳, 백제」조의 내용에 따른 추론이기도 했다. '周書'의 관련내용에 따르면, 백제인들은 "古書와 史書를 좋아하고, … 陰陽과 五行을 터득하고,"라는 내용이 있어 주목된다. 그런데 칠지도의 '일곱(七)'이란 숫자는 음양오행적 이론에 따르면, '熱' 또는 '火'와 연관된다. 또한 '丙午正陽'에 만들었다는 칠지도의 일부 銘文 내용 역시 불과 열에 관련된 것임을 결코 예사롭게 간과할 수 없다는 생각이 들었다. 따라서 본 연구자는 칠지도가 '불'을 중시하던 백제인들의 사상적 상징물이었을 것이라는 생각에 이르게 되었다. 뿐더러 불을 잘 다루어 험한 쇳일에 능익었고, 선진적 금속기술수준에 이르렀음을 드러내기 위한 일종의 국력과시용 상징물로 칠지도가 만들어졌을 개연성도 있다는 소견이다. 이를테면 가지칼을

야장기술자가 직접 일본 땅에 가기도 했던 사실이 주목된다.[38] 그 같은 점들로 백제 생산기술의 탁월함을 충분히 짐작할 수 있기 때문이다.[39]

6) 고구려의 乙密이 지녔던 풍모와 그의 舞客 武士들

평양의 '乙密臺'라는 정자는 일설에 고구려의 乙密將軍과 연관되는 건축물이라고도 한다. 그러나 을밀장군에 관한 역사적 근거는 희미하다. 다만 20세기에 이능화가 지은 『조선도교사』에, 을밀이 이른바 大往氏와 연관된 글을 이어받은 인물로 거론된 점이 특기할 부분이다. 그렇다면 대왕씨가 의문인데, 역시 『조선도교사』를 보면, 대왕씨는 환인의 시절에 桓仁眞人의 명에 따라서 始書를 지었고, 그 시서의 내용은 "풍우·오곡·음식·연양의 도를 주재함에 있어 誠과 信으로서 두드러지게 하여 다투지 말고 어지럽지 말며 사람의 世間을 위하여 일을 잘하는 것"[40]이었다고 한다. 간명하게 요약하면 '爲人善事'일 텐데, 역시 20세기에 애국적 사론을 드러내면서 유명했던 신채호가 자신의 『조선상고사』에서 을밀을 거론하였음이 눈길을 끈다. 신채호는 '海上雜錄'을 근거로 소개하기를, 고구려의 안장왕이 태자시절에 백제의 개백현에 정찰을 나갔다가 그곳 장자의 딸인 한주와 정을 나눴고, 왕이 된 이후에 그녀에 대한 강한 연정을 잊지 못해 그녀를 구하고 개백현을 고구려에 편입할 계획을 세웠다고 한다. 그런데 당시 안장의 여동생인 안학공주를 을밀이 연모하였고, 안학 역시 을밀을 애틋하게 여겼다고 한다. 둘의 애정이 깊었음에도 을밀의 가문이 한미함에 안장왕은 을밀을 멀리했고, 을밀은 병을 빙자하고 안장왕에게서 멀어져 있다가 안장왕이 한주를 구할 勇士를 구하는 소문에 자청하여 안장왕에게 나사 한

가지런하게 붙이기 위해서는, 적어도 고도의 鍛接技術이 바탕을 이루었을 것이란 점으로도 쉽게 짐작된다. 관련 연구자들의 고견을 경청할 수 있기를 기대한다.

38 『古事記』, 「중권」.

39 『日本書紀』, 「신공왕후 섭정 39년」조를 보면, 다음의 내용을 보게 된다. "백제의 초고왕(肖古王)은 … 오색의 채견(綵絹) 각 한 필, 각궁전(角弓箭)과 아울러 철정(鐵鋌) 40매(枚)를 이파이(爾波移)에게 주었다. 또 보물창고(寶藏)의 문을 열어 각종의 지기한 물건을 보여주었다." 인용된 내용으로 보아 백제가 상당한 생산력을 갖췄음을 알 수 있다. 더욱이 왕이 스스로 보물창고를 자랑삼아 내보였다는 점은 자신감이 넘치고 있던 백제의 당시 國勢를 엿보게 한다.

40 主風雨五穀 飮食鍊養之道 最以誠信 不鬪不淫 爲人間善事. 李能和, 『朝鮮道敎史』, '第二章 朝鮮 壇君神話 最近於道家說'.

주를 구하면 자신이 사랑하는 안장왕의 여동생 안학공주와의 연애를 인정해달
라는 조건을 내세워 을밀은 마침내 고구려의 5천 수군부대를 움직여 남행했고,
특별히 결사대 20명을 뽑아 한주가 갇혀 있던 백제 개백현으로 잠입시켰다.
그런데 당시 20명의 고구려 결사대는 舞客으로 가장하여 침투하였고, 이 舞客
武士들은 기회를 보아 백제 개백현 태수의 잔치 현장에 있다가 칼을 빼어 주요
인물들을 제거했으며, 이어 을밀의 지휘하에 무려 10만의 고구려군이 입성하
였다는 내용이다.

　　그런데 신채호가 전하는 『조선상고사』 속의 舞客 武士들의 부분은 고구려
무예의 또 다른 성격을 짐작케 하는 단서일 수 있다. 그들 무객무사가 어떠한
내용으로 수련하고 연무했는지는 분명치 못하지만, 고구려의 안악3호 무덤 내
회랑 동벽과 북벽에 보이는 칼춤의 모습은 나름 고구려 무객 무사의 단면을
짐작케 하는 실마리를 제공하고 있다.

　　고구려 안악 3호 무덤의 회랑동벽과 북벽에 그려진 대행렬도에는 250여명
에 달하는 고구려 의장악대가 표현되어 있다. 그 가운데 북을 치는 보행악대
앞에서 두 남자가 칼춤을 추고 있는 모습이 확인된다. 칼춤을 추는 남자는 오른
손으로 환두대도를 빼어들고 왼손에는 양끝이 말린 활같이 생긴 도구를 들고
춤을 추고 있음이 특징적이다.[41] 안악3호무덤 안에 그려진 벽화상의 칼춤은 일
종의 벽사 무용이기도 한 측면이 있는데, 한 마디로 액막이 칼춤의 성격을 읽어
낼 수 있다. 『고구려문화』에서 해당 논자들은 이 춤을 "고구려의 전투적이고
상무적인 기풍을 교예에 반영한 칼부림 재주"로 보고 있음이 참고된다.[42]

---

[41] 왼손에 든 도구와 이 춤의 역할에 대해서는 여러 가지로 이견이 있다. 우선 『안악3호무덤 발굴보고』
에는 "劍舞를 추는자"로 부르며 오른손에 環刀를 빼어들고 왼손에 뱀같은 것을 든 두 사람은
劍舞人같이 보이나 갈도(喝道)나 雜伎의 役을 맡은 사람 같기도 하다고 하여 왼손에 '뱀같은
것'을 들었다고 하였다. 이혜구는 그 내용을 풀이하여 "그림이 劍舞라면 環刀 이상에 또 뱀같은
것을 요하지 않을 것이고, 雜伎라면 그런 環刀와 뱀같은 것을 사용하는 잡기가 무엇이라고 칭하여
지는지 미지이고, 갈도(喝道)라면 그 뱀같은 것은 편(鞭, 채찍)일 것이나, 갈도가 편(鞭)이외에
환도를 또 빼어드는지가 의문이다"라고 하여 그 굽은 도구가 채찍일 것으로 보았다. 한편 『고구려
문화』에서는 '굽은 활같이 생긴 것'을 쥐고 있다고 풀이하였고 이병옥은 '활임이 확실하다'고 제각
기 다르게 언급했다. 즉 오른손에 든 것은 칼자루에 둥근고리가 달린 환두대도가 분명하고 왼손에
든 것은 양끝이 뱀처럼 휘어진 활모양 도구인데 구체적으로 어떤 도구인지는 분명치 않다. 어떻든
이 춤의 성격은 『안악3호무덤 발굴보고』 22쪽에 나타난 바와 같이 雜伎의 역을 맡은 갈도(喝道)의
역할로 보아 크게 무리는 없을 듯하다.

따라서 고구려의 안악 3호 무덤내 회랑 동벽과 북벽에 보이는 칼춤의 모습은 설화로 전승되는 을밀의 상무적 풍모와 그의 명령에 목숨을 걸고 舞客으로 투입되어 작전을 성공시킨 20명의 무장결사대의 당찬 기운을 느끼게 하고 있다. 어쩌면 그들은 고구려 칼춤의 기예를 최상으로 끌어올려 체득한 당대 최고의 고구려 검무인들이었을 가능성도 느껴진다.

7) 백제 계선공주의 단독 武裝活動 일화와 한반도 여성의 수행문화

한문소설의 형태로 전해지고 있는 『興武王演義』에 따르면, 백제 말기에 백제왕에게 '桂仙'이라는 王女가 있었고, 그녀가 절륜의 무용을 지녔던 일면을 전하고 있다. 그녀는 "어렸을 때부터 검술을 배워 신통하고, 또 南海의 女道士에게 神術을 배워 능통"[43]했다고 한다. 그런데 『흥무왕연의』 작자는 계선공주가 쇠바구니 수십 개에 강한 활과 날카로운 칼을 넣고 다녔다고 전하고 있다. 어째서 쇠바구니를 수십 개나 지녔던지는 분명치 않다. 다만 그 쇠바구니 속에 활과 칼을 넣었던 점으로 보아, 쇠바구니는 일종의 군장용 배낭의 기능을 하였던 듯싶다. 따라서 계선공주가 대단한 절륜의 힘을 지니고 있었음을 짐작할 수 있다. 더불어 그녀가 强弓術과 刀劍術을 능숙하게 펼칠 수 있는 여성전사였음도 분명하게 알 수 있다. 따라서 앞서 밝힌 여근곡 침투사건의 백제군들이 계선공주와 비슷한 무장을 갖추고 침투했을 개연성이 느껴진다.[44] 백제 공주 계선은 이후 김유신의 진영으로 기습을 도모하지만, 김유신의 武威에 실패하였다는 게 『흥무왕연의』 속의 내용이다.

그런데 여기서 곱씹어 볼 점은 계선공주가 神術을 배운 점인데, 그 신술을 南海의 女道士에게 배웠다고 한 점이다. 또한 『흥무왕연의』 작자는 당시 백제왕이 계선공주를 '桂陽公主'라고 불렀다고 전하는데, 이런 내용들이 단순히 그저

---

42 안악3호무덤의 회랑동벽과 북벽에 그려진 대행렬도에 보이는 칼 든 무용에 대해서 종합해 본다면, 50여명의 "상하종대의 질서정연한 행렬"에서 유일하게 살아 생동하는 자유로운 몸짓을 하여 이 방대한 행렬을 이끄는 춤으로 장엄하면서도 자유분망하고 위엄을 갖춘 전투적인 액막이 칼춤이라는 평가가 가능해진다.

43 自小學釗術神通, 又學神術於南海女道士, 盡通其術. 李鼎均, 『興武王演義』, 1887年作. 1899年刊行.

44 박선식, 「한국역사상 特殊戰 사례와 관련 전투기예의 검토」, 21쪽 인용.

19세기의 한 한학자가 남긴 한문창작소설의 허구적 내용일 뿐이라고 일소에 붙이기는 뭔가 검토할 바가 있다. 우선 『흥무왕연의』 작자인 李鼎均는 서문에서, "내가 일찍부터 문헌기록 속에서 약술된 흥무왕의 사적을 보고서 우러러 사모하는 마음을 가진 지 오래 되었다. 다행히 지난해 겨울에 왕의 먼 후손의 집에서 本傳을 얻어 보니 평생의 위대한 자취가 자세히 실려 있어 빠진 것이 없었다."[45]라고 술회하고 있어, 『흥무왕연의』의 내용이 김유신(흥무왕)의 가문 내에 전승되던 이른바 本傳을 기초로 작성되었을 개연성을 확실하게 느끼게 한다.

한편 필사본 『화랑세기』에 따르면, "花郎이란 仙의 무리이다. 우리나라에서 神宮을 받들고, 하늘에 큰 제사를 행하는 것은 燕 땅의 桐山, 魯 땅의 泰山에서처럼 한 것과 같다."[46]는 내용을 보게 된다. 그 같은 내용은 한반도에 퍼진 仙道문화가 동산과 태산에 존재하던 仙道문화의 영향을 받았다는 뚜렷한 단서로 작용할 수 있어 흥미롭다. 따라서 백제의 계선공주가 南海의 女道士에게 수업한 神術의 내력이 동산이나 태산지역의 선도와도 연결될 소지가 강하게 느껴진다. 뿐더러 남해의 여도사 역시 그녀보다 이전의 인물이던 고구려 출신의 계양공주와 연결되는 인물의 후예이거나 동산 또는 태산지역의 여성수련인들과 연결되는 인물이었을 가능성은 얼마든지 느껴진다 하겠다. 더욱이 필사본 『화랑세기』에 "옛날 燕부인이 仙徒를 좋아하여 많은 美人을 길렀는데, 이름하기를 國花라 했다. 그 풍습이 동쪽으로 흘러들어, 우리나라에서는 여자로서 源花를 삼게 되었다."[47]고 적시된 점은 신라 등지에서 초기부터 존재하던 '源花' 따위의 여성수련집단이 燕夫人이 燕 땅에서 펼친 仙道적인 여성문화의 영향 속에 동방에 유입되고 활성화된 것임을 분명하게 일깨워주고 있다.

그런데 泰山지역의 仙道를 고찰함에 이미 앞서 거론한 산동지역의 九黎 땅 관련 유적과 설화가 그 실마리가 될 듯싶다. 이미 본 연구자는 앞서 황제헌원측 강대읍락사회 내의 玉女들에 의해 구현된 持劍儀仗儀式이 치우계열의 九黎 땅 風山의 天眞仙女 등과 연결될 수 있는 산중여성수련문화와 일정한 상관성이

---

45 김진영·안영훈 역주, 『김유신전』, 고려대학교 민족문화연구소, 1996, 20쪽.
46 花郎者 仙徒也 我國奉神宮 行大祭于天 如燕之桐山 魯之泰山也. (필사본 『화랑세기』)
47 昔燕夫人好仙徒 多畜美人 名曰國花 其風東漸 我國以女子爲源花. (필사본 『화랑세기』)

있을 것임을 추론한 바 있다. 그러므로 고대시기로 와서 고구려의 고분벽화에 玉女가 묘사되는 현상이 드러났고, 다시 신라에 源花 등의 여성수련집단이 생겨났으며, 백제의 계선공주가 남해의 여도사에게 神術을 익히는 과정이 가능하게 된 연유를 자연스럽게 이해하게 된다.

그런데 『동경잡기』를 보면, 경주에 鵲院이라는 지명이 있고, 그 곳에서 백제의 공주가 변복하여 신라장군 김유신에게 기습을 도모하다가 실패했다는 설화가 전하고 있음은 흥미롭다. 그 내용은 "鵲院은 부의 서쪽 30리 떨어진 곳에 있다. 전설에 김유신이 군대를 크게 일으켜 백제를 칠 때 이곳에서 머물러 진을 쳤는데, 백제의 왕이 장군의 귀신같은 계책을 소문으로 듣고 이를 걱정하였다. 그러자 백제 왕의 딸이 나와 말하기를, '그가 비록 귀신같은 장수라고는 하지만 우리나라에도 스스로 용감한 군사들과 무기가 있으니, 걱정할 것이 못 됩니다. 그러니 가서 한 번 엿보겠습니다.' 하고, 까치로 둔갑하여 신라군의 진중에 날아들어 깃대 위에서 시끄럽게 울어댔다. 이에 여러 장수들이 상서롭지 못하다고 여기니, 장군이 검으로 까치를 가리키자 까치가 땅에 떨어져 사람으로 변하였는데 바로 백제 왕의 딸이었다. 그리하여 원(院)을 세우고 '작원'이라는 이름을 붙였다고 한다."[48]는 것이다. 따라서 『흥무왕연의』 속의 백제공주 계선이 단독으로 벌였다는 신라 침투작전이 결코 허구로 그치는 이야기가 아니었음을 알게 한다.

8) 발해 정효공주묘 벽화로 읽는 발해인의 '칼'에 관한 관념

발해유적의 하나인 정효공주의 묘가 있다. 그 무덤의 내력에 관해서는 정효공주묘비가 잘 말해주고 있다. 그런데 그 비의 글에는 정효공주와 그녀의 남편이 무척 뜨겁게 사랑하던 부부임을 알려주는 내용도 씌어 있어 눈길을 끈다. 묘비에 따르면 정효공주는 사랑하던 자신의 남편이 일찍 죽어, "한 쌍의 난새(신비함을 갖춘 상상 속의 새)가 홀연히 등을 돌린 듯"했고, "쌍검이 영원히 떨어져 있는 듯"했다고 씌어 있다. 공주가 남편이 죽으므로, 난새와 칼이 서로 떨어

---

48 ○〈鵲院〉 在府西三十里 俗傳 金庾信大擧兵 伐百濟 留陣于此 濟王聞將軍神筭患之 濟王女進日 彼雖神將 我國有自勇兵器 不足憂 然請往覘7之 幻身爲鵲 飛入羅軍陣中 噪于旗上 諸將以爲不祥 將軍以劍指之 鵲墜地化爲人乃濟王女也 因立院以名之, 『東京雜記』 '異聞' '鵲院'

진 듯한 슬픔 속에 있었다고 표현한 셈이다. 그 같은 글의 내용을 통해 발해사
람들은 칼을 신성한 사랑의 증표로도 여겼음을 알 수 있다.

한편 공주 무덤의 안벽에는 여러 가지 벽화그림이 발견돼 흥미롭다. 그런데
그 가운데는 공주가 예전에 살아있을 때부터 옆에서 지켜주던 시위무사들의
모습이 그려져 있어 더욱 눈길을 끌고 있다. 벽화의 한 무사는 왼쪽의 허리춤에
칼을 지니고 있는데, 무사가 지닌 칼은 손잡이 끝이 마치 고리칼(환두도)처럼
둥글고 몹시 큼지막한 게 몹시 튼튼해 보인다. 마치 고리칼(환두도)의 손잡이
끝의 고리처럼 여겨지기도 한다.

그런데 벽화에 그려진 칼집의 끝 부분이 약간 휘어진 점이 눈길을 끈다. 고
리칼(환두도)과 똑같다고는 할 수 없을 정도이다. 따라서 벽화에서 보는 이 칼
을 일종의 쇠망치같은 것으로도 여겨진다. 특별히 손잡이 끝이 쇠망치처럼 뭉
툭한 모양일 경우, 두추도라고도 한다. 김유신장군의 무덤에 둘러쳐진 호석이
란 돌에 그 같은 두추 모양의 손잡이 끝을 갖춘 칼들이 새겨져 있기도 한 것이
비교가 된다.

한편 정효공주 무덤 안에 그려진 벽화상의 인물 가운데 여성무사로 추측되
는 인물들이 끼어 있음을 통해, 발해여성무사들의 持兵儀杖儀式을 새롭게 고
민해보게 된다. 그것은 이미 앞서 황제헌원계열의 옥녀들에 의한 지검의장의
식과 결부되기 때문이다. 어쩌면 발해여무사들의 지병의장의식은 청구 땅에서
비롯된 天眞仙女 등의 고유한 여성수행문화를 계승한 또 다른 전통적 여성무
인 문화의 한 상징인지도 알 수 없다.

어떻든 발해공주의 무덤안 벽에 그려진 무사들은 공주의 영혼을 칼을 지닌
채 천년세월에 걸쳐 호위하고 있는 셈이다. 발해인의 상무적 기풍의 깊이를 느
끼게 하는 고고 유적인 셈이다.

4. 고려시대의 도검관련 대외교섭과 관련 전투사실의 비교

1) 고려인의 도검제품 수출사례와 관련 수공업 기술의 수준

고려시대는 초기부터 북진정책을 펼쳤다. 옛 고구려의 땅을 되찾는다는 생

각이 있었는지 여부는 분명치 않지만, 태조 왕건 시기부터 북진정책노선은 드러났다. 고려조정은 그처럼 당찬 생각을 지녔지만, 거란·여진·몽고·홍건적·왜구 등의 거듭된 침입에 몹시 긴장하지 않을 수 없었다. 따라서 고려로서는 칼과 창을 이용한 온갖 무예를 소중히 여길 수 밖에 없을 터이다. 그래서인지 『고려사』 등의 관련 문헌을 보면 무기나 무기 사용 기예의 심화 및 방비시설의 강화사례가 종종 확인된다. 이를테면 덕종 원년(1032)에 상사봉어 박원작의 주청에 의해 혁차와 '繡質九弓弩', 그리고 '雷騰石砲'와 '八牛弩' 및 '24반병기' 등의 전투장비의 제작과 배치가 이루어졌다.[49] 또한 문종 원년(1047)에는 서경의 맹군과 해군의 領에서 300명씩의 선발된 선봉군을 조직하기로 했고, 동왕 4년 10월에는 각 위의 군사들로 하여금 농한기에 북과 깃발에 의해 전투훈련을 철저히 하도록 조치했다. 뿐더러 문종 12년(1058)에는 四面奇光軍을 조직할 것을 결정했고, 선종 8년(1091) 8월에는 서북면 병마사 유홍의 의견에 따라, '兵車'를 만들어 귀주에 설치하기도 했다.

한편 고려는 북진정책을 펼치며, 나라의 힘과 위신을 드높이고자 노력했다. 더불어 가까이한 이웃의 나라들과 원만한 외교활동을 통해, 국가적 내실을 꾀했다. 고려는 발빠른 외교정책을 펼치며, 자체적으로 쌓인 생산기술을 수출품을 통해 과시한 측면이 있다. 특히 군사력을 엿보게 하는 온갖 무기를 선물형식으로 다른 나라에 건네주었다. 『고려사』를 보면, 고려가 후진이란 나라에게 보낸 무기가 있었는데, 그 가운데는 크고 작은 칼이 많았다고 한다.

우선 비수(작은 칼)가 눈에 띤다. 『고려사』에 따르면 당시 수출된 비수는 모직으로 감싸고, 금과 은으로 장식한 칼집에 들어있는 작은 칼이었다고 한다. 고려는 그 같은 비수를 모두 10개를 건넸다고 한다. 또한 그냥 금과 은으로 장식한 칼집에 들어있는 비수가 있었는데, 역시 10개를 보내주었다고 한다. 뿐더러 玉劍(옥으로 만든 값진 칼)이란 물품도 있었다고 한다. 칼자루와 칼집을 모두 금과 은으로 장식하고 구름과 하늘의 무늬를 새긴 검이었다는데, 몹시 장식성이 돋보인 일종의 장식보검이었던 것으로 여겨진다. 고려는 그 같은 옥검을 역시 10개를 보냈다고 한다. 다음으로 길이가 긴 칼(장도)을 보냈는데, 그 칼은

---

49 『高麗史』 卷81, 志35, 兵志, '五軍' 條.

모직으로 감싸고 금과 은으로 장식한 칼집에 들어있는 긴 칼이었다고 한다. 고
려는 역시 10개의 장도를 보내주었다고 한다.

　한편 고려조의 역사를 보면 숱한 무장들이 있었고, 그 가운데에는 뛰어난
칼쓰기의 기예를 갖춘 인물도 많았다. 하지만 그와 연관되어 고려조의 전투용
도검이 구체적으로 어떤 구조였는지를 알게 하는 유물이 전하는 게 거의 없어
안타깝다. 그런데 송나라사람인 서긍이 지은『高麗圖經』의 일부 기록을 통해,
그 일면을 짐작해볼 수 있어 다행스럽다.『고려도경』을 보면, 이른바 '패검(차
는 칼)'에 관한 설명이 있다. 그에 따르면, "패검의 장식은 모양이 길고 칼날이
예리하고 백금과 검은 물소뿔로 장식했다. 해사어피(바다상어의 가죽을 말린 것)
로 칼집을 만들고, 곁에는 칼집에 고리를 달아매는 환뉴를 만들었다. 그리하여
칠이 된 매듭끈이나 혹은 가죽띠를 꿰었다. 그리고 상아, 옥(광물의 하나로 대체
로 푸른빛을 띠는 게 많음) 등으로 꾸며 장식하기도 하는데, 이는 예부터 전해
내려온 제도다. 문위교위(문을 지키는 무사)와 중검랑기(중간급의 말탄 기병)가 모
두 찼다."란 내용이 눈길을 끈다.『고려도경』의 기록으로만 봐도 고려의 전투
도검이 몹시 화려하고 훌륭했음을 알 수 있다. 그런데 고려군은 화려한 도검
이외에 목검인 '반검'과 쇠로 된 칼인 일반 전투도검인 '환도'를 썼다고 한다.

2) 고려 志士 박신유[50]의 절륜한 刀劍 武藝

　《益齋集》을 보면 고려 고종 25년 李延年의 亂 진압 전투참전 일화[51] 가 소개되
고 있는데, 관련 무사인 박신유의 절륜한 도검기예를 엿보게 된다. 그 기록을
보면 "남쪽 지방의 도적 李家黨이 처음에 산 숲에서 무리를 불러 모아서 촌락과
성보를 노략질하였고 그 무리는 점차 강성해져 州郡에 격문을 보냈다. 군사를
이끌고 그 뒤를 따랐는데 관리들이 혹은 그들을 영접하여 음식을 대접하거나
도망쳐 피하기도 하여, 감히 그 세력을 막을 자가 없었다. 樞密인 金慶孫이 巡問

---

50 凝川君, 朴臣蕤는 諡號가 忠質公으로 初名은 臣甫였다. 朴訥(1476~?)에 관한 杏亭 朴先生(訥)
　神道碑銘에 박신유를 두고 '諱臣蕤銀靑光祿大夫判禮部尙書樞密院事封凝川君諡忠質公'이라 하
　여 凝川君 朴臣蕤의 諡號가 忠質公임을 확인하게 된다.

51 『東史綱目』'第十下'에서는 해당 전투 발생연도를 정유년 고종 24년(송 이종 가희(嘉熙) 원년,
　몽고 태종 9, 1237)으로 기록하고 있어 비교와 검토가 요구되는 형편이다.

使가 되어 羅州에 들어갔는데, 그 이튿날 도적의 무리가 이르렀다. 公은 백성으로 하여금 성문을 닫고 스스로 지키게 한 다음, 성 밖에 진을 치고 일산을 펴고서 胡牀에 걸터앉아 기다리고 있었다. 도적 떼 안에서 한 승려가 있었는데 날래고 사나워 다른 이보다 절륜하였는데, 그 무리들과 약속하기를, "내가 저 美少年을 사로잡아 어깨에 메고 돌아오겠다." 하고 먼저 됫박과 말(升斗)을 치고서 휘파람을 불어 떨치며 몸을 날려 뛰어 이르렀고, 함양 사람 박신유(朴臣蕤)가 나아가 서로 대적하였다. 두 사람의 칼날이 서로 뒤섞여 먼저 찍을 수가 없었는데, 박(朴)이 발로 차서 넘어뜨리고 그 머리를 베니, 적은 두려워하고 놀랐다. 관군이 그 틈을 타서 수십 리를 뒤쫓아 진격하여 마침내 평정하였다."[52]는 내용이다.

우리는 해당 원문의 내용을 통해 1)고려 후기에 僧軍이 李延年의 亂 등 지방 반란에 참여한 주요 사실을 확인하게 되며, 지방 叛賊의 진압에 참전한 한 절륜의 무사(凝川君 朴臣蕤)가 2)발길질(踢躓術)을 실전에 사용했고, 3)칼쓰기(擊劍術)로 敵陣의 최정예 銳鋒을 絶命시켜 반란을 종식케 한 점을 알게 된다. 따라서 해당 기록 속에 확인되는 凝川君 朴臣蕤의 행적은 短兵接戰 戰鬪技藝의 실질적 체현사례로서 그 중요도가 결코 작지 않다고 평가할 만하다.[53]

5. 조선조와 근세에 걸친 도검관련 예술문화와 전투기예의 전개

1) 조선초 武舞의 성립과 그 연희 형태의 특색[54]

고려 말의 혼란상을 '廢假立眞'의 슬로건을 내세우며 조선이 건국되었는데, 그 건국 당사자들은 주로 신진사대부와 신흥무장층이 결합한 형태였음은 주지

---

52 南賊李家黨者始則嘯聚山林剽掠村堡及其徒漸盛傳檄州郡. 引兵隨其後官吏或迎而犒之逐而避之無敢遏其勢者. 金樞密慶孫爲巡問使入羅州明日賊至. 公令民閉城門自守陣於城外張蓋擁胡狀以待賊有一僧勇悍絶人與其衆約曰我能擒彼美少年肩擔以歸. 先打升斗吹脣踴躍而至咸陽人朴臣蕤出與相敵兩刃相交莫能先斫朴踢而躓之因斬其首賊驚愕官軍乘之追奔數十里遂平之. 『益齋集』'櫟翁稗說' '前集 二' 所收.

53 凝川君 朴臣蕤의 장·차남이 각기 文과 彬으로 作名된 점을 볼 때 文質彬彬의 조화·융합사상을 엿보게 되어 응천군이 견지했을 文武兼全 의식을 추론하게 된다.

54 박선식, 「한국의 持劍文化 및 劍舞의 역사성과 '잠개춤'의 동아시아적 연원」, 5~26쪽에서 인용.

의 사실이다. 그런데 조선건국의 주체세력 중에는 부국강병 논리를 강하게 희망하는 실용주의적 경세관의 소유자들이 적지 않았는데 정도전은 가장 대표적인 인물이라 하겠다.

정도전 등은 조선 태조 연간에 북변에 형성된 힘의 공백을 역이용하여 遼東을 공략하는 攻遼계획을 세우고 三軍에 陣法訓練을 강화하였고, 그 결과 이방원 등 태조 이성계의 친자들이 지닌 막강 私兵集團의 해체가 강요되는 정치적 불안 상황을 초래했다. 결국 왕자의 난이 거듭되고 정도전 등의 부국강병 추진 세력이 일거에 제거되는 피의 정변이 있고서, 이방원은 왕권을 장악하였는데 어수선한 조선초기의 권력관계를 정리하여 실질적인 통치가능의 안정기를 구축한 측면이 있기도 하다.

이후 세종조에 이르러 문무 합일의 통치 철학을 연희형태로 구성한 것이 문무와 무무였다. 무무로 정립된 定大業之舞는 세종(1418~1450) 시절 회례연 때 공연하였는데 1464년(세조 10)부터 종묘제향 때 亞獻과 終獻에 연행됐다. 정대업지무는 초헌 때 추는 文舞인 保太平之舞와 한 짝을 이루었다. 정대업지무의 무원 36명은 각각 劍·槍·弓矢를 쥐고, 아헌과 종헌 때 정대업지무를 추었다.

그런데 오늘날 복원된 정대업지무의 춤사위는 한마디로 극히 경직되어 보는 이로 하여금 지나친 정적 분위기에 율동감이나 속도감을 거의 느끼지 못하게 하고 있음을 지적하지 않을 수 없다. 도대체 정대업지무가 武舞로서의 긴박감이나 경쾌한 속도감 등이 전혀 느껴지지 않는지는 좀 더 세심한 관련 자료의 비교가 없는 한 현재로서는 그 이유를 밝혀내기란 쉽지 않아 보인다.

그런데 오늘날 정대업지무의 무보가 원래 우리 전통의 무보(舞譜)인 『시용무보』임에도 일제강점기에 일제에 의해 왜곡된 무보인 보태화지무(保太和之舞)와 형만년지무(亨萬年之舞)를 그대로 사용하고 있다는 지적이 있어 주목하게 된다. 처용무 권위자이며 국악이론가인 한 연구자의 견해에 따르면 현재 연희되는 정대업지무 등의 종묘제례가 일제에 의해 왜곡된 채로 지금까지 연희되고 있다고 한다. 그 같은 지적은 지금의 종묘제례의 설행 때에 베풀어지는 정대업지무에서 속도감이나 군사무예적 특징이 발견되지 않는 이유가 함께 설명될 수 있는 여지를 느끼게 한다.

2) 조선조 문종과 세조의 '칼'에 대한 인식

조선조의 문종은 세종의 뜻을 이어 화약과 화기개량에 정열적이었다. 그런데 문종은 당시 중신들과 협의하고 각개 병사들이 지니던 환도의 길이를 짧게 만들었다.[55] 『문종실록』에 따르면 당시 환도의 길이를 짧게 규정하게 된 이유의 하나는, 李澄玉이 "환도의 모양은 그 칼날이 곧고 짧은 것이 급할 때 쓰기가 편리했다"라고 한 경험담이 전제됐기 때문이라고 할 수 있다. 이징옥의 그 같은 경험담을 통해, 당시 조선군이 접전과정에서 도검류는 실질적으로 전투를 종결하는 主力的 수단이 아니었음을 추정케 한다. 칼날이 곧아서 좋을 경우는 베는 경우보다는 찌르는 경우가 좋다고 볼 수 있기 때문이다. 그런데 칼을 찌를 수 있을 때는 적과 아주 바짝 붙은 상태여야만 가능하다. 짐작컨대 조선군은 우선 궁시와 화기로써 적을 위협하거나 살상하고, 다시 근거리에서는 주로 창에 의해 적과 전투를 벌였던 것으로 이해된다. 이징옥이 "칼날이 곧고 짧은 것이 급할 때 쓰기가 편리했다."고 한 것은, 적과 거의 밀착된 상황에서 적을 재빨리 절명시키는 수단으로 효과적이었다는 견해로 헤아려진다.

어떻든 문종의 지시에 따라 조선군사의 휴대용 도검 길이는 짧아졌는데 그 내용은 다음의 두 가지로 요약된다.

1. 기병용의 환도: 길이는 1척 6촌에 너비 7푼으로, 자루의 길이는 1권 3지 (한 뼘 세 손가락)
2. 보병용의 환도: 길이는 1척 7촌 3푼에 너비 7푼으로, 자루의 길이는 2권 (두 뼘)

그런데 무기의 개량에 남달랐던 문종은 환도의 길이를 왜 그렇게 짧게 규정토록 했을까. 문종조의 짧은 환도규정은 날로 개선되고 있던 화기의 수준과 관련된 것으로 추론된다. 당시 문종과 조정의 중신들은 우수한 발전을 거듭한 화기의 능력에 안심했고, 창검 등의 전통적인 병장기는 보조무기로만 생각하게

---

55 『문종실록』 1년 2월 25일(갑오)조.

된 것으로 추정된다.

한편 조카의 왕위를 찬탈한 세조는 어땠을까. 세조는 계유정난을 마치고 이후 왕권을 획득하고는 늘 주변의 반발세력에 관해 주시했다. 때문에 전통적으로 발전해오던 화기개발에 소극적인 입장을 드러냈다. 자신의 왕권을 넘보는 모반세력이 화기를 활용해 역공해올지 모른다는 생각을 떨칠 수 없었기 때문이다. 그래서인지 세조는 칼에 대해서는 독특한 관점을 드러냈다. 세조는 무엇보다 칼의 제조에 철저할 것을 지시했다.[56] 또한 자신을 옹립한 한명회와 구치관 등의 중신들을 술자리로 초대하고는 환도를 건네주기도 했다. 그리고는 "칼은 남아의 보물이다"라고도 말한 바 있다. 그러자 한명회는 머리를 조아리며 사례했다고 한다.[57] 뿐더러 세조는 역시 중신들과 술자리를 베풀고는, 홍윤성을 통해 주변을 호위하는 겸사복과 내금위의 소속 장사들에게 "너희들은 용감하고 굳세어 특별히 한 가지 재주가 있어야 하므로, 내가 취하지 않았다. 활을 쏘고 칼을 쓰는 틈에 반드시 힘써 배우기를 기다린 연후에 임용하는 것이 옳다"[58]고 유시했다고 한다.

세조의 언행을 곱씹어 보면, 세조는 자신을 철저히 호위하는 무사들이 각기 궁술과 도검술로 훈련하고 있음에도 그들의 전투기예를 특별한 재주로 용인하지 않고, "힘써 배우기"를 통한 文才의 겸전을 아울러 요구한 것으로 추정된다. 다시 말해 우악스럽게 궁술이나 하고 도검술이나 자유자재로 구현한다고 하여 재주있는 인재로 받아들이지 않고 있었음을 읽어낼 수 있는 대목이다. 세조는 정작 자신의 왕권수호를 위해 몸을 바치는 무사들에게 文才의 부족을 은근히 지적함으로써 무인들 고유의 豪氣로운 성정을 호인들의 迂闊한 稚氣 이상이하도 아닌 것임을 슬쩍 비꼬았던 것으로 이해된다. 쉽게 말해 힘깨나 쓰는 무인들이지만 정작 머리 속에는 문자 하나 제대로 박혀있지 못한 무식쟁이요 힘자랑꾼들에 지나지 않으니, 임금인 세조의 별도 지시가 있어 발탁하기 전에는 날뛰

---

56 『세조실록』 11년 11월 10일(갑인)조를 보면, 세조의 전지를 받은 승정원에서 여러 도의 관찰사, 절도사, 처치사 등에게 치서한 기록에 "칼 같은 것도 生鐵을 쓰고 날을 갈지 않으며 그 나머지 방물도 모두 형식만 있고 실상은 없어 한갖 재력만 허비한다. 그러하니 이제부터 모름지기 정교하고 단단하게 만들도록 하라."고 언명한 사실이 확인된다.

57 『세조실록』 13년 1월 24일(신묘)조.

58 『세조실록』 13년 5월 20일(갑신)조.

지 말라는 속내를 느끼게 한다.

한편 세조는 무인이 아닌 한명회와 같은 중신들에게 환도를 구태여 술자리에서 건네준 것은 정치적 경계심을 유지함에 한 치의 방심도 허용치 말게 하려는 세조의 정치적 내면을 읽게 한다. 거꾸로 출세하지 못해 서럽기만 했을 하위 무사들에게는 뛰어난 무예실력과는 별도로 文才의 보완을 강조함으로써, 일정한 차별적 요건에 따른 일방적 통제가 가능한 상황을 연출시켰음을 짐작하게 된다. 어떻든 결론적으로 국왕의 자리에 오른 세조 자신에게 충성이 집중되도록 꾀하고 있었음을 헤아려볼 수 있다.

문종은 너무 과학적인 통치이념에 젖어 칼을 짧게 했고, 세조는 너무 왕권의 강화에만 집착했기에 굳센 칼에만 의지하려했던 것인지 모르겠다.

3) 조선 전기 정치상황의 변화와 騎馬刀劍武藝의 변용

조선초기부터 존재했던 북변야인의 문제가 세종조에 들어서도 그치질 않자 마침내 세종은 현직 지휘관에게 구체적 전술의 적절한 변화를 요구하게 이르렀고, 그 결과 김종서와 그의 종사관이었던 신숙주 등에 의해 새로운 군사대책인 '制勝方略'이 수립되기에 이르렀다. 당시의 제승방략은 개량을 거듭하던 화약무기로서 적진의 대체를 흐트려 놓고, 개별부대의 공격에 따른 적진의 무력화를 꾀한 측면이 있다. 당시의 제승방략을 보면, 현지 주민이던 농민들이 일종의 군사를 겸하는 형태였음을 알 수 있다. 더욱이 남성 농민은 물론 여성까지 "남자의 복장으로 바꿔 입고 稜杖과 창·도끼·낫을 가지고 城頭에서 파수를 서게 한"[59] 점까지 발견된다. 가히 조선북변의 현지여성들이 전투원의 한 구성원으로 존재했음을 확인하게 된다. 그것은 당시의 사정이 여성 인력마저 소중하게 활용될 수밖에 없던 절박함 자체였음을 반증하는 것이기도 할 것이다. 하지만 그러한 사실을 통해 적어도 조선북변의 향촌에서는 여성들까지 실전적 槍棒術을 비롯한 도검기예 등이 전수되었을 개연성을 느끼게 한다.

제승방략은 철저한 현직지휘관의 실용주의적 근무자세와 어우러져 매우 효율

---

59 女則變着男服持稜杖與槍斧鎌子城頭把立『制勝方略』제2권 '軍務二十九條'.

그림 13. 장양공정토시전부호도,
육군박물관 소장

성 높은 작전지침이 되었다고 평가할 만하다. 당시의 최고 지휘관인 김종서에 의해 초안이 수립된 제승방략의 구현된 결과는 4군과 6진의 개척이라는 강역확보로 이어졌기 때문이다.

그런데 제승방략의 수립과 별도로 세조 조에 구성된 이른바 '三甲戰'의 경우도 주목할 점이다. 세조는 왕권을 틀어쥔 이후 극심한 정치적 불안사태를 예방하고자 궁궐수비군사들에게 '三甲戰法'이란 이름의 혼전훈련방식을 통해 자신의 신변경호에 철저를 도모하였던 것으로 추정된다. 삼갑전의 구현과정에서 참여 무사들은 우선적으로 창봉술기예를 심화

시킬 필요가 있었다. 그러나 삼갑전에서 창봉술이란 결국 도검술과 연결되는 성격을 지니는데, 皮頭槍이라고 하는 창의 끝에 천으로 감싸고 붉은 먹을 칠해 상대군사에게 묻히면 이긴 것으로 평가한 방식에서 그런 특징을 읽어낼 수 있다. 어떻든 상대군사에게 붉은 먹을 묻히기 위해서 창술은 물론 휘젓거나 베는 모습의 도검기예 역시 운용되어야 했을 터이다. 더욱이 삼갑전은 말을 타고서 실행되기도 한 것인데, 난전과 전투적 혼란을 연출하여 그야말로 난투극에 가까운 극심한 접전상황을 체험케 한 냉혹한 전투훈련방식이었던 것으로 여겨진다.[60]

그런데 삼갑전은 세조 이후 더 이상 조선왕조실록에 보이지 않는다. 그런

---

60 三甲戰法에 관한 실록의 내용 가운데 다음 기록이 참고가 된다. "임금이 중궁과 모화관에 거둥하다.…또 무사를 뽑아서 3갑사·3갑창을 익히게 하였다. 3갑사는 날쌘 기마를 뽑아서 그 다소에 따라 갑·을·병 3대로 나누어 그 표지를 다르게 한다. 사람들은 피두전을 가지는데, 붉은 물을 들여 우전의 끝에 꽂고, 천천히 가도록 하여서 사람을 상하지 않게 한다. 북을 치면 갑·을·병이 각각 2인씩 두루 말을 달리면서 그 등을 쏘는데, 갑은 을을 쏘고, 을은 병을 쏘고, 병은 갑을 쏘되 서로 함부로 하지 않는다. 정을 울리면 말을 달려서 그 전 자리로 돌아간다. 3갑창은 피두창을 쓰고 대를 나누어 말을 달리면서 찌르는 것이 위와 같다." 上與中宮 幸慕華館…又擇武士 習三甲射 三甲槍三甲射選驍騎 隨多少 以甲乙丙 分三隊 異其標識 人持皮頭箭濡朱揷羽箭端 令徐行不傷人 擊鼓則甲乙丙各二人 周馳射其背 甲射乙 乙射丙 丙射甲 不相亂射 擊錠則馳還前 槍用皮頭 分隊馳刺如上.『세조실록』권20, 36장 뒤쪽, 세조 6년 6월 6일(신해)]

점으로 보아 그 훈련에 참여한 무사들 자신이 매우 혹독한 피로감을 느꼈던 것이며, 정작 세조가 죽자 세조의 불명예스러운 왕위찬탈에 따른 왕권안보용 군사훈련의 의미 때문에 더 이상 지속될 수 없었던 것으로 이해된다.

한편 우화열장 이순신이 목격하고 실제 참전한 니탕개 세력 소탕작전은 뒷날 시전부락 소탕전으로 지칭되는데, 관련된 그림인 '장양공정토시전부호도'가 오늘날까지 전해지고 있다. 그림을 보면 조선의 전투부대원들이 대체로 기병화된 기동전 부대의 모습을 띠고 있음이 특징적이다. 그리고 지참한 무기를 보면 길지 않은 손잡이에 한 쪽 날 칼을 장착한 月刀 형태의 무기를 많이 파지하고 있었다는 점을 보게 된다. 짧은 손잡이에 칼날을 장착한 月刀는 칼날의 폭이 여느 환도처럼 짧지 않고 다소 넓은 만큼 적에게 느껴지는 살상력이 컸을 것이란 점에 주목하게 된다. 따라서 손잡이는 무기를 사용하는 무사의 부감을 덜고자 긴 봉이 아닌 짧은 형태였던 것을 미루어 짐작하게 된다. 그러나 칼날의 폭이 넓기 때문에 여느 환도보다 무거운 단점이 있어 칼을 운용하는 무사의 勇力과 筋力이 어느 정도 이상은 되어야 하는 전제가 따른다. 더욱이 말을 타고서 칼날의 폭이 넓은 월도를 휘두르기 위해서는 기민한 민첩성도 동반되어야 가능하였음은 당연하다. 그런데 그림을 보면 긴 봉에 한 쪽 날을 장착한 언월도 형태의 무기도 존재했음을 확인하게 된다.[61] 더욱 흥미로운 점은 기마상태의 조선 무인들의 모습에 雙刀를 쥔 모습과 한 손엔 刀 한 손에는 劍[62]을 쥔 모습이 보이기도 한다는 점이다. 그 모습은 언뜻 마상에서 劍舞를 추고 있는 착각을 느끼게도 한다. 물론 단순하게 三枝槍(당파)을 쥐고 있거나 하나의 刀만을 쥔 기마무사 등 비교적 다양한 모습이 확인된다는 점이다. 우리는 '장양공정토시전부호도'를 통해 조선초기에서 중기 이전에 이르는 조선전기에 기마상태의 도검운용

---

61 현재 육군사관학교 육군박물관에 소장된 언월청룡도는 월도의 하나로, 17세기의 유물이다. 그 칼날 길이는 58.5센티미터이고, 칼날 폭은 9센티미터로 파악된다.

62 장양공정토시전부호도에 묘사된 조선기마군의 모습에서 발견되는 검이 어쩌면 鐵鞭(혹은 鐵鐧)일 수도 있다는 느낌을 지을 수 없다. 철편은 쉽게 말해 쇠채찍으로 상대방에게 강력한 충격을 안기고, 운용무사가 날의 무뎌짐에 연연하지 않고 무차별로 가격만하면 된다는 특성이 있다. 필자는 이화여자대학교 박물관의 수장고에 보관중인 유물을 '三支七星紋鐵鞭式劍'이라고 하여 거론한 바 있다. 박선식, 「조선시대 도검의 실측과 분석」, 『학예지』 제5집, 육군사관학교 육군박물관, 1997, 49쪽.

기예가 왕성하게 실재했음을 엿보게 된다.

4) 김시습 일파의 天遁劍法 이수와 그 전수[63]

『海東傳道錄』을 보면, 신라사람 최승우와 김가기 그리고 승려 자혜가 개원 연간(당 현종대, 713~741)에 당나라에 유학을 갔는데, 일찍이 종남산에 놀러 갔다가 종리장군(鍾離權)[64]이란 사람을 만나 각각 교훈을 받았다고 한다. 그런데 세 사람이 받은 교훈의 실제 내용은 일종의 신선 관련 수련비결이었다. 곧『靑華秘文』,[65]『靈寶畢法』[66]『金誥』『人頭五岳訣』[67]『內觀玉文寶錄』『天遁鍊魔法』 등의 책이었다. 또한 세 사람은 무려 삼년을 함께 석실 안에서 내단을 수련했고, 이후 그들은 각기 체득한 비결을 전수하였다고 한다.

한편 당나라 사람 여동빈은 스승 종리권과 사조와 헤어진 뒤 양자강 하류 지역에 있는 천하명산 廬山에 놀러갔다가 火龍眞人을 만나 수련하게 되었다. 여동빈은 여산에서 화룡진인에게서 天遁劍法의 진수를 배웠다. 이때부터 여동빈이 강호상에 노닐 때 항상 몸에 보검을 차고 다녔다. 한편 세속사람들은 선인 여동빈이 지닌 보검으로 수많은 妖魔를 제거하고 허다한 공덕을 쌓았다며 여동빈의 일상을 마치 신선처럼 묘사하고 전파했는데, 항상 등에 칼을 찬 모습으로 神仙圖에 등장하는 여동빈의 정형화된 모습은 바로 그 무렵부터의 이미지로 굳어진 것으로 짐작된다.

여기서 전후의 사실성이 혼란스러운 점은 신라 3인이 종리장군에게 이수한 내용 가운데 있던 '천둔연마법' 과 여동빈이 종리권과 헤어진 뒤 화룡진인에게서 이수했다는 '天遁劍法'의 관계이다. 같은 비결 내용을 달리 표현한 것인지

---

63 박선식, 「한국의 持劍文化 및 劍舞의 역사성과 '잠개춤'의 동아시아적 연원」, 5~26쪽에서 일부 인용.

64 鍾離權의 자는 雲房이고, 漢鍾離라고도 불린다. 난리를 피해 종남산에 들어가 석벽 사이에서 『靈寶畢法』을 얻고서 정좌 내시하고, 음양화합을 하여 내외 승강의 이치를 얻었다고 한다. 도교에서는 그를 북오조의 한 사람으로 높인다.

65 오늘날 중국 내에서 도가관련 학술자료로 전승되는 '玉淸金筍靑華秘文金寶內鍊丹法'과 연관되는 도서인지 검토가 요망된다.

66 『靈寶畢法』은 오늘날의 중국 내에서도 종리권의 주요 소작으로 중시하며 그 내용은 주로 '天人合一的養生'으로 요약될 수 있다.

67 『五洲衍文長箋散稿』에는 '入頭岳訣'이라고 거론되고 있어 검토가 요구된다.

아니면 전혀 다른 비결 내용인지를 알 수 없기 때문이다.

그런데『해동전도록』의 내용을 보면, 신라 이후 조선조 들어서 매월당 김시습이 신라 3인의 비결을 승계했고, 金孤雲이란 이를 통해 天遁劍法과 鍊魔眞訣이 洪裕孫에게 전수됐다고 기록되어 있다. 여기서 다시 홍유손은 처음에 밀양에 사는 청상 과부 朴氏에게 도를 전수했고, 박씨는 제자가 되어 이름을 妙觀이라 하였고, 張世美란 사람에게 전수 했다고 기록하고 있음이 흥미롭다.

우리는 홍유손에서 박씨 그리고 다시 장세미에게 천둔검법과 연마진결이 전수된 점을 알게 된다. 여기서 한 가지 생각해볼 점은 애초에 천둔연마법이던 비결이 다시 天遁劍法과 鍊魔眞訣로 양분된 점이다. 이유는 명확하진 않지만 애초의 천둔연마법을 천둔검법과 연마진결로 좀더 심화 발전시킨 측면을 추론해 볼 여지를 느끼게 된다. 다시 말해 본래 당나라로부터 수입한 수련비결인 천둔연마법을 두 가지의 부문으로 분화발전시킨 측면이 추정된다는 점이다.

따라서 우리는 신라 3인의 당 신선비결 수용과 그 뒤를 잇는 조선조 수련가문의 존재를 통해 당나라 神仙道家 계열의 劍法을 수용하는데 그치지 않고 토착 발전시킨 양상을 읽을 수 있다.

한편 조선 중기 문집인『靑鶴集』[68]을 통해 아예자(我蕊子)[69]라는 수행자가 드러낸 呼歌舞鋏[70]의 기풍도 엿보게 된다. 아예자는 9편의 시가를 지었는데, 그

---

68 조선 중기 선가인물 가운데 趙汝籍의 호는 靑鶴이고, 그가 남긴 저술이 바로『청학집』이다. 그렇다면 趙汝籍은 어떤 사람인가! 안타깝게 그의 생몰년은 현재로서는 전혀 알 수가 없다. 다만 그가 조선 중기의 기인이란 점은 분명하다. 그는 李思淵으로부터 仙術을 배웠다고 알려 있다. 인품이 호탕하고 문장에 뛰어났으나 관복이 없어 매번 낙방하였다. 1588년(선조 21) 落榜擧子가 되어 실의에 가득 차서 집으로 돌아가는 길에 이사연을 만나 스승으로 섬겼다고 한다.

69 아예자(我蕊子)는 元나라 초기의 명장인 木華黎의 후예로 알려 있으니 조선 중기 仙家의 인물군에는 순수 조선인만이 아닌 외래 인물들이 섞여 있음은 다소 뜻밖이라 할 수 있다. 하지만 진정으로 세상의 평화와 행복을 추구하는 비방을 찾던 선가의 사상을 생각하면 다문화적인 포용의 분위기는 도리어 당연한 것이었다. 목화려는 元나라 장군 차차얼(札札兒)을 말한다. 차차얼은 원 太祖를 섬겨 용맹을 떨쳐 자주 金나라를 정벌하여 공이 컸던 무장으로 알려 있다. 후에 魯國王에 봉해졌고 시호는 忠武이다.

70 호가무협(呼歌舞鋏)은 아예자가 남긴 시가의 원문에 보이는 '鳴呼一歌兮舞長鋏'의 의미를 압축하여 본 필자가 임의로 사자성어의 형식으로 표현한 것임을 밝힌다. 그런데 조선 후기 회화예술인으로 명망을 드러낸 단원 김홍도를 두고 강세황이『표암유고』에서, '檀園圖記又一本'을 통해 "士能(김홍도)는 또 음율에도 해박하여 琴笛韻詞에 그 묘함을 다하였다. 풍류가 호탕하여 매번 擊劍을 하며" 지냈음을 밝힌 점은 아예자의 呼歌舞鋏의 기풍과 비교된다. 추정컨대 呼歌舞鋏의 기풍은 이미 신라의 화랑집단이나 風月道 문화에까지 그 연원이 살펴지고, 조선조에 이르러서 아예자

가운데 "산의 누각에 바람이 부니 소나무는 저절로 소리를 내고, 바다 위 하늘에 구름이 흩어지니, 달이 떠오르네. 아 한 차례 노래여 長鋏으로 춤추네."[71]라는 내용이 있다. 그런데 이 시편에서 거론되는 장협(長鋏)은 실제 긴 칼(장검 혹은 대도)이라고 풀이가 가능하다. 관련하여 한자옥편 등을 보면 협(鋏)이라는 글자에는 칼·칼자루·장검의 몸·칼코 따위의 다양한 뜻이 담겨있기 때문이다. 우리는 『청학집』 속의 아예자라는 인물이 전하는 시가를 통해 조선조 산중 수행자들의 藝技와 품격을 함께 짐작해볼 수 있겠다.

5) 임진왜란의 발생과 기마도검무예인의 개별적 활약[72]

이일에 의해 계승된 김종서의 제승방략은 임진왜란의 발생에 따라 큰 시련을 맞이하게 되었다. 무엇보다 북변의 광활한 평지에서 운용될 수 있던 기마도검무예가 실제 한반도 남방에서는 활용되기가 쉽지 않았다는 점 때문이었다. 이를테면 이일에 의한 탄금대 인근 기마돌격전의 패전은 조선내륙에서 전혀 고려할만한 전투방식이 아니라는 공론을 부르기에 충분했다. 그것은 유성룡에 의해 추진된 이후의 삼수병 훈련계획에 砲手와 射手 그리고 殺手는 있었지만 그들이 기병화됐다는 기록은 좀처럼 찾아지지 않는 것과도 연관되기도 한다. 결국 시전부락의 니탕개 세력에게나 유용했던 기마전법과 그에 따른 기마도검무예는 임진왜란이라는 새로운 정쟁 양상에 한반도내륙의 산악지형에는 효율성이 떨어진 것이 확인된 셈이었다.

그러나 기마무예가 전혀 무가치한 것만은 아니었다. 지금까지 전해오는 의병장 김덕령의 설화적 전승담을 보면, 김덕령은 기마무예의 달인이었고, 왜군들은 충분히 그를 보고 공포를 느꼈다고 전해지고 있다. 마상에서 육중한 철퇴를 두 개씩이나 쥐고서 적진을 혼란에 빠뜨렸다는 그의 전승설화를 모두 믿을 수는 없지만, 관련 문인들의 기록들이 전하는 바에 묘사된 김덕령의 모습은 鐵

등의 산중 수련인은 물론, 조선후기 시정의 풍물을 회화의 소재로 반영한 김홍도 같은 걸출한 예술인에 이르기까지 그 맥락이 이어졌음을 추론하게 된다.

71 山閣風生松自韻/海天雲散月初昇/嗚呼一歌兮舞長鋏. 趙汝籍, 『靑鶴集』.

72 박선식, 「임진왜란 시기 騎馬刀劍武藝에 대한 일고찰」, 21~32쪽에서 일부 인용.

柄刀劍를 자유자재로 휘두르던 말위의 翼虎將軍이었다는 점이다. 그러한 김덕령의 극히 개별적인 기마무예는 이순신부대와 기획된 수륙합공전의 와중에 왜 수군부대를 적지 않게 위협한 측면이 있던 것으로 이해된다.

김덕령의 경우와는 달리 이순신 진중의 무인으로 소속되어 절륜의 무훈을 남긴 송대립의 경우는 더욱 각별하게 와 닿는다. 『이충무공전서』 권16 부분의 부록에 보이는 '同義錄'을 보면, 宋大立의 무예는 가히 절륜 그 자체였음을 확인하게 되는 데 내용상 특징들을 단락으로 구분하여 요약하여 보면 다음과 같다.

① 적의 세력이 개미떼같이 나오는 것을 맞아 대립은 앞장서서 활을 쏘니 왜병은 활시위 소리에 응하는 듯이 넘어지고 거꾸러져 시체가 겹쳐 쌓아 다 죽었다.
② 아홉 명의 괴수가 첨산을 향하여 달아났다. 대립은 혼자 말을 타고 뒤쫓아 갔다.
③ 石橋 위에 이르러 한 칼로 여덟 명을 죽이고 한 명을 사로잡아 겨드랑이에 꼈다.
④ 갑자기 숨어있던 왜병 천 여 명이 산 뒤에서 뛰어나와 사방에서 둘러쌌다.
⑤ 대립은 화살이 떨어지고 힘이 다하여 천이나 되는 무리를 당할 수가 없었다.
⑥ 말을 채찍질하고 칼을 빼들고 좌우로 빨리 휘두르니, 그 형세는 번개가 번쩍번쩍 하는 것같아서 앞에 있는 적은 손에 든 칼로 치고, 뒤에서 칼이 오면 겨드랑이에 낀 왜장으로써 이를 막으니 적의 세력이 흔들려 쓰러져 몇 번 흩어졌다가 다시 모이곤 했는데, 이른 아침부터 싸워서 해가 저물도록 끝나지 아니하였다.
⑦ 왜적이 포환을 쏘아 대립의 옆구리를 맞추니, 대립은 말에서 내려 북쪽을 향하여 두 번 절하고 죽었는데, 당시 그는 48세였다.

그런데 같은 '동의록' 가운데 이순신의 막하 무인이던 鄭運을 말하는 부분에서 "일곱 살 때 정충보국의 네 글자를 칼에 새겨 스스로 맹세하였다"[73]는 내용이 보인다. 그 같은 내용을 통해 임진왜란 이전에 조선 소년들이 놀랍게도 도검을 휴대하였다는 점을 알게 된다. 문제는 그 도검이 살상력을 지닌 소위 진검이었는지 아니면 훈련용의 목제도검이었던가 하는 점이다. 어떻든 진검여부를 떠나 일개 칠세 소년이 도검을 지니고서 그 도신에 도검명을 새겼던 풍조를 통해 조선사회가 그렇게 문약에만 빠졌던 상황이 아니었음을 엿보게 된다. 바로 그

---

73 七歲以貞 忠報國四字銘劍自誓 『李忠武公全書』 卷第十六, 부록 '同義錄'.

같은 분위기를 더욱 확실하게 일깨우는 것은 충무공 이순신 스스로가 어렸을
적부터 이른바 '戰陣戱' 달리말해 병정놀이를 즐겨하였던 점이다. 또한 북인의
영수였던 南冥 曺植이 허리에 '敬義劍'이라는 칼을 차고 있었고, 그의 제자 가
운데는 文武를 겸전한 곽재우 등의 才士들이 있었던 점도 참고가 된다. 따라서
조선중기를 전후한 시기에 용력을 바탕으로 기마술과 도검무예를 융합하여 일
정한 경지에 도달한 기마도검무예인이 존재했다고 여겨지는 바이다. 또한 그
들 기마도검무예인들은 왜군에 의해 무력함을 입증받은 탄금대전투의 사례와
는 별도로 집단화된 기마대가 아닌 개별화된 기마무인의 가치성을 확인시켜주
었다. 평지가 아닌 비좁은 산간에서 신속하게 적진을 교란하거나 와해시키는
데 소수의 기마도검무인들의 활약은 주효했기 때문이다. 덧붙여 말하자면 임
진왜란 시기에 역시 군공을 세운 梁大樸의 경우도 뛰어난 기마무예를 바탕으로
왜군부대를 곤혹스럽게 했고,[74] 신출귀몰하게 적을 유인하여 진영을 흐트러놓
은 곽재우의 경우도 마찬가지였다고 보아 크게 무리는 없을 터이다. 따라서 임
진왜란시기 기마도검무인들은 이후 조선후기의 무예발전에 하나의 가교와 같
은 교량적 역할을 하여 문화콘텐츠의 지속을 가능케 했다고 평가할 만하다. 집
단화된 대부대의 양상으로 기마도검무예가 발현된 것은 아닐지라도 특정 개별
무인들의 탁월한 기예는 넉넉히 임진왜란의 각지 전투에서 전승의 요소로 가치
를 드러냈기 때문이다.

6) 이순신의 軍陣內 무예훈련과 통제영에서의 勝戰舞[75]

이순신이 스스로 작성한 일기 가운데 『병신일기』 윤8월의 초10일을 보면,
자신이 직접 진중에서 初試까지 주관하여 궁술을 평가한 점이 확인된다. 그러

---

74 임진왜란 때 성주 목사 梁轣의 아들로 의병을 일으킨 양대박은 자가 士眞, 호가 靑溪, 松巖,
   竹巖, 荷谷 등으로서 차자인 亨遇(東崖장군) 등의 자제를 이끌고 전라도 임실의 雲巖에서 왜군부
   대를 매복으로 공격한 인물이다. 그에 관한 '雲巖破倭圖'를 보면, 양대박 자신은 기마사태에서
   長刀를 휴대했고, 차자인 東崖 梁亨遇는 靑龍偃月刀를 휴대하고 의병부대를 지휘하여 접전을
   벌였다. 강성문, 「양대박의 운암전 고찰」, 『학예지』 제5집, 육군사관학교 육군박물관, 1997.
75 이 글에서 이순신 군진 내 무예훈련 내용은 박선식의 「임진왜란 시기 騎馬刀劍武藝에 대한 일고찰」
   (2012), 21~32쪽에서 일부 인용한 것이고, 통제영에서의 勝戰舞 부분은 박선식의 「한국의 持劍文
   化 및 劍舞의 역사성과 '잠개춤'의 동아시아적 연원」, 5~26쪽에서 인용한 것임.

나 같은 『병신일기』 윤8월 초5일의 기사를 보면, 이순신이 "사정에 나가 아들들이 활 쏘고 말 타는 모습을 바라보았다"는 내용 등도 있어 주목하게 된다. 이순신이 궁술을 중시한 점은 사실이지만 기마술을 도외시한 것도 아니었던 것이다. 다만 기마도검무예에 관한 이순신의 행위는 구체적으로 찾아지지 않고 있다. 그런데 『병신일기』 3월 초5일의 기록을 보면, "남해 박대남, 다경포 윤승남 만호가 칼을 연습했다."는 내용이 있다. 그 같은 기록을 통해 당시 검술 연습이 만호 정도의 중간적 무신층에서 주로 이루어진 점을 읽게 된다. 실제로 이순신은 환도 등의 칼을 일정한 관인들에게 나눠주었다는 기록도 남기고 있다. 환도 등의 칼쓰기 훈련이 일정한 지휘를 담당하던 벼슬아치들 위주로 수련되던 무예였을 가능성도 느껴지는 대목이다. 다른 일기 내용에 일반 군사들이 칼쓰기 연습을 했다는 내용은 보이지 않는 점도 그러한 점을 조심스럽게 뒷받침해주고 있다. 요약하자면 이순신은 각개병사들에게는 일상적으로 쓰일 수 있는 보편 戰技인 궁술이나 화기조작술을 부단히 연마케 했고, 전장의 중심에서 지휘체계의 고리라 할 수 있는 중간관료층에게는 환도 등의 칼쓰기 무예를 강조한 것으로 이해할 수 있다.

한편 勝戰舞는 임진란 당시 이순신 장군이 왜적을 무찔러 승전보가 날아올 때마다 축하행사로 추었고, 장졸들의 사기를 높이기 위해서 병선 위에서, 혹은 여흥으로, 또 삼도수군통제사가 영문(지금의 세병관)에서 賀禮를 받을 때나 삼도의 수군을 집결시켜 사열하는 軍点 때 등 여러 행사에서 추어진 것으로 알려져 있다. 실제 승전무는 4조의 舞姬陣으로 각기 구성되어 劍器舞와 軍鼓舞를 각기 연희한 것으로 알려져 있다. 이는 칼과 북이라는 군사적 상징 武具를 무용화한 측면을 읽어내게 하고 있다.

그러나 구체적 문헌기록의 고찰도 없이 세간에 전승되는 민담적 수준의 구비자료에만 의존하여, 승전무가 당대 최고의 해상지휘관에 의해 창작 구성되었다는 속설은 관련 자료의 제시에 따른 세심한 전후사정의 검토가 뒤따를 문제이다. 거듭된 전쟁의 와중에 당시 지휘관이 휘하장졸을 위무하고 그에 마땅한 연희를 기획하였음은 자연스러운 추론이 될 터이기에, 충무공 이순신의 군진에서 승전무가 연희되었던 점은 누구도 상상이 가는 대목이다. 그러나 승전무를 예술문화사적 차원에서 언급함에 있어, 관련 자료에 근거한 보다 명확한 해명의 작업은 학문적 연구과정으로서 당연히 뒤따를 문제임을 덧붙이고자 한다. 어떻든 누구에 의해 기획되고 구성된 것인지가 다소 분명치 않더라도 승전무가 당시 해당 지역의 군사 지휘관으로부터 일정한 협조와 지원이 있어 가능했을 것이란 점은 당연한 논리가 될 수 있다. 특히 승전무가 그 구성에 있어서 일정한 진용을 전개한 형상인 점은 군사조직을 통제하는 지휘관의 입장에서 자연스러운 발상의 소산이었을 것으로도 여겨진다.

하지만 승전무는 엄밀한 의미에서 일종의 관제 무용에 해당하고, 관군의 요구에 맞게 구성된 측면이 강하다. 그럼에도 승전무는 실제 해전 지휘관에 의해 구성된 것이라는 속설 때문에 사실상 군의 사기를 제고시킨다는 정치군사적 목적성을 뚜렷이 하고 있어 조선조 군사예술의 정형성을 보여준 사례에 해당한다. 임진란이 끝난 후에 충무공의 춘추제향과 탄신제 때 사당에서 이 춤을 계속 추었는데, 그런 까닭으로 승전무가 오늘까지 통영지방에 전승되어 올 수 있었던 것으로 이해된다.

한편 통영을 비롯한 진주와 평양의 검무연희는 조선조 무용예술의 특기할 부분인데, 나름대로 몇몇 춤사위는 매우 주목할 점이다. 무엇보다 조선조 검무가 일정한 대형을 유지하고 입장하고 있다는 점이 주목된다. 또한 검무 연희자들은 모두 여성이며 그들은 처음에 칼을 지니고 등장하지만 대체로 땅에 두 칼을 놓아두고 빈 손으로 춤사위를 연희하는데 그 손놀림은 가히 고혹적이고 관능적인 측면을 부정하기 어렵다.

또한 무릎을 꿇은 상태에서 서서히 두 칼을 쥐고 다시 또 서서히 일어서서 드러내는 칼 사위는 돌아가는 칼날의 금속성이 내는 마찰음만큼이나 상당히 리듬감을 드러낸다. 그러나 조선조 검무의 특이한 점은 마지막 종결하는 부분에서 두 칼을 땅에 수직으로 고스란히 내리 꽂듯이 한다는 점이고 이때 여성연희자들은 다소곳이 고개를 숙여 일종의 예의를 취하며 무용을 마감함이 인상적이다.

7) 무예를 흉내낸 무용의 성격과 무예의 성격이 혼재된 조선 劍舞

광해군의 현실적인 등거리 외교정책을 비난하고 마침내 광해왕권을 축출한 인조가 자신의 반정에 공이 있는 김류와 이귀를 가까이한 점은 당연하다. 따라서 인조 1년에 군사들에 대한 위로연이 이루어졌고, 김류 등이 "어제 군사들에게 위로연을 베풀어 실컷 먹고 마시게 하였습니다. 게다가 음악을 연주해서 들려주라는 하명까지 있어 감격하고 고무되지 않는 자가 없었습니다."하였다고 한다. 그 때 위로연에 모인 군병의 수효가 1천 3백여 명이었다고 한다. 그리고 당시 인조와의 대화에서 이귀는, "신들이 將士들로 하여금 劍舞를 추게 하고 스스로도 일어나 춤을 추며 마냥 즐기다가 파하였습니다."[76]는 내용을 아뢰고 있다. 그런데 『조선왕조실록』에서 군사들이 검무를 추었다는 기록은 사실 드문 기사이다. 기껏해야 세종조에 禮曹에서 纛祭儀注를 지어 바치었는데 그 가운데 槍劍舞가 거론될 뿐임은 매우 주목할 점이다. 그렇다면 김류와 이귀에 의한 군사들의 검무 연희의 행동은 어떻게 이해해야 마땅할까? 인조 정권의 친위군사들이 드러낸 검무는 과연 무예였을까. 아니면 무예를 흉내낸 무용에 가까운 행위였을까?

그러나 이 문제는 쉽게 단정하기 어려운 측면이 있다. 실제 조선조의 군사들이 검무를 무예의 일환으로 연희했다는 분명한 근거는 찾아지지 않기 때문이다. 다만 조선후기의 실학자인 홍대용이 軍藝隊의 성향으로 '劍舞'라는 전문요원을 거론한 점이 참고가 될 뿐이다. 따라서 조선 인조조에 이루어진 일부 군사들의 검무는 적어도 자신들의 동료무사들에게 동질감을 확인하게 하고 언제든지 인조 왕권의 수호에 담대한 武魂으로 臨戰하겠다는 戰意고양의 목적으로 연희된 무예적 무용이란 가치는 부정하기 어려울 듯싶다.

그런데 柳本學이 전하는 「金光澤傳」에 따르면, 검무로 유명했던 기생 운심과 비슷한 시기의 검객으로 劍仙으로 불린 金體健은 아버지 김광택과 金神仙으로부터 신선술과 검술을 배워 절륜의 칼쓰기 기예를 지니고 있었다고 한다. 특히 칼춤에 빼어난 재주를 보인 김체건은 검무 솜씨가 가히 입신의 경지에 들어 땅 가득히 꽃잎이 흩어지는 형세를 취할 줄 알았고 몸을 숨겨 보이지 않게도 했다고 전해진다. 그 같은 전승을 통해 무예를 전문적으로 익히던 검객에게 있어 검무는 일종의 무예훈련의 과정이었음을 짐작하게도 한다.

---

76 『朝鮮王朝實錄』仁祖 1年 3月 18日: "上引見金瑬·李貴. 瑬等日: '昨日犒師, 醉飽極矣, 且有賜樂之命, 莫不感激鼓舞矣.' 上日: '軍兵幾許耶?' 瑬日: '昨日犒饋之數, 一千三百餘人, 歸者已多, 而其數如此, 可想當初聚會之多矣.' 貴日: '臣等令將士劍舞, 且自起舞, 極懽而罷矣.'"

8) 칼을 지닌 仙人을 그려내고 擊劍으로 심경을 달랜 김홍도의 경우

그림 15. 단원 김홍도의 '포의풍류도'
紙本水墨淡彩畫, 1798년, 종이에 옅은 채색, 27.9cm×37.0cm, 개인소장

　강세황은 『표암유고』에서, '檀園圖記又一本'을 통해 "士能(김홍도)는 또 음
율에도 해박하여 琴笛韻詞에 그 묘함을 다하였다. 풍류가 호탕하여 매번 擊劍
을 하며 슬픈 생각에 강개하여 몇 줄기 눈물을 흘리곤 하였으니, 사능의 마음을
아는 자만이 알리라. 들으니 그 거처에 안석이 깨끗하게 놓이고 섬돌과 성채가
그윽하고 고요하여, 거리 중에서도 문득 속세를 벗어난 뜻이 있다 한다."고 전
하고 있다.

　김홍도가 琴笛韻詞에 그 묘함을 다하고, 더불어 매번 擊劍을 하였다는 내용
은 그가 가히 文武 겸전한 호방한 才士였음을 알게 하는 대목이라 할 수 있다.
그래서 강세황은 김홍도의 내면에 '문득 속세를 벗어난 뜻'이 있음을 알아챈
것인데, 곧 김홍도가 俗人이 아닌 仙人의 기질이 있음을 제대로 읽어냈음을
알게 된다. 여기서 김홍도의 琴笛韻詞에 능함과 매번 드러낸 擊劍의 모습은
앞서 소개한 아예자(我蕊子)라는 수행자가 드러낸 呼歌舞鋏의 기풍과 비교된
다. 또한 김홍도와 아예자보다 앞선 시기로 소급한다면 화랑 집단이나 풍월도
가 드러낸 예술적이고도 상무적인 기풍과도 상관성을 거론해봄직하다.

　그런데 여기서 김홍도의 격검 행위를 두고, 좀 더 적극적인 고민을 할 필요

그림 16. 김홍도의 '飛仙劍舞'

를 느낀다. 왜냐하면 실제 복수를 위해 칼쓰기를 수련한 자매가 숙종조에 경주
의 검기달인에게 무려 십년을 사사하고 마침내 부친의 복수를 완수한다는 내용
의 기록이 소설의 형태로 현전하고 있음이 비교가 되기 때문이다. 따라서 김홍
도 같은 남성이 도검을 지니고 단순한 검무가 아닌 격검을 매번 한 측면은 결코
예사로운 행위가 아니다. 무엇 때문에 김홍도는 매번 격검을 했던 것일까.

하지만 관련 자료의 부족으로 김홍도의 격검행위가 지닌 본질적 이유를 밝
혀내기란 현재로서는 쉽지 않다. 다만 김홍도가 격검이라는 표현이 붙을 정도
의 일종의 劍技수련행위가 지인이자 스승인 강세황의 안목에조차 포착된 점은
김홍도의 격검행위가 그저 하루 이틀의 소일거리가 아닌 일정한 지속성의 단서
를 느끼게 하고 있다.

여기서 퇴계 이황이 활인심방으로 자신의 건강을 유지코자 했고, 남명 조식
이 자신의 문하생들에게 문무겸전의 호방한 세계관을 강조하여 제자이자 외손
녀 사위였던 곽재우가 기마술과 궁사술 등에 절륜하였고, 남명 조식의 제자 대
부분이 임진왜란의 시기에 의병장에 추대되어 抗倭作戰에 나선 점이 참고가
된다. 김홍도 이전의 일부 문사들이 무인들이 즐겨하는 상무적 기예에 부분적
으로 접근한 점을 본다면, 김홍도의 격검행위는 자신의 건강유지를 위한 일종
의 체육활동이자 지친 심신을 달래며 내면을 다지는 수행과 수련의 과정이기도
했다는 추론을 이끌게 한다. 김홍도의 그 같은 상무적이면서 신선도가적인 풍
모는 그의 또 다른 작품인 '포의풍류도'로 넉넉히 헤아려보게 된다.

그림 17. 김홍도가 1786년 그린 것으로
전하는 안릉신영도 속의 武人 모습

김홍도는 '포의풍류도' 등을 비롯하여 자신의 작품에서 칼을 지닌 인물들을 적지 않게 그려 눈길을 끈다. 그런데 '飛仙劍舞'와 같은 작품을 보면, 치렁치렁한 의상을 갖춘 여성이 하늘을 날고 있는 모습 자체가 이미 비현실적이고, 작중 여성이 왼손으로 長劍을 움켜 쥔 채로 막 어딘가를 향해 칼을 사용하기 직전의 모습인 점은 많은 것을 생각하게 한다. 화면에서 飛仙 여성의 눈 앞에는 그 어떤 적도 보이지 않기 때문이다. 따라서 이 그림 속의 持劍女性은 말 그대로 검무를 베풀고 있는데, 그녀의 다음 행동이 자신의 아래에 있는 樹林 아래로 펼쳐질 것임을 그림의 화면상 구도로 쉽게 추론하게 된다. 결국 '비선검무'라는 작품에서 비현실적인 의상을 갖춘 여성飛仙은 긴 검으로 허공을 가르듯이 칼사위를 베풀고, 다음 樹林이 있는 地上에 내려앉을 예정일 터인데, 김홍도는 어째서 이런 그림을 그린 것일까.

공연한 추측은 허망하겠으나, 현실 속에서 신선적 이상을 추구한 김홍도의 내면에 어쩌면 허공을 나는 飛仙같은 존재가 그리웠던 것은 아니었는지 조심스러운 추정을 해보게 된다. 그런데 화면상의 飛仙이 우악스러운 남성이 아닌 부드럽고 가냘픈 여성 飛仙인 점은 같은 동성인 남성사회 곧, 겉으로는 고상한 孔孟의 논리를 읊조리면서도 실은 이중적이고 간악한 이기심에 찌든 조선 士類들의 구역질나는 행태에 질린 김홍도의 지친 심경을 거꾸로 반영한 것은 아닌지 모를 일이다. 하여 화면 속의 여성 飛仙이 긴 검으로 썩어빠진 지상세계를 향해 바짝 칼을 곧추세워 단박에라도 내려칠 수 있는 자세를 갖추고 있음이 이해된다. 김홍도가 지닌 尙武的 思惟와 稟性을 엿보게 하는 측면이 있다.

한편 김홍도가 1786년에 그린 것으로 전하는 안릉신영도를 보면, 여전히 도검이 그다지 길지 않은 상태에 있는 조선조 武人의 모습을 여실히 보게 된다. 물론 정조의 시기에 장용영이 설치되고, 장용영 무사들에 의한 무예24반이 교련된 점이 참고가 되기에, 김홍도의 그림 속 무인의 도검 길이를 일반화하기에는 무리가 따른다. 그러나 살수가 아닌 일반 무인의 도검이 여전히 길지 않은 속내는, 당시 성인 무사들의 태도와 연관하여 이해가 가는 대목이다. 정조 당시에 일반 살수훈련 무사들은 긴 칼로 이루어지는 과격한 殺手 훈련에 사실 피로감을 느꼈고, 그에 따라 조선 조정에서는 살수의 양성을 아예 어린 아동의 단계에서부터 시작해보려는 계획을 수립하기에 이른 사실이 『조선왕조실록』 등을 통해 확인된다. 그리하여 어린 살수 훈련무사들의 집단명칭 조차 '兒童隊' 였음을 주목한다면, 김홍도가 사실적으로 그린 조선후기 무인의 일반 도검의 길이가 그리 길지 않은 속사정을 쉽게 이해하게 된다.

9) 신윤복의 '雙劍對舞'로 읽는 조선조 여성검무의 비대칭성과 긴박성[77]

신윤복은 김홍도와 함께 조선조 후기를 장식한 회화예술가로 유명하다. 그런데 그가 남긴 풍속화 가운데 쌍검대무는 한국 조선조 검무의 각별한 양상을 여실하게 전해준다. 이 그림은 세력 있는 귀족들이 장악원 악공들을 불러다가 재예가 뛰어난 기녀를 등장시켜 춤추게 했다는 내력이 전해지고 있다. 우선 이 그림은 세력있는 문벌 권세가의 요청으로 출연하게 된 두 기녀가 당대 최고의 무용가였음을 짐작하게 하는데, 두 기녀의 칼 사위가 전혀 대칭적이지 않다는 특징에 주의하게 된다.

그림을 보는 사람의 입장에서 화면의 왼 쪽에 선 기녀는 술이 달리지 않은 칼을 두 개 좌우에 지니고 있는데 그녀의 왼 손에 쥔 칼은 기녀의 좌측을 비스듬히 지향하고 있는데, 오른쪽에 쥔 칼은 곧추세웠음이 주목된다. 그런데 화면의 오른쪽에 배치된 기녀는 술이 달린 두 칼을 역시 좌우에 쥐고 있지만, 왼쪽의 기녀보다 그 자세가 격렬한 점이 특징이다. 신윤복의 쌍검대무도에서 느끼는 두 기녀의 동적인 정도가 사뭇 다른 이유는 무엇일까?

어쩌면 화면의 오른쪽 기녀가 칼 다루는 솜씨가 뛰어나 왼쪽의 다소 정적인 칼사위를 드러내고 있는 기녀보다 더욱 절륜한 자신의 기에를 뽐내고 있음을 그린 것인지 알 수 없다. 다만 신윤복의 그림을 통해 당시 시정에서 연희를 하던 기녀들의 칼사위가 결코 통일성을 지닌 정형성이 그리 확고하지 않았을 개

---

77 박선식『한국의 持劍文化 및 劍舞의 역사성과 '잠개춤'의 동아시아적 연원』, 5~26쪽에서 인용.

그림 18. 혜원 신윤복의 '雙劍對舞'

연성을 느끼게 된다.

오른쪽의 기녀가 드러내는 칼사위는 대단히 위험천만한 모습인 점도 주목할 점이다. 해당 기녀는 자신의 왼손에 쥔 대도를 자신의 오른쪽 옆구리 뒤쪽으로 깊숙이 후퇴시키고 있다. 그 같은 劍勢는 우측후방의 적을 견제하거나 擊刺하는 모습일 터이다. 그런데 그 같은 춤사위는 매우 긴박한 소감을 불러일으키며, 실제 매우 위험하여 상당한 고난도 훈련이 있은 뒤에 가능할 춤사위임에 분명하다. 추정컨대 신윤복의 '쌍검대무' 그림에서 오른쪽에 자리한 기녀의 劍勢는 가히 실전의 검세를 거의 모방한 절륜의 劍技로 평가할 만하다.

한편 조선조에 劍舞하던 여인들의 기예가 얼마나 절륜하였던지는 다산 정약용의 시구[78]를 통해서도 짐작되는 측면이 있다. 정약용이 지은 시구의 원문에서 '矗城'이 언급된 점으로 보아 정약용이 읊은 검무는 바로 진주검무였음을 알 수 있다. 그런데 시구의 문맥으로 보아 정약용이 관람한 당시 검무는 여인 한 명이 펼친 단독검무로 여겨질 여지를 느낀다. 물론 반드시 단독으로 연희되었다는 증거는 분명치 않다. 그럼에도 문맥의 흐름으로 보아 단독으로 연희된 검무가 맞다면, 조선조 후기의 검무 연희 형태가 얼마든지 단독 연희의 형태도 띠고 있었으며, 또한 대중적 무대에서 대중적 연희로 인기를 끌고 있었던 점도 읽어낼 수 있다.

더불어 정약용의 시구에서 '百人學劍僅一成'이란 원문을 통해 검무나 검기 수련이 얼마나 난이도 높은 과정이었던지를 짐작하게 된다. 정약용이 본격적

---

78 정약용, 『與猶堂全書』, 第一集詩文集第一卷, 詩集 '舞劍篇贈美人'.

그림 19. 영빈 이씨(사도세자의 생모)가 소장했었다는 일화가 담긴 패월도

으로 정치에 참여했던 정조 연간의 연무기관이던 장용영에 武藝二十四技가 주요 연무과목으로 책정되었으나, 실제 도검무예의 이수는 훈련무사들이 쉽게 이수하기 곤란하였고, 백동수와 같은 절륜의 도검무예 달인에 의해 겨우 연무가 성공적으로 이루어진 점을 견주어 보게 된다.

그런데 여기서 한 가지 별도로 고찰할 바가 있으니 조선조 여성의 단호하고 질박한 성격의 존재이다. 흔히 조선조 여인을 다소곳한 수줍음을 지닌 조신한 여성상을 거론하는 경우가 심심찮다. 그러나 『읍혈록』을 보면, 사도세자가 어렸을 적에 궁중의 한상궁에 의해 호방한 풍모의 奇男子로 키워진 숨겨진 사실이 드러나고 있어 다소 충격적이다. 사도세자의 빈이던 혜경궁은 부왕인 영조의 노여움을 사서 뒤주에 갇혀 죽어간 남편 사도세자의 비운이 다름 아닌 어렸을 적 한상궁의 행동과 무관치 않았다고 토로하였는데, "그것(한상궁–필자 주)이 손재주가 있어 나무와 종이로 월도도 만들고 칼도 만들고 활과 화살도 만들어(중략) 어린 내인 아이들을 맞춰 약속하여 문 뒤에 세웠다가, 그 아이들을 시켜 軍器 만든 것을 가지고 武藝소리를 하며 달려들어 노오시게 하니"[79] 어찌 자신의 남편인 사도세자가 성인의 길로 걸어갈 수가 있었겠느냐고 한탄하고 있음이 흥미롭기만 하다.

또한 사도세자의 생모인 영빈 이씨가 패용했다고 전해지는 佩月刀란 대도가 그 칼날의 길이만 무려 80센티미터인 점은 우리가 조선조 여성을 전혀 다르게 보게 되는 한 단서가 될 수 있다. 궁중의 지엄한 위치에 있던 妃께서 친히

---

79 『혜경궁의 읍혈록』上, 궁정고전연구소 홍기원 교주, 민속원, 2009, 601쪽.

大刀를 지니지 못할 까닭은 없으나, 한상궁 등으로 이야기되는 조신하지 못한 여성은 결코 몇몇 여인에 국한하지 않고 도리어 조선조 전 여성들이 지닌 보편적 정서가 아니었는지 조심스럽게 살펴볼 일이다.

10) 『罷寂錄』과 『華軒罷睡錄』 속에 반영된 조선조 재야 劍客의 존재양상과 관련 劍技의 실체[80]

조선조의 『罷寂錄』을 보면 조선조 당시 여류 검객이 존재했음을 확인하게 된다. 그런데 해당 내용을 통해 조선조의 劍舞라는 것이 기녀들이 추는 연희용 검무와는 별도로 劍技 修鍊목적의 검무가 별도로 각 수련자들마다 개별적으로 존재했을 개연성을 강하게 느끼게 하고 있어 흥미롭다.

『파적록』의 '女俠'조를 보면 "짧은 웃옷을 급히 꾸려 입고서 손으로 서릿발 같은 칼날로 춤을 추고 장차 술을 익혀 서로 권하였는데 칼은 그림자를 지었고 휘두르는 빠른 빛이 집에 한 가득이 찼다."[81]는 내용이 그러하다. 여류 검객들이 검무를 할 때 짧은 상의를 입었고, 그녀들은 더운 술[82]로 몸을 따뜻하게 하고는 빠른 검무를 추었음이 주목된다.

그런데 일제강점기의 애국주의적 역사학을 펼친 인물의 하나였던 자산 안확의 소작인 『조선무사영웅전』을 보면, 평안도 북변에 夫娘이란 처녀가 어렸을 적부터 아이들과 함께 병정놀이를 일삼고 鎗刀 등을 휘두르며 수련을 했다는 내용이 보인다. 쟁도가 구체적으로 어떤 도검인지는 알 수 없으나, 그녀가 이후 인조 초기에 이괄의 변란을 맞아 정충신장군을 도와 이괄의 남하부대를 한

---

80 박선식의 「한국의 持劍文化 및 劍舞의 역사성과 '잠개춤'의 동아시아적 연원」, 5~26쪽에서 인용.
81 短衣急裝手舞霜刃將火酒相勸而劍影揮霍光滿一室 『罷寂錄』 '女俠'條.
82 술(酒)이 刀劍武藝와 어떠한 연관성이 있는지는 좀 더 세심한 검토가 뒤따라야 할 문제로 여겨진다. 다만 조선조 李宜白의 소작인 『梧桂日誌集』에서 주몽의 시기에 주몽이 가까이하고자 하던 네 여성이 거론되는 데 그녀 중 일부가 술을 취급한 점이 비교된다. 주몽과 연관되는 여성 가운데 단연 유화는 가장 주목할 여성인데 주몽이 유화에게 부러진 칼을 전해주었다는 『東明王篇』의 내용을 견주어본다면, 『梧桂日誌集』에 거론되는 네 여성은 또한 어떤 여성들이었는지 관심을 느끼게 한다. 다만 『梧桂日誌集』에 거론되는 여성들이 뜻밖에도 주몽의 접근에 비우호적이었고 술을 취급한 점을 두고 혹여 비세속적이고 은둔적인 仙家系列의 여성세력일 수 있다는 추정은 물론 山中 修行集團일 가능성도 조심스럽게 짐작해보지만 역시 관련 자료가 없는 한 막연한 억측에 지나지 않을 뿐이다.

양의 안산 부근에서 용감한 특공전으로 저지시킨 점이 소개되고 있어, 부낭이 제법 뛰어난 검술인이었음을 짐작케 한다. 이괄이 당시 운용한 선봉부대에는 일찍이 임진왜란 때에 조선측에 귀화한 왜군출신들로 구성된 수백의 별동부대가 편재되어 있었는데, 그들 왜인들이 劍技에 능숙한 刀劍武士들이었기 때문이다.

한편『화헌파수록』에도 부친의 복수를 위해 다섯 형제가 무려 20년 세월을 검술 수련을 했다는 일화가 소개되고 있으니, 한 검기 달인의 완성은 결코 짧은 세월에 이루어지지 않는다는 점을 일깨워주고 있다. 그런데 해당 내용에서 다시 검술 형제와 맞서 싸우는 소년 검객이 등장하는데 그가 체득한 검보가 '白佛 戱'라는 비술로 소개되고 있다. 백불희는 상고시기 黃帝軒轅의 신하였던 風后와 力牧이 펼친 검술이라고 하니, 조선조 검술세계는 실로 그 역사성이 아득한 설화적 시기까지 소급되고 있었음을 알게 된다.

11) 임진왜란 이후 조선후기의 騎馬刀劍武藝[83]와 검무의 활성화

조선 후기 영조조에 발생한 이인좌의 난과 결부하여 난의 수습작전과정에서 무용을 드러낸 南海 將軍 朴慶泰의 사례는 조선후기에도 여실하게 존재하던 기마도검무예의 양상을 짐작케 한다. 박경태는 영조시기에 "나이 이십에 용모가 위대하고 힘이 세고 재주가 뛰어나 말타고 활쏘기에 능하였다."고 알려졌는데, 36세에 무과에 급제한 무인이었다. 따라서 호방한 성격의 박경태는 청주에서 이인좌가 반란을 일으키자, 도원수가 된 병조판서 吳命恒에게 나아가 출전의사를 밝혔다. 이어 박경태는 도원수로부터 받은 劍과 百人將卒을 이끌고 安城의 진지로 돌입하는 무위를 드러냈다. 관련 기록에 "行陣에 들어 위엄을 떨치며 안성 진지에 돌입하여 舞劍躍馬하여 적들을 섬멸하여 戰袍에 피가 뿌려지고 온몸이 피투성이가 되었다."[84]고 하니 당시의 급박한 격전 상황을 짐작하게 하는 대목이다.

박경태가 드러낸 舞劍躍馬란 도대체 어떤 모습인지는 알 수 없지만, 말 그대로 칼을 춤추고 말을 뛰어오르게 하는 용맹함 그 자체였던 것임은 쉽게 추정

---

83 박선식, 「임진왜란 시기 騎馬刀劍武藝에 대한 일고찰」, 21~32쪽에서 인용.
84 '南海將軍 慶泰 事實(甲山郡誌 所載)', 『咸陽朴氏文獻錄』, 回想社, 1989, 349쪽.

그림 20. 조선조 이삼장군(18세기)의 유물로 기다란 협도가 인상적인데, 기마상태에서 운용했다면 길지
않은 칼 자루의 길이 때문에 비교적 효과적인 기마도검무예가 가능했을 것으로 추정된다.

되는 바이다. 결국 뛰어난 무재로서 난적 격퇴에 선봉에 선 박경태는 난적의
두령인 이인좌를 생포하여 조정에 압송하니, 別單功臣 一等에 錄功되는 광영
을 맞이했다고 한다. 거론된 일화를 통해 조선조 기마도검무예는 문치가 화려
하게 피어난 영조 시기에도 여전히 엄존하고 있던 정황을 읽게 하고 있다. 따라
서 영조의 아들인 사도세자가 기마무예의 달인이었다는 점과 비교할 때 당시
왕실의 세자부터 조야의 기백있는 청년들이 담대한 기마무예에 적지 않은 관심
과 실력을 갖추고 있어 기마무예가 일종의 시대적 유행처럼 일부의 신분층에
퍼지고 있던 것은 아닌지 조심스러운 추론에 잠겨본다.

그런데 영조조에는 노론과 소론 등의 붕당들이 날카롭게 대립하였고, 그들
의 정치적 충돌의 결과로 사도세자가 피살당하는 사태가 벌어졌다. 이후 사도
세자의 아들인 정조가 즉위하자, 왕권친위 무사조직인 장용영이 설치되고 그
들이 馬上六技를 수련한 점은 특기할 점이다. 장용영 무사들이 마상육기를 수
련한 점은 국왕인 정조의 친위적 호위에 절대적으로 필요했기 때문으로 헤아려
진다. 정조는 자신의 개혁적 정국 구상의 위해적 요소들인 붕당세력의 실질적
위협에 맞서고자 무예로 조련된 집단적 무사들을 치밀하게 양성하고자 했고,
그 가운데 도검무예와 기마술 등이 복합적으로 조련되기에 이르렀던 것이다.

한편 18세기를 전후하여 적지 않은 문사들이 검무를 소재로 한 시구를 작품화
했던 점은 당시의 문화적 양태를 고민하게 만든다. 특히 그 무렵 밀양 출신의
'雲心'이란 기생의 검무는 유명하여, 연암 박지원은 '광문자전'에서 걸인이면서
도 의기를 지녔던 광문의 등장에 장안의 검무 달인 운심이 비로소 칼춤을 추었다
고 소개하였고, 박제가는 '劍舞記'라는 장문의 시를 통해 격렬하면서도 역동적

예술미가 흠뻑 느껴지는 당시 검무의 구체적 양상을 여실하게 전해주고 있다. 뿐인가. 太乙菴 申國賓(1724~1799)은 밀양교방의 歌詞 중 하나인 '凝川敎坊竹枝詞' 제3~4수에서 검무의 달인이었던 '운심'을 형상화하였음을 확인하게 된다.

그림 21. 조선선조의 임란 공신 김명윤에게 하사된 한 쌍의 도검

그림 22. 김준근의 '기생 검무하는 모양' 그림

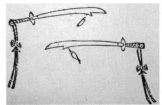
그림 23. 조선후기 관기들이 검무에 동원한 劍器

한편 정조조의 『兵學通』에 따른 '三兵戰法'의 구현을 위해 다양한 무예가 필요했고, 그 결과 정조 14년에 『무예도보통지』의 간행이 이루어졌다. 따라서 단병접전에 익숙한 보병의 殺手가 지니는 전투기예가 강조되는 상황 속에서 각 지역의 관기들이 지역 군영 소속군사들의 의장행사에 동원되었을 가능성은 얼마든지 추론이 가능해질 터이다. 어쩌면 남성 군인들에 의한 단병접전 기예를 흉내낸 官妓 주도의 무예적 무용연희로서 검무가 활성화된 측면은 없는지 조심스럽게 추론되어지기도 한다. 조선후기의 관기들이 검무에 사용한 劍器가 그저 단순한 형태의 칼이 아닌 임진왜란 등의 전란 중에 등장한 칼의 모양과 일부 비슷한 점 등이 그러한 추론을 더욱 뒷받침한다. 임진왜란시기에 공을 인정받은 김명윤에게 하사된 한 쌍의 도검을 보면, 한 쪽에 가지 칼날이 달려 있는데, 이러한 모습은 관기들의 검무에 쓰인 검기와 비슷한 측면이 느껴진다. 따라서 조선조 관기 등의 기생에 의한 검무가 당시의 군사들이 구현한 훈련동작과 사용 병장기를 비슷하게 모방했을 개연성을 높여주고 있다. 물론 기생에 의한 검기무의 칼이 반드시 관군의 도검에서 비롯된 것이 아닌 동북아 상고시기부터의 제의문화와도 연관하여 이해될 여지도 있다. 그것은 이미 상고시기의 치우를 거론하면서, 치우와 같은 맥락의 방상씨가 베풀었던 驅儺의 장면에

보이는 잠개가 가지가 달린 무기였음을 통해 가능한 분석이 될 터이다.

그런데 홍대용이 자신의 「林下經綸」에서 여러 군제 개혁방안을 드러내면서 "校尉는 9명의 旗摠을 통솔한다."고 밝히고 그 세주에서 다시 手下吹打手 5쌍 등을 거론하고 그 가운데서 "劍舞 1쌍 細作 5명, 天文 1명, 地理 1명, 別鐃騎는 5쌍으로 한다."[85]는 따위의 전문적 特科兵을 편성할 것을 제안하고 있음은 또 다른 참고자료가 된다. 홍대용이 무슨 이유로 검무하는 사람 1쌍을 기총의 예하에 둘 것을 제안했는지는 관련자료의 부족으로 고찰이 어렵지만, 함께 거론된 천문과 지리에 관한 특과병이 제안된 것으로 보아, 일종의 軍藝隊의 역할을 수행하는 검무의 달인들을 軍門 안에 배치할 것을 제안한 것으로 여겨진다.

12) 동학군의 '劍訣' 집례 그리고 민중의 칼 刀杖[86]

수운 최제우는 어지러운 세상을 건질 도를 찾기 위해 주유천하를 떠나고자 작정했고, 자기 집을 나서면서 '장궁귀상(藏弓歸商)'했다고 한다. 활을 숨기고 장사치 속에 빠져들었다는 뜻의 그 같은 기록내용은 수운 최제우가 일정기간 동안 무예와 연관한 행위를 하고 있었을 개연성을 느끼게 한다.

최제우가 남긴 기록의 하나인 『龍潭遺詞』의 마지막에 일명 '칼 노래'라고도 하는 劍訣[87]이 확인된다. 최제우가 은거지인 은적암에서 만들었다는 칼노래 검결은 노래이면서 칼춤의 형식을 띠고 있었던 것으로 전해진다. 그런데 최제우의 칼노래와 칼춤이 단순한 악무에 머물지 않고, 최제우의 시대정신이자 개혁사상인 동학의 사유세계를 담고 있음에 유의해야 한다. 따라서 최제우가 몸소

---

85 手下吹打手五雙。令旗手五雙。棍手五雙。火箭手一雙。號砲手一雙。火兵二十人。各持輻馬。同養副馬四匹。記室二人。能筭能書能畵各一人。說客一人。醫者五人。理馬五人。匠手十人。各執兵器劍舞一雙。細作五人。天文一人。地理一人。別鐃騎五雙。八旗居外。一旗居內。分出三隊。更番斥堠。手下雜色幷校尉爲百人。『湛軒書』內集 4권, 補遺, 「林下經綸」
86 박선식, 「한국의 持劍文化 및 劍舞의 역사성과 '잠개춤'의 동아시아적 연원」, 5~26쪽에서 인용.
87 시호시호 이내 시호 부재래지 시호로다(때로다, 때로다, 이내 때로다. 다시 오지 않을 때로다)./만세일지 장부로서 오만년지 시호로다(수만년에 날까말까, 남아장부 오만년의 운수로다)./ 용천검 드는 칼을 아니쓰고 무엇하리/ 무수장삼 떨쳐입고 이칼 저칼 넌줏 들어/ 호호망망 넓은 천지 일신으로 비껴서서/ 칼 노래 한 곡조를 시호시호 불러내니/ 용천검 날랜 칼은 일월을 희롱하고/ 게으른 무수장삼 우주에 덮여있네/ 만고명장 어데 있나 장부당전무장사라/ 좋을시고 좋을시고 이내 신명 좋을시고.

지어내고 또 자신을 따르는 徒衆에게 가르친 칼춤은 求道의 사유를 담고 표출된 종교적 희열의 표현이었을 가능성도 존재한다.

뿐더러 일각에서 최제우의 칼춤인 '劍訣'은 수련이 아니라 '(주문)수련을 통한 득도의 결과 나타나는 희열의 춤'이므로 '수련'의 일종으로 보아서는 안된다는 주장도 있다. 『고종실록』을 보더라도, "여러 명이 모여 도를 강론하는 자리에서 최가(수운대신사)가 글을 외워 귀신(한울님)을 내리게 하고 손에 나무칼을 쥔 채로 처음에는 무릎을 끊고 있다가 일어나고 나중에는 칼춤을 추면서 공중으로 한 길도 넘게 뛰어 올랐다가 한참에야 내려오는 것을 제 눈으로 본 사람도 있다 합니다."라는 내용은 다분히 광적인 동학도들의 집회분위기를 전하고 있기에 '희열의 춤'이라는 지적이 그다지 틀리다고는 할 수 없을 듯싶다. 또한 『비변사등록』을 보면, "동몽 최인득은 검무를 추었는데 본심이 아닌 광기가 발동되어 나무칼로 춤도 추고 노래도 불렀다고 합니다. 그 노래인즉 '좋을시고 좋을시고'라는 것이며 이것을 익히려면 먼저 천제를 올려야 한다고 합니다."라는 내용이 보이는 데, 최제우의 검무가 상고시기의 제천의식과 일정한 맥락성을 함께 하고자 했던 측면을 읽게 된다.

그런데 여기서 특기할 부분은 조선 말기이자 근세를 앞두던 무렵에 동학도들이 드러낸 劍訣 수행과 그 연희의 과정이 조선 중기 문집인 『청학집』을 통해 소개된 아예자(我蕊子)라는 수행자가 드러낸 呼歌舞鋏의 기풍과 역시 조선 후기에 김홍도가 琴笛韻詞에 능했고, 매번 擊劍의 모습을 드러낸 것과 비교가 된다는 점이다. 일반 藝妓들이 공연의 형태로 베풀었던 예능적 연희로서의 劍舞는 검무를 추는 당사자가 춤을 추면서 노래까지 함께 했다는 기록은 현재로서는 없다. 따라서 아예자가 드러낸 呼歌舞鋏의 행태와 김홍도의 문무융합적 수련 행위 그리고 동학도의 검결 실행의 공통성은 춤(舞)과 노래(歌)가 칼잠개(刀劍兵器)를 매개로 융합되어 예술적으로 발현되었다는 특징으로 요약된다. 이는 앞서 밝혔듯이 이전의 고대시기로 소급한다면 화랑 집단이나 풍월도가 드러낸 예술적이고도 상무적인 기풍과도 상관성이 추론될 여지를 강하게 느끼는 바이다.

뿐더러 『천도교 창건사』에서도 "대신사(최제우─필자 주) 은적암에 留하신지 8개월 간에 도력이 더욱 서시고 도리가 더욱 밝아감에 스스로 희열을 금치 못

하며 또한 지기의 降化 聖旺함에 스스로 劍歌를 지으시고 木劍을 집고 月明風
淸한 밤을 타서 妙高峰상에 獨上하여 劍歌를 노래하시니"라고 하여 최제우가
처음으로 은적암에서 은거하던 중 목검을 지니고 검가를 지었던 상황을 희열에
찬 도심의 최고단계로 표현하고 있음을 알 수 있다. 하지만 동학에 적대감이나
이질감 등의 반감적 요소를 느끼던 고변자의 전언을 그대로 옮긴 관제 기록으
로서의 『고종실록』과 『비변사등록』은 사실을 제한적으로 선택하여 남겼을 기
록의 의도성에 유의해야 한다. 또한 애초에 희열에 찬 도심의 최고단계에서 검
결이 지어지고 칼춤이 펼쳐졌다 하였더라도 최제우의 검결은 이후의 과정에서
그 성격은 좀 더 정치적이고 대중 선동적 신체 예술로 기능한 점을 부정하긴
어렵다.

　그런데 최제우가 검결을 짓고 검무를 직접 추고 또한 그 아들인 최인득도
역시 검무를 춘 이유가 최제우에게 나타난 신이 "요즘 배로 오가는 자들은 모두
서양사람들인데 劍舞가 아니면 제압할 수 없다고 하면서 劍歌 한편을 주었다
고 하였다. 그는 劍歌 한 편을 받은 이후 賦를 지어 부르고 백성들에게 나누어
부르게 하였다."[88]는 내용은 최제우의 검무와 검결이 결국은 위기에 처한 조선
의 장래를 걱정하여 이루어진 것임을 알게 하고 있기도 하다.

　최제우의 삶을 극히 간단히 서술하길, "계사 30년 초인 철종 말에 경주 사람
최복술이란 자는 하늘에 제를 올렸고 주문을 외고 칼을 춤추고 공중에 뛰어올
랐으니, 이름하길 동학이라 했다."[89]는 말을 통해 최제우의 삶이 극히 동아시아
적 수행자의 모습 그 자체였음을 알 수 있다.

　한편 동학군이나 이후의 의병들이 지니고 전투를 벌였던 도검의 실체는 과
연 어땠는지 궁금해진다. 그에 관한 단서로 刀杖을 거론할 수 있다. 刀杖은 겉
모습은 마치 지팡이나 몽둥이 같은데 그 속에 칼이 들어있는 형태의 무기를
뜻한다. 역사적으로 보면 대체로 봉기에 참여한 농민군이나, 비정규군인 의병
들이 사용한 칼들이 이에 속한다고 볼 수 있다. 현재 도장의 유물로는, 보물
제 930호로 지정된 칼이 있다. 이 칼은 칼날 길이가 101.7cm이며, 그 전장은

---

88 徐憲純狀啓, '崔福述二次問答'.
89 癸巳三十年[주: 淸德宗光緒十九年]初哲宗末有慶州人崔福述者祭天誦呪舞劍騰空名曰東學. 『韓
　史繁』3.

무려 146.8cm에 이른다. 보통의 칼에 비해 다소 길어 가히 지팡이로도 쓰일 수 있었음을 알 수 있다. 거론된 도장의 칼집은 단면이 원형인 나무를 반으로 쪼개 만든 것이다. 그리고 칼집의 입구에는 금속장식물(鞘頭金具)로 처리했고, 칼집의 일정 구간마다 장타원형의 홈을 낸 점이 독특하다.[90]

13) 신흥강습소 내 '擊劍'과 사당패의 '칼살판'의 경우[91]

한국인의 칼에 관련한 문화의 근현대적 모습은 일제의 한반도 강점으로 그 모습을 잃어갔으나, 신흥강습소 내의 생도들에 의한 擊劍의 훈련과 사당패의 '칼살판' 정도로 명맥을 유지한 것으로 여겨진다.

'칼치기'라고 풀이되는 격검의 용례는 이미 전통시대의 병학관련 기록이나 일화에서 찾을 수 있는 어휘이다. 그런데 조선이 일제에 의해 국권을 빼앗기고 나서 뜻있는 지사들에 의한 독립항쟁의 움직임이 조성되었고, 그 가운데 신흥 강습소라는 저항적 민족주의 공간에서는 항쟁전사들의 체력단련의 차원에서 격검수련이 부과되었다. 당시 신흥강습소 내에서 이루어진 격검은 단순한 병학적 기예의 차원에 머물지 않고, 강도 일본을 향한 불같은 구국의 劍技 수련 과정이었다 할 것이다. 신흥강습소가 애국적 인사들의 막대한 기부금으로 이룩된 항일무장투쟁 무관양성공간이었음은 주지의 사실이기에 그 곳 생도들이 새벽 삭풍한설을 이겨내며 웃옷을 벗으며 매일 달리기로 시작한 일과는 실로 눈물겨운 역사가 되어버렸다. 그들이 빈약한 식사를 웃으며 달래고도 일제를 극복하고자 칼을 들고서 함성을 내지르며 칼쓰기를 수련했다는 일화는 오늘날 그저 검무의 예술미를 거론하며 춤사위에 담긴 한국적 정서의 원형 정도나 음미하려는 유한 지식인들에게 적잖은 긴장과 숭엄한 역사성을 되뇌게 하기에 부족하지 않다.

한편 일제강점기에 그나마 이어지던 일부 사당패의 '칼살판'은 민족 고난의 시기에 한국이 내부적으로 응축되던 에너지를 어떻게 갈무리하고 있었던가를 느끼게 하는 사례로 주목된다. 민속학계 일각에서 고찰된 일제강점기 사당패

---

90 국립문화재연구소, 『보존과학 연구』 제16집, 1995.
91 박선식, 「한국의 持劍文化 및 劍舞의 역사성과 '잠개춤'의 동아시아적 연원」, 5~26쪽에서 인용.

는 그 존립마저 위협받는 극히 힘겨운 자생적 민간예술연희집단이었다고 알려져 있다. 그럼에도 그들 연희집단 내에서 비전되오던 기예로 바로 '칼살판'이 있었음을 아는 이도 드물뿐더러 연구자 또한 거의 없는 연구불모 영역이기도 하다. 그나마 관련 연구자의 끈질긴 조사의 결과, 칼살판은 마당에 여러 개의 칼을 꽂아놓고 연희자가 경우에 따라 손에 칼을 들고서, 뒤로 재주를 연거푸 돌며 땅의 칼을 피해 보여주던 위험천만한 일종의 땅재주(場技) 기예였음이 알려진 내용의 전부라고 해도 틀리지 않다.[92] 그래서 오죽하면, '잘하면 살판이요, 못하면 죽을 판'이 바로 칼살판이었다고 한다.

6. 맺는 글

이제껏 동북아의 역사상 칼잠개(刀劍兵器)의 다룸(使用)이 어떤 연원 속에서 비롯된 것인지, 또한 그와 연관한 한국 고대이후에 전개된 겨룸짓(무예)과 칼춤의 상관성을 관련 기록과 고고자료 등을 간헐적으로 비교하면서 거론해보았다.

본 필자는 고려후기 이암이 남긴 소작으로 여겨지는 『太白眞訓』을 거론하며, 그 기록에서 보이는, "위대하구려! 치우는 부를 축적하였고, 군중들은 사방에서 와서 믿고 기뻐했다. 의관에 칼을 두르고 올라타고 신기를 마필로써 하였"다는 내용을 통해, 한국인의 칼잠개다룸의 연원이 역시 치우까지 소급이 가능하다는 소견을 거듭 드러냈다. 더불어 옥녀산의 유적 설화와 자부선인의 자부궁과 관련한 天眞仙女 등의 설화적 내용을 황제헌원측이 구성한 것으로 추정되는 玉女관련 의장의식을 이해하는 바탕으로 삼았다. 다시 말해 황제헌원측 강대읍락사회에서 劍을 휴대한 옥녀들의 持劍儀仗儀式은 비록 황제헌원측에서 정립한 측면이 이해되지만, 그 의장의식에 적어도 황제헌원에게 자문을 아끼지 않던 九黎 땅 風山의 자부선인과 그 자부궁의 천진선녀 등의 여성세력이 남긴 山中女性 修行文化와 일정한 연관성이 담겨있을 개연성을 조심스럽게 거

---

92 칼살판에 관하여 그나마 주요한 사실 몇 가지를 전하는 연구논저로 심우성, 『남사당패연구』, 동화출판공사, 1974의 소작이 주목할 만하다.

론해보았다. 더욱이 그 같은 관점은 상고시기를 지나 고대시기에 고구려 땅에서 고분을 형성함에 그 안의 벽화에 옥녀를 표현한 점을 고민케 하는데, 고구려의 덕흥리고분의 西壁天井壁畵像에 등장하는 두 '玉女'의 분명한 모습을 통해, 청구 땅의 天眞仙女로부터 비롯된 고구려의 옥녀에 이르기까지 한국 역사상 여성수행문화의 존재를 희미하게나마 추론하게 되며, 그러한 여성수행문화가 발해정효공주무덤의 여성무사들의 持兵儀杖儀式의 모습과도 연결될 수 있음을 거론하기도 하였다.

한편 한국의 오림동 고인돌 측벽 그림의 내용과 의창 평성리 출토 마제석검의 칼자루 형상을 두고서, 칼잠개가 수렵이나 전투 과정의 살상 목적에만 국한하지 않고, 주술적 기원의례와도 연관된 神體的 의미가 함께 담겨있음을 거론하였다. 그것은 파주 심학산에서 발견된 竝置巨石物의 사례처럼 음양일체적 조화와 생식숭배의식 등과도 무관치 않고, 중국의 남산근 유적에서 수습된 청동단검의 손잡이가 각기 여성 나신과 남성 나신이 함께 존재함을 통해서도 같은 맥락을 읽어냈다.

이후 한국역사상 고대부터 고려조와 조선조 및 근세에 이르는 동안 칼잠개다룸의 사실을 실사례와 해당 문헌기록을 근거로 살펴보면서, 더불어 겨룸짓(무예)과 칼춤과 상관성 여부를 간헐적으로 고찰해보았다. 그런 가운데 고구려의 鐵大刀와 관련 칼쓰기 무예의 상관관계를 고찰했고, 고구려의 을밀이 지녔던 수행적 풍모와 그를 따른 舞客 무사들의 기풍을 안악3호 무덤내 회랑동벽과 북벽에 보이는 칼춤에 담긴 의미와 견주어 살폈다. 이어 신라 황창랑 설화를 통한 한국검무의 문헌적 근거와 관련된 화랑 무예를 각각 거론했다. 뒤이어 신라와 백제의 거듭된 무력대결과 청년 검객들의 활약상을 살피면서, 유명한 김유신의 칼쓰기와 칼만들기 일화를 살폈고, 다시 백제의 건국과 초기 발전의 바탕이 된 무력기반과 칼의 상관성을 언급했다. 이어 백제 말기의 의장왕녀로 알려진 백제 계선공주의 단독 武裝活動 일화를 거론했는데, 한반도에 전개된 고대시기의 여성 수행문화를 함께 검토했다. 이어 한국 고대사의 종말부분에 해당하는 발해의 정효공주묘 내에 그려져 전하는 벽화를 통해 발해인의 '칼'에 관한 관념을 살폈다.

이어 장을 달리하여 '고려시대의 도검관련 대외교섭과 관련 전투사실의 비교'를 시도했고, 또한 고려 志士 박신유의 절륜한 刀劍 무예를 『益齋集』 속 기록을 통해 거론하면서, 고려인의 도검무예가 李延年의 亂 등 지방의 반란을 진압과정에서 발휘된 점을 거론했다. 뒤이어 '조선조와 근세에 걸친 도검관련 예술문화와 전투기예의 전개'를 고찰했는데, 첫 절에 '조선초 武舞의 성립과 그 연희 형태의 특색'을 언급했다. 이어 조선조 문종과 세조의 '칼'에 대한 인식을 살폈고, 다시 '조선 전기 정치상황의 변화와 騎馬刀劍武藝의 變容'양상을 살피면서, 세조조의 특별한 연무훈련이던 '三甲戰法'의 시대적 의미와 연무훈련과정에서 조성된 긴박하고 혹독했던 정황을 언급했다. 이어 우화열장 이순신이 목격하고 실제 참전한 니탕개 세력 소탕작전(시전부락 소탕전)을 거론하면서, 당시 작전에 참여한 참전무사들의 활약상이 그려진 '장양공정토시전부호도'를 통해 참전 각개무사들의 특징들을 살폈다. 따라서 당시의 전투부대원들이 대체로 기병화된 기동전 부대의 모습을 띠고 있음이 특징적임을 밝혔다.

뒤이어 '김시습 일파의 天遁劍法 이수와 그 전수'라는 절에서는 『해동전도록』의 내용을 근거로, 신라 이후 조선조 들어서 매월당 김시습이 신라 3인의 비결을 승계했고, 金孤雲이란 이를 통해 天遁劍法과 鍊魔眞訣이 洪裕孫에게 전수됐던 점을 거론했다. 뒤이어 '임진왜란의 발생과 기마도검무예인의 개별적 활약'의 절에서는 조선중기 의병장이던 김덕령이 鐵柄刀劍를 자유자재로 휘두르던 말 위의 翼虎將軍이었다는 점 등을 거론했다. 다시 절을 바꾸어 '이순신의 軍陣內 무예훈련과 통제영에서의 勝戰舞'를 거론했는데, 이순신이 남긴 『병신일기』 3월 초5일의 기록을 통해, "남해 박대남, 다경포 윤승남 만호가 칼을 연습했다."는 내용을 언급했다. 한편 삼도수군통제사가 영문(지금의 세병관)에서 賀禮를 받을 때나 삼도의 수군을 집결시켜 사열하는 軍点 때 등 여러 행사에서 추어진 것으로 알려져 있는 勝戰舞를 거론했다.

이어 조선조 검무가 지닌 성격에 대해 언급하기를, 무예를 흉내낸 무용의 성격과 무예의 성격이 혼재된 것으로 나누어 이해했다. 그리고 뒤이어 '칼을 지닌 仙人을 그려내고 擊劍으로 심경을 달랜 김홍도의 경우'를 언급하였는데, 김홍도가 琴笛韻詞에 그 묘함을 다하고, 더불어 매번 擊劍을 하였다는 내용을 통해 김홍도가 가히 文武 겸전한 호방한 才士였음을 언급했다. 더불어 김홍도가 드러낸 예술적이고도 상무적인 모습은 조선 중기 문집인 『청학집』을 통해 소개한 아예자(我蕊子)라는 수행자가 드러낸 呼歌舞鋏의 기풍과 비교됨을 밝혔

다. 그런데 그러한 기풍을 "김홍도와 아예자보다 앞선 시기로 소급한다면 화랑
집단이나 풍월도가 드러낸 예술적이고도 상무적인 기풍과도 상관성을 거론해
봄직하다."고 거론하였다.

또한 "신윤복의 '쌍검대무'그림으로 읽는 조선조 여성검무의 비대칭성과 긴
박성"을 살폈고, 정약용이 남긴 검무에 관한 시구를 소개하였다. 그 가운데 '百
人學劍僅一成'이란 원문을 통해 검무나 검기 수련이 난이도 높은 과정이었음을
추론했다. 또한 정약용이 본격적으로 정치에 참여했던 정조 연간의 연무기관
이던 장용영에 무예24기가 주요 연무과목으로 책정되었으나, 실제 도검무예의
이수는 훈련무사들이 쉽게 이수하기 곤란하였고, 백동수와 같은 절륜의 도검
무예 달인에 의해 겨우 연무가 성공적으로 이루어진 점을 거론했다.

그 뒤에 "『파적록』과 『화헌파수록』 속에 반영된 조선조 재야 劍客의 존재양
상과 관련 劍技의 실체"를 언급했고, 『조선무사영웅전』을 거론하여, "부낭이
騎射를 잘 하였고, 궁시와 鎗刀와 기계 등을 만들어 아이들에게 나눠주고 호령
과 규율을 정했다고 전하고" 있던 정황을 언급했다. 그래서 조선후기 북변지역
에 기마도검무예의 달인들이 존재하고 있었음을 거론했고, 다시 영조조에 발
생한 이인좌의 난과 결부하여 난의 수습작전과정에서 무용을 드러낸 南海 將軍
朴慶泰의 사례를 거론했다. 필자는 무인 박경태가 당시 도원수로부터 받은 劍
과 百人將卒을 이끌고 "行陣에 들어 위엄을 떨치며 安城陣地에 돌입하여 舞劍
躍馬하여 적들을 섬멸하여 戰袍에 피가 뿌려지고 온몸이 피투성이가 되었다."
는 일화를 통해, 조선조 기마도검무예가 문치가 화려하게 피어난 영조 시기에
도 여전히 엄존하고 있던 정황을 언급했다. 따라서 영조의 아들인 사도세자가
기마무예의 달인이었다는 점과 비교할 때 당시 왕실의 세자부터 조야의 기백있
는 청년들이 담대한 기마무예에 적지 않은 관심과 실력을 갖추고 있어 기마무
예가 일종의 시대적 유행처럼 일부의 신분층에 퍼지고 있던 것은 아닌지 조심
스러운 추론을 시도하기도 했다.

한편 18세기를 전후하여 조선의 조야에 검무가 매우 활성화되었고 적지 않
은 문사들이 검무를 소재로 한 시구를 작품화했던 당시의 문화적 양태에 관해,
본 필자는 군제의 시대적 변화와 연관한 官妓層의 무예를 흉내낸 연희 무용으
로 이해했다. 그리고 "동학군의 '劍訣' 집례 그리고 민중의 칼 刀杖"을 거론하면

서, 최제우의 칼노래와 칼춤이 단순한 악무에 머물지 않고, 최제우의 시대정신이자 개혁사상인 동학의 사유세계를 담고 있음을 언급했다.

마지막으로 "신흥강습소 내 '擊劍'과 사당패의 '칼살판'의 경우"를 언급하였는데, 특별히 "마당에 여러 개의 칼을 꽂아놓고 연희자가 경우에 따라 손에 칼을 들고서, 뒤로 재주를 연거푸 돌며 땅의 칼을 피해 보여주던 위험천만한 일종의 땅재주(場技)"가 바로 칼살판이었음을 밝혔다.

결국 고고학적으로 선사시기에 해당하는 상고시기부터 동북아시아의 칼에 관한 연원을 거론하기 시작하여 한국역사상에 언급이 가능한 칼잡개다룸(도검 사용)의 연원과 겨룸짓 및 칼춤의 상관성을 사례별 문헌기록과 특정 유물을 간헐적으로 거론하면서 그 연관관계 여부를 총체적으로 살피었지만 좀 더 구체적인 상론은 이후의 기회로 미루기로 한다.

이 논문은 2015년 11월 20일, 서울 동숭동 예술가의집에서 이루어진
김영희춤연구소의 검무심포지움 I 에서 발표한, 박선식의 '동북아역사상
한국인의 칼잠개 다룸(刀劍使用)과 겨룸 짓(武藝) 및 칼춤(劍舞)의 상관성'을
필자가 축소 및 수정한 것임을 밝힌다.

경주교방 <황창무> 복원 재현을 위한 연구 I

악부시를 기반으로

이종숙

1. 머리말

이 연구는 조선시대 경주교방에서 면면히 연행되어 온 <황창무>를 오늘의 춤으로 다시 복원 재현하려는 데 필요한 이론 구축에 목적이 있다. 특히 박종(朴琮)이 「동경유록(東京遊錄)」[1]에 기재한 '신라 10무(新羅十舞)' 중 황창무를 복원재현 하려는 작업의 일환이다. 다만 그 문장이 짧고 내용이 소략하기 때문에, 조선시대 문집 악부시(樂府詩)로써 자료범위를 확대하여 황창랑 관련 기록들을 수집·분석하려 한다. 이로써 조선후기 경주교방 황창무의 역사 재고와 춤 특징 및 요소를 인출하는 것을 제 I 차 연구로 삼는다.

다음 제 II 차 연구는 조선시대 전국 교방 기녀들에 의해 전승된 정재류 <검무>의 특징 또는 시적인 묘사를 정리함으로써 황창무의 검술 및 춤의 형태적·양식적 표현 기법과 양상을 다각적으로 검토할 예정이다. 이처럼 연구를 2차시로 구분하는 이유는 연구의 내용을 보다 전문화하기 위함이다.

우선 이번 I 차 연구에서는 조선의 여러 문사들이 남긴 악부시 속에서 황창(黃昌, 혹은 黃倡으로 표기됨)과 관련된 자료를 수집하여 황창무의 역사를 다시

---

1 「동경유록(東京遊錄)」: 조선시대 박종(朴琮)이 남긴 기행문으로, 『당주집(鐺州集)』에 실린 「유록(遊錄)」 중 하나이다. 저자 박종은 33세 되던 해인 1767년 9월 25일 안변의 학포(鶴浦)를 시작으로 관동팔경(關東八景)을 비롯한 관동의 명승지를 두루 구경한 뒤, 여행의 목적지인 경주에 도착하여 그 곳의 고적과 풍물을 보기까지 39일 간의 소회를 시와 산문으로 표현한 글이다. 경주에서 직접 관람한 신라십무(新羅十舞)에 대한 묘사가 기재되어 있다. 조선 후기 경주교방의 춤 목록과 양상을 살필 수 있는 귀중한 자료이다. [검색일: 2018.07.25.], 네이버고전문학사전 ⟨https://terms.naver.com/entry.nhn?docId=336471&cid=41708&categoryId=44531⟩

정리할 것이다. 그리고 춤에 관련된 문사들의 시어를 채집하여 조선시대 황창무의 특징과 의미를 파악하게 될 것이다. 다음은 악부시로 묘사된 황창무의 춤 요소들을 파악해낼 것이다. 여기에서 밝혀지는 춤 요소들은 현재 전승이 단절된 황창무를 오늘의 춤으로 복원 재현하는데 필요한 중요 정보이자 이 연구의 성과가 될 것이다.

황창무는 신라인 황창랑(黃昌郎)이 어린 나이에 용감하게 백제에 침투하여 그 왕을 검무로써 시해한 고사(古事)를 기초로 발생된 칼춤의 한 종류이다. 어린 나이에 신라를 위해 싸우다 죽은 황창을 기리기 위한 춤으로서 경주를 대표하는 향악이었다. 조선 후기의 박종(朴琮, 1735~1793)은 황창무가 신라로부터 1,000여년을 전승해 온 춤이라고 인식했다. 당시 사람들은 이 춤이 동방의 제일가는 춤이라고 여겼다.[2] 그런데 이 춤은 일제강점기 이래 권번기녀들의 검무가 득세하면서, 황창무 자체는 전승이 단절되었다. 따라서 이 연구에서는 조선시대 경주를 방문했던 문사들 간에 회자되었던 황창무의 의미를 되살리고, 오늘의 춤으로 복원 재현해 내는 일이 필요하다고 본다. 이를 통해 경주교방의 춤문화를 다시 돌아보고 점검하는 계기가 될 것이기 때문이다. 또 황창무를 연구함으로써 지방의 예술문화를 새롭게 이해하는 효과도 기대해 볼 수 있다.

황창무에 대한 선학들의 직·간접적인 언급은 고려 말 조선초의 문신(文臣) 이첨(李詹, 1345~1405)을 필두로 개화기 문일평(文一平, 1888~1939)에 이르기까지 꾸준히 있어 왔다고 한다.[3] 대개는 당시의 잔치 자리에서 황창무를 관람하고 그 감상을 문사들의 기록으로 남겨진 것인데, 이 자료들은 황창무의 전승이 단절된 지금 당시의 춤 문화를 파악하고 재현해 낼 수 있는 근거자료로서 매우 소중한 정보이다.

한편, 황창무에 대한 현대의 기존 연구는 대체로 민주면(閔周冕, 1629~1670)의 『동경잡기(東京雜記)』[4]와 대한제국 시기의 관찬 도서 『증보문헌비고(增補文獻備

---

2 朴琮, 『鑪洲集』 권15, 遊錄, 新羅十舞. 十日, 黃昌舞, ……盖此樂本出新羅而傳來千餘年. 人稱吾東第一. 국립중앙도서관 소장 〈청구기호: 한고조46-가1121〉

3 황인덕, 「'黃倡舞' 硏究: 黃倡의 由來문제를 中心으로」, 『한국민속학』 20호(한국민속학회, 1987), 266쪽.

4 『東京雜記』: 경주 지지(地誌)이다. 동경은 고려 때 경주의 별칭. 전부터 작자 미상으로 전해오던 『동경지(東京誌)』를 1669년(현종 10) 민주면(閔周冕)이 이채(李採) 등 향중 인사와 함께 편집,

考)』를 근거 사료로 그 연원을 제시해 왔다.[5] 하지만, 황인덕은 김종직의 악부시 〈황창랑〉을 황창무 기록의 첫 사료로 제시하였다.[6] 그렇다고 황인덕이 황창무 기록의 연원을 밝히려 했던 것은 아니었다. 오히려 황창무가 처용무와 함께 연행 된 가면검무이기 때문에 벽사무적 성격을 띤다고 주장하며, 황창무의 검무사적 관심에 더 집중했다. 반면, 조혁상은 「조선조 검무시의 일연구」에서 '황창랑 검무시'의 기록 연대를 기초로 논의를 전개했다.[7] 이후 최식에 의해 황창에 관련 한 문헌이 보다 다양하고 구체적으로 제시·논의되었다.[8] 그 밖의 기존 연구에서 는 황창무의 역사 및 의미 또는 특징을 악부(樂府) 시가(詩歌)를 통해 논의의 일부로, 또는 검무사(劍舞史)의 일환으로 다루어 왔다.[9]

이처럼 많은 연구에도 불구하고, 신라로부터 조선까지 오래도록 전승해 온 황창무에 대해 복원 재현해내려는 시도나 관련 연구는 지금까지 발견되지 않고

보완하여 『동경잡기』라고 개칭, 간행하였다. [검색일: 2018.07.28.], 한국민족문화대백과사전, 〈http://encykorea.aks.ac.kr/〉

5 성경린, 『한국의 무용』(서울: 세종대왕기념사업회, 1974(1쇄)/2000(2쇄)), 55~57쪽; 김매자, 『한 국무용사』(삼신각, 1995(초판)/2002(2쇄)), 47~48쪽; 이병옥, 『한국무용통사: 고대편』(민속원, 2013), 289쪽; 김영희 외 4인, 『한국춤통사』(보고사, 2014), 59쪽.

6 황인덕, 「'黃倡舞' 研究 : '黃倡'의 由來문제를 中心으로」, 『한국민속학』 20호(한국민속학회, 1987), 275~276쪽.

7 조혁상, 「朝鮮朝 劍舞詩의 一研究」(성균관대학교 석사학위논문, 2004), 25~36쪽. 조혁상의 다 른 논문 「조선조 劍舞詩 연구」, 『민족무용』 5호, (세계민족무용연구소, 2004), 48쪽에서는 "『동경 잡기』와 『증보문헌비고』에서는 신라때 황창랑이 백제 궁중에서 검무를 시연하다가 백제왕을 암살 하고 죽자, 이를 애석하게 여긴 신라인들이 가면을 쓰고 칼춤을 추면서 그에게 조의를 표한 데에서 부터 비롯되었다고 한다"라고 기술하였다. 조혁상 역시 〈황창무〉 기록의 시원에 대해 충분히 검토하지 않았음을 나타낸다.

8 최식, 「황창과 황창무의 문헌적 고찰」, 『세계민족무용연구소 학술총서』(한국예술종합학교, 2005), 367~384쪽.

9 신명숙, 「신라 가면무에 관한 연구 : 처용무·검무를 중심으로」(경희대학교 석사학위논문, 1987); 엄원대, 「詠史樂府의 春秋大義的 研究 : 新羅素材의 反復的 모티브를 中心으로」(경성대학교 박 사학위논문, 1999); 이연순, 「점필재 김종직의 악부시 연구」(이화여자대학교 석사학위논문, 2000); 조혁상, 「朝鮮朝 劍舞詩의 一研究」, 25~36쪽; 손은형, 「조선후기의 시대적 변화가 궁중 검무에 미친 영향」(이화여자대학교 석사학위논문, 2010); 윤필영, 「조선후기 악부시의 동도악부 수용양상」(대구한의대학교 석사학위논문 2011); 황인덕, 「'黃倡舞' 研究 : '黃倡'의 由來문제를 中心으로」, 『한국민속학』 20, 265~300쪽; 신장섭, 「동일 소재 영사악부의 시적 변모에 따른 작가의 세계관 : 〈황창랑(黃昌郎)〉과 〈성상배(城上拜)〉를 중심으로」, 『경민대학연구논총』 2, (경 민대학 산학기술연구소, 1999), 83~94쪽; 최식, 「황창과 황창무의 문헌적 고찰」, 『세계민족무용 연구소 학술총서』, 367~384쪽; 임재해, 「탈춤 기원론의 쟁점과 상고시대 탈춤문화의 뿌리」, 『한국민속학』 Vol.50 (한국민속학회, 2009), 577~628쪽.

있다. 황창무에 대한 악부시의 짧은 소개와 관념적 혹은 미학적 요소들이 단편적이라는 한계 때문에 실기로 적용하기에는 부담이 적지 않다. 뿐만 아니라 한자로 기록된 악부시를 해석하여 무용실기로 접목시키는 일에 대한 연구 역량의 한계도 이 연구를 어렵게 하는 요인 중 하나이다. 그러나 극복이 불가피한 일이므로, 졸고에서는 황창무 관련 악부시 원문을 한국고전번역원⟨http://db.itkc.or.kr⟩에서 가져오되, 황창무 내용의 정확성과 춤적인 요소 색인을 위해 번역을 새로 실시하였다. 즉 본 연구에 제시된 황창랑 관련 자료원문은 연구자가 무용전공의 경험을 살려 초벌 번역하고, 한시(漢詩) 학자 기태완(奇泰完)[10]의 검증을 거쳐 이 연구에 적용했음을 밝힌다.

2. ⟨황창무⟩ 역사의 재고(再考)

황창랑 고사를 다룬 기록물 중 발간되어 현재에 이르는 것은 1518년 제작된 『속동문선(續東文選)』이 처음이다.[11] 신용개(申用漑)·김전(金詮)·남곤(南袞) 등이 중심이 되어 만든 시문집이며, 23권 11책으로 간행되었는데, 1478년(성종 9)에 펴낸 『동문선』의 취지를 이어서 그 편찬에 종사하였던 관료문인들의 글과 성종에서 중종 연간의 문학유산을 대상으로 펴낸 시문선집이다.[12] 『속동문선』 권4,

---

10 기태완(奇泰完, 1954~): 한시와 관련한 기태완의 저서는 『황매천시연구』(1999), 『천년의향기 한시산책』(2006), 『漢魏六朝詩選』(2005), 『唐詩選』 상·하권(2008), 『송시선』(2009), 『명시선』(2010), 『청시선』(2011), 『퇴계선생 매화시첩』(2011), 『우리 곁의 한시』(2018) 등이 있다. 그밖에 번역서와 교양서 등이 다수 간행되어 있다.

11 김종직의 악부시 ⟨황창랑⟩과 그 논설은 김종직의 『점필재집(佔畢齋集)』 시집(詩集) 권3 「동도악부」에도 게재되어 있다. 그런데 『속동문선』은 1518년에 제작되었고, 『점필재집』은 김종직이 죽은 다음해인 1493년 그의 제자 조위(曺偉)에 의해 편집되었다. 1497년 정석견(鄭錫堅)에 의해 처음 간행되었으나 무오사화로 세상에 전해지지 못했다. 1520년 강중진(康仲珍)에 의해 불태우다 남은 원고를 본가에서 수습하여 선산에서 간행하였다. 따라서 간행 연도로써 『속동문선』이 조금 앞선다. [검색일: 2018.07.28.], 한국민족문화대백과사전, ⟨http://encykorea.aks.ac.kr/⟩.

12 『속동문선』: 1518년(중종 13) 신용개(申用漑)·김전(金詮)·남곤(南袞) 등이 중심이 되어 만든 시문집. 23권 11책. 목판본. 을해자 초인본(乙亥字初印本)으로 간행되었다. 그러나 임진왜란으로 거의 없어졌다. 그 뒤에 정속편 합본(正續編合本)이 나왔으나 역시 병화(兵火)에 거의 없어졌다. 1615년(광해군 7)에 훈련도감자인본으로 출판되었다. [검색일: 2018.07.28.], 한국민족문화대백과사전, ⟨http://encykorea.aks.ac.kr/⟩.

칠언고시(七言古詩) 중 김종직(金宗直, 1431~1492)[13]의 동도악부(東都樂府)에서
〈황창랑〉 악부시를 처음 볼 수 있다. 아래에 김종직이 소개한 속설(俗說)의 내용을
인용해 본다.

> 황창랑은 어느 시대의 사람인지 모르나, 세속에서 서로 전하기를, "여덟 살 동자
> 가 신라왕을 위해 백제에 대한 유감을 풀도록 꾀하였다. 백제의 저자 거리에 가서
> 검으로 춤추니 시중 사람들로 관람하는 자가 담장과 같았다. 백제왕이 그것을 듣고
> 궁중에 들여서 춤추게 하니, 창랑이 그 자리에서 왕을 찔러 죽였다"고 한다. 후세에
> 그의 모습을 본떠서 가면을 제작하였고, 처용무(處容舞)와 아울러 진설하였다. 사전
> (史傳)을 살폈으나 전혀 증거 할 바가 없다. 쌍매당(雙梅堂)[14]이 말하기를 "청랑(淸
> 郎)이 아니고, 실은 관창(官昌)의 와전(訛傳)이다"라고 변설(辨說)을 지어 변론했는
> 데, 그것 역시 억지 설이어서 믿을 수 없다. 지금 그 춤을 살피건대, 주선(周旋)하며
> 곁눈질로 돌아보고, 변하며 도는 것이 매우 재빠르다. 지금도 늠름한 것이 여전히
> 생기가 있다.[15]

이 인용문으로 김종직이 생존했던 조선 초기 동도(=경주)에서는 〈처용무〉와
황창무가 함께 연행되었음을 확인할 수 있다. 그 중 황창무의 주인공 황창랑은
8세의 어린 동자로서 신라의 왕을 위해 위험을 무릅쓰고 백제의 저자거리로
가서 멋진 검무를 춤추었고, 그를 계기로 백제왕을 살해함으로써 신라의 오랜

---

13 김종직: 조선 전기의 문신·학자. 경상남도 밀양 출신. 본관은 선산(善山). 자는 효관(孝盥)·계온
   (季昷), 호는 점필재(佔畢齋). 저서로는 『점필재집』·『유두류록(遊頭流錄)』·『청구풍아(靑丘風
   雅)』·『당후일기(堂後日記)』 등이 있으며, 편저로는 『일선지(一善誌)』·『이준록(彝尊錄)』·『동국
   여지승람』 등이 전해지고 있다. [검색일: 2018.07.24.], 한국민족문화대백과사전 〈http://ency
   korea.aks.ac.kr/〉
14 쌍매당(雙梅堂): 이첨(李詹, 1345~1405)의 호. 고려 말 조선 초의 문신. 문장과 글씨에 뛰어나
   하륜 등과 함께 『삼국사략(三國史略)』을 찬수했고, 소설 『저생전(楮生傳)』을 지었다. 『신증동국
   여지승람』에 많은 시를 남기고 있으며, 유저로는 『쌍매당협장문집(雙梅堂篋藏文集)』이 있다.
   시호는 문안(文安)이다. 이첨(李詹), [검색일: 2018.07.24.], 한국민족문화대백과사전 〈http://
   encykorea.aks.ac.kr/〉
15 徐居正·金宗直 등, 『續東文選』 권4, 七言古詩, 金宗直, 東都樂府七首. 〈黃昌郎〉 黃昌郎不知何
   代人, 諺相傳, "八歲童子爲新羅王, 謀釋憾於百濟. 往百濟市以劒舞, 市人觀者如堵墻. 百濟王聞
   之, 召入宮令舞, 昌郎於座搋王殺之." 後世作假面以像之, 如處容舞並陳. 考之史傳, 絕無左驗,
   雙梅堂云, 非淸郎, 乃官昌之訛也. 作辨以辨之. 然亦臆說不可信. 今觀其舞 周旋顧眄, 變轉倏忽.
   至今凜凜猶有生氣.

치욕을 씻어냈다는 충절(忠節)에 의미를 두고 있다. 김종직은 당시의 황창랑
춤에 대해 나름 전거를 찾아보았지만, 증빙할만한 관련 자료가 이미 없었다고
했다. 어쨌든 이 글을 통해서 이미 조선 초기에 황창랑 가면을 착용한 황창무가
신라의 고도 경주를 대표하며 전승·연행되고 있었음을 알 수 있다.

한편, 쌍매당 이첨은 김종직보다 약 8,90여년 정도 먼저 경주에서 황창무를
관람했다고 산정된다. '이첨이 고증하기를, 을축(乙丑)년 겨울에 내가 계림의
손이 되었더니, 부윤(府尹) 배공(裵公)이 향악(鄕樂)을 연주하여 나를 위로'해 주
었다[16]고 하였다. 이첨이 생존했던 시기의 을축년은 1385년에 해당하며, 계림
은 경주를 말한다. 따라서 이첨은 아직 고려시대 말기였던 1385년 겨울에 객
(客)으로 경주에 갔을 때, 그 곳의 우두머리인 부윤 배공이 경주의 향악인 춤과
노래 등으로 이첨을 위해 잔치를 베풀어 주었다. 이 자리에서 이첨은 '탈을 쓰
고 칼춤을 추는 동자'의 춤을 보았다. 이첨은 저 춤은 어떤 것이냐고 부윤 배공
에게 물었고, 부윤은 아래와 같이 대답했다.

'신라 때에 황창(黃昌)이라는 자가 있어서 나이 15·6세 때쯤 되어 칼춤을 잘
추었다. 이에 왕을 뵙고 아뢰기를, "신이 임금을 위하여 백제왕을 쳐서 임금의 원수
를 갚고자 합니다." 하였다. 임금이 허락하자 곧 백제로 가서 사방으로 통한 거리[通
衢]에서 춤을 추니, 백제 사람들이 담장과 같이 구경하였다. 백제왕이 듣고, 궁중에
불러들여 춤추게 하고 그것을 구경하였다. 황창이 임금을 그 자리에서 찔러 죽이고,
드디어 좌우 신하들에게 살해되었다. 그의 어머니가 듣고 목 놓아 슬피 울다가 마침
내 눈이 멀었다. 사람들이 그의 어머니를 위하여 눈이 다시 밝아지게 하려고 꾀를
내어 사람을 시켜서 뜰에서 칼춤을 추게 하고, 속여 말하기를, "황창이 와서 춤춘다.
황창이 죽었다는 전일의 말은 거짓이다." 하니, 어머니가 듣고 기뻐 울다가 곧 눈이
다시 밝아졌다. 황창이 어려서 나라 일로 죽었으므로 향악(鄕樂)에 실어서 전해 내
려온다'고 하였다.[17]

---

16 李荇·尹殷輔·申公濟 등, 『新增東國輿地勝覽』 제21권, 「慶尙道·慶州府」, 【人物】官昌. ○李詹辨
日, 乙丑冬客于雞林, 府尹裵公設鄕樂以勞之. 有假面童子舞劍於庭. 問之云….

17 李荇·尹殷輔·申公濟 등, 『新增東國輿地勝覽』 제21권, 「慶尙道·慶州府」, 【人物】官昌. 羅代有
黃昌者, 年可十五六歲善舞. 此謁於王曰, 臣願爲王擊百濟王以報王之仇, 王許之則往舞於通衢,
國人觀者如堵. 王聞召至宮中使舞而觀之, 昌擊王於座殺之. 遂爲左右所害. 母聞號哭遂喪明, 人
有爲其母謀還明者, 令人劍舞於庭, 紿之曰昌來舞矣, 前言謬, 耳母喜泣之即還明. 以昌幼而能死

언전(諺傳) 즉 속설로 전해오는 말이 늘 그렇듯이, 고려 말 경주부윤 배공이 이첨에게 설명한 것과 이를 후대에 논평하며 기술한 김종직의 설명에는 사실 여부를 따질 수 없는 상이함이 존재하고 있다. 단지 황창무가 고려 말로부터 약8, 90여년의 시차에도 불구하고 동일 지역에서 관람이 이루어졌다는 사실로 미루어 볼 때, 경주의 향악 황창무는 그 전설과 함께 이 지역에서 관습적으로 계승되어 온 것임을 짐작케 된다. 황창무는 비교적 연령이 낮은 어린아이 정도 의 사람이 황창가면을 착용하고 검무를 춤추었다는 특징이 있다. 이첨과 김종 직 등이 경주에 갔을 때 관람했던 황창무 역시 경주(동도, 계림)의 여러 향악(鄕 樂) 중 한편이었다.

황창무 또는 〈황창랑〉을 악부시로 지은 조선의 문사들은 두 사람 외에 여러 명이 있었다. 이들이 읊은 시가를 작가의 생몰 연대기 순서로 정리하면 아래의 표와 같으므로, 이로써 황창무가 조선시대 내내 연행되어 온 역사를 가늠할 수 있을 것이다.

표 1. 〈황창무〉를 기록에 남긴 조선 문사의 생몰연대 및 문헌전거

작가	생몰년	문헌 전거	간행시기	제목
이첨 (李詹)	1345~1405	『신증동국여지승람』 권21, 「경상도·경주부」, 【인물】	1530년	관창 (官昌)
김종직 (金宗直)	1431~1492	『속동문선(續東文選)』 권4, 「동도악부7수(東都樂府七首)」	1518년	황창랑 (黃昌郞)
		『점필재집시집(佔畢齋集詩集)』 권3 「동도악부」	1520년	
성여신 (成汝信)	1546~1632	『부사집(浮査集)』 권1, 「동도유적27수(東都遺跡二十七首)」	1785년	황창무
심광세 (沈光世)	1577~1624	『휴옹집(休翁集)』 권3, 「해동악부(海東樂府)」	1875년	황창랑
김만중 (金萬重)	1637~1692	『서포선생집(西浦先生集)』 권2, 「7언고시(七言古詩)」	1702년	황창무를 관람하다
이의현 (李宜顯)	1669~1745	『도곡집(陶谷集)』 권1, 「동도악부」	1766년	황창랑

事故載之, 鄕樂流傳云.

이익 (李瀷)	1681~1763	『성호전집(星湖全集)』권7, 「해동악부」	1744년	황창무
오광운 (吳光運)	1689~1745	『약산만고(藥山漫稿)』권5, 「해동악부」	1924년	황창무
이광사 (李匡師)	1705~1777	『원교집(圓嶠集)』권1, 「해동악부」	미상	황창무
성대중 (成大中)	1732~1809	『청성집(青城集)』卷3, 「시(詩)」	미상	황창무를 읊다
김수민 (金壽民)	1734~1811	『기동악부(箕東樂府)』	1835년	황창무
이영익 (李令翊)	1740~미상	『신재집(信齋集)』책1, 「동국악부(東國樂府)」	미상	황창무
윤기 (尹愭)	1741~1826	『무명자집(無名子集)·시고』책6, 「영동사 104(詠東史其一百四)」	미상	황창랑
이정익 (李鼎益)	1753~1826	『감화문집(甘華文集)』권2	1912년	황창무
이학규 (李學逵)	1770~1835	『낙하생집(洛下生集)』책6, 「영남악부(嶺南樂府)」	1985년 영인간행	황창랑
정현석 (鄭顯奭)	1817~1899	『교방가요(教坊歌謠)』	1865년	황창무
강위 (姜瑋)	1820~1884	『고환당수초(古歡堂收艸)』권2. 「시고(詩稿)」 동경도중잡시(東京道中雜詩) 제15수	1883년	황창랑
이유원 (李裕元)	1841~1888	『임하필기(林下筆記)』권38, 「해동악부」	1871년	황창랑무

이상의 표를 통해, 현재까지 전승되는 황창의 기록 중 황창무를 내용적으로
다룬 것은 이첨의 글이 처음이라는 것을 알 수 있다. 고려 말인 1385년에 황창
무가 연행된 역사적 사실을 묘사하고 있다. 하지만 기록물의 연대기로 본다면
이첨의 황창무는 자신의 유작을 통해 전승된 것이 아니라, 『신증동국여지승람』
(1530)에 첨부된 내용으로 확인하게 되는 한계가 있다. 따라서 기록사적인 면에
서는 김종직의 〈황창랑〉이 수록된 『속동문선』(1518)이 조금 앞선다. 김종직 이
후, 조선의 많은 문사들이 황창을 논하며 논설과 시문을 남겼으므로,[18] 이를

---

18 조혁상, 「朝鮮朝 劍舞詩의 一研究」, 25~36쪽; 최식, 「황창과 황창무의 문헌적 고찰」, 367~384쪽.

통해서 고려 말기 이첨의 황창무 이래로 조선시대 말기까지 면면히 연행되어
왔다는 역사적 사실을 정리할 수 있다.

　황창무 자체의 연원은 각 기록들의 내용을 통해 신라와 백제 간 전쟁 시기인
삼국시대에 둔다. 하지만 황창랑이라는 인물의 존재적 사실 여부와 어느 왕대의
사건인지조차 알 수 없는, 속설이라는 한계로 인해 실제 역사와는 거리감이 있다.
따라서 고려시대에 경주지방을 중심으로 연행되어 왔던 교방 기녀의 황창무를
이첨이 경주에서 직접 체험한 것을 처음 문헌에 남긴 것이 곧 역사적 사실의
출발점이 되었다. 이를 영남출신 김종직이 논평하며 자신의 악부시 〈황창랑〉을
남김으로 인해 후세에 황창의 기개(氣槪)와 인의(仁義)를 꼽는 문사들에게 회자되
는 역사가 형성되었다고 할 수 있다. 조선시대 내내 신라 이래의 모범적 풍속으로
전승되었으나, 일제강점기에는 기녀들의 검무에 가려져서 유명무실하게 되었고,
결국 단절되었다.

3. 악부시로 본 〈황창무〉의 기예적 특징

　조선 초기 김종직이 지은 15세기의 악부시 〈황창랑〉에서는 황창무의 인상
을 악부시로 읊었다. 시는 다음과 같다.

「동도악부」 제7수, 〈황창랑〉/ 김종직

若有人兮繾離齠　성인인 것 같았는데, 겨우 이 갈 나이의 아이었고
身未三尺何雄驍　신장은 석 자도 못 되건만 어찌 그리 용감하고 날랜가
平生汪錡我所師　평생 왕기를 내가 본받은 바[19]
爲國雪恥心無慘　나라 위해 치욕을 씻어내니 마음에 참담함이 없네
劍鐔擬頸股不戰　검날이 목을 겨누어도 다리 떨지 않고

---

19 왕기(汪錡)는 춘추 시대 노(魯) 나라의 동자(童子)인데, 애공(哀公) 11년에 노나라에 국서(國書)의
　난이 있을 때, 어린 나이임에도 불구하고 애공을 위해 함께 수레에 탔다가 전사한 인물이다.
　왕기는 이후 어린아이로서 의(義)에 죽고 인(仁)을 이룬 인물로 평가되었다. 이에 황창이 왕기의
　뜻을 본 받아서 평생 마음에 품었다고 묘사하였다. 동자로서 용감히 이런 일을 한 자를 유독
　왕기와 관창에게서 볼 수 있다고 하였다. 『新增東國輿地勝覽』 권21, 慶尙道, 慶州府.

劍鍔指心目不搖   칼이 심장을 가리켜도 눈 흔들리지 않네
功成脫然罷舞去   공 이루자 태연히 춤을 파하고 떠나니
挾山北海猶可超   산을 끼고서 북해라도 뛰어 넘을만하네[20]

　　김종직이 경주에서 직접 관람했던 이 시에서는 다음과 같은 세 가지의 춤 요소를 얻을 수 있다. 첫째로, 김종직이 황창무를 관람했을 당시 황창을 연행한 무용수의 키는 3자[三尺]도 채 안 되는 작은 아이였다는 점이다. 7, 8세의 겨우 이갈 나이 정도의 어린아이라는 점이 무용수의 키와 함께 산정되었다고 여겨진다. 따라서 황창을 표현한 가면 역시 어린아이여야 했을 것이다. 그런 면에서 이첨이 김종직보다 8, 90년 전에 관람했던 황창무는 적어도 15, 16세 정도의 남아로 보이는 성인 기녀가 황창가면을 착용하고 춤추었을 가능성이 있다. 『소수록(消愁錄)』에 의하면, 7, 8세에 기생이 된 명선(明嬋)은 겨우 걸음마를 떼자 처음 배운 춤이 초무(初舞)와 검무(劍舞)라고 하였다.[21] 그런 면에서 경주 교방에서 김종직이 관람했을 때에도 동기(童妓)에 의해 황창무가 연행되었을 개연성이 있다.[22]

　　두 번째는 황창무를 춤추는 아이의 용맹성과 신속성을 외형적으로 묘사한 점이다. 물론 2구에 쓰인 '웅효(雄驍)'는 '용감하고 날램'을 미학적으로 나타낸 말이지만, 5구~8구까지는 웅효의 실기적 양상을 형상화 해주고 있다. '검 날이 목을 겨누어도 다리 떨지 않고'(5구), '칼이 심장을 가리켜도 눈 흔들리지 않네'(6구)는 2인의 대적(對敵) 관계에서 황창랑의 용감함을 표현해주는 안무 기법에 해당한다. '공 이루자 태연히 춤을 파하고 떠나니'(7구)는 백제왕을 잽싸게 살해함으로써 춤의 목적을 달성하고는 언제 그러한 사실이 있었냐는 듯이 태연한 자세로 춤 자리를 떠나가는 모습일 것이다. 이같이 춤의 전체 과정은 '산을 끼고서 북해라도 뛰어넘을 만한' 하늘을 찌를 듯한 용기와 재빠름, 냉철한 결단이 돋보이는 춤 양식이어야 함을 나타낸다.

　　세 번째, '평생 왕기를 내가 본받은 바'(3구) '나라 위해 치욕을 씻어내니 마

---

20 『續東文選』 권4, 七言古詩, 金宗直, 東都樂府七首. 〈黃昌郎〉.

21 정병설, 『나는 기생이다 : 『소수록』 읽기』(문학동네, 2007), 22쪽.

22 최식은 그의 논문에서 '신라시대부터 15세기 후반까지 경주를 중심으로 동자가 가면을 쓰고 추는 검무로 1인무의 성격이 있다'고 주장하였다. 최식, 「황창과 황창무의 문헌적 고찰」, 『세계민족무용연구소 학술총서』, 378쪽.

음에 참담함이 없네'(4구)에서는 충의(忠義)를 표현한다. 어린 나이의 황창이 신라를 위해 백제로 가서 백제왕을 시해함으로써 나라의 원수를 갚았다는 표현이다. 또 춘추전국시대 노나라 애공(哀公)이 전쟁에 나갈 때, 함께 따라 나섰고 동반 전사한 '왕기(汪錡)'라는 소년에게 황창랑을 비유함으로써, 의로운 충성심으로 인(仁)을 이룸을 일찍부터 본받은 것으로 보았다. 즉, 황창은 신라인으로서 어리지만 충의와 용감함 민첩함을 갖춘 인물로 춤에 묘사되었다고 하겠다.

조선 중기 심광세(沈光世)[23]의 시문집『휴옹집(休翁集)』권3, 「해동악부(海東樂府)」〈황창랑〉에서는 10여세의 황창이 부친의 원수를 갚고자 검무를 배워서 백제왕을 시해한 것으로 소개하였다.

「해동악부」〈황창랑〉 / 심광세

十餘學劍舞   10여세에 검무를 익히고
觀者傾一市   관람하는 자 온 저자에서 다투네
兒心豈無以   아이의 마음이 어찌 까닭이 없을까
報仇輕一死   원수를 갚고자 한번 죽기를 가벼이 여기네
回首笑古人   고개 돌려 옛 사람을 비웃으니
舞陽眞豎子   진무양[24]은 참으로 풋내기였네[25]

16세기 말 17세기 초에 생존했던 심광세는 황창의 용맹과 결단력이 중국 고

---

23 심광세(沈光世): 1577(선조 10)~1624(인조 2). 조선 중기의 문신. 본관은 청송(靑松). 자는 덕현(德顯), 호는 휴옹(休翁). 1601년(선조 34) 식년문과에 병과로 급제하여 승문원에 들어갔다. 1613년(광해군 5) 문학을 거쳐 교리로 있을 때 계축옥사가 일어나자, 무고를 입고 고성(固城)으로 유배되었다. 1623년 인조반정으로 인하여 다시 교리에 임명되었다. 시무십이조(時務十二條) 및 안변십책(安邊十策) 등을 건의하였으며, 응교(應敎)·사인(舍人)을 역임하였다. 저서로는『휴옹집(休翁集)』이 있다.

24 무양(舞陽): 연(燕) 나라 출신 진무양(秦舞陽)을 가리킴. 진무양은 13세 때 사람을 죽인 용사로 유명하였다. 무양은 형가(荊軻)의 부사가 되어 진(秦) 나라의 정(政: 후에 진시황으로 등극함)을 암살하는 자객으로 동행했다. 그러나 무양은 겁에 질려 벌벌 떠는 바람에 의심만 사고, 결국 형가의 암살시도에 아무런 도움이 되지 못했다는 인물이다. 무양, 형가 [검색일: 2018.07.27.], 위키백과 〈https://ko.wikipedia.org〉

25 沈光世,『休翁集』권3,「海東樂府」,〈黃昌郎〉. 新羅人. 其父死於百濟, 黃昌年十餘, 學劍舞. 舞於百濟市, 王聞而見之. 遂刺王, 與之同死. 至今慶州, 傳習此舞. 十餘學劍舞, 觀者傾一市, 兒心豈無以, 報仇輕一死, 回首笑古人, 舞陽眞豎子.

사의 진무양과 같은 아이와는 비교할 수 없이 뛰어남을 칭찬하고 있다. 이 같은 문사들의 찬양은 조선 후기로 갈 수록 점차 더 강렬한 표현을 사용한다. 조선 후기 문신 이의현[26]은 '저 형가와 섭정은 아이들 장난일 뿐(彼哉荊聶兒戱耳)', 황창의 '용맹함은 곧 산악을 뒤흔들 수 있다(猛厲直可山嶽搖)'고 했다. 또 '검무를 시작하니 검이 마치 물과 같다(舞劒起兮劒如水)'고도 했다.[27] 황창무 검 놀림이 마치 물이 흐르듯 유연함을 형상적으로 묘사한 것이다.

또 김만중은 칠언고시 〈관황창무(觀黃昌舞)〉를 지었는데, 춤의 기예적인 묘사가 비교적 잘 드러난다.

〈황창무를 관람하다[觀黃昌舞]〉[28] / 김만중

(1)	繁絃欲停催撾鼓	요란한 현악 소리 그치려하고 북소리 재촉하니
(2)	翠眉女兒黃昌舞	곱게 단장한 여아가 황창무를 추네
(3)	短後之衣頭虎毛	단후의[29]를 입고 머리는 범털과 같으니
(4)	頗似木蘭行負羽	자못 목란[30]이 화살통을 지고 가는 듯하네
(5)	長袖洋洋拂地起	긴소매 양양하게 땅을 떨쳐 일어서고
(6)	欻驚腰下秋蓮吐	갑자기 허리 아래 추련검[31]이 드러나서 놀라네

---

26 이의현(李宜顯): 1669년(현종 10)~1745년(영조 21). 조선 후기의 문신. 본관은 용인(龍仁). 자는 덕재(德哉), 호는 도곡(陶谷). 김창협(金昌協)의 문인으로 문학에 뛰어나, 숙종 때 대제학(大提學) 송상기(宋相琦)에 의해 당대 명문장가로 천거되었다. 청검(淸儉: 청렴하고 검소함)을 스스로 실천, 청백리로 이름났다. 「금양위박미비(金陽尉朴瀰碑)」·「충정공홍익한갈(忠正公洪翼漢碣)」 등의 글씨가 있으며, 저서로는 『도곡집(陶谷集)』 32권이 있다. 시호는 문간(文簡)이다.

27 李宜顯, 『陶谷集』 권1, 「詩」, 東都樂府 壬申.

28 김만중의 〈관황창무〉 구절을 분석하기 편리하도록 필자가 각 구 앞에 일련번호를 임의로 붙였음. 이하의 시들에도 임의로 번호를 매겼음.

29 단후의(短後衣): 상의(上衣) 뒤쪽의 옷자락을 짧게 잘라 활동하기 편하게 만든 무사(武士)의 옷. 『莊子』, 「說劍」편에 나온다. 여기에서는 무사의 옷을 착용한 황창 역할의 복장을 가리킨다.

30 목란(木蘭): 중국 남북조시대 시가(詩歌)에 나오는 효녀이자 남장을 한 여자로 알려져 있다. 목란은 북방 외적의 침략으로 징집 대상이 된 노쇠한 아버지를 대신해서 남장을 한 채 전쟁터에 나가 큰 공을 세우고 12년 뒤에 돌아왔다. 일설에는 수나라 공제 의녕(義寧) 연간(617~619)에 돌궐이 변경을 침입하자 목란이 아버지를 대신해 종군하였다고 한다. [검색일: 2018.07.28.], 중국인물사전, 한국인문고전연구소, 〈https://terms.naver.com/entry.nhn?docId=3537814&cid=62066&categoryId=62066〉

31 추련(秋蓮): 추련검(秋蓮劍) 혹은 추련도(秋蓮刀)를 말한다. 임경업 장군의 보검으로 용천검과 추련도가 있었는데 용천검은 전쟁 시 직접 쓰던 검이었으나 6.25때 분실되었다고 한다. 단검 추련도가 남아 있는 유일한 유물로 평상시 보호용으로 애용한 보검으로 알려져 있으나 관련된 문헌은 남아있지 않다. [검색일: 2018.07.28.], 문화재청 국가문화유산 포털, 문화재검색, 〈http://

(7)	左盤右旋勢轉焉	좌로 반회(盤回)하고 우로 선회(旋回)하며 형세가 도니(轉)
(8)	風雨颯颯雷霆怒	비바람 몰아치고 천둥 번개가 요란하네
(9)	弓彎舞袖眞嫌俗	활등처럼 구부린 춤추는 소매 참으로 속됨을 꺼리니
(10)	公孫劍器何足數	공손대랑[32]의 검기무를 어찌 손꼽을까
(11)	吾聞海東昔三分	내 듣자니 해동이 오래 삼분되었을 때[33]
(12)	日尋干戈相侵侮	나날이 창과 방패를 찾아 서로 침범했는데
(13)	惠文好劍風俗成	혜문[34]의 호검 풍속 이루어지고
(14)	黃昌十四勇如虎	황창은 14세에 용감하기 범과 같았네.
(15)	洗國深羞報君王	나라의 깊은 수치를 씻어내고 군왕에게 보답하니
(16)	功成身死名萬古	공 이루고 자신은 죽어서 명성이 만고에 전하네
(17)	項莊鴻門謾掉箭	항장은 홍문에서 함부로 칼을 빼들었고[35]
(18)	荊卿遺恨在銅柱	형가가 남긴 한은 구리 기둥에 남아있네[36]

---

www.heritage.go.kr/heri/cul/culSelectDetail.do?VdkVgwKey=21,03000000,33&pageNo=
5_2_1_0〉

32 공손대랑(公孫大娘): 당나라 때 교방기생(敎坊妓生). 검무를 잘 추어 기술이 당시 제일이었다.
   오(吳) 땅 사람 장욱(張旭)이 초서(草書)와 서첩(書帖)에 능했는데, 일찍이 업현(鄴縣)에서 그녀가
   서하검기(西河劍器)를 추는 것을 보고 초서가 크게 진척했다고 한다. 두보(杜甫)가 일찍이 현종
   (玄宗) 개원(開元) 5년(717) 그녀가 검무를 추는 것을 보았는데, 대종(代宗) 대력(大曆) 2년(767)
   그녀의 제자 이십이랑(李十二娘)이 춤을 추는 것을 보고는 시를 지어 기록했다. 이로써 공손대랑
   의 검무가 크게 알려졌다. [검색일: 2018.07.28.], 중국인물사전, 한국인문고전연구소, 〈https://
   terms.naver.com/entry.nhn?docId=1699899&cid=62063 &categoryId=62063〉

33 해동이 오래 삼분되었을 때(海東昔三分)란 고구려, 백제, 신라가 삼국으로 분립되어 있을 때를
   말한다.

34 혜문(惠文): 생몰년 미상. 신라 중고기 관리이자 사신. 603년(진평왕 25) 8월 고구려가 북한산성
   (北漢山城)을 침략하자 진평왕이 직접 1만의 대군을 이끌고 나가 막아 싸웠다. 그리고 이듬해인
   604년(진평왕 26) 7월 신라는 대나마(大奈麻) 혜문(惠文)과 만세(萬世) 등을 수 나라에 입조(入朝)
   케 하였다. 혜문이 견수사(遺隋使)로 파견된 시점은 고구려의 대대적인 신라 침략 직후였다. 혜문
   의 관등이 대나마인 것으로 보아 왕경인(王京人) 출신이라는 점은 확실하나 이외에 구체적인
   생애나 활동상에 대해 알려진 것이 없다. [검색일: 2018.07.28.], 한국민족문화대백과사전,
   〈http://encykorea.aks.ac.kr/〉

35 항장은 홍문에서 함부로 칼을 빼들었고: 진(秦) 나라 말에 나라가 어지러워지자 군웅이 일어났다.
   그 중 항우(項羽)와 유방(劉邦)은 관중(關中)에 먼저 들어가려고 다투는데, 유방이 먼저 관중에
   들어가자 항우가 노하여 군사를 홍문(鴻門)에 머무르게 하고, 다음날 아침을 기하여 유방을 치려
   하였다. 항우의 계부(季父) 항백(項伯)은 유방의 부하 장량(張良)과 사이가 좋았으므로 이 계략을
   말해주자 유방은 그 다음날 홍문에 나가 사과를 하였다. 그 때 항우의 지략가인 범증(范增)은
   항장(項莊)으로 하여금 칼춤을 추게 하여 유방을 찔러 죽이려 하였다. 그런데 유방의 부하 번쾌(樊
   噲)가 맞춤을 추어 유방을 지켰다는 고사를 말한다. 『사기(史記)』권7, 「항우본기(項羽本紀)」에
   전한다.

36 형경(荊卿)은 형가(荊軻)을 말하고, 경경(慶卿)이라고도 불렸다. 중국 전국시대의 자객으로 연

(19) 舞陽色變秦王宮	진무양은 진 왕궁에서 얼굴색이 변했으니[37]
(20) 咦彼豎子非爾伍	아! 저 더벅머리 어린애는 너의 짝이 아니었네[38]
(21) 聖代昇平文教敷	성대의 태평시절에 문교가 번성하니
(22) 故國遺民齊變魯	옛 나라 유민들 제나라가 노나라로 변한 듯하였네[39]
(23) 庠序絃誦達四境	상서(학교)에서의 현송소리 사방에 퍼지고[40]
(24) 巍峨章甫委蛇步	높은 장보관 쓰고 줄지어 지나가네[41]
(25) 烈士風聲久寂寞	열사의 바람소리[42] 오래도록 적막한데
(26) 賴有此舞傳樂府	다행히 이 춤(황창무)이 있어 악부로 전하네
(27) 奉化賓館開勝宴	봉화의 빈관에서 좋은 잔치를 여니
(28) 北客初看毛髮豎	북객이 처음 보고 모발이 치솟았네
(29) 願見北地傅介子	북지군의 부개자 보기를 원하니[43]
(30) 杜陵老儒心良苦	두릉의 늙은 노유는 마음이 참으로 괴롭네[44]

(燕)나라 태자 단의 식객이 되어 진(秦)이 침략한 땅을 되찾아 주거나 진왕 정(후에는 始皇帝가 됨)을 죽여 달라는 단의 부탁을 받고 진왕을 알현하고 죽이려 했으나 결국 실패했다. 진왕과의 싸움에서 처음엔 유리했으나 끝내 수세에 몰리자 마지막으로 진왕을 향해 비수를 집어 던졌는데, 그 비수는 진왕을 비껴가서 기둥에 박혀버렸다는 고사를 말한다. 『사기(史記)』권86, 「자객열전(刺客列傳)」형가조에 전한다.

37 진무양은 형가가 진왕 정을 암살하러 갈 때 보조자로 동행한 인물이다. 형가는 진무양의 자질을 진작 알아보고 풋내기, 또는 더벅머리 어린아이라는 뜻의 수자(豎子)라고 했다. 『사기』권86, 「자객열전」형가조에 전한다.

38 수자(豎子)는 진무양을 말하며, '너의 짝이 아니었다'는 황창랑에게 수자는 감히 비교할 정도가 못 되는 풋내기라는 뜻이다.

39 제나라가 노나라로 변한듯하네[齊變魯]: 제 나라와 노 나라는 공자(孔子)와 맹자(孟子)가 출생한 지역으로 문교(文敎)가 성행하였기 때문에 학자가 많이 배출되어 예교(禮敎)가 성행하는 지역을 일컫는 말로 쓰였다.

40 상서(庠序)는 학교의 다른 말이다. 상서에서의 현송(絃誦)은 문묘제악이 연행될 때, 등가(登歌)에서 현악기 금슬(琴瑟)이 중심되어 연주되는 가운데 악장(樂章)이 가송(歌頌)되는 것을 말한다. 이 구절은 공자(孔子)를 통하여 유학(儒學)의 교화가 널리 미침을 말한다.

41 장보관(章甫冠)은 선비들이 쓰던 관을 말한다. 중국 은(殷) 나라 때부터 쓰던 관의 하나인데, 공자가 이 관을 썼으므로 후세에 유생들이 이를 본받아 줄을 잇는 것을 묘사한 것이다.

42 열사의 바람소리 오래도록 적막한데[烈士風聲久寂寞]는 형가가 진왕을 암살하기 위해 떠나며 역수(易水)가에서 부른 비장한 노래 중 '風蕭蕭兮易水寒(바람은 쓸쓸하고 역수는 차기도 하다)'라고 한 시구가 있다. 이를 전거로 열사들의 소소한 바람소리가 오래도록 적막하게 끊긴 것을 뜻한다.

43 부개자(傅介子)는 서한(西漢) 북지군(北地郡) 사람이다. 한(漢) 나라 소제(昭帝) 때 대완(大宛)에 사신으로 갔다가 누란왕(樓蘭王)의 머리를 베어가지고 돌아온 자객을 말한다. 의양후(義陽侯)에 봉해지고 큰 상을 받은 것으로 유명하다. 『후한서·열전』권70, 「정공순열전(鄭孔荀列傳)」, 순욱(荀彧). 여기에서는 황창랑이 부개자와 같은 상을 받지 못했음을 안타까워하는 말이다.

44 '두릉의 늙은 노유는'은 이 시의 작자 김만중을 뜻한다. 마음이 괴롭다고 한 것은 부개자가 전공에 대해 큰 상을 받았던 것에 비해 황창랑은 특별히 상을 받았다는 기록 없이, 겨우 여기(女妓)들에

　(31) 如今鬚眉男子且巾幗　지금 수염 달린 남자가 또한 건괵이니[45]
　(32) 嗚呼黃昌之舞竟何補　아아! 황창무를 끝내 어떻게 보완하리?[46]

　17세기 후반, 경상도 봉화의 객관에서 김만중은 황창무를 관람했다. 〈관황창무〉 전체 32구의 내용은 황창의 용맹과 명성을 칭찬하면서도 당시 기녀에 의해 연행되고 있던 황창무를 지켜 본 유학자로서의 참담한 심정을 '괴롭다[心良苦]'고 피력하였다. 이 시의 제1구로부터 4구까지의 도입부에서는 황창무를 춤추는 여아가 무사(武士)의 복장을 착용하고, 머리에는 호랑이털 같은 모습으로 장식한 것이 마치 중국의 전설 속 목란[뮬란]이라는 여인처럼 늠름하고 용맹스런 형상임을 묘사하고 있다. 이 시에서는 황창무를 춤추는 사람이 황창의 가면을 착용했다는 정보가 없는 것이 특이하다. 맨 얼굴의 여아가 춤추었음을 말해준다.

　제5구에서 10구까지는 춤의 기예적 특징들을 묘사하고 있다. 제5구에서는 장수양양(長袖洋洋)과 불지기(拂地起)의 춤 모습을 볼 수 있다. 우선 '장수'는 옷소매의 길이가 손끝보다 훨씬 길게 늘어진 모습인데, 여기에서는 한삼을 착용한 것을 나타내는 듯싶다. 긴 소매를 통해 '느리게' 혹은 '너울너울' 움직이는 모습이다. '불지기'는 지면을 거슬러 떨쳐 일어서는 모습이다. 여아가 긴 소매를 느리게 움직이며 떨쳐 일어서니 허리 아래에서 갑자기 추련검이 드러나서 관중들이 놀라는 장면도 안무의 방향성을 제시해 준다.

　다음은 제7구의 '좌반우선(左盤右旋)'인데, 좌측으로 돌고, 우측으로 도는 모습이다. 그렇게 돌아가는 모습이 실시됨으로써 비바람이 몰아치는 듯하고, 천둥번개가 노한 듯 요란한 모습이라고 제8구에 묘사하였다. 제9구의 궁만무수(弓彎舞袖)는 '팔을 활등처럼 구부리고 춤추는 소매'로 해석했다. '진염속(眞嫌俗)'은 '참으로 속됨을 싫어하다'로 해석하여 속됨을 허락하지 않는 세련됨과 고고함 등의 미적인 모습의 표현을 얻을 수 있다. 끝으로 제10구는 지금까지 봉화 기녀가 춤춘 모습을 중국 검기무(劍器舞)의 최고로 손꼽는 공손대랑과 비

　　의해 그 춤이 전해질 뿐이라는 점에 대해 애석해 하는 말이다.

45 건괵(巾幗)은 부인들이 머리를 꾸미기 위하여 사용하였던 쓰개의 하나이다. 황창랑은 남자인데 여성이 그 역할을 하고 있음을 말하고 있다.

46 『西浦先生集』 卷2, 「七言古詩」, 觀黃昌舞.

교하며, 황창무 기예의 뛰어남을 칭찬하였다. 공손대랑은 당나라 교방 소속 기녀인데 검무에 뛰어나서 당대 최고라고 일컬어진 인물이다. 서예가 장욱은 당현종 치세 717년에 그녀의 춤을 보고 자신의 독자적인 초서 필법을 개발했다는 고사가 있을 정도로 유명한 공손대랑이다.[47] 그런데, 그러한 '공손대랑의 검기무를 어찌 손꼽겠는가?'라고 표현하였다. 공손대랑조차도 황창의 춤보다 뛰어나지 않았을 것이라고 묘사한 것이다.

제11구로부터 16구까지는 황창랑 관련 속설의 이야기가 묘사되었다. 제17구로부터 20구까지는 황창랑을 중국의 그 옛날 암살에 실패했던 검객 항장(項莊), 형가(荊軻), 진무양(秦舞陽)과 비교하며 이들이 황창에게는 필적할 상대가 못된다고 추켜세웠다. 제21구부터 24구까지는 삼국이 신라로 귀속되고, 그 유민(遺民)들이 유가(儒家)에 교화되어 문치(文治)의 세상에 살게 되었음을 말하고 있다. 문치의 세상에 들었기에 전쟁의 위협이나 암살자의 출정을 의미하던 '역수의 바람소리'(제25구)와 같은 것은 잠잠해졌고, 더 이상 그러한 소리는 들리지 않는 세상이 되었다. 그런 가운데 황창무는 악부에서나마 전승되고 있으니 옛 일을 기억하고 그 기상을 기념하는 일이 가능하여 다행이라고 제26구에 묘사하였다.

제27구로부터 제32구까지는 북객 김만중 자신의 감회를 나타냈다. 김만중은 봉화의 빈관에서 베푼 잔치에서 황창무를 처음 보았고, 그것을 본 마음은 결연(缺然)해져 모발이 곤추서는 기분이라고 했다. 황창무의 고사와 그 의미를 생각하면서 춤을 관람했기 때문일 것이다. 그런데, 봉화에서 연행된 황창무는 황창이라는 남아의 역할을 한낱 여아[女童妓]가 담당하였으므로, 북지군의 부개자와 같은 포상(褒賞)은 고사하고 황창무의 본원을 잃었으므로, 어떻게 찾아서 보수해야할지 몰라 마음이 편치 못하다고 피력하였다.

이상 김만중이 관람했던 17세기 황창무에서 포착되는 외형은 가면을 착용하지 않았고, 14세 가량의 여아가 무사의 복식을 입고, 머리에는 호랑이털 모습의 모자를 착용한 양상이다. 손에는 한삼을 착용하여 긴 소매[長袖]를 양양하게 움직였고, 땅을 떨치고 일어서니 갑자기 검이 드러나서 주변을 놀라게 하였다.

---

47 공손대랑(公孫大娘), [검색일: 2018.08.05.], 중국인물사전, 한국인문고전연구소, 〈https://terms.naver.com/entry.nhn?docId=1699899&cid=62063&categoryId=62063〉

춤의 양식은 좌로 혹은 우로 도는 모습이 보였고, 마치 비바람이 몰아치듯이 천둥번개가 요란하게 번쩍이듯이 속도감 있게 검무를 춤추었다. 그 춤은 속되지 않을 뿐 아니라 공손대랑의 검기무에 비교해도 뒤지지 않을 만큼 뛰어난 기예를 발휘한 점이 특징이라고 할 수 있다.

다음은 18세기 말에 황창무를 관람했던 성대중의 〈옥류자 이여량[이명연(李明淵)[48]]의 검무시에 차운하여 황창무를 읊다(次玉流子李汝亮[明淵] 劍舞詩, 詠黃昌舞)〉를 살펴보겠다. 이 시는 성대중과 동시대를 살았던 정조(正祖, 1776~1800 재위) 때의 문신 이명연이 검무시를 지은 것을 보고, 그 시의 운(韻)을 사용하여 황창무에 대해 읊은 것이다. 즉 차운(次韻)이라는 것은 남의 시운(詩韻)을 가지고 자신의 시를 짓는 행위를 말한다.

〈옥류자 이여량(명연)의 검무시에 차운하여 황창무를 읊다〉 / 성대중

(1) 雞林童子姓名香   계림동자[49]의 성명은 인기가 있어
(2) 樂府猶傳假面粧   악부에는 여전히 가면 장식이 전하네
(3) 始至綽約如欲笑   처음엔 아리땁게 와서 웃으려는 듯한데
(4) 少焉跳盪不勝狂   잠시 후에는 솟구쳐 도약하며 광분을 이기지 못하네
(5) 初疑彩雲泛繡茵   처음엔 채색 구름이 비단자리에 떠 있는 듯 싶었는데
(6) 却驚飛燕掠雕樑   나는 제비가 대들보를 스쳐가는 것에 다시 놀라네
(7) 轉眄渾失雲燕狀   돌아서 흘겨보면 구름과 제비의 모습은 완전히 잃어버리고
(8) 但見花毬滾華堂   다만 꽃 공이 화당에 굴러감을 보네
(9) 猩紅戰笠杏子衫   다홍색 전립과 살구 빛 삼(衫)
(10) 半腰纔辨綠衣娘   반허리 겨우 되는 녹의 낭자이네[50]
(11) 冷眼斜睨遽逼人   차가운 눈동자로 흘겨보며 갑자기 사람을 핍박하고
(12) 尖袖輕揎忽閃鋩   좁은 소매 가볍게 걷어 올리니 돌연 섬광이 번득이네
(13) 滿堂陰森杯酒寒   당 가득히 음산한 가운데 잔술이 차갑고

---

48 이명연(李明淵): 1758~졸년 미상. 조선 후기의 문신. 본관은 전주(全州). 자는 여량(汝亮), 호는 구포(瞿圃). 성품이 준정(峻整)하여 절의를 숭상하였고, 말만 앞세우고 실천하지 않음을 가장 미워하였다. [검색일: 2018.07.31.] 한국민족문화대백과사전, 〈http://encykorea.aks.ac.kr/〉
49 계림동자(雞林童子)는 황창랑을 의미한다.
50 '반허리 겨우 되는[半腰纔辨]'이란 키가 성인의 반 정도 되는 어린 여아를 표현한 말이다. 녹의(綠衣)는 녹색 옷을 말하며, 예전에 천한 사람이 입던 옷이다. 그러므로 이 구절은 키 작은 어린 기녀를 말한다고 여겨진다.

(14) 壯夫當之攝魂忙   장부라도 이 장면을 대한다면 혼을 챙기기 바쁘겠네
(15) 席間倒灑燕趙風   좌석 사이에는 연·조의 기풍이 가득히 뿌려지고[51]
(16) 空邊橫拆斗牛芒   허공에는 북두성과 우성 사이에 보검의 빛이 횡으로 서려있네[52]
(17) 百濟山河一投手   백제 산하에 한번 손을 던지니
(18) 半月樓臺尙盪光   반월누대엔 여전히 빛이 진동하네
(19) 鱗身擲劒却躊躇   몸을 번드쳐 검을 던지려다가 다시 주저하고
(20) 繡襪猶沾滿地霜   수놓은 버선은 오히려 땅에 가득한 서리에 젖네
(21) 惜渠生不壬丙際   아깝구나! 저(황창랑)가 임진·병자란 때에 태어나지 못했으니
(22) 悍酋寧勞一劒當   흉악한 왜놈 추장이 어찌 수고롭게 한 검을 당해냈겠는가
(23) 徒能技冠女樂部   무리는 재주 뛰어난 여악부이니
(24) 只許嬌舞踏蒼茫   단지 아름다운 춤 허락하여 창망함에 이르네
(25) 靑城老子別悄然   청성의 늙은이는 유달리 근심에 잠기니
(26) 蠻海歸來卄年涼   남쪽 바다에서 돌아 온지 20년간 처량했네

성대중은 남쪽 경주에서 황창무를 관람한 후, 그로부터 20년 후에 이 시를 지었다. 제25구와 26구가 그것을 말해주는데, '청성의 늙은이[靑城老子]'는 바로 성대중을 이른다. 그는 남쪽 지방에서 황창무를 여악부의 춤으로 관람하고는 그 의미를 되새김이 아득한 가운데 20년 동안이나 쓸쓸한 마음을 간직했었다고 묘사했다.

이 시의 제1구와 2구에서는 계림동자인 황창랑의 춤에 가면을 착용하고 공연했음을 포착할 수 있다. 그리고 제9구와 10구는 다홍색의 전립[猩紅戰笠]과 행자삼(杏子衫), 녹의(綠衣)를 착용한 어린 아이가 등장했음을 말해 준다. 행자는 살구나무의 열매를 말하는데, 잘 익은 열매는 황색, 또는 황적색이 되므로

---

51 연조의 기풍[燕趙風]은 고대 연나라와 조나라 지역에는 기개(氣槪)가 꺾이지 않고 강개(慷慨)하며 격앙(激昻)하는 인물들이 많이 배출되었으므로 '연조풍(燕趙風)'이라는 말까지 나오게 되었다. 그중에서도 특히 형가가 진왕 정을 암살하기 위해 자객(刺客)으로 떠나갈 때, 연나라의 역수에서 노래했다는 〈역수가(易水歌)〉가 유명하다. 『사기』 권86, 「자객열전」 형가열전.

52 천문에 능통했다고 알려진 진(晉)나라 뇌환(雷煥)이라는 자가 땅 속에서 '보검(寶劒)의 정(精)'이 하늘 위로 뻗쳤는데 풍성에 닿았다'고 예언함으로써 풍성령에 임명되었다. 뇌환이 고을에 이르러 옛 옥터를 파고 돌함 하나를 얻었는데, 그 속에 두 개의 검인 용천검(龍泉劒)과 태아검(太阿劒)이 있었다. 두 검은 북두성과 우성 사이에서 자색의 기운을 내뿜고 있다가 뇌환에 의해 발견되었고, 그 날 저녁부터 두우 사이에는 서기가 보이지 않았다고 한다. 『晉書』 권36, 「列傳」 제6, 張華傳.

'행자삼'이란 황초삼(黃綃衫)과 같은 황색의 겉 옷[삼]을 의미한다고 생각된다. 즉 성대중이 관람했던 당시의 황창무 담당 기녀는 다홍색의 전립을 머리에 썼고, 녹색 저고리와 황색의 삼을 입었으며, 황창가면도 착용하였다.

춤을 형용한 묘사는 제3구로부터 제8구까지, 그리고 제11구와 12, 13구, 16구, 19구, 20구에서 볼 수 있다. 우선 가면을 착용하고 처음 등장한 아이는 몸매가 가냘프고 아리따운데[綽約], 미소를 지어 보이려는 듯 했다(제3구). 그런데 어느새 솟구쳐 도약하고 미쳐 날뛰듯이 검무를 추는 모습이 연출된다(제4구). 처음엔 채색 구름이 잔치 자리에 아름답게 떠 있는 듯 여유를 느꼈는데(제5구), 홀연 제비가 날아서 대들보를 획하고 스쳐지나간 듯 빠른 속도감 및 긴장감을 조장하여 깜짝 놀라게 한다(제6구). 멈추어 돌아서서 곁눈질하니, 구름 같았고 제비 같았던 그 모습은 온데간데없다(제7구). 이번엔 꽃 공[花毬]이 던져져서 잔치 자리[華堂]를 빠르게 굴러간 듯하다(제8구). 춤의 진행이 느리다가 다시 질주하듯 빠르게 움직이는 모습이 번갈아 반복 진행됨을 묘사하고 있다. 하지만 장면의 느낌은 '채색 구름이 떠 있는 듯', '제비가 나는 듯', '꽃 공이 굴러가 듯' 변화무쌍하다.

다음 제11구는 차갑게 상대를 쏘아보다가 적과 상대하는 움직임이 강렬해지고 압박하는 모습이다. 제12구에서는 저고리의 소매를 잠시 걷어 올리는가 싶었는데, 갑자기 검을 날카롭게 휘둘러 섬광이 번쩍이고, 이로 인해 춤이 추어지고 있는 공간에 음산하고 찬 기운마저 돌아 술잔까지 차갑게 느껴질 정도라고 했다(제13구). 장부라 할지라도 이런 춤을 보면 혼을 빼앗길 지경이며(제14구), 이 춤에서는 고대 연나라와 조나라에서 볼 수 있었던 무인(武人)들의 기개가 가득히 채워진 양상이다(제15구). 마치 보검(寶劍)이라도 얻은 듯(제16구), 반월 누대에서 펼치는 황창의 검무에는 빛이 진동하는 것 같다(제18구). 몸을 날리며 검을 던지려다가 다시 주저하는 모습(제19구). 버선발이 서리에 젖어드는 땅의 냉기마저(제20구) 황창무를 차갑게 느끼도록 한다. 얼핏 춤과는 상관없을 것 같은 사물의 형상과 움직임을 극대화하여 묘사하고 있는데, 반면 제비와 구름, 꽃 공, 섬광의 번쩍임 등이 춤의 몸짓을 상상하도록 유도하고 있다.

제21구로부터 마지막 26구까지는 삭자 성대중의 심중을 표현하였다. '임진왜란이나 병자호란과 같은 국난이 거듭될 때에 만일 황창과 같은 의인이 있었다면' 하는 바램을 드러냈다(제21, 22구). 그러나 여악부에서 올리는 황창무는 아름다운 춤[嬌舞]이 황창의 기개를 대신하고 있으므로 그 옛날의 일들이 멀고도 아득할 뿐이다. 그러니 작자 성대중은 남쪽 지방에서 처음 황창무를 본 이래로 20년 동안이나 마음이 불편하였다는 것이다.

이상 성대중의 시를 통한 18세기 황창무의 춤 특징을 정리하면, 춤의 느림과 빠름의 반복적 구성 양식을 볼 수 있다. 처음 시작의 움직임은 느리다가 갑자기 빨라져서 관중을 놀라게 하는 속도감이 있다. '섬광의 번득임', '나는 제비', '꽃 공의 흐름', '보검의 빛' 등은 동작의 빠름을 묘사한 것이다. '채색 구름'이 당에 떠 있는 모습과, '차가운 눈동자로 흘겨보는' 모습 등은 머무름 속에 진행되는 아름답거나 차가운 인상을 표현한 것이다. 즉 느리고 빠름을 갈마들게 안배하여 이완과 긴장 가운데 춤이 맵시 있게 또는 아름답게 진행된 상황을 파악하게 해 준다.

한편, 성대중과 동시대 인물인 유한준[53]은 '동경의 백희는 묘함에 당할 것이 없다(東京百戱妙莫當)'고 했으며, '그 중에서도 검무는 남방에서 으뜸이다(就中劍舞冠南方)'라고 하였다.[54] 이는 두보(杜甫)가 지은 〈공손대랑 제자의 춤을 보고 지은 검기행(觀公孫大娘弟子舞劍器行)〉의 운을 사용하여 유한준이 1778년(戊戌)에 지은 〈후검기행(後劍器行)〉의 제1,2구이다. 두보가 26구로 지었듯이[55] 유한준도 26구로 지어 짝수 구의 마지막 말을 운으로 사용했다. 그 중 제11구부터 14구까지가 황창무를 묘사하고 있어 아래에 인용한다.

〈후검기행〉 중에서 / 유한준

(11) 風俗祇今傳舞器   풍속이 지금 춤 도구[舞器]로 전하는데
(12) 渾脫蔚踪兼飛揚   혼탈[56]은 왕성하고 드날리네

---

53 유한준(俞漢雋): 1732(영조 8)~1811(순조 11). 조선 후기의 문장가·서화가. 본관은 기계(杞溪). 초명은 한경(漢炅). 자는 만청(曼倩) 또는 여성(汝成), 호는 저암(著菴) 또는 창애(蒼厓). 당대에 뛰어난 문장가로 손꼽혔으며 저서로『저암집(著菴集)』이 전해온다. [검색일: 2018.08.07.], 한국민족문화대백과사전, 〈http://encykorea.aks.ac.kr/〉

54 俞漢雋,『自著』권7, 古詩, 〈後劍器行〉【戊戌○用杜詩公孫大娘釖器行韻】.

55 기태완 선역,『당시선』上, (보고사, 2008), 446~447쪽.

56 진양,『악서(樂書)』권184, 187, 188,「악도론(樂圖論)」, 속부(俗部) 무(舞). 〈혼탈(渾脫)〉은 〈대면(大面)〉, 〈발두(鉢頭)〉, 〈답요(踏搖)〉 ……〈도환(跳丸)〉, 〈탄도(呑刀)〉, 〈토화(吐火)〉, 〈선반(旋盤)〉, 〈근두(觔斗)〉 등과 함께 당(唐)나라 고가부(鼓架部)에 속한 연희의 일종이다. 당 대에는

　(13) 座中黃倡更妙絶　　좌중의 황창은 더욱 교묘한데
　(14) 事符童踦重堪傷　　국사에 부합한 동자 왕기를 더욱 슬퍼할 만하네

　경주부윤이 유한준에게 베풀어준 5일 동안의 잔치에서 관람한 여러 춤 중에
특히 검무를 인상 깊게 묘사하고 있다. 제11구와 12구에서 '무기(舞器)'와 '혼탈
(渾脫)'을 열거하고 있는 것으로 볼 때, 이 잔치에서의 검기무(劍器舞)는 '황창
탈'을 착용했을 것으로 생각된다. '풍속이 지금 춤도구로 전한다'고 한 것 중
여기에서의 '무기(춤도구)'는 황창탈을 가리키는 것으로 볼 수 있기 때문이다.
그래서 유한준은 기녀의 검기무를 보면서 '좌중의 황창은 더욱 교묘하다'고 묘
사했을 것이다. 더불어 애공과 함께 어린 나이에 전사한 왕기를 끌어 온 이유
도 이 춤을 황창무라고 믿었기 때문일 것이다. 그러나 '검무'라는 기본 요소는
여전하므로, 그 춤의 특징은 제21구에서 '서릿발 같은 칼 휘두르는(霜刀搖蕩)'
모습으로 묘사했다.

　19세기의 강위(姜瑋, 1820~1884)는 〈동경으로 가는 도중에 지은 잡시(東京道
中雜詩)〉에서 '연희장에서 쾌활하게 황창무를 공연하네(戱場快活演黃倡)'라고
기술했다.[57] 정현석의 『교방가요(敎坊歌謠)』에도 황창무가 간략하게 소개되어
있어서,[58] 조선 후기까지 황창무는 영남을 대표하는 향악으로 연행되어 왔음을
나타낸다. 경주와 영남지방의 교방을 중심으로 조선말까지 전승되고 연희되었
다.[59] 그리고 정약용의 『다산시문집(茶山詩文集)』에 의하면, 황해도 황주(黃州)
에서도 기녀들의 황창무가 연행된 바 있다.[60]

　이상의 악부시 외에 기행문으로 전하는 박종의 『당주집(鏜洲集)』 권15, 「동경유

〈양두혼탈(羊頭渾脫)〉, 송대에는 〈옥토혼탈(玉兎渾脫)〉이 있었다. 검무를 〈혼탈〉에 넣어 함께
　연희하기 시작한 것은 당 측천무후 말년이라고 한다. 신룡(神龍, 705~707) 초에는 여러 지방에서
　도 〈혼탈〉이 연행되었다고 한다. 준마(駿馬)를 타고 호복(胡服)을 입고 군진(軍陣)의 형세에 해당
　하여 오르고[騰]·물리치고[逐]·의젓하고[喧]·떠들썩함[噪]이 전쟁(戰爭)의 형상(象)이었다고
　한다.

57 姜瑋, 『古歡堂收艸詩稿』 권2 天水, 發弨餘草, 〈東京道中雜詩〉.
58 鄭顯奭 편저, 성무경 역주, 『敎坊歌謠』 (보고사, 2002), 217쪽.
59 尹愭, 『無名子集詩稿』 六册, 「詩」, 詠東史其一百四.
60 丁若鏞, 『茶山詩文集』 권14, 「記」, 黃州月波樓記; 李裕元, 『林下筆記』 권38, 「海東樂府」, 黃昌
　郎舞.

록(東京遊錄)」 중 '신라십무(新羅十舞)'의 황창무는 춤의 기예적 측면의 설명이
있으므로 여기에 첨가한다. 박종은 한반도 동해안 승지(勝地)를 유람할 때, 동경-
경주에 이르러 신라 고도의 문화유적과 역사, 민간에 전하는 이야기들을 기행문으
로 남겼다. 조선 후기 1767년 12월 1일 박종 역시 경주로 여행하던 중에 경주
관아의 객사에서 교방 관기 2인의 황창무를 관람했었다. 박종의 황창무 소개는
아래와 같이 간략하다.

> 〈황창무〉는 한명의 기녀가 황창 탈을 쓰고, 전립과 군복을 입는다. 처음에는
> 단검으로 춤추다가 끝내는 쌍검으로 춤춘다. 한 기녀와 또 마주 싸우는데[대작하는
> 데] 빈번히 압박하고, 몸을 굽히고 펴며 휘둘러 물리치고, 빙빙 돌아가는 검광은
> 마치 눈(雪)과 같다. 서로 섞여 어지럽게 하는 것을 보니 몹시 위엄 있고 씩씩하다.
> 대개 이 악은 본래 신라에서 나와 전래 된지 1,000여년이다. 사람들이 우리 동방의
> 제일이라고 한다.[61]

박종의 황창무에 의하면, 경주교방의 '기녀(妓女) 1인이 황창가면[黃昌侲子]
과 군복(軍服)에 전립(戰笠)을 착용하고, 처음에는 단기의 검[單劍]으로 춤추고,
끝내는 두 개의 검[雙劍]으로 춤추었다. 황창 가면인과 다른 한명의 기녀가 맞
서 대작(對作)하여 빈번히 압박하고, 몸을 굽혔다가 펴며, 휘둘러서 물리치고,
빙빙 돌아가는 검광은 마치 눈발이 휘도는 것과 같다고 하였다. 일반적인 검무
와 마찬가지로 상대 기녀와 칼춤 사위로써 싸움을 모방하는데, 다른 점은 황창
가면을 착용한 주인공의 공격력이 돋보이도록 안무된 기예적 양식이다.

15세기 김종직의 〈황창랑〉 악부시로 비롯된 조선시대 황창무는 '웅효(雄驍)'
를 표현하는 움직임을 기예적 특징으로 삼는다. 즉 황창이라는 인물의 씩씩함
과 날램, 용맹함 등을 표상하는 기예적 동작이 복원 재현 안무에 필요하다고
생각한다.

---

61 朴琮, 『鐥洲集』 권15, 遊錄, 新羅十舞. 十日, 黃昌舞, 一妓着黃昌侲子·戰笠·軍服. 初以單劍舞,
終以雙劍舞. 一妓 又對作頻挫 屈伸揮斥, 盤旋劍光如雪. 互錯凌亂 看甚凜然. 盖此樂本出新羅而
傳來千餘年. 人稱吾東第一. 국립중앙도서관 소장 〈청구기호: 한고조46-가1121〉

4. 〈황창무〉 복원 재현을 위한 춤 요소 색인

이 장에서는 위 3장의 '악부시로 본 황창무의 기예적 특징' 중에서 황창무로 복원 재현할 때 참고할 요소들을 가려서 색인하기로 하겠다. 황창무의 외형적 요소와 검무의 동작 요소를 악부시는 물론 그 외 자료의 설명 속에서 구분하여 정리하기로 한다.

1) 악부시에 나타난 황창의 외형적 요소

〈황창무〉에서 황창의 외형은 '어린 남자 아이'라는 점에 초점이 맞추어져 있다. 이첨이 14세기 관람했던 황창무의 담당 기녀는 황창 모습의 가면을 착용한 15, 16세 남아 정도의 신장을 갖춘 인물이었다고 여겨진다. 그에 비해 15세기에 김종직이 관람했을 당시는 '겨우 이 갈 나이'의 '키가 석자도 못되는' 7, 8세 정도의 어린아이였던 것으로 추정된다. 또 16세기 말 혹은 17세기 초의 심광세는 10여세, 17세기 말의 김만중은 14세 정도로 보았는데, 이는 각 문사들이 관람한 시간과 장소 등의 여건이 달랐던 것에 연유한다고 생각한다. 18세기 말의 성대중은 '반허리 겨우 되는 녹의 낭자(半腰纔辨綠衣娘)'를 언급했는데, 이는 성인 키의 허리정도 차는 작은 아이가 춤춘 것으로 짐작할 수 있다. 어째든 황창은 성인이 아닌 연령이 낮은 어린 남자아이[童子]의 모습이라는 점에 문사들의 공통 인식이 있었다.

그러한 면에서 18세기 중엽 경주교방에서 황창무를 관람한 박종은 등장인물의 나이에는 관심이 없었던 것 같다. 황창탈을 쓴 1인의 기녀와 그 상대 기녀 1인이 대적의 관계를 이룬다고 묘사하였다. 대개 경주에서 관람한 문사들의 악부시에서는 '황창가면'이 언급되는 특징이 있다. 그러나 봉화 빈관에서 황창무를 관람한 김만중은 '곱게 단장한 여아가 황창무를 추네(翠眉女兒黃昌舞)'라고 하였으므로, 타지역에서는 가면을 착용하지 않고 연행하는 예외의 경우도 있었던 것 같다. 이런 예외의 경우라면 일반 검무와 변별력을 가질 수 있을지 의문이 든다.

다음은 황창무 무용수의 착용 복식을 살펴보겠다.

김만중은 황창무를 춤추는 여아가 '단후의를 입고 머리는 범털과 같다(短後之衣頭虎毛)'고 표현했다. 그리고 '긴소매(長袖)'를 언급한 것으로 볼 때, 조선에서 무사(武士)의 복식으로 통하는 전복(戰服) 혹은 융복(戎服)을 착용했으며, 범털을 표상하는 모자를 착용한 것으로 추정된다. 또 '긴 소매'는 한삼 착용을 묘사했을 것으로 여겨진다.

박종은 '황창무는 한명의 기녀가 황창탈[黃昌俑子]을 쓰고, 전립(戰笠)과 군복(軍服)을 입는다'고 했다. 그리고 '처음에는 단검으로 춤추다가 끝내는 쌍검으로 춤춘다'고 하였다. 성대중의 시에서는 '다홍색 전립과 살구 빛 삼(猩紅戰笠杏子衫)', '녹의 낭자(綠衣娘)', '좁은 소매를 가볍게 걷어 올린다(尖袖輕搢)', '수놓은 버선(繡襪)'이라는 표현을 사용했다. 이 두 시를 통해서 복식에 대한 중요 정보가 포착되는데, 대개 현재 연행되는 검무 복식과 크게 다르지 않았을 것으로 짐작된다. 다만 기녀 1인은 황창탈을 착용했다는 점이 다른 검무들과 다른 특이점인데, 황창의 상대 기녀는 전복과 전립이라는 동일 형태의 검무 복식을 착용했다고 여겨진다. 그러나 복식 색상에서는 각각 차이가 나타나는데, 이 점은 현재 진주검무, 통영검무, 평양검무, 해주검무, 호남검무 등의 복식 색상이 다른 점과 마찬가지로 각 지방 교방에서는 형편에 따라 복색의 차이가 발생할 수 있었던 것으로 생각된다.

정약용의 〈무검편증미인(舞劍篇贈美人)〉에서 볼 수 있는 '군복으로 단장하니 남자가 되었네(裝束戎裝作男子). 자주색 비단 쾌자와 청색 전모를 쓰고(紫紗褂子靑氈帽) …'라는 구절을 통해 쾌자와 전모가 곧 군복이라는 것을 알 수 있다.[62] 김홍도가 그린 것으로 알려진 '평안감사향연도' 중 '부벽루연회도'에서 볼 수 있는 검무인의 복식과 신윤복의 쌍검대무도의 기녀 복식은 18세기의 검무복식의 전형을 보여준다. 여기에 참고 자료로 제시한다.

---

62 丁若鏞, 『茶山詩文集』 권1, 「詩」, 〈舞劍篇贈美人〉

그림 1. 평안감사향연도(부벽루) 중 부분도
　　　　(김홍도, 국립중앙박물관 소장)
그림 2. 쌍검대무[풍속도첩]
　　　　(신윤복, 국립중앙박물관 필름)
그림 3. 평안감사향연도(선유도) 중 부분도
　　　　(김홍도, 국립중앙박물관 소장)
　　　　무장복식 참고

　'전립(戰笠)' 혹은 '전립(氈笠)'으로 불리는 모자에는 붉은색 털 장식이 부착되어 있는데, 아마도 이것을 김만중은 '두호모(頭虎毛)'로 표현했던 것 같다. 〈그림 3〉에서 볼 수 있는 호위 무장의 복식인 쾌자와 전립을 기녀가 치마와 저고리 위에 덧입은 모습을 가지고 '전복(戰服)' 혹은 '융복(戎服)'이라고 했음을 알 수 있다. 김만중은 또 그런 복식을 중국의 무사복식인 '단후의(短後之衣)'에 비유했다고 여겨진다.

　검의 모습은 임경업(林慶業, 1594~1646) 장군의 보검(寶劍)으로 알려진 '추련도[秋蓮]'에 비유했는데, 추련은 '단검(短劍)'의 형태이며 평상시 보호용으로 애용했던 칼이라고 한다. 크기는 총길이 101.4cm, 폭 6cm, 칼날길이 86.7cm'라고 한다.[63] 비교적 키가 작은 기녀나 동기들의 검무에 사용된 칼이므로, 실전에 사용하는 장검(長劍)보다는 움직임이 원활한 단검을 사용했을 것으로 이해된다.

---

63 추련검(秋蓮劍): 임경업의 유물 '추련도'가 현재 전한다고 한다. [검색일: 2018.07.28.], 문화재청,
　〈http://www.heritage.go.kr/heri/cul/culSelectDetail.do?VdkVgwKey=21,03000000,33
　&pageNo=5_2_1_0〉

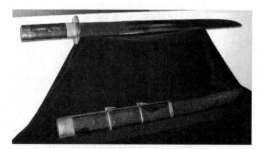

그림 4. 충북시도유형문화재 제300호 임경업 추련도
(문화재청 사진 자료)

양 손에 단검을 한 자루씩 쥐고 '쌍검'으로써 춤을 연행했던 것이다. 특히 〈그림 2〉의 검 모양은 〈그림 4〉의 추련도 모습과 유사하다. 따라서 김만중이 '갑자기 허리 아래로 추련검이 드러나서 놀라네(欻驚腰下秋蓮吐)'라고 했던 구절은 당시 연행된 황창무의 검 모양을 대변했던 것으로 여겨진다. 현재 일제강점기 권번을 통해 전승되고 있는 '목이 꺾인 칼'의 모습과는 분명한 차이를 보이고 있다.

2) 문헌에 나타난 〈황창무〉의 동작 요소

황창무는 황창을 상징하는 어린 동자 모습의 가면을 착용하고 검무를 추는 것이다. 어린 나이의 신라인 황창은 신라를 위해 백제에 가서 백제왕을 살해했고, 자신도 백제인에 의해 장렬히 죽기를 두려워하지 않았던 점에 문사들의 시각이 모인 것을 볼 수 있었다. 그러므로 황창무는 내면적으로는 황창의 용맹과 충정을 표현한 춤이라고 할 수 있으며, 외면적으로는 황창의 현신(現身)으로 간주된 춤의 움직임과 동작이 연행되었던 것으로 볼 수 있다. 뜻있는 문사들은 이 춤을 관람하면서 조국에 대한 충정을 상기했다. 비록 기방을 통해 전승된 춤의 한 종목이 되었지만, 신라로부터 1000여년을 이어 온 숭고한 정신을 기리는 춤이라고 인식했다. 그래서 김만중이나 성대중 등은 황창랑이라는 소년의 일을 여기가 담당하여 춤추는 것에 대해 '마음이 참으로 괴롭다(心良苦)'거나 '유달리 근심에 잠긴다(別悄然)'고 했다.

이 절에서는 황창무의 움직임을 묘사하거나 표현한 문헌 기록 중에서 춤 동작 요소를 인출해 내고자 한다. 우선 직접적으로 동작을 표현한 용어를 먼저 정리하고, 다음은 비유를 통해 묘사된 용어를 정리해 보도록 하겠다.

(1) 검무 춤동작의 직접 표현 요소

박종의 「동경유록」은 박종이 동경(경주) 유람시 관람한 춤 10여 가지를 기록한 기행문이므로, 여기에 기록된 황창무의 동작 묘사는 춤으로서 직접적이며 사실적이다. 앞 장에서 인용된 문장이지만 동작요소를 밝히기 위해 임의로 번호를 부쳐 다시 인용하고 분석하기로 하겠다.

① 처음에는 단검으로 춤추다가 끝내는 쌍검으로 춤춘다(初以單劍舞, 終以雙劍舞)
② 한 기녀와 또 마주 싸운다(一妓 又對作)
③ 빈번히 압박한다(頻挫)
④ 몸을 굽히고 펴며, 휘둘러 물리친다(屈伸揮斥)
⑤ 빙빙 돌아가는 검광은 마치 눈과 같다(盤旋劍光如雪)
⑥ 서로 섞여 어지럽게 하는 것을 보니 몹시 위엄 있고 씩씩하다(互錯凌亂 看甚凜然)

①은 춤의 진행 상황을 표현하였다. 황창 역할의 기녀가 처음에는 혼자 등장하여 단검으로 춤추다가 쌍검을 가지고 춤추는 장면의 변화를 묘사했다. ②는 황창 역할의 기녀에게 대적할 새로운 1인이 등장하여 2인의 검무로 싸움이 진행되는 것을 나타낸다. '작대(作對)'하는 양 기녀 간의 칼싸움을 말한다. 현행 검무를 참작하여 보면, 양쪽의 기녀 간에는 마주 싸우는 다양한 동작이 연출되었을 것이다. 그런데 박종은 그 전체적 인상만을 표기하여 '마주 싸운다'로 표기한 것이다. ③의 '빈번히 압박한다'는 것은 ②번의 대작하는 칼싸움의 춤이 진행되는 가운데 일어나는 세부 동작에 일부 현상을 말한다. 즉 춤을 안무할 때 2인 중 한 명은 기세를 타고 다른 한 명을 압박하면, 그 상대는 밀려서 뒤로 물러나며 압박을 당하는 모습이 연출되는 것이다. 현행의 대부분 검무에서는 2인간의 상대적 역할이 설정 안무되어 있으므로, 공격·반전하며 압박하는 춤동작이 서로 갈마들도록 연출되어 있다. 여기에서 말하는 '압박'은 아마도 그러한 안무에 해당할 것으로 생각된다. ④번과 ⑤번 역시 ②번의 작대 동작이 연행되는 가운데 몸을 굽히기도 하고 펴기도 하는 모습이다. 또 반선(盤旋)의 동

작과 함께 검을 휘두르는 등 검을 속도감 있게 다양하게 놀리는 장면이다. ⑥번은 ②번의 다양한 싸움 동작이 연출되면서 ③, ④, ⑤와 같은 춤의 세부 요소들이 진행됨으로 인해 전체적으로는 '서로 섞여 어지럽게 하는 것'으로 보였던 것이다. 결국 그 춤 전반에서 느껴지는 기상은 '몹시 위엄 있고 씩씩한' 모습이 표출되었다.

다음은 김종직의 악부시 〈황창랑〉에서 볼 수 있는 춤 동작은 다음과 같다.

① 검날이 목을 겨누어도 다리 떨지 않고(劒鐔擬頸股不戰)
② 칼이 심장을 가리켜도 눈 흔들리지 않네(劒鍔指心目不搖)
③ 공을 이루자 태연히 춤을 파하고 떠나네(功成脫然罷舞去)

이상의 3가지 동작 요소는 황창의 역할에 대해서만 묘사된 것이다. ①번과 ②번은 황창을 상대하는 1인의 기녀가 황창 역할의 기녀에게 검날을 직접 들이댄 위험한 상황의 연출이다. 하지만 황창은 그런 위험에도 불구하고 꿈쩍하지 않고 의연하게 버티는 순간의 동작을 포착, 묘사한 것이다. 여기까지는 황창이 수세(守勢)에 몰린 상황이 될 것이다. 반면 ③은 공을 이루었다(功成)고 하였으므로, 백제왕을 암살한 자객으로서의 공을 이룬 것을 형상할 수 있다. 그렇게 춤을 끝내고는 태연하게 퇴장하는 동작이라고 하겠다.

김만중의 〈관황창무〉 32구 중에는 아래와 같은 춤의 동작 요소를 얻을 수 있다.

① 긴소매 양양하게 땅을 떨쳐 일어서고(長袖洋洋拂地起)
② 좌로 반회(盤回)하고 우로 선회(旋回)하며 형세가 도네(左盤右旋勢轉焉)
③ 활등처럼 구부린 춤추는 소매, 진정 속됨을 꺼리니(弓彎舞袖眞嫌俗)

①번에서는 무용수의 소매가 길게 늘어진 상태에서 '양양(洋洋)'하다는 동작을 수행하였고, 뒤이어 바닥으로부터 일어선 동작이 연행되었음을 나타낸다. '양양'은 긴 소매를 통해 표현되는 모습으로써 여기에서는 '느리게' 혹은 '너울너울' 움직이는 형태소로 해석할 수 있다.[64] 불지기(拂地起)에서는 불(拂)과 기(起)의 동작 요소를 얻을 수 있는데, '불'은 떨치다, 털다, 닦다, 씻다, 비틀다,

자르다 등 다양한 뜻이 있지만,[65] 김만중의 시에서는 땅(지면)을 거스르고, 박차고 일어선 모습이라고 하겠다. 다만, '불(拂)'은 정재 동작으로 '한삼을 뿌리는 동작'과 연관하여 주로 사용된다.[66] 그러나 '불지기'의 동작과는 다른 면이 묘사된 것이라 하겠다.

②번의 반(盤)과 선(旋), 전(轉)은 모두 '돌다'의 의미를 갖는다. 따라서 시적 용어를 감안하여 '좌측으로 반회(盤回)하고, 우측으로 선회(旋回)하며 형세가 돌아간다'로 해석했다. 회전하는 다양한 모습을 묘사한 것이라고 생각된다. ③번은 '궁만(弓彎)'이라는 동작요소가 있다. 궁이 활을 의미한다는 것은 누구나 아는 사실이다. 그런데 '만'은 문장에 따라 달리 해석할 수 있다. '1. 굽다, 2. 당기다, 3. 활처럼 굽은 모습, 4. 활시위를 당기다'와 같이 의미가 있어서 다르게 해석할 수 있다. 이 시에서는 무수(舞袖) 즉 춤추는 소매로 행할 수 있는 동작소로서 이해하여 '팔을 활등처럼 구부리고 춤추는 소매'라고 해석했다.

성대중의 〈옥류자 이여량(명연)의 검무시에 차운하여 황창무를 읊다〉에 표현된 춤 행위로서의 동작 요소는 '솟구쳐 도약하다[跳盪]', '돌아서 흘겨보다[轉眄]', '구르다[滾]', '흘겨보다[斜睨]', '사람을 핍박하다[逼人]' '좁은 소매를 가볍게 걷어 올리다[尖袖輕揎]', '몸을 번드치다[飜身]', '검을 던지다[擲劍]', '머뭇거리다, 주저하다[躊躇]'를 얻을 수 있다.

이상에서 인출된 동작요소는 아래와 같이 정리할 수 있다.

---

64 洋洋, [검색일: 2018.08.05.], 『漢語大詞典』 CD-Rom. 『한어대사전(漢語大詞典)』에 의하면, 10개의 뜻을 갖고 있다. ①성대한 모양[盛大貌], ②끝없이 넓고 먼 모양[廣遠無涯貌], ③매우 많은 모양[衆多貌], ④훌륭한[美善], ⑤충만한 모양[充滿貌], ⑥소리가 높고 큰 것을 나타냄[形容聲音響亮], ⑦느린 모양[遲緩貌], ⑧기쁘고 즐거운 모양[喜樂貌], ⑨감동한 모양[感動貌], ⑩돌아갈 곳이 없는 모양[無所歸貌] 등이다. 이 중 긴소매의 움직임과 연관시킬 수 있는 단어는 ⑦느린 모양[遲緩貌]이 되겠다.

65 불(拂), [검색일: 2018.08.09.], 네이버한자사전, 〈https://hanja.dict.naver.com/〉.

66 손선숙, 『궁중정재 용어사전』(민속원, 2005), 162~169쪽. 불수(拂袖): 소매(한삼)을 떨쳐 뿌리다; 불화렴(拂花簾): 꽃잎의 발이 흔들리듯 팔을 떨쳐 뿌리며 춤을 춘다.

표 2. 〈황창무〉 관련 춤동작 표현 용어

작자	전신동작	팔동작	발동작	도는 동작	상대 동작	기타 동작 표현
박종	굴(屈), 신(伸)	–	–	반선(盤旋)	대작(對作), 빈좌(頻挫)	단검무 (單劍舞), 쌍검무 (雙劍舞),
김종직	–	–	다리 떨지 않다 (股不戰), 가다(去)	–	–	검날이 목을 겨눔 (劍鐔擬頸) 검이 심장을 가리킴 (劍鍔指心), 춤을 그치다 (罷舞)
김만중	땅을 떨쳐 일어 서다(拂地起)	긴소매 양양하게 (長袖洋洋) 활등처럼 굽은 춤소매 (弓彎舞袖)	–	좌로 돌다(左盤), 우로 돌다(右旋), 돌다(轉)	–	–
성대중	구르다(滾) 몸을 번드치다 (飜身) 머뭇거리다 (躊躇)	소매를 가볍게 걷어 올림 (尖袖輕指), 검을 던지다 (擲劍)	솟구쳐서 도약 하다 (跳盪)	돌다(轉)	사람을 핍박 하다(逼人)	흘겨보다(眄), (斜睨)

이상의 표로 볼 때, 춤 동작에 대한 용어 사용은 성대중이 대체로 직접적으로 표현했다고 여겨진다.

(2) 비유적 검무 춤동작의 표현 요소

이의현은 검무가 시작되니 검을 사용하는 동작이 마치 물과 같다(舞劍起兮劍如水)고 묘사했다. 물이 흐르듯이 유연하게 춤추는 모습을 표현했을 것이다. 박종은 '빙빙 돌아가는 검광이 마치 눈과 같다(盤旋劍光如雪)'고 했는데, 반짝반짝 빛나는 검이 마구 휘둘러지니 마치 한 겨울의 차디찬 기운이 감돌아서 눈발이 휘날리는 것 같음을 묘사한 것이다. 검무의 춤세는 흔히 '눈발' 혹은 '서릿발'과 연관시키는 경우가 많다. 김수민 역시 '처음엔 늦봄처럼 배꽃 떨어지더니, 점차 황혼처럼 어지럽게 눈 내리네(初如暮春梨花落, 漸似黃昏亂雪墜)'라고 하여 그 움직임이 처음엔 봄기운이 느껴지듯 춤이 평화로웠는데, 점차 움직임이 맹렬해지면서 차디찬 눈발이 점입가경으로 펼쳐짐을 묘사하였다.

김만중은 기녀의 춤이 좌로 돌고 우로 돌며 돌아가는 춤의 기세가 마치 '비바람 몰아치고 천둥 번개가 요란(風雨颯颯雷霆怒)'하게 울리는 것 같다고 비유하였다. 또 김수민은 '장맛비가 세차게 몰아치듯 찬바람 일고(苦雨颯颯寒風起)'라고 하였으니, 세찬 바람 혹은 소나기, 장맛비, 천둥 번개 등은 검무가 맹렬한 기세로 치닫는 형상에 매우 잘 어울리는 비유로 사용되었다고 하겠다.

성대중은 춤의 기세가 강해지는 것을 '광분을 이기지 못하네(不勝狂)'라고 하였다. 마치 미쳐서 날뛰듯이 춤이 맹렬해졌음을 표현한 말이다. 성대중은 〈옥류자 이여량(명연)의 검무시에 차운하여 황창무를 읊다〉에서 검무의 모습을 아래와 같이 비유적으로 설명하였다.

① 처음엔 채색 구름이 비단자리에 떠 있는 듯 싶었는데(初疑彩雲泛繡茵)
② 나는 제비가 대들보를 스쳐가는 것에 다시 놀라네(却驚飛燕掠雕樑)
③ 돌아서 흘겨보면 구름과 제비의 모습은 완전히 잃어버리고(轉眄渾失雲燕狀)
④ 다만 꽃 공이 화당에 굴러감을 보네(但見花毬滾華堂)
⑤ 당 가득히 음산한 가운데 잔술이 차갑고(滿堂陰森杯酒寒)
⑥ 허공에는 북두성과 우성 사이에 보검의 빛이 횡으로 서려있네(空邊橫拆斗牛芒)
⑦ 수놓은 버선은 오히려 땅에 가득한 서리에 젖네(繡襪猶沾滿地霜)

①번에서 비단자리에 채색구름이 떠 있다고 한 것은 기녀의 춤추는 모습이 잔치자리에서 가볍게 그리고 아름답게 인상지어졌음을 나타내는 듯하다. 그런데 ②번에서는 갑자기 제비가 날아서 대들보를 스치듯이 날렵하게 공중으로 뛰어올랐음을 표현하고 있다. ③번은 갑자기 멈추어선 자리에서 돌아보며 한 곳을 흘겨보듯 응시한 모습이다. 이제 구름이나 제비 같은 춤 모습은 찾아볼 수 없이 고요함 속에 냉기를 뿜어내는 양상이다. ④는 다시 반전의 모습으로 이번에는 기녀가 꽃 공이라도 된 듯 흘러가는 혹은 구르는 듯한 어여쁜 모습이 연출된다. 그리고 ⑤번은 검무의 전반적인 기운이 차갑고 냉랭하여 음산함이 느껴져서 마치 술잔까지도 차갑게 여겨진다는 것이다. ⑥번은 북두성과 우성 사이에서 보검의 빛이 나타났던 고사와 같이 황창무의 칼이 보검으로 여겨진다는 말일 것이다. 그만큼 춤의 기예적 뛰어남으로 문사의 상상력을 자극한다

는 뜻이기도 할 것이다. 끝으로 ⑦번은 기녀의 검무에서 강하게 분출된 서릿발 같은 음기로 인하여 어여쁜 버선마저도 젖어들어 가는 것을 묘사하였다.

조선의 문사들은 이상과 같이 자연 사물의 특징을 들어서 춤의 특성 및 형상을 비유적으로 묘사했다. 유연한 모습을 비유하여 물과 같다고 했고, 검무를 춤추는 무용수의 날렵함을 표현할 때는 제비[燕]와 번개[霆]와 같다고 했다. 맹렬한 동작을 표현할 때는 소나기가 몰아치다[苦雨颯颯], 비바람이 몰아치다[風雨颯颯], 천둥번개가 노하다[雷霆怒], 광분[狂], 천둥[雷]과 같은 표현이 사용되었다. 반면 가볍거나 예쁜 모습에 대해서는 채색구름[彩雲], 꽃공[花毬], 수놓은 버선[繡襪], 배꽃 떨어지다[梨花落]와 같은 표현이 비유적으로 사용되었다. 그리고 냉랭한 기운을 표현할 때는 눈[雪], 서리[霜], 한(寒)으로, 또 어지럽게 날리는 눈[亂雪] 등으로 묘사했다.

5. 맺음말

〈황창무〉를 묘사한 조선시대 문사들의 시 또는 해설에서는 황창이라는 아이가 어린데도 불구하고, 신라의 옛 치욕을 씻고자 백제로 가서 백제왕을 시해함으로써 원수를 갚았다는 점을 공통으로 인식하고 있다. 그러한 황창의 행위는 충의(忠義)를 실천한 것으로 문사들의 정서 속에 자리 잡았다. 조선 문사들의 악부시에서 황창은 백제왕 살해에 성공한 인물로서, 중국 고대의 자객 형가나 섭정, 항장 등과는 비교될 수 없는 뛰어난 용기와 날랜 검술을 갖추었다고 여겨졌다. 그리고 형가의 보조자인 진무양 정도는 풋내기 어린애였으므로 황창과는 비교조차 안 되는 하찮은 존재로 여겼다. 춘추시대 애공과 함께 전사한 노나라의 소년 왕기의 정신만은 오히려 본받을만한 것이라고 하였다.

이 연구에서는 황창무의 역사를 기록사적인 면과 황창랑 전설을 통한 연원으로 구분하여 살펴보았다. 속설을 통한 황창무의 연원은 당연히 신라와 백제 간 전쟁 시기인 삼국시대에 둘 수 있다. 하지만 기록사로 본다면 김종직의 악부시가 기재된 『속동문선』을 시작으로 삼는다. 김종직보다 먼저 1385년에 경주 교방의 황창무를 관람했던 이첨의 논의는 『신증동국여지승람』(1530)에 첨부된 것이므로 기록사적인 면에서는 김종직이 앞선다고 하겠다. 그러나 황창무 연행자체를 소개한 것은 이첨이 처음이다. 그리고 조선의 문사 17인의 황창 관련 악부시를 통해 황창무는 고려로부터 계승한 것을 조선말기까지 계속 연행한 것임을 밝혔다.

다음 '악부시로 본 황창무의 기예적 특징'은 시적 표현 속에서 드러나는 황창이라는 인물에 대한 정서적 기대감을 가지고 춤을 관람한 데서 얻어진 인상들이라고 할 수 있다. 비록 여성인 기녀나 동기를 통해 연행된 춤이지만, 그 안에서 전쟁, 싸움, 용맹함, 재빠름, 냉철한 결단력, 한겨울이 느껴지는 차가움과 눈발의 휘몰아침과 같은 인상들이 춤 형상으로 정리되었다. 또 안무의 특성으로 볼 수 있는 느림과 유연함이 배치됨으로써 동작의 빠름을 더욱 강조할 수 있는 언어로 수용되었다고 할 수 있다.

끝으로 '황창무 복원 재현을 위한 춤 요소 색인'의 결과를 얻고자 황창의 외형을 먼저 정리하였고, 다음은 동작요소를 구분하였다. 복원 재현을 위한 요소로서의 황창의 존재는 어린 남자아이 모습이라는 점이다. 경주에서는 황창을 표상할 수 있는 가면을 1인의 기녀가 착용하였고, 상대 기녀와 2인이 맞춤을 추어서 싸움을 표현하였다. 복식은 현행의 검무복식과 같은 것으로 전모와 쾌자를 착용하였다. 검의 모습은 임경업장군의 추련도(검)와 같은 단검을 양손에 사용하는 쌍검대무의 양식이었다.

춤의 동작요소 색인에 있어서는 동작을 직접적으로 표현한 것과 비유적으로 표현한 것을 구분하였다. 조선 문헌 속에서 발췌한 동작은 전신동작으로 굴(屈), 신(伸), 땅을 떨쳐 일어서다(拂地起), 구르다(滾), 몸을 번드치다(飜身), 머뭇거리다(躊躇)를 찾았다. 팔동작에는 긴소매 양양하게(長袖洋洋), 활등처럼 굽은 춤소매(弓彎舞袖), 소매를 가볍게 걷어 올림(尖袖輕揎), 검을 던지다(擲劒)를 얻었다. 발동작에는 다리 떨지 않다(股不戰), 가다(去), 솟구쳐서 도약하다(跳盪)를 찾았다. 도는 동작으로는 반선(盤旋), 좌로 돌다(左盤), 우로 돌다(右旋), 돌다(轉)를 얻었으며, 적과 서로 상대하는 동작으로는 대작(對作), 빈번히 억압하다(頻挫), 사람을 핍박하다(逼人)를 색인했다. 그밖의 동작묘시로 단검무(單劒舞), 쌍검무(雙劒舞), 검날이 목을 겨눔(劒鐔擬頸), 검이 심장을 가리킴(劒鍔指心), 춤을 그치다(罷舞), 흘겨보다(眄), (斜睨)를 얻었다. 이들 동작은 현행의 검무에서도 흔히 볼 수 있는 것들인데, 복원재현을 위한 동작정보로 유용될 수 있을 것이라 생각한다.

끝으로 동작을 비유로써 묘사한 용어로는 자연 사물의 특징이 잘 표현된 단어들이 사용되었다. 유연한 모습을 비유하여 물과 같다고 했고, 검무를 춤추는 무용수의 날렵함을 표현할 때는 제비[燕]와 번개[霆]와 같다고 했다. 맹렬한 동작을 표현할 때는 소나기가 몰아치다[苦雨颯颯], 비바람이 몰아치다[風雨颯颯], 천둥번개가 노하다[雷霆怒], 광분[狂], 천둥[雷]과 같은 표현이 사용되었다. 반면 가볍거나 예쁜 모습에 대해서는 채색구름[彩雲], 꽃공[花毬], 수놓은 버선[繡襪], 배꽃 떨어지다[梨花落]와 같은 표현이 비유적으로 사용되었다. 그리고 냉랭한 기운을 표현할 때는 눈[雪], 서리[霜], 한(寒)으로, 또 어지럽게 날리는 눈[亂雪] 등으로 묘사했다.

이 연구는 박종의 「동경유록」에 기재된 '신라 10무(新羅十舞)' 중 황창무를 복원재현 하려는 작업의 일환이며, 제Ⅰ차시 연구로서 춤 복원에 필요한 정보를 이론적으로 구축하려는 작업이었다. 황창을 보다 잘 이해하기 위하여 문헌, 특히 악부시에 나타난 황창랑에 대한 조선시대 문사들의 인식을 살폈고, 그 안에 묘사된 황창의 외형과 동작에 대한 묘사를 분석하고 색인하였다. 이 작업의 결과는 제Ⅱ차 연구인 조선시대 전국 교방 기녀들에 의해 전승된 정재류 검무의 특징을 차후 연구로 정리한 후, 황창무와 비교하는 자료로 다시 연구될 것이다. 그리고 황창무 복원 재현 시에는 이 연구에서 색인된 용어들이 직접 적용될 수 있도록 춤 안무에 필요한 이론적 정보를 제공하려는 데 목적이 있다.

현행의 검무는 일제강점기를 관통하면서 칼목이 꺾이고, 춤세도 전투적 기상을 잃은 양상이다. 황창무 연구를 통해 경주교방의 춤문화를 다시 돌아보고, 당시의 날렵하고, 냉기를 뿜어냈던 조선시대의 검무를 다시 인식하는 계기를 마련하고 싶은 소망이다. 이를 실천함으로써 지방의 향토 예술문화를 새롭게 조명하고 이해하는데 일조하고자 한다.

이 논문은 『무용역사기록학』 제50권(무용역사기록학회, 2018.9.)에 게재되었다.

『시용무보』의 정대업지무 중
탁정의 분석을 통한 검무 동작 연구

도기현

1. 서론

　종묘제례악(宗廟祭禮樂)은 '국가중요무형문화재 제1호(1964년 지정)'이며 유네스코(UNESCO)에 '세계인류무형문화유산'으로 등재(2001)된 그야말로 우리나라를 대표하는 문화유산이다. 종묘제례악은 종묘대제(宗廟大祭)에서 행하는 제례(祭禮)의식으로 종묘에서 조선 왕조의 역대 임금들과 왕비의 위패를 모시고 제사를 드릴 때 행하는 '기악(樂)'과 '노래(歌)'와 '춤(舞)'을 말한다.[1] 종묘제례의식의 각 절차마다 보태평(保太平)과 정대업(定大業)이라는 음악을 중심으로 조상의 공덕을 찬양하는 내용의 종묘악장이라는 노래를 부른다. 종묘제례악이 연주되는 동안 문무(文舞)인 보태평지무(保太平之舞, 선왕들의 문덕을 칭송)와 무무(武舞)인 정대업지무(定大業之舞, 선왕들의 무공을 찬양)가 곁들여진다. 모든 문화유산이 소중한 것이긴 하지만 특히 종묘제례악은 존엄한 조선 왕실문화의 정수로서 우리 민족의 품위와 예술적 가치를 동시에 지니고 있는 고귀한 문화유산이다. 특히 조선이라는 나라의 가장 중요한 근간이 되는 것을 종묘사직(宗廟社稷)이라 하는데, 종묘에서 조상에게 제사를 지내는 종묘제례악은 특히 왕실문화의 백미로 손꼽힌다.[2]

1　신동숙, 「제례악의 지도방안 연구, 종묘·문묘 제례악을 중심으로」, 용인대학교 석사학위논문, 2008, 7쪽.
2　도기현, 「정대업지무의 검술적 용법과 표현용어에 관한 연구」, 연세대학교 박사학위논문, 2017, 10쪽.

그런데 종묘제례악이 일제강점기에 일제에 의해 심하게 왜곡되었고, 그렇게 왜곡된 상태로 종묘제례악이 국가무형문화재로 지정되었다는 문제점이 끊임없이 제기되어 왔다. 2002년 2월 28일에 '종묘일무 원형과 다르게 전승되어 있다.' 혹은 '종묘제례악의 일제 왜곡'이라는 내용의 기사가 'KBS, 경향신문, 세계일보, 한겨레신문' 등에 실린 것을 기점으로 현재까지 지속적인 문제제기가 있는 중이다. 특히 이종숙은 「시용무보 무절구조 분석과 현행 종묘일무의 비교연구」[3]라는 논문에서 체계적이고 구체적으로 종묘제례악의 왜곡을 지적하였으며, 국립국악원 악사장을 역임한 김용(金龍)은 권위 있는 학술지에 여러 편의 논문으로 종묘제례악의 왜곡에 대해서 신랄하게 비판하였다. 종묘제례악의 악장가사와 음악은 물론이고 춤마저도 상당히 왜곡되었다는 것이다. 그러나 종묘제례악을 관리·감독하거나 보존하는 등의 종묘제례악 유관업무를 맡고 있는 '문화재청'이나 '국립국악원', '종묘제례악 보존회' 등에서는 이에 대해 강력히 반발하며 왜곡 사실을 절대적으로 부인하고 있는 실정이다. 종묘제례악 보존회에서는 오히려 이종숙에게 박사학위를 수여한 용인대학교 대학원에 학위수여기관으로서 잘못된 논문에 학위를 수여한 이유를 물으며 답변을 요구[4]하는가 하면, 국립국악원에서는 현행 종묘일무가 일부 변형된 것은 인정하지만 동서고금을 막론하고 전통문화의 전승에 있어서 문헌에 기록된 내용보다 시간의 흐름에 따라 전승자들을 중심으로 자연스럽게 변화된 내용을 더 중시한다는 입장을 내놓았다.[5] 문화재청에서는 종묘제례보존회에서 보내온 의견서를 첨부하여 종묘제례악의 왜곡을 지적한 김용에게 지면을 통하여 공개 사과할 것을 요구하기도 하였다. 종묘제례악의 왜곡에 대한 지적 이후 학술적이고 체계적인 논의보다는 전통이나 선배에 대한 무시나 격하라며 흥분하면서 학술적 논쟁이 아니라 감정적인 싸움으로 변질되고 있는 안타까운 실정이다. 그래서 본 연구는 감정적인 싸움을 자제하고 종묘제례악의 무엇이 어떻게 왜곡되었거나 잘못되었는지를 구체적으로 확인해 보고 나름대로 그 해결방안을 찾는 것이 바람

3 이종숙, 「시용무보 무절 구조분석과 현행 종묘일무 비교 연구」, 용인대학교 박사학위논문, 2003.
4 종묘제례악보존회, 「종묘제례악 일제왜곡 보도에 따른 종묘제례악보존회 입장」(문서번호 2003-, 2003).
5 이숙희, 「종묘제례악 질재 왜곡 보도에 대한 해명」, 국립국악원 보도자료, 2003.

직하다고 보는 입장에서 시작하였다.

종묘제례악의 왜곡과 관련된 여러 논점 중에서 본 연구는 종묘제례악 중 '종묘일무(宗廟佾舞)'에 관한 것이다. 일무는 악무(樂舞)로서 그 뜻은 줄을 지어서 추는 춤으로, 일(佾)은 열(列)과 같은 뜻[6]이며, 종묘제례악의 춤은 한 줄로 줄지어 서서 추는 춤으로 일무(佾舞)라 한다. 일무를 간단히 정리하면 조선시대 종묘에서 종묘제례 때 한 줄로 서서 추는 의식무(儀式舞)를 말하는 것으로, 정대업지무는 조종(祖宗)의 무공(武功)을 찬미하는 무무(武舞)이고, 보태평지무는 조종의 문덕(文德)을 송축(頌祝)하는 문무(文舞)로 되어있다.[7] 보태평지무와 정대업지무는 각각 11곡, 총 22곡이 전해져 내려온다. 그 중에서 검(劍)을 들고 행하는 검무(劍舞)인 정대업지무의 3번째 곡인 '탁정(濯征)'에 대해서 연구해 보고자 한다. 종묘일무 전체에 대해서 논하거나, 또는 문무인 보태평지무는 차치하더라도 무무인 정대업지무 11곡만이라도 다 다루고 싶으나, 본 연구의 지면 관계상 한 곡만을 연구하고자 하는 것이다. 그러나 탁정 한 곡의 분석만이라도 정확히 이루어진다면 현재 제기되고 있는 종묘제례악 중 종묘일무와 관련되어 어떤 문제점이 있는지 이해할 수 있는 계기가 될 것이라 본다. 아울러 탁정 한 곡의 이해만으로도 종묘일무의 전반적인 춤사위, 최소한 정대업지무의 검무적인 움직임을 이해할 수 있는 계기가 될 수 있다고 본다.

종묘일무는 조선 왕조 역대 군왕의 위패를 모시는 종묘제향에 쓰이는 춤으로 『시용무보(時用舞譜)』라는 기록에 나타나 있다.[8] 『시용무보』는 종묘제례악 일무의 춤 내용과 순서를 기록한 무보인데 시용무보가 원전인지, 아니면 모사 또는 필사한 것인지, 필사한 시기가 언제쯤의 일인지, 필사하는 과정에서 착오는 없었는지 등의 문제가 도출된다.[9] 그러므로 시용무보에 대해서는 추후 더 많은 연구가 필요하다고 본다. 그럼에도 불구하고 『시용무보』는 한국무용사상 유일무이한 무보로서 아주 진귀한 귀중본[10]이며 종묘일무를 구체적인 술어와

---

6 방승환, 「종묘제향에 나타난 일무에 관한 연구」, 중앙대학교 석사학위논문, 1992, 12쪽.

7 최순희, 「조선왕조실록에 나타난 일무에 관한 고찰」, 경기대학교 석사학위논문, 2004, 17쪽.

8 유행수, 「종묘일무의 술어에 관한 연구-정대업지무의 검기법적 해석을 중심으로」, 숙명여자대학교 석사학위논문, 2000, 1쪽.

9 이소영, 조용진, 「그림기법을 통하여 본 시용무보의 제작정황 추정」, 『한국사상과 문화』 제21호, 한국사상과 문화학회, 2003, 483쪽.

그림으로 기록한 유일본이기 때문에 본 연구의 자료로 선택하였다. 그래서 본 연구에서는『시용무보』에 기록된 탁정과 현행 국가무형문화재로 실시되고 있는 탁정의 술어와 동작을 비교하면서 분석하여 끊임없이 제기되고 있는 종묘제례악의 왜곡문제의 해결에 조금이나마 도움이 되었으면 하는 마음으로 시작하였다.

본 연구의 필요성은 왜곡의 문제가 끊임없이 제기되고 있는 현행 종묘제례악 중 정대업지무가 정말 문제점이 있는지, 있다면 어떤 문제점이 있는지를 점검해보고 그 대안을 제시하는 것이며, 추후 정대업지무를 연구하여 올바른 검무 동작을 실행할 수 있는 기초적인 자료를 제공하고자 하는 것이다. 그러므로 본 연구의 목적은 시용무보에 기록된 정대업지무의 술어를 분석하여 정대업지무의 정확한 동작을 알고자 함이다.

본 연구의 첫 번째 제한점은 정대업지무 11곡 중 하나인 '탁정(濯征)'만을 분석한다는 것이며, 두 번째 제한점은 검무 동작의 정확한 연구결과를 보여주기 위해서는 동영상으로 동작의 특성을 설명해야 이해가 쉬우나, 지면으로 된 본 연구의 특성상 글로 풀어 설명하기로 한다는 것이다.

2. 연구방법

본 연구는 인문학적 연구방법으로 문헌고찰과 동영상 분석을 통한 질적 연구를 실시하였다. 일차적으로 정대업지무의 교과서와 같은『시용무보』의 내용을 중심으로 문헌고찰을 하였으나, 본 연구의 목적이 동작을 분석하는 것이기 때문에 현행 중요무형문화재 일무의 전수교재로 사용되고 있는 동영상 분석을 실시해 동작연구를 비교하는 방법을 택했다.

『시용무보』의 탁정의 검무 동작을 정확히 설명하기 위해서 현행 정대업지무의 탁정 동작과 비교하는 방법을 선택한 이유는, 현행 종묘일무의 정대업지무의 탁정 동작들 또한 당연히 검무라고 주장하고 있는바『시용무보』의 탁정 동

---

10 김용, 「한국궁중무용의 춤사위 기록법 연구」, 『한국사상과 문화』 제33호, 2006, 381쪽.

작과 해석 면에서 무엇이 다른지를 밝히는 것이 본 연구의 주된 관점이기 때문
이다. 현행 정대업지무의 탁정과『시용무보』의 탁정을 비교하며 다른 점을 찾
아내야만 왜곡된 사항이 어떤 것인지 문제점들을 발견해 낼 수 있을 것이다.

    질적 연구에서 제대로 연구 자료를 알맞게 수집하려면 연구자는 반드시 연
구 현장의 일원이 되어야 한다[11]. 질적연구자는 연구 도구(Researcher as an
instrument)로서 의미전달의 중계자 역할을 하는 바 연구내용에 충분히 이해와
습득이 있으면 보다 정확하게 연구할 수 있기 때문이다. 연구자는 평생 종묘일
무를 연구한 김용의 오랜 제자로 현재까지 18년 동안 종묘 일무를 익혀와 종묘
일무에 대한 풍부한 경험이 있다. 또한 연구자는 중학교 시절부터 현재까지 40
년 넘게 한국 검술을 수련하고 연구해 온 검술의 전문가이다. 검술에 대한 기본
적인 지식이 풍부하기 때문에 검술적인 기법과 비검술적인 움직임을 쉽게 발견
해 낼 수 있는 장점이 있다. 그러한 경험들이 검무인 정대업지무 탁정의 동작들
을 분석하고 연구하는 기본적인 바탕이 되었다.

3. 결과 및 논의

    정대업지무 중 탁정의 정확한 검무 동작을 연구하기 위해서 현행 국가중요
무형문화재로 지정되어 실시하고 있는 탁정과『시용무보』의 탁정을 비교하며
분석하여 다른 점을 찾아내면서 탁정의 올바른 검무 동작을 연구해 보는 방법
으로 연구를 진행한 결과 다음과 같이 3가지 주요 결론을 얻었다.

1) 현행 정대업지무의 탁정은 검무임에도 검술적인 기법이 없다.

    정대업지무는 기본적으로 검을 들고 춤을 추는 검무이다[12]. 검을 들고 춤을
추기 때문에 정대업지무만이 아니라 모든 검무는 당연히 검술적인 기법을 바탕

---

11 이철원,『여가학의 질적연구방법론』, 레인보우북스, 62쪽.
12 도기현,「정대업지무의 검술적 용법과 표현용어에 관한 연구」, 연세대학교 박사학위논문, 2017,
   53쪽.

으로 하고 있다. 검을 들고 빗자루 쓸 듯이 사용하거나 총채를 털 듯이 아무렇게나 움직일 수는 없는 것이다. 검무는 긴 칼[長劍]을 들고 무예적인 기교를 부리며 춤을 추는 장쾌한 칼춤인데 본래는 무예적인 성격을 가지고 시작하였으나 시대에 따라 예술적인 특성을 강조하는 춤으로 발전하였다.[13] 그래서 혹자는 검무가 예술화되는 과정에서 검술적인 기법이 사라지고 단지 아름답게 변한 것이라고 주장하는 사람도 있다. 그러나 그렇게 되면 검을 들고 하더라도 검무라고 할 수는 없게 된다. 예를 들어 요즘 유행하고 있는 '태권도 비보잉'을 보면 알 수 있다. 태권도인들이 신나는 음악에 맞춰 비보잉 하듯이 화려한 동작을 구사하는 것이 요즘 젊은 태권도인들 사이에서 대단히 유행하고 있다. 그런데 음악에 맞춰 화려하게 움직이는 동작들이 모두 태권도 동작에 기초를 두고 있다. 그렇기 때문에 태권도 비보잉인 것이다. 태권도 동작을 활용하지 않고 멋대로 움직이면 그건 그냥 비보잉이지 태권도 비보잉이 아니기 때문이다. 그러므로 검을 들고 검무를 추는 동작이 예술적으로 변하고 아름답게 치장한다고 하여도 기본적으로 검술적인 기법에 의해 움직여야만 검무인 것이다.

각 지역의 검무는 정재(呈才)에서 파생되어 각각의 음악적, 지방적 특성과 전습자들의 개성에 따라 각각의 특성을 갖추고 자연스럽게 변해갈 수 있다[14]고 하였다. 그러나 그것은 민속무용에 해당하는 것으로 궁중의 법도에 의해 행해지는 정대업지무는 함부로 변해질 수 없다. 특히 대부분의 검무가 유희화 되고 여성화되면서 검의 형태가 작고 가벼워지거나 예술적 표현이 용이한 '절검(切劍: 무기로 사용되는 칼이 아니고 날이 꺾어져 고리를 손 자루에 연결시켜서 빙빙 돌릴 수 있도록 만든 것)'으로 바뀌기도 하지만 정대업지무의 검은 궁중의 기록대로 초기의 장검(長劍) 형태를 그대로 유지하고 있다. 〈그림 1〉에서 보는 바와 같이 정대업지무에 사용되는 검의 형태가 장검의 형태로 정확히 기록되어져 있고, 그 검을 들고 검의 원리대로 움직이는 검무임을 알 수 있다.

---

13 장효선, 「용당검무의 춤사위와 검결의 문화적 가치에 관한 연구」, 명지대학교 박사학위논문, 2015, 6쪽.
14 박경미, 「해주검무의 춤사위 고찰」, 숙명여자대학교 석사학위논문, 2005, 21~22쪽.

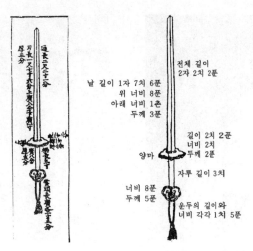

그림 1. 『악학궤범』 정대업 검(左)과 『신악학궤범』 정대업 검(右)

    정대업지무가 검술적인 기법에 충실한 검무임을 알 수 있는 중요한 증거는 『세종실록(世宗實錄)』에 있다. 세종 12년 2월조의 기록을 보면 무무(武舞)를 추는 무공(武工)은 형조(刑曹)나 의금부(義禁府)에서 거관(去官: 고려와 조선시대 근무기한을 마친 관료·서리·군인 기타 국역종사자들이 그 직에서 떠나는 것)한 사람들이 많이 섞여 있다고 했다. 그러나 무공들이 습성과 소양이 단정치 못하는 등 여러 가지 문제점이 노출되자 이를 보완하기 위하여 예조는 의례상정소(儀禮詳定所)와 의논하여, 제랑은 이조(吏曹)에서 뽑고, 무공은 병조(兵曹)에서 뽑아 나이 젊고 감당할 만한 사람으로 차정(差定)하여야 한다[15]고 하였다. 문무를 추는 제랑은 이조(문관의 전형·선발과 유품(遺品) 및 관리의 근무평정을 관장하는 기관)에서 담당하고, 검을 잘 사용할 수 있어야 하는 무무는 병조(조선시대 군사관계 업무를 총괄하던 중추적 기관)에서 담당한 것을 보아도 정대업지무는 춤을 추는 무용인들이 아닌 검술을 하는 무인(武人)들에 의해 행해졌다는 것을 알 수 있다. 이는 정대업지무가 검술적인 기법에 의해 행해졌다는 확실한 증거라 하겠다.

    그럼에도 불구하고 현행 정대업지무의 탁정 동작들은 검술적인 기법이 거의

---

15 장사훈, 「세종조 음악연구(세종대왕의 음악정신)」, 서울대학교 출판부, 1983, 210쪽; 허흥순, 「보태평·정대업 학무보 소고」, 『한국문화연구논총』 제12집, 2004, 87쪽.

점슬(點膝)
허리를 굽히고 손을 무릎에 붙이되, 붙인
다리를 지상에서 약 오촌(五寸)쯤 든다.[16]

거휘(擧揮)
두 손을 모아 밖으로 둘러
비스듬히 윗 편을 가리킨다.

양수하견(兩手荷肩)
두 손을 모아 한쪽 옆으로 곧게 뻗는다.[17]

하견(下肩)
두 팔을 좌우로 벌려 일직선을 만든다.

그림 2. 현행 정대업지무의 탁정 동작들

배제된 상태로 움직이고 있다. 특히 검술은 날의 예술이라고 할 만큼 날의 사용
이 중요한 기법이다. 날카로운 검의 날을 사용하면서 공방이 이루어져야만 한
다. 검의 날을 사용하지 않고 그냥 휘두르면 그건 검술이 아니고 작대기술이
된다. 그러나 현행 정대업지무의 탁정은 날의 사용을 하지 않고 검 날의 방향을
무시한 채 움직이고 있다. 탁정의 대부분의 동작들이 검술적인 기법이 적용되

지 않고 있는데 그중에서 대표적으로 3개의 동작만 분석해 보자.

첫 번째로 '점슬(點膝)'이다. 점슬은 무릎(膝)에 검을 갖다 대라(點)는 뜻이다. 다리를 들어 올려 상대의 공격을 피하며 내리치면 검이 자연스럽게 무릎에 닿는 점슬 모양이 나오는데 현행 탁정에서는 다리를 대충 들어 올리며 고개를 숙이면서 검을 무릎에 갖다 붙인다. 검술적으로 어떻게 검을 사용하는 동작인지 도저히 알 수가 없다.

두 번째로 '거견외휘(舉肩外揮)'이다. 어깨 높이(肩) 만큼 검을 들어(舉) 바깥쪽(外)으로 휘둘러(揮) 치라는 것이다. 이는 상대가 얼굴 쪽으로 공격해 들어올 때 상대의 검을 막아 걷어내는 동작이다. 그런데 현행 탁정에서는 '거견외휘'를 '거휘(舉揮)'라는 신조어로 약자를 만들었는가 하면 의미 없이 '비스듬히 윗 편을 가리킨다.'고 되어 있다. 자신의 신장보다 훨씬 높은 위치의 공중에 적이 존재할 수 없는 만큼 이는 검술적인 기법이 전혀 적용되지 않은 동작이다.

세 번째로 '양수하견(兩手荷肩)'이다. 두 손(兩手)으로 어깨 높이(肩)에서 검을 넓게 펼치듯(荷) 옆으로 베어내는 동작이다. 즉 앞에 있는 적의 목을 수평으로 베어버리는 검술기법이다. 보태평의 하견에서는 두 손을 좌우로 벌여 일직선을 만든다고 하였다. 그렇다면 양수하견은 하견을 양 손으로 한다고 생각만 하여도 양수하견을 제대로 이해할 수 있을 것이다. 그런데 현행 탁정의 양수하견은 양팔을 들어 공중을 가리키는 동작으로 검술적으로 어떤 용도인지 알 수가 없다.

그러므로 『악학궤범』에 기록된 장검(長劍)을 들고 검을 잘 다루는 무공(武工)들이 검술적인 기법으로 행했던 정대업지무의 탁정을 정확히 표현하려면 검의 날을 활용하여 검술적인 기법으로 움직이는 검무적인 동작이 요구된다고 할 수 있겠다.

16 허흥순, 「보태평·정대업 학무보 소고」, 『한국문화연구논총』 제12집, 2004, 88쪽.
17 허흥순, 「보태평·정대업 학무보 소고」, 『한국문화연구논총』 제12집, 1968, 88쪽.

2) 현행 정대업지무의 탁정은 술어(術語)에 대한 해석이 부족하다.

『시용무보』에 있는 술어들은 40개의 글자들을 가지고 팔을 구부리고[折] 펴고[伸] 돌리는[還] 세 가지 기본 움직임을 바탕으로 신체부위명과 공간의 여덟 방향의 분할개념을 통하여 움직이는 방향과 검의 위치를 구체적으로 가리키는 과학적이고 체계적으로 만들어낸 우리 민족의 독창적인 표현용어이다.[18]

표 1. 『시용무보』의 49술어 수식(手式)의 자의별(字意別) 분류

구분	술어 조합의 낱 글자	수
신체부위명	흉(胸), 유(乳), 복(腹), 협(脇), 견(肩), 슬(膝), 비(臂)	7개
팔방명	좌(左), 우(右), 전(前), 후(後), 상(上), 하(下), 내(內), 외(外),	8개
동명사화	합(合), 수(垂), 점(點), 거(擧), 환(還), 휘(揮), 거(據), 인(引), 파(把), 절(折), 하(荷), 할(割), 추(推), 발(拔), 신(伸), 타(打), 번(飜), 불(拂), 복(覆), 자공(刺空), 궤(跪), 기립(起立) 치(置)	23개
기타	검(劍), 권(拳)	2개
총		40개

(출처: 김용, 2002)

김용은 〈표 1〉의 40개 글자들이 그 명칭의 지시 언어체계에 따라 '시발(始發) → 경로(徑路) → 종착(終着)'이라는 체계[19]를 가지고 49개의 술어들로 구성되어져 있다고 주장한다. 어떤 동작이라도 반드시 출발지점이 있고 움직임을 통한 경로를 지나 일정한 지점에 도달할 수밖에 없다는 것이다. 이것을 구체적으로 표현한 것이 바로 〈표 2〉의 49개 술어들이다. 이 술어들이 시용무보를 이루는 주요한 표현방법이다. 뜻글자인 한자(漢字)로 되어 있기 때문에 한자의 뜻을 잘 이해하고 검술의 원리를 알면 누구나 쉽게 움직임의 원리를 파악하여 동작을 이루어 낼 수 있게 체계적으로 잘 구성되어 있다.

---

18 도기현, 「정대업지무의 검술적 용법과 표현용어에 관한 연구」, 연세대학교 박사학위논문, 2017, 59쪽.

19 김용, 「한국궁중무용의 춤사위 기록법 연구」, 『한국사상과 문화』 제33호, 2006, 399쪽.

표 2. 『시용무보』의 동작 구조별 분류-김용(1998)의 정리를 보완하여 재정리

구분	술어 조합의 낱 글자	수
절(折)동작 술어	견파(肩把), 궤좌슬(跪坐膝), 번검(翻劍), 번권(飜拳), 수복(垂腹), 슬상내휘(膝上內揮), 양수점유(兩手點乳), 외파(外把), 인슬(引膝), 인흉(引胸), 절견(折肩), 절번(折飜), 점유(點乳), 점협(點胁), 추후(推後), 타견(打肩), 할검(割劍), 할권(割拳), 할협(割脥), 합흉(合胸)	20개
신(伸)동작 술어	거견(擧肩), 거견외휘(擧肩外揮), 기립(起立), 복검(覆劍), 복권(覆拳), 복비(覆臂), 복파(腹把), 슬파(膝把), 신비(伸臂), 양수거견(兩手擧肩), 양수인협(兩手引脥), 양수점슬(兩手點膝), 양수하견(兩手荷肩), 양수하수(兩手下垂), 외거(外擧), 외휘(外揮), 자공(刺空), 점복(點腹), 점슬(點膝), 추비(推臂), 추전(推前), 하견(荷肩), 하수(下垂), 하슬(下膝), 후불(後拂)	25개
환(還)동작 술어	양수환거(兩手還擧), 환거(還擧), 환비(還臂), 환치(還置)	4개
총		49개

(출처: 김용, 2002)

　『시용무보』의 술어들은 은유적이거나 상징적이지 않고 아주 구체적이고 과학적으로 동작을 표시하였다. 그러므로 검의 사용법에 대한 예비지식이 있으면 술어(術語)만 가지고도 쉽게 검의 움직임을 파악할 수 있다. 현존하는 무보법(舞譜法) 가운데 가장 과학적이며 논리적인 형태로, 동작 표기법에서 세계 공통어로 사용되어지고 있는 루돌프 본 라반(Rudolf Von Laban)의 표기법을 '라바노테이션(Labanotation)'이라 부른다.[20] 루돌프 반 라반의 라바노테이션은 무용가, 안무가, 배우 및 무용학자, 특히 인류학자와 심리학자들에게 널리 쓰여지는 기록법으로서 실제적으로 그 유용성이 전 세계적으로 알려져 있으며[21], 오늘날 많은 무용인들이 필요로 하던 무보의 체계를 확실히 정립시켰다는 점에서 의의[22]가 있다고 할 만큼 무용역사에서 중요한 움직임의 기록법이다. 이지영은 시각적인 특징을 묘사하는 상징기호를 사용하는 방식의 라바노테이션에 비해서 음양법의 원리에 기초한 한자술어를 사용하는 『시용무보』의 방식 또한

---

20 이지영, 「라바노테이션의 표기법을 통한 시용무보의 재해석 연구」, 숙명여자대학교 석사학위논문, 2004, 8쪽.
21 김수영, 「Rudolf Von Laban의 원리가 무용 움직임에 미치는 효과 및 활용」, 숙명여자대학교 석사학원논문, 2006, 28쪽.
22 김덕순, 「라바노테이션 원리를 이용한 무산향 기록법에 관한 연구」, 조선대학교 석사학위논문, 2000, 4쪽.

표기 자체의 효율성 및 정확성에 있어서 뒤떨어지지 않으며 동시에 3차원의 수무궤적(手舞軌跡)을 훌륭히 묘사하고 있음을 알 수 있다고 하였다.[23] 그리고 종묘제례 일무의 원형을 보존하고 있는 무보로서 세계의 어떠한 무보에도 손색이 없는 자랑스러운 문화유산이라고 『시용무보』의 술어법을 칭찬하였다. 정대업지무는 세종 29년(1447)에 회례악무로서 창제되었으며, 세조 10년(1464)에 제례악무로 채택되어 개작된 형태가 오늘날까지 전해지고 있으니, 라반의 무용표기법보다 무려 500년 가까이 앞서는 세계 최초의 무보법임에도 불구하고 아직까지 그 가치와 중요성이 알려져 있지 않은 것은 참으로 안타까운 현실이라 하겠다[24]. 그러나 현행 종묘일무의 담당하는 사람들은 그 가치를 몰라 『시용무보』를 폄훼하고 있는 안타까운 실정이다.

> 『시용무보』는 서양의 라바노테이션이라는 무보처럼 각 신체부위들의 움직임을 세밀하면서도 연속적으로 묘사하는 방식이 아니라 대충의 춤 자세만을 나열해 놓았기 때문에 그 당시에 그 춤을 알고 있는 전문 무용가들에게나 통용될 법한 암기용 수준이지 춤을 재현해 낼 수 있는 원전 혹은 원형의 의미를 부여하기에는 무리가 있다.[25]

『시용무보』는 세계최초의 무보법이며 뜻글자인 한자(漢字)를 활용해 신체부위와 공간분할의 개념을 가지고 만들어진 뛰어난 무보 임에도 불구하고 『시용무보』에 대한 우리 스스로의 평가가 이렇게 야박하다 보니 결국 탁정에 대한 정확한 해석이 어려운 것이다. 검무로써 검술적인 기법에 바탕을 두고 탁정의 술어에 대한 해석을 하면 보다 정확하고 세밀한 검무 동작이 이루어진다. 현행 정대업지무 탁정의 술어해석과 검술적인 기법에 바탕을 두고 재해석한 탁정의 검무 동작에 대한 비교 설명은 〈표 3〉과 같다.

---

23 이지영, 「라바노테이션의 표기법을 통한 시용무보의 재해석 연구」, (숙명여자대학교 석사학위논문, 2004), 60쪽.
24 도기현, 「정대업지무의 검술적 용법과 표현용어에 관한 연구(김용의 해석을 중심으로)」, (연세대학교 박사학위논문, 2017), 174쪽.
25 문화재청, 「종묘제례(일무) 관련 요청자료」, (문서번호:무형86730-378, 2002).

표 3. 탁정의 현행 정대업지무의 해석과 검술적인 해석의 비교

술어		해석
1. 합흉(合胸)	현행 탁정 해석	상반신을 약 45도로 굽히고 양수를 심흉 간에 붙이되 우수가 좌수를 덮는다.[26]
	검술적인 해석	'합공인흉배례(合拱引胸拜禮)'의 약어이다. 두 손을 얼굴 높이에서 맞잡아 가슴 앞으로 당기며 허리를 굽혀 인사하고는 염수한 채로 손을 배 아래로 내리며 선다. 하(下)→전중·상·내(前中·上·內)→흉(胸)[27] 전형적전 전통 배례법이다.
2. 점복(點腹)	현행 탁정 해석	우수로 좌수를 덮어 복부에 붙인다. 주먹은 하향 (성경린, 1981:4).
	검술적인 해석	두 손을 머리 위로 올려서 배 앞으로 내린다. 흉(胸)→상·내(上·內)→복(腹) (김용, 2006:406). - 검을 양손으로 잡고 머리 위에서 배 앞으로 내려벤다.
3. 견파(肩把)	현행 탁정 해석	두 팔을 면전(面前)으로 점차(漸次) 합거(合擧)하되, 반월형(半月形)을 작(作) 한다(성경린, 1981:4).[28]
	검술적인 해석	두 손을 앞에서 좌우로 벌려 내려 어깨 아래에서 되돌려 어깨높이로 구부려 든다. 전·하·내중(前·下·內中)→하측(下側)→전측·내(前側·內)[29] 어깨 높이에서 위로 뿌리듯 걷어 올려 벤다.
4. 절견(折肩)	현행 탁정 해석	쥐인 칼을 들어 어깨를 치는 시늉을 한다.[30]
	검술적인 해석	두 손을 거견(擧肩) 자리에서 가슴 앞으로 모은다. 측(側)→전측·내(前側·內)→흉(胸).[31] 어깨 높이에서 안쪽으로 정면을 베어낸다.
5. 하견(荷肩)	현행 탁정 해석	두 팔을 좌우로 벌리어 일직선을 작한다.[32]
	검술적인 해석	절견(折肩)한 두 손을 좌우로 어깨높이로 벌린다. 흉(胸)→중·내(中·內)→측(側)[33] - 어깨 높이에서 바깥쪽으로 정면을 베어낸다.
6. 할협(割挾)	현행 탁정 해석	양수를 흉부에 교차(交叉)하되, 주먹이 상향한다.[34]
	검술적인 해석	좌우로 벌려 내린 두 손을 가슴 앞에서 교차시킨다. 하측(下側)→전·하중·내(前·下中·內)→전내(前內)[35] 오른쪽 허리 쪽에서 왼쪽 어깨 쪽으로 45도 위로 베어낸다.
7. 거견(擧肩)	현행 탁정 해석	외거에서 팔을 늘어 뒤로 짓되, 어깨와 수평이 되도록.[36]
	검술적인 해석	손을 배(腹)에서 간방 위로 둘러 어깨높이까지 내려 든다. 복(腹)→중·상·내(中·上·內)→측(側)[37]

		위에서 밑으로 어깨 높이까지 베어낸다.
8.복파(腹把)	현행 탁정 해석	정립(正立)하고 두 팔을 좌우로 약 1척(尺) 가량 버려 하수(下垂)한다.[38]
	검술적인 해석	벌린 두 손을 배 앞으로 모았다가 다시 좌우로 벌려 내린다. 전측·하중(前側·下中) → 복(腹) → 하측(下側)[39]. 배 앞에서 바깥쪽으로 뿌리듯 베어낸다.
9.점슬(點膝)	현행 탁정 해석	허리를 굽히고 손을 무릎에 붙이되, 붙인 다리를 지상에서 약 오촌(五寸)쯤 든다.[40]
	검술적인 해석	두 손을 다섯 치가량 든 다리의 무릎에 붙인다. 흉(胸) → 상내(上內) → 좌슬(左膝) 또는 우슬(右膝)[41] 다리를 구부려 들어 올리면서 무릎 쪽으로 검을 내려친다.
10.거견외휘 (擧肩外揮)	현행 탁정 해석	두 손을 모아 외(外)로 돌려(좌에서 비롯하면 우측으로, 우에서 비롯하면 좌측으로) 상부를 지(指)한다.[42]
	검술적인 해석	손을 거견(擧肩)의 자리 또는 중(中)에서 위 바깥쪽으로 둘러 추비(推臂)자리 방향으로 간다. 측전(側前) → 전·상중·내(前·上中·內) → 중·상중·내(中·上中·內)[43] – 어깨 높이로 검을 들어 바깥쪽으로 휘두른다.
11.양수하견 (兩手荷肩)	현행 탁정 해석	두 팔을 모아 한쪽 옆으로 곧게 뻗는다.[44]
	검술적인 해석	두 손으로 하견(荷肩)을 한다. 견·중(肩·中) → 전·내(前·內) → 측(側)[45] 양손으로 어깨 높이에서 바깥쪽으로 정면을 베어낸다.
12.슬상내휘 (膝上內揮)	현행 탁정 해석	허리를 구부리고 양수를 무릎 위에서 안으로 둘러 견하(肩下)로 모아 놓는다.(우측으로 둘렀으면 좌측 견하로, 좌측으로 둘렀으면 우측 견하로)[46]
	검술적인 해석	두 손을 어깨높이에서 허리를 구부리며 반대 무릎 쪽 아래로 둘러 멈춘다. 측전(側前) → 전·하중·내(前·下中·內) → 중·하중·내(中·下中·內)[47] 허리를 구부리며 무릎 위쪽으로 검을 휘둘러 베어낸다.

---

26 성경린, 「시용무보 정재무도홀기」, 『한국음악학자료총서4』, 은하출판사, 1989, 4쪽.

27 김용, 「한국궁중무용의 춤사위 기록법 연구」, 『한국사상과 문화』 제33호, 2006, 400쪽.

28 성경린, 위의 글, 1989, 14쪽.

29 김용, 위의 글, 2006, 402쪽.

30 성경린, 위의 글, 1989, 5쪽.

31 김용, 위의 글, 2006, 402쪽.

32 성경린, 위의 글, 1989, 4쪽.

33 김용, 위의 글, 2006, 402쪽.

34 성경린, 위의 글, 1989, 4쪽.

35 김용, 위의 글, 2006, 402쪽.

3) 현행 정대업지무의 탁정은 『시용무보』의 탁정과 술어의 체계가 다르다.

『시용무보』의 탁정은 총 28개의 술어들로 구성되어 있는데 현행 탁정은 술어가 21개 밖에 안 된다. 술어 자체가 7개가 부족한데다 그마저도『시용무보』의 술어체계와 차례도 틀리고『시용무보』에 없는 술어가 들어있는 등, 왜 그렇게 구성되었는지 도저히 설명이 불가능한 구조로 구성되어져 있다. 현행 정대업지무를 행하는 사람들은 이는 시대에 따라 자연스럽게 변화해 온 것이라고 주장을 한다. 그러나 종묘제례는 왕실문화로 조선의 가장 중요한 국가행사이고,『시용무보』라는 기록이 엄연히 존재하기 때문에 절대 임의적으로 바꿀 수 없다. 민중들이 행하는 민속무용이라면 지역마다의 특색과 시대의 흐름에 따라 변화발전이 가능했을 것이라는 추측도 가능하나 궁중 문화는 어떤 사람이 자기 임의대로 절대 바꿀 수 없는 존엄한 문화이다. 조선시대 당파싸움의 대부분이 궁중법도를 어떻게 해석하여 어떤 방법으로 실시하는가가 논쟁의 주된 요소였다는 것을 감안하면,『시용무보』라는 무보가 엄연히 존재하고 있는데 아무런 근거 없이 그냥 세월에 따라 왕실의 가장 중요한 행사의 동작이 변화한다는 것은 불가능한 것이다. 만약에 누군가에 의해 동작이 바뀌었다면 어딘가에 반드시 그와 관련된 기록과 사유가 있어야 한다. 그런 기록이 전무한 상태에서 어떤 근거도 없이 현존하는 유일한 무보인『시용무보』의 기록을 무시하는 것은 올바른 전통문화의 전승이라고 보기 어렵다.

---

36 성경린, 위의 글, 1989, 4쪽.
37 김용, 위의 글, 2006, 400쪽.
38 성경린, 위의 글, 1989, 4쪽.
39 김용, 위의 글, 2006, 402쪽.
40 성경린, 위의 글, 1989, 5쪽.
41 김용, 위의 글, 2006, 404쪽.
42 성경린, 위의 글, 1989, 5쪽.
43 김용, 위의 글, 2006, 405쪽.
44 허흥순, 위의 글, 1968, 88쪽.
45 김용, 위의 글, 2006, 405쪽.
46 성경린, 위의 글, 1989, 5쪽.
47 김용, 위의 글, 2006, 405쪽.

표 4. 현행 정대업지무 탁정과 시용무보 탁정의 술어비교

		현행 정대업지무 탁정 (21개 술어)	『시용무보』 탁정(28개 술어)
1		합흉 점복 견파 절견 하견	합흉 점복 점복 견파 절견 하견
2	2-1	할권 추비	할협左 거견右
	2-2	할검 추비	할협右 거견左
3		견파 복파 점복 점술 점복 점슬	견파 견파 복파 복파 점복 점복 점슬左 점슬右
4	4-1	거휘 양수하견 점복	거견외휘左 거견외휘左 거견외휘左 양수하견左 점복
	4-2	슬상내휘 양수하견 점복	슬상내휘右 슬상내휘右 슬상내휘右 양수하견右 점복

그러므로『시용무보』와는 술어의 숫자와 차례도 틀리고『시용무보』에도 없는 술어를 임의대로 집어넣어 창작한 현행 종묘일무의 동작을 다시 원래대로 바꾸어야 한다. '〈표 4〉 현행 정대업지무 탁정과 시용무보 탁정의 술어비교'를 통해서 알 수 있듯이 현행 탁정은 기본적으로 동작이 연속되는 술어는 모두 하나로 합쳐버리고 말았다. 1무절에 연속되는 '점복'과 3무절에 연속되는 '견파', '복파'를 하나로 합쳤다. 그리고 역시 3무절에서 연속되는 '점복, 점복, 점슬좌, 점슬우'로 연속되는 2동작을 '점복, 점슬, 점복, 점슬'로 좌우법(左右法)을 빼고 적당히 섞어서 배치해 놓았다. 4무절에서는 3회 연속되는 '거견외휘'를 '거휘'라는 명칭으로 임의대로 술어를 축소하고는 역시 하나로 묶어버렸다. 같은 4무절에서 또 3회 연속되는 '슬상내휘'를 하나로 합쳐버렸다. 그리고 거견외휘와 슬상내휘 모두 좌우(左右) 방향 표시를 삭제해 버렸다. 2무절에서는 '할협좌, 거견우, 할협우, 거견좌'로 되어 있는 술어를 '할권, 추비, 할검, 추비'로 바꾸어 놓았는데, 갑자기『시용무보』탁정에 없는 술어들을 왜 삽입하고 기록된 술어들은 왜 빼버렸는지 여러 가지로 생각해도 전혀 추측할 방안이 없다. 현행 탁정을 하는 사람들의 의견은 그렇게 배웠기 때문에 배운 대로 한다는 것이 유일한 대답이었다.

2무절에 있는 '할권, 추비, 할검, 추비' 등『시용무보』탁정에 없는 술어들이 삽입된 이유는 연구자도 도저히 이해할 수 없으나 연속되는 2동작이나, 3동작들을 하나로 합친 이유는 검술적인 기법의 이해 부족에서 기인한 것이라 보는 것이 연구자의 입장이다. 검술의 모든 동작들은 시작지점에서 검술의 원리에 맞게 일정한 경로를 지나 끝 지점에서 매듭을 짓는다는 원리를 이해하면 '시작

→경유→끝 지점'으로 움직이면 된다. 예를 들어 '거견외휘좌(擧肩外揮左) 3회(回)'를 실시하게 되면 검을 오른쪽 어깨 높이로 들어(시작), 바깥쪽으로 상대의 검을 걷어낸 후(경유), 왼쪽 어깨 쪽(끝 지점)으로 검이 오게 된다. 그리고는 다시 시작지점으로 돌아가 반복하면서 3회를 실시하면 되는 것이다. 그러나 『시용무보』에는 거견외휘의 끝 지점 그림만 3회 그려져 있을 뿐 시작과 경유가 그려져 있지 않으니, 현행 탁정에서는 거견외휘 끝 지점의 동작만을 이루어 놓고는 움직이지 못한 채, 3번의 거견외휘에 맞는 음악이 흐르는 동안 계속해서 정지해 있는 것이다. 그러므로 거견외휘를 굳이 3개로 표시할 필요가 없다고 생각하여 하나로 합쳐버린 것으로 추측된다. 만약 음악이 흐르는 동안 움직이지 않고 그냥 정지해 있을 것이라면 같은 동작을 3번이나 연속해서 『시용무보』에 굳이 그려넣지 않았을 것이다. '〈그림 3〉『시용무보』의 정대업지무 중 탁정무보'에서 원으로 표시한 동작들이 2회 또는 3회 연속되는 동작들을 보여주는 것이고 현행 탁정은 이를 하나로 합친 것이다.

지금까지 앞에서 논한 3가지 주요 논점은, 첫째로 현행 정대업지무의 탁정은 검무임에도 검술적인 기법이 부족하다는 것이고, 둘째로 현행 정대업지무의 탁정은 검술적인 기법을 바탕으로 한 술어에 대한 해석이 제대로 되어 있지 않다는 것이며, 끝으로 현행 정대업지무의 탁정은 『시용무보』의 탁정과 술어의 내용과 차례가 다르다는 것이다. 그러므로 이에 대한 보완이 이루어지면 보다 정확한 탁정의 검무 동작을 찾을 수 있다고 본다. 탁정에 대한 이러한 문제점들이 종묘제례악의 왜곡 문제 중 정대업지무 전반에 걸쳐 잘못된 점을 설명해 주고 있다고 본다. 다시 말해서 검의 기본적인 사용법을 잘 습득하여 검술적인 기법을 바탕으로 뜻글자인 한자로 이루어진 탁정의 술어에 대한 정확한 해석을 하고, 『시용무보』에 기록된 탁정의 차례대로 동작을 재현하면 보다 원형에 가까운 탁정의 검무 동작들을 이루어낼 수 있을 것이라고 보는 것이며, 이는 곧 정대업지무에서만은 왜곡된 사항을 수정할 수 있는 계기가 될 수 있을 것이다.

사족 같지만 한 가지 꼭 첨언하고 싶은 것은 우리 무용의 거의 대부분이 동작의 끊어짐이 없이 물 흐르듯 자연스럽게 연속적으로 이어져 움직이는데, 현행 정대업지무는 우리 민족 움직임의 원리와 정서와는 너무 다르게 매번 정지

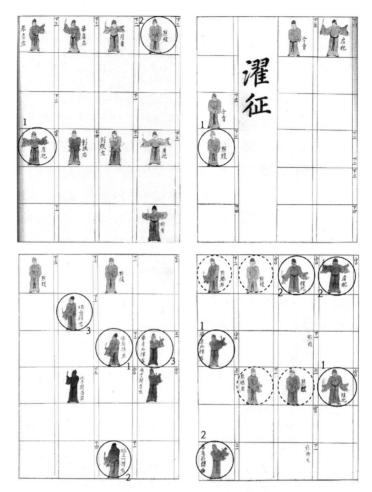

그림 3. 『시용무보』의 정대업지무 중 탁정 무보

상태의 동작을 만든다는 점을 지적하고 싶다. 궁중무용이든 민속무용이든 우리 무용은 기본적으로 우리 민족의 정서와 움직임의 특성을 담고 있다. 종묘일무와 더불어 궁중의 대표적인 무용인 '처용무(處容舞: 대한민국의 가면극으로, 1971년 1월에 대한민국의 국가무형문화재 제39호로 지정되었으며, 2009년 9월에는 유네스코인류구전 및 무형유산 걸작으로 선정)'만 보더라도 동작이 끊임없이 이어지며 자연스럽게 움직이고 있다. 이런 점에서 현재의 정대업지무는 검술적인 원리의 배제와 술어체계의 문제만이 아니라 전반적인 춤사위에서도 다시 한 번 점검할 필요가 있다고 사료된다. 이에 대해서는 추후에 꼭 다시 연구해 보고 싶은 과제이다.

4. 결론 및 제언

1) 결론

현행 정대업지무(定大業之舞)의 탁정(濯征)에는 검무(劍舞)에서 가장 중요한 검술(劍術)적인 기법이 거의 적용되지 않았으며, 탁정의 술어(術語)에 대한 자세한 연구가 되어 있지 않아 검무 동작에 대해서도 정확한 해석이 결여된 상태이다. 검술적인 기법과 동작에 대한 해석이 부족한 상황에서 현행 정대업지무의 탁정은 그마저도 『시용무보』에 기록된 탁정과 차례도 다르게 구성되어 있다. 반복되는 동작들을 하나로 합쳤는가 하면, 『시용무보』의 탁정에는 없는 동작들을 아무런 근거 없이 임의적으로 추가하기도 하였다. 결과적으로 현행 정대업지무의 탁정은 『시용무보』에 기록된 탁정과는 다른 형태로 검무답지 않은 근거 없는 춤을 추고 있다고 판단된다. 일제(日帝)가 종묘일무의 명칭인 '보태평(保太平), 정대업(定大業)'을 '보태화(保太和), 향만년(享萬年)'으로 바꾸고[48] 악장가사도 바꿔버리면서 종묘일무의 동작마저도 의도적으로 철저히 파괴한 것으로 보인다. 이를 반드시 바로 잡아 일제가 파괴한 우리 민족의 뛰어난 왕실문화의 기풍을 찾고 민족의 자존심을 세워야 할 것이다. 결론적으로 정대업지무의 탁정은 검무이므로 검술적인 기법에 대한 충분한 이해를 하고 시용무보의 술어에 대한 정확한 해석을 하여 검무답게 움직일 수 있도록 동작을 복원해야한다. 또한 『시용무보』의 탁정에 기록되어 있는 무보법의 원리를 지켜 올바르고 정확히 재현해 낼 수 있도록 지속적인 연구가 필요하다고 본다.

2) 제언

연구자가 제시한 『시용무보』의 탁정 동작들이 반드시 정확하다고 확신할 수

---

48 김용, 「현행종묘일무의 작무법에 대한 비평」, 『한국사상과 문화』 제23집, 2004), 418쪽.

는 없다. 연구자도 조선시대에 살면서 정대업지무를 경험해 본 것이 아니기 때문에 논리적으로 탁정의 동작들이 그러해야 한다는 학술적인 주장을 하는 것이다. 어쨌든 본 연구의 논점이었던 탁정 이외에도 정대업지무는 전체적으로 문제점이 상당한 것으로 기존의 많은 연구들에서 드러났다. 그렇다면 무엇이 잘못되었고 그것을 어떻게 연구해 어떤 방법으로 수정하고 보완하여 발전시켜 나갈 것인가를 관계자들이 다 같이 머리를 맞대고 연구를 해야 할 것이다. 그러나 현행 종묘일무를 관리·보존·계승과 관련한 업무를 맡고 있는 유관단체들은 어떤 반성이나 성찰 없이 스승에게 그렇게 배웠다는 이유로 무조건 기존의 틀만 고집하며 연구하려는 시도조차 하지 않는다. 국가무형문화재 제1호인 종묘제례악을 관리하고 감독해야 하는 문화재청 조차도 여러 학자들의 연구에 귀 기울여 들으려 하지 않는 안타까운 실정이다. 종묘일무는 어떤 한 개인이나 단체의 전유물이 아니고 우리나라를 대표하는 자랑스러운 문화유산이다. 종묘제례악의 왜곡을 주장하는 사람들의 의견이 무조건 맞고 현행 무형문화재 종묘제례악을 행하는 사람들이 무조건 틀리다는 흑백 논리를 얘기하려는 것이 아니다. 무용계나 학계에서 권위 있는 학자들이 평생을 바쳐 현행 종묘제례악의 문제점에 대해서 지적한다면 무엇이든 어떤 이유가 있을 것이다. 그것을 괜한 투정이라고 치부하거나 무시하지 말고 도대체 어떤 문제점이 있다는 것인지, 그리고 그런 문제점을 어떻게 풀어나가는 것이 바람직한 방법인지 사심을 버리고 다 같이 연구했으면 하는 바람이다. 종묘제례악은 우리 민족의 자랑스러운 문화유산이므로 올바른 모습으로 후대에 물려줘야할 책임과 사명이 우리 모두에게 있음을 잊지 말아야 할 것이다.

이 논문은 2019년 김영희춤연구소의
검무심포지움 II 에서 발표되었고, 필자가 수정·보완하였다.

조선후기 궁중 검무의 기록 검토

12종 의궤와 7종 홀기를 중심으로

조경아

1. 머리말

이 글의 목적은 궁중 검무(劍舞)의 기록을 검토하여, 궁중 검무를 문화사적 시각으로 탐색하는 것이다. 검무는 두 개의 장검을 들고 추는 춤으로, 검기무(劍器舞)라고도 하였다. 검무는 정조대에 궁중으로 유입되기 전에 평안도 지역이나 경상도 지역에서 인기리에 공연되던 종목이기도 했다.[1] 조선 후기 지방 관아에서 공연된 검무는 각종 문집에 담겨있다. 예컨대, 1712년에 김창업(金昌業, 1658~1721)은 연경에서 돌아와 평안도 정주(定州)에서 동기(童妓) 2명이 춤추는 검무를 보고 기록을 남겼으며, 당시에 이미 팔도에 검무가 두루 퍼졌다고 평할 정도였다.[2]

반면에, 궁중에서의 검무는 지방보다 뒤늦게 시작되었다. 현재까지 기록으로 궁중에서 검무가 처음으로 공연되었던 때는 1795년(정조 19)에 화성 봉수당에서 진행된 혜경궁 홍씨의 회갑연이었고, 그 내용이 『(을묘)정리의궤』와 『정조실록』에 담겨있다.

이 글에서는 조선 후기에 '지방'이나 '민간'에서 공연된 검무를 제외하고, '궁중' 공간에서 공연된 검무만을 대상으로 하여 관련 기록을 치밀하게 살펴보고자

---

1 이와 관련해서는 다음의 선행연구를 참조 바람. 정은경, 「조선시대 선상기에 의한 궁중정재와 민간연희의 교섭」, 『한국민속학회』, 한국민속학회, 2004, 39집, 359~364쪽; 김은자, 「조선후기 성천 교방의 공연활동 및 공연사적 의미」, 『한국전통무용의 변천과 전승』, 보고사, 2005, 329~366쪽; 안대회, 「무용가 운심, 검무로 18세기를 빛낸 최고의 춤꾼」, 『조선의 프로페셔널』, 휴머니스트, 2007, 189~90쪽.

2 『老稼齋燕行日記』, 卷9. 「癸巳」 3월 18일. 한국고전번역원(http://www.itkc.or.kr) 참고.

한다. 검무가 조선후기에 궁중으로 유입된 이후, 궁중문화의 범주에서 검무를
조망하는 연구가 필요하기 때문이다. 따라서 조선시대 궁중 검무의 기록을 토대로
검무의 유래와 궁중 유입 과정을 살펴보고, 본격적으로는 궁중 검무의 공연자와
공연 시기, 검무의 구성, 검무의 위상을 논의하고자 한다. 또한 검무 계열의 궁중
정재인 공막무(公莫舞)와 첨수무(尖袖舞)와의 연관성도 추가로 살펴보기로 한다.

표 1. 궁중 검무가 기록된 의궤 12종 및 홀기 7종

문헌 이름	공연 시기	연향 목적	비고
1. 『(을묘)정리의궤』	1795(정조19)	혜경궁 홍씨 회갑	
2. 『(기축)진찬의궤』	1829(순조29)	순조 사순·등극 30년	
3. 『(무신)진찬의궤』	1848(헌종14)	순원왕후(대왕대비) 육순	
4. 『(무진)진찬의궤』	1868(고종5)	신정왕후 회갑	
5. 『(계유)진작의궤』	1873(고종10)	신정왕후(대왕대비) 책봉 40년	
6. 『(정축)진찬의궤』	1877(고종14)	신정왕후(대왕대비) 칠순	
7. 『(정해)진찬의궤』	1887(고종24)	신정왕후(대왕대비) 팔순	
8. 『(임인)진찬의궤』	1892(고종29)	고종 망오(41세)·등극 30년	
9. 『(계사)각정재무도홀기』	1893 (고종 30)	영조 계사년(1773) 계술 진찬	내진찬
10. 『(신축)진찬의궤』	1901(광무5)	효정왕후(명헌태후) 망팔(71세)	
11. 『(신축)여령각정재무도홀기』	1901(광무5)	효정왕후(명헌태후) 망팔(71세)	내진찬·야진찬
12. 『(신축)회작시여령각정재무도홀기』	1901(광무5)	효정왕후(명헌태후) 망팔(71세)	회작
13. 『(신축)진연의궤』	1901(광무5)	고종 오순	
14. 『(신축)여령각정재무도홀기』	1901(광무5)	고종 오순	내진연·야진연
15. 『(신축)회작시여령각정재무도홀기』	1901(광무5)	고종 오순	회작
16. 『(신축)회작시여령각정재무도홀긔』	1901(광무5)	고종 오순	회작(한글)
17. 『(연대미상)여령각정재무도홀기』	1901(광무5)	고종 오순	미상
18. 『(임인.4월)진연의궤』	1902(광무6) 4월	고종 기로소 입사	
19. 『(임인.11월)진연의궤』	1902(광무6) 11월	고종 망육(51세)·등극 40년	

본 연구의 시기적 범위는 조선후기와 조선후기 문화의 연장선상인 대한제국 기까지로 한정한다. 연구방법은 조선후기 의궤와 홀기 등의 문헌을 중심으로 연구하는 문헌연구방법과 시기별 기록을 견주는 비교연구방법을 사용하겠다. 주요 연구대상은 궁중 검무가 기록된 의궤(儀軌)와 홀기인데, 규장각·장서각 및 국립국악원에 소장되었고 각 웹사이트에서 이미지 자료가 제공된다. 검무 가 기록된 의궤는 12종이며, 정조대에서 고종대까지 걸쳐있다. 또한 검무의 춤 절차가 기록된『정재무도홀기(呈才舞圖笏記)』는 7종인데, 연대미상을 제외하면 고종대의 기록만이 전한다. 구체적으로는 1893년(고종 30) 홀기 1건, 1901년(광 무 5) 진찬 홀기 2건, 1901년(광무 5) 진연 홀기 3건, 연대미상 홀기 1건이다. 1901년 진연 홀기 중 1건은 한글 홀기이다.[3] 검무가 기록된 12종 의궤와 7종 홀기를 시기순으로 정리하면 〈표 1〉과 같다.

검무의 유래는 우리나라 유래설과 중국 유래설이 있다. 궁중 검무는 어느 유래설을 따르고 있을까. 의궤의「정재악장」을 확인하면 궁중 검무의 유래를 알 수 있다. 궁중 검무가 처음으로 등장한『(을묘)정리의궤』에서는 아쉽게도 검 무의 유래가 생략된 채 간략한 춤사위만 기록되었다. 다음으로 순조대의『(기 축)진찬의궤』권1의 '검기무' 항목에서는 다음과 같은 유래가 쓰여 있다.

> 「잡무곡(雜舞曲)」에 따르면, 건무(巾舞)이다. 항장(項莊)이 칼을 들고 춤을 추자, 항백(項伯)이 소매로 막으며 항장에게 '공막(公莫)'이라고 말하였다. 나중에 검무가 되었고 검기무라고도 한다. 향악에서 이것을 사용했다.[4]

『(기축)진찬의궤』에서는「잡무곡」이라는 중국 문헌 내용을 인용했다. 인용문

---

3 검무가 기록된 7종의 홀기 중, 1893년의 계사「정재무도홀기」는 국립국악원 소장으로『時用舞譜 ·呈才舞圖笏記』, 銀河出版社, 1989, 韓國音樂學資料叢書 4, 178쪽에 영인되었다. 다른 6건의 「정재무도홀기」는 모두 장서각 소장으로『呈才舞圖笏記』, 한국정신문화연구원, 1994) 140쪽(신 축 진찬홀기) ; 177쪽(신축 진찬 익일회작홀기) ; 358쪽(신축 진연홀기); 392~393쪽(신축 진연 회작홀기) ; 416쪽(신축 진연 회작홀기-한글) ; 518쪽(연대미상)에 영인되었다. 연대미상의 홀기 는 연대추정이 가능하다. 왜냐하면 검기무의 무원 이름(翠蓮, 翡翠, 暎月, 花香)이 1901년 5월의 신축진찬과 1901년 7월의 신축진연과 동일하다. 따라서 이 두 연향 중의 한 홀기로 추정된다.
4 『(己丑)進饌儀軌』卷1.「樂章」18a2-3. 雜舞曲云, 巾舞也. 項莊舞劍, 項伯以袖隔之, 若語莊云 '公莫.' 後爲劍舞, 又稱劍器舞, 鄕樂用之.

의 내용을 자세히 곱씹어 보기로 한다. '잡무'는 연회에서 쓰이는 춤 종류로,
제사나 조회 때 쓰였던 '아무(雅舞)'와 범주가 달랐다. 잡무 중에서 건무는 춤출
때 건(巾, 수건·천)을 춤 도구로 썼기 때문에, 춤 이름으로 붙인 것이다. 건무에는
기원전 206년, '홍문(鴻門)의 잔치' 고사가 담겨있다. 중국 진(秦)나라 말기 항우
(項羽, BC.232-BC.202)측과 유방(劉邦 한 고조, BC.256-BC.195)측의 패권 다툼이
있었던 때, 홍문에서 잔치가 열렸다. 항우측의 전략가였던 범증(范增)은 항우의
조카인 항장을 시켜서 칼춤을 추다가 유방을 죽이려는 계략을 짰다. 그러나 항우
의 숙부인 항백 또한 춤을 추면서 옷소매로 그를 막으며, "공(公)이여 한왕(漢王)
을 해치지 마시오[莫]"라고 했고, 여기에서 '공막무'라는 명칭이 나온 것이다.
한나라 사람들이 항백에게 덕이 있다고 여겨서, 춤에 건(巾)을 사용해서 항백의
옷소매를 상징하였다고 한다.[5] 이 춤이 뒤에 검무가 되었고 검기무로도 불렸다고
한다. 그리고 마지막에 조선의 향악에서도 검무를 춤추었다고 덧붙인다. 짧은
인용문이지만, 마치 조선의 검무가 중국 공막무-건무-검무(검기무[6])의 계보를
잇고 있는 듯한 어감이 풍긴다. 『통감절요(通鑑節要)』[7]에는 항백이 소매로 막은
것이 아니라, 칼춤을 추면서 항장을 막아 한 고조(패공)를 보호했다고 쓰여있다.[8]
의궤에 기록된 검기무의 유래는 『(임인 11월)진연의궤』까지 일관되게 등장했다.
  다음으로 우리나라에서 유래된 검무의 설은 신라 황창랑과 관창의 검무가

---

5 『唐書·樂志』曰 : '〈公莫舞〉, 晉·宋謂之〈巾舞〉. 其說云 : 漢高祖與項籍會鴻門, 項莊舞劍, 將殺
   高祖, 項伯亦舞, 以袖隔之, 且語莊云 : "公莫."古人相呼曰公, 言公莫害漢王也. 漢人德之, 故舞用
   巾以像項伯衣袖之遺式.' 漢語大詞典編纂處 編纂, 『漢語大詞典』, 漢語大詞典出版社; 三聯書店
   有限公司, 1990. '巾舞'와 '公莫舞' 항목
6 당나라 때에 검기(劍器)는 유명한 춤이었는데, 일반적으로 여성이 군장을 갖추고 추는 독무의
   형태였으며, 군사들의 군무도 있었다. 특히 당나라의 빼어난 춤꾼이었던 공손대랑(公孫大娘)은
   그녀의 검기를 보고 두보(杜甫)가 시를 지을 정도로 유명했다. 평쌍바이 외 지음, 강영순 외 옮김,
   『중국무용변천사』, 민속원, 2016, 195~196쪽.
7 『통감절요』는 송나라 휘종 연간에 사마광이 지은『자치통감』을 강지가 간추려 엮은 역사서인데,
   조선시대 문인과 무인들의 필독서이며 문장을 작성할 때 필수적인 전거로 사용되었다고 한다.
   『한국민족문화대백과사전』'통감절요'
8 『통감절요』「한기(漢紀)」에 따르면, 항장이 "군중(軍中)에 즐길 것이 없으니, 칼춤 추기를 청합니
   다"라고 항우의 허락을 받은 뒤에, 항장이 칼을 뽑아 일어나 춤을 추니, 항백이 또한 칼을 뽑아
   일어나 춤을 추어 항상 몸으로 패공(한 고조)를 덮듯이 보호하니, 항장이 칠 수가 없었다고 한다.
   (莊, 入爲壽, 壽畢, 曰軍中, 無以爲樂, 請以劍舞. 羽曰, 諾. 項莊, 拔劍起舞, 項伯, 亦拔劍起舞,
   常以身, 翼蔽沛公. 莊, 不得擊.) 국역은 金都鍊·鄭玟 譯註, 『通鑑節要』, 傳統文化硏究會, 1995,
   176~177쪽.

있다. 고려말 조선 초의 문신인 쌍매당(雙梅堂) 이첨(李詹, 1345~1405)의 고증이
실려 있는『증보문헌비고(增補文獻備考)』권21 '경주부(慶州府)'⁹ 기록에 따르면,
"을축년 겨울에 내(이첨)가 계림(鷄林)에 손님이 되었더니, 부윤 배공(裵公)이 향
악을 연주하여 나를 위로하는데, 탈을 쓰고 뜰에서 칼춤을 추는 동자가 있었다.
물어보았더니, 말하기를, '신라 때에 황창(黃昌)이라는 자가 있어서 나이 15·
6세 때쯤 되어 칼춤을 잘 추었는데, 왕을 뵙고 아뢰기를, '신이 임금을 위하여
백제 왕을 쳐서 임금의 원수를 갚고자 합니다.' 하였다. 임금이 허락하자 곧
백제로 가서 시가(市街)에서 춤을 추니, 백제 사람들이 담처럼 빙둘러서서 구경
하였다. 백제 임금이 듣고, 궁중에 불러들여 춤추게 하고 구경하였다. 황창이
임금을 그 자리에서 찔러 죽이고, 드디어 좌우 신하들에게 살해되었다. 그의
어머니가 듣고 울부짖다가 드디어 눈이 멀게 되었다. 사람들이 그의 어머니를
위하여 눈이 다시 밝아지게 하려고 꾀를 내어 사람을 시켜서 뜰에서 칼춤을
추게 하고, 속여 말하기를, '황창이 와서 춤춘다. 황창이 죽었다는 전일의 말은
거짓이다.' 하니, 어머니가 기뻐 울며 즉시 눈이 다시 밝아졌다 한다. 황창이
어려서 나라 일에 죽었으므로 향악에 실어서 전해 내려온다고 하였다." 그러나
이는 황창랑이 아니라 신라의 관창(官昌)이 와전된 것이라고 하였다.

　조선 전기 문신인 김종직(金宗直, 1431~1492)의『점필재집(佔畢齋集)』에 따르
면, 8세의 동자(童子)인 황창랑이 신라왕을 위하여 백제에 원수를 갚으려고 백제
의 시장에 가서 칼춤을 추자, 그것을 구경하는 시장 사람들이 담장처럼 둘러쌌
는데, 백제왕이 그 말을 듣고는 그를 궁궐로 불러들여 춤을 추게 한 결과, 창랑
이 그 자리에서 백제왕을 찔러 죽였다는 것이다. 후세에 가면을 만들어 황창랑
을 상징해서 처용무와 함께 베푸는데, 사전(史傳)에 상고해보면 전혀 증거될
만한 것이 없다고 한다. 김종직은 당시의 검무를 "지금 그 춤을 보면, 주선하며
이리저리 돌아보고 언뜻언뜻 변전(變轉)하는 것이 지금도 늠름하여 마치 생기가
있는 듯하고, 또 그 절주[節]는 있으나 그 사(詞)가 없다."라고 감상평을 기록하
였다.¹⁰ 조선후기의 문신인 이유원(李裕元, 1814~1888)의『임하필기』에서도 관

9 『신증동국여지승람(新增東國輿地勝覽)』권21.「경상도(慶尙道)」'경주부(慶州府)' 한국고전번역
　원 사이트(http://www.itkc.or.kr) 참조.
10 김종직(金宗直)의『점필재집(佔畢齋集)』권3. 시집 '황창랑(黃昌郎)' 한국고전번역원 사이트

창이 잘못 전해져서 황창랑으로 되었다고 지적하였다.[11] 그 밖에 진주교방의 기록인『교방가요』의 '황창무'에도 "황창은 혹은 관창이라고 한다."고 했다.

관창이나 황창랑의 설과 중국 유래설 모두 검무에 내재된 바탕은 '충(忠)'이 었다.『논어』학이편의 주석에서 주자는 충의 근본적인 의미를 자신의 모든 것을 남김없이 다 한다는 뜻의 '진기(盡己)'라 해석했다.[12] 자신의 있는 힘을 다해서 나라의 주적인 백제왕을 없애려고 하는 관창이나 황창랑, 또한 자신의 통치자를 지키려고 하는 항장과 항백은 모두 '충'의 마음을 지닌 자들이었다. 그런 의미에서 검무는 '자신을 다하는 춤'이기도 했다.

그렇다면 왜 우리 역사 속 인물인 황창랑이나 관창이 아니라, 중국 역사속 홍문의 잔치에 등장한 항백의 일화를 궁중 검무의 유래로 기록했을까? 세가지로 추정을 해보았다. 첫째, 항백의 건무는 유방(한 고조)을 지키는 춤이었다. 항장이 검무를 추다가 유방의 목숨을 앗아가려는 계략이 있었던 상황에서, 항백의 건무는 다음 왕이 될 유방을 지켜내는 춤이었다. 건무는 왕과 왕의 숙적이 있는 백척간두의 상황에서 '왕을 지켜내는 춤'이었기 때문에, 왕이 관객으로 있는 공간인 궁중의 검무로서 의미있는 유래로 등장한 것이 아닐까 싶다. 둘째, 항백의 건무는 우리나라에서 가장 많이 인쇄된 책이자, 조선 문인과 무인의 필독서인『통감절요』에 수록된 '홍문의 잔치' 일화이므로, 널리사람들에게 알려진 이야기로서 보편성이 있었다. 셋째, 건무는 당–송의 궁중에서 널리 행해졌던 연향악무였다. 중국에서 건무(검무)가 연향악무로 오랫동안 행해졌기 때문에「정재악장」의 검무 유래로 소개된 듯하다. 이는 순조대에 정재를 창작하는 과정에서 중국문헌 속 악무를 수용했던 경우[13]와 궤를 같이 하는 것이다.

(http://db.itkc.or.kr)

11 『임하필기』권38.「해동악부(海東樂府)」'황창랑무(黃昌郞舞)'

12 『論語』「學而」曾子日 吾日三省吾身, 爲人謀而不忠乎, 與朋友交而不信乎, 傳不習乎【曾子, 孔子 弟子, 名參, 字子輿. 盡己之謂忠. 以實之謂信.】

13 이러한 양상에 관해서 조경아,「純祖代 呈才 創作樣相」,『韓國音樂史學會』제31집, 2003 참고.

2. 공연자와 공연 시기

1) 궁중 검무는 누가 공연했는가?

그림 1. 의녀 춘운과 침선비 운선의 검무. 『(을묘)정리의궤』(1795)

궁중에서 누가 검무를 공연했을까? 시기별로 궁중에서 검무를 공연했던 무원을 살펴보겠다. 궁중 검무가 초연되었던 1795년(정조 19)의 진찬은 서울의 궁중이 아닌 화성의 봉수당에서 진행되었다. 이때 정재 공연은 경기(京妓)와 화성 향기(鄕妓)가 담당했는데, 서울에서 출장 공연을 했던 경기는 의녀와 침선비였고, 향기는 진찬의 장소인 화성 소속의 기녀였다.

궁중 검무의 초연에는 2명이 출연했다. 경기 소속으로 의녀인 춘운(春雲, 31세)와 역시 경기 소속으로 침선비인 운선(雲仙, 24세)이었다.[14] 이들이 추었던 검무를 의궤에는 "2명의 여기(女妓)가 군장(軍裝)을 하고, 각각 검 두 개를 들고 서로 마주하며 춤춘다."[15]라고 간략히 기록했다. 검무를 춤춘 춘운과 운선은 봉수당 진찬의 최다 공연자로, 무려 10종목의 정재에 출연한 여령이었다. 이 진

---

14 조경아, 「조선후기 儀軌를 통해 본 呈才 연구」, 한국학중앙연구원 박사학위논문, 2009, 128쪽의 〈표 19〉 참조.

15 正祖 『(乙卯)整理儀軌』 卷1, 61b5, 「呈才樂章」, "劍舞【兩女妓著戰裝, 各持二劍, 相對而舞】"

찬에서는 1종목만 출연한 여령부터 10종목의 정재에 출연한 여령이 있었다. 10종목에 출연한 여령은 오직 두 명이었는데, 공교롭게도 검무에 출연한 춘운과 운선이었다. 이것이 말하는 것은 무얼까. 가장 출중한 춤 실력을 지닌 여령만이 검무를 추었다는 반증이 아닐까 한다. 〈그림 1〉에서 검을 든 두 기녀가 바로 의녀 춘운과, 침선비 운선이다.

다음으로 순조대에 검기무의 공연은 1829년(순조 29)에 진찬 때에 있었다. 권1「악장」의 검기무 항목에서는 "여기(女妓) 4인이 전립(戰笠)[16]을 쓰고 전복(戰服)[17]을 입은 채 각각 검 두 자루를 쥐고 2대로 나누어 서로 상대하여 춤춘다."라고 기록되었다. 4명의 여령으로 구성된 듯 보이나, 권3「공령」에 기록된 검무의 내용과 차이가 있다. 공령조에는 "검기무 정재여령. 무대(舞隊) : 3【금패(錦貝)·옥진(玉眞)·연홍(蓮紅)·연월(蓮月)·금화(錦花)·윤월(允月)】동기대(童妓隊) : 1【강선(降仙)·금학(金鶴)】집사 : 1【연홍(蓮紅)】"이라고 하였다. 즉 검무의 인원 구성은 무대에 해당하는 여령 6명과 동기대에 해당하는 동기 2명으로 구성되었다. 검무를 지휘하는 집사도 별도로 마련되었다. 즉 기축년 진찬에서 검기무에 출연한 여령은 총 8명이었다. 공연자에 관한 정보는 「공령」이 가장 상세하므로 「악장」의 4명이 아닌, 「공령」에 기록된 8명이 담당했을 것이다. 8명의 검무 출연진의 출신을 다 파악하기 어려우나, 「이문」 등의 기록으로 몇 사람은 출신을 파악할 수 있었다.

「이문」에 따르면, 금패와 옥진은 황주(黃州) 출신이며,[18] 동기대 강선과 금학은 성천(成川) 출신이다. 여기서 주목되는 점은 성인 여령과 동기가 함께 검기무에 출연했다는 점이다.

상고할 일. 이번 진찬 때 각종 정재 중 연화대에 으레 동기 1쌍이 있어서, 계사년 (1773, 영조 49) 『진연등록』을 상고하니, 동기를 성천부(成川府)에서 선상했기에, 공문을 보내려고 하던 차에, 해당 부서(성천부)에서 원래 정한 여령이 올라올 때에 동기 1쌍도 같이 온다고 들었으므로 공문을 보내지 않았다. 그런데 또 듣자 하니

---

16 전립(戰笠) : 전립(氈笠)이라고도 함. 군인들이 쓰는 모자의 일종.

17 전복(戰服) : 소매를 달지 않고 뒷솔기를 터 놓은 군복의 하나. 다른 옷 위에 덧받쳐 입음.

18 宋芳松·金鍾洙, 『國譯 純祖己丑進饌儀軌: 卷首·卷一』, 민속원, 2007, 179쪽.

동기가 평안감영에 도착하자 되돌려 보냈다고 하니 과연 그러한가? 지금 습의가
머지않아 일이 시급한 관계로 공문을 보내니, 도착하는 즉시 부리나케 해당 읍에
알려서 동기 강선(降仙)·금학(金鶴)을 색리를 정해 이달 15일 안으로 밤낮없이 올
려 보내 일을 망치는 폐단이 없게 함이 마땅하다.【평안감영】[19]

진찬소에서 평안감영으로 보낸 위의 「이문」을 통해, 강선과 금학은 성천부
에 소속된 동기임을 알 수 있다. 강선과 금학은 기축 진찬에서 검기무·연화대
·선유락 정재에 출연했다.[20] 기축 진찬에서 검기무를 춤춘 공연자는 총8명으로
성천부 소속의 동기 2명을 비롯해, 황주 출신의 향기 2명과 출신지 미상의 4명
의 여령이었다. 따라서 〈그림 2〉는 동기대 2명과 성인 여령 6명의 춤그림으로
수정되어야 한다.[21]

검무의 공연자로 동기가 출연한 사례는 더 있다. 1848년(헌종 14)의 진찬 때에도
검기무 정재여령은 "일대(一隊) 2【운희(雲姬)·영월(映月)】, 이대(二隊) 2【경패(瓊
貝)·봉낭(鳳娘)】, 삼대(三隊) 2【채란(彩鸞)·월향(月香)】, 동기대(童妓隊) 2【기주(箕
珠)·녹주(綠珠)】"[22]로 구성되었다. 총 8명이 검무를 춤추었는데, 동기 2명도 포함되
었다. 동기로서 검무에 출연한 기주와 녹주의 출신지는 알 수 없으나, 성인 여령과
더불어 검무에 출연한 사실은 확인된다. 1877년(고종 14) 진찬의 검기무에서도
동기가 출연했다. 전체 검무 출연진은 8명이었는데, 동기 2명과 성인 여령 6명이었
다.[23] 동기가 검무에 출연한 잔치는 순조 기축(1829) 진찬, 헌종 무신(1848) 진찬,

19 『(己丑)進饌儀軌』卷1. 58a11−58b6. 1829년(순조 29) 정월 초3일 「移文」. "爲相考事. 今此進饌敎
是時, 各樣呈才中, 蓮花臺例有童妓一雙, 而取考癸巳進宴謄錄, 則童妓自成川府選上矣. 方欲發
關之際, 聞該府原定女伶上來時, 童妓一雙同來云. 故關文則置之矣. 又聞童妓到巡營還送云, 果
然是喩, 見今習儀不遠事, 係時急, 玆以專關付撥爲去乎, 到卽星火知委, 該邑童妓降仙·金鶴, 定
色吏, 今月十五日內, 罔夜上送, 卑無未及生梗之弊宜當.【平安監營】" 宋芳松·金鍾洙, 『國譯 純祖
己丑進饌儀軌: 卷首·卷一』, 175쪽.
20 강선과 금학의 공연활동은 조경아, 「成川의 童妓 降仙, 궁중무대에 서다: 純祖 己丑年 進饌의
呈才 공연과정」, 『근대 궁중무의 계승과 변화: 정재연구회 10주년 기념 논문집』, 보고사, 2007,
159~210쪽 참조 바람.
21 의궤의 정재도는 90프로 정도의 정확성을 가지고 있다. 이에 관해서 조경아, 「조선후기 의궤의
정재도(呈才圖) 기록현황」, 『무용예술학연구』 제37집, 한국무용예술학회, 2012 참조.
22 한국예술학과 음악사료강독회 역주, 『국역 헌종무신진찬의궤: 卷三』, 한국예술종합학교 전통예
술원, 69~70쪽.
23 『(丁丑)進饌儀軌』卷3. 21b2−3. 「工伶」劍器舞. 呈才女伶, 一隊二【鶴喜·花仙】二隊二【竹葉·菊

그림 2. 검기무, 『(기축)진찬의궤』 그림 3. 검기무, 『(무신)진찬의궤』 그림 4. 검기무, 『(정축)진찬의궤』

고종 정축(1877) 진찬이었다. 그러나 세 경우 모두 권수의 「도식」(〈그림 2〉, 〈그림 3〉, 〈그림 4〉)이나, 권1의 「악장」에는 여기(女妓) 4인이 검무를 공연한다는 내용만 있고, 동기의 존재가 언급되지 않아서 「공령」의 기록과 차이가 있었다.

고종대 의궤의 기록에서는 검무 공연자의 출신을 알기 어렵다. 그러나 고종대의 홀기를 통해서 검무 공연자의 출신을 파악할 수 있다. 고종 계사(1893) 『정재무도홀기』에서 검기무 출연자는 의녀인 산옥(珊玉)·난희(蘭喜)·향란(香蘭)과 상방(尙方) 소속의 침선비 홍매(紅梅)였다.[24] 고종 신축년(1901) 5월 진찬의 홀기에서[25] 검기무 출연자는 4명으로, 영월(暎月)·화향(花香)·비취(翡翠)·취련(翠蓮)이었는데 모두 의녀였다. 이들의 존재는 같은 해의 기록인 신축『진찬의궤』에서도 정확히 드러난다. 「공령」조에 검기무의 정재여령은 1대 2명이 영월과 화향이며, 2대 2명이 비취와 취련이다.[26] 정재도와도 일치한다. 정재도로 보면 주빈과 가까운 앞의 두 명이 1대이며, 뒤의 두 명이 2대이다. 이들이 모두 의녀 출신이라는 점을 기억하면서 다음 홀기를 살펴 보겠다.

고종 신축년 7월 진연의 홀기에서[27] 검기무 출연자는 5월 진찬의 홀기와 완전히 동일하다. 따라서 모두 의녀로 공연된 것이다. 5월에 이어 두 달의 간격을

花]三隊二【秋月·蓮香】童妓隊二【小淡·蘭心】

24 『時用舞譜·呈才舞圖笏記』, 韓國音樂學資料叢書 4, 178쪽.

25 『呈才舞圖笏記』, 140쪽(신축 진찬홀기); 177쪽(신축 진찬 익일회작홀기).

26 『(辛丑)進饌儀軌』 卷3,18b1-2. 「工伶」 劍器舞. 呈才女伶, 一隊二【暎月·花香】二隊二【翡翠·翠蓮】

27 『呈才舞圖笏記』, 358쪽(신축 진연홀기); 392~393쪽(신축 진연 회작홀기); 416쪽(신축 진연 회작홀기-한글).

두고 7월에 공연되었으므로, 검기무의 출연진이 동일한 것은 효율성을 고려한 조치라 하겠다. 다만 위치에만 조정이 있었다. 1대와 2대의 위치만 바뀌었다. 이때의 의궤도 남아있어 홀기와 비교가 가능한데, 기축『진연의궤』에서도 검기무 정재 여령의 명단이 홀기와 완전히 동일하다. 다만 1대의 위치에 있는 취연(翠蓮)과 비취(翡翠)를 좌무라 하였고, 2대의 위치에 있는 영월(暎月)과 화향(花香)을 우무라 하였다.[28] 의궤의 기록만

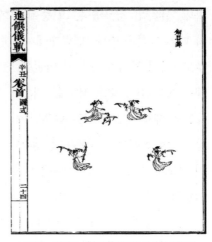

그림 5. 검기무, 『(신축)진찬의궤』(1901)권수

으로는 이들의 출신을 파악하기 어려웠는데, 홀기와의 비교를 통해 의녀 출신이라는 사실을 알 수 있었다.

지금까지 의궤와 홀기를 통해 검기무의 공연자를 파악한 결과는 다음과 같다.

첫째, 궁중 검무는 여성의 춤이었다. 궁중 검무는 왜 여성만이 춤추었을까. 검무의 유래설에 등장하는 관창 혹은 황창랑, 중국 유래설에 등장하는 홍문연 잔치에서 항장과 항백 모두 남성이다. 그런데 조선후기 궁중에서 남성인 무동이 검을 들고 춤춘 것은 공막무(公莫舞)라는 별도의 명칭으로 불렸고, 검기무에 비해 공연의 빈도가 현격히 적다. 신체가 작은 무동이 장검을 들고 춤추는 것이 검무의 협기나 기개, 용맹함을 보여주기에 적당하지 않다고 느꼈을 수 있다. 그러나 어린 동기가 검기무에 출연한 사례가 순조대, 헌종대, 고종대에 있으니, 무동의 체구가 작은 것만으로 검기무를 추지 않았다고 하기는 어렵다. 검을 날렵하게 다루어야 하는 춤이므로 무동보다 상대적으로 춤 실력이 뛰어난 여령이 검기무를 전담했을 가능성이 있다. 앞에서 언급했듯이 중국 당나라에서도 기녀인 공손대랑의 검무가 유명했다. 또한 여성이 남장을 하고 추는 모습에서 더욱 비장미가 느껴졌을 수 있다. 좀더 논의가 필요한 문제이다.

둘째, 궁중 검무에 동기도 출연했다. 동기가 궁중 정재에 출연한 종목은 연

---

28 『(辛丑)進宴儀軌』卷3.「工伶」劍器舞. 呈才女伶左舞二【翠蓮·翡翠】右舞二【暎月·花香】

화대, 선유락, 검무였다. 그 중에 연화대와 선유락 정재에서 동기는 성인 기녀
와 다른 역할을 했다. 연화대에서는 주역으로 참여해서 동기가 주도하는 춤을
추고, 성인 기녀가 협무의 역할을 했다. 선유락 정재에서는 채선에 올라타서
돛을 올리거나, 닻을 내리는 역할을 했다. 연화대는 연꽃 속에서 나와야하는
공간적 제약이 있고, 선유락의 채선 또한 좁은 배이므로 공간적으로 협소하여
동기가 출연해야할 명분이 분명하다. 그러나 검무에서는 이러한 공간적 제약
이 별도로 없다. 따라서 검기무의 동기대로 참여했을 때에는 검을 들고[29] 성인
여령과 동일한 춤사위를 펼쳤으리라 예상된다.

셋째, 궁중 검무에 의녀와 침선비의 출연 비율이 높았다. 이는 인조반정
(1623) 이후에 장악원에 소속된 경기(京妓)가 혁파되어, 큰 잔치 때에만 지방의
기녀들이 선상되었던 제도적 개편이 그 배경이 된다.[30] 따라서 인조반정 이후
로 평소에 의녀와 침선비로 복무하다가 잔치 때에 정재 공연자로서 출연하기
도 했던 것이다. 정조대부터 의녀가 궁중 검무를 공연했다. 주 업무가 의녀이
면서 어떻게 궁중 검무를 공연했을까. 조선 후기의 가무악 연습체계인 이륙좌
기(二六坐記)를 주목할 필요가 있다. 이륙좌기란 매달 2와 6이 들어간 날(2·6
·12·16·22·26)에 출석해 연습하는 체계이다. 정조대 편찬된『대전통편』(1785)
에는 '이륙좌기'가 아·속악 항목에 새롭게 나타났다. 이륙좌기의 내용은 "장
악원에서 둘째 날과 여섯째 날에 연습한다. 전좌일(殿座日)이라도 시행하며 만
일 연습 날에 일이 있으면 다음 날로 미루어 행한다."[31]라는 것이었다. 영조대
편찬된『속대전』(1746)에도 없던 '이륙좌기'가 정조대에 와서 법전에 수록될
만큼 정착되었다. 이러한 연습체계 덕분에 의녀와 침선비가 검무를 비롯한 궁
중 정재를 공연할 수 있었다.

---

29 기축『진찬의궤』권2의 「품목」에 "검기무(劍器舞) 여령 4명과 동기(童妓) 2명의 복식을 후록으로
   아뢰니, 이대로 만들어 지급함이 어떠합니까?라고 물은 일은 그대로 시행할 것."이라는 내용이
   나오고 여령의 검과 별도로 동기의 검이 제작된 것으로 보아 검의 크기에 차이가 있을 수도 있다.
   宋芳松·金恩子·李丁希,『國譯 純祖己丑進饌儀軌: 卷二』, 민속원, 2007, 31~33쪽.
30 김종수,『조선시대 궁중연향의 본질과 여악제도의 변천』, 민속원, 2018, 294~297쪽.
31『大典會通』, 「禮典」의 '雅俗樂' "(增)掌樂院二·六坐起, 雖殿座日亦行, 若當日有故, 則次日退行."

2) 언제, 어떤 절차에서 공연되었나?

궁중 검무는 연향의 어떤 절차에서 공연되었을까. 이를 파악하려면 연향의
진행 절차가 상세히 기록된 의궤의 「의주」 부분을 검토해야 한다. 검무가 초연
되었던 1795년(정조 19)의 진찬 때, 어떤 절차에서 검무가 공연되었는가는 기록
의 미비로 파악하기 어렵다. 다만 공연된 순서대로 기록하는 「공령」에서 마지
막 부분에 검무가 수록되었으니, 7작을 올린 이후에 검무와 선유락이 공연되었
을 것이다.[32]

순조 기축년(1829)의 진찬에서 검기무는 자경전에서 모두 세 차례에 걸쳐
공연되었다. 2월 12일 오전(진시)의 내진찬에서는 7작을 다 올린 뒤에 왕에게
왕세자빈이 잔을 받는 절차에서 여령이 검기무를 춤추었다. 2월 12일 밤(이경)
의 야진찬에서는 순조가 자리에서 내려오는 맨 마지막 순서에 검기무를 공연했
다. 2월 13일 오전(진시)의 익일 왕세자 회작에서는 의례의 중간에 만두를 올리
는 절차에서 검기무를 공연했다.[33]

헌종 무신년(1848)의 진찬에서는 검기무는 통명전에서 두 차례 공연되었다.
3월 17일 밤(이경)의 야진찬에서는 총 4종목의 정재가 공연되었다. 검기무는
3번째로 공연된 종목이었는데, 헌종에게 차를 올리는 절차에서 행해졌다. 3월
19일 묘시(아침)의 익일 회작에서는 8종목의 정재가 행해졌는데, 검기무는 7번
째로 공연되었다. 헌종에게 차를 올리는 절차에서 검기무를 춤추었다.[34]

고종 무진년(1868) 진찬과 계유년(1873) 진찬은 「의주」가 누락되어 어떤 절
차에서 검기무가 공연되었는가는 알 수 없다. 다만 공연 순서대로 기록된 「공
령」을 토대로 순서 정도만 알 수 있다. 고종 무진년 친찬 중 12월 6일과 11일에
베푼 강녕전 대왕대비전 내진찬과 대전 회작에서는 10종목의 정재가 공연되었
는데, 검기무는 7번째로 공연되었다. 계유년(1873) 4월 18일 오전에 베푼 강녕
전 대왕대비전 내진작 때는 14종목의 정재와 항장무가 공연되었는데, 검기무

32 조경아, 「조선후기 儀軌를 통해 본 呈才 연구」, 128쪽의 〈표 19〉 참조.
33 『(己丑)進饌儀軌』 卷1.38b9-10; 卷1.42b9-10; 卷1.44a7. 조경아, 「純祖代 孝明世子 代聽時 呈
才의 演行樣相」, 한국예술종합학교 전문사 학위논문, 2004, 29~30쪽.
34 한국예술학과 음악사료강독회 역주, 『국역 헌종무신진찬의궤: 卷一』, 193, 199쪽.

는 11번째 순서였다. 4월 20일 오전의 강녕전 대전 회작 때는 8종목의 정재가 공연되었고, 검기무는 7번째로 공연되었다.[35]

고종 정축년(1877) 진찬에서 검기무는 통명전에서 두 차례 공연되었다. 12월 6일 밤(이경)의 대왕대비전 야진찬에서 대왕대비전에게 차를 올리는 절차에 검기무가 공연되었다. 4종목의 정재 중에서 3번째 순서였다. 12월 10일 오전(진시)의 대전 회작 때에는 명부와 진찬소의 당상 낭청에게 술을 돌리는 절차에서 검기무를 춤추었다. 8종목 정재 중에서 5번째의 순서였다.[36]

고종 정해년(1887) 진찬에서 검기무는 만경전에서 세 차례 공연되었다. 1월 27일 밤(이경)에 대왕대비전 야진찬에서 어찬·시접·휘건을 물리는 절차에서 검기무를 춤추었다. 6종목의 정재 중 5번째 순서였다. 1월 18일 오전(진시) 대전 회작에서도 시접과 휘건을 물리는 절차에서 검기무를 춤추었다. 9종목의 정재 중 8번째의 순서였다. 1월 29일 오전(진시)에 왕세자 회작에서 명부와 진연청의 당상 낭청에서 술을 돌리는 절차에서 검기무를 춤추었다. 9종목의 정재 중 6번째의 순서였다.[37]

고종 임진년(1892) 진찬에서 검기무는 강녕전에서 세 차례 공연되었다. 9월 25일 오전(진시)에 대전 중궁전 내진찬 때에 마지막 절차로 왕이 대차에 들어갈 때와 왕비가 대차에 들어갈 때 검기무를 춤추었다. 검기무가 마지막 춤이었다. 9월 25일 밤(이경)도 마찬가지로 왕과 왕비가 각각 대전에 들어가는 절차 때 검기무를 마지막으로 춤추었다. 9월 26일 오전(진시) 왕세자 회작 때에는 명부와 진찬소의 당상과 낭청에게 술을 돌릴 때 검기무를 춤추었다. 8종목의 정재 중 5번째 순서였다.[38]

대한제국기의 신축년(1901) 진찬에서 검기무는 경운당에서 세 차례 공연되었다. 5월 13일 오전(손시)에 명헌태후전 내진찬 때 명헌태후가 제5작을 드는 절차에서 검기무를 춤추었다. 13종목의 정재 중 7번째 순서였다. 5월 16일 오전(손시)에는 대전 회작 때 찬안·휘건·시접을 물리는 절차에서 검기무를 춤추

---

35 조경아, 「조선후기 儀軌를 통해 본 呈才 연구」, 145, 288쪽.
36 『(丁丑)進饌儀軌』 卷1, 38b; 41a. 「儀註」.
37 『(丁亥)進饌儀軌』 卷1, 43a; 45b; 50a. 「儀註」.
38 『(壬辰)進饌儀軌』 卷1, 86b; 90b; 93a. 「儀註」.

었다. 9종목의 정재 중 8번째 순서였다. 5월 18일 오전(손시)의 황태자 회작 때에도 찬안·휘건·시접을 물리는 절차에서 검기무를 춤추었다. 9종목의 정재 중 8번째 순서였다.[39]

신축년(1901) 진연에서 검기무는 함녕전에서 세 차례 공연되었다. 7월 27일 오전(진시)에 대전 내진연 때 고종황제가 대차에 드는 절차에서 검기무를 마지막으로 춤추었다. 7월 27일 밤(해시)에 대전 야진연 때에도 고종이 안으로 들어가는 마지막 절차에서 검기무를 춤추었다. 7월 29일 오전(진시)에 황태자 회작 때는 찬안·휘건·시접을 물리는 절차에서 검기무를 춤추었다. 9종목의 정재 중 7번째의 순서였다.[40]

임인년(1902) 4월 진연에서 검기무는 함녕전에서 세 차례 공연되었다. 4월 24일 오전(진시)에 대전 내진연 때 고종황제가 대차에 드는 절차에서 마지막으로 검기무를 춤추었다. 4월 24일 밤(해시)에 대전 야진연 때에도 고종이 안으로 들어가는 마지막 절차에서 검기무를 춤추었다. 4월 25일 오전(진시) 황태자 회작 때는 찬안·휘건·시접을 물리는 절차에서 검기무를 춤추었다. 8종목의 정재 중 6번째의 순서였다.[41]

임인년(1902) 11월 진연 때 검기무는 관명전에서 세 차례 공연되었다. 11월 8일 오전(손시)에 대전 내진연 때 고종황제가 대차에 드는 절차에서 마지막으로 검기무를 춤추었다. 11월 8일 밤(해시) 대전 야진연 때에도 고종이 안으로 들어가는 마지막 절차에서 검기무를 춤추었다. 11월 9일 오전(손시) 황태자 회작 때는 찬안·휘건·시접을 물리는 절차에서 검기무를 춤추었다. 8종목의 정재 중 6번째의 순서였다.[42]

지금까지 12종 의궤를 검토한 결과, 검무가 공연되는 순서에 일정한 공통점이 발견되었다. 검기무는 주로 의례의 후반부에 공연되었다. 의례의 후반부 진행에서 만두나 차를 올리거나, 술을 돌리는 절차에서 검무가 공연되었다. 의례가 완전히 마무리 되는 상황에서 검기무가 공연되는 경우가 제일 많았다. 잔치

39 『(辛丑)進饌儀軌』卷1.27a; 36a; 40b.「儀註」.
40 한국예술학과 음악사료강독회 역주,『高宗辛丑進宴儀軌: 卷一』, 민속원, 2001, 298, 312, 317쪽.
41 『(壬寅.4月)進宴儀軌』卷1.59a; 62b; 65a「儀註」.
42 『(壬寅.11月)進宴儀軌』卷1.69a; 72b; 75a「儀註」.

를 마치고 임금이 대차에 들어가거나, 완전히 안으로 들어가거나, 찬안·휘건
·시접을 물리는 의례에서 검무가 주로 공연되었다. 대한제국기에는 의례의 마
지막으로 검무가 공연되는 현상이 심화되었다. 신축년 진찬, 임인 4월 진연,
11월 진연에서 연향의 마무리 정재로 검기무가 주로 선택되었다. 대규모의 출
연진으로 무대를 화려하게 마무리하는 선유락보다도 검무를 마지막 춤으로 선
택한 경우가 빈번했던 실상이 이채롭게 느껴진다. 검무가 한편으로는 홍문 잔
치 때 항백의 건무처럼 왕을 '지켜내는 춤'이었으며, 다른 한편으로는 적을 '물
리치는 춤'으로서 나쁜 것을 쫓아내어 판을 정갈하게 한다는 의미가 있으니,
마지막 춤으로서 적절하다고 판단했을까.

3. 내용과 구성

1) 궁중 검무의 내용은 무엇이었나?

정조 『(을묘)정리의궤』에 기록된 최초의 궁중 검무는 다음과 같았다.

> "검무. 2명의 여기(女妓)가 군복으로 차려 입고, 각각 검 두 개를 들고 서로 마주
> 하며 춤춘다."[43]

검무가 성립하려면 공연자인 여기(여령)가 군인의 옷차림을 하고 검을 두 개
씩 들어야 한다. 춤은 서로 마주하며 춤추는 것이 주요한 동작이다. 검무는 검
을 들고 대결하는 결투의 형상을 표현했기 때문에 상대가 반드시 존재해야 했
다. 그리고 그 상대와 서로 싸우듯이 마주하여 춤추는 것이 궁중 검무의 기본이
었다.

순조 기축 『진찬의궤』의 검기무에는 "여기(女妓) 4인이 전립(戰笠)[44]을 쓰고
전복(戰服)[45]을 입은 채 각각 검 두 자루를 쥐고 2대로 나누어 서로 상대하여

---

43 『(乙卯)整理儀軌』 卷1, 61b5, 「呈才樂章」, "劍舞【兩女妓著戰裝, 各持二劍, 相對而舞】"
44 전립(戰笠) : 전립(氈笠)이라고도 함. 군인들이 쓰는 벙거지.
45 전복(戰服) : 소매를 달지 않고 뒷솔기를 터 놓은 군복의 하나. 다른 옷 위에 덧받쳐 입음.

춤춘다"라고 했다. 정조대의 진찬에 비해 무원의 숫자가 늘었고, 군장이라는 말을 좀더 세분화해서 전립을 쓰고 전복을 입는다고 표현했으나, 검을 쥐고 상대하여 추는 내용은 같다. 이처럼 의궤에서 검무를 기록한 「악장」의 내용은 매우 간략하다.

좀더 상세한 검무의 춤사위는 고종대 홀기에 등장한다. 가장 이른 시기의 홀기인 계사년(1893) 「정재무도홀기」에 기록된 검기무는 다음과 같다. 이후 신축년(1901) 5월의 진찬과 신축년 7월의 진연 홀기도 이와 내용이 동일하다.

> 검기무: 무녕지곡(武寧之曲: 향당교주)을 연주한다. 악사가 전(殿) 중앙의 좌우에 검기(劍器)를 놓고 나간다. ○박을 치면, 춤추기 시작하여[舞作] 서로 마주 보며 춤추며 나왔다 물러나며, 자리를 바꾸어 서서 혹은 등지고 혹은 서로 마주하여 춤춘다. 서로 마주보고 꿇어앉아 춤추며 검을 어른다. 검을 들어 회오리 바람을 일으키듯 소매를 놀리며[翻飄而弄袖] 검무를 춘다. 모두 일어서서 춤추기 시작한다. 각각 재주를 부리어 연귀소(燕歸巢)와 연풍대(筵風擡) 동작을 한다. 춤추며 앞으로 나왔다 춤추며 뒤로 물러나면 음악이 그친다.[46]

검기무의 진행은 점층적인 구조를 갖고 있다.[47] 도입-선 맨손 춤-앉은 맨손 춤- 앉은 검무-선 검무-마무리로 진행된다. 도입 단계는 악사가 춤도구인 검기를 설치한다. 1단계는 선 맨손 춤이다. 서로 마주 보며 나아가는 춤, 물러나는 춤을 추고 때로는 자리를 바꾸기도 하고, 등지기도 하고 마주 보기도 하며 춤춘다. 검을 잡기 전에 상대를 응시하며 대결구도의 긴장감을 높이는 단계이다.

2단계는 앉은 맨손 춤이다. 여령은 꿇어앉아 검을 어르며 춤춘다. 나를 살리고 적을 죽일 수도 있는 위험한 검을 들기 전에 기운을 모으면서도 신중하게 검에 접근한다. 검을 잡을 듯 말 듯 어르는 동작은 언제 검을 잡을지가 관심인 관객의 마음을 모으는 역할을 할 것이다.

---

46 「(癸巳)呈才舞圖笏記」『時用舞譜·呈才舞圖笏記』, 韓國音樂學資料叢書 4, 178쪽, "劍器舞. 樂奏武寧之曲【鄕唐交奏】樂師置劍器於殿中, 左右而出. ○拍, 舞作相對, 舞進無退, 換立, 或背或面而舞, 相對跪舞, 弄劍, 執劍, 翻飄而弄袖, 劍舞幷起立. 舞作各用才燕歸巢, 筵風擡. 舞進舞退. 樂止."
47 김영희, 「검무 구조 분석 시론」(『공연문화연구』 34호, 공연문화학회, 2017)에서 궁중 검무의 구조를 도입-전개-절정-결말로 파악하였다.

그림 6. 검기무 《무신진찬도병》(1848)

그림 7. 검기무 《기축진찬도병》(1829)

　3단계는 앉은 검무이다. 여령 꿇어앉은 채 검을 들고 춤춘다. 어르기만 하던 칼을 집어들 때의 모습은 매우 단호하다. 칼을 집어들어 춤을 출 때는 회오리 바람을 일으키듯 빠르다. 소매를 격정적으로 놀리며 춤춘다고 했으니, 검을 잡기위해 망설이던 단계에서 벗어나 검을 들었을 때는 호쾌함, 단호함이 느껴지도록 춤추었을 것이다. 〈그림 6〉에서 일대에 해당하는 앞의 두 여령은 앉아서 검을 어르다가 이제 검을 잡아 앉아서 춤추는 모습이다. 일대(주빈에 가까운 앞줄)의 왼쪽 여령은 검을 어르다가 한 손은 검을 잡고 한 손은 이제 잡으려고 하는 모습이다. 일대의 오른쪽 여령은 시간차가 있는 셈인데, 이미 앉아서 두 검을 모두 잡은 상황이다. 좁은 지면에 여러 가지 모습을 담으려 시도한 듯하다.

　4단계는 선 검무이다. 여령은 서서 검을 들고 춤춘다. 이제 검객으로서 최고의 재주를 보여줄 때이다. 검무 여령 최고의 재주는 홀기에 두 가지로 제시되었다. 제비가 집으로 돌아가는 듯한 모습의 '연귀소'와 대자리에 바람을 들어올리는 듯한 '연풍대' 춤사위이다. 관객의 마음을 들었다 놓았다 할 만큼 검을 든 춤꾼으로서 최고의 재주를 보여주는 단계이다. 〈그림 7〉은 서서 검을 들고 상대하여 춤추는 모습이 표현되어 있다.

　마무리 단계는 춤추며 나왔다가 물러나는 것으로 맺는다.

검무 그림으로 유일하게 쌍검기무
가 수록된 자료가『(임인 4월)진연의궤』
이다. 〈그림 8〉에서 보면 둘씩 상대하
여 춤추는 모습이 조금씩 다르다. 앞줄
은 앉아서 춤추는 형태이고, 뒷줄은 서
서 춤추는 형태이다. 앞줄 오른쪽에서
대무하고 있는 두 여령 중에 한 여령은
아직 검을 잡기 전에 어르는 모습이고,
한 여령은 이미 두 검을 번개같이 모두
잡아 춤추는 모습이다. 뒷줄의 오른쪽
두 여령과 왼쪽 두 여령의 대무하는 모

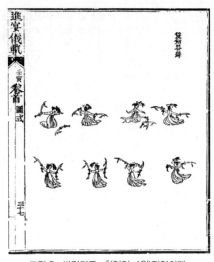

그림 8. 쌍검기무, 『(임인 4월)진연의궤』

습은 유사하지만 검의 각도가 다르다. 목판으로 만드는 쌍검기무 그림에서 지면
을 최대한 활용하여 춤추는 모습을 다양하게 나타내려고 한 의도가 보인다.

2) 궁중 검무는 어떻게 구성되었나?

궁중 검무의 무원은 어떻게 구성되었으며, 반주곡으로 어떤 곡을 사용했는
가를 알아보겠다. 12종 의궤의 「공령」·「악장」·「의주」를 조사한 결과, 조선후
기 검무의 무원은 2명, 4명, 8명으로 연향에 따라 다양하게 구성되었다. 검무
무원이 4인으로 구성된 경우가 가장 많았다. 검무는 상대와 마주하여 겨루는
추는 춤이기 때문에 짝수로 무원의 수가 구성되는 특징이 있다. 춤대형의 명칭
을 기축 진찬처럼 무대와 동기대로 표기하기도 했고, 일대·이대·삼대 등으로
나타내기도 했으며, 좌우와 우무로 표기하기도 했다. 기축 진찬은 '무대(舞隊)
3'이라고 했을 경우에 무원은 6명이며, 동기대 1이라 했을 때 무원은 2명이었
다. 앞에서 언급했듯이 어린 기녀인 동기로 구성된 동기대가 검무 무원으로 포
함된 경우는 기축년·무신년·정축년 진찬의궤에 보인다. 때로는 기축 진찬처
럼 검기무만을 위한 별도의 집사가 배정되기도 했었다. 의궤별 무원구성과 반
주곡명을 〈표 3〉으로 정리하였다.

〈표 25〉 의궤별 검기무 무원 구성과 반주악곡명

	의궤명	무원 구성	악곡명 (아명)	악곡명	연향일	연향명
1	을묘(정조19) 『정리의궤』	무2	–	–	1795. 윤2. 13.	진찬
2	기축(순조29) 『진찬의궤』	무대 3(6인), 동기대 1(2인), 집사 1	武寧之曲	鄕唐交奏	1829. 2. 12. 진시	대전 내진찬
			凝祥之曲	原舞曲	1829. 2. 12. 이경	대전 야진찬
			多寶子令	原曲	1829. 2. 13. 진시	왕세자 회작
3	무신(헌종14) 『진찬의궤』	일대 2, 이대 2, 삼대 2, 동기대 2	武寧之曲	原舞曲	1848. 3. 17. 이경	대왕대비전 야진찬
			武寧之曲	原舞曲	1848. 3. 19. 묘시	대전 회작
4	무진(고종5) 『진찬의궤』	일대 2, 이대 2	–		1868. 12. 6. 미시	대왕대비전 내진찬
			–		1868. 12. 11. 묘시	대전 회작
5	계유(고종10) 『진작의궤』	일대 2, 이대 2	–		1873. 4. 18	대왕대비전 내진작
			–		1873. 4. 20	대전 회작
6	정축(고종14) 『진찬의궤』	일대 2, 이대 2, 삼대 2, 동기대 2	武寧之曲	原舞曲	1877. 12. 06. 이경	대왕대비전 야진찬
			武寧之曲	原舞曲	1877. 12. 10. 진시	대전 회작
7	정해(고종24) 『진찬의궤』	일대 2, 이대 2	武寧之曲	原舞曲	1887. 01. 27. 이경	대왕대비전 야진찬
			武寧之曲	原舞曲	1887. 01. 28. 진시	대전 회작
			武寧之曲	原舞曲	1887. 01. 29. 진시	왕세자 회작
8	임진(고종29) 『진찬의궤』	좌무 2, 우무 2	武寧之曲	原舞曲	1892. 09. 25. 진시	대전중궁전 내진찬
			武寧之曲	原舞曲	1892. 09. 25. 이경	대전중궁전 야진찬
			武寧之曲	原舞曲	1892. 09. 26. 진시	왕세자 회작
9	신축(광무5) 『진찬의궤』	일대 2, 이대 2	武寧之曲	原舞曲	1901. 05. 13. 손시	명헌태후전 내진찬
			武寧之曲	原舞曲	1901. 05. 16. 손시	대전 회작
			武寧之曲	原舞曲	1901. 05. 18. 손시	황태자 회작
10	신축(광무5) 『진연의궤』	좌무 2, 우무 2	武寧之曲	原舞曲	1901. 07. 27. 진시	대전 내진연
			武寧之曲	原舞曲	1901. 07. 27. 해시	대전 야진연
			武寧之曲	原舞曲	1901. 07. 29. 진시	황태자 회작

11	임인(광무6) 4월 『진연의궤』	좌무 2, 우무 2	武寧之曲	原舞曲	1902.04.24. 진시	대전 내진연
			武寧之曲	原舞曲	1902.04.24. 해시	대전 야진연
			武寧之曲	原舞曲	1902.04.25. 진시	황태자 회작
12	임인(광무6) 11월 『진연의궤』	좌무 2, 우무 2, 좌무 2, 우무 2	武寧之曲	原舞曲	1902.11.08. 손시	대전 내진연
			武寧之曲	原舞曲	1902.11.08. 해시	대전 야진연
			武寧之曲	原舞曲	1902.11.09. 손시	황태자 회작

조선후기 검무의 반주 악곡명(아명)은 기축 진찬을 제외하고 대부분 무녕지
곡(武寧之曲)이었다. 용맹한 기운[武]으로 나라가 평안하기[寧]를 기원하는 마
음이 반주악곡명에 담긴 듯하다. 검을 들고 대결하는 듯 춤추는 검무에 걸맞는
아명이라고 하겠다. 실제 검무의 반주곡으로 연주되는 곡은 향당교주(鄕唐交
奏)와 원무곡(原舞曲, 原曲)으로 표기되었다. 원무곡이란 원래의 춤 반주곡이라
는 뜻으로 향당교주를 지칭한다. 고종대의 『정재무도홀기』에 나타난 실제 반
주악곡은 모두 향당교주였다. 향당교주라는 반주음악이 검무의 서늘한 기운과
긴장감을 표현하는데 적합했을지 모르겠다. 그러나 향당교주가 조선후기 정재
반주음악으로 흔하게 쓰였기 때문에 다른 정재와 변별되는 검무만의 음악적
분위기를 내지는 못했을 듯하다.

다음으로, 검무의 무구와 의상을 파악하고자 한다. 이를 위해 의궤의「도식」
과「공령」기록을 조사하니, 검무가 기록된 조선후기의 12종 의궤 중에 두 의궤의
기록이 미흡했다. 『(계유)진작의궤』(1873)는「도식」부분이 현재 전하지 않고,
『(을묘)정리의궤』(1795)는「공령」의 내용이 소략하여 군장한 내용이 생략되었으
며 도식에 검기무 의상이 없었다. 파악이 가능한 11종 의궤에 기록된 검무 그림과
검기·모자·치마·쾌자·전대·상의·신발·한삼을 종류별로 정리하였다. 그 결
과는 〈표 4〉와 같다.

표 4. 의례별 검무의 무구와 의상

검무 도서	검기	모자	치마	괘자	전대	상의	신발	한삼
1. 『을묘정리의궤』	劍器	–	–	–	–	–	–	–
2. 『(기축)진찬의궤』	劍器	戰笠	金箔紅綃裳	子莪甲紗掛子	帶政	–	草綠鞋	–
3. 『무신진찬의궤』	劍器	戰笠	紅綃裳	鴉靑甲紗掛子	藍戰帶	襦袜身衣 (金香夾袖)	草綠鞋	汗衫
4. 『무자진찬의궤』	劍器	戰笠	紅綃裳	鴉靑甲紗掛子	藍戰帶	(金香夾袖)	黑鞋 / 毛綿羊	–
5. 『정축진찬의궤』	劍器	戰笠	紅綃裳	鴉靑甲紗掛子	藍戰帶	(金香夾袖)	草綠鞋 / 毛綿羊	–
6. 『정해진찬의궤』	劍器	戰笠	紅綃裳	鴉靑甲紗掛子	藍戰帶	(金香夾袖)	草綠鞋	五色汗衫

검무 도식	검기	모자	치마	괘자	전대	상의	신발	한삼
7. 『임진진찬의궤』	劍器	戰笠	紅綃裳	鴉靑甲紗掛子	藍戰帶	(金香挾袖)	草綠鞋	
8. 『신축진찬의궤』	劍器	戰笠	紅綃裳	鴉靑甲紗掛子	藍戰帶	(金香挾袖)	草綠鞋	
9. 『신축진연의궤』	劍器	戰笠	紅綃裳	鴉靑甲紗掛子	藍戰帶	(金香挾袖)	草綠鞋	
10. 『임인4월진연의궤』	劍器	戰笠	紅綃裳	鴉靑甲紗掛子	藍戰帶	(金香挾袖)	草綠鞋	
11. 『임인11월진연의궤』	劍器	戰笠	紅綃裳	鴉靑甲紗掛子	藍戰帶	(金香挾袖)	草綠鞋	

〈표 4〉에 제시된 그림은 각 의궤의 「도식」에 있는 것을 부분 발췌한 것이다. 또한 표에 제시된 의상의 명칭은 각 의궤 「공령」에 있는 기록을 발췌하였다. 때로는 「도식」과 「공령」 기록이 일치하지 않았다. 예컨대, 무신(1848) 『진찬의궤』 검기무의 「공령」에는 흑혜를 신는다고 표기되었으나, 도식의 그림에는 흑혜가 없다. 반대로 「공령」에는 기록되지 않았으나, 검무 그림에는 금향협수라는 상의가 그려진 경우가 있었다. 「공령」 없으나 도식에 있는 것은 가로 안에 넣어서 〈표 4〉에 달리 표기했다.

형태별로 살펴보면, 먼저 검무의 무구인 검기의 형태는 역대로 거의 같았다. 다만 을묘(1795) 『정리의궤』에서만 직선으로 쭉 뻗은 장검을 사용했다. 다른 10종의 의궤에서는 모두 칼의 머리 부분이 갈라진 검기를 사용했다. 검기무에서 모자는 전립(戰笠)을 썼으며 기축(1829) 『진찬의궤』부터 임인11월 『진연의궤』까지 동일한 형태였다. 치마도 붉은 빛깔의 홍초상을 입는 것이 동일했으며, 쾌자는 기축년에서 임인년까지 아청갑사쾌자를 사용했다. 기축년의 쾌자는 앞섶이 갈라짐이 다른 해의 의궤와 약간 다르지만, 유의미한 변화는 아닌 듯하다. 전대는 남색 전대로 역대 의궤의 검무에서 동일했다. 상의는 을묘년과 기축년을 제외하고는 모두 금향협수를 사용했다. 검을 다루는 춤사위이니, 넓은 소매로 춤추기 어려워 날렵하게 손을 놀릴 수 있는 좁은 소매의 상의를 선택했을 것이다. 검기무 여령의 신발은 초록 가죽 신발인 초록혜가 대표적이었다. 9종의 연향에서 초록혜를 신었고, 무진(1868) 『진찬의궤』에서만 흑혜를 신었다.

의상의 구성 중에 특이한 점은 검기무 무원이 한삼을 쓴 사례가 무진(1868) 『진찬의궤』에서만 유일하게 발견되는 점이다. 검기라는 무구를 잡고 춤을 추는 춤이라 한삼을 사용하지 않을 듯한데 「도식」에 한삼이 그려졌다. 그림이 오류인 것인지 당시에 실제로 한삼을 끼고 검기를 잡은 것인지는 정확히 알기 어렵다. 다만 무진 『진찬의궤』의 검기무 「도식」에서 여령들이 한삼을 끼고 춤추지 않은 장면으로 그려졌으며, 다른 검기무와 비교할 때 한삼이 그려진 적이 없으므로 의궤의 편집과정에서 한삼이 잘못 들어갔을 가능성이 높다고 본다.

검무의 무구와 의상을 검토한 결과, 기록이 미흡한 정조대 을묘(乙卯) 진찬을 제외하면, 순조대 기축(1829) 진찬부터 고종대 임인(1902)년 11월 진연에 이르기까지 검기무의 무구와 복식은 거의 변하지 않고 지속되었다.

4. 조선후기 궁중 검무의 포상

　　조선후기에 궁중 검무의 위상은 어느 정도였을까? 궁중 공연자의 위상을 측정하는 단적인 근거가 공연 뒤에 내려주는 포상내역이다. 조선후기 의궤 기록에는 진연, 진찬 등의 연향을 마친 뒤에 수고한 사람들에게 내려주는 포상이 「상전(賞典)」항목에 기록되었다. 위로는 고위 관료부터 공천의 신분인 공연자까지 해당되며, 이름을 일일이 거명하며 포상을 내려주었다. 정재에 참여한 기녀와 무동들, 악공들의 포상 내역도 자세히 전한다.

　　조선후기 정재공연자의 시상내역의 특징은 다음과 같다. 첫째, 현물 지급내역의 측면에서 조선후기 내내 정재여령이 공연 관련자 중 가장 많은 포상을 받았다. 정재여령의 포상은 악사나 전악 등 공연자를 지휘 감독하는 위치에 있는 자와 연주자인 악공·고취·내취 등의 현물포상보다도 많았다. 악기 연주자의 경우는 전상악공이 헌가악공보다 비교적 많은 상을 받았고, 악공이 고취보다 많은 상을 받았다. 시기별로 포상 내역의 차이는 있으나, 공연 관련자 중에서 정재여령이 가장 많은 포상을 받은 사실은 의궤가 기록된 조선후기 내내 변하지 않는 사실이었다. 또한 무동은 대체적으로 악공보다 높은 등급의 포상을 받아서, 연주자나 관리자보다 정재공연자를 우대했다. 이러한 포상의 결과는 무엇을 말하는가. 연주나 관리자 보다는 연향에서 정재공연자의 역할이 가장 컸다고 당시에 인식했다는 반증이다. 그리고 무동보다 여령에게 높은 포상을 주어 정재여령을 공연의 주역으로 대우했다. 이는 여령이 실제적으로 가장 화려한 볼거리를 제공하여 화락한 분위기로 잔치의 흥을 돋우기 때문일 것이다.[48]

　　공연자 중에 가장 포상을 많이 받았던 주체가 정재 여령이었다. 그렇다면 여령 정재 중에서 검무 공연자에게 내려지는 포상의 경중은 어느 정도였을까? 그 결과로 검무가 지닌 위상이 어느 정도였는지 가늠할 수 있다. 조선후기 의궤에 기록된 검무 공연자의 포상 내역을 시기별로 살펴보겠다.[49]

　　검무가 최초로 왕실의 잔치에서 공연된 정조대로 1795년(정조 19)에 혜경궁

---

48 조경아, 「조선후기 儀軌를 통해 본 呈才 연구」, 202~203쪽.
49 의궤별 정재 여령의 포상 내역은 조경아, 「조선후기 儀軌를 통해 본 呈才 연구」, 한국학중앙연구원 박사학위논문, 2009, 187~203쪽을 참고함.

홍씨의 회갑 잔치가 열린 봉수당 진찬이었다. 공연을 마친 뒤에 정재 여령에게
포상을 내려주었다. 의녀와 침선비로 구성된 경기(京妓) 16명과 화성의 향기(鄉
妓) 17명에게 무명 2필과 베 1필을 지급했다. 추가 포상도 있었다. 우두머리
기녀인 도기 2명에게 명주 1필과 무명 1필, 베 1필씩을 더 주었다. 포구락에서
포구문에 채구를 넣은 8명, 처용무를 담당한 5명의 여령에게 비단 1필씩을 더
주었고, 무고 정재여령 8명에게 흰무명 1필씩을 더 주었다. 이들은 모두 당일
에 직접 받았다. 화성까지 원정 공연을 왔던 경기는 서울로 돌아간 뒤에 명주
1필과 돈 1냥씩을 추가로 받다.[50] 검무는 경기 2명이 맡았으므로 기본적으로
무명 2필과 베 1필을 받고, 추가로 명주 1필과 돈 1냥씩을 받은 셈이다.

　순조대의 포상에서는 검기무 여령을 약간 우대하였다. 1829년(순조 29) 진
찬 뒤의 포상에서 현물로 가장 큰 포상은 흰무명 2필과 명주 1필을 주는 것이었
는데, 검기무를 담당한 8명의 무원과 집사는 모두 이러한 포상을 받았다. 정재
여령의 경우에 중첩된 상을 받기도 했다. 첫째, 장생보연지무를 담당한 여령
7명에게 원하면 면천을 해주었다.[自願免賤] 즉 여령이 중앙이나 지방에 소속되
어 기녀의 역할[妓役]을 하는 공천(公賤)의 신분에서 벗어나 양인(良人)이 되도
록 해준 일종의 '신분해방'으로 가장 큰 포상이다. 또한 포구락에서 채구를 넣
은 경기(京妓) 4명과 향기(鄉妓) 3명, 집사 1명에게 명주 1필씩을 더 주었고, 무
고의 집박 여령 2명에게 흰명주 1필씩을 더 주었다.[51] 검무 여령의 포상을 보면,
약간 우대한 측면은 있으나 면천처럼 가장 우대한 것은 아니었다.

　헌종대에는 검무를 추었던 여령에게 가장 많은 현물 포상을 내렸다. 헌종
무신년『진찬의궤』에는 정재의 역할별로 포상 내역이 기록되었고,[52] 1848년(헌
종 14)의 진찬에서 공연된 12종목의 여령 정재 중에 현물로서 가장 후한 포상을
내려준 정재는 검기무였다. 이때 검기무는 3대로 구성되어 6명이 공연했는데,
일대(一隊)를 맡은 운희(雲姬)와 영월(映月)에게 명주 2필과 흰 무명 3필을 주었

---

50 『(乙卯)整理儀軌』卷5.49a4~50a3.「賞典」수원시, 『역주 원행을묘정리의궤』, 570쪽.

51 『(己丑)進饌儀軌』卷3.36b3~37a12.「賞典」; 卷3.6a10~7a12.「工伶」. 1829년(순조 29) 2월 12일
　내진찬을 마친 뒤 정재 여령별 포상은 조경아, 「조선후기 儀軌를 통해 본 呈才 연구」, 190~91쪽
　〈표 35〉참조 바람.

52 『(戊申)進饌儀軌』卷3.58a12~59a7.「賞典」. 한국예술학과 음악사료강독회, 『국역 헌종무신진찬
　의궤: 卷三』, 238~42쪽.

다. 현물 포상으로는 가장 많은 상을 준 것이며, 같은 검기무 정재를 담당했더라도 이대와 삼대를 맡은 여령에게는 별다른 상전의 언급이 없었다. 아마도 검기무의 일대를 맡은 두 명은 무대 가장 앞에서 공연했으며, 6명 중 실력이 뛰어난 자로 배치되었을 것이다.

고종대에도 검기무 여령에게 현물로서는 가장 많은 포상을 해주었다. 1868년(고종 5)에 신정왕후의 회갑을 경축하여 열린 진찬에서 10종목의 여령 정재가 공연되었다. 그 중 검기무와 향령무를 추었던 여령에게 가장 큰 포상을 해주었다. 검기무의 일대, 이대를 맡은 4명에게 명주 1필과 무명 1필을 주었으며, 향령무 여령 4명에게도 마찬가지였다.[53] 1892년(고종 29) 진찬에서는 26종목의 여령 정재가 공연되었다. 역시 검기무를 공연한 여령이 가장 후한 포상을 받았다. 향란(香蘭) 등 네 명의 검기무 여령에게 명주 2필과 흰무명 3필을 지급했다.[54]

대한제국기에도 검기무 여령에게 현물로서는 가장 많은 포상을 해주었다. 1902년(광무 5) 11월 진연에서 21종목의 여령 정재가 공연되었다. 역시 가장 높은 대우를 받은 정재는 검기무였다. 검기무 여령 4명에게 명주 2필과 흰무명 1필을 주었다.[55] 이는 대한제국이 되기 전인 1892년의 진찬 때와 같은 포상내역이다.

조선후기 의궤기록에 따르면, 가장 많은 현물 포상을 내려준 정재종목은 검무였다. 정조대에는 다른 정재종목을 맡은 여령과 동일하게 포상을 해주었는데, 순조대에 검무 여령에게 조금 우대를 해주었고, 헌종대부터 고종대에 이르기까지는 검무 여령에게 최고로 포상을 주는 것이 일반적이었다. 왜 검무 여령에게 가장 큰 포상을 했을까? 검무는 창사도 없고, 죽간자 등의 의물도 없고, 오로지 춤으로만 승부를 거는 정재이다. 정재는 가·무·악의 요소가 종합적으로 구성되어 있지만 정재에 따라 가(창사)가 우세한 종목이 있고, 무(춤)가 더 두드러지는 종목이 있다. 검무는 춤이 가장 두드러진 정재인데, 성리학의 이상을 창사로 표현한 정재를 제치고 그보다 많은 포상을 주었다는 것은 의미심장하다.[56] 공연하기 어려운 정재로 인식되었거나, 당대 관객에게 공연의 재미가 가장 컸기 때문이 아닐까 한다. 검무가 현물로 가장 많은 포상을 받았다는 사실을 통해 조선후기에 궁중에서 검무의 위상이 높았음을 알 수 있다.

5. 검무 계열의 춤, 공막무와 첨수무 비교

검을 들고 춤추는 형태의 춤이 검무 외에도 궁중 정재에 두 종목이 더 있었다. 바로 공막무(公莫舞)와 첨수무(尖袖舞)이다. 공막무와 첨수무가 등장하는 의궤와 홀기의 기록을 검토하여, 이들이 검무와 유사한 점과 다른 점을 살펴보기로 하겠다.

1) 공막무와 검기무의 비교

검을 들고 춤추는 또 다른 궁중 정재인 공막무를 검무와 비교하고자 한다. 검무에서 살펴본 것과 같은 기준으로 유래, 초연, 공연자, 공연시기, 내용과 구성의 측면을 알아보겠다.

공막무의 유래는 순조『(무자)진작의궤』「부편」에 다음과 같이 밝혀 놓았다. "잡무곡(雜舞曲)에 건무(巾舞)라 하였다. 항장이 검을 휘두르며 춤추자 항백이 소매로 그것을 막았는데, 항장에게 '공은 그러지 마시오[公莫]'라고 말한 것과 같다. 나중에 검무(劍舞)가 되어, 향악에 쓰였다."[57] 공막무의 유래는 앞에서 소개한 검무의 유래와 완전히 동일하다. 즉, 공막무는 '홍문의 잔치'라는 중국고사를 배경으로 정재명이 정해진 셈이고, 향악으로 쓰인 검무의 움직임을 그대로 수용하고 있었다.

공막무가 기록된 의궤는『(무자)진작의궤』가 유일하다. 1828년(순조 28) 6월 1일의 연경당 진작 때에 공막무가 초연된 이래, 다른 의궤에서는 기록이 보이

---

56 조경아, 「조선후기 儀軌를 통해 본 呈才 연구」, 202~203쪽.

57 公莫舞【雜舞曲云 巾舞也. 項莊舞劍, 項伯以袖隔之, 若語莊云公莫, 後爲劍舞鄕樂用之. ○兩舞童, 戴高雲髻, 着戰服, 各持二劍, 相對而舞】『(戊子)進爵儀軌』, 附編.4b12-5a1.

지 않는다. 공막무의 초연은『(무자)진작의
궤』「부편」악장의 내용으로 알 수 있다.
그러나 의례절차를 기록한「의주」에서 공
막무가 생략되어서, 어떤 절차에 공막무가
공연되었는가는 알 길이 없다. 다만 함께
생략된 고구려무와 함께 공막무는 공식 절
차가 끝난 뒤에 행해진 것이 아닌가 추정
될 뿐이다. 공막무가 기록된 의궤는『(무
자)진작의궤』뿐이지만, 고종대의『정재무
도홀기』두 편이 전한다. 갑오년(1894) 진
연의 무동홀기와 연대미상의 무동홀기에
공막무가 전한다.[58] 따라서 고종대에도 공

그림 9. 공막무.『(무자)진작의궤』(1828)부편

막무가 궁중 정재로 여전히 존재했음을 알 수 있다.

공막무의 공연자는 무동이었다. 무자년(1828)의『진작의궤』, 갑오년(1894)
의 외진연 무동홀기, 연대미상의 무동홀기에서 공연자는 모두 무동이었다. 따
라서 검무가 여성의 춤이라면, 공막무는 남성의 검무라 할 수 있겠다.

무동이 춤추는 공막무는 여령이 춤추는 검무와 춤 진행이 거의 같았다. 춤
진행절차가 자세한『정재무도홀기』내를 살펴보면, 공막무와 검무의 기록이 거
의 같다.[59] 다만 한 가지 다른 점이 있었다. 검무는 악사가 먼저 나와 검기를
배치한 뒤에 춤이 시작되는데 비해, 공막무는 무동이 선 맨손 춤을 춘 뒤에 악사
가 등장하여 검기를 두고 나가는 점이 달랐다. 검무에서 바꾸어 선다는 '환립(換
立)'이 공막무에서 돈다는 '회선(回旋)'으로 표기되었다는 점도 조금 다르지만,

58 「舞童各呈才舞圖笏記」(연대미상)『呈才舞圖笏記』, 477~478쪽; 「(甲午)外進宴時舞童各呈才舞
圖笏記」,『呈才舞圖笏記』, 68~69쪽.『呈才舞圖笏記』, 18~19쪽의 해제에 다르면, 표기가 없는
갑오년(1894)의 홀기연대는 김영운이 고증으로 파악한 것이다. 이때의 진연은 고종이 세자의
나이가 21세가 된 것을 기념하여 마련한 진연이다.『고종실록』권31. 1894년(고종31) 2월 7일(갑
인) 기사에 따르면, 강녕전에서 외진연과 내진연이 열렸다. 외진연에서 무동이 공연한 정재가
일부 기록되었는데, 아쉽게도 공막무는 보이지 않는다.
59 「(甲午)外進宴時舞童各呈才舞圖笏記」『呈才舞圖笏記』, 68~69쪽 "公莫舞. 樂奏武寧之曲【鄕唐
交奏】○拍, 舞二人相對舞作, 舞進無退, 或背或面, 回旋而舞. 樂師持劍器, 入置於殿中, 左右而
出. 舞二人相對, 跪而舞, 弄劍, 執劍, 飜飄而舞, 并起立而舞. 鴛歸巢, 筵風擡. 舞進舞退. 樂止."

자리를 바꾸어 서려면 약간의 회전이 필요하므로 춤사위의 맥락은 같다고 본다. 홀기상으로 보면, 검무와 공막무는 같은 춤이라고 보아도 무방할 정도이다.

고운계   　초록석죽화 전복   　　은속대   　　　호화

그림 10. 공막무 무동 복식. 『(무자)진작의궤』 「부편·도식」

공막무는 『진작의궤』에 "두 무동이 고운계(高雲髻)를 쓰고 전복(戰服)을 입고, 각기 검 두 개를 들고 상대하며 춤춘다"라는 간략한 춤이 서술되었다. 검무에서 여령이 쓰는 전립 대신 무동은 고운계를 쓴 것만 달랐고, 의궤의 검무와 같은 내용이었다. 『진작의궤』 「부편·공령」에는 좀 더 자세하게 공막무 무동의 복식이 언급되었다. 〈그림 9〉의 공막무 무동은 〈그림 10〉과 같이 머리에 고운계를 쓰고, 석죽화가 그려진 전복(石竹花戰服)을 입고, 은속대(銀束帶)를 매고, 호화(胡靴)를 신었다.[60]

지금까지 공막무와 검무를 비교해 보았다. 공막무는 무동이 춤을 추고, 검무는 여령이 춤을 추었다는 점만 제외하면 두 춤에는 차이가 거의 보이지 않는다. 물론 무동이 춤을 추었기 때문에 무대의상이 달라졌고, 좀더 축약된 형태인 2인무로 공연되었다는 점이 달랐다. 여령은 8인무까지 확대된 검무가 있었다. 그러나 유의미한 차별점은 아니다. 그렇다면 왜 검무라 하지 않고, 공막무라는 다른 이름을 붙였을까. 몇 가지 추정이 가능하다. 우선은 '홍문의 잔치'에서 항백과 항장을 떠올리는 2인무로의 구성이 아니었을까 한다. 한고조를 지키려는 항백과, 항우를 지키려는 항장, 두 남자의 칼싸움을 상징적으로 드러내기 위해 남성 무동의 2인 검무로 구성하여 공막무로 이름하지 않았을까 싶다. 또한 검무는 여령이 춤추었으므로, 왕실의 친인척 등 소수가 참석한 내연에서만

---

60 『(戊子)進爵儀軌』 附編19a1. 「工伶」 "公莫舞舞童, 戴高雲髻, 着石竹花戰服·銀束帶·胡靴."

공연되었던데 반해, 대소신료가 참석하는 외연에서도 검을 든 춤을 공연하고 싶었고, 이왕이면 '충'이 강조되는 공막무로 이름한 것이 아닐까 추정해 본다.

2) 첨수무와 검기무의 비교

 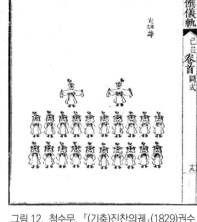

그림 11. 첨수무. 『(기축)진찬의궤』(1829)권수   그림 12. 첨수무. 『(기축)진찬의궤』(1829)권수

뾰족한[尖] 소매[袖]의 춤이라는 뜻의 첨수무는 매우 특이한 정재이다. 왜냐하면 어떤 무구를 쓰는가에 따라 세 가지 유형의 춤이 존재하기 때문이다.

첫째는, 손에 검이나 첨수를 들지 않고 춤추는 유형이다. 첨수무가 처음 등장한 『(을묘)정리의궤』(1795)에 나타난 형태이다. 『(을묘)정리의궤』「악장」에서 첨수무의 유래를 "사람이 손에 아무 것도 잡지 않고, 맨손을 뒤집었다 폈다 하면서 악절(樂節)에 맞추어 추므로, 속칭 '엽무(葉舞)'라고도 한다. 영조조(英祖朝)에 장악원(掌樂院)에 명하여 첨수무라 개칭했다."[61]라고 했다. 따라서 영조대 이전부터 손춤이 중심이던 엽무가 영조 때에 첨수무로 개칭되어 나타났던 것을 알 수 있다. 적어도 정조대까지 첨수무는 맨손 춤이었다.

둘째는, '첨수'라는 삼각뿔을 한삼에 매어 춤추는 유형이다. 의궤에서는 『(기축)진찬의궤』(1829)에 처음 등장했다. 〈그림 13〉의 '첨수'를 한삼에 달아 춤 도

---

61 『(乙卯)整理儀軌』卷1.61b4.「工伶」"尖袖舞.【舞者, 手無所執, 飜覆其手, 按節而舞. 俗稱葉舞. 英宗朝, 命樂院, 改稱尖袖舞】"

그림 13. 첨수. 『(기축)진찬의궤』 권수

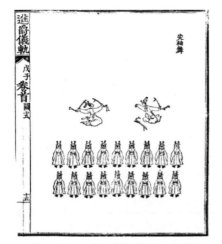

그림 14. 첨수무. 『(무자)진작의궤』(1828)권수

구로 사용했다. 『(기축)진찬의궤』「악장」 첨수무에 "여기 4인이 오색의 한삼을 매고, 2대로 나누어 상대하여 춤춘다"[62]라는 모습이 〈그림 11〉이다. 무동이 외연에서 춤추는 첨수무의 모습이 〈그림 12〉이다. 『(정해)진찬의궤』(1887), 『(신축)진찬의궤』(1901)[63]에는 '홍색 첨수를 오색한삼에 매어' 사용한다는 언급이 추가되었다. 홀기에서는 신축 진찬을 기록한 「(신축)여령각정재무도홀기」(1901)[64]에 첨수를 매단 형태의 춤이 등장했다. 이처럼 첨수를 매단 형태의 첨수무는 여령과 무동이 모두 춤추었다.

셋째는, 검무처럼 검을 들고 춤추는 유형이다. 의궤에서는 『(무자)진작의궤』(1828)에만 나타났다. 홀기에서는 「(계사)정재무도홀기」(1893), 「(갑오)외진연시무동각정재무도홀기」(1894), 연대미상의 「무동홀기」에 검을 들고 춤추는 형태가 나타났다. 궁중 검무 계열의 춤으로 첨수무를 살펴보려는 이 글에서는 셋째 유형의 파악이 중요하다. 따라서 검을 들고 첨수무를 추었던 유형을 좀더 상세히 살펴보고자 한다. 검무와 같은 기준으로 첨수무의 유래, 초연, 공연자, 공연시기, 내용과 구성의 측면을 알아보겠다.

먼저, 검을 들고 춤추는 세 번째 유형의 첨수무 유래도 『(을묘)정리의궤』의 내용과 동일했다. 즉 첨수무가 맨손으로 추는 춤이며, 엽무에서 첨수무로 개칭되었다는 내용이 같았다. 같은 뿌리를 지닌 춤이지만 검을 들고 춤추는 다른 유형이 파생된 것이다.

---

62 『(己丑)進饌儀軌』 卷1.18a7. 「工伶」 "尖袖舞 …… 女妓四人, 繫五色汗衫, 分二隊, 相對而舞."
63 『(丁亥)進饌儀軌』 卷1.20a11-12. 「工伶」; 『(辛丑)進饌儀軌』 卷1.16b7-8. 「工伶」 "尖袖舞 …… 女妓四人, 繫紅色尖袖於五色汗衫, 分二隊, 相對而舞."
64 「(辛丑)女伶各呈才舞圖笏記」, 『呈才舞圖笏記』, '尖袖舞' 133~134쪽.

검을 들고 춤추는 첨수무는 순조『(무자)진작의궤』(1828)에 처음 등장한다. 1828년 2월 12일의 대전·중궁전 진작 때에 왕과 왕비가 왕세자에게 잔을 내리는 절차 때에 무동의 첨수무가 공연되었다. 2월 12일 저녁의 야진별반과에서는 왕과 왕비에게 별반과를 올리는 절차에서 무동의 첨수무가 공연되었다. 2월 13일 왕세자회작 때, 왕세자가 작을 드는 절차와 명부 찬탁에 술을 돌리는 절차에서 무동의 첨수무가 공연되었다.[65] 첨수무가 특정 절차에서 사용된다는 일관성은 찾기 어렵다.

검을 들고 춤추는 유형의 첨수무의 구성은 순조『(무자)진작의궤』(1828)에 "무동 2인이 피변관을 쓰고 첨수의를 입고 각기 검을 두 개씩 들고 상대하여 춤춘다"[66]라고 간략히 기록되었다. 검을 들고 춤추기 편리한 소매가 좁은 첨수의를 갖추고 춤을 추었음을 알 수 있다. 「공령」에는 좀더 자세하게 복식이 소개되었는데 "첨수 무동은 피변을 쓰고, 녹색무늬의 첨수의, 홍색과 자색 무늬의 반비의를 입고, 남색 전대를 두르고, 청색 버선을 신고, 자색 행전을 착용한다"[67]라는 것이었다.

첨수무 무동의 의상에서 눈에 뜨이는 것은 녹문첨수의라고도 불린 '첨수'이다. '첨수'는 삼각뿔의 형태로 한삼에 다는 형태를〈그림 13〉 지칭하기도 했지만, 좁은 소매의 상의를〈그림 15〉 지칭하는 말이기도 했다. 두 경우 모두 춤의 이름이 첨수무가 될 여지가 있다. 첨수무의 모자인 피변은 무공(武工)이 쓰는 모자였고, 비의도 검무와 공막무에서 보이는 전복(戰服)과 형태가 유사하여 군장을 한 무동의 모습임을 알 수 있다. 군장의 복식이라는 측면에서 검무, 공막무, 첨수무는 유사하다.

춤 진행 절차는 첨수무, 공막무, 검무가 거의 같았다. 검을 들고 춤추는 첨수무 형태가 기록된 홀기는 여령이 춤추는 「(계사)정재무도홀기」(1893)[68]와 무동이

65 조경아, 「純祖代 孝明世子 代聽時 呈才의 演行樣相」, 한국예술종합학교 전문사학위논문, 2004, 21~23쪽.

66 『(戊子)進爵儀軌』卷1, 8b10-11. 「樂章」 "尖袖舞【舞者, 手無所執, 翻覆其手, 按節而舞. 俗稱葉舞. 英宗朝, 命樂院, 改稱尖袖舞. 兩舞童, 戴皮弁, 着尖袖衣, 各持二劍, 相對而舞】"

67 『(戊子)進爵儀軌』卷3, 34b2 "尖袖舞童. 戴皮弁, 着綠紋尖袖衣, 紅紫紋半臂衣, 藍纏帶, 靑襪, 紫行纏"

68 김영운은 「(癸巳)呈才舞圖笏記」에 수록된 첨수무를 정해년인 1887년경의 정재로 연대를 추정했다. 근거는 첨수무 여령의 이름이 『(정해)진찬의궤』(1877)과 같다는 것이었다. 그러나 필자는

弁 皮	袖 尖	臂 半	帶 戰
피변	녹문첨수의	홍자문반비의	남전대

그림 15. 첨수무 무동 복식. 『(무자)진작의궤』「권수·도식」

춤추는 「(갑오)외진연시무동각정재무도홀기」(1894) 및 연대미상의 「무동홀기」
이다.[69] 세 홀기를 비교한 결과, 첨수무의 춤 진행은 공막무와 완전히 같았다.
따라서 검무와도 거의 같다는 것을 알 수 있다. 춤에 뒤따르는 반주음악도 같았
다. 첨수무의 반주음악은 다양한 아명으로 불렸으나, 실제 반주음악은 모두 향
당교주였다. 곧 검무, 공막무, 첨수무의 반주음악은 모두 향당교주였다.

다만, 공연자의 측면에서 약간 차이가 있다. 검을 들고 춤추는 형태의 첨수
무는 여령과 무동이 모두 춤을 추었다. 반면에 검무는 여령만이 춤을 추었고
공막무는 무동만이 춤을 추었으므로 공연자의 측면에서 차이가 있었다.

6. 맺음말

지금까지 조선후기 궁중 검무의 기록을 검토하여 검무 이해의 폭을 넓히고
자 하였다. 1795년(정조 19)에 혜경궁 홍씨의 회갑연에서 궁중 검무가 등장한

두 가지 측면에서 동의하기 어렵다. 홀기에는 2인의 여령(옥진, 진홍)만 출연했으나, 『(정해)진찬
의궤』에서는 4인의 여령(옥진, 진홍, 화선, 채봉)이 출연하여 출연진이 달랐다. 또한 홀기에는
검을 들고 춤추는 형태의 첨수무가 수록되었는데, 『(정해)진찬의궤』에서는 '첨수'라는 삼각뿔을
한삼에 달아 춤추는 형태로 수록되어, 춤이 달랐기 때문이다. 어느 해의 첨수무라고 분명히 말하기
어려우나, 이 글에서는 일단 계사년의 첨수무로 추정하겠다. 김영운은 국립국악원 소장의 『정재무
도홀기』의 연대가 계사년(1893)의 것으로만 알려졌으나, 김영운은 「국립국악원 소장 『정재무도홀
기』의 재검토」(『근대로의 전환기적 음악양상: 조선후기편』, 한국예술종합학교 전통예술원,
2003, 231쪽) 라는 글에서 다섯 연대의 정재가 섞여 수록되었다고 주장했다.

69 「(癸巳)呈才舞圖笏記」, 『時用舞譜·呈才舞圖笏記』, 118쪽; 「(甲午)外進宴時舞童各呈才舞圖笏記」,
『呈才舞圖笏記』, 67~68쪽; 「(연대미상)舞童各呈才舞圖笏記」, 『呈才舞圖笏記』, 476~477쪽.

이래, 12종의 의궤와 7종의 정재무도홀기에 검무가 기록되었다. 본론에서는 크게 네 가지를 논의하였다. 첫 번째는 공연자와 공연 시기에 관해서이다. 조선후기 궁중 검무는 기록을 토대로 조선후기 공연자와 공연 시기를 살펴보았다. 우선 궁중 검무의 공연자에 주목했다. 조선후기 궁중 검무는 의녀와 침선비가 주로 공연했고, 특히 의녀의 비율이 높았다. 동기대가 편성되어 성인 여령과 함께 검무를 공연하기도 했는데, 성천의 동기가 선상되어 궁중 검무의 동기대로 참여하기도 했다. 본래의 역할이 있는 의녀와 침선비가 검기무를 공연할 수 있었던 사회적 조건으로는 이륙좌기의 연습체계를 꼽았다. 정조대부터 이륙좌기의 연습이 『대전통편』에 법제화되어 자리잡았기 때문에 의녀와 침선비의 검무 연습과 공연이 안정적으로 운용되었다. 궁중 검무의 공연자는 여성으로만 이루어졌다는 점도 주목했다.

다음으로 궁중 검무의 공연시기를 검토했다. 연향의 어떤 절차에서 검무가 공연되었는지 어떠한 규칙성을 발견할 수 있을지를 생각해 보았다. 12종 의궤의 「의주」를 검토한 결과 검무가 공연되는 순서에 일정한 공통점이 발견되었다. 검기무는 주로 의례의 후반부에 공연되었다. 의례의 후반부 진행에서 만두나 차를 올리거나, 술을 돌리는 절차에서 검무가 공연되었다. 의례가 완전히 마무리 되는 상황에서 검기무가 공연되는 경우가 더 많았다. 임금이 대차에 들어가거나, 완전히 안으로 들어가거나, 찬안·휘건·시접을 물리는 의례에서 검무가 주로 공연되었다. 대한제국기에는 의례의 마지막 순서로 검무를 춤추는 현상이 심화되었다. 신축년 진찬, 임인 4월 진연, 11월 진연에서는 연향을 마치는 마무리 정재로 검기무가 주로 선택되었다. 검이 지니고 있는 특징, 반대 세력인 적을 물리치고 몰아내고 나쁜 것을 베어낸다는 점이 연향을 마무리하는 의미로 적절하다고 판단했던 듯하다.

두 번째 논의는 궁중 검무의 내용과 구성에 관해서였다. 먼저, 궁중 검무의 내용은 점층적으로 짜여졌다. 도입-1단계: 서서 맨손 춤-2단계: 앉아서 맨손 춤- 3단계: 앉아서 검무-4단계: 서서 검무-마무리로 진행되었다. 검무의 유래설인 관창이나 황창랑의 설과 중국 유래설 모두에 내재된 의미는 '충(忠)'이었다. 『논어』 학이편의 주석에서 주자는 충의 근본적인 의미를 자신의 모든 것을 남김없이 다 한다는 뜻의 '진기(盡己)'라 해석했다. 자신의 있는 힘을 다해서

나라의 주적인 백제의 왕을 없애려는 관창이나 황창랑, 또한 자신의 통치자를 지키려고 하는 진나라의 항장과 항백은 모두 '충'의 마음을 지닌 자들이었다. 그런 의미에서 검무는 '진기의 춤'이다.

다음으로 검무의 구성을 살펴보았다. 검무 출연진은 주로 4인이었으나, 2명, 8명으로도 구성되었다. 검무는 상대방과 대결하며 추는 춤이기에 짝수로 무원의 수가 구성되는 특징이 있다. 이들은 일대·이대·삼대 혹은, 좌무와 우무로 표기되었다. 궁중 검무의 반주 악곡명(아명)은 기축 진찬을 제외하고는 대부분 무녕지곡(武寧之曲)이었다. 이러한 특별한 이름을 만든 것은 용맹한 기운으로 나라가 평안하기를 기원하는 마음이 담긴 듯하다. 검을 들고 대결하는 듯 춤추는 검무에 걸맞는 아명이라고 하겠다. 실제 악곡명은 향당교주(鄕唐交奏)였다. 검무에 쓰인 무구와 의상이 어떻게 구성되었는가도 살펴보았다. 12종 의궤 기록을 망라한 결과, 검기는 을묘년(1795) 진찬 때만 매끈한 긴 검을 사용했고 다른 진찬에서는 끝이 갈라진 검기를 사용했다. 기축년(1829) 진찬부터 임인년(1902) 11월 진연에 이르기까지 검기무의 검기와 복식은 거의 변하지 않고 지속되었음을 알 수 있었다.

세 번째 논의는 궁중 검무의 포상에 관해서였다. 궁중 공연자의 위상을 측정하는 단적인 근거가 공연 뒤에 내려주는 포상이기 때문에 「상전」 항목에 기록된 내용으로 다른 정재에 출연한 여령에 비해 검무에 출연한 여령이 어떠한 대우를 받는가를 검토했다. 면천이라는 신분해방의 특전을 제외하고 현물로 포상을 해주는 것만 고려하면, 가장 많은 현물 포상을 내려준 정재종목은 검무였다. 검무가 현물로 가장 많은 포상을 받았다는 사실로 토대로 생각하면, 조선후기에 궁중에서 검무의 위상이 높았다고 할 수 있다.

네 번째 논의는 궁중 검무 계열의 춤인 공막무와 첨수무에 관해서였다. 검무가 정조대에 궁중에 등장한 이래 고종대까지 꾸준히 공연되었는데도 불구하고, 검무의 무동 버전이라 할 수 있는 공막무도 궁중에 등장했으며, 첨수무라는 이름으로도 검무가 행해졌다. 궁중에서 검을 들고 춤추는 세 가지 정재의 출현은 무엇을 말하는 것일까. 여기서 소개하지는 않았지만 검무가 포함된 춤극 형태의 항장무도 궁중에서 공연되었다. 이처럼 검무 계열의 다양한 춤이 궁중에서 공존했다는 사실은 궁중에서 검을 들고 추는 춤에 대한 수요와 인기가 높았다는 반증일 것이다.

어느 시대이건 지켜야할 것이 있고, 쳐내야할 것이 있다. 항백은 한고조를 지켜내기 위해 검무를 추었고, 신라가 혼동에 빠졌을 때 황창랑은 검무를 추어 나라의 가장 큰 근심인 백제왕을 없앴다. 중국과 우리나라 검무의 유래는 당면한 사회 문제에 적극적으로 대응하는 방식의 하나가 춤이었음을 보여준다. 검무는 적과 결연히 맞서서 썩은 것, 낡은 것을 칼로 도려내어 새로운 판을 만든다. 오늘날 우리의 삶에서 적폐세력을 몰아내고 새로운 시스템을 만들려는 노력이 일어나고 있다. 우리 시대의 새로운 검무는 여전히 삶의 곳곳에서 요청되고 있는 게 아닐까.

이 논문은 2017년 김영희춤연구소의
검무심포지움Ⅱ에서 발표되었고, 수정·보완한 글이다.

사행록에 기록된 <항장무> 공연양상과 의미

정영문

1. 서론

인간이 삶을 영위하기 시작하는 순간부터 문화 활동이 있었지만, 근대이전의 공연상황에 대한 기록은 많지 않기 때문에 당시의 공연에 대한 구체적인 면모를 파악하기란 쉽지 않다. 다만, 단편적인 기록을 통해서 지방에서도 관아를 중심으로 독자적인 공연활동이 있었음을 확인할 수 있다.

관아에서 공연을 담당했던 주체는 교방에 소속된 기녀와 악공이었다. 그 중에서 기녀들은 경기(京妓)가 혁파된 인조(仁祖) 조 이후에 선상기(選上妓)로 궁중의 연회에 참여하기도 하였다. 선상기는 대부분 궁중에서 공연한 이후 관아로 복귀하였고, 이들의 공연과 교육을 통해 지방의 공연물이 발전할 수 있었다.

지방의 관기가 선상(選上)되어 궁중의 공연에 참여하게 된 것은 궁중연회에서 공연을 담당할 경기(京妓)가 없었다는 이유도 있었지만, 지역의 교방을 중심으로 자신만의 특장(特長)으로 삼은 공연물을 지속적으로 계승·발전시키고 있었기 때문이기도 하다. 관변공연물은 대부분 15세기 또는 그 이전에 창작된 것이지만, 조선후기에 관객층의 호응을 받아 새로 생성·발전한 공연물도 있었다. 이러한 공연물을 대표하는 것이 선천 지역을 중심으로 형성된 <항장무(項莊舞)>이다. <항장무>는 『사기』 항우본기에 기록된 홍문연의 일[1]을 무극(舞劇)으

---

[1] 진나라 말기에 항우와 유방은 관중으로 먼저 들어가기를 다투다가 유방이 먼저 들어가자 항우가 노하여 군사를 홍문(鴻門)에 머무르게 하고, 그 다음날 아침에 유방을 공격하려고 하였다. 항우의 계부(季父) 항백은 유방의 신하인 장량과 사이가 좋았던 관계로 이 계략을 장량에게 말하자 유방은 그 다음날 홍문으로 와서 사과하였다. 그때 항우의 신하인 범증은 항장에게 검무를 추게 하다가

로 구성한 검무로, 평안북도 선천(宣川)지방에서 잡극(雜劇)²의 형태로 연희되다가 고종 계유년에 처음으로 궁중에 유입³되었다. 춤과 연주에 창사 대신 대화가 결합된 독특한 공연형식이었다.

현재까지의 〈항장무〉 연구를 살펴보면, 평안북도 선천 지역의 교방에서 형성되어 궁중정재로 수용되었다는 사실⁴과 창사 없이 대사와 무용으로 구성된 정재라는 사실이 밝혀졌다. 사진실은 〈항장무〉의 성립과 형태, 연극사적 위치를 제시⁵하였고, 성무경은 〈항장무〉를 대상으로 연희전승 양상과 극 연출 방식을 살펴보면서 〈항장무〉가 희곡문학의 특성을 지닌 대본텍스트를 갖고 있으며, 이러한 극 양식은 우리의 전통공연문화 속에서 내재되어 왔다고 하였다.⁶ 전경욱은 "1700년을 전후로 전국적으로 확산된 지방관아의 검무가 18세기 후반 경 항우와 유방의 홍문연 고사와 결합하여 극적·예술적 요소가 가미된 지방관아 특유의 항장무로 성립했다"⁷고 하여 〈항장무〉가 18세기 후반에 연극형태의 무용으로 발전하였음을 밝혔다. 박진태는 『교방가요』와 『각정재무도홀기(各呈才舞圖笏記)』의 기록을 중심으로 〈항장무〉의 연극적·희곡적 구성을 분석하였다.⁸ 본 연구에서는 이러한 연구결과를 바탕으로 사행록(使行錄)⁹에 기록된 〈항장무〉의 양상과 의미를 살펴보고자 한다.

유방을 척살하도록 시켰으나 유방의 신하 번증의 변설(辨說)로 유방은 무사히 돌아갔다. 항장무는 이 홍문연의 일을 무용화한 것으로 고종 때 성행하였다.

2 진윤경, 「항장무에 관한 고찰」, 이화여자대학교 석사학위논문, 1989, 30쪽. '잡극'이란 '배우가 있어 노래, 춤, 대사를 하거나 몸짓을 하는 것'을 말하는 것이다.

3 서정록, 「항장무연구」, 『민족무용』 1집, 세계민족무용연구소, 2002, 222쪽.

4 윤광봉, 『조선후기의 연희』, 박이정, 1998; 김은정, 「선천의 '항장무'를 보고」, 『문헌과해석』 봄호 통권18호, 문헌과 해석사, 2002; 정현석편저·성무경역주, 『교방가요』, 보고사, 2002.

5 사진실, 『공연문화의 전통』, 태학사, 2002.

6 성무경, 「정재 〈항장무〉의 연희전승과 극 연출 방식」, 『민족문화연구』 36호, 고려대학교민족문화연구원, 2002.

7 전경욱, 『한국의 전통연희』, 학고재, 2004, 305쪽.

8 박진태, 「항장무의 연극적·희곡적 측면」, 『우리말글』 33집, 우리말글학회, 2005.

9 사행록은 한국고전종합DB(http://db.itkc.or.kr) 자료를 참고하였다.

2. 〈항장무〉의 형성과 宣川

지방의 관변공연물 중에는 교방에서 창작되었지만 궁중에서 정재된 공연물로 〈항장무〉와 〈선유락〉이 있다. 그 중에서 〈항장무〉는 시정문화가 발달한 조선 후기 선천지역에서 창작되었기 때문에 『악학궤범』에 수록된 정재와는 구별되었다. 공연의 형성시기와 형성과정, 공연의 객체(관객)가 다르기 때문이다.

조선시대 〈항장무〉에 대한 기록[10]은 의궤와 홀기, 정현석의 『교방가요』, 연행록 등에 남아있다. 의궤와 홀기에는 궁중에서의 연행된 〈항장무〉의 무보와 춤의 절차 등이 기록되었고, 1872년(고종 8) 기록한 정현석의 『교방가요』에는 진주교방에서 공연한 〈항장무〉의 절차와 내용이 도판과 함께 수록되었다. 사행록(使行錄)에는 사행원이 선천지역에서 관람한 〈항장무〉 공연현장이 기록되어 있다.

사행은 외교업무의 일환으로 진행되기 때문에 외교사절단이 숙박하는 지역에서는 '전별연(餞別宴)'을 마련해 주는 것이 관례였다. 사절단의 숙박시설로 사용된 의검정[11]에서도 연희가 행해졌고, 〈항장무〉도 그 공연의 일부였다.

〈항장무〉 공연을 구체적으로 기록하고 있는 지역은 '선천', '안주' 등이 위치한 '의주대로'[12]이다. '의주대로'는 조선이 중국과 외교, 경제, 문화 등을 교류하면서 발전한 도로이다. 의주대로에 위치한 '의주', '선천', '안주'는 조선에서 중

---

10 〈항장무〉 공연에 대한 문헌기록은 다음과 같다. 고종 계유(1873) 「항장무도홀기」에 무보(舞譜)와 춤의 절차가 수록되었고, 고종 임신(1872)에 기록한 정현석의 『교방가요』에는 무도(舞圖)와 간략한 춤의 절차와 내용이 수록되어 있다. 그 외에 고종 광무 5년 「진연의궤」 권2와 3, 고종 계유 『진작의궤』 권4, 『진찬의궤』 권4 상전(賞典)편에는 궁중에서 항장무를 정재한 사실과 관련되는 기록이 남아있다.

11 『계산기정』, 1803년(순조 3) 11월 9일. 한국고전종합DB. "의검정은 어목헌 동쪽에 있는데 웅장하고 활짝 트여 역시 서도(西道) 고을의 명승이라고 하겠으나 시야가 그리 넓지 못하고, 단지 나지막한 산, 토막난 산기슭이 있을 뿐, 자그마한 물조차도 없다. 밤에 이 정자에서 기악(妓樂)을 차렸다.(倚釼在軒東 雄偉敞闊 亦係西邑名勝 然而眼界不甚闊 只有殘山斷麓 而了無蹄涔之水 夜設妓樂於是亭)" 참고.

12 의주대로는 한양에서 중국으로 이어지는 대표적인 관도로 한양(漢陽), 고양(高陽), 파주(坡州), 장단(長湍), 송경(松京), 김천(金川), 평산(平山), 총수(葱秀), 서흥(瑞興), 검수(劍水), 봉산(鳳山), 황주(黃州), 중화(中和), 평양(平壤), 순안(順安), 숙천(肅川), 안주(安州), 가산(嘉山), 납청정(納淸亭), 정주(定州), 곽산(郭山), 선천(宣川), 철산(鐵山), 용천(龍川), 소곶(所串), 의주(義州)에 이르는 1050리의 길이다. 이 도로는 1389(공양왕 1)년 고려 사신의 육로 입경이 허용된 이후 발전하기 시작하였다. (김태준, 「연행노정, 그 세계로 향한 길」, 『연행노정, 그 고난과 깨달음의 길』, 박이정, 2004, 52~66쪽.)

국으로 가는 관문이며, 교류의 요충지로서 경제적 기반을 지닌 도시로 성장하고
있었다. 도시의 성장과 더불어 〈항장무〉도 무극으로서 변모를 갖추어나갔다.

　　사행이 진행되면, 사행노정에 위치한 고을에서는 중국과 조선의 사행원에
게 지공과 전별연을 제공하였다. 전별연을 행하기 위해서는 기생, 악공, 무동
등 관속 음악인[13]이 존재하고 있는 지역이어야 하며, 공궤(供饋)로 인한 부담을
감당할 수 있는 지역이어야 했다. 사행의 두 경로인 연행사와 통신사의 노정에
따라 전별연도 달랐는데, 경상도 지역을 지나가는 통신사(通信使)의 경우 여러
지역이 공동으로 모여 합동공연을 기획하고 시행하였다. 이러한 사실은 사절
단을 맞이하여 전별연을 행하는 부산에서 "기악은 경주와 동래에서 맡아서 하
지만, 여러 읍의 명기들에게 모두 공문을 보내어 지명하여서 뽑아 오게"[14]하였
다는 사실 등에서 확인할 수 있다. 반면에 연행사가 지나가는 의주대로에서는
여러 지역의 '기악'과 '기녀'들을 모아 전별연을 준비했다는 기록이 발견되지
않는다. 이것은 의주대로에서의 공궤가 경상도지역의 공궤와 달리 사행이 머
무는 '본 고을에서 홀로 담당'[15]했다는 의미이다.

　　이런 까닭에 연행사로 참여한 인원이 많은 경우에는 소모되는 막대한 재물
을 감당하기 어려워 '초솔하여 수저를 댈 수가 없'[16]을 정도가 되었다. 읍의 규
모가 크고 재정상태가 양호한 지역이라고 할지라도 공궤는 쉽지 않은 일이었기
때문에 의주대로에서의 기생들은 17세기까지 예기(藝妓)이기 보다는 방기(房
妓)[17]로 등장하고 있다. 이로 인해 이 지역의 예기와 공연에 대한 기록은 경제적
기반을 갖추기 시작한 18세기 이후에 이르러서야 다양해진다. 관서지역의 예

---

13 지방에서는 신임 수령의 도임(到任)잔치 등의 연향(宴饗), 귀인의 행차에 따른 의전(儀典), 연말의
　　나례(儺禮), 석전(釋奠), 사직제(社稷祭), 성황제(城隍祭), 여제(厲祭) 등 의례(儀禮)행사에 있어
　　서 음악이 사용되었다. 이러한 지방의 의전, 의례, 연향에서의 음악을 담당한 관속 음악인이
　　있었다. (배인교, 조선후기 지방 관속 음악인 연구, 한국학중앙연구원 박사학위논문, 2007,
　　75~89쪽.)
14 원중거, 김경숙 옮김, 『조선후기 지식인, 일본과 만나다』, 소명출판, 2006, 53쪽.
15 최덕중, 『연행록』, 11월 3일. "例自本官獨當"참고.
16 김경선, 『연원직지』 1권, 10월 25일. "所供草率 不堪下箸"참고.
17 방기란 연주로 흥을 돋으며 사객(使客)의 술시중을 들고 공공연히 시침(侍寢)까지 들던 자이다.
　　(김종수,『조선시대 궁중연향과 여악연구』, 민속원, 2003, 172쪽.) 김창업은 사행을 하면서 '방기'
　　가 서흥지역 이후 나오기 시작하였으며, 평양에서도 온 읍내의 기생 중에 손님 대접을 치를만한
　　자가 수십 명을 넘지 못한다고 하였다. (김창업, 『연행일기』, 11월 11일.)

기는 상업의 발달과 그 궤를 같이한다고 할 수 있다.

　'의주대로'를 따라 이동하는 사신을 접대하는 대표적인 거점도시는 '평양'이었다. 평양은 삼국시대 이후 대륙으로 통하는 중요한 도시로, 경제적 여력을 바탕으로 19세기까지 '의주대로'의 대표적인 사행거점 지역이었다. 그러나 1803년 11월에 발생한 화재로 인해 이아(貳衙) 건물과 연광정, 대동문 근방의 민가 8~9백 호만 남고[18] 공해(公廨)와 창고(倉庫), 민가 5천 호 정도가 불타는 일이 발생하였다. 커다란 화재로 인해 막대한 피해를 입은 평양에서 연행사를 맞이하고 사행을 준비할 여력은 적었을 것이다. 이 일로 인해 평양은 사행이 머무는 거점지역으로서의 기능이 약해졌다. 이는 관변공연을 시행하는 공연지로서의 기능도 약화되었음을 의미한다.

　연행사는 외교사절이면서 선진문화와 문물을 도입하는 문화수용자이다. 그리고 이 일행에는 중개무역을 통해 경제적 이익을 창출하는 상인들도 동행하고 있었다. 이러한 역할 때문이라도 사행을 멈출 수 없었던 상황이고 보면, 원활한 연행(燕行)을 위하여 새로운 '거점도시'를 필요로 하게 되었다. 폐허가 된 평양을 대신할 수 있는 도시로 등장한 것이 '선천'일 것이다. 이러한 생각은 '평양대화재' 이후 선천에서 전별연을 행했다는 기록이 많아지고, 〈항장무〉와 〈선유락〉 등의 공연물이 이곳을 중심으로 발전하였다는 기록[19]으로 미루어 짐작해 볼 수 있다. 선천 지역이 평양을 대신하여 사행의 거점지역이 된 이후, 한양과 북경의 중간 거점지역으로서 경제적, 외교적, 문화적으로 급성장했을 것이다.

3. 〈항장무〉의 변이와 공연양상

1) 사행록에 기록된 검무 공연

　'검무'는 전투를 배경으로 발전한 '검술'이 예술적 미감을 획득한 것이다. 검

---

18 무명씨, 『계산기정』, 1804(순조 4)년 3월 19일 평양. "내가 용만관(龍灣館)에 머무를 때 초사흗날 바람에 평양에 화재가 났다는 말을 들었다.(余留灣館時 聞箕城失火於初三日之風矣)" 참고.

19 박사호, 『심전고』, 3월 17일. 『심전고』는 평양대화제가 발생한 1804년보다 25년이 지난 뒤(1829년)에 기록되었다.

무와 검술이 칼을 도구로 사용한다는 점에서는 동일하지만, 검무는 살상을 목적
으로 하는 검술과는 달리 예술적 미감이 중요하다.

공연에 대한 기록이 전하는 검무로는 신라 경주에서 공연이 시작되었다는
〈황창무〉, 중국에서 한반도로 전해졌다는 〈공막무〉, 〈검기무〉 등이 있다. 〈황
창무〉의 배경으로 제시된 삼국시대[20] 이전부터 검무가 공연되었지만, 조선시대
에 들어와서야 검무의 공연명칭과 공연상황이 구체적으로 기록[21]되었다. 그 기
록 사행록에는 검무공연에 대한 중요한 단서를 포함하고 있다. 사행은 '사신행
차'의 준말로 한양을 출발한 사신일행 중 서장관은 사행체험과 견문을 기록하
여 조정에 보고하는 임무를 맡았다. 그들의 기록이 비록 귀국 이후, 앞 시대의
기록을 참고하여 기록하기도 했기 때문에 현장 그대로의 사실적 기록으로 단정
하기 어려운 점이 있지만, 체험을 기반으로 기록하였다는 점에서 참고하기에
부족하지 않다.

최덕중은 1712년(숙종 38) 정주(定州)에서 "두 동기의 칼춤"[22]을 잠시 보다가
출발했다고 기록하였다. 그런데 1713년(숙종 39) 한양으로 귀환하던 김창업은
정주에서 16세 수청기 가학(駕鶴)을 만났고, 그녀가 어린 기생[兒妓] 초옥(楚玉)
과 검무를 추는 광경을 보았다. 이때 초옥의 나이가 13세였으니 어릴 때부터
검무를 추었음을 알 수 있다. 김창업은 "검무는 우리들이 어렸을 때에는 보지
못하던 것으로 수십 년 동안에 점차 성하기 시작하여 지금은 8도에 두루 퍼졌
다. 기생이 있는 고을은 모두 검무의 복색(服色)을 갖추어 놓았"으며, "어린아이
들도 그 춤을 능히 추게 되었으니 자못 세변(世變)"[23]이라고 하였다.

이 기록에서 몇 가지 주목할 점이 발견된다. 첫째, 공연에 참여한 동기(童妓)
가 '복색을 갖추었다'는 점이다. 김창업은 검무가 남성적인 무예인 '검술'에서
기녀의 춤으로 양식화하였으며, 공연을 위한 복색이 별도로 있음을 알려주고

---

20 『동경잡기』에서는 설화 속의 인물인 황창을 실존인물인 관창과 동일시하고 있다.

21 그 일례가 1603년에 기록된 『성천지』의 음악조이다. 『성천지』에는 "포구락, 처용, 향발, 발도가,
   아박, 무동, 학무, 검무, 사자, 초무, 무수, 여무" 등 12종류의 공연물을 소개하고 있는데, 그
   중의 하나가 검무이다.

22 최덕중, 『연행록』, 11월 19일.

23 김창업, 『노가재연행일기』, 3월 18일. "劍舞 我輩兒時所未見 數十年來漸盛 今遍于八道 有妓邑
   皆具其服色 (중략) 少兒 亦能爲此 殆世變也" 참고.

있다. 둘째, 조선이 임진왜란과 병자호란의 피해를 극복한 18세기에 이르러 검무가 특정 지역의 공연무가 아니라 전국에서 성행하는 공연물로 성장하고 있음을 밝혔다. 송시열의 문인이자 화가, 노론을 대표하는 가문의 일원인 김창업도 어릴 때 경험해보지 못했다고 하였으니 검무가 전국적으로 공연된 것은 이 시기에 이르러서였으리라 짐작할 수 있다. 셋째, 어린아이들도 검무에 능숙하게 되었다는 점이다. 기녀들에게 검무를 훈련시켰다는 것은 이 공연이 사람들에게 관심의 대상이 되었음을 말해준다.

검술을 예술적으로 승화시킨 검무를 공연하는 일이 쉽지는 않았을 것이지만, 조선후기에는 검무의 명칭이 다양해지고, 교방에서의 공연에 검무가 빠지지 않았다는 점에서 검무가 관객들의 호응에 힘입어 성행하고 있음을 알 수 있다. 전별연 등 특수한 상황에서만 공연되는 공연물이 아니라 풍류방 등을 통해서 민가에서도 유희무(遊戲舞)로 공연되는 검무이기 때문에 18·19세기에는 새로운 풍조를 수용하여 재구성하려는 시도가 있었을 것으로 생각된다. 이처럼 18세기에 성장하기 시작한 검무를 재구성하여 교방의 특장(特長)으로 만든 것이 선천교방의 〈항장무〉일 것이다.

2) 검무에서 〈항장무〉로의 변화

검무에서 〈항장무〉로 변화하는 과정을 사행록에서 구체적으로 확인할 수 있다. 김정중은 자신의 사행체험을 기록한 「연행록」(1792)에 용천에서 관람한 여악(女樂) 중에 "난심(蘭心)이라는 부기(府妓)가 있어 나이 열일곱으로 〈항장무〉를 추어서 유객을 즐겁게 하니 관서 42고을에서 용천의 칼춤을 일컫는 것은 지나친 말이 아니"[24]라고 기록하였다. 이 기록을 보면, 중국과 지리적으로 가까운 위치에 있던 '용천', '선천' 등지에서는 검무에 〈항장무〉라는 명칭을 붙이고 있음을 알 수 있다. 이때의 검무공연에 비록 〈항장무〉라는 이름을 붙이고 있지만, 독무형식의 검무로 공연된다는 점, 관서지역을 대표하는 난심(蘭心)이라는 여기가 활동하고 있다는 점, 〈항장무〉로 유명한 지역이 용천이라는 점 등에서

---

24 김정중, 『연행록』, 11월 9일. "有府妓蘭心者 年十七 能作項莊舞 以娛遊客 關西四十二州 稱龍泉劍舞者 非過語也" 참고.

〈항장무〉 공연이 아직 체계화되지는 못했음을 알 수 있다.

독무로 공연되던 검무(〈항장무〉)가 1829년에 이르면 무극(舞劇) 형식의 〈항장무〉 공연으로 변모하고 있다.

> 의검정(倚劍亭)에 기악(妓樂)을 마련하였는데, 항장무가 있었다. 홍문연(鴻門宴)을 크게 벌였는데, 항우(項羽), 패공(沛公), 범증(范增), 장량(張良), 항백(項伯), 번쾌(樊噲)가 엄연하게 늘어앉고, 옥두(玉斗), 치주(卮酒)와 방패를 들고 곧바로 들어오는 모습이 다 갖추지 않음이 없다. 그중의 한 건장한 기녀가 가면을 쓰고 검을 차고 춤추기를 청하여 나는 듯이 일어나서 춤을 추는데 검을 번쩍거리며 좌우를 흘겨보며 나갔다 물러났다 하였는데, 그 뜻이 패공(沛公)에게 있었다. 항백이 또 일어나서 춤추며 패공을 보호하며 막았다. 또 한 기녀가 패공의 모습이 되어 한없이 곤욕을 받다가 춤이 끝나자 발끈 얼굴빛을 붉히고 말하기를, "이제부터 앞으로는 차라리 죽을지언정 패공이 되기를 원하지 않는다."하며 마치 수치스러운 일인 듯이 말하니, 그 자리에 앉은 모든 사람들이 웃지 않는 사람이 없었다.[25]

박사호는 1829년(순조 29) 의검정에서 〈항장무〉공연을 보고, 그 장면을 기록하였다. 이 시기의 〈항장무〉는 '홍문연'이 제시되고, 등장인물로 항우, 패공, 범증, 장양, 항백, 번쾌가 등장한다. 등장인물이 '옥두, 치주, 방패'를 들고 들어오는 모습을 갖춘 무극(舞劇)으로 변모하였다. '검무'에 홍문연의 서사를 결합하여 '검기무'의 극적인 면을 강조한 연희,[26] 검무에 가면을 도입하여 "한 기녀가 가면을 쓰고 검을 차고 춤을 추는데, 항백으로 분한 기녀가 대무"[27]하는 형태가 된 것이다. 검무에 가면을 사용한 것은 극적인 효과를 부여하기 위함이며, 이러한 가면검무는 삼국시대 경주에서 유래하였다는 〈황창무〉에서도 발견된다. 여러 인물이 등장하고 있지만 대부분은 중요한 역할이 아니었고,[28] 중심

---

25 박사호, 『심전고』, 3월 17일. "倚釖亭設妓樂 有項莊舞者 排鋪鴻門宴 項羽沛公范增張良項伯樊噲. 儼然列坐。玉斗卮酒擁盾 直入之狀 無不畢具 其中一健妓 着假面帶釖 請舞 翩然起舞 釖勢閃閃 睥睨進退 其意在沛公 項伯又起舞遮之 一妓爲沛公像 無限受困 舞罷 艴然作色曰 從今以往 寧死 不願爲沛公 有若恥事者然 擧坐莫不捧腹" 참고.

26 사진실, 『공연문화의 전통』, 태학사, 2002, 94쪽.

27 박사호, 『심전고』, 3월 17일.

28 〈항장무〉는 『사기』 '항우본기'에 기록된 내용을 배경으로 하고, '홍문연'과 관련된 인물들이 등장하고 있지만, 번쾌가면을 쓴 기녀와 항백으로 분장한 기녀의 대무가 공연의 중심을 이룬다는

에 놓인 사건은 '가면'을 쓴 기녀와 '항백'으로 분장한 기녀의 '2인 검무'이다. 1865년 『교방가요』의 도판에는 번쾌가 가면을 들고 있으므로, 가면을 쓴 기녀는 '번쾌'이다. 무기(舞妓)의 여성성을 감추기 위한 방법으로 '가면'을 사용했을 것으로 생각된다. 번쾌가 여성이라는 사실이 노출되면 "살코기를 뜯어먹는 장면"을 연출하거나, "눈을 부릅떠 항우를 바라보는데, 머리칼은 일어서고 부릅뜬 눈이 찢어질 듯하였다."는 번쾌의 모습을 표현할 수 없었을 것이다. 그러므로 가면을 통해 남성성을 표현했을 것이다.

1832(순조 32)년 사행한 김경선은 『연원직지』에서 〈항장무〉에 대하여 "패공과 항우가 홍문에서 잔치하는 모양을 흉내내는 전별연"이라고 하였다. 이 시기에 오면 〈항장무〉는 독립된 무극(舞劇)으로 공연되고 있었다. 그런데 이러한 공연을 관람한 김경선은 '괴상하고, 졸하며, 상식에 벗어남'을 면하지 못했다고 평가하고 있다. '홍문연' 고사를 잘 알고 있을 김경선이 공연을 관람한 뒤에 혹평을 한 것은 그의 독서체험을 통해 습득하고 있던 '홍문연 고사'에 대한 인식과 선천지역의 '홍문연' 극화(劇化) 사이에 괴리가 컸음을 의미한다. 이러한 괴리감은 〈항장무〉 공연의 무가치성을 주장한 것이기 보다는 공연형태를 비판한 것으로 보아야 한다. 역사의 한 장면인 '홍문연'에는 엄숙함, 위기감, 긴장감이 자리하고 있지만, 〈항장무〉 공연무대인 '홍문연'에는 과장(誇張)과 흥미성이 자리하였다. 이런 사실은 1866년(고종 3) 사행에 참여한 홍순학이 〈항장무〉 공연을 관람한 뒤에 "우습고 볼 만하다"[29]라고 기록한 부분에서도 짐작할 수 있다. 홍순학의 이러한 감상평은 항우와 유방이 대립하던 역사적 사건이 전해주는 위기감과 긴장감 대신에 등장인물의 과장된 행동이 중심이 되며, 과장을 통해 전해주는 유희감이 강조되었음을 의미한다. 이렇게 보면 사실성을 중시[30]하던 김경선이 역사를 공연으로 형상화한 〈항장무〉에 대해 상식에 벗어나 졸하다는 평가를 내린 점이 이해가 된다.

교방에서 역사를 재구성한 〈항장무〉를 공연한다는 것은 당시 조선에서 유행

점에서 주인공 이외의 인물들은 배경으로서만 기능하고 있다.

29 임기중, 『연행가사연구』, 아세아문화사, 2003.

30 김경선은 자신의 체험을 사실적으로 기록하기 위해서 『연원직지』에 김창업, 박지원, 홍대용 등의 사행록에 수록된 내용을 보조 자료로 활용하였다. 이러한 기록태도는 사실성을 중시하는 그의 태도가 반영된 결과라 할 수 있다.

하고 있던 공연형식을 깨뜨린 파격적인 시도라 할 수 있다. 이런 까닭에 〈항장무〉가 공연물로 정착해가는 초기 단계[31]에서는 관객들의 호응을 받지는 못했을 수도 있다. 그렇지만, 1848년(헌종 28) 이우준의 「몽유연행록」에 이르면 선천 지역의 고유 정재로 자리 잡았음을 기록하고 있다.

1848년에 이르면 〈항장무〉는 "여러 기생들이 융복을 차려입고 좌우로 벌려 군령을 엄숙히 명령"하는 것으로 시작하여, '항왕', '범증', '패공', '자방', '우미인', '번쾌'가 등장하는 극으로 연출된다. 선천 의검정에서 베풀어진 연회에서 "제반 잡희는 안주에서 본 것과 대략 같았으나, 〈항장무〉는 본디 정평이 나 있어서 의모와 절차가 더욱 잘 갖추어져 있다"고 하였으니 한 편의 연희로서 대중들에게 자리 잡고 있음을 알려준다. 이 시기에는 〈항장무〉공연이 정착하여 등장인물이 추가(우미인)되고, 엄숙한 전장의 분위기를 반영하고 있다. 이러한 기록을 통하여 조선후기의 관변공연물, 특히 〈항장무〉는 고정된 연출이 아니라 끊임없이 새로운 연출을 모색하고 있음을 알 수 있다. 관객들에게 선보인 공연물이 호응을 얻으면 교방의 특장(特長)으로 정착되었는데, 〈항장무〉도 "안주와 선천에만 있다"고 하였으니, 이 시기에 이르면 안주와 선천교방의 특장으로 정착하였음도 알 수 있다.

1866년(고종 3) 서장관 홍순학은 『병인연행가』에 자신이 관람한 〈항장무〉 공연을 기록하였다.

> 항장무라 ᄒᆞᄂᆞᆫ춤은 이고을서 처음본다
> 팔년풍진 쵸한시의 홍문연을 의방ᄒᆞ여
> 초픠왕과 ᄒᆞ픠공은 동셔로 마죠안져
> 범증의 셰번옥결소ᄅᆡ 눈우의 번쯧들어
> 항장의 쳥이검무가 픠공의게 뜻시잇셔
> 긴ᄉᆞᄆᆡ을 번듯이며 검광이 셤셤터니
> 항빅이 ᄃᆡ무ᄒᆞ며 계교을 일엇고나
> 쟝ᄌᆞ방의 횟칙으로 번쾌가 쒸여들어
> 장검을 두루면서 항우를 보ᄂᆞᆫ모양
> 그아니 장관나냐 우습고 볼만ᄒᆞ다[32]

---

31 1829년 박사호의 『심전고』, 1832년 김경선의 『연원직지』.

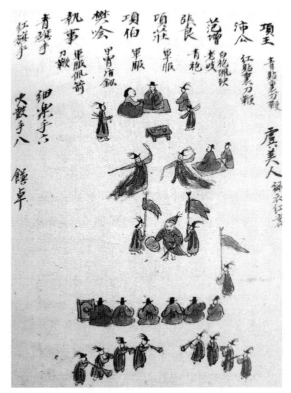

『교방가요』의 〈항장무〉

　　홍순학은 "항장무라 하는 것은 이 고을서 처음 본다."고 하였다. 백면서생이
었기 때문에 교방을 중심으로 공연되던 〈항장무〉를 관람할 기회가 없었다고
한 것이다. 그는 〈항장무〉에서의 초패왕과 한패공의 마주앉음, 범증과 장자방
의 계책, 항장과 항백의 대무, 번쾌의 검무 등으로 공연상황을 제시하였다. 가
사체로 기록하였기 때문에 공연상황은 단순화되었고, 사서와 실기류 등을 통
해 알고 있던 홍문연회와도 뒤섞여 공연에 대한 인식을 형성하였다. 그 결과
그는 '장관'을 이루는 〈항장무〉 공연에 대해 '우습고 볼 만하다'고 총평하였다.

　　1872년(고종 9) 경상남도 진주교방의 공연물을 정리한『교방가요』의 도판을
살펴보면 다음과 같은 특징이 발견된다.

　　『병인연행가』에서 〈항장무〉는 공간을 동과 서로 구분하고 그 중간에서 공

---

32 임기중,『연행가사연구』, 아세아문화사, 2001, 301~302쪽.

연이 이루어졌다. 그러나 『교방가요』에서는 이 공간을 4개의 무대공간으로 분할하도록 구성하고 있으며, 제일 위쪽에는 우미인(上左), 초패왕(上中), 한패공(下中)이 배치되어 있다. 『교방가요』의 상·하 무대공간이 『병인연행가』에서는 동·서로 표현되어 있는데, 이것은 공연공간에 따라 장면 배치가 달라졌음을 의미한다.

『사기』의 홍문연회에는 등장하지 않던 우미인이 항우 옆에 그려져 있고 초패왕과 한패공의 위치도 달라졌다.[33] 이러한 변화는 〈항장무〉를 공연함에 있어서 연출을 달리하였기 때문이다. 의례보다는 유희를 목적으로 공연하였기 때문에 역사를 재현하기 보다는 관객의 요구에 따라, 공연공간을 재구성한 것이다. 이러한 능동적인 연출이 〈항장무〉의 특성이라 할 수 있다.

1888년에 기록한 작자미상의 「연원일록」에서는 〈항장무〉공연에 대해 다음과 같이 기록하였다.

> 기개가 매우 사납고 위풍이 세차니 진실로 한 사람의 살아있는 번쾌 장군을 그려내었다. 구경하는 사람들이 일제히 소리치며 갈채를 보냈다. (중략) 애교가 똑똑 떨어지는 이팔청춘의 미희가 웅장하고 씩씩하며 용맹한 건아를 연출할 제에 조금도 어려운 기색이 없고 터럭만큼도 실수가 없으니, 몇 천 년 전 홍문연(鴻門宴)의 상황을 눈으로 직접 보는 듯하였다. 그것을 즐겨하고 익숙하게 하지 않는다면 누가 능히 할 수 있겠는가?[34]

19세기 말에 이르러서는 사행록도 후대 사행을 위한 공적인 기록이라는 의미보다 개인적인 취향이 반영된 기록으로 변모하였다. 이런 까닭에 공연을 관람한 기록자가 관변공연물을 거시적으로 평가하는 것이 아니라 등장인물의 미묘한 감정에까지 관심을 보이고 기록한 것이다. 이것은 관객이 그만큼 〈항장무〉 공연에 익숙해졌다는 의미이기도 하다. 〈항장무〉가 1872년 『교방가요』에

33 임기중, 『연행가사연구』, 아세아문화사, 2003.
34 김남기, 『燕轅日錄』에 나타난 기녀의 생활과 애환, 『돈암어문학』 20집, 돈암어문학회, 2007, 81쪽 재인용. "氣亢厲 威風烈烈 眞個是畵出一位活樊將軍 來觀視者 齊聲喝采 (중략) 以若嬌滴滴 的二八美娥 粧出雄赳赳的武勇健兒 少無難色 毫不錯謬 幾千年鴻門宴事 況如目擊 非憪且熟焉 其誰能焉" 참고.

기록되고, 1873년 궁중에서 정재로 공연되면서 관객은 양반에서 왕에 이르기까지 확대되었다. 많은 관객들에게 사랑을 받았기 때문에 공연내용을 자세히 관찰하고 구성요소에 관심을 보이는 관객도 등장할 수 있었다.

〈항장무〉 공연에 참여한 배우들의 역동성은 '구경하는 사람들이 모두 소리지르며 갈채를 보내'[35]는 상황을 연출하였다. 이러한 상황묘사는 〈항장무〉가 대중성을 획득하고 있음을 의미한다. 고종시대에 〈항장무〉가 유행하였다는 사실을 이 기록을 통해서 짐작할 수 있다. '二八의 아가씨가 분장하여 웅장하고 씩씩하며 용맹한 건아를 만들어 내는데, 조금도 어려운 점이 없고 터럭만큼의 착오가 없다'[36]는 평가는 당시의 공연을 긍정하는 동시에 전문배우로서 공연에 능숙함을 제시한 것이기도 하다. 19세기 말에는 기녀들이 공연에 전문화되어 입체감을 획득할 정도였고, 관객들도 공연내용을 잘 이해하고 있을 정도였다.

이처럼 〈항장무〉는 지속적으로 관객의 관심을 고려하면서 연출되었기 때문에 오랫동안 생명력을 유지할 수 있었고, 1917년 『매일신보』에 '항장무를 개량ᄒ야 홍문연연의를 저술홈'이라는 기사가 게재될 수 있었다. 이렇게 보면 〈항장무〉는 생명력이 다할 때까지 변화를 지속하고 있었음을 알 수 있다.

4. 〈항장무〉의 특성과 의미

인간이 자신의 몸과 말을 통해서, 혹은 악기나 기구나 가장을 이용해서, 일상적인 삶의 행위가 아닌, 어떤 상상적이고 모험적이고 창조적인 행위를 다른 사람들 앞에서 표현하는 것을 통칭하여 연희[37]라고 할 때, 〈항장무〉도 연희적인 성격을 지니고 있다. 그러나 〈항장무〉는 과거의 공연과는 달리 시대적 요구를 수용하면서 근대적인 성격의 연희로 변모를 모색하였다. 이러한 변화과정에서 나타난 연희적 특성을 다음과 같이 정리할 수 있다.

〈항장무〉는 지방에서 행하던 잡극 형식[38]으로 공연되었다. 검무에서 출발하

---

35 김남기, 앞의 논문, 81쪽.
36 김남기, 앞의 논문, 81쪽.
37 서연호, 김현철, 『한국연희의 원리와 방법』, 연극과 인간, 2006, 18쪽.

여 가·무·악이 융합된 공연물이 되었지만, 노래·춤·연주가 결합된 형식이 아니라 창사(唱詞)를 대신하여 대화 형식이 가미된 독특한 형식이 되었다. 항장과 항백의 대무, 번쾌의 춤이 있고, 춤을 받쳐주는 삼현육각의 반주가 있으나, 사건의 전개를 극중 인물 간의 대화로 표현하였다. 극에 대화체를 사용한 것은 구체적인 의미를 전달하기 위해서이고, 이러한 '구체성의 강조'는 서사성이 강조되는 근대적 성격을 반영한 것이라 할 수 있다. 창사가 아닌 대화체로 사건을 전개하는 방식은 탈춤에서도 발견된다. 관변의 공연과 민간의 공연은 공연주체와 관객층이 다름에도 〈항장무〉에 대화형식을 수용한 것은 관변 공연이 민간으로 영역을 확대해 가는 '변화모색기'였기 때문에 가능하지 않았을까한다.

〈항장무〉는 서사기록인 『사기』의 '홍문연'고사를 극화한 것이다. 이러한 서사기록의 공연은 단시일 내에 이루어진 것이 아니라 오랜 시간동안 시행착오를 거듭한 결과 가능해졌다. 관객들의 관심을 반영하여 사기의 서사기록을 재해석하기도 하고, 이를 새롭게 연출하는 과정도 거쳤다. 이러한 변화의 결과 〈항장무〉는 공연상황에 따라 각기 다른 연출이 이루어졌고, '홍문연'고사에 등장하지 않는 인물이 연희에 일정한 역할을 담당하기도 하였다. 〈항장무〉를 연출하는 시기에 따라서는 등장인물의 숫자도 조금씩 달라졌다. 여러 기생이 역할을 나누어 맡고 각각의 모습으로 나오니, 혹은 項王·沛公이 되고, 혹은 張良·范增이 되고, 혹은 項莊·項伯이 되어 賓主의 자리에 나누어앉기도 한다.[39] 진주교방의 공연상황을 기록한 『교방가요』에서는 10명을, 궁중정재에서는 진평과 중군을 등장시켜 12명으로 구성하기도 한다. 이러한 인물의 변화는 『사기』와 『초한지연의』 등에서는 홍문연에 등장하지 않던 우미인의 등장도 가능하게 하였다. 〈항장무〉가 사실성보다는 흥미에 관심을 두고 있음을 보여주는 것이다. 그리고 주요 등장인물에게 배역과 대사를 부여하고, 성격과 극에 따라 역할을 구체화시킴으로써 배우들이 연희를 주도적으로 이끌어 나갈 수 있도록 하였다. 1855년(철종 6)에 사행한 이우준은 『몽유연행록』에 패공의 '눈썹이 가지런하고 위엄이 있으나 근심스런 안색이 있다'고 기록하였다. 이것은 배우들

---

38 서정록, 「항장무연구」, 『민족무용』 1집, 세계민족무용연구소, 2002, 233쪽. 항장무는 '정재의 내용을 춤으로 표현한 학무처럼, 대사와 극으로 표현'하였다.
39 김남기, 앞의 논문, 80쪽.

의 연기도 점차 관객들에게 관심의 대상이 되었고, 공연에 참여한 기녀들도 등
장인물들의 마음가짐과 태도까지 재해석하여 연기하고 있음을 알 수 있다. 그
만큼 〈항장무〉의 공연에 있어서 대본의 숙달도 배우들의 개성도 중요해진 것
이다. 배우들이 자신의 개성을 효과적으로 표현하기 위해서 관객들의 요구와
그들의 미의식을 고려했고, 이러한 외적 요인들도 공연에 영향을 주었다.

조선시대에는 공연을 위한 특별무대가 없었으며, 필요에 따라 가설무대로
세웠다. 이런 상황이므로 공연은 손님을 맞이하여 '연회'를 베푸는 장소에 마련
하는 것이 일반적이었다. 〈항장무〉도 대부분 객사 주변의 누각에서 공연되었
다. 그렇기 때문에 관객을 양반사대부로 제한할지라도 피지배층들도 이를 관
람할 기회를 얻었고, 공연을 위해 설치되는 의물(儀物)도 공간의 협소함에 의해
제약을 받았다. 무대장치가 현실감을 주지 못했지만, 관객들도 이런 사실을 알
고 있었기 때문에 공연에 사용되는 의물은 연출자나 관객들에게 상징물로 받아
들였을 것이다. 소도구 하나로도 항우와 유방이 만나고, 갈등하는 '군막'으로
설정될 수 있었고, 좁은 장소에서도 군례(軍禮)를 연출할 수 있었다. 인물의 등
장과 퇴장, 인물이 머무는 장소도 상징적인 의미를 지니게 되었다. 무대공간이
협소하였기에 〈항장무〉 공연에도 관객 및 물리적인 구조에 따라 공간을 구분[40]
하는 방식이 적용[41]되었다.

5. 결론

본 연구에서는 사행록에 기록된 내용을 중심으로 〈항장무〉의 변이양상과 의
미를 살펴보고자 하였다. 지방의 공연물 중에서 교방에서 창작되었지만, 관객층

---

40 사진실, 「개화기 한국연극의 근대적 발전 양상 연구 – 연극전통의 계승과 혁신을 중심으로」,
  『한국연극연구』 3집, 2000, 16쪽. 폐쇄공간, 준폐쇄공간, 준개방공간, 개방공간으로 구분하고
  있다.

41 실질적으로 공연이 진행되는 무대공간은 4개의 공간으로 구분된다. 초패왕과 한패공이 대립하는
  정치공간, 항장과 항백이 대립하는 대무공간, '항장무 공연'의 절정부분을 담당하는 번쾌가 위치
  하며, 두 세력의 원문(轅門)이 위치한 원문공간, 악공들이 항장무의 음악을 연주하는 연주공간이
  그것이다. (『교방가요』 도판) 참조.

의 호응을 바탕으로 궁중으로 이입되어 정재무로 공연된 작품으로 〈항장무〉가 있다. 이 연희가 공연된 지역은 '선천'과 '안주' 등이 위치한 '의주대로'이다. 이곳에서 생성되어 전국적으로 유행하게 된 배경으로 19세기 초에 발생한 대화재와의 연관성을 제시할 수 있다. 연행사는 한·중 소통이라는 외교적 가치도 중요하지만, 문화적·경제적 가치도 무시할 수 없다. 이런 까닭에 사행 거점지역으로서의 의미가 약화된 평양을 대신하는 '선천' 지역을 중심으로 〈항장무〉가 형성되었다.

검술이 역사 이전부터 존재하였기 때문에 '검무'도 이른 시기에 발달할 수 있었다. 조선조에 발생한 임진왜란과 병자호란으로 궁중과 지방 관아의 공연물이 파괴되었지만, 검술을 바탕으로 하는 검무는 다른 공연물보다 쉽게 전국적으로 확대될 수 있었다. 이러한 검무가 확산되는 18세기에 '의주대로'에서 〈항장무〉라는 명칭이 나타나기 시작하였다. 물론 초기에는 〈항장무〉와 검무를 동일시하였지만, 점차 〈항장무〉가 변이를 거듭하면서 새로운 형태를 지니게 되었다. 이렇게 형성된 〈항장무〉는 관객들의 호응을 받으면서 가면극·여성 분극 형태를 거쳐 1848년(헌종 28) 이우준의 「몽유연행록」에 보이는 것처럼 선천 지역의 특장으로 자리 잡게 된다. 그 후에는 관객들의 호응에 힘입어 궁중으로 진출하여 공연되었다.

〈항장무〉는 여느 궁중의 정재무처럼 노래, 춤, 연주가 결합한 형식이 아니라 대화가 강조되면서 20세기까지 변화를 모색하였다. 비록 현대적인 의미의 연극은 아니지만 연극적인 요소를 지니고 있었다. 이런 모습은 〈항장무〉의 의미를 구체적으로 전달하기 위하여 노래 대신에 대사를 선택하고 있다는 점에서 확인할 수 있다. 이러한 대화형식은 서사성을 강조하는 근대적인 성격이 반영된 것이라 할 수 있다. 본고에서는 연행록에 기록된 〈항장무〉의 내용을 중심으로 살펴보았기 때문에, 그 공연의 근대적인 요소를 구체적으로 살펴보는 것은 다음 과제로 넘긴다.

『온지논총』 31집(2012)에 게재한 논문
「〈항장무〉의 변이양상과 의미에 대한 연구」를 수정·보완하였다.

민중사 속의 <용담검무>

김채원

1. 서론

　　일반적으로 검무는 검기무, 황창랑무로 불리기도 하며 대표적으로는 진주검무, 해주검무, 평양검무 등을 꼽고 있다. 물론 20세기에 창작된 이매방의 장검무나 최승희의 장검무가 있다. 그러나 대체로 칼날이 무딘 단검을 쓰거나 손잡이가 돌아가는 칼을 써 무예적인 기능을 완전히 제거하고 예능적인 면을 살린 춤들이 전승되고 있다.

　　검무의 유래는 주로 황창랑설에 두고 있으나, 그것은 이미 그 이전시기부터 칼춤이 추어졌음을 의미한다. 황창랑무는 가면을 쓰고 추던 무예적 기교의 춤이었지만 조선시대에 이르러 관기들에 의한 연희적 성격이 강화된 관상용의 춤으로 변형되어 본래 검무가 지니고 있어야 했던 무(武)와 예(藝)가 융합된 기교보다는 다분히 연악적(宴樂的)인 춤으로 바뀐 것이다.

　　즉, 우리나라의 검무는 그 형태적인 면에서 황창랑과 같이 '무사들이 추던 춤'에서 '가면을 쓰고 추는 가면무로서의 검무'로, 다시 이 가면무에서 '가면을 벗고 추는 검무'로, 또 이와 같은 검무에서 '손잡이가 돌아가는 짧은 칼을 쥐고 추는 검무'로 변천되어 왔다. 이러한 변천은 곧 '상무(尚武)의 정신을 나타내던 검무'에서 처용무와 같이 일반적인 가면무가 지닌 '벽사진경의 제의적 성격이 강한 검무'로 변천되고, 또 이에서 '궁중정재라는 연희적인 의미가 강조된 검무'로 전이된 것이며, 또한 이것에 기녀들이 추는 '예능적인 면이 강조된 검무'로 그 역사적 흐름과 함께 변천된 것이라 하겠다.[1]

1　윤석산, 「<용담검무>의 역사성과 현재성」, 『동학연구』 제17호, 한국동학학회, 2004, 141쪽.

하지만 상무적이며 제의적 의미를 지니면서 예술로 승화된 춤이 19세기 조선말에 존재했다는 사실이 2000년대를 전후하여 인문학계를 통해 알려지기 시작했다. 바로 10여년 전부터 복원, 재현작업이 시작되어 2002년 〈무수장삼 떨쳐입고 이칼저칼 넌즛들어〉에 이은 2003년 〈용천검 날랜 칼은 일월을 희롱하고〉가 검예도[2]의 창시자인 장효선에 의해 공연되었다. 그가 공연한 것이 바로 〈용담검무(龍潭劍舞)〉로, 무(武)와 예(藝)가 융합된 춤이다.

아직까지 우리에게 그다지 익숙치 않은 〈용담검무〉는 동학과 관련이 깊은 춤으로, 이 춤은 〈검결(劍訣)〉, 즉 '칼노래'라는 노래에 맞춰 춘 칼춤이다. 용담[3]은 동학의 창시자인 수운 최제우 선생을 지칭하는 용어이자 서력 1860년 한울님으로부터 무극대도(無極大道)[4]를 받았다는 결정적인 종교체험을 함으로써 동학(1905, 천도교로 개칭)을 일으킨 곳이기도 하다.[5]

〈검결〉은 최제우가 1860~1863년에 걸쳐 한글로 지은 포교가사(布敎歌辭)의 하나로, 1860년(철종 11)에 지은 〈용담가〉, 〈안심가(安心歌)〉, 〈교훈가(敎訓歌)〉를 비롯, 1861년에 지은 〈도수사(道修詞)〉, 〈몽중노소문답가(夢中老少問答歌)〉, 1862년에 지은 〈권학가(勸學歌)〉, 1863년에 지은 〈도덕가(道德歌)〉, 〈흥비가(興比歌)〉 등 9편의 가사를 모아서 엮은 책이 『용담유사』이며, 이 책의 맨 나중에 지어진 것이 〈검결〉이다. 『수운행록(水雲行錄)』에 의하면, 이 『용담유사』는 지금은 전해지지 않는 〈처사가(處士歌)〉를 포함하여 모두 10편이었던 것으로 보인다.[6] 『용담유사』의 여덟 편의 작품이 모두 수운 최제우의 종교적 가르침을 문학적[7]으로 담아낸 것이라면 〈검결〉은 종교적 성취감의 극대화를 극적으로

2 검예도(劍藝道)는 우주의 변화원리와 군략학을 토대로, 칼춤, 문학, 시가, 예술, 무예 등 신비적인 것으로 해석되고 성숙되어 한국의 정서와 철학이 깃든 독특한 무예 수렵법으로 탄생한 것으로, 지극히 동적인 것이면서 정신의 세계를 닦는 선(禪) 수행법인 것이기도 하다. (장효선,『그림으로 배우는 검예도』, 장막, 1996, 18쪽.)
3 용담은 현 경북 경주시 현곡면 마룡리의 구미산 골짜기에 자리잡은 용담정(龍潭亭)이라는 정자에서 비롯한 이름이다. 용담정은 본래 퇴락한 작은 사찰이었으나, 수운의 조부가 사들여 정자로 삼았고 아버지인 근암공 최옥이 머물며 제자를 가르치던 곳이다.
4 천도교에서, 우주 본체인 무극의 영적인 능력을 이르는 말
5 윤석산,「〈용담검무〉의 역사성과 현실성」, 한국민족종교협의회발표문, 2003, 4쪽.
6 한국학중앙연구원, "용담유사",『한국사 기초사전』, 한국역사정보통합시스템, http://yoksa.aks.ac.kr/jsp/cc/
7 윤석산,『용담유사 연구』, 민족문화연구소, 1987 참조.

노래한 작품이다.

　제 2세 교주인 최시형(崔時亨)이 1881년(고종 18) 6월 충북 단양군 남면 천동 (泉洞) 여규덕(呂圭德)의 집에서 간행케 한 것이 있고(1책, 필사본), 그 뒤 1893년 과 1922년에 각각 목판본으로 재 간행된 바 있다. 이 때 〈검결〉은 정치적 이유 로 인하여 『용담유사』에 한동안 싣지 않았고, 관변문서나 뒷날 필사본에 검가 (劍歌)·검무(劍舞) 또는 시검가(侍劍歌)·격흥가라는 이름으로 전해졌다.[8]

　복원 공연이 있기 훨씬 이전인 1994년 동학 100주년을 기념하여 연희패 한 두레가 〈칼노래 칼춤〉을 문예회관에서 올렸다. 채희완의 총연출로 올려진 이 공연에 〈검결〉에 맞춘 검무가 선보였다. 가능한 노래의 내용에 맞게 창작한 춤이었지만 민족무예의 상무적 기능을 살렸다기 보다는 춤적 기능을 살린 것으 로 봄이 마땅할 것이다. 하지만 그 내용의 충실성이나 〈검결〉의 전체맥락에 맞춰 표현하려 시도한 춤의 전개 등은 검무의 복원 작업에 일조할 수 있을 거라 고 생각한다. 뿐만 아니라 해월 최시형의 생애를 그린 영화 〈개벽〉에서도 집단 검무의 형태로 연출되었는데 이들은 모두 동학혁명이 문화계에 하나의 창작동 기를 부여한 예로 들 수 있다. 하지만 동학혁명이 일어나기 전 동학의 창제와 맞물려 추어졌던 〈용담검무〉에 대한 문화계에서의 담론은 아직 활성화되고 있 지 못하다.

　그 동안 동학을 연구한 윤석산은 우리나라 검무에서 사라져버린 제의적인 면과 무예적인 면에서 역사적 전통성을 찾으면서 〈용담검무〉 재현(2004)의 의 의를 설하고 있으며, 무용평론가 이장섭은 이러한 〈용담검무〉의 의의를 종교 의식적 측면과 민족적 역사와 문화에서 배태된 전통예술로서의 검무라는 측면 에서 보고 있다.[9] 하지만 복원자인 장효선은 종교의식적 이라는 점에 대해 의문 을 제기하고 있다. 동학 자체에는 다른 종교의식에서 볼 수 있는 그런 의식은 행해지고 있지 않고 다만 "청수물을 떠놓고 제를 올리고 난 후에 춘 춤"이기 때문에 의식무라 하기엔 무리가 있다는 입장이다.[10]

8　http://mybox.happycampus.com/ilbh17/4608058 "용담유사 속의 〈검결〉", 1쪽.

9　이장섭, 「전통예술로서의 〈용담검무〉 정립방향 소고」, 『동학학보』 제7호, 동학학회, 2004, 208쪽 참조.

10　2011년 3월 10일 용담검무보존회에서 장효선과 인터뷰.

이에 본인은 최제우에 의해 추어졌다는 〈용담검무〉의 복원과 재현에 대한 논의보다는 당시의 사회 역사적 상황 속에서 이 춤이 추어진 창제배경과 춤에 담긴 정신 및 표출양상, 그리고 그 기능에 대해 살펴보고자 한다. 이를 통해 기존의 검무와 또 다른 차원의, 아니 어쩌면 검무가 지녀야 할 무예적(武藝的) 본질을 담보하고 있는 역사 속에 묻혀졌던 민족적인 춤이 예술적 담론으로 확산되어 민중사 속에 자리매김 됨으로써 무예와 춤이 융합된 무용문화의 패러다임 구축에 기여하길 바라는 바이다.

본 연구는 노래가사인 〈검결〉을 중심으로 하는 문헌학적 연구방법을 따르며 2002년 용담검무보존회 주최로 복원된 〈용담검무〉가 공인되기까지는 춤에 대한 분석이나 해석이 어려울 것으로 사료되는 바 〈검결〉을 통한 추정에 그 한계성을 갖고 있음을 미리 밝혀두는 바이다.

2. 동학과 〈용담검무〉의 창제 배경

〈용담검무〉는 수운 최제우 선생이 종교적인 수행을 위하여 제자들과 함께 추던 춤이었으나 그 이후 〈용담검무〉는 더 이상 전승되지 못하였고, 검무를 추기 위해 지은 노래이자 시인 〈검결(劍訣)〉이 수운의 저작에 기록으로서만 존재할 뿐 그 춤의 실제 전래는 단절된 상태이다[11]. 이유인 즉 노래 가사인 〈검결〉이 관으로부터 반역의 의미가 담겨진 노래로 해석되었을 뿐 아니라 이 노래와 검무가 수운이 처형당하게 되는 직접적인 이유 중 하나가 되었기 때문에 동학의 교단에서도 기록하기를 꺼려했다. 때문에 구전으로만 전해져 왔을 뿐이며, 관에서 수운선생을 혹세무민이라는 죄를 뒤집어 씌워 문초를 할 때에 남긴 한문 기록 속에 이 〈검결〉이 실려 있을 뿐이다.

〈용담검무〉는 자생적 민족종교인 천도교의 초기 종교적 의식을 가진 뒤에 행해진 춤이다. 윤석산에 의하면, "천도교는 그 창도(唱道)가 외래 종교에 비해

---

11 이장섭, 「전통예술로서의 〈용담검무〉 정립방향 소고」, 『동학학보』 제7호, 동학학회, 2004, 207쪽 참조.

상대적으로 늦고 현재의 교세가 미미하지만 열강의 노리개로 전락한 조선조 말기, 민족의 수난기에 근대적, 자생적 근대의식을 고취시키면서 민족의 커다란 희망이 되었던 종교"라고 했다.[12]

19세기 후반 조선은 순조·헌종·철종 3대 60년간 나이어린 왕들의 즉위로 세도정치가 이루어지면서 중앙정치의 문란을 가져왔고 중앙정치의 문란은 탐관오리의 득세를 가져왔으며 사회는 동요되고 삼정[13]의 문란을 초래하였다. 그 뿐인가. 조선 후기 이래의 지주제의 확대발전과 농법(이앙법)의 발달은 농촌사회의 계층을 급속히 변화시켰으며 봉건적 수취체제는 군현단위로 세금을 징수하는 총액제의 원리를 채택하고 있어 지방양반 토호들의 몫까지 농민들이 부담하게 되었다. 수탈에 견디다 못한 농민들은 산 속에 들어가 화전민이 되거나 고향을 떠나 유랑민이 되어 굶어 죽는 자가 속출하였고, 이로 인한 민중의 불만이 더욱 커지면서 봉건사회의 모순을 스스로 해결하려고 봉기를 일으켰다.[14]

농민들의 무력봉기는 민란, 민용, 농민봉기, 농민항쟁이라고도 부르며, 이것이 농민저항의 대표적인 형태였다. 민생이 도탄에 빠지면서 기본적인 생존권을 요구하는 농민들의 무력봉기는 19세기 내내 전개되었다. 특히 19세기 후반인 철종과 고종 때에는 더욱 집중적으로 일어났는데 이렇듯 농민들의 저항은 1세기 가량 계속되었으나 그들의 생계여건은 점점 더 악화될 뿐이었다. 그럼에도 불구하고 관리들은 이전보다 훨씬 더 많은 세금을 거두고 민중을 수탈했으며 관직을 직접 매매하는 매관매직도 여전히 성행하였다. 돈으로 벼슬을 산 관리들은 그동안 들인 비용 충당과 축제를 위해 각종 부정부패를 저질렀고 이때문에 민중의 삶은 고통만이 가중되고 있었다. 이처럼 봉건사회 경제체제에 대한 농민들의 불만은 봉건통치 계급의 무자비한 착취와 외세 자본주의 침략에 대항하는 민중의 저항의식으로 발전되어갔던 것이다.

봉건체제의 모순이 깊어가던 1862년 삼남[15]의 70여 고을에서 농민봉기가 발

---

12 윤석산, 『동경대전』, 동학사, 1996, 서문.
13 삼정이란 봉건적 수취체계의 기본이 되는 전정(토지세), 군정(16~60세에 해당하는 성인남자들이 군대에 가지 않는대신 내는 세금), 환곡(춘궁기에 관곡을 빌려주고 추수기에 갚도록 한 제도)을 말하는데, 이것이 지방관들의 농간으로 수탈의 수단으로 변하여 농촌사회의 파탄을 가져왔다.
14 동학농민혁명기념재단 홈페이지 참조.
15 충청도, 전라도, 경상도를 말함.

생했으며, 1892년경에는 전국에까지 확산되었다. 이러한 농민항쟁의 조직과 사상적 기반이 된 것이 동학이었다. 동학은 최제우가 자본주의 열강이 점차 침략의 야욕을 뻗쳐오던 1860년 서학(천주교)에 대항하여 창시한 민족종교이다. 동학사상의 핵심내용은 '사람이 곧 하늘'이라는 데 있다. 최제우의 동학은 민중의 요구를 반영한 이념으로 삽시간에 전국으로 퍼져 나갔다.

이에 대해 서울대 종교학과 윤이흠 명예교수는 최제우의 '인내천', '천심이 곧 인심'이라는 새로운 깨달음과 자각은 "동양정신사의 일대 전환이며, 유교나 불교와 같은 동양의 전통적인 세계관이 지배하던 시기가 지나갔고 서양의 종교가 지배하는 것도 아닌 그야말로 새로운 길의 시작을 알린 것으로, 장엄한 개벽의 새 시대가 오는 것을 예측하고 그 대응으로 동학을 제시했다"[16]고 주장했다. '인내천'은 인본주의를 강조하면서 성실과 신의로서 새롭고 밝은 세상을 만들자는 외침이자 어지러운 나라를 구하려는 사상이었으며, 모든 사람이 평등함을 주장함으로써 사회적 문제로까지 대두되었다.

지배층의 착취로 농촌경제가 파탄에 이르고 자본주의 열강의 침략에 대한 위기의식이 고조되면서 서구열강의 중국 침략 등 외세에 대한 위기감과 서학에 대한 반감이 커져가고 있던 때, 『정감록(鄭鑑錄)』[17]같은 예언서가 널리 유포되고 미륵신앙, 도참사상 등 다양한 형태의 반봉건적 민중사상이 확산되고 있던 상황에 대한 문제의식에서 최제우는 새로운 도를 구하고자 하였으며, 이것이 동학을 창시하는 계기가 되었던 것이다.

최제우(1824~1864)는 1824년 10월 28일 경주 현곡면 가정리에서 몰락한 양반가문의 서자로 태어났다. 일찍이 어미를 여의고 17세에는 아버지도 잃은 그는 사회적 차별을 심하게 받으며 자랐다. 그가 성장할 당시 자연재해와 전염병이 주기적으로 반복되어 농민들의 삶은 매우 피폐해졌고, 이에 따라 도탄에 빠진 백성들이 각지에서 봉기를 일으키면서 사회 불안은 더욱 확산되고 있던 때였

---

16 「동학은 근세 민족종교의 시발점」, 『뉴스메이커』 2008.7.22.

17 〈정감록〉은 근세의 대표적인 예언서로, 정감록의 밑바탕에는 풍수지리설과 선천후천 교대설(옛 사상이 끝나고 이제 곧 천지가 개벽한다는 주장)이 있다. 정감록은 미래의 이상적 주권자가 나올 지기(地氣)를 예측하는 점에서 민중의 메시아 사상으로 해석되기도 한다. 이 책의 주 내용은 신도(새로운 도읍)신앙, 진인(진실한 사람)신앙, 십승지(十勝地)신앙 등이다.

다. 때문에 당시 사회적 문제에 대한 최제우의 고민은 깊어질 수 밖에 없었다.

문무를 겸비했던 최제우는 20세가 되기도 전에 어지러운 세상을 근심하여 이 세상을 구원할 도를 찾아 출가를 했고, 그가 37세 되던 해에 동학을 창도했다. 천륜과 인륜이 무너진 세상에 대한 고민 끝에 구도의 고행 길로 주유천하(周遊天下)한지 20년만의 일이다.[18]

동학은 서학에 대한 대립개념으로 최제우는 〈권학문(勸學文)〉(1862)[19]을 지어 "내가 또한 동방에서 태어나 동방에서 도를 얻었기에 도는 비록 천도(天道)이나 학(學)은 동학(東學)이다"라고 했다.[20] 즉, 동학은 동토(東土)인 한국의 종교를 의미하는 것이었다. 종래의 풍수사상과 유(儒)·불(佛)·선(仙:道敎) 등 기존의 교리만으로는 현실위기를 극복할 수 없다고 생각한 최제우는 유·불·선에서의 근원은 모두 하늘에서 비롯된 것으로 좋은 것은 취하고 나쁜 점은 버림으로써 동학을 창시했으며, 나라를 구하고 백성을 편안하게 하기 위해서는 하늘의 뜻을 바르게 이해할 사상이 필요하다고 여겨 〈포덕문(布德文)〉(1861)을 지어 동학의 가르침을 본격적으로 세상에 널리 포교하고자 나섰다.

1860년 5월 7일 동학을 창시한 최제우는 2년 만에 경주, 영덕, 대구, 청도, 울산 등 14곳에 접소와 접주를 두었고, 교인 수는 3000여명에 이를 정도로 성장시켰다. 그러나 1863년 1월 18일 최제우를 비롯한 20여 명의 동학교도들이 혹세무민(惑世誣民)의 죄, 즉 좌도난정지율(左道亂正之律)[21]로 체포되었고, 최제우는 이듬해 4월 15일에 대구에서 처형되었다. 죄목의 근거로서 〈용담검무〉가 당시 경상감사 서헌순의 장계에서 나타나며[22], 1864년 3월 2일자 『고종실록』과 『승정원일기』등에도 '어리석은 백성을 현혹한' 죄로 사형을 권고하는 상소가 있었다. 또한 이장섭은 최제우의 문초와 사형의 판결 기준에서도 〈검결〉과 〈용

---

18 박길수, 「〈용담검무〉의 역사와 의의」, 《용천검 날랜칼은 일월을 희롱하고》 팸플릿, 용담검무보존회·(사)한국검예도협회, 2003, 22쪽.

19 학문을 권장하는 내용을 담은 책이라는 의미.

20 "동학은 근세 민족종교의 시발점" 『뉴스메이커』 2008.7.22.

21 삿된 도로 세상을 어지럽힌 죄를 의미함.

22 경상감사 서헌순이 경주의 동학의 정형을 보고한 장계를 보면, "하루는 '요사이 바다위로 배가 오고가고 하는 것은 모두 서양인들인데 칼춤이 아니고는 제어할 수 없을 것이다'라며 검가 한편을 주었다"고 했다.

담검무〉가 13번이나 등장했다고 한다.[23]

　〈검결〉을 부르며 추었던 〈용담검무〉는 최제우가 득도한 이듬해인 1861년
(철종 12) 박해를 피해 남원성 밖 교룡산성 산골짜기에 있는 선국사 은적암에서
여덟 달 동안 피신하여 수양하는 사이 하늘의 도를 받아 〈검결〉을 짓고 신들린
모양으로 칼춤을 춘데서 시작된다. 즉, 은적암에서 〈용담검무〉가 창제된 것이
다. 박길수는 수운에게 무극대도를 내려 준 존재는 '한울님'이었고 이때 한울님
으로부터 주문·영부와 아울러 검무를 받게 되었다고 한다.[24] 이때의 검무는
〈검결〉과 더불어 양기수련의 춤으로 정립된 것이라는 것이 수운과 관련된 기
록들 속에서 편린으로나마 그 자취를 찾아볼 수 있다고 덧붙였다.

　〈고종 30년 계사〉에 유학자 박제삼은 동학당이 이단이며 역적이므로 반역
을 용서하지 말고 처분할 것을 청하는 상소문을 올렸다. 그 내용 가운데 "…그
들의 심술(心術)을 따져보고 행적을 추적해보면, 겉으로는 이단의 설에 가탁하
였으나 속으로는 불측한 음모를 도모하며, 공공연히 선생을 신원(伸寃)하고 명
호(名號)를 창립한다고 하면서 우매한 백성들을 꾀고 도당을 불러 모아서 팔도
에 세력을 뻗치니, 그들이 움직였다 하면 숫자가 만으로 헤아리게 되었습니다.
마음에서 멋대로 행동하며 감영과 고을에서 소란을 피우니 고을 수령들은 겁을
먹어 다스릴 계책을 모르고 감사는 두렵고 위축되어 감히 검문을 하지 못하여
… 지렁이처럼 얼키설키 결탁을 꾀하는 것과 올빼미처럼 사납게 뻗어나가는 기
세가 요원의 불길보다 더 심해져서 역참(驛站)의 길목까지 연달아 미치고, 여파
가 성도(城都)에까지 흘러들었습니다. … 끝내는 도적의 나머지 술수를 드러내
어서 온 동국(東國) 사람들로 하여금 전하의 착한 백성이 되지 못하게 하려 하
니 …"[25]가 있다.

　최제우가 죽은 후에 올려진 상소이지만 동학의 확대규모를 추정할 수 있으
며, 특히 '전하의 착한 백성이 되지 못하게 하려 하니'는 동학이 평등사회를

23 이장섭, 「전통예술로서의 〈용담검무〉 정립방향 소고」, 『동학학보』 제7호, 동학학회, 2004, 214쪽.
24 박길수, 「용담검무」의 역사와 의의」, 《용천검 날랜칼은 일월을 희롱하고》 팸플릿, 용담검무보존회
　·(사)한국검예도협회, 2003.9.27.
25 『승정원일기』 고종30년(1893) 2월 25일. "동학당은 이단일 뿐 아니라 역적이므로 반역을 용서하
　지 말고 처분을 내릴 것을 청하는 방외 유생인 유학 박제삼 등의 상소"

주장하고 있었다는 것과 계급사회에의 도전적 의미로 받아들여졌을 것이라는 것을 짐작할 수 있다. 앞서 밝힌 대로 동학자체를 좌도난정의 죄로 규정하고 탄압을 했는데 그 빌미가 된 것은 〈검결〉과 〈용담검무〉였다. 즉 〈검결〉과 〈용담검무〉는 조정에 대한 반역적, 도전적 의미로 받아들여져 최제우와 동학교도들을 탄압, 체포하는 빌미가 되었다.

이러한 사실은 『고종실록』에 〈선전관 정운귀가 최제우와 동학에 대해 보고하다〉의 내용에서도 잘 나타난다. 즉 "… 여러 명이 모여 도를 강론하는 자리에서는 최가가 글을 외워 귀신을 내리게 하고 나서 손에 나무칼을 쥔 채로 처음에는 무릎을 꿇고 있다가 일어나고, 나중에는 칼춤을 추면서 공중으로 한 길도 넘게 뛰어 올랐다가 한참만에야 내려오는 것을 제 눈으로 본 사람도 있다고 합니다."[26]

당시의 이러한 장계를 통해 〈검결〉과 검무가 조정의 주목을 받고 있었고, 조선 정부로서는 동학의 무리가 정부체제를 뒤엎는 역성혁명(易姓革命)을 꾀하기 위해 수련이라는 미명하게 칼노래 칼춤을 춘 것으로 의심하였던 것을 엿볼 수 있다.

때문에 해월 최시형 이후 동학의 의식이나 기록에서 〈검결〉과 〈용담검무〉는 그 모습을 감추게 된 것인데 이를 조동일 같은 학자는 정치적 변혁을 위해 혁명적 의식을 고취하는 노래와 춤으로 판단하기도 한다고 했다.[27]

원래 무반(武班) 집안에서 태어난 최제우는 젊어서 말타기와 활쏘기를 일삼았을 정도로 무인기질을 타고났는데 이런 기질도 〈검결〉과 검무가 창제되는 한 배경을 이루고 있다. 김지하(金芝河)는 〈검결〉에는 당시 경직된 지배 이데올로기와 유교 도그마에 대한 날카로운 비판 의식과, 동세개벽(動世開闢), 곧 후천개벽을 동세방략(動世方略)에 따라 풀어가려는 혁명적인 의도가 담겨 있다고 했다. 즉 외적의 침입에 맞서 싸웠던 남원 교룡산성에서, 끝없는 윤회의 사슬에서 대해탈을 이루어 중생을 제도하려는 은적암에서, 중요하지 않은 꼬리를 스스로 끊고 새로운 생체조직을 소생시키는 도마뱀 형상을 띤 뒷산 묘고봉(妙

26 『고종실록』 권1, 즉위년(1863) 12월 20일. "선전관 정운귀가 최제우와 동학에 대해 보고하다"
27 윤석산, 「〈용담검무〉의 역사성과 현실성」, 한국민족종교협의회발표문, 2003, 8쪽.

高峰)에서, 특히 장풍국(藏風局) 회룡고조(回龍顧祖)라는 풍수사상으로 보아 기이한 특징을 지닌 지점에서, 물고 물리고 돌고 도는 궁궁을을(弓弓乙乙)의 형상을 갖춘 지연(地緣)을 쫓아 〈검결〉이 창제되었다는 것이다[28].

가히 당시의 세도가들에게는 동학교도들이 검을 휘두르며 〈검결〉에 맞춰 추던 춤이 수련을 위한 춤으로 보였을 리 만무하다. 속담에 "도둑이 제발 저린다"는 말이 있듯이 당시 국내외에서 파경 속으로 빠져들던 정세 속에서 가장 핍박받던 민심을 읽고 민족종교 동학을 창시한 최제우는 〈검결〉과 검무를 통해 심신을 수련함으로써 인본주의(人本主義)를 기반으로 인간 평등과 사회 개혁을 주장하여 사회의 변화를 갈망했던 민중의 호응을 얻었고, 그 세(勢)는 빠르게 전국규모로 번져 나갔다. 이들을 막기 위한 조정의 필사적인 방책과 처결은 결국 외세를 끌어들이는 결과를 초래했다.

3. 〈용담검무〉에 담긴 정신과 표출양상

〈용담검무〉와 함께 불려진 〈검결〉은 한울의 뜻과 민중적 삶에 뿌리를 둔 '변혁의지'가 역동적으로 통일된 전형의 하나이다. 이 노래는 갑오농민전쟁 때 남접(南接)의 조직 및 활동과도 깊은 관련이 있는 것으로 보인다. 실제로 최제우가 은적암에 피신해 있을 때 교도들에게 〈검결〉을 전파하였는데, 뒷날 남접의 중심인물이 된 서공서 및 신유갑(申由甲 : 법명은 三田), 서장옥(徐璋玉 : 법명은 一海)과 밤마다 은적암 뒷산 묘고봉에 올라 칼노래를 부르며 나무칼을 들고 함께 춤추었다고 한다. 뿐만 아니라 당시 그 지역의 내로라하는 예인들에게도 영향을 끼친 것으로 추정되는데, 아직 고증된 사실은 아니지만 검예가 장효선의 선조가 1861년 경 남원으로 최제우를 찾아가 파사현정(破邪顯正)[29]의 정신이

---

28 http://mybox.happycampus.com/ilbh17/4608058 "용담유사 속의 〈검결〉", 2쪽
29 불교에서 사용하는 합성어로 파사(破邪)는 절복(折伏)과 같은 의미의 '엎드려 절하다'를 가리키며, 현정(顯正)은 '바르게 드러낸다'는 의미이다. 또한 다음 백과사전에는 '그릇된 것을 깨뜨리고 올바르게 바로잡다'의 뜻으로 나오며, 파사(破邪)는 '나쁜 것(邪)을 깨뜨리다(破)'이며, 현정(顯正)은 '정(正)을 드러내다(顯)'이다. 따라서 그릇된 것을 바로잡고 진리를 옳게 세우는데 일신을 바친다는 뜻으로도 해석할 수 있다.

담긴 목검을 들고 춤을 추는 검무를 배우게 되었고 최제우가 처형을 당한 후에
도 몰래 검무를 연마하여 후손에게 검무를 전수했다고 한다[30]. 물론 사실여부를
차치하고라도 당시의 상황 속에서 동학교도들 뿐 아니라 다른 민초들을 통해
일정정도 전승되었을 것으로 추정하는 것은 전혀 불가능한 일은 아닐 것이다.

최제우가 동학 창도 초기에 이 검무를 여러 제자들과 함께 추었다는 것은
동학의 옛기록에도 남아있다. "때가 왔구나 때가 왔구나 바로 이 때가 왔구나"하며
서로 어우러져 〈검결〉을 부르며 이에 맞춰 칼춤을 추었다고 한다. 〈검결〉은
"검과 함께 어떠한 비의(秘義)를 담고 있다"고 전하는 노래로 이 노래에 맞춰
동학교도들이 모두 노래를 부르며 목검을 손에 움켜잡고 신명나게 춤을 추었다.
휘영청 달이 중천에 올라, 어둠과 밝음이 서로 몸을 섞듯 달빛과 어둠이 한데
어울리어 산골짜기 골짜기 모두가 교교함을 이루는 시간, 신명이 극에 달한 동학교
도들은 저마다 땅을 박차고 한 길씩 껑충이면서 하늘로 뛰어오르곤 했다고 한다.[31]

그러나 최제우가 〈검결〉을 부르며 추었다는 〈용담검무〉의 원형은 전하고
있지 않다. 앞에서도 밝힌바와 같이 한때 동학이 탄압받는 근거가 되기도 했기
때문에 동학교단에서 기록하기를 꺼려했으며, 당시 검무를 배우던 모든 사람
들은 자신들에게도 화가 미칠까 염려하여 몸을 숨기고 자취를 감추게 되어 구
전으로만 전해졌기 때문이다. 현재 전하는 〈검결〉은 최제우가 문초를 당할 때
남긴 한역된 기록으로 원형은 아니지만 후대의 동학 지도자들이 구전을 토대로
복원한 것이며, 달 밝은 밤에 여러 제자들과 함께 음식을 차리어 산간으로 들어
가 하늘에 제를 지낸 뒤에 이 검무를 추었다는 기록만이 남아있을 뿐이다.

어찌되었든 현재 원형을 찾아보기 어려운 시점에서 〈용담검무〉가 어떻게
추어졌을 지를 추정해 볼 수 있는 유일한 근거는 노래 〈검결〉 밖에 없다. 따라
서 이 노래를 통해 검무 속에 담긴 정신과 그 형상을 유추해볼 수 밖에 없을
것이다. 〈검결〉의 내용은 다음과 같다.

---

30 2011년 3월 10일 용담검무보존회에서 장효선과 인터뷰
31 윤석산, 「후천을 열어가는 검가와 검무」, 《용천검 날랜칼은 일월을 희롱하고》 팸플릿, 용담검무보
   존회·(사)한국검예도협회, 2003, 20쪽.

시호(時乎)시호 이내시호 부재래지(不再來之) 시호(時乎)로다[32]

만세일지(萬世一之) 장부(丈夫)로서[33]

오만년지(五萬年之) 시호(時乎)로다[34]

용천검(龍泉劍) 드는 칼을 아니쓰고 무엇하리

무수장삼(舞袖長衫)[35] 떨쳐입고 이칼저칼 넌즛 들어

호호망망(浩浩茫茫)[36] 넓은천지(天地) 일신(一身)으로 비껴서서

칼노래 한곡조(曲調)를 시호시호 불러내니

용천검(龍泉劍) 날랜칼은 일월(日月)을 희롱(戱弄)하고[37]

게으른 무수장삼(舞袖長衫) 우주(宇宙)에 덮여있네

만고명장(萬古名將) 어디있나 장부당전(丈夫當前) 무장사(無壯士)라[38]

좋을시고 좋을시고 이내신명(身命) 좋을시고

〈검결〉은 4.4조의 10행으로 구성된 짧은 가사이다. '칼노래'라는 뜻의 이 노래는 최제우가 남원에서 수도할 당시 온몸이 떨리면서 신적 체험을 통한 득도의 기쁨을 이기지 못하여 지은 것으로, 이를 부르며 목검(木劍)을 들고 춤을 추었다. 득도를 통해 지었다는 것은 '강화(降話)'된 노래라는 것을 의미하며, 이는 종교적 체험과 관련이 깊음을 말해준다. "용천검 드는 칼을 아니 쓰고 무엇하리, 무수장삼 펼쳐 입고 이칼 저칼 넌즛 들어 호호망망 넓은 천지 일신으로 비켜서서 칼노래 한 곡조를 시호시호 불러내"에서 보듯 최제우는 수도에만 그치지 않고 새로운 시대를 위한 변혁은 넓은 천지를 향해 휘두르는 칼춤으로 일으켜야 함을 노래 속에 담고 있다.

가사의 내용을 풀어보면 선천의 낡은 오만년의 운수는 지나고 이제 후천의 새로운 오만년의 운수가 도래했다. 지금이 바로 그때이다. 따라서 선천을 벗어나 새로운 후천의 세상을 맞이할 변혁을 해야 할 때임을 담고 있으며, 그 상징

---

32 다시 못 올 때가 왔네
33 만년에 한 번 나올까 말까 한 남아로써
34 오만 년에 한 번 오는 귀한 때로다
35 춤 출 때 입는 베 옷
36 넓고 넓은
37 해와 달을 무색하게 하고
38 장부 앞에 당해낼 장사가 없다

표 1. 검결에서 유추한 용담검무의 형상

검결	용담검무
시호시호 이내시호 부재래지 시호로다 만세일지 장부로서 오만년지 시호로다	한울님 앞에서 결의를 다지듯 조용한 모습으로 엎드려 있다가 서서히 일어나 앉으며 새세상을 맞을 준비가 되었음을 비장한 분위기 속에서 목검을 받쳐 드는 것으로 형상화한다.
용천검 드는 칼을 아니쓰고 무엇하리	목검을 들고 서서히 일어서며 상생을 위한 궁을자를 그리면서 숙연하게 칼놀림을 시작한다
무수장삼 떨쳐입고 이칼저칼 넌즛 들어 호호망망 넓은천지 일신으로 비껴서서 칼노래 한곡조를 시호시호 불러내니 용천검 날랜칼은 일월을 희롱하고 게으른 무수장삼 우주에 덮어있네	목검을 쥐고 우주와 내가 하나가 된듯 다양한 몸짓으로 춤을 추며 하늘을 떠 받들 듯 위를 향한 춤형상 등을 통해 후천개벽의 의지를 군무로 다진다.
만고명장 어디있나 장부당전 무장사라 좋을시고 좋을시고 이내신명 좋을시고	신명이 극에 달한 상태로 각자가 따로 놀듯 검을 휘두르거나 몸을 휘돌리며 높이 뛰면서 내앞을 막아설 자 누구냐, 한판 붙어보자는 듯 당당하고 힘있는 동작이 연출되고, 솟구쳐 올랐다가 내려오는 동작들 속에서 기쁨으로 하나가 된 정신을 형상화한다.

은 용천검으로 나타난다. 그 칼과 같은 일단의 용단과 결단을 내려야 할 때임을 강조하고 있는 것이다. 이는 시대적 위기를 극복하기 위해서는 후천의 새로운 운을 맞이할 수 있는 정신의 개벽을 위한 '용단과 결단'을 내려야 한다는 것이며, 이 정신의 개벽을 위한 용단과 결단을 내릴 그 때가 왔으니 용천검을 아니쓰고 무엇하랴하고 노래한 것이다.

이 노래를 통해 짐작할 수 있는 춤의 모습에 대해 윤석산은 "시호 시호"로 시작하는 첫줄에서 반복되는 기법을 통해 종교적 체득의 벅찬 희열이 고조된 춤동작으로 나타났을 것으로 추정하고 있다.[39] 그러나 "때가 왔다"는 의미에서 본다면 벅찬 희열보다는 새 세상을 맞이하기 위한 비장한 몸짓이 합당하지 않을까 싶다. 왜냐하면 파사현정의 정신을 담고 있다는 측면에서 볼 때 "그 때가 왔다"고 한다면 엎드려 그릇된 것을 바로잡고 우주의 이치를 옳게 세우기 위한 결의를 다지는 모습이 타당하며, 후천개벽을 열겠다는 열망을 담고 있다면 그것은 비장감이 배어있는 모습을 통해 이제 일어설 때임을 표출해야 마땅할 것이기

39 윤석산, 「〈용담검무〉의 역사성과 현재성」, 『동학연구』 제17집, 동학학회, 2004, 149~150쪽.

때문이다(〈표1〉참조). 이미 이러한 연출은 한두레의 〈칼노래 칼춤〉에서도 유사하게 재현된 바 있으며, 바로 그러한 형태로 춤이 시작되지는 않았을까 싶다.

최제우는 당시의 시대적 혼란과 위기의 중요한 요인으로 사회제도나 모순된 정치적 혼란보다 아무런 가치기준 없이 자기 자신만 잘 살겠다는 각자위심(各自爲心)[40]의 타락한 이기주의적 성향의 팽배에 의한 것으로 보았다[41]. 때문에 정신의 개벽을 위한 용단과 결단이 필요하며 그러한 의미에서 "용천검 드는 칼을"의 칼은 사람을 살리는 검을 의미하는 것으로, 그 춤은 화해와 조화의 정신을 표현하는 동작이어야 할 것이다. 또한 "이칼 저칼 넌즉 들어"를 통해서는 새 세상을 열어가고자 하는 것은 나 혼자가 아니라 우리 모두라는 의미로 해석되며 춤은 군무로 어우러져야 타당할 것이고, 마지막의 "좋을시고 좋을시고"에서는 신명이 극에 달했음을 표현하는 춤동작으로 엮어나가야 할 것이다. 따라서 〈용담검무〉에서의 검은 사람을 죽이는 칼이 아니라 사람을 살리는 칼이며, 상생과 조화를 의미하는 칼이라는 기존의 주장에 동감하는 바이다. 신명이 극에 달한 춤동작은 〈칼노래 칼춤〉 공연에서 여실히 보여주고 있다. 세상의 모든 사람이 같은 목소리로 칼노래를 부르며 높이 뛰면서 검을 휘두르기도 하고 뛰어 돌면서 검을 신나게 돌려대기도 한다. 진정 한바탕 신명에 실려 춤추는 듯한 표현이다.

〈검결〉을 부르며 검무를 춤으로써 무극대도의 궁극적인 지향점인 후천개벽 시대를 향한 '변혁의 의지'를 고양시키고 있으며, 이 정신적 고양은 종교적 희열과 통하는 것으로, '우주와 내가 하나가 되는' 또는 '신과 내가 하나가 되는' 종교적 극치에 이르게 하는 효과를 지니고 있는 것이다. 때문에 이 노래는 동학의 세계관과 지향, 동학의 수도법이 모두 녹아있는 후천개벽의 원천이며, 단절되었던 검무를 복원하는데 중요한 단초가 된다.[42]

즉, 검무의 모습은 우주의 선후천을 가르며 넘나드는 호방한 춤사위에서부터 풀잎의 이슬 한 방울까지 세심히 배려하는 발걸음, 접화군생(接化群生)[43]하

---

40 제각각 마음을 다르게 먹음.
41 『東經大全』〈布德文〉 又此挽近以來 一世之人 各自爲心 不順天理 不顧天命.
42 박길수, 「〈용담검무〉의 역사와 의의」, 《용천검 날랜칼은 일월을 희롱하고》 팸플릿, 용담검무보존회·(사)한국검예도협회, 2003, 24쪽.

는 검신이 모두 들어있으며, 파사현정의 정신을 담아내면서 장쾌한 변혁의 기운을 표출하는 결단의 춤이자 우주 개혁의 의지를 담은 춤이었을 것이다.

박길수(2003)는 검무의 유래와 정신 그리고 검가에 남아있는 기상은 동학의 현기가 드러나는 일과 관계가 깊으며, 현기란 바로 우리 민족 고유의 현묘지도(玄妙之道)[44]와 닿아있다고 했다.[45] 즉, 〈용담검무〉는 고려-조선으로 이어지면서 쇠약해진 기운을 뒤집어 원시반본(原始返本)의 원리를 지니며 우리 민족 고유의 사상 및 종교체계인 현묘지도의 근대적 계승으로, 그것은 동학의 정신과 기운 속에서 춤추어지고 있다는 것이다.

장효선은 검을 다스리려면, 안으로는 서(書), 시(詩), 가(歌), 역(易), 문(文), 무(武), 공(功), 심(心), 예(藝)에 관한 학문적 소양이 필요하며 밖으로는 검을 다루는 기술과 기교를 충분히 갖추어야 하며, 실제 흐름에서는 내면의 기운과 외면의 기교가 일치를 이루어 하나의 기운으로 승화되어야만 비로소 조화로운 동작이 나타난다. 그리고 이 조화로운 동작의 연속은 곧 우주의 기운과 맞닿아 천지기운을 운용케 하며, 그러한 변환과 순환의 관정에서 검은 곧 사람의 마음과 하나가 되고 우주와 같아지며 무한의 세계와 통한다고 했다.[46]

그는 필자와의 대화에서 민족무예는 정신, 철학, 사상의 줄기에서 그 근본을 찾아야 하며, 특히 전통의 본질은 정신에 있으며 그것이 행위로 나타난다고 강조했다. 그리고 현재 복원중인 〈용담검무〉는 최제우가 수련한 과정을 더듬어 우주의 기운에 의해 순환되는 글이 반복되는 동작 가운데 21개의 기본동작을 찾고 평소 즐겨 쓰던 글 6자를 받아 응용동작으로 만들어 총 27개의 검무기본을 만들었으며, 이를 확장시켜 105개의 연속 동작으로 구성했다고 한다. 또한 목검이 가지고 있는 무한한 잠재적 에너지는 상징적 의미와 현실적 의미를 직접적으로 내보이지 않고 내면으로 안으면서 인내하고 순화시켜 그 힘을 이루

---

43 모든 생명이 서로 만나 관계를 맺으며 변화한다는 의미로, 신라때 최치원이 설한 말이다.
44 유·불·선의 사상을 함유하고 있는 풍류도를 말함. 즉 우주의 원리이자 이치를 근본으로 한다는 민족 고유의 자주사상이자 민족무예 그 자체를 의미함.
45 박길수, 「〈용담검무〉의 역사와 의의」, 《용천검 날랜칼은 일월을 희롱하고》 팸플릿, 용담검무보존회·(사)한국검예도협회, 2003.9.27.
46 장효선, 「〈용담검무〉를 복원하며」, 《용천검 날랜칼은 일월을 희롱하고》 팸플릿, 용담검무보존회·(사)한국검예도협회, 2003, 10쪽.

어 가자는 의미가 포함되어 있으면서 동시에 사람을 살리는 '상생'의 뜻도 내포하고 있다고 했다. 덧붙여 일본의 무예가 상대의 목숨을 뺏는 것을 목적으로 한다면 우리의 검무는 "자신의 능력을 뛰어넘는데 수련의 목적이 있다"고 주장했다.[47]

이상의 주장과 해석을 근거로 볼 때 〈검결〉은 기일원론(氣一元論), 후천개벽사상, 인내천사상을 내세우며 새로운 세상을 지향한 노래로, 그 '시대적 변혁의 의지'와 '종교적 정신의 희열'로서 표출되어진 춤이자, 자기수양을 통한 정신개벽을 담아 〈검결〉과 〈용담검무〉의 어우러짐으로 드러냈던 것임을 짐작할 수 있고, 그 형태는 민족무예와 강화된 정신이 내적으로 순화되어 폭발적인 형상으로 발산되었을 것으로 추정되는 바이다.

4. 〈용담검무〉의 기능

동학은 보국안민(輔國安民) 의식과 시천주(侍天主), 인내천의 사상과 교리를 두 가지 큰 산맥으로 반봉건적, 반침략적 성격이 짙은 민중적인 구원의 종교로, 특히 그 시대 우리나라의 정치, 사회, 경제 문화적 여러 가지 모순을 과감히 개혁, 변혁시켜 지상의 복락과 인류 평화에 기여해야 한다는 민족관을 내세워 민중의 압도적인 지지를 받았다. 동학은 양반사회의 해체기에 농민대중의 종교가 되면서 반왕조적인 사회개혁운동 성격을 띠었고, 훗날 동학농민혁명을 주도하는가 하면 3.1운동에서 나타난 민족주의 역량을 키우는 등 한국 근대사에 지대한 영향을 주었다. 우리가 잘 아는 김구선생[48] 역시 동학의 접주로 혁명에 가담했던 한 사람이다.

최제우는 "사람이 곧 하늘이요 하늘이 곧 사람이다"로 모든 사람을 존귀하게 섬겨야 함을 강조하면서 인내천(人乃天), '천심즉인심(天心卽人心)'의 사상을

---

47 2011년 3월 10일 용담검무보존회에서 장효선과 인터뷰.
48 1876년 7월 11일 황해도 해주 출생, 1949년 6월 26일 암살. 독립운동가였던 그는 1893년 동학의 접주를 지냈고, 1928년 팔봉도소 접주를 거쳐 대한민국임시정부 경무국장, 내무총장, 국무령을 지냈으며 한국독립당 총재직을 맡았다. 1944년에는 대한민국임시정부 주석을 지냈다.

동학의 근본으로 두었다. 때문에 동학은 민중들에게 새로운 전망을 제시해주며 당시의 성리학의 지배이념에 대항하는 민중의 저항이데올로기로 역할하였고, 또한 당시의 사회와 질서를 부정하는 반체제적인 성격을 지니고 있었다. 그것은 후일 민중사 속에 큰 자리를 차지하는 갑오농민혁명 등의 농민봉기에 영향을 끼친데서도 확연히 증명된다.

동학이 지향하는 핵심 사상이 〈검결〉이라는 노래에 담겨 있다면 그 표출형상은 〈용담검무〉로 나타난다. 때문에 〈검결〉과 검무는 동학의 핵심이자 근본이라고 할 수 있을 것이다. 〈용담검무〉가 민중들에게 얼마나 확산되었는지는 확인할 길이 없으나 적어도 동학교도들은 하나의 의식무처럼 수련과정에서 필히 수행했던 것으로 보인다. 〈용담검무〉를 가장 두려워한 지배계층은 그 확산과 위력을 막기 위해 최제우를 체포, 사형시켰다. 『수당집(修堂集)』 부록 〈가장(家狀) 편〉[49]과 〈이덕일의 사상사 - 조선왕을 말하다 191호〉를 보면 "… 이보다 앞서 최복술[50]이란 자가 좌도(左道:이단의 도)를 가지고 민중들을 현혹하고 있었다. 그래서 유사(有司)가 법을 집행하여 이자를 처형하였는데, 그러자 그 무리 수천 명이 궐문 밖에 몰려와서 울부짖으면서 저들의 괴수를 위해 억울함을 호소하였다. … "라고 기록하고 있다. 그의 죽음에 대한 민중의 반응은 동학이 어느 정도의 세를 가졌던가를 짐작할 수 있다. 또한 동학의 확산을 막기 위해 〈검결〉에 맞춰 추어졌던 〈용담검무〉가 얼마나 중요한 빌미가 되었는지 역시 여러 장계를 통해 드러난다.

『고종실록』에는 최제우가 한울님의 가르침을 받아 말하기를 "… 요사이 바다 위에 배로 오고가고 하는 것들은 모두 양인인데 칼춤이 아니고는 제어할 수 없을 것입니다.'라면서 검가 1편을 주었습니다. 부(賦)체의 글을 지어 불렀는데 과연 그런 사실이 있었습니다."[51]라고 한 일이며, "감히 황당한 술책을 품고 주문이라는 것을 꾸며내어 요망스러운 소리로 선동하였습니다. 한울을 위한다는 말을 하며 서학을 배척한다고 하였지만 도리어 간사한 서학의 포덕문을

49 李南珪, 『修堂集』 부록 「家狀」, 祖考 嘉善大夫 宮內府特進官府君 狀錄.
50 최제우의 아명.
51 『고종실록』, 1864년, 2월 29일. "慶尙監司 徐憲淳狀啓"

답습하였고 … '궁(弓)'자 약은 비방에서 나왔다고 하였고, 검무를 추면서 흉악한 노래를 퍼뜨렸으며 평온한 세상을 어지럽힐 것을 생각하고 은밀히 도당을 모았으며…"[52]라는 기록이 있다.

계해년 12월 20일조 『비변사등록』에서는 "만약 무리가 모여 도를 강론하는 자리가 되면 주문을 외워 강신한 후 목검을 손에 쥐고 처음엔 꿇어앉았다가 일어나서 종내는 칼춤을 추게 되며 한길 남짓 하늘로 솟아올랐다가 한참 만에 내려오는 것을 목격한 사람이 있다 합니다. … 복술의 자리 앞에는 육언구문이 겹쳐져 있어 마치 과거를 치르는 부와 같은 것이 수십 장이 있는데 한 장 종이에 여구를 지어 집필하고 나서 재능을 시험하며 말하기를 '무릇 우리 학은 이미 이루어졌으니 오로지 한울님 이외에는 두려울 것이 없도다'[53]라고 기록하고 있다.

뿐만 아니라 〈선전관 정운귀의 장계〉 일부에는 이러한 증언들도 기록되어 있다. 즉, "동몽 김의갑은 공술하기를, 복술과 한 동리에 사니 어찌 감히 사실을 속이겠습니까. 최복술의 아들 최인득은 늘 나무칼을 가지고 뛰거나 춤을 추면서 '날이 퍼런 용천이검(龍泉利劍)의 노래'를 부르기 때문에 미치광이로 알고 절대로 상종하지 않았습니다. … 이정화도 … 동몽 최인득은 자신이 칼춤을 추었지만 본심에서 한 짓이 아니라 미친병이 갑자기 발작해서였습니다. 나무칼을 들고 춤을 추기도 하고 노래도 부르기도 하였는데 그 노래는 '때로구나 때로구나'라는 것입니다. 이것을 익히기 위해서는 먼저 하늘에 제사를 지냅니다. 최복술이 두 번째로 공술하기를, 그는 경신년 경에 듣자니 양인이 먼저 중국을 점령하고 다음에 우리나라로 들어오는 날이면 이루 말할 수 없는 변란이 일어날 것이라고 하기 때문에 13자로 된 주문을 지어 사람들을 가르쳤습니다. 그것은 양인을 제어하는 것으로써 하늘에 제사를 지내면 안될 일이 없기 때문입니다."[54]라고 했다.

여기서 13자 주문이란 궁을(弓乙)부를 말하는 것으로 궁을부란 '시천주조화정 영세불망만사지(侍天主造化定 永世不忘萬事知)' 13자를 쓴 종이쪽지로, 본주

---

52 『고종실록』 1864년 2월 29일. "慶尙監司 徐憲淳狀啓"
53 『비변사등록』 1863년 12월 20일 "宣傳官鄭雲龜書啓"
54 『고종실록』 1864년 2월 29일. "慶尙監司 徐憲淳狀啓"

(本呪)라 한다. 이 글귀의 뜻은 한울림을 모시면 조화가 이뤄진다. 이 진리를 항상 염두에 두고 살면 세상만사를 다 알게 된다는 것이다[55].

〈고종 30년 계사〉의 기록을 보면 당시 우매한 백성을 선동하고 미혹시키는 자로 박승호[56]가 거론되면서 최제우에 대해 "… 그들의 술수에 대하여 대략 들어보니 난전 최제우를 그들의 우두머리로 여기는데, 그를 '노래하고 춤추며 공중에 올라 걸어다닌다'라고 말하고, 저주(詛呪)와 부적(符籍)으로 남의 질병을 고쳐주고, 망녕되이 참위설(讖緯說)을 만들어서 세상의 운수를 설명하고 화복에 대해서 거짓으로 떠들어 무리를 끌어 모아서 도당을 결성하였습니다. 이것은 황당무계한 설일 뿐인데도 백성들에게 퍼진 해독은 맹수보다도 심하였습니다. 그런데 지금 또다시 … "[57]라는 보고가 있다.

위의 기록들에서 드러나는 점은 우선 네 가지로 정리할 수 있을 것이다.

첫째는 동학의 무리를 정부에 대항하여 역성혁명을 꾀하는 반역의 무리로 여겼다는 점이며, 둘째는 나라를 지키기 위하여 한울님의 강신을 받들어 노래를 짓고 춤을 추었다는 점이며, 셋째는 당시 추어진 〈용담검무〉의 형상을 짐작해볼 수 있다는 점이다. 즉 〈용담검무〉는 『비변사등록』에 기록되어 있듯이 하늘에 제를 올리고 목검을 쥐고 무릎 꿇고 앉아 있다가 일어나 칼을 휘돌리며 춤을 추는가 하면 한길 남짓 위로 솟구쳐 올랐다가 내려와 대동단결의 춤판으로 이어졌다는 것을 상상해볼 수 있다. 여기서 당시 〈검결〉과 검무가 절망에 빠진 민심을 회복하고 하나로 묶어세우는데 기여한 대동성의 기능을 엿볼 수 있다. 그리고 또 한 가지는 〈검결〉과 검무가 탄압의 결정적 대상이 되다 보니 몸을 사려 숨거나 사실을 실토하는 민중들이 혼란 속에 있었다는 점이다. 이들은 그저 하나의 민족신앙으로서, 삶의 희망을 찾기 위해 동학을 따르려 했지

---

55 『천지일보』 2010.4.17.

56 1893년 음력 2월 11일부터 13일까지 광화문 앞에서 일어난 교조신원(敎祖伸寃)을 위한 복합 상소(伏閣上疏)의 소두(疏頭)이다. 『승정원일기』에 실린 상소문에는 모두 박승호로 기록되어 있지만 오지영의 『동학사기』와 이돈화의 『천주교 창건사』 등 동학 관계자료에는 박광호로 기재되어 있다. 이이화의 『발굴 동학농민전쟁 인물 열전』에 의하면, 그는 천도교 4대 교주인 박인호의 사촌이라고 한다.

57 『승정원일기』 고종 30년(1893) 2월 25일, "정학을 높이고 문교를 세우는 계책을 써서 사설의 무리들을 귀의하게 할 것을 청하는 의녕원 수봉관 서홍령 등의 상소"

혁명을 부르짖고자 했던 것이 아니었기 때문에 전봉준 이후에 일어난 동학혁명에서와 같은 목숨을 내건 결의까지는 시기상조가 아니었을까 싶다.

천도교의 교령 김철은 "〈검결〉과 검무는 어디까지나 정신 수련의 중요한 모티브로서 개인과 집단이 함께 어울리는 종교의식의 일부로 시작되었다. 즉 내면적인 종교수행을 통해 우주의 기운과 내 기운이 하나가 되는, 충일된 정신의 고양상태에서, 무궁히 솟아오르는 굽이치는 환희와 연락의 몸짓이며, 한울춤이기도 하였다. 빛의 속도보다도 더 빠르게 넘나드는 공심과 사심을 가르고, 한울의 마음기둥을 세우는 궁을춤(弓乙舞)이기도 한 것이다"[58]라고 한다. 궁을춤 하면 『정감록(鄭鑑錄)』[59]과도 깊은 관련이 있는 듯 하다.

『정감록』은 조선 중기 이후 민간에 널리 퍼진 예언서이다. 실존 여부를 알수 없는 이심(李沁)과 정감(鄭鑑)의 대화 형식으로 되어 있으며, 풍수사상과 도참 신앙이 합쳐져 이루어진 난해한 책으로, 국가 운명과 생민 존망(生民存亡)에 대한 판단을 담고 있다. 민족의 말세적 구원신앙으로 발전하여 많은 신흥 민족종교의 근간이 되었으며, 동학혁명에까지 연결되어 있을 뿐 아니라 한국 근대사의 젖줄로 평가되고 있다. 조선시대 지배이데올로기인 성리학에 맞서 평민

---

58 《용천검 날랜칼은 일월을 희롱하고》 팸플릿, 용담검무보존회·(사)한국검예도협회, 2003, 4쪽.
59 "동학과 정감록-최제우, 동학정신에 정감록 '弓弓乙乙' 담아", 『서울신문』 2005.12.22.
　　최제우의 '정감록'에 대한 미묘한 태도는 동학경전에도 잘 나와있다. 정감록을 믿는 것 같으면서 부정하고, 부정하는 듯하면서도 믿는 것 같다. 그가 "기이한 동국 참서", 즉 '정감록'을 손에 쥐고 들려준 가르침을 예로 들면, "과거 임진왜란 때는 이재송송(利在松松, 이여송 형제가 도움이 됐다)이라 하였고, 가산 정주 서적(西賊, 홍경래 난)때는 이재가가(利在家家, 가만히 집에 있는 것이 좋았다)라고 '정감록' 등에 기록돼 있지. 다 맞는 말이었네. 그런 선례를 본받아 우리의 미래도 한번 설계해 보세. 앞으로 세상을 제대로 살려면 '정감록'에 나오는 구절이네만 이재궁궁(利在弓弓, 궁궁이 유리하다)을 알아내는 것이 정말 필요하다고 봐야 하네. 매관매직을 일삼는 세도가들도 그 마음은 오직 궁궁에 있는 듯하고, 돈 많은 부자들도 궁궁만 찾고 있네. 거지들도 궁궁, 풍수에 미친 사람들도 궁궁촌을 찾아 더러 깊은 산중으로 들어간다네. 더러는 서학(西學, 천주교)에 입교해 그것이 궁궁인 줄로 믿고들 있지. 세상 사람들이 옳거니 그르거니 따지는 것이 몽땅 궁궁에 관한 것뿐이네. 그러나 제 몸을 닦고, 집안일을 바로 다스리지 않은 사람이 강산을 찾아가면 뭐하나. 경박한 세상 사람들 같으니! 다들 이익이 송송(松松)이니 가가(家家)에 있다고 한 말뜻은 겨우 알아낸 듯하지만 정작 궁궁이 무엇인줄은 전혀 모르고 있군."이라는 기록이 있다. 최제우는 자신이 발견해낸 종교적 진리가 바로 궁궁이라고 믿었다. 그래서 자신의 가르침을 "무극대도"라 불렀고, 앞으로 5만년간의 태평시절이 온다고 주장했던 것이다. 그는 '정감록'에 적힌 궁궁을을(弓弓乙乙)이란 구절에 모든 진리가 압축돼 있다고 생각했고, 이 구절에 입각해 궁을부(弓乙符)를 만들었다. 이 부적을 몸에 붙이면 상처가 생기지 않고, 이것을 불살라 먹으면 만병이 사라진다고 최제우는 가르쳤다.

지식인들이 준비한 대항이데올로기이기도 한 『정감록』의 핵심어는 바로 '궁궁
을을(弓弓乙乙)' 또는 '궁을'에 있다. 궁을(弓乙)은 동학의 경서에도 언급되었으
며, 궁을이라 쓰인 부적을 불살라 동학군들이 먹고 다음날 전주성을 함락시켰
다는 기록도 있다[60]. 앞서 김지하가 〈검결〉을 궁궁을을의 형상을 갖춘 것으로
본 것은 바로 이 『정감록』이 동학창제와 〈검결〉과 검무의식에 깊이 관련하고
있음을 시사한다 하겠다.

성균관 관장인 최근덕은 〈용담검무〉에 담긴 정신과 영향에 대해 다음과 같
이 말했다.

> 이 세상에는 목검으로 춤을 추는 예술이 더러 있기는 하나 이 〈용담검무〉는 그
> 와는 차원이 다르다고 생각합니다. 〈용담검무〉는 인간 내면의 기운과 외면의 기교
> 가 일치를 이루어 하나의 기운으로 승화되어 비로소 조화로운 동작이 나타나게 되
> 고 이 조화로운 동작의 연속이 곧 우주의 기운과 맞닿아 천지 기운을 운용하게 되며
> 마침내 천인합일의 경지에 이르게 되는 것입니다. 다시 말씀 드리면 천인합일의
> 예술이요, 신인합일의 무술이라고 할 수 있습니다. 〈용담검무〉에 담긴 수운선생의
> 정신은 어렵게 헤매면서 가련하게 살고 있던 창생을 구제하시어 이 나라를 보위하
> 시겠다는 구도 정신과도 일맥상통한 것이었으며 마침내 무극대도를 위하여 내 한
> 목숨을 초개같이 버리는 숭고함으로 나타나기도 하였습니다.[61]

즉, 인간의 심신과 우주의 기운의 일치를 통한 고도의 심신수련을 특징으로
하는 〈용담검무〉는 동귀일체[62]를 지향하는 동학의 정신을 잘 표현한 무예라는
것이다. 각자위심이 극에 달하여 집단적 이기주의가 분출하던 시기상황에서
동귀일체를 통해 성하는 길을 찾고, 각자위심은 쇠하는 길이라는 것을 깨달은
최제우는 이러한 비법을 춤을 통해 표출했다. 때문에 〈용담검무〉는 분열과 대
결을 청산하고 동귀일체의 새로운 세상을 열어가려는 열망을 담고 있던 춤이라

---

60 [커버스토리] 대한민국 대표 예언서 ① 정감록, 『경향신문』 2009. 2. 23.
61 《용천검 날랜칼은 일월을 희롱하고》 팸플릿, 용담검무보존회·(사)한국검예도협회, 2003, 6쪽.
62 인간(人間)의 정신적(精神的) 결합(結合). 곧 사람이 '한울님'의 큰 정신(精神)에 하나로 합치면
   '내 마음이 곧 네 마음이라'는 지경(地境)에 이르게 되어 세상(世上)의 모든 악(惡)한 다툼과 분열
   (分裂)이 없어지고 한결 같은 정신(精神)으로 통일(統一)되어 한 신체(身體)가 한 생명(生命)에
   결합(結合)되는 현상(現象).

할 수 있다.

특히 〈용담검무〉에서 목검을 사용하는 것은 벽사진경의 의미로서 서쪽의 금(金)을 치려면 동쪽의 우리는 목(木)으로 맞서야 한다는 것으로, 최제우는 한울님의 계시로 지어진 가사와 그 체험을 통한 희열을 춤으로 분출해 낸 것이다. 윤석산(2004)은 이 춤이 서양의 침략을 막기 위한 수련의 기능을 지닌 춤이라 했지만 이와 더불어 강신검무라는 종교적 기능에 대해서도 이해되고 연구되어져야 할 필요가 있다. 왜냐하면 창작된 춤이나 자연스런 욕구에 의한 춤이 아니라 강신검무는 신이 내려 계시를 받고 춤추는 자의 의지와는 다른 차원에서 이루어진다는 점을 간과해서는 안 될 것이기 때문이다.

민족사적인 맥락에서 낡은 사회를 바로잡고 새 세상을 만든다는 민중의 열망이 담긴 〈용담검무〉는 우리 민족 고유의 검무 전통이 최후까지 그 위력을 떨치던 바로 그 대간(大幹)이었으며, 〈검결〉과 더불어 양기수련 및 제의적 의식과 변혁의 의지를 담고 있던 〈용담검무〉 전통의 단절은 서세동점(西勢東漸)[63]의 절정을 보여주는 것이라는 지적이 점차 공감대를 형성하고 있다.

예로부터 우리 민족은 악(樂), 가(歌), 무(舞), 무(武), 예(藝)를 낱낱으로 쪼개어서 생각한 것이 아니라 이들을 하나로 승화시켜 구현하였다. 그러나 우리의 검무 전통은 오랜 세월을 거치면서 본질적 측면보다는 예술성을 앞세우면서 연락적인 춤으로 변형되어지는 가운데 본래의 검무 전통은 단절되고 말았다. 이를 부활시킨 것이 민족 고유의 신앙, 사상과 더불어 동학을 창도한 수운 최제우였다. 그러나 그의 검무 역시 그의 순도와 함께 역사 속으로 묻히고 말았으니 안타깝기 그지없다. 무예를 익힌 사람들과 이에 관심있는 학자들이 뜻을 모아 〈용담검무〉의 궁극적인 원형을 복원하여 그 속에 담긴 정신을 알린다면 민족 전통문화의 새로운 장을 열 날은 멀지 않으리라 생각된다.

---

63 한자어 그대로 하면 서양의 세력이 동쪽으로 점점 옮겨진다는 뜻으로, 결국 서양이 동양을 지배한다는 의미를 담고 있다. 밀려드는 외세와 열경을 의미하기도 한다.

5. 결론 및 제언

얼마 전 TV드라마로 사극 '동이'가 인기를 끌었던 적 있다. 필자 역시 너무
나 흥미롭게 본 드라마였다. 드라마의 전개 속에는 '검계[64]'라는 조직이 주인공
의 출생과 성장과정에서 중요한 배경으로 등장한다. 드라마에서의 '검계'는 본
래의 의미보다는 천민인 자신들을 스스로 지키기 위해 조직된 비밀결사조직으
로 설정되었다. 드라마에서 각색된 '검계'를 생각하면 동학의 최제우가 연상된
다. 물론 자신들 스스로를 지키기 위해 조직되었다는 점과 평등사상을 외치며
후천개벽을 부르짖은 최제우의 사상적인 면과는 큰 차이를 보이지만 생계를
유지하기 힘들었던 당시의 시대적 배경 속에서 민초들이 살기 위해 자생적으로
꾸린 조직이라는 점에서 상통하는 부분이 있을 듯하다.

본 연구는 아직 공인된 복원작업이 끝나지 않은 〈용담검무〉를 대상으로 〈검
결〉, 즉 칼노래를 통해 〈용담검무〉의 창제배경과 정신 및 표출양상, 그리고 그
기능에 초점을 맞춰 연구한 것으로, 많은 한계성을 드러냄을 인정할 수 밖에
없다. 몇 편 안되는 문헌에만 의존해야 했지만 그나마 다행인 것은 한두레가
발표했던 〈칼노래 칼춤〉이나 장효선이 작업한 〈용담검무〉를 참고로 고찰할 수
있었다는 것이다. 그 속에서나마 나름 〈용담검무〉가 어떤 정신을 표출한 춤이
며, 어떤 형태로 추어졌을지를 유추할 수 있었으며, 당시 얼마만한 규모로 일
어났고, 그것이 위정자들에게 어느 정도 위협적으로 다가갔는지 고찰할 수 있
었다. 이를 정리하면 다음과 같다.

1. 지배층의 착취로 농촌경제가 파탄에 이르고 자본주의 열강의 침략에 대한
위기의식이 고조되면서 서구열강의 중국 침략 등 외세에 대한 위기감과 서학에
대한 반감이 커짐은 물론이요 자연재해와 전염병이 주기적으로 반복되는 가운

---

[64] 검계(劍契)는 조선 후기의 폭력 조직으로, 원래 장례 비용을 충당할 목적으로 결성한 향도계(香徒
契)에서 비롯한 비밀 조직이었다. 살략계(殺掠契) 또는 홍동계(鬨動契) 등으로 불렸다. 노비가
주인을 죽이려고 맺은 조직인 살주계(殺主契)와 비슷한 시기에 나타난 반양반 조직이기 때문에
함께 거론하는 때가 많으나, 서로 다른 조직으로 본다. 정석종은 『조선후기 사회변도 연구』(일조
각, 1983, 22~29쪽)에서 조선 시대의 민중 저항운동 세력이라고 보고 있으나, 대개는 단순한
반양반 세력이라고 본다.

데 농민들의 삶은 피폐해지고 도탄에 빠진 백성들은 각지에서 봉기를 일으키며 사회불안이 확산되고 있던 시대적 상황 속에서 『정감록(鄭鑑錄)』같은 예언서가 널리 유포되고 미륵신앙, 도참사상 등 다양한 형태의 반봉건적 민중사상이 확산되고 있었다. 이러한 때에 서자로 태어난 최제우는 20세가 되기도 전에 사회적 문제에 대한 고민 끝에 세상을 구할 도를 찾아 출가를 하여 20여년 만에 동학을 창시하고 그 이듬해인 1861년 하늘의 계시를 받아 〈검결〉을 짓고 그 기쁨을 목검을 들고 표출함으로써 〈용담검무〉를 세상에 내놓게 되었다.

2. 최제우는 당시의 시대적 혼란과 위기의 중요한 요인은 각자위심(各自爲心)의 타락한 이기주의적 성향의 팽배에 있다고 보았다. 때문에 정신의 개벽을 위한 용단과 결단이 필요하며 그러한 의미에서 "용천검"을 들되 그 칼은 사람을 죽이기 위한 것이 아닌 살리는 검이었으며, 그 춤은 화해와 조화의 정신을 추구하는 것이었다. 그러한 의미에서 검무에 남아있던 기상은 민족 고유의 풍류도인 현묘지도(玄妙之道)와 닿아있었다. 즉, 〈용담검무〉는 쇠약해진 국운을 뒤집어 원시반본(原始返本)의 원리를 지니며 우리 민족 고유의 사상 및 종교체계인 현묘지도의 근대적 계승으로, 그것은 동학의 정신과 기운 속에서 춤추어진 것이다. 노래 〈검결〉이 기일원론(氣一元論), 후천개벽사상, 인내천사상을 내세우며 새로운 세상을 지향한 노래라면, 그 '시대적 변혁 의지'와 '종교적 정신의 희열'은 〈용담검무〉로 형상화되었다고 할 수 있다.

3. 〈용담검무〉는 서양의 학문을 음으로 보고 동학을 양으로 보는 동양의 전통적인 음양사상에 따라 당시 서양 오랑캐가 출몰하면 주문과 칼춤으로써 적을 물리치고 나라와 백성을 보존한다는 반외세 혁명사상을 반영하고 있던 춤이다. 〈검결〉과 검무의식은 종교적 제의로서 뿐 아니라 교도들이 많이 모인 대중집회에서도 공공연히 거행되었는데, 동학의 의식 뒤에 행해진 이 노래와 춤이 최제우를 처형한 가장 핵심적인 사유가 된 점이라든가, 후대 동학이나 천도교에서 한동안 이러한 사실을 뒷전으로 돌리려고 한 점은 〈검결〉과 검무가 그만큼 전투적이며 반체제적 혁명성을 지니고 있음을 증명한다. 이를 통해 〈용담검무〉는 상무적, 제의적 행위로서 뿐 아니라 나아가 정치운동의 한 표출형태로

기능했다고 할 수 있을 것이다.

동학교도들이 몸을 닦고 주문을 외우고 약을 먹으면서 칼노래를 부르며 칼춤을 추는 동학의 종교의식이자 수련방식 가운데 하나였던 〈용담검무〉는 역사의 운명과 동떨어져 있지 않다. 관변기록을 보면, 검무는 매월 초하루와 보름에 돼지를 잡고 과일을 마련해서 깨끗하고 조용한 산에 들어가 단을 모으고 하늘에 제사를 드리는 가운데 행했다고 한다. 주문을 외어 강신(降神)을 청해 황홀경에 들면, 나무칼을 잡고 무릎을 꿇고 앉아 있다가 일어나서 칼춤을 추는데 하늘에 한 길 남짓 솟아 한참을 머물렀다 내려온다는 것이다. 최제우 스스로도 밝혔듯이 이 의식은 한울님의 도움을 받아 서양 오랑캐를 제압하기 위한 하나의 방책으로 행해진 상무적이며 제의적인 춤이자 강신무적 성격을 띄고 있었다고 하겠다.

그러면 〈용담검무〉는 종교의식이나 수련을 위해 추어졌을 뿐 포교를 위해서는 수행되지 않았는가? 아니다. 그렇지 않았을 것이다. 우리는 말보다 행위에 직접 마음을 끌리게 되는 게 순리이다. 동학의 교도가 아니더라도 새 세상을 꿈꾼 민중들에게 이 춤은 하나의 희망의 표출로 다가갔을 것이다. 〈용담검무〉에서 사용된 검은 고양된 정신의 상징이자 새 시대를 열어내는 몸짓을 담고 있었다. 어찌 도탄과 절망에 빠진 민초들의 삶에 영향을 끼치지 않을 수 있었겠는가.

아직 〈용담검무〉의 원형이 복원되었다고 할 수 있는 단계는 아니다. 그렇다면 최제우가 〈검결〉과 〈용담검무〉를 추기 전에 이미 어려서부터 무(武)를 갖추고 있었다는 점은 당시의 다른 무예들과의 관련성에 대해 시사하는 바가 크다. 최제우의 검무가 창제되기 전후의 시기에 추어졌던 민족무예는 분명 〈용담검무〉의 원형적 성질을 내포하고 있거나 맥이 닿아있을 수 있다. 때문에 당시의 무예기법들에 대한 고찰과 조사를 통해서 얼마든지 〈용담검무〉의 원형을 복원하는 작업을 시도해 볼 수 있을 것이며, 또한 그가 창시한 동학의 정신을 알기 위해서는 『정감록』에 대한 연구 역시 등한시 할 수 없다. 왜냐하면 그 책에 쓰인 핵심 내용들 가운데 일부가 최제우가 창시한 동학에서도 발견되기 때문이다. 이에 전통무예와 『정감록』을 고찰함으로서 〈용담검무〉를 복원하는 작업은 우리 무용가들만이 아니라 무예인들에게도 앞으로 풀어나가야 할 중요한 과제가 될 것이며, 민중사 속에 묻혀져 사라질 수도 있던 민족춤으로서의 〈용담검무〉에 대한 연구는 새로운 검무를 역사에 기록하는 가치 있는 일이 될 것이다.

이 논문은 『한국무용사학』 제12호 (한국무용사학회, 2011)에 게재되었다.

북한의 칼춤과 최승희 춤

그 전승과 변화

김채원

1. 서론

　2015년 10월 10일 북한의 대규모 열병식에서 여군들이 선보인 '칼춤'이 화제가 된 바 있다. 물론 이전에도 집단체조나 주요행사 때 긴 칼을 들고 나온 여군들이 열을 맞춰 칼놀림을 하며 움직이는 모습을 볼 수 있었으나 김정은 시대에 들어 펼쳐지는 '칼춤'만큼 화제가 된 적은 없었다. 아마도 김정은 국방위원장의 행보에 세상의 이목이 끌리는 만큼 그가 좋아하는 '칼춤'이라고 해서 여러 매스미디어를 통해 소개되었기 때문일 것이다. 북한의 여군들이 보여주는 '칼춤'은 무용기법을 살린 춤이라기보다는 취주악대의 기교적인 율동인 것이다. 이 춤을 누가 언제부터 '칼춤'이라고 명명했는지는 확인해 볼 필요가 있겠으나 본래 군사무용으로 출발한 칼춤의 역사성을 고려한다면 열병식에서의 '칼춤'은 전혀 이상할 것도 특별할 것도 없는 것이다.

　칼춤의 한자어 표기인 검무는 7세기 신라시대에 관창 혹은 황창의 죽음을 기리는 제사 의식에서 추어지다가 무장춤의 하나로 성행하였고, 그 후 상무적 기풍이 점차 쇠퇴하면서 대중속에 보급되지 못하고 조선시대에 와서는 주로 예기(藝妓)들에 의해 무대예술형식의 춤으로 변화된 춤이다. 한국 고유의 전통성과 예술성을 계승한 현존하는 민속춤 중에서 그 역사가 가장 오래된 춤의 하나이다.

　『東京雜記』의 「風俗條」·「官昌條」와 『文獻備考』의 「黃昌朗」·「舞條」의 기록에 의하면, 검무는 가면무의 일종으로 고려말까지는 가면을 쓰고 추었던 것

으로 추정된다. 또한 조선 영조 때에는 외연(外宴)에서만 추어졌던 〈첨수무〉와
내연(內宴)에서만 추어졌던 〈공막무〉가 있었다.

중세 봉건사회의 의식과 행사치레에서 칼춤은 2인무, 4인무로 추어졌으며
다른 무용들에 비해 뛰어난 자리를 차지하고 있었다고 한다. 조선시대 궁중에
서 실시되었던 연행을 보여주는『진찬의궤』·『진연의궤』에 칼춤의 그림이 포함
되어 있으며, 행사 때 추던 무용종목에 칼춤이 늘 포함된 것은 바로 칼춤이 당
시에 훌륭한 예술무용, 행사용 무용이었음을 증명하는 것이다.

현재 남한에는 궁중에서 추어진 검기무와 관찰사에서 연행된 통영검무, 진
주검무, 평양검무 등이 복원, 계승되고 있으나 북한에서는 근대시기 이후에 전
통을 바탕으로 재창조한 검무만이 연행되고 있다. 이에 본고에서는 북한에서
발행한 무용관련서적과 시청각자료를 근거로 북한에서 연행되고 있는 검무에
대해 무용움직임을 중심으로 고찰하고자 한다.

북한의 춤에서 검무는 칼쓰기를 연마하기 위한 무술훈련에서 유래되어 여러
가지 형식으로 발전한 민속무용의 하나로 규정되어 있으며, 긴칼을 들고 추는
〈장검무〉, 두 손에 칼을 들고 추는 〈쌍검무〉, 가면을 쓰고 추는 〈가면 검무〉,
자루목이 꺾어진 짧은 칼을 돌리며 추는 〈칼춤〉, 그리고 평안남도 통덕리에서
추어졌다고 전하는 〈통덕진 출진무〉 등이 있다. 이 가운데 오늘날까지 연행되
는 춤은 〈칼춤〉과 〈장검무〉이며, 북한춤의 체계확립에 큰 공적을 남긴 최승희
의 〈검무〉, 〈장검무〉 등 월북이전에 창작한 춤과 월북 이후에 창작한 무용극
〈사도성의 이야기〉에 나오는 〈무사춤〉과 〈출진무〉[1]에서 검무의 무대예술로서
의 시작을 엿볼 수 있다.

〈무사춤〉과 〈출진무〉는 〈통덕진 출진무〉와 그 성격이 유사한 춤으로, 통덕
진은 고려시기 무사들의 훈련장이 있던 곳이며, 이 춤은 탈춤과 창칼춤, 3지령
춤, 환송춤으로 구성되었고, 무사들이 전쟁터에 나갈 때 인민들의 환송을 받으
면서 그들과 어울려 춤을 춘데서 시작되었다고 한다.[2]

---

1 〈무사춤〉이나 〈출진무〉는 공식적인 작품명칭이 아니며, 필자가 박사학위논문「崔承喜硏究＝北
   朝鮮での舞踊活動を中心に」(お茶の水女子大學博士論文, 2003)에서 작품분석을 위해 표기한 것
   으로, 『최승희무용극대본집』(1958)에서의 표기를 참고하여 작성하였다.
2 조선의 민속전통 편찬위원회, 『조선의 민속전통6』, 과학백과사전종합출판사, 1995, 301쪽.

이처럼 여러 유형과 성격의 칼춤이 기록상으로는 존재하나 본 연구에서 다루는 북한의 검무고찰은 현재 북한에서 추어지고 있는 〈칼춤〉과 〈장검무〉, 〈무사춤〉과 최승희의 〈사도성의 이야기〉에서의 〈검무〉, 〈장검무〉, 〈출진무〉[3]를 대상으로 중심동작과 구성의 특징을 중심으로 살펴보았다. 이를 통해 오늘날의 북한춤이 민속의 재발굴 및 재창조에 있어서 그 토대를 최승희가 창조한 춤에 근저하고 있음을 밝히고자 했다.

2. 검무의 유래에 관한 문헌적 고찰

북한에서는 기본적으로 짧은 칼을 들고 추는 춤을 "검무"라는 용어보다는 "칼춤"이라는 용어를 사용하며 긴 칼의 경우는 "장검무"라고 사용한다. 물론 1948년 미소공동위대표단회의 축하공연 팸플릿을 보면 최승희무용연구소에서 안성희, 최옥명, 강옥채, 이옥순 등의 4명에 의한 〈검무〉가 프로그램에 표기되어 있으며, 최승희의 『무용극대본집』에서도 "검무" "장검"이라고 기술하고 있는 것으로 보아, 적어도 1960년대 이전에는 "검무"라는 용어가 혼용되어 사용된 것으로 추정되지만 이후의 무용관련 자료에서는 "검무"라는 용어를 사용하고 있지 않다.

북한에서 칼춤은 전투적이면서도 기교동작이 풍부한 춤으로, 여러 문헌을 통해 조선시대 실학자이며 문필가로 이름난 정약용의 〈舞劍篇贈美人〉[4]이라는 시를 빌어 검무의 역사성과 성격을 밝히고 있다.

> 신호와 함께 음악이 울리니
> 온 좌석은 물결처럼 잔잔하다.
> 진주성 안 고운 여인 꽃같은 그 얼굴에
> 군복으로 단장하니 남자맵시 의젓하네.

---

3 무용영화화 된 〈사도성의 이야기〉에서 구성된 〈칼춤〉은 2분15초, 〈장검무〉는 3분, 〈출진무〉는 1분 20초가 영상에 담겨 있어 이를 대상으로 고찰했다.

4 북한의 문헌에서는 원문을 그대로 표기하지 않고 이를 해석한 〈칼춤〉으로 표기하고 있다.

보랏빛 쾌자에 푸른색 전립 눌러쓰고
자리에 나와 절하고 일어선다.
사뿐사뿐 걷는 걸음 박자소리 맞춰가며
쓸쓸히 물러가다 반가운 듯 돌아오네.
나는 선녀처럼 살짝 내려앉으니
외씨같은 버선발이 곱고도 고을시구.
한참 몸을 기울였다 불쑥 일어서면서
열손가락을 뒤번뜩거리니 뜬 구름과도 같구나.
한 칼은 땅에 두고 한 칼은 들어 휘두르니
푸른 살뱀이 휘휘청청 가슴을 휘감은 듯
홀연히 두칼 잡고 소스라쳐 일어선다.
사람은 보이지 않고 구름만 좌우쭉
이리저리 휘둘러도 칼끝 닿지 않는구나.
치고 찌르고 뒤로 굴러 보기에 소름끼친다.
회오리바람 소낙비가 빈 골짝을 울리는 듯
번개칼 서리발이 온 공중에 번쩍인다.
놀란 기러기처럼 안을 듯이 날아간다.
성난 보라매인 양 감돌아 노려본다.
덩그렁 칼을 놓고 사뿐히 돌아서니
호리호리한 가는 허리 의연히 한줌일세.
신라의 여인춤은 뛰어난 춤이라
'황창무' 옛 수법이 지금껏 전하누나.
칼을 배워 성공한 사람 백에 하나 어렵거던
몸매만 느리여도 재간없어 못한다네.
너 이제 젊은 나이 묘한 재주 가졌으니
여중호걸이란 너 아니고 누구이랴
이 세상 몇 사나이 너로 하여 애태웠더냐
때때로 선들바람이 장막 안에 불어든다네.[5]

시의 내용으로 보면, 남한에서는 교방계열의 검무를 설명하는 자료로 활용

---

5 김선영, 『조선무용사연구』, 사회과학출판사, 2010, 251~252쪽.

되지만 북한에서는 여러 문헌을 통해 무사적인 성격을 강조하기 위한 의도로 인용되고 있다.

중세의 독특한 민속무용으로 다른 민속놀이와도 배합되어 민중 속에서 널리 추어졌다는 〈칼춤〉은 특히 함경남도 단천지방의 민속놀이이자 민속무용이기도 한 마당놀이에서 추어진 중요한 춤놀이 가운데 하나이기도 했다. 마당놀이에서는 어린 사내애들에게 재주를 가르치고 그들을 잘 단장시켜 이 칼춤을 추게 했다. 동해안 지방에서는 민속놀이 〈돈돌라리〉를 출때 칼춤을 배합하여 추기도 했다. 어떤 지방에서는 농악무를 출때 칼춤을 병행하기도 했다고 한다.[6]

또한 북한에서는 〈칼춤〉의 역사적 원형을 여러 문헌을 통해 고구려 무덤의 벽화에 있는 그림들과 7세기경에 발생했으리라 짐작되는 가면검무를 언급하고 있다. 그러나 안악3호무덤의 벽화를 근거로 〈황창무〉가 7세기에 생겨난 칼춤인데 비해 고구려의 〈칼춤〉은 4세기 이전에 있었던 춤이기 때문에 검을 들고 추는 칼춤의 뿌리는 4세기 이전으로 봐야한다고 주장하는 것이 『조선민속무용』(1991), 『우리나라 민속무용』(1991), 『조선의 민속전통』(1995), 『조선무용사연구』(2010) 등에서 기록하고 있는 공식적 견해이다.

고구려의 〈칼춤〉은 긴 칼을 들고 추는 무사들의 춤이다. 그것은 고구려인들의 일상적인 무술훈련과 검술훈련이 반영된 것으로, 팔청리무덤벽화와 안악제3호 무덤에 반영된 행렬도에 그려진 무사들의 모습을 통해 고구려 사람들의 애국적 기개와 기상을 느낄 수 있으며, 고구려 사람들이 무술을 얼마나 중요시했는가를 짐작할 수 있다고 기록하고 있다.[7]

또한 임진왜란 때는 왜적을 물리친 승전마당에서 군사들이 〈장검무〉를 추었으며, 그것은 박인로(朴仁老, 1561~1642)가 지은 가사 〈태평사〉의 구절에서 잘 묘사되어 있다고 전한다.

> 서리발같은 긴 칼을 홍겨웁게 둘러메고
> 얼굴을 번쩍 들어 춤을 추며 일어서니

---

6 박종성, 『조선민속무용』, 문예출판사, 1991, 105쪽.
7 박종성, 『조선민속무용』, 문예출판사, 1991, 11~12쪽.

눈부신 칼빛이 하늘중천에 번쩍인다.
너울너울 춤을 추니 즐거움이 절로 나고
환희에 찬 노래 그칠 줄을 몰라라[8]

이 가사는 왜적을 물리친 승전마당에서 무사들이 춤을 췄다는 검무에 대한 묘사이며 긴 칼을 휘두르며 박력있게 추는 춤이 당시에 널리 추어졌다는 반증이라고 기술하고 있다.

반면 짧은 검을 사용하는 〈칼춤〉 역시 고구려의 전투적인 칼춤의 전통을 이은 것으로, 전기 신라때 유행한 〈황창무〉의 영향도 받은 것으로 파악하고 있다. 그것은 〈황창무〉가 지닌 호탕하고 힘있는 율동과 실전과도 같은 칼싸움 수법이 잘 보존된 데서 그 근거를 찾고 있다. 이리하여 군사훈련무용으로 기능했던 칼춤은 점차 민간으로 퍼지고 궁중으로 흘러들어가 여러 형식으로 다양하게 추어졌으며, 조선시기에서 근대로 이어진 〈검기무〉와 〈공막무〉 등은 궁중과 민간에서 널리 추어진 짧은 칼춤으로 그 예술화는 19세기부터로 예기들에 의해 좀더 세련되고 기교적인 춤으로 발전하였다.

이처럼 오랜 역사성을 지니는 〈칼춤〉은 무사들의 생활과 밀접한 관련 속에서 나온 춤이기 때문에 전투적이면서도 무술기법이 반영된 기교동작이 풍부한 춤이며, 상무적인 생활의 시각조형적인 모습이 생동하게 반영되어 있고 고구려인민들의 애국주의가 움직임으로 형상화된 춤이다. 바로 이러한 고래의 전통적 형식에 현대적 미감을 가미시켜 오늘의 〈칼춤〉으로 재구성한 것이 오늘날 북한을 대표하는 민속무용의 하나로 추어지는 〈칼춤〉인 것이다. 해방후부터 1950년까지의 정치, 경제, 문화사를 정리하여 기록한 『조선전사24』에는 이 시기에 〈칼춤〉을 비롯한 여러 지방의 고유한 민속무용들을 발굴하여 현대적 미감에 맞게 창작했다고 기재하고 있다.[9]

다시 말해, 본래 군사무용으로 출발한 〈칼춤〉은 오랜 역사과정을 거치면서 그 상무적, 전투적 성격은 사라지고 여기(女妓)들에 의한 춤으로 전승되었으나, 사회주의조국건설에서 제기되는 여러 문예방침에 의거하여 군사무용으로서의

---

8 김선영, 『조선무용사연구』, 사회과학출판사, 2010, 250쪽.
9 사회과학원 역사연구소, 『조선전사24』, 과학백과사전출판사, 1981, 445쪽.

성격을 회복하면서 해당시기 조선인민의 정서에 맞는 현대적이며 민족적인 춤으로 무대화된 것이다. 따라서 〈칼춤〉은 맹렬하게 벌어지는 칼싸움 동작들, 번뜩이는 칼날, 율동적인 쇠소리 등으로 적과의 조우전(遭遇戰)이나 승리의 개가(凱歌)를 울리는 내용들을 표현하는 전통화된 창작춤의 모습을 갖추게 되었다.

오늘날 예술무용으로서의 북한의 〈칼춤〉은 외래 침략자들로부터 나라를 보호하기 위한 인민들의 투쟁모습, 그들의 슬기와 용맹을 잘 보여주고 있는 것을 특징으로 하며 전투적 기백이 흘러넘치는 춤으로 해석하여 민속무용 가운데서도 전투생활무용[10]으로 분류하여 계승하고 있다.

3. 북한의 검무

사진 1. 군무 〈칼춤〉

우리에게 북한의 〈칼춤〉으로 널리 알려진 춤은 1984년 피바다가극단에서 현대적으로 창작한 여성군무작품이다 〈사진 1〉. 사랑하는 고향땅을 지켜내기 위한 여인들의 검술을 연마하는 모습을 통해 애국적 기개를 보여주는 춤이다. 음악은 관현악구성으로 안땅장단과 휘모리장단을 기본으로 민족적 정서가 짙은 강한 선율을 펼쳐내며, 의상은 지방마다 차이는 있으나 기본적으로 색전립에 남색 또는 적색 쾌자를 입고 가슴에 각띠를 두르는 것으로 정하고 있다.

〈칼춤〉은 3부 구성으로 석양이 질 무렵, 성벽 아래의 훈련장으로 나가는 여인들의 늠름한 모습으로 시작한다. 이전시기의 〈칼춤〉이 타령장단을 기본으로 했다면, 현행 〈칼춤〉은 "느린 염불장단부터 시작하여 타령으로 넘어가던 지루한 춤구성을 새롭게 재구성"[11]한 것으로 비장한 분위기의 느린 서정적인 음악에

---

10 북한에서 민속무용은 노동생활무용, 전투생활무용, 세태생활무용, 민간탈춤, 재창작된 민속무용으로 분류하고 있으며, 이 가운데 〈칼춤〉, 〈통덕진 출진무〉 등은 무술훈련과 군사무용으로 전투생활무용에 포함하고 있다.

맞춰 일렬 횡대로 등장하여 무대 가운데서 역삼각형 대형으로 서서 안땅장단에 맞춰 춤을 추기 시작한다. 시간의 흐름에 따라 점점 빠른 템포로 몰아간 후 휘모리장단에 맞춰 움직임은 더욱 빠르게 칼을 돌리면서 여러 방향으로 팔놀림을 펼치다가 절도있게 춤을 맺는다. 휘모리장단에서는 전체가 병풍처럼 반원대형을 하면 중앙에서 2인과 4인이 순차대로 접전하는 쌍무를 전개하기도 하고, 원대형으로 칼 엇바꿔돌리며 연풍대를 빠르게 진행하기도 하며, 절정부에서는 4열 대각선으로 서서 최후의 결전장면을 형상하듯 전진과 후퇴의 움직임을 반복하는 구성으로 이루어진다. 이처럼 반원대형, 원형대형에서 펼쳐지는 움직임의 전개구성은 북한의 무용소품에서 일괄적으로 구현되는 특징의 하나로 꼽을 수 있다.

〈칼춤〉에서는 여러 가지 기술적인 칼쓰기 동작이 펼쳐지는데, 적을 향해 돌진하듯 두 칼날을 세우고 좌우로 흔들며 나가는 동작, 적의 칼날을 막아내듯 비껴 선 자세에서 한 팔을 앞으로 높이 들고 칼날을 휘돌리는 동작 등 날렵한 칼놀림 기교가 화려하게 이어진다. 이 작품은 단지 칼놀림 동작과 기교를 보여주던 과거의 작품과는 달리 인민의 애국적 기개와 슬기를 움직임으로 표출해냄으로써 우수한 민족무용유산의 하나로 자리매김 되었으며[12], 2012년 이후에는 북한의 비물질문화유산의 하나로 지정되어 계승되고 있다.[13]

『우리나라 민속무용』의 기록을 토대로 주요동작을 되짚어보면[14], 두 팔을 옆으로 벌린 자세에서 칼날을 밖으로 돌리며 머물러걷기를 하는 동작, 비껴 선 자세에서 한 팔은 앞으로 다른 팔은 뒤로 약간 올리고 앞뒤로 전주르기[15] 걷기를 하면서 칼을 엇바꾸어 돌리는 동작, 어깨위에 얹었던 두 칼을 앞으로 내밀며

---

11 조선의 민속전통 편찬위, 『조선의 민속전통6』, 과학백과사전종합출판사, 1995, 349쪽.

12 리순정, 『우리나라 민속무용』, 예술교육출판사, 1991, 140쪽.

13 2012년 제정된 북한의 「문화유산보호법」에 따르면, 북한의 문화재는 물질문화유산, 비물질문화유산, 자연유산으로 분류되며, 비물질문화유산은 남한의 무형문화재에 해당한다. 북한이 무형유산으로 지정한 무용은 2017년 조사까지를 토대로 보면, 강령탈춤, 농악, 돈돌라리, 법고춤, 봉산탈춤, 북청사자탈놀이, 사승무, 칼춤, 팔목춤, 해주탈춤과 은율탈춤이다.

14 리순정, 『우리나라 민속무용』, 예술교육출판사, 1991, 138~139쪽.

15 하나에 오른발을 앞으로 내딛으며 몸중심이동하고 둘에 왼발을 앞으로 내딛으며 몸중심이동, 셋에 오른발로 몸중심이동하고 넷에 왼발로 중심이동한다. 이를 다시한번 반복한 후 셋넷에 오른발을 앞으로 곱디디어걷기를 한다. 다음엔 왼발부터 시작한다.

밖으로 돌렸다가 겨드랑이 밑으로 끼는 동작, 한 칼씩 돌리며 반대쪽 겨드랑이 밑에 끼는 동작, 반돌아나가며 앉았다 일어나 곱디뎌걷기를 하면서 어깨 위에 얹은 칼을 하나씩 좌우의 겨드랑이 밑으로 끼는 연풍대동작, 허리젖히며 앉았다 일어나 곱디디며 걷기를 꼽는다.

한편, 긴 칼을 들고 추는 〈장검무〉는 〈칼춤〉처럼 세분화된 기교적인 동작들보다는 검을 든 팔을 크게 쓰면서 비장한 감정선이 드러나게 느낌을 살리는데 중점이 놓여있다.

우선 독무로 추어지는 〈장검무〉〈사진 2〉는 여성무용수가 담당을 하며, 대체로 무용극에 삽입되어 추어진다.[16] 2011년 재현된 무용극 〈사도성의 이야기〉나 1997년 발표된 민속무용조곡 〈평양성사람들〉에서 그 모습을 확인할 수 있으며, 의상은 고구려시기의 복식

사진 2. 〈사도성의 이야기〉(2011)중에서

을 착용하고 전투에 임하는 결의와 애국의 심정을 담아내고 있다.

재현무용극 〈사도성의 이야기〉의 경우, 독무 〈장검무〉는 빠르고 격렬하게 동작이 전개되며 양손에 장검을 들고 허공을 가르면서 원대형으로 회전하는 동작을 통해 전의를 불태우는 심정으로 절정을 끌어낸다. 빠른 제자리돌기를 하거나 원대형으로 빠르게 회전하며 이동하는 동작구성은 북한의 무용소품 가운데 독무작품에 반드시 삽입되는 구성으로, 관객의 박수와 공감를 끌어내기 위한 볼거리이자 무용구성상의 하나의 원칙처럼 고수되고 있다.

군무로서 긴 칼을 들고 추는 춤으로는 〈무사춤〉〈사진 3〉이 있다. 고구려 시기부터 성행한 〈칼춤〉을 현대적으로 재형상한 군사무용으로, 고구려 사람들의 충성심을 역동적으로 그려낸 작품이다. 〈무사춤〉의 구성은 세 부분으로 나뉜다. 첫 부분은 고구려 무사 3 명이 북을 힘차게 두드리며 신호를 보내면 여러 명의

---

16 재일조선인무용연구가 박정순(전 조선대학교수)씨나 조선무용가 정진미씨에 의하면, 조선무용 작품 중에 독무로 추어지는 〈장검무〉는 중앙의 예술단체에서 무용극 이외에 단독으로 추어지는 걸 본 적은 없으며, 다만 개별적인 활동을 벌이는 무용가들이 개인발표에서 추는걸 본적은 있는 듯 하다고 했다.

무사들이 훈련장으로 달려나와 외적의
침략에도 굽히지 않을 불굴의 기상을
보여주는 춤을 춘다. 둘째 부분은 조국
산천을 짓밟는 적들을 몰아내기 위해
영광스런 전장에 나서는 칼춤을 보여주
며, 마지막 부분은 진격의 춤을 춘다.
이때 마치 말을 타고 달리듯이 말고삐
를 힘있게 잡아채는 동작과 칼을 휘두
르며 출전하는 기상을 보여준다.[17]

사진 3. 〈조선의 민속놀이〉 중에서 〈무사춤〉

때문에 〈무사춤〉은 고구려 무사들의 상무적 기풍을 검술동작과 수박춤동작
으로 기백 넘치게 형상화 한 것으로, 특히 주먹춤가락, 칼내려치기, 칼휘돌리
기, 칼돌려 비껴치기 동작 등 남성적인 기교로 춤의 성격을 특색있게 부각시키
고 있다. '조선의 민속놀이'[18] 영상을 분석하면, 〈무사춤〉에 담긴 동작은, 칼을
잡은 손목을 머리 위에서 잘게 돌리면서 말타고 달리는 듯한 동작, 칼을 좌우
방향으로 엇바꿔 돌려서 앞찌르는 동작, 한 다리들어 홉하며 몸방향 바꿔 칼
내려치기 등이 휘모리장단에 맞춰 펼쳐진다.

〈무사춤〉과 유사한 춤인 〈출진무〉 역시 민속무용의 하나이나, 대체로 소품
으로 추어지기보다는 무용극이나 무용조곡, 혹은 조선의 민속놀이를 소개하는
공연에서 연행되고 있다.

북한에서 검을 들고 추는 춤으로는 군무 〈칼춤〉이 제일 많이 주어지고 있고
해외에도 북한의 대표적인 민속춤으로 소개되고 있으며, 남성의 검무로는 군
무로서의 〈무사춤〉이 교수, 공연되고 있다. 물론 〈칼춤〉은 독무로 추어지기도
한다. 인민배우급 무용가의 개인발표회나 무용콩쿨 등에서 볼 수 있으나 예술
단이나 예술소조 등에서 일반적인 공연레퍼토리로 보급, 확산된 것은 아니다.[19]

---

17 조선의 민속전통 편찬위, 『조선의 민속전통6』, 과학백과사전종합출판사, 1995, 348쪽.

18 1980년대 후반으로 추정되는 시기에 진행된 '조선의 민속놀이' 공연실황이 녹화된 것으로, 평양을
   방문한 일본인으로부터 선물 받은 자료이다.

19 재일조선무용이 북한의 무용교육체계와 문예방침에 의거하여 무용문화를 계승하고 있는 점을
   감안하여 볼 때, 재인조선무용가로 인민배우가 된 리미남의 독무공연이나 재일학생무용콩쿨에서
   개인부문의 무용레퍼토리에서 독무 〈칼춤〉을 확인할 수 있다.

표 1. 북한의 검무 고찰결과

북한춤	칼춤	장검무	무사춤
창작년도	1984년 피바다가극단 창작	2011년 재현된 〈사도성의 이야기〉	1980년대 후반
내용	여인들이 사랑하는 고향땅을 지켜내기 위해 검술을 연마하는 모습으로 애국적 기개를 보여주고 있는 춤	전투에 나서는 결의와 애국의 심정을 표현	고구려 무사들의 상무적 기풍을 검술동작과 수박춤동작으로 조국에 대한 충성심을 표현
음악	관현악구성으로 안땅과 휘모리장단을 기본	확인불가	휘모리장단의 민족관현악곡
의상	기본적으로 색전립에 남색 또는 적색 쾌자를 입고 가슴에 각띠를 두르는 것	고구려 시기의 복식	고구려 무사의 갑옷과 투구
주된움직임	머물러걷기로 칼돌리기, 전주르기로 칼 엇바꾸어 돌리기, 칼 끼는 동작, 연풍대동작	빠른 제자리돌기를 하거나 원대형으로 빠르게 회전하며 이동	주먹춤가락, 칼내려치기, 칼휘돌리기, 칼돌려 비껴치기 동작
주요사항	2012년 비물질문화유산으로 지정		조선의 민속놀이로 소개

이렇게 볼 때, 북한의 검무는 문예방침에 의거하여 군무 〈칼춤〉과 〈무사춤〉에 창작적 변화를 가미하면서 계승해 왔다고 볼 수 있다.

4. 최승희 춤에서의 검무

최승희는 조선 전래의 민속이나 전설 및 설화, 그리고 영웅적인 사건 등에서 소재를 구했으며, 주로 생활적인 주제를 기초로 하되 조국이나 민족에 대한 애국정신을 무용극이나 무용소품 등의 다양한 형식에 담아냄으로서 "조선 인민의 사상적, 정서적인 교양을 높이는 역할을 수행"[20]하여 북한의 문예정책을 구현하는데 크게 기여한 무용가이다.

1954년 창작하고 1956년에 영화화된 무용극 〈사도성의 이야기〉는 성주의 딸 금희와 용감한 어부의 아들 순지의 계급을 초월한 순수한 사랑과, 두 사람이

---

20 서만일, 「최승희의 예술과 활동」 1, 『조선예술』 10월호, 문학예술종합출판사, 1957, 65쪽.

이끄는 전사들의 용감한 투쟁으로 왜적의 침략으로부터 절체절명의 위기에 빠진 나라를 지켜낸 인민들의 아름다운 전쟁사를 그리고 있다. 이 작품은 무용극의 음악, 춤의 기술, 무대장치 등에 있어 높이 평가받아 2년 후에는 춤영화로 제작됨으로서 당시의 북한춤계 뿐

사진 4. 〈사도성의 이야기〉(1958)에서 〈장검무〉

아니라 소련을 비롯한 동구세계의 무용계에서도 감동과 파문을 일으켰다.[21]

최승희춤에서 검무의 여러 유형은 바로 이 〈사도성의 이야기〉에 결집되어 있다. 이 작품에는 9명의 무용수에 의한 〈검무〉[22]와 무예실력을 겨루는 칼겨루기, 무사들의 〈출진무〉, 금희로 분한 최승희의 〈장검무〉 등이 나온다. 작품음악은 전통악기와 개량악기로 혼합 구성되었으며, 특히 가야금이 주된 악기로 연주되고 있다. 음악은 가야금산조와 단소산조의 명인이자 남도민요에 능했던 최옥삼이 담당하고 있기 때문에 그의 음악적 성격과 특성이 그대로 반영된 결과로 볼 수 있다.

우선 독무로 추어지는 〈장검무〉〈사진 4〉는 금희로 분한 최승희가 장검을 뽑아들고 다음의 가사에 맞춰 정적인 춤을 춘다.

> 바다건너 외적들이 우리 강토 침범하여
> 인민들을 살해하며 나라 운명 위급하니
> 내 비록 여자이나 일찍이 배운 검술
> 멸적 필승 칼을 뽑아 일사 보국 사양하라.
> 평화로운 금수강산 탐을 내는 도적놈들
> 파도처럼 거센 우리 무서운 줄 몰랐느냐
> 우리 나라 방방곡곡 산천초목 일떠섰고
> 동해바다 푸른물로 분노하여 꾸짖는다.
> 불의 침략 강도들아 네 운명을 네 아느냐?

---

21 최승희, 「형제나라들의 방문공연」, 『조선예술』 3월호, 문학예술종합출판사, 1957, 42~45쪽; 조선중앙통신, 「최승희무용연구소 예술인들의 공연을 소련신문들 광범위 논평」, 『노동신문』, 1957; 김창식, 「국제 무대에서의 조선의 민족무용」, 『노동신문』 참조, 1957.

22 최승희, 『최승희무용극대본집』, 조선예술출판사, 1958, 54쪽.

조국 수호 애국 청년 의로운 칼 뽑아 들고
원쑤놈들 쳐부수려 장대처럼 일어섰다
보무당당 용감하게 복수하러 나아간다.[23]

이 곡은 금희의 심정을 노래한 것으로, 최승희가 직접 쓴 시나리오이다. 왜적의 침입에 분노한 금희는 허리에 찬 칼을 뽑아들고 의지를 굳게 세우며 비장하게 춤을 춘다. 사도성을 지키기 위한 고구려 여전사로서의 심정을 담아낸 〈장검무〉는 1950년에 처음 선을 보인 후, 1955년 9월에는 카자흐스탄 알마티 오페라극장에서 북한예술단의 나숙희가 〈장검무〉를 공연한 기록 등이 남아있다.[24] 물론 그 이전인 1951년 8월에는 베를린에서 개최된 제3차 세계청년학생축전에서 최승희의 딸이자 무용배우였던 안성희가 〈장검무〉로 금상을 수상하기도 했다.[25] 이때 콩쿨에서 춘 〈장검무〉는 화려한 기교와 동적인 움직임으로 구성된 춤이었을 것이다.

〈장검무〉는 최승희가 중국에서 후진양성에 힘쓰며 무용활동을 펼칠 당시에 창작된 작품으로, 중국의 고전을 연구했던 경험들이 영향을 끼쳤을 것으로 보인다. 다시 말해 매란방과 경극을 정리하는 과정에서 장검무가 창조되었을 것이며, 이는 북경의 '최승희 무도반'의 장검무 연습 장면에서 근거를 찾아볼 수 있다. 물론 월북 이전인 1942년에 〈장검무〉를 발표한 바 있으나 이때의 춤은 조국산천을 수호하는 전사로서의 춤이 아니라 조선의 민속에서 모티브를 구하여 경쾌하고 아름답게 멋스런 춤을 춤으로써 비장감보다는 낭만적인 즐거움이 돋보이는 춤으로 창작된 것이다.[26]

23 최승희, 『최승희무용극 대본집』, 조선예술출판사, 1958, 96쪽. 대본집에서의 가사와는 달리 신나라 제작(2011)의 『최승희탄생 100주년 기념-전설의 무희-최승희의 예술세계』 CD자료집에는 독무 〈칼춤〉 음악자료에서는 "외적이 침공하여 나라의 운명이 위급하다. 여자의 몸이나마 어찌 검을 들지 않을 수 있으랴. 어머니 조국이여, 나에게 용맹을 주옵소서. 조국은 나에게 원수들을 쳐부수라 하였으니 의로운 칼을 높이 들고 나는 적진을 향하노라." 로 가사로 부르고 있다. 주요내용은 같지만 가사가 있는 부분은 〈장검무〉에서 사용되며, 음악의 후반부는 〈칼춤〉에서 추어지는 흐름과 유사하다.

24 임영상, 「CIS 고려인 사회의 전통 공연예술: 〈고려극장〉과 소인예술단」, 『2012 해외 전승 무형문화유산 학술조사연구 사업' CIS 고려인 공동체 무형유산 전승실태 연구성과 발표회』, 문화재청, 2012, 11쪽.

25 정수웅, 『최승희』, 눈빛, 2004, 380쪽.

월북 이전과 확연히 달라진 것은, 〈장검무〉에 담긴 사상감정이 북한이 문학예
술에서 강조하는 애국주의를 담아내는 춤으로 바뀌었다는 것과 복식은 고구려시
기의 복식을 무대화시켜 낸 것으로 바뀌었다는 것이다. 월북 후의 최승희가 무용은
"인체의 율동, 자세, 표정, 묵극적 행동을 통해 표현되는 예술"[27]이기 때문에
"무언극도 반드시 율동화시켜야 한다."[28]고 주장했던 바대로 〈장검무〉에서는 동작
기법의 다양한 연출보다는 율동화된 묵극적 표현이 극대화되어 표현되고 있다.

한편, 군무로서는 〈검무〉와 〈출진무〉가 있다.

먼저 〈검무〉〈사진 5〉[29]는 공훈배우 주
혜덕[30]을 필두로 하는 9명의 여성무용수
들이 등장하여 짧은 칼을 휘돌리며 춤을
추며, 궁중연례로서 공연되는 설정이다.

느린 타령에 맞춰 역삼각형 대형으로
무대 가운데서 앞으로 나오며 춤이 시작
된다. 주혜덕을 중심으로 하여 나머지 무

사진 5. 〈사도성의 이야기〉에서 〈칼춤〉

용수들이 그녀의 뒤에 두 줄 횡렬로 서거나 앉아서 여러 동작을 구사하며 앙상블
을 펼친다. 이어 자진타령에 맞춰 주혜덕을 중심으로 원으로 도는데 시계반대방
향으로 돌아가며 연풍대를 펼치기도 하고 원중심을 향해 전진과 후퇴를 반복하기
도 한다. 주된 동작은 머물러걷기를 하며 팔메고펴기 자세로 칼을 안과 밖으로
한번씩 돌리고 멈추기, 양팔 벌려 칼 어깨에 메고 제자리 돌기, 칼 엇바꿔 치기,
두 칼 끼기 동작으로 구성된다.

---

26 월북이전에 창작한 조선의 멋을 지닌 작품들은 역사의식과 정신적 철학이 결여된 형태만의 희유화
  된 조선춤이란 혹평을 받기도 했다.(김채원, 『최승희춤-계승과 변용』, 민속원, 2008, 108쪽.)
27 최승희, 「예술적 기량과 예술적 련마」, 『조선예술』 3월호, 문학예술종합출판사, 1964, 33쪽.
28 최승희, 「무용소품의 사상예술적 높이를 위해」, 『조선예술』 9월호, 문학예술종합출판사, 1966,
  43쪽.
29 최승희의 〈검무〉라는 제목의 작품이 처음 무대에 오른 것은 1934년이며, 이때는 신라의 황창랑
  얘기를 독무로 표현한 것이었다.
30 주혜덕은 1933년 출생으로 최승희무용연구소 출신으로 4대 명작무인 〈조국의 진달래〉와 〈눈이
  내린다〉의 주인공으로 유명한 무용가다. 1951년 1월 베이징 중앙희극학원 무용연구반 교원으로
  활동했으며, 이후 함경북도예술단의 안무가로, 1986년부터는 칭진예술학원 무용강좌교원으로
  활동했고, 무용극 〈메콩강반의 아침〉을 창작해 베트남과의 교류에도 크게 이바지했다.(이철주,
  『조선, 예술로 읽다』, 네잎클로바, 2019, 218쪽.)

사진 6. 〈사도성의 이야기〉에서 〈출진무〉

〈출진무〉〈사진 6〉는 왜적과 싸우기 위해 전열을 가다듬으며 사기를 충전하는 모습을 검을 휘두르며 표현한다. 왼손은 방패를 들고 오른손에 장검을 들고 앞에 선 장수를 향해 검을 하늘 높이 들고 결의를 다지는 동작으로 시작한다. 이어 덩더쿵장단에 맞춰 원대형에서 시계반대방향으로 한 다리 들어 안으로 돌며 이동움직임을 하고 다시 두 줄로 갈라져 크게 바깥쪽으로 돌아 가운데로 모여 두 줄의 진격포진을 갖춘다. 뒷줄의 무사들이 앞으로 점프해서 나오며 칼을 앞으로 내리치고 그대로 뒤로 후퇴하면 나머지 또 한 줄이 똑같은 동작을 이어간다. 그런 다음 마치 적진을 향해 진격하고 후퇴하는 모양새를 말을 타고 달리는 듯한 동작으로 반복한다. 그런 다음 다시 두 줄이 각각 바깥방향으로 원으로 크게 돌아 두 줄 반원형의 위치로 온 다음 한 다리 들고 안으로 돌아서 칼을 앞으로 비스듬히 쳐내렸다가 치켜드는 동작을 반복한 후, 말 타는 자세로 칼을 돌리면서 조금씩 전진한다. 이 춤에서는 오른팔을 치켜들고 말타듯 잘게 두 발을 동시에 뛰며 전진하는 동작과 한 다리 들어 안으로 도는 동작이 주되게 펼쳐진다. 칼은 손목을 돌리며 휘두르기, 앞으로 베기, 앞으로 찌르기 동작으로 구성되고 있다.

표 2. 최승희의 검무 고찰결과

최승희춤	검무	장검무	출진무
창작년도	1948년 최승희무용연구소	1950년 최승희무도반	1954년
내용	궁중연례	조국수호에 결의를 다지는 심정을 표현	전장에 나서는 무사들의 사기충천함
음악	타령–민속악	가사(노래)–진양조	덩더쿵장단
의상	고구려의 궁녀복식	고구려의 귀족의상	갑옷과 투구
주된동작	메고펴며 칼돌리기, 크게 칼 메기, 회전	묵극적 표현, 회전	도약하여 칼 찌르기, 칼 베기, 칼돌리며 말타기
주요사항	1934년 초연		발레의 점프기법 수용

고찰결과를 〈표2〉에 정리한 바와 같이 〈사도성의 이야기〉에서 보는 〈검무〉, 〈장검무〉, 〈출진무〉는 고구려의 사도성을 배경으로 펼쳐지는 만큼 의상은 고구려복식을 하고 있다. 음악은 전통악기와 개량악기를 사용한 협주곡으로 연주되고 있는데, 이는 당시 무용극을 위한 악기개량이 진행되고 있던 시기임을 확인시켜 준다. 잘 알려진 바대로 1950년대 후반부터 최승희는 음폭과 음량이 낮은 민족악기를 보완하는 악기개량작업을 국립음악학교 교수들에게 의뢰하였고, 1964년 11월에 이르면 국가적 차원에서의 민족악기 개량방침으로 결정된다. 이후 전면적인 개량이 이루어진 결과 민족관현악 편성에 의한 가극 〈피바다〉(1971)가 초연되었고, 1972년에는 오케스트라에 민족목관악기를 배합하여 가극 〈꽃파는 처녀〉를 공연하기에 이른다.[31] 즉, 최승희 개인의 창작적 요구로 시작된 악기개량화작업은 국가적 사업으로 확대되면서 북한의 공연예술 전반에 크게 공헌하는 결과로 이어진 것이다.

5. 결론

한반도에서 근대이전 시기까지 전승되어 온 민족의 문화를 사회주의적 관점에서 비판적으로 수용, 계승해 온 북한은 남한에서와 같이 오랜 역사성을 지닌 무용예술을 원형 그대로 전승하기보다는 민족적 형식과 사회주의적 내용을 원칙으로 현대인의 미감에 맞게 재창작하여 보급하는 방침을 유지해 왔다. 때문에 2012년에 제정된 문화유산보호법에 무용이 포함되었고, 탈놀이계열 및 농악계열의 민속춤과 칼춤, 돈돌라리가 문화재로 지정되었다. 이를 보면, 북한에서 칼춤의 위상이 어떠한지를 짐작할 수 있다.

본 연구에서는 북한에서 공연되는 검무유형과 최승희의 검무를 고찰하여 그 전승양상을 밝히고자 한 것으로, 결과는 다음과 같이 정리할 수 있다.

첫째, 북한에서 추어지는 검무는 짧은 칼을 도구로 하는 〈칼춤〉과 긴 칼을 도구로 하는 〈장검무〉와 〈무사춤〉이 있으며, 모두 북한의 무용방침에 따라 현

---

31 김채원, 『최승희춤-계승과 변용』, 민속원, 2008, 170쪽.

대적으로 재해석, 재창조된 군무작품이다. 세 작품 모두 군사들의 무술훈련에서 출발했음을 근거로 무사들의 애국정신과 용맹한 기개를 담아 힘차고 빠른 움직임으로 표현하고 있다. 〈칼춤〉 의상은 전립을 쓰고 치마저고리 위에 쾌자를 걸치며, 〈장검무〉는 고구려시기의 여성복장을 하고 머리관을 쓰고 있으며, 〈무사춤〉은 전쟁터로 나가는 무사의 복장처럼 투구를 쓰고 갑옷을 입고 있다. 음악은 관현악곡 구성으로 〈칼춤〉에서는 안땅장단과 휘모리장단을 기본으로 하며, 〈장검무〉는 빠른 속도의 휘모리로, 〈무사춤〉은 휘모리장단을 기본으로 느린 가락에서 빠른 가락으로 속도감을 높이며 진행된다.

둘째, 최승희의 춤에서는 〈장검무〉와 〈검무〉, 〈출진무〉가 있다. 〈검무〉나 〈장검무〉는 독무가로 활동하던 월북 이전시기에도 창작되었던 작품이지만, 이전시기의 작품이 밝고 활달하며 낭만성을 살린 춤이었던데 반해 월북 이후 창작된 작품은 무용극에 삽입되어 있어 그 내용전개의 요구에 따라 고구려사람들의 용맹함과 비장감을 표현하는 춤으로 바뀌었다. 의상 역시 고구려시기의 궁녀복장과 공주의 복장과 관, 그리고 투구와 갑옷을 입고 출전하는 무사의 모습을 하고 있다. 반주는 전통악기와 개량악기가 혼합된 구성으로, 〈장검무〉는 읊조리는 가사에 맞춰 비장한 모습으로 맹세를 하는 서정적인 춤으로 전개되며, 〈검무〉는 느린타령과 자진타령장단을 기본으로 비교적 밝고 경쾌하게 춤을 추고, 〈출진무〉는 빠른 덩더쿵장단에 맞춰 무사들의 힘찬 기백을 표현하고 있다.

셋째, 최승희의 〈검무〉는 최승희 사후에 〈칼춤〉으로 재창작되면서 무사들의 검술훈련과 조국을 수호하는 애국심을 반영하여 용맹함과 비장감을 표현하는 춤으로 추어지고 있다. 〈검무〉의 경우 역삼각대형에서 음악의 속도가 전환되며 춤이 시작되는 점과 반원대형의 중앙에서 독무가 펼쳐지는 점, 그리고 최승희가 정리한 〈검무〉기법이 속도감 있게 전개되고 있다는 점에서 북한의 칼춤은 최승희의 〈검무〉를 근간으로 계승되고 있는 것이라 할 수 있다. 북한의『조선전사』에서도 〈칼춤〉을 대표작품으로 꼽고 있는 데서 그 근거는 확실해진다.

또한 〈출진무〉에서 검을 머리 위 방향에서 휘돌리는 놀림이나 한 다리 들어 뛰어돌아 칼 베는 동작과 같은 움직임기법이 더 세분화되거나 극대화되어 〈무사춤〉으로 이어지고 있다. 이러한 움직임은 최승희가 정리한『조선민족무용기본』에 수록된 남자동작을 기본으로 하고 있는데서 확실하게 증명된다. 장단은

〈검무〉에서의 타령이 〈칼춤〉에서는 안땅장단과 휘모리로, 〈출진무〉의 덩더쿵 장단은 〈무사춤〉에서 휘모리장단으로 그 속도감을 높인 빠르고 신속한 가락으로 바뀌었다.

'무에서 유가 창조될 수 없다'는 말이 있듯이 결국, 북한의 칼춤은 최승희가 1960년대 이전에 창작한 〈검무〉나 〈출진무〉 같은 무사춤을 골간으로 하여 내용과 형태면에 재해석과 개작을 가함으로서 집단적이며 양상블화된 춤으로 완성된 것이다. 그리고 민족적 형식에 현대적 미감을 살린 작품의 하나로 역사서에도 공히 기록되었고, 오늘날까지 북한의 민속춤을 대표하는 춤으로 계승되고 있다.

근대이전의 전통을 발굴하여 문헌으로 정리하고 있음에도 불구하고 실제 예술적으로 전승되고 있는 전통춤은 얼마 되지 않는 북한의 현황에서 우리의 민속과 전통을 연구하여 이를 토대로 창작춤을 전개한 최승희의 춤은, 북한춤의 전체를 관통하는 전통으로서 명실공히 확고한 자리를 차지한다고 할 수 있다.

춤문화는 그것이 속한 해당 사회의 지배이데올로기를 반영하거나 그에 대항하는 논리를 반영하며 생성, 발전하는 속성을 지닌다. 최승희 역시 월북 후 북한의 지배이데올로기를 반영한 작품을 창작하였고 그녀의 이러한 작품의 일부는 현시대의 북한 이데올로기를 선전, 강화하는데 기여하도록 개작과 재창작을 통해 전승되고 있다. 그 가운데 북한의 무형유산으로 지정된 칼춤이 자리하고 있으며, 바로 그 칼춤의 무대무용으로서의 기법 및 구성체계의 틀은 최승희에 마련되었다고 하겠다.

이 논문은 김영희춤연구소 주최의
검무 심포지엄Ⅲ에서 발표한 원고를 수정·보완한 것이다.

3부

聯

교방검무 음악의 구조 분석과 지역적 특성

임수정

1. 머리말

한국의 전통춤 중 검무(劍舞)는 이 땅의 역사만큼이나 오랜 연원을 지니고 있는 춤이다. 상고시대의 수렵무용(狩獵舞踊)이나 의례무용(儀禮舞踊) 혹은 전투무용(戰鬪舞踊)에서 그 유래를 찾을 수 있는 검무는 삼국시대, 고려시대, 조선시대를 거쳐 현재에 이르기까지 그 맥(脈)을 이어오고 있는 한국의 대표적 전통춤이다.

검무에 관한 내용은 고분벽화나 문헌기록을 통해 살펴볼 수 있는데, 문헌기록을 통해 검무의 역사적 변천을 살펴보면 다음과 같다. 문헌에 나타나는 것은 삼국시대 신라의 황창랑 설화에 기인한 황창검무로, 가면을 쓰고 추어진 동자가면무(童子假面舞)의 양식이다. 황창검무는 고려시대에도 전승되어 조선시대 초까지 처용무와 함께 연희되었다. 반면 황창검무와 다른 양식의 검무가 출현한 것은 조선시대 숙종 이후로 가면을 벗고 여기(女妓)에 의해 추어지는 교방검무(敎坊劍舞)의 형태가 나타난다. 교방검무는 정조 때 궁중정재로 정착되면서 궁중연향의 성격에 맞도록 연행 규모가 커지고 의상도 화려해졌으며, 참여한 여기의 숫자도 많아지는 변화를 보인다. 즉 궁중무용으로 채용되면서 여러 가지 격식이 갖추어졌고 공연형식도 보다 예술적으로 발전하였다. 궁중정재의 하나로 조선후기 각종 연향의 공연 종목으로 자리매김하면서 예술적으로 한층 다듬어지고 세련되어진 교방검무는 궁중 연향에 참가하기 위해 궁중으로 선상(選上)된 각 지방 교방의 기녀들에 의해 전국적으로 전파되면서 각 지방의 독특한 특색을 담은 현재의 향제(鄕制) 교방검무 양식을 파생시켰다. 현재 각 지역

에서 전승되고 있는 진주검무, 통영검무, 호남검무, 경기검무, 궁중검무, 해주
검무, 평양검무 등은 이러한 역사적 근원을 지니며 한민족의 정체성을 잘 드러
내는 예술적 가치가 뛰어난 춤이다. 조선 후기 교방검무에 관한 풍부한 문헌과
도상학적 자료들이 여기검무의 예술성을 뒷받침해 주고 있다.

교방검무는 표현양식이나 무복과 무구 등에서 매우 개성있는 춤으로 지속적
인 인기를 유지하면서 비교적 원형이 잘 보존되어 오늘날에 이르기까지 전승되
어 왔다.[1]

하지만 이러한 역사적 가치와 전통을 지닌 교방검무에 관하여 연구된 보고
서와 논문[2]을 살펴본 결과 춤사위·무복·무구에 관한 연구는 활발한 반면 한국
전통춤에 있어 유기적 관계를 가진 반주음악에 관한 내용은 장단의 나열에 그
쳤을 뿐, 음악적 특징과 형성 배경에 관한 구체적인 언급이 부족한 상태이다.
현재 공연되고 있는 각 지방 교방검무의 반주음악은 그 지방의 독특한 음악어
법인 향제 삼현육각의 실체를 파악할 수 있는 귀중한 자료이다. 향제 삼현육각
은 지방마다 전승되는 과정에서 지역적 특색을 갖게 되어 음악적 특징, 악곡구
성 등이 각기 다르게 되어 있다. 또한 지금까지 연구된 논문들은 시간상의 진행
에 따른 교방검무의 진행방식에 관한 연구보다는 정지된 순간의 동작 즉 시간
의 흐름(음악)과 무관하게 춤사위의 구성 형식을 살펴보거나 혹은 춤사위와는
무관하게 음악을 따로 정리하여 비교 분석하는 방법으로 연구되었다. 즉 음악
과 춤의 유기적인 결합에 관하여 연구된 논문은 부재(不在)하였다. 따라서 본
논문에서는 시간적 진행(음악의 진행)에 따른 교방검무의 진행방식을 연구함으
로써 한국의 교방검무가 지니고 있는 진행방식의 보편적인 특성이 존재하는가

---

1 김정녀·성기숙, 『무형문화재 조사보고서 (19) 입춤·한량무·검무』, 51쪽.

2 필자가 살펴본 논문은 다음과 같다. 정말숙, 「진주·통영·해주 검무의 비교연구」, 동아대 석사
   학위 논문, 1987; 민태금, 「진주검무와 해주검무의 비교 연구」, 중앙대학교 석사학위논문, 1984;
   노수철, 「검무의 변천과정과 형태적 비교분석」, 세종대학교 석사학위논문, 1994; 이왕진, 「진주
   검무, 통영검무의 비교연구」, 중앙대학교 석사학위논문, 1997; 김혜림, 「한국 검무의 변천과정에
   관한 연구」, 상명대학교 석사학위논문, 1998; 김운태, 「한국 검무사 연구」, 청주대학교 석사학위
   논문. 1998; 정수연, 「궁중검무와 각 지역 검무의 비교 분석」, 중앙대학교 석사학위논문, 2000;
   백경우, 「이매방류 광주검무와 진주검무에 관한 비교 연구」, 용인대학교 석사학위논문, 2000;
   함정은, 「진주검무와 해주검무의 비교 분석」, 숙명여대학교 석사학위논문, 2001; 이순전, 「검무
   고」, 서울대학교 석사학위논문, 1974.

를 살피고, 또한 지역적 특색이 무엇인가를 고찰하고자 한다.

본 논문에서는 현재 활발히 공연되는 서울·경기 지역의 궁중검무, 국가지정 무형문화재인 경상도 지역의 검무(진주검무·통영검무), 지방문화재인 경기검무 황해도 지역의 해주검무, 평안도 이북5도문화재인 평양검무, 전라도 지역의 호남 검무(한진옥 류) 음악을 연구 대상으로 하여 각 검무의 반주음악으로 사용되는 음악자료를 수집하고 현장조사[3](서울, 안성, 인천, 통영, 진주, 안양, 광주)를 실시하 여 각 지방 검무 관계자들과의 대담을 통해 음악의 형성배경을 파악하고 영상자료 와 음악자료를 바탕으로 채보와 분석을 통해 장단 및 악곡구성에 대해 살펴보았다.

2. 교방검무 음악 연구

이 장에서는 현재 활발히 공연되고 있는 7개 지역의 검무 (궁중검무, 경기검 무, 진주검무, 통영검무, 호남검무, 해주검무, 평양검무) 음악의 형성배경 및 전승 현황, 악곡구성, 장단구성에 관하여 고찰하고자 한다. 한편 음악의 선율분석에 있어서는 주선율을 이끌어 가는 피리 선율을 중심으로 분석하였다.

1) 궁중검무 음악

(1) 형성배경 및 전승현황

조사대상으로 선택한 궁중검무는 김천흥에 의해 재현되어 현재 국립국악원

---

3 필자는 2003~2006년 동안 각 지역 검무보존회를 방문, 예능보유자 및 관계자들과 면담을 하였다.
   면담을 실시한 대상자는 다음과 같다.
   ① 궁중검무–김천흥(중요무형문화재 제1호 종묘제례악 및 제39호 처용무 예능 보유자)
   ② 경기검무–강선영(중요무형문화재 제92호 태평무 예능보유자)
   ③ 진주검무–성계옥(중요무형문화재 제12호 진주검무 예능보유자)
      김수악(중요무형문화재 제12 예능보유자)
   ④ 통영검무–한정자(중요무형문화재 제21호 승전무 예능보유자)
      엄옥자(중요무형문화재 제21 예능보유자)
   ⑤ 해주검무–양소운(중요무형문화재 제17호 봉산탈춤 예능보유자)
   ⑥ 평양검무–이봉애(평안남도지정 무형문화재 제1호 평양검무 예능보유자)
   ⑦ 호남검무–임순자(호남검무보존회 회장)

의 무용단에 의해 공연되고 있는 검무이다. 김천흥은 그가 어렸을 적 가설무대에서 공연되어지는 검무를 본 기억을 바탕으로 현재의 검무를 재현하였다. 그 당시 검무는 권번출신의 기녀들에 의해 4인무로 추어졌고 한삼을 끼지 않고 타령곡에 춤을 시작하여 자진타령곡에 칼을 들고 칼놀음을 하며 연풍대로 끝을 맺는다. 그는 1955년 무용연구소를 개원하여 1956년 제 1회 김천흥 한국무용 발표회 때 검무를 재현하여 무대 공연화시키고, 1980년부터 국립국악원 주최 전통무용발표회를 통해 정기적으로 검무를 선보여 현재에 이르게 된다.⁴ 이때 사용된 음악자료로 남아있는 것은 1991년 7월 4일 국립국악원 소극장에서 녹음된 자료로 참여한 악사는 이흥구(장구), 정재국(피리), 이동규(좌고), 김응서 (대금), 김한승(해금) 등이다.

국립국악원 연주단(정악단) 소속의 악사들에 의해 녹음된 검무 음악은 경기 지방 삼현육각의 선율을 바탕으로 연주된 것으로 경기 삼현육각의 대가(大家) 인 이충선⁵의 영향을 받았다. 그는 1960년 초반 국립국악원 부설 국악사양성소 의 지도교사로 부임하여 산조 음악과 경기 삼현육각을 지도하게 된다. 한편 그 당시 무용학원 주최의 발표회 때 승무ㆍ검무 등의 전통춤 반주음악을 국악사양 성소의 학생들이 담당하게 됨으로써 자연스럽게 민간의 음악인 경기 삼현육각⁶ 의 선율이 국립국악원의 정악단 악사들에 의해 전승되어 현재에도 연주되어지 고 있다.

(2) 악곡 분석

궁중검무에 사용된 음악은 경기 삼현육각 중 허튼 타령곡과 자진허튼타령곡 으로 구성된다. 무용 반주에 사용되는 타령곡으로는 삼현영산회상(관악영산회 상)의 타령곡, 취타 뒤에 연주되는 길타령곡, 허튼타령곡 등이 있는데 삼현영산 회상의 타령곡과 길타령곡이 고정선율로 연주되는 반면 검무에 사용되는 허튼

---

4 김천흥과의 면담, 2003.8.13.

5 이충선은 경기무속음악 반주에도 뛰어났을 뿐만 아니라, 삼현육각과 산조ㆍ대풍류ㆍ무용반주ㆍ풍 류 등에도 뛰어난 기량을 보인 만능 예능이었다.

6 경기 삼현육각의 선율은 지영희에 의해 정리되어 국악예술고등학교를 통해 학습되어진다. 지영희 역시 이충선과 함께 경기무속음악 뿐 아니라 모든 음악에 통달한 달인이었다.

타령곡은 허튼가락을 연주하기 때문에 고정된 장수(章數)가 없고 자유롭게 연주자의 기량을 발휘하며 연주된다.

　허튼타령곡은 속도에 따라서 느린허튼타령곡, 중허튼타령곡, 자진허튼타령곡[7]으로 구분하기도 한다. 궁중검무 음악은 허튼타령곡(13장단), 자진허튼타령곡(37장단), 허튼타령곡(4장단), 자진허튼타령곡(37장단)의 순(順)으로 연주된다.

　① 허튼타령곡 (13장단)
　이 곡에 사용된 음계는 다음과 같다.

　　　〈악보 1〉 허튼타령곡의 음계

(라음계)[8]

　요성의 위치는 〈악보 1〉에서 알수 있듯이 f(라)[9], bb(레)음이다. 종지의 형태는 bb(레)→a(도)→f(라)로 하향 진행하다 a(도)로 치켜들어 끝낸다.

　② 자진허튼 타령곡
　허튼타령곡의 음계와 동일하며 요성의 위치는 다음과 같다.

　　　〈악보 2〉 자진허튼 타령곡의 요성음

　허튼타령곡에 비해 f'(라)음의 출현 횟수가 많고 f'음을 요성한다.
　자진허튼 타령곡 37장단은 다음의 선율형태를 보이며 단락을 이룬다.

7　현행 연주되는 속도는 느린허튼타령곡(♩.≒52), 중허튼타령곡 (♩.≒90), 자진허튼타령곡 (♩.≒104)이다.
8　이 논문은 백대웅의 음계이론을 사용함.
9　이동도법의 솔미제이션 (solmization)을 사용하였다.

〈악보 3〉 자진허튼 타령곡의 단락선율형태

단락의 형태로 구조를 분석하면 아래와 같다.

〈표 1〉 자진허튼 타령곡의 구조 분석

장단	1–5	6–12	13–20	21–26	27–32	33–37
악곡구조	A	B	C	A'	B'	A'

(3) 장단 분석

① 타령장단

허튼타령곡에 사용된 장단으로 3소박 4박[10]이며, 기본 장단형은 다음과 같다.

〈악보 4〉 타령 장단의 기본형

② 자진타령장단

자진허튼 타령곡에 사용된 장단으로 3소박 빠른 4박이며 기본 장단형은 다음과 같다.

〈악보 5〉 자진타령장단의 기본형

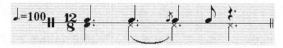

2) 경기검무 음악

(1) 형성배경 및 전승현황

연구의 대상으로 삼은 경기검무는 한국 전통춤의 대부(大夫)인 한성준에 의

---

10 이 논문은 이보형의 장단이론을 사용함.

해 정리되어, 그의 제자 강선영에 의해 현재까지 연희되고 있는 검무이다. 강선영은 중요무형문화재 제92호 태평무 예능보유자로 13세부터 20세 때까지 한성준 조선무용연구소에서 한성준이 보유한 검무를 포함한 40여 가지의 춤을 섭렵했다.

1910년 조선 왕조의 붕괴로 흩어진 기녀들을 모아 1911년 조선정악전습소 학감이었던 하규일이 다동에 조선정악전습소의 분실을 차려 다동조합이라 하고, 국악과 정재가 주가 되는 전통춤을 가르쳤다. 이 시절 서울에는 다동조합, 광교조합이 있었고, 1920년대 이르러 기생조합은 권번으로 그 명칭이 바뀌었다. 즉 다동조합은 조선권번으로, 광교조합은 한성권번으로 전환되었다. 서울에 존속했던 권번 중 조선권번이 제일 규모가 컸고, 소속기생들의 활동 또한 활발하게 펼쳐졌다. 한성준은 조선권번에서 민속무용을 가르쳤다. 1935년 한성준은 조선음악무용연구소를 설립하여 제자들과 무용발표회를 가졌다. 그때 선보인 춤의 종목에는 승무·신선무·검무·한량무·살풀이춤·농악무 등과 새로 선보이는 바라춤·사공무·학무 등이 있었다.[11]

한성준의 검무는 이러한 역사적 상황을 바탕으로 정리되어 현재 강선영에 의해 맥이 전승되어 2011년에 경기도 무형문화재 제53호로 지정되었다.

경기검무의 반주음악은 경기지방의 삼현육각 선율을 바탕으로 경기무속음악의 대가(大家)인 지영희에 의해 정리된 음악으로 그가 설립한 국악예술학교를 통해 그 맥이 전승되고 있다. 지영희는 1938년경 조선음악무용연구소에서 조교생활을 하며 한성준으로부터 무용과 장단을 전수받았고, 그 인연으로 태평무·승무 음악을 정리하였고 그 음악이 현재까지 연주되고 있다.

연구대상으로 삼은 음악은 2000년 2월 28일 문예회관 대극장에서 올려진 '한성준 선생 그 춤의 재현'공연에서 강선영이 검무를 정리하여 무대에 선보이며 지영희의 제자인 장덕화·김덕수(장구), 최경만·이종대(피리), 이철주(대금)·김영재(해금) 등에 의해 연주된 음악이다. 음악구성은 허튼타령곡(30장단), 자진허튼타령곡(70장단), 당악곡(16장단), 긴염불곡(1장단)으로 구성되어 있다.

허튼타령곡은 무용반주에 쓰이는 타령곡으로 허튼가락으로 되어있어 장(章)

---

11 김정녀, 「권번춤에 대한 연구」, 『한국무용연구 제7집』, 한국무용연구회, 1989, 11쪽.

의 구분이 없고 속도에 따라서 느린허튼타령곡·중허튼타령곡·자진허튼타령곡으로 구분한다. 당악곡은 경기도당굿에 주로 사용되는 곡으로 허튼타령곡과 같이 허튼가락을 연주하기 때문에 일정한 장(章)의 구분이 없다.

(2) 악곡 분석

허튼타령곡의 음계는 다음과 같다.

〈악보 6〉 허튼타령곡의 음계

(라음계)

요성의 위치는 〈악보6〉에서 나타나듯 f(라), bb(레)음이다.

허튼타령곡의 구조를 분석해 보면 12장단(제1장단~제12장단)에 해당하는 기본 단락을 반복 연주한다. 기본 단락의 구조는 다음과 같다.

〈표2〉 허튼타령곡의 기본단락 분석

장단	1	2	3	4	5	6	7	8	9	10	11	12
악곡 분석	a	b	c	d	e	f	g	h	i	j	k	h
	A								B			

기본단락은 다음의 선율 형태로 나누어진다.

〈악보 7〉 허튼타령곡의 단락선율형태

② 자진허튼타령곡의 곡조와 장단

자진허튼타령곡의 음계는 허튼타령곡의 음계와 같다.

구조를 살펴보면 자진허튼타령곡 70장단은 다음의 종지선율형태를 보이며 단락을 이룬다.

〈악보 8〉 자진허튼타령곡 종지선율형태

③ 당악곡의 곡조와 장단

당악곡의 음계는 다음과 같다.

〈악보 9〉 당악곡 음계

(도음계)

당악곡은 다음의 종지선율형태로 단락을 이룬다.

〈악보 10〉 당악곡 종지선율형태

당악곡의 단락을 이루는 선율형태는 〈악보 10〉과 같이 두 가지 형태로 나타난다. 하향종지 형태인 첫 번째 마디는 곡의 중간에 나타나고 상향종지 형태인 두 번째 마디는 곡의 끝에 나타난다.

(3) 장단 분석

① 타령장단

허튼타령곡에 사용된 장단은 타령장단으로 3소박 4박이다. 기본 장단형은 다음과 같다.

〈악보 11〉 타령장단의 기본형

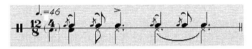

② 자진타령장단

자진허튼타령곡에 사용된 장단은 자진타령장단으로 3소박 빠른 4박이다.
기본장단형은 다음과 같다.

〈악보 12〉 자진타령장단의 기본형

③ 당악장단

당악곡에 사용되는 장단은 당악장단으로 3소박 빠른 4박이다. 기본 장단형
은 다음과 같다.

〈악보 13〉 당악장단의 기본형

3) 진주검무 음악

(1) 형성배경 및 전승현황

1967년 국가무형문화재 제12호로 지정된 진주검무의 음악은 지정 당시 반
주악사의 부재(不在)로 선율의 형태를 알 수가 없다. 지정보고서를 작성한 김천
홍은 조사 당시에 장단의 반주에 의해 춤이 추어졌을 뿐, 악사가 존재하지 않아
음악은 알 수 없었고 염불장단에 한삼을 끼고 추다가 한삼을 빼고 타령·자진타
령장단에 칼을 들고 추었다고 당시의 상황을 설명하였다.

검무의 반주음악이 존재하지 않은 상태로 무형문화재로 지정된 진주검무는
1984년 국립국악원 주최 전통무용발표회를 통해 국립국악원에서 공연을 하게
됨으로써 자연스럽게 음악을 국립국악원 소속의 악사들이 담당하게 되어 현재
의 진주검무 음악은 경기 삼현육각의 선율로 정착되었다.

진주검무보존회 회장을 맡고 있는 인간문화재 성계옥은 1974년 진주민속예
술보존회를 결성, 1986년 진주시립국악학교를 개설하여 자체 악사를 양성하기
위한 노력을 기울였다. 그 당시 국악학교 강사는 국립국악원 악사와 서울대 음

대 학생들로 구성, 현행 진주검무 음악의 근간인 경기 삼현육각의 긴염불곡, 허튼타령곡, 자진허튼타령곡을 전수받게 하였다. 그리하여 자체 악사를 양성하여 춤의 반주를 담당하게 하고 전수조교를 지정(현재 전수조교는 대금에 강광근, 해금에 조순애이다.), 음악의 활성화를 꾀하고 있다.

한편 진주검무 인간문화재 중 한 사람인 김수악은 그녀의 탁월한 예술적 기량을 발휘하여 예전에 악사들이 연주하던 음악을 바탕으로 구음(口音)을 만들어 진주검무의 반주를 하였다. 진주검무 자체 악사가 없었을 당시 진주검무는 그녀의 구음에 맞춰 추어졌으며, 그녀의 구음 음악은 진주 MBC에 소장되어 있다.

위에서 살펴본 바와 같이 진주검무 반주음악으로 경기 삼현육각과 김수악의 구음 음악이 존재한다.[12]

(2) 악곡 분석

본고에서는 진주검무 음악 중 가장 최근에 연주된 것[13]을 분석의 대상으로 삼는다. 연구자료의 음악은 경기삼현육각의 긴염불곡[14](39장단), 허튼타령곡(58장단), 자진허튼타령곡(68장단), 허튼타령곡(5장단), 자진허튼타령곡[15](119장단), 허튼타령곡(1장단)으로 구성되었다.

① 긴 염불곡

이 곡에 사용된 음계는 다음과 같다.

〈악보 14〉 긴 염불곡의 음계

(솔음계)

---

12 진주검무보존회 반주음악을 연구한 최근의 논문인 김명원, 「진주검무 반주음악의 시대적 변천과정」(진주교육대학 석사학위논문, 2017)에서는 경기삼현육각선율과는 다른 진주검무보존회만의 악곡에 대해 다루고 있음.

13 2003년 9월 16일 국립국악원에서 공연한 진주검무 음악자료임.

14 긴염불은 일명 염불타령 이라고 하기도 한다. 국립국악원에 전승되고 있는 현천수와 같은 곡이나 선율이 약간 다르다. 이보형, 앞의 책, 19쪽.

15 진주검무음악의 자진허튼 타령곡(119장단)은 장단의 변화에 따라 다음과 같이 세 부분으로 나뉜다. 자진타령장단 (104장단), 자진모리 장단 (10장단), 자진타령장단 (5장단).

긴 염불곡은 3장(章)으로 구성되어 있고 각 장(章)은 2장단으로 이루어진다. 이 곡의 전체구조를 분석해 보면 기본단락이 12장단(제1장단~제12장단)으로 이루어져 계속 반복되고 있다. 기본 단락을 분석하면 다음과 같다.

〈표 3〉 긴 염불곡의 기본단락 분석

장단	1	2	3	4	5	6	7	8	9	10	11	12
악곡 분석	a	b	c	d	e	f	a	b	g	d	h	f
	A						A'					

위의 〈표 3〉에서 알 수 있듯이 뒷 6장단(제7장단~제12장단)에서 앞 6장단(제1장단~제6장단)과 차이를 보이는 곳은 제 9장단과 제 11장단이다. 제 9장단과 제 11장단은 쇠는 가락을 연주하며 변화를 주고 있다. 쇠는 가락이란 높은 음역을 연주한다는 의미로 제 3장단과 제 9장단, 제 5장단과 제 11장단의 선율을 비교하면 다음과 같다.

〈악보 15〉 긴 염불곡의 제 3장단과 제 9장단

〈악보 16〉 긴 염불곡의 제 5장단과 제 11장단

② 허튼타령곡

앞에서 살펴본 궁중검무 음악의 허튼타령곡과 같은 음계이다.

구조를 분석해 보면 도입 2장단(제1장단, 제2장단) 이후 8장단(제3장단~제10장단)에 해당되는 기본 단락을 반복 연주한다. 기본단락을 분석하면 다음과 같다.

〈표 4〉 허튼타령곡의 기본 단락 분석

장단	3	4	5	6	7	8	9	10
악곡 분석	a	b	c	d	e	b	c	d
	A				A'			

위의 〈표4〉에서 보듯 뒷 4장단(제7장단~제10장단)에서 앞 4장단(제3장단~제6장단)과 차이를 보이는 곳은 제 7장단이다. 제 3장단과 제 7장단의 선율을 비교하면 다음과 같다.

〈악보 17〉 허튼타령곡의 제 3장단과 제 7장단

③ 자진허튼 타령곡

궁중검무 음악의 자진허튼 타령곡과 같은 음계이다.

구조를 분석해 보면 12장단(제1장단~제12장단)에 해당하는 기본 단락을 반복 연주한다. 기본 단락을 분석하면 다음과 같다.

〈표 5〉 자진허튼 타령곡의 기본 단락 분석

장단	1	2	3	4	5	6	7	8	9	10	11	12
악곡 분석	a	b	c	a	b	c	a	b'	d	e	f	g
	A			A			A'			B		

(3) 장단 분석

① 긴염불 장단

긴염불곡에 사용된 장단으로 3소박 느린 6박이며 기본 장단형을 제시하면 다음과 같다.

〈악보 18〉 긴염불장단의 기본형

② 타령장단

허튼타령곡에 사용된 장단으로 3소박 4박이며 기본 장단형은 다음과 같다.

〈악보 19〉 타령장단의 기본형

③ 자진타령장단

자진허튼 타령곡에 사용된 장단으로 3소박 빠른 4박이며 기본 장단형은 다음과 같다.

〈악보 20〉 자진타령장단의 기본형

자진타령장단이 반복되어 다시 나오는 뒷부분에서 약간 속도가 느려지며(♩.≒80) 자진모리 장단을 치고 다시 약간 빠른속도(♩.≒104)로 자진타령장단을 친다. 즉 자진타령(♩.≒100) → 자진모리(♩.≒80) → 자진타령(♩.≒104)의 순(順)으로 친다. 속도가 느려지며 치는 자진모리 장단의 기본형은 다음과 같다.

〈악보 21〉 자진모리장단의 기본형

4) 통영검무[16] 음악

(1) 형성배경 및 전승현황

국가무형문화재 제21호인 승전무에는 두 가지 유형의 춤(북춤, 검무)이 연희되는데, 북춤은 1968년에 지정되었고, 검무는 1987년 추가로 지정이 되었다.

승전무의 반주음악은 영남의 음악어법으로 이루어진 향제삼현육각으로, 영남에서 유일하게 통영지방의 춤을 통해 그 맥이 전승되어지고 있다. 통영은 삼도수군(三道水軍) 통제영(統制營)이 있었던 곳으로 조선시대 군영(軍營)에는 오늘날의 군악대와 같은 취고수(吹鼓手)와 세악수(細樂手)들이 취고수청(吹鼓手廳)에 소속되어 각종 행사 때 행진음악인 취타나 대취타를 연주했고 각종 행사 때 삼현육각 편성을 대동하여 교방청의 관기(官妓)들에 의해 추어지는 춤의 반주음악을 연주했으며 그 잔재가 승전무의 반주 음악에 남아있다.

필자는 승전무 예능보유자인 엄옥자의 자료제공에 의해 승전무의 반주음악에 관해 연구하게 되었고, 승전무의 음악이 반주를 맡았던 악사들을 중심으로 제 1시기(박경규가 피리를 담당한 1968~1970), 제 2시기(박복률이 피리를 담당한 1970~1987), 제 3시기(김진규가 피리를 담당한 1987~현재)로 구분이 되며 각 시기마다 선율의 차이를 보이며 음악이 전승된 점을 고찰하였다.[17]

현재 승전무의 반주를 맡고 있는 악사는 김진규(전수조교-피리), 유덕관(전수조교-대금)이고, 필자가 승전무 전수회관에 자료조사차 방문했을 때 승전무 보존회장 한정자(예능보유자)를 비롯하여 회원들이 승전무 반주음악으로 사용되는 영남 유일의 삼현육각인 통영 삼현육각에 대한 자부심을 갖고 잊혀진 선율의 회복을 위해 방법을 모색하고 있었다.

(2) 악곡 분석

승전무 중의 통영검무는 통영의 삼현육각 음악을 사용하며 반주되어진다. 현재 연주되고 있는 통영검무 음악[18]은 염불곡(21장단), 자진타령곡(38장단),

---

16 국가무형문화재 제21호인 승전무에서 추어지는 검무의 지역적 명칭이다.
17 필자는 「승전무 음악 연구」(『음악과 민족』 제23호, 2002)를 통해 선율의 차이를 분석하였다.
18 '제33회 승전무 보존회 정기공연'(2003년 12월 7일, 통영 시민문화회관) 음향자료임.

타령곡(44장단), 자진타령곡(119장단), 타령곡(2장단)으로 구성되었다.

① 염불곡

염불곡은 제 1시기의 음악이 선율의 일관된 흐름을 갖고 연주되었기 때문에 그 자료를 분석의 대상으로 삼는다. 이 곡에 사용된 음계는 다음과 같다.

<악보 22> 염불곡 음계

(레음계)

염불곡은 4장(章)으로 구성되었으며 각 장(章)은 다음과 같이 이루어졌다.

<표 6> 염불곡 장(章) 구분

장단	1	2	3	4	5	6	7	8	9	10	11	12	13
장(章) 구분	1장[19]		2장				3장				4장		

염불곡은 23장단(제1장단~제23장단)의 기본단락을 반복 연주한다. 기본단락을 장(章)구분과 연관지어 분석하면 다음과 같다.

<표 7> 염불곡 기본단락 구조

장단	1	2	3	4	5	6	7	8	9	10	11	12	13	14	15	16	17	18	19	20	21	22	23
악곡 분석	a	b	c	d	e	f	g	h	i	j	d	e	f	a	b	c	d	e	f	g	h	i	j
	A		B				C				B'			A		B				C			
장(章) 구분	1장		2장				3장				4장			1장		2장				3장			

② 타령곡

제 1시기의 타령 선율은 사라지고 제 2시기부터는 제 1시기의 굿거리 선율을 이용하여 타령 선율을 연주한다. 제 2시기의 타령선율을 분석하면 다음과

---

19 처음 시작되는 1장(章)을 반염불이라 칭한다. 통영검무 악사인 김진규와의 대담. (2001.8.25)

같다. 이 곡의 음계는 다음과 같다.

〈악보 23〉 제2시기 타령곡 음계

(레음계)

타령곡은 15장단(제1장단~제15장단)이 기본 단락을 이루며 반복되어 연주되어 진다. 반복되는 기본단락은 다음의 선율형태로 나누어진다.

〈악보 24〉 타령곡의 단락 선율형태

기본 단락의 구조를 분석하면 다음과 같다.

〈표 8〉 타령곡 기본단락 구조

장단	1	2	3	4	5	6	7	8	9	10	11	12	13	14	15
악곡 분석	a	b	c	d	e	f	g	h	i	b	c	d	e	f	b
	A					B						B'			

제 3시기 즉 현재는 제 2시기의 타령곡(레음계)이 솔음계로 변화되어 연주된다. 현재의 타령곡 음계는 다음과 같다.

〈악보 25〉 제3시기 타령곡의 음계

(솔음계)

③ 자진타령곡

제 2시기 통영검무 음악의 자진타령곡은 시나위[20]가 연주되었다.

---

20 시나위란 '육자배기 토리'로 된 허튼가락의 기악곡으로 오늘날의 시나위는 시나위 무악권(巫樂圈) 즉 경기도 남부, 충청도 서부, 전라도·경상도 서남부 지방의 무가 반주음악에서 나온 것이다. 이보형, 「시나위권의 무악음악」(『한국문화 인류학』 4, 한국문화인류학회, 1971.)

　　제 2시기 음악의 주도적 악사인 박복률은 남해안 별신굿의 악사로도 활발한 활동을 했기 때문에 남해안 별신굿에서 연주하던 자진모리 장단의 시나위 선율을 통영검무의 자진타령장단에 연주한 듯 하다. 시나위는 즉흥성을 띠는 음악이기 때문에 정형화된 선율이 없어 음계만을 고찰하기도 한다.

〈악보 26〉 제2시기 자진타령곡의 음계

(유반음 미음계)

　　위의 악보에서 보듯 시나위에 출현하는 떠는음(a), 평으로 내는음(d'), 꺽는음(e', f')이 출현한다.

　　현재 연주되는 자진타령곡은 제 2시기 타령곡(레음계)이 변화된 솔음계의 타령곡을 빨리 연주하는 형태로 이루어져 있다. 17장단(제1장단~제17장단)을 기본단락으로 하여 계속 반복 연주된다.

　　기본단락은 다음의 선율 형태로 나누어진다.

〈악보 27〉 자진타령곡의 단락 선율형태

　　기본 단락의 구조를 분석하면 다음과 같다.

〈표 9〉 자진타령곡 기본단락 구조

장단	1	2	3	4	5	6	7	8	9	10	11	12	13	14	15	16	17
악곡 구조	a	b	c	d	e	f	g	h	i	j	k	b'	j	j	k	b"	
	A			B									B'				

(3) 장단분석

① 염불장단

　　염불곡에 사용된 장단으로 3소박 느린 6박이며 기본 장단형은 다음과 같다.

〈악보 28〉 염불장단의 기본형

② 타령장단

타령곡에 사용된 장단으로 3소박 4박이며 기본 장단형은 다음과 같다.

〈악보 29〉 타령장단의 기본형

③ 자진타령장단

자진타령곡에 사용된 장단으로 3소박 빠른 4박이며, 기본 장단형은 다음과
같다.

〈악보 30〉 자진타령장단의 기본형

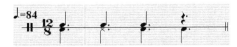

5) 호남검무 음악

(1) 형성배경 및 전승현황

조사대상으로 선택한 호남검무는 한진옥류(流) 검무로 광주를 중심으로 호
남검무보존회가 결성(회장 임순자)되어 한진옥류 검무의 복원과 전승을 위해 애
쓰고 있으며[21], 임순자는 그녀의 2003년 전통춤발표회 때 호남의 향제 삼현육
각인 나주삼현육각을 바탕으로 호남검무 음악의 복원을 꾀하였다. 호남검무
음악의 근간을 이룬 나주삼현육각은 1986년 11월 전라남도 무형문화재 제 13호
로 임동선을 예능보유자로 지정하였고, 그가 작고한 이후로 그의 제자들(이생

---

21 호남검무보존회는 「한진옥류 호남검무 전승발전을 위한 학술세미나」(1999.9.19., 광주 문화예술
   회관 대극장)를 개최하여 호남검무의 정체성 확보를 위해 음악과 춤사위를 연구하였다.

강, 임경주, 김기종)에 의해 나주삼현육각의 일부가 전승되고 있다. 임순자의 발표회 때 복원된 음악은 임동선의 제자인 이생강에 의해 연주된 것이고, 임동선의 또 다른 제자인 김기종은 「나주삼현육각에 관한 연구」[22]를 통하여 나주삼현육각의 실체를 밝히고 있다.

(2) 악곡 분석

나주삼현육각의 선율을 바탕으로 만들어진 호남검무 음악의 분석자료는 임순자 전통춤 발표회(2003. 6. 1, 광주문화예술회관 대극장) 때 사용된 이생강 연주의 음악과 이보형 채록 임동선의 구음으로 녹음된 음악을 대상으로 삼았고, 김기종의 논문과의 비교를 통해 선율의 변화를 살펴보았다. 현재 연주되고 있는 호남검무 음악[23]은 본영산곡(10장단), 염불도드리곡(6장단), 타령곡(42장단), 군악곡(17장단), 타령곡(2장단), 군악곡(46장단), 타령곡(2장단)으로 구성되었다.

① 본영산곡

이생강에 의해 복원, 연주된 호남검무 음악의 첫곡은 나주 삼현육각의 본영산곡의 선율을 빌어와 긴염불장단에 맞춰 연주되었다. 본래 나주 삼현육각에는 경기삼현육각의 긴 염불곡과 같이 느린 속도의 염불곡이 없기 때문에 속도가 느린 본영산의 선율을 빌어와 현재의 긴 염불곡을 만든 것이다.

김기종에 의해 연구된 논문에 제시된 본영산[24] 선율의 음계는 다음과 같다.

〈악보 31〉 본영산곡의 음계

(레음계)

본영산곡은 3장으로 구성되었는데, 이생강에 의해 연주된 부분은 본영산곡

---

22 김기종, 「나주삼현육각에 관한 연구」, 중앙대 석사학위논문, 1996.

23 「임순자 전통춤발표회」(2003.6.1., 광주문화예술회관 대극장)때 사용된 음악임.

24 김기종은 그의 논문에서 삼현영산회상의 상령산과 나주삼현육각의 본영산 선율을 비교, 분석하였다.

중 1장의 선율을 빌어서 연주된 것이다. 음계를 살펴보면 다음과 같다.

〈악보 32〉 이생강 연주의 음계

위의 〈악보 32〉에서 보듯 나주삼현육각의 본영산 음계와 비교할 때 레음계에서 벗어난 e'(시)음이 출현한다.

② 염불도드리 곡

임동선 구음자료에 의하면 잔영산을 부르고 돌장으로 넘어가 염불을 연주한다고 설명하고 있는 것으로 미루어 나주삼현육각의 염불은 삼현영상회상(관악영산회상)의 연주곡 중에 하나인 염불도드리곡과 연관성을 지닌다. 삼현영상회상 중의 염불도드리 곡을 살펴보면 뒷부분을 빠르게 연주하는데, 임동선 역시 염불곡을 구음으로 하면서 뒷부분을 빠르게(♩. ≒ 80) 부르고 있다.

임동선 구음의 염불도드리곡 음계는 다음과 같다.

〈악보 33〉 임동선 구음 염불도드리곡 음계

(레음계)

임동선 구음의 염불도드리곡을 분석해보면 속도가 ♩. ≒ 50인 제 1장단~제15장단 까지는 다음의 선율형태를 보이며 단락을 이루고,

〈악보 34〉 단락을 이루는 선율형태

속도가 ♩. ≒ 80인 제16장단~제21장단 까지는 다음의 선율형태를 보이며 단락을 이룬다.

〈악보 35〉 단락을 이루는 선율형태

염불도드리곡의 구조는 다음과 같다.

〈표 10〉 염불도드리곡의 구조 분석

장단	1~10	11~15	16~17	18~21
악곡분석	A	A'	B	B'

현재 이생강에 의해 연주된 부분은 빠른 부분의 선율(제16장단~제21장단)을 사용하고 있으며 속도는 임동선 구음에 비해 느리고(♩.≒72) 음계 역시 다르다.

〈악보 36〉 이생강 연주의 음계

(솔음계)

③ 타령곡

임동선 구음 자료에 의하면 타령곡은 3장으로 구성되었고, 속도 변화(♩.≒46→♩.≒56)가 있다.

임동선 구음 타령곡의 음계는 다음과 같다.

〈악보 37〉 임동선 구음 타령곡 음계

(레음계)

임동선 구음 타령곡을 분석해 보면 다음 선율형태를 보이며 단락을 이룬다.

〈악보 38〉 단락을 이루는 선율형태

타령곡의 구조는 다음과 같다.

〈표 11〉 타령곡 구조 분석

장단	1~7	8~20	21~29
악곡분석	A	A'	B

현재 이생강에 의해 연주된 음악은 임동선 구음음악 타령곡의 선율을 빌어
서 연주하였고 음계는 다음과 같다.

〈악보 39〉 이생강 연주의 음계

(솔음계)

④ 군악곡

이생강 음악 중 자진타령장단에 연주되는 부분은 나주삼현육각의 군악곡으
로 임동선 구음의 군악곡은 3장으로 구성되어 있으며 음계는 다음과 같다.

〈악보 40〉 임동선 구음 군악곡 음계

(레음계)

임동선 구음 군악곡의 3장 구성은 다음과 같다.

〈표 12〉 군악곡 장(章) 구분

장단	1~8	9~18	19~26
장별구분	1장	2장	3장

이생강 음악은 임동선 구음 군악곡의 1장과 2장의 선율을 빌어와 연주한 것
으로 레음계에서 벗어난 음(e'시)의 출현을 보인다.

〈악보41〉 이생강 연주 군악곡 음계

(3) 장단분석

① 긴염불 장단

본령산곡에 사용된 장단으로 3소박 느린 6박이며 기본형은 다음과 같다.

〈악보 42〉 긴염불 장단의 기본형

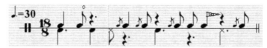

② 도드리 장단

염불도드리곡에 사용된 장단으로 일명 "졸림" 장단[25]이라 하며 3소박 6박이다. 기본형은 다음과 같다.

〈악보 43〉 도드리 장단의 기본형

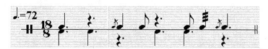

③ 타령장단

타령곡에 사용된 장단으로 3소박 4박이며 기본형은 다음과 같다.

〈악보 44〉 타령 장단의 기본형

④ 자진타령장단

군악곡에 사용된 장단으로 3소박 빠른 4박이며 기본형은 다음과 같다.

---

25 호남지방에서는 도드리 장단을 졸림장단 이라 칭한다.

〈악보 45〉 자진타령장단의 기본형

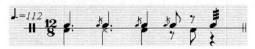

6) 해주검무 음악

(1) 형성배경 및 전승현황

해주검무 음악은 해서지방의 삼현육각 중 해주삼현육각 선율로 연주되는데, 해주는 조선시대 감영(監營)이 있던 곳으로 삼현육각 보유자가 많이 살았으며 해주 관아의 연례와 사가의 향연에 거상악으로, 검무·승무·탈춤 등의 반주음악으로, 귀인의 행차에 행진음악으로 삼현육각 음악이 연주되었다.[26] 해주검무 음악을 담당한 악사로는 중요무형문화재 제34호 강령탈춤 예능 보유자(악사)인 고(故) 박동신으로 그는 생전에 황해도 피리 전수에 힘을 쏟아 그의 해주 삼현육각 선율은 현재 김호석(중요무형문화재 제17호 봉산탈춤 전수조교-피리)에 의해 전승되고 있다. 한편 해주검무는 인천에 보존회를 두고 박동신과 함께 활동한 양소운(중요무형문화재 제17호 봉산탈춤 예능 보유자)에 의해 그녀의 제자들에게 학습되어 지고 있으며[27] 해주삼현육각 반주로 매년 정기공연을 하고 있다.

(2) 악곡분석

분석의 대상으로 삼은 자료는 해주검무 정기공연 발표회 때의 자료[28]로 타령시나위곡(81장단)과 타령곡[29](190장단)으로 구성되었다. 타령곡은 춤사위에 따른 장단의 변화에 따라 속도변화가 있다. 즉 타령곡은 자진타령장단($\downarrow$. ≒80) → 타령장단($\downarrow$. ≒56) → 자진타령($\downarrow$. ≒108)의 순(順)으로 연주된다. 이 자료를 중심으로 박동신의 해주 삼현육각 피리 선율(이보형 채록)과의 비교를 통해 살

26 이보형, 『삼현육각』, 문화재관리국, 1984, 47~49쪽.
27 필자는 인천의 해주검무보존회를 방문 양소운과 대담했다.(2003.9.24)
28 '해주검무 정기공연 발표회'(1997, 인천시 문화회관 소극장)때 음악임.
29 해주검무음악의 타령곡(190장단)은 속도의 변화에 따라 다음과 같이 세 부분으로 나뉜다. 자진타령장단(56장단), 타령장단(69장단), 자진타령장단(65장단).

펴보고자 한다.

① 타령 시나위곡

타령 시나위곡은 해주 삼현육각[30] 에서만 볼수 있는 독특한 곡 이름으로 타령이라는 장단을 뜻하는 단어와 무속음악에서 유래한 기악곡을 뜻하는 시나위라는 단어를 함께 사용하였다. 타령 시나위 곡은 해주 삼현육각중 타령곡보다 속도가 느리다. 박동신이 연주한 타령 시나위곡의 음계는 다음과 같다.

〈악보 46〉 타령 시나위곡의 음계

(솔음계)

〈악보 46〉에서 알 수 있듯이 서도소리의 특징인 아래로 눌러 떠는 요성법을 사용하여 연주된다. 현행의 음악은 박동신의 피리 선율과 비교했을 때 도입 한 장단 연주 후 박동신의 타령시나위 피리선율 중 13장단(제1장단~제13장단)의 선율을 연주하고, 제6장단~제13장단의 선율을 반복 연주하고 있다. 박동신의 타령시나위 피리선율 13장단(제1장단~제13장단)은 다음의 선율형태로 구분된다.

〈악보 47〉 단락을 이루는 선율형태

기본 단락의 구조는 다음과 같다.

〈표 13〉 타령 시나위곡 기본단락 구조

장단	1	2	3	4	5	6	7	8	9	10	11	12	13
악곡구조	a	b	c	d	e	f	g	h	i	j	c'	d	e
	A					B							

---

30 해주삼현육각에 관해 연구된 논문은 다음과 같다. 임혜정, 「해주삼현육각고」, 『한국음반학』 제13호, 2003; 「향제삼현육각 긴염불 연구」, 『한국음반학』 제12호, 2002; 김진성, 「서도 대풍류의 선율구조 연구」, 한국예술종합학교 전문사 학위논문, 1999.

② 타령곡

해주검무에 사용되는 타령곡은 경기 허튼 타령곡과 같이 연주자의 기량에 의해 자유롭게 연주한다. 현재 연주되는 타령곡은 춤사위에 따라 속도의 변화를 보이는데, 속도 변화에 따른 장단 구성을 살펴보면 자진타령장단(♩.≒80) → 타령장단(♩.≒56) → 자진타령장단(♩.≒108) 순(順)이다. 박동신이 연주한 타령곡의 음계와 요성음은 다음과 같다.

〈악보 48〉 타령곡의 음계

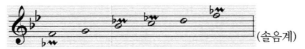

(솔음계)

현재 연주되는 타령곡은 도입가락(제1장단~제4장단)을 연주한 후 18장단(제5장단~제22장단)에 해당하는 기본단락을 반복한다. 기본 단락은 다음의 선율형태로 구분된다.

〈악보 49〉 단락을 이루는 선율형태

기본 단락의 구조를 살펴보면 다음과 같다.

〈표 14〉 타령곡 기본단락 구조

장단	5	6	7	8	9	10	11	12	13	14	15	16	17	18	19	20	21	22
악곡구조	a	b	c	d	e	f	g	e	f'	h	e	i	d	e	f'	h	e	i
	A												A'					

속도가 빨라지는 부분도 도입가락을 연주한 후 기본단락을 반복해서 연주한다.

(3) 장단분석

① 타령시나위 장단의 기본형

타령 시나위곡에 사용되는 장단으로 3소박 느린 4박이며 기본형은 다음과 같다.

〈악보 50〉 타령시나위 장단의 기본형

② 타령장단

타령곡에 사용되는 장단으로 3소박 4박이며 기본형은 다음과 같다.

〈악보 51〉 타령장단의 기본형

③ 자진타령장단

타령곡의 속도가 빨라지는 부분에 사용되는 장단으로 3소박 빠른 4박이며 기본형은 다음과 같다.

〈악보 52〉 자진타령장단의 기본형

7) 평양검무 음악

(1) 형성배경 및 전승현황

2001년 평안남도 무형문화재 제1호로 지정된 평양검무는 분단 상황으로 인해 평안도 음악을 담당할 악사가 없었으므로 진주검무와 같이 지정당시 악사가 존재하지 않았다. 평양검무 정기공연 자료를 통해 초기에는 경기 삼현육각의 선율을 사용하다가 현재는 해주삼현육각의 선율로 평양검무 음악이 연주됨을 알 수 있었다. 해주 삼현육각의 선율은 해주검무 음악에서 살펴본 것처럼 박동신에 의해 정착된 선율을 김호석이 전수받아 그 맥을 이어오고 있으며, 평양검무 음악 역시 박동신에 의해 정리된 해주삼현육각 선율로 연주된다.

평양검무 예능보유자인 이봉애는 1985년 평양검무보존회를 발족시켜 현재까지 해마다 정기공연을 하며 평양검무의 활성화를 위해 애쓰고 있고, 필자가 평양검무보존회를 방문[31]하였을 당시 악사로 김창진(장구)이 참여하여 장단을 맞추고 있었고, 평양검무보존회 역시 자체악사 양성을 위한 방법을 모색하고 있었다.

(2) 악곡 구성

연구대상으로 삼은 음악은 제6회 평양검무 정기발표회(1997, 서울 문예회관 대극장) 음악으로 악곡 구성은 도드리곡(17장단)과 타령곡(223장단)이다. 타령곡은 해주검무와 마찬가지로 춤사위의 변화에 따른 속도 변화($\downarrow$. ≒72~88)를 보인다. 이 자료를 중심으로 박동신 해주삼현육각 피리 선율(이보형 채록)과의 비교를 통해 살펴보고자 한다.

① 도드리곡

평양검무에 사용되는 첫곡은 해주삼현육각의 도드리곡으로 장 구분 없이 5장단으로 이루어져 있다. 필자가 대담한 김호석과 김진성의 논문에는 염불이라는 곡명을 사용한다. 하지만 해주삼현육각의 염불곡과 도드리곡은 차이를 보인다.[32] 이보형의 글을 인용하면 다음과 같다.

> 염불은 승무, 검무 등 춤의 반주음악으로 쳤고 빠르기에 따라 긴염불, 잦은 염불로 구별된다고 한다. 긴염불 장단은 12박 단마루이고 잦은 염불은 6박 단마루라 한다. 긴염불은 6박으로 친다. 도드리는 봉산탈춤, 해주탈춤 등 탈춤의 반주와 승무, 검무 등 춤의 반주에 두루 쓰는 삼현이라 한다. 빠르기에 따라 긴도드리, 잦은 도드리로 빠르기만 다를 뿐 모두 6박장단이며 5마루로 되었다 한다.[33]

현재 연주되고 있는 도드리 곡은 박동신이 연주한 도드리곡 피리선율을 바

---

31 이봉애와 대담. (2004.2.29)
32 임혜정, 앞의 글 참조.
33 이보형, 앞의 글, 52쪽.

탕으로 하여 연주되고 있다. 박동신이 연주한 도드리곡의 음계는 다음과 같다.

〈악보 53〉 도드리곡 음계

(솔음계)

〈악보 53〉에서 알 수 있듯이 서도소리의 특징적인 요성법(아래로 눌러 떠는)을 사용하고 있다.

② 타령곡

평양검무 음악의 타령곡은 해주삼현육각의 타령곡 선율로 연주된다. 현재 연주되는 타령곡은 13장단(제1장단~제13장단)의 기본단락을 바탕으로 하여 연주된다. 13장단의 기본단락을 연주한 후 제5장단~제13장단 혹은 제8장단~제13장단의 선율을 반복하여 연주한다. 기본단락은 해주검무 음악의 타령곡과 같이 다음의 선율형태로 나누어진다.

〈악보 54〉 단락을 이루는 선율형태

기본단락을 분석하면 다음과 같다.

〈표 15〉 타령곡 기본단락 구조

장단	1	2	3	4	5	6	7	8	9	10	11	12	13
악곡구조	a	b	c	d	e	f	g	h	c	a'	b'	c	d
	A				A'								

(3) 장단분석

① 도드리 장단

도드리곡에 사용된 장단으로 3소박 느린 6박이며 기본형은 다음과 같다.

〈악보 55〉 도드리 장단의 기본형

② 타령장단

타령곡에 사용된 장단으로 3소박 4박이며 기본형은 다음과 같다.

〈악보 56〉 타령장단의 기본형

타령장단 연주시 춤사위의 변화에 따라 속도 변화(♩.≒72~88)와 타법의 변화가 생긴다. 타령곡에 쓰이는 변주는 다음과 같다.

〈악보 57〉 타령장단의 변주형

3. 교방검무의 춤사위 구성형식 및 춤사위 유형

1) 교방검무의 춤사위 구성형식

연구 대상으로 삼은 각 지역 검무의 춤사위 구성을 살펴보면 크게 다음과 같이 분류된다.

첫째, 한삼을 손에 끼고 춤을 추는 한삼춤.

둘째, 맨손으로 춤을 추는 손춤.

셋째, 칼을 들고 춤을 추는 칼춤.

보다 세분화시켜보면 맨손으로 추는 손춤은 서서 추는 선 손춤과 앉아서 추는 앉은 손춤으로 나뉘고, 칼춤 역시 앉아서 추는 앉은 칼춤과 서서 추는 선 칼춤으로 나뉜다. 선 칼춤은 춤의 특성상 대무(對舞)형식의 춤[34]과 연풍대(燕風

臺)[35], 춤을 마무리하기 위해 일렬로 서서 추는 제행이무(弟行而舞)[36]로 나뉜다.

즉 검무는 한삼춤, 선 손춤, 앉은 손춤, 앉은 칼춤, 선 칼춤[37](대무 형식의 춤), 연풍대, 제행이무로 구성되어 있음을 알 수 있다. 각 지역 검무의 춤사위 구성형식을 시간적 흐름과 함께 살펴보면 다음과 같다.

① 진주검무

한삼춤 → 선 손춤 → 앉은 손춤 → 앉은 칼춤 → 선 칼춤 → 연풍대 → 제행이무 → 인사

② 통영검무

한삼춤 → 선 손춤 → 앉은 손춤 → 앉은 칼춤 → 선 칼춤 → 연풍대 → 제행이무 → 인사

③ 호남검무

한삼춤 → 선 손춤 → 앉은 손춤 → 앉은 칼춤 → 선 칼춤 → 연풍대 → 제행이무 → 인사

④ 궁중검무

선 손춤 → 앉은 손춤 → 앉은 칼춤 → 선 칼춤 → 연풍대 → 제행이무 → 인사

⑤ 경기검무

선 손춤 → 앉은 손춤 → 앉은 칼춤 → 선 칼춤 → 연풍대 → 제행이무 → 인사

⑥ 해주검무

선 손춤 → 앉은 손춤 → 앉은 칼춤 → 선 칼춤 → 연풍대 → 제행이무 → 인사

⑦ 평양검무

선 손춤 → 앉은 손춤 → 앉은 칼춤 → 선 칼춤 → 연풍대 → 제행이무[38] → 인사

위의 내용에서 알 수 있듯이 검무의 시간적 흐름에 따른 춤사위 구성형식은 두 가지 유형으로 분류가 된다.

첫째, 한삼춤 → 선 손춤 → 앉은 손춤 → 앉은 칼춤 → 선 칼춤 → 연풍대 →

---

34 대무(對舞)형식의 춤이란 2열 종대로 서로 마주보고 추는 춤을 의미한다.

35 검무(劍舞)·첨수무(尖袖舞)·풍물 등에 나오는 춤사위의 용어. 연풍대의 특징은 오금을 구부렸다 일어나면서 도는 것이 아니라 허리를 뒤로 젖히며 유연하게 도는 사위임. 풍물에서는 허리를 뒤로 젖히며 공중에 떠서 빙빙 도는 점이 조금 다름.

36 제행이무(弟行而舞)란 춤을 마무리하기 위해 객석을 향해 1열 횡대로 서서 추는 춤을 칭한다.

37 용어의 편의상 대무형식으로 추는 선 칼춤은 선 칼춤, 연풍대 동작으로 추는 선 칼춤은 연풍대, 1열 횡대로 추는 선 칼춤은 제행이무로 명명한다.

38 평양검무는 다른 지역 검무와 달리 객석을 향해 2열 종대로 서서 춤을 마무리한다.

제행이무→인사의 구성형식을 지닌 검무로 진주검무, 통영검무, 호남검무가
이에 해당된다.

　둘째, 선 손춤→앉은 손춤→앉은 칼춤→선 칼춤→연풍대→제행이무→
인사의 구성형식을 지닌 검무로 궁중검무, 경기검무, 해주검무, 평양검무가
이에 해당된다.

　지역적으로 볼 때 남쪽의 검무(진주검무, 통영검무, 호남검무)는 한삼춤으로
시작이 되고, 북쪽의 검무(궁중검무, 경기검무, 해주검무, 평양검무)는 한삼춤을
추지 않고 손춤으로 시작이 됨을 알 수 있다.

2) 교방검무의 춤사위 유형

　교방검무의 춤사위 구성형식에 따른 각 지역 검무의 춤사위의 유형을 정리
하면 다음과 같다.

〈표 16〉 각 지역 교방검무의 춤사위 유형

	한삼춤	선 손춤	앉은 손춤	앉은 칼춤	선 칼춤	연풍대	제행이무
진주 검무	·한삼평사위 ·숙인사위 ·한삼뿌릴사위 ·한삼쌍어리사위 ·결삼사위	·맨손입춤사위 ·맨손쌍어리사위 ·방석돌이사위 ·진퇴사위 ·옆사위 ·윗사위	쾌자어룸사위	·외칼사위 ·쌍칼사위 ·옆사위 ·윗사위 ·돌림사위	·위엄사위 ·진퇴사위 ·뿌릴사위 ·옆사위 ·윗사위 ·돌림사위	·연풍대1 (겨드랑사위) ·연풍대2 (옆구리사위) ·연풍대3 (쌍칼사위) ·연풍대4 (외칼사위)	칼사위 (윗,오른쪽, 왼쪽)
통영 검무	·입춤 ·쌍오리 ·맥임사위 ·평사위 ·잦은사위 ·모듬겨드랑사위 ·잦은겨드랑사위 ·모듬돌림사위 ·앞사위 ·엇사위 ·머릿사위 ·좌우돌림사위	·손어름사위 ·어깨춤사위	칼어름사위	·외칼사위 ·양쪽돌림 사위 ·앞사위 ·엇사위 ·머릿사위	·쌍칼어름사위 ·뒷걸음 ·진격태	·연풍대1 (잦은사위) ·연풍대2 (엇사위) ·연풍대3 (머리사위) ·연풍대4 (자반뒤지기)	·잦은사위 ·옆겨드랑 ·돌림사위 ·앞사위 ·모둠사위 ·돌림사위
호남 검무	·한삼일자펴기 ·어깨사위	·손춤사위 ·손목떨구기	·앉은사위 ·맨손으로 칼	·칼집어 ·머릿사위	·팔사위 ·머릿사위	·연풍대1 (겨드랑사위)	·쌍칼겨드랑 사위

	·위뿌리기사위 ·위뿌려 허리감기 ·우마발사위	·쌍오리 ·중틀음 ·방석돌이 꽃봉오리	사위	·칼사위 ·팔사위		·연풍대2 (머릿사위) ·연풍대3 (머릿사위)	·쌍칼 면사위 ·쌍칼머리사위
궁중 검무	x	·무작 ·상대 ·무진 ·무퇴 ·환립 ·흑배흑면이무	·상대궤무 ·농검	집검	·번표이무 ·농수	연풍대	제행이무
경기 검무	x	·평사위 ·양팔벌림사위 ·양팔벌려어깨멜 사위 ·좌우일대전	·상체얼르는 사위 ·상체재낄사위 ·지숨사위 ·칼어름사위	·외칼사위 ·쌍칼사위	·외칼돌림사위 ·돌림사위 ·하·상사위 ·음·양머리사위 ·겨드랑끼는위 ·던지고당길위 ·외칼좌우치 ·외칼상하사위 ·양칼맞대는사위	·연풍대1 (외칼사위) ·연풍대2 (양칼사위)	·칼사위 (겨드랑끼는사위, 음·양머리윗사위, 던지고 당길사위, 하·상사위)
해주 검무	x	·나비사위 ·양손옆사위 ·한손옆사위 ·엎을사위 ·앞사위	·나비사위 ·엎드릴사위 ·양손모아어르기 ·양손옆사위 ·한손옆사위 ·앞사위 ·전립잡고 손돌리기	·외칼사위 ·감고제낄 사위 ·한손,양손 곱칠사위 ·부채사위 ·옆사위 ·돌림사위 ·겹칠사위 ·번개사위 ·떡미사위	·뺄사위 ·돌사위 (앉은춤의 칼사위 반복)	·외칼연풍대 ·양칼 땅짚는 연풍대	·양손곱칠사위 ·뺄사위
평양 검무	x	·서서기본동작 ·반동작 ·양팔벌려두번 돌리기 ·반돌아 기본동작	·두손 뒤로 모아 허리춤 ·도는 연풍앉아 양팔벌리기 ·옆으로 허리 춤사위	·한칼사위 ·쌍칼사위 ·번개사위	·칼옆에 끼고 도는 사위 ·양팔 벌려 칼 돌리기 ·칼 돌려 머리쓸기 ·기본 빨리돌기	·도는 연풍앉아 양팔 벌리기 ·머리 쓸며 까치걸음 ·칼로 땅치기	·좌.우 칼 돌리기 ·번개사위

4. 교방검무의 진행방식에 따른 음악형식

1) 교방검무의 음악 구성

본 연구의 대상으로 삼은 각 지역 검무의 영상자료는 다음과 같다.

〈표 17〉 각 지역 검무 영상자료

검무의 종류	검무영상자료
진주검무	2003년 국립국악원에서 공연한 진주검무
통영검무	2003년 통영시민문화회관에서 공연한 통영검무
호남검무	2003년 광주문화예술회관에서 공연한 호남검무
궁중검무	2003년 국립국악원에서 공연한 궁중검무
경기검무	2000년 서울문화예술회관에서 공연한 경기검무
해주검무	1997년 인천시민문화회관에서 공연한 해주검무
평양검무	1997년 서울문화예술회관에서 공연한 평양검무

위의 자료를 바탕으로 각 지역 검무의 음악 구성을 정리하면 〈표 18〉과 같다.

〈표 18〉 각 지역 검무의 음악 구성

검무의 종류	악곡(장단)[39] 진행 순서
진주검무	긴염불곡 → 허튼타령곡 → 자진허튼타령곡 → 허튼타령곡 → 자진허튼타령곡 (염불장단)　　(타령장단)　　(자진타령장단)　　(타령장단)　　(자진타령장단)
통영검무	염불곡　→　자진타령곡　→　타령곡　→　자진타령곡 (염불장단)　(자진타령장단)　(타령장단)　(자진타령장단)
호남검무	본영산곡 → 염불도드리곡 → 타령곡　→　군악곡 → 타령곡 → 군악곡 (염불장단)　　(도드리장단)　　(타령장단)　(자진타령장단) (타령장단) (자진타령장단)
궁중검무	허튼타령곡 → 자진허튼타령곡 → 허튼타령곡 → 자진허튼타령곡 (타령장단)　　(자진타령장단)　　(타령장단)　　(자진타령장단)
경기검무	허튼타령곡 → 자진허튼타령곡 → 당악곡 (타령장단)　　(자진타령장단)　　(당악장단)
해주검무	타령시나위곡 → 자진타령곡 → 타령곡 → 자진타령곡 (타령시나위장단)　(자진타령장단)　(타령장단)　(자진타령장단)
평양검무	도드리곡 → 자진타령곡 → 타령곡 → 자진타령곡 (염불장단)　(자진타령장단)　(타령장단)　(자진타령장단)

〈표 18〉을 중심으로 하여 속도의 변화를 알 수 있는 각 지역 검무 음악의 장단구성을 살펴보면 다음과 같다.

---

39 검무 음악의 악곡명과 장단명은 구분이 되어 사용되어야 한다. 악곡명은 선율을 중심으로 하여 붙여진 명칭이고, 장단은 박(속도)을 중심으로 하여 붙여진 명칭이다. 검무에 관한 많은 논문들이 악곡명과 장단명을 혼재하여 사용하고 있어 용어상의 혼란을 주고 있다. 악곡명에는 ~곡(예를 들어 허튼타령곡), 장단명에는 ~장단(예를 들어 타령장단)이라 붙여 차별화하여야 한다.

① 진주검무

염불장단(♩.=20) → 타령장단(♩.=40) → 자진타령장단(♩.=100) → 타령장단(♩.=40)
→ 자진타령장단(♩.=104)

② 통영검무

염불장단(♩.=30) → 자진타령장단(♩.=84) → 타령장단(♩.=52) → 자진타령장단
(♩.=84)

③ 호남검무

염불장단(♩.=30) → 도드리장단(♩.=72) → 타령장단(♩.=50) → 자진타령장단
(♩.=112) → 타령장단(♩.=50) → 자진타령장단(♩.=112)

④ 궁중검무

타령장단(♩.=40) → 자진타령장단(♩.=100) → 타령장단(♩.=40) → 자진타령장단
(♩.= 100)

⑤ 경기검무

타령장단(♩.=46) → 자진타령장단(♩.=86) → 당악장단(♩.=144)

⑥ 해주검무

타령시나위장단(♩.=25) → 자진타령장단(♩.=80) → 타령장단(♩.=56) → 자진타령장
단(♩.=108)

⑦ 평양검무

염불장단(♩.=30) → 자진타령장단(♩.=88) → 타령장단(♩.=72) → 자진타령장단
(♩.= 88)

　　각 지역 검무 음악 진행에 있어 공통적인 현상은 느린 장단으로 시작하여
속도를 몰아가다 타령장단으로 조금 속도를 늦춘 후 다시 자진타령장단으로
몰아서 맺는 구조로 되어있다.
　　즉 느린장단 → 자진타령장단 → 타령장단 → 자진타령의 순으로 진행된다.
지역적으로 다른 점은 느린 장단을 선택하는데 있어 지역마다 차이점을 보인
다. 단 경기검무의 진행은 타령장단 → 자진타령장단 → 당악장단으로 중간에
자진타령장단에서 타령장단으로 느려지지 않고 빠른 당악장단을 사용한다.

2) 음악의 진행에 따른 교방검무의 춤사위 구성

음악의 진행에 따른 각 지역 검무의 춤사위 구성을 살펴보면 다음과 같다.

〈표 19〉 음악의 진행에 따른 각 지역 검무의 춤사위 구성

	염불장단	도드리 장단	타령장단 (타령시나위)	자진타령 장단	타령 장단	자진타령 (당악)장단
진주검무	한삼춤	x[40]	한삼춤 선 손춤	선 손춤 앉은 손춤 앉은 칼춤	선 칼춤	선칼춤 연풍대 제행이무
통영검무	한삼춤	x	x	한삼춤	앉은 손춤 앉은 칼춤	앉은 칼춤 선 칼춤 연풍대 제행이무
호남검무	한삼춤	한삼춤	한삼춤 선 손춤 앉은 손춤	앉은 손춤 앉은 칼춤	선 칼춤	선 칼춤 연풍대 제행이무
궁중검무	x	x	선 손춤	선 손춤 앉은 손춤 앉은 칼춤	선 칼춤	선 칼춤 연풍대 제행이무
경기검무	x	x	선 손춤 앉은 손춤 앉은 칼춤	선 칼춤 연풍대	x	제행이무
해주검무	x	x	선 손춤 앉은 손춤	앉은 칼춤	선 칼춤	선 칼춤 연풍대 제행이무
평양검무	선 손춤 앉은 손춤	x	x	앉은 손춤 앉은 칼춤 선 칼춤	연풍대	제행이무

3) 음악의 형식에 따른 검무의 진행 방식

검무음악은 앞에서 살펴본 바와 같이 느린장단 → 자진타령장단 → 타령장단 → 자진타령장단의 순으로 진행된다. 이와 같은 진행은 다음과 같은 ABCB′형식을 지니고 있다. 즉 검무 음악은 느린 장단에서 점점 속도를 몰아 자진타령장단에

---

40 x로 표시한 부분은 해당되는 장단과 춤사위가 없음을 의미한다.

이르는 전반부와 타령장단으로부터 속도를 몰아 자진타령장단에 이르는 후반부로 나뉘고, 전반부는 느린장단(A)과 자진타령장단(B)으로 후반부는 타령장단(C)과 자진타령장단(B′)으로 구성되어있다.

　　교방검무 음악 형식에 따른 각 지역 검무의 진행방식을 살펴보면 다음과 같다.

〈표 20〉 음악 형식에 따른 각 지역 검무의 진행방식

	전반부(느린장단 → 자진타령장단)	후반부(타령장단 → 자진타령장단)
진주검무	한삼춤→선 손춤→앉은 손춤→ 앉은 칼춤	선 칼춤→연풍대→제행이무
통영검무	한삼춤	앉은 손춤→앉은 칼춤→선 칼춤 →연풍대→제행이무
호남검무	한삼춤→선 손춤→앉은 손춤→ 앉은 칼춤	선 칼춤→연풍대→제행이무
궁중검무	선 손춤→앉은 손춤→앉은 칼춤	선 칼춤→연풍대→제행이무
경기검무	선 손춤→앉은 손춤→앉은 칼춤→ 선 칼춤→연풍대	제행이무
해주검무	선 손춤→앉은 손춤→앉은 칼춤	선 칼춤→연풍대→제행이무
평양검무	선 손춤→앉은 손춤→앉은 칼춤→ 선 칼춤	연풍대→제행이무

　　위의 표에서 알 수 있듯이 음악 전반부에서의 교방검무의 진행은 한삼춤→선 손춤→앉은 손춤→앉은 칼춤[41]이고, 음악 후반부에서는 선칼춤→연풍대→제행이무가 보편적인 진행이다. 다만 통영검무와 경기검무, 평양검무에서는 다른 진행을 보여준다.

　　교방검무의 진행방식을 음악의 진행과 결부하여 설명하면 전반부에는 느린 속도의 장단에 한삼이나 맨손으로 서서 춤을 추다가 춤의 성격을 변화시키기 위해 즉 칼을 잡기 위해 음악의 속도를 몰아 극적인 변화를 주어 앉아서 칼과 대무한 후 칼을 잡고 앉은 칼춤을 춘다. 후반부에는 새로운 춤(칼춤)을 전개시키기 위해 속도를 조금 늦추어 새로운 장단에 칼춤을 추다가 음악의 속도를 몰아 춤의 절정(Climax)에 이르게 되면 연풍대로 대형변화[42]를 일으키고 일렬로

---

41 한삼춤을 추지 않는 지역에선 선 손춤→앉은 손춤→앉은 칼춤 순으로 진행된다.

42 연풍대 동작을 하기 전까지는 2열 종대의 대무(對舞)형식으로 칼춤을 추다가 연풍대 동작을 하면

서서 춤을 맺는다. 이것을 도식화하면 다음과 같다.

<표 21> 교방검무의 진행방식

	전반부		후반부	
춤의 진행	한삼춤·선손춤 (춤의 전개)	앉은손춤·앉은칼춤 (춤의 성격변화)	선칼춤 (새로운 춤의 전개)	선칼춤·연풍대·제행이무 (춤의 변화 및 마무리)
음악의 진행	느린장단 (A)	자진타령장단 (B)	타령장단 (C)	자진타령장단 (B')

5. 맺음말

한국 전통춤 중 검무는 이 땅의 역사만큼이나 오랜 연원을 지니고 있다. 삼국시대 황창검무로 시작이 되어 고려 후기에는 동자 가면무로 이어지다 조선 초기 세조와 성종 때에는 처용무와 함께 연희되었고 조선후기 숙종 때에는 기녀에 의해 추어지는 춤사위가 부드러운 춤으로 바뀌면서 궁중의 향연에 추어지는 궁중무용의 하나로 정착되었다. 궁중 여악의 한가지로 검무는 각 지방의 교방청으로 파급되면서 각 지역의 독특한 특색을 담은 현재의 교방검무 양식을 파생시켰다. 현재 각 지역에서 전승되는 검무는 이러한 역사적 근원을 지니며 한민족의 정체성을 잘 드러내는 예술적 가치가 뛰어난 춤이다. 특히 교방검무음악은 각 지역의 고유한 음악어법을 지닌 향제 삼현육각으로, 검무의 무복, 무구, 춤사위만큼이나 지역적 특성을 잘 대변해 주는 요소이다. 각 지역의 검무음악은 앞에서 살펴 본 바와 같이 지역의 독특한 음악적 특색을 띠며 정착되었는데 그 내용을 정리하면 다음과 같다.

(1) 김천흥에 의해 재현된 궁중검무 음악은 경기 삼현육각 중 허튼타령곡(타령 장단), 자진허튼타령곡(자진타령장단)으로 구성되었다.

(2) 경기도 무형문화재 제53호 경기검무 음악은 경기 삼현육각 중 허튼타령곡(타령 장단), 자진허튼타령곡(자진타령장단), 당악곡(당악 장단)으로 구성되었다.

서 원형(圓形)의 대형으로 대형변화를 일으킨다.

(3) 국가무형문화재 제 12호 진주검무 음악은 지정 당시 악사의 부재로 경기 삼현육각 중 긴염불곡(긴염불 장단), 허튼타령곡(타령 장단), 자진허튼타령곡(자진타령장단)으로 구성되었다.

(4) 국가무형문화재 제 21호 통영검무 음악은 영남의 삼현육각인 통영삼현육각 중 염불곡(염불 장단), 타령곡(타령 장단), 자진타령곡(자진타령장단)으로 구성되었다.

(5) 한진옥류 호남검무 음악은 호남의 삼현육각인 나주삼현육각 중 본영산곡(긴염불 장단), 염불도드리곡(도드리 장단), 타령곡(타령 장단), 군악곡(자진타령장단)으로 구성되었다.

(6) 양소운에 의해 전승되고 있는 해주검무 음악은 해서의 삼현육각인 해주삼현육각 중 타령 시나위곡(타령 시나위 장단), 타령곡(타령 장단, 자진타령장단)으로 구성되었다.

(7) 평안남도 무형문화재 제 1호인 평양검무음악은 지정 당시 악사의 부재로 해주 삼현육각 중 도드리곡(도드리 장단), 타령곡(타령 장단)으로 구성되었다.

또한 본고에서는 교방검무의 진행방식에 있어서의 특성을 음악과 결부하여 연구하였다.

교방검무의 시간적 흐름에 의한 춤사위 구성형식을 살펴보면 첫째, 한삼춤→선 손춤→앉은 손춤→앉은 칼춤→선 칼춤→연풍대→제행이무→인사 둘째, 선 손춤→앉은 손춤→앉은 칼춤→선 칼춤→연풍대→제행이무→인사의 유형으로 나뉜다. 남쪽의 검무인 진주검무, 통영검무, 호남검무는 전자의 방식으로 구성되어 있고 북쪽의 검무인 궁중검무, 경기검무, 해주검무, 평양검무는 후자의 방식으로 구성되어 있다.

교방검무 음악은 느린장단→자진타령장단에 이르는 전반부와 타령장단→자진타령장단에 이르는 후반부로 나뉘고 전반부는 느린장단(A)과 자진타령장단(B)으로, 후반부는 타령장단(C)과 자진타령장단(B′)으로 구성되어있다. 즉 ABCB′의 형식을 지닌다. 음악 전반부의 검무진행은 한삼춤→선 손춤→앉은 손춤→앉은 칼춤 이고, 후반부의 검무진행은 선 칼춤→연풍대→제행이무→인사 순(順)이다. 다만, 통영검무와 경기검무, 평양검무는 이러한 진행에서 벗어나고 있다.

교방검무의 진행을 음악의 진행과 결부하여 설명하면 전반부는 느린 속도로 한삼이나 맨손으로 서서 춤을 추다 춤의 성격을 변화시키기 위해 음악의 속도를 몰아 앉아서 칼과 대무한 후 칼을 잡고 앉은 칼춤을 춘다. 후반부는 새로운 춤을 추기 위해 속도를 조금 늦추어 칼을 잡고 서서 춤을 추다가 속도를 몰아 칼춤을 격렬하게 추고 춤의 절정에 이르면 연풍대로 대형변화를 일으킨 후 일렬로 서서 춤을 맺는 것이 보편적인 진행방식이다.

교방검무의 진행방식에 있어서 지역적인 특색은 음악의 전반부 즉 느린장단에서 자진타령장단에 이르는 부분의 장단선택과 장단에 따른 춤사위 구성이 다르게 나타난다. 지역별로 장단(춤사위) 진행을 정리하면 다음과 같다.

1) 진주검무

염불장단(한삼춤) → 타령장단(한삼춤·선손춤) → 자진타령장단(선손춤·앉은손춤·앉은칼춤) → 타령장단(선칼춤) → 자진타령장단(선칼춤·연풍대·제행이무)

2) 통영검무

염불장단(한삼춤) → 자진타령장단(한삼춤) → 타령장단(앉은손춤·앉은칼춤) → 자진타령장단(앉은칼춤·선칼춤·연풍대·제행이무)

3) 호남검무

염불장단(한삼춤) → 도드리장단(한삼춤) → 타령장단(한삼춤·선손춤·앉은손춤) → 자진타령장단(앉은손춤·앉은칼춤) → 타령장단(선칼춤) → 자진타령장단(선칼춤·연풍대·제행이무)

4) 궁중검무

타령장단(선손춤) → 자진타령장단(선손춤·앉은손춤·앉은칼춤) → 타령장단(선칼춤) → 자진타령장단(선칼춤·연풍대·제행이무)

5) 경기검무

타령장단(선손춤·앉은손춤·앉은칼춤) → 자진타령장단(선칼춤·연풍대) → 당악장단(제행이무)

6) 해주검무

타령시나위 장단(선손춤·앉은손춤) → 자진타령장단(앉은칼춤) → 타령장단(선

칼춤) → 자진타령장단(선칼춤·연풍대·제행이무)

　7) 평양검무

　염불장단(선손춤·앉은손춤) → 자진타령장단(앉은손춤·앉은칼춤·선칼춤) → 타령장단(연풍대) → 자진타령장단(제행이무)

　필자가 2003년 7월부터 각 지역 검무보존회를 방문하여 대담해 본 결과 회원들 역시 음악의 중요성을 인식하고 자체 악사 양성을 위해 애쓰는 모습을 보였다. 각 지역별 차이는 있었지만 가·무·악의 총체적 학습의 틀이 사라지며 춤과 음악이 이분법적으로 연구되는 현재의 상황 속에서 전통예술의 올바른 맥을 잇기 위해 사라져가는 교방검무 음악인 향제 삼현육각의 복원을 꾀하고 있음이 다행이다. 이와 더불어 각 지역 교방검무의 춤과 음악이 함께 전승될 수 있는 국가의 제도적 지원과 보완책이 마련되어야 춤의 반주음악으로 겨우 그 명맥을 잇고 있는 각 지방의 독특한 음악어법인 향제 삼현육각의 선율이 사라지지 않고 후세에도 전승되어 한국의 대표적 문화유산으로 자리매김 할 것이다.

───────────

필자의 저서 『한국의 교방검무』에서 음악 부분을
검무심포지움 Ⅱ에서 발표했으며, 이를 다시 수정·보완한 글이다.

『의궤』를 통해 본 궁중 검기무 복식

진덕순·이은주

1. 머리말

조선시대 이후 대한제국기까지의 궁중연향(宮中宴享)으로는 회례연(會禮宴), 양로연(養老宴), 사객연(使客宴), 진연(進宴), 진찬(進饌), 진작(進爵) 등이 있다. 이러한 연향에는 각종 정재(呈才)를 베풀어 백성들과 기쁨을 함께 하였다. 그리고 사면령(赦免令)을 내리거나 과거(科擧)를 보여 인재를 등용하기도 하였는데 이는 백성들을 화락하게 함으로써 국가 운명을 공고히 할 기반을 삼기 위함이었다.[1]

궁중연향 때는 다양한 정재가 설행되었는데 그 중 여령들이 춘 검기무(劍器舞)는 정조 19년(1795)의 『원행을묘정리의궤(園行乙卯整理儀軌)』에서 처음 확인된다. 『원행을묘정리의궤』에는 2명의 여령이 군장(軍裝)으로 각각 검(劍) 두 개를 가지고 서로 마주보며 '검무(劍舞)'를 춘다[2]고 하였다. 고려 말까지도 가면을 쓰고 추던 검무가 있었다고는 하지만 조선 후기 여령들의 검기무와는 성격이 달랐다.[3] 여령들이 춘 검기무는 궁중에서 행해지기 전에 이미 여항(閭巷)에서 유행하고 있었다. 17세기 숙종대 이후의 연행록(燕行錄)이나 문집(文集) 등의 기록을 통해 기녀들의 검무가 유행했음을 확인할 수 있다.

여러 연향 관련 『의궤』에는 「권수(卷首)」의 도식(圖式)[4]을 비롯하여 「악장(樂

1 『정조실록』 53권, 정조 24년 2월 2일 을유, "… 而邦有慶則志之, 所以與民共也, 故宣敎以頒赦, 設科以取人, 又以誠小爲祈永之本".
2 『園行乙卯整理儀軌』 002책(奎 14532), 呈才樂章, 128쪽, http://kyujanggak.snu.ac.kr/ 이후 별도의 언급이 없는 의궤 자료는 서울대학교 규장각한국학연구원 사이트에 공개된 자료를 의미한다.
3 趙赫相, "朝鮮朝 劍器詩의 一研究", (성균관대학교 석사학위논문, 2004), 8쪽.

章)」[5], 「공령(工伶)」[6] 등에서 검무·검기무 관련 기록이 확인된다. 검기무 관련 첫 기록인 『원행을묘정리의궤』에는 '검무'라고 기록되어 있으나 순조 29년 (1829) 이후 검기무라는 명칭으로 정착되면서 점차 전형적인 모습을 갖추게 되었다.

이 연구에서는 을묘년(1795) 연향부터 임진년(1892)까지의 조선 후기 연향 관련 의궤 8점과 대한제국기의 임인년(1902)까지의 의궤 4점을 대상으로, 『의궤』「의주(儀註)」와 「권수(卷首)」의 '정재도(呈才圖)'와 '복식도(服飾圖)', 「악장」과 「품목(稟目)」 또는 「악기풍물(樂器風物)」, 「공령」, 「상전(賞典)」 기록, 도병과 기타 회화자료, 고문헌, 그리고 선행연구 성과[7]를 참고하여 검기무와 검기무 복식을 품목별로 시대별 변화와 특징을 살펴보고자 한다.

2. 궁중 검기무의 발단과 전개양상

1) 숙종대 이후의 검무 유행 양상

여령에 의해 설행된 궁중 검기무는 앞서 언급했듯이, 정조대 『원행을묘정리의궤』에서 비로소 확인된다. 궁중 검기무의 도입 배경을 알아보기 위해 숙종대 이후의 검무에 대한 세간의 정황을 살펴보면 다음과 같다.

1711년(숙종 37) 임수간(任守幹, 1665~1721)의 『동사일기(東槎日記)』[8]와 김창

---

4 『園行乙卯整理儀軌』 001책, 41쪽.

5 『園行乙卯整理儀軌』 002책, 128쪽.

6 『園行乙卯整理儀軌』 006책, 70쪽.

7 신혜영, 「延世大學校 博物館所藏 光武5年 進宴圖의 服飾」, 이화여자대학교 석사학위논문, 1990; 최미희, 「光武6년(1902) 進宴儀軌에 나타난 呈才服飾」, 명지대학교 석사학위논문, 1997; 南厚先, 「劍器舞服飾에 關한 硏究」, 『복식문화연구』 제5권 3호, 복식문화학회, 1997, 142~150쪽; 남미화, 「朝鮮後期 記錄畵에 나타난 劍器舞 服飾에 관한 연구」, 이화여자대학교 석사학위논문, 2003; 윤지원, 「劍舞 服飾의 연원과 변천양상에 관한 연구」, 『服飾』 제 57권 7호, 한국복식학회, 2007, 84~97쪽; 최윤희, 「조선시대 궁중검기무 복식에 관한 연구」, 건국대학교 석사학위논문, 2010; 황혜영·소황옥, 「향제 검무와 복식에 관한 연구」, 『服飾』 제61권 6호, 한국복식학회, 2011, 15~37쪽.

8 任守幹, 『東槎日記』, 肅宗 37年(1711) 5月 26日, "夕宿義城. 會從事官上聞詔樓張樂. 靑松妓兩人 釖舞可觀. 擲雙釖. 以一手接之. 蓋絕藝也".

▲그림 1. 신윤복 〈雙劒對舞〉의 검무 기녀들『朝鮮時代 風俗畵』

▶그림 4. 검무 차림의 기녀 (부사내행도임도) 『독일라이프치히그라시 민속박물관 소장 한국문화재』

▲그림 2. 검무 차림의 기녀(안릉신영도) 『朝鮮時代 風俗畵』

▲그림 3. 검무 차림의 기녀(동래부사접왜사도) 『朝鮮時代 風俗畵』

업(金昌業, 1658~1721)의 『노가재연행일기(老稼齋燕行日記)』[9], 1791년(정조 15) 김이소(金履素, 1735~1798)의 『기유록(奇遊錄)』[10], 1828년(순조 28) 작자 미상의 『왕환일기(往還日記)』[11] 등, 사행록이나 연행록에 검무 기록이 적지 않게 보인 다. 이외에도 유득공(柳得恭, 1748~?)의 〈검무부(劒舞賦)〉나 박제가(朴齊家,

---

9   金昌業, 『老稼齋燕行日記』卷九, 肅宗 39年(1713) 3月 18日 乙未, "夜 駕鶴與兒妓楚玉劍舞 楚玉 尤妙 其年十三云 劍舞 我輩兒時所未見 數十年來漸盛 今遍于八道 有妓邑 皆具其服色 動樂必先呈 此妓".

10 金正中, 『奇遊錄』, 正祖 15年(1791) 11月 11日, "觀劍舞于望辰樓畔 此土之妓 善騎馬 喜舞劍. 能爲 丈夫之事 塞上習俗 蓋其如此".

11 『往還日記』, 純祖 28年(1828) 4月 22日 辛卯, "午後拖舟上浮碧樓觀劍舞".

1750~1805)의 〈검무기(劍舞記)〉 등에서 기녀와 검무의 생생한 모습을 확인할 수 있다.[12] 이들 기록을 보면 민간에서는 흔히 '검무'라고 칭하였으며 여러 지역에서 어린 기생[兒妓]들이 공연하였음[13]을 알 수 있다.

신윤복의 「쌍검대무(雙劍對舞)」〈그림 1〉[14]와 「안릉신영도(安陵新迎圖)」〈그림 2〉[15], 「동래부사접왜사도(東來府使接倭使圖)」〈그림 3〉[16], 「부사내행도임도(府使內行到任圖)」〈그림 4〉[17] 등의 회화자료를 통해서도 검무와 관련된 기녀들의 모습을 볼 수 있다. 신임 관리로 부임되거나 사신 영접 등의 모습에서 확인된다. 이러한 18세기 이후 세간의 검무 유행 양상은 자연스럽게 궁중으로 유입되었을 것으로 짐작된다.

2) 『의궤』, 「의주」의 검기무 기록

궁중 검기무에 관한 기록은 모두 12종의 『의궤』, 즉 1795년(정조 19) 『원행을묘정리의궤』, 순조 29년(1829) 『(기축)진찬의궤』, 헌종 14년(1848) 『(무신)진찬의궤』, 고종 5년(1868) 『(무진)진찬의궤』, 고종 10년(1873) 『(계유)진작의궤』, 고종 14년(1877) 『(정축)진찬의궤』, 고종 24년(1887) 『(정해)진찬의궤』, 고종 29년(1892) 『(임진)진찬의궤』, 광무 5년(1901) 5월 『(신축)진찬의궤』, 7월 『(신축)진연의궤』, 광무 6년(1902) 4월 『(임인)진연의궤』, 11월의 『(임인)진연의궤』 등에서 확인된다.

12종의 『의궤』 중 검기무에 대한 기록은 「도식」의 〈정재도〉와 〈복식도〉 부분, 「악장」, 「의주」, 「품목」 또는 「공령」, 「악기풍물」, 「상전」 등 다양한 항목에서 찾아볼 수 있다. 우선 12종 『의궤』의 「의주」에 기록된 검기무 관련 기록을 정리해 보면 〈표 1〉과 같다. 각 연향에서 검기무가 설행된 순서는 대체로 연향의 후반부나 마지막 부분에 행해졌음을 알 수 있다. 그리고 검기무의 음악에

---

12 趙赫相, 앞의 글, 11쪽.

13 안대회, 『조선의 프로페셔널』, 휴머니스트, 2007, 195~197쪽.

14 국립중앙박물관 편, 『朝鮮時代 風俗畵』, 국립중앙박물관, 2002, 162쪽.

15 위의 책, 43쪽.

16 위의 책, 40쪽.

17 국립문화재연구소 편, 『독일 라이프치히그라시민속박물관 소장 한국문화재』, 국립문화재연구소, 2013, 137쪽.

대해서도 알 수 있는데 검무에 대한 기록이 없어 악곡명 또한 확인할 수 없는
『원행을묘정리의궤』[18]를 제외하고는 『(기축)진찬의궤』부터는 악곡명이 표기되
어 있다.[19] 1829년 「기축진찬」의 〈야진찬〉과 〈왕세자회작〉을 제외한, 모든 검
기무에는 '무령지곡(武寧之曲)'이 연주되었는데 향당교주에 임시로 붙인 아명[20]
이라고 한다.

표 1. 『의궤』「의주」에 나타난 검기무 설행 순서와 악곡명

연도	의궤	행사명(일자)	참여자	검기무 설행순서 (전체 정재수)	악곡명
정조 19년 (1795)	(원행을묘) 정리의궤 〈奎 14361〉	진찬(윤2월 13일)	자궁, 임금, 내외명부, 의빈척신, 배종백관	13(13)	–
순조 29년 (1829)	(기축) 진찬의궤 〈奎 14370〉	내진찬(2월 12일)	왕세자, 왕세자빈, 좌우명부, 종친, 의빈, 척신	11(13)	무녕 지곡
		야진찬(2월 12일)	전하, 왕세자	4(4)	응상 지곡
		왕세자회작(2월 13일)	왕세자, 배연명부	8(15)	다보 자령
헌종 14년 (1848)	(무신) 진찬의궤 〈奎 14372〉	야진찬(3월 17일)	대왕대비, 전하	3(4)	무녕 지곡
		대전회작(3월 19일)	전하, 명부, 진찬소 당상·낭청	7(8)	무녕 지곡
고종 5년 (1868)	(무진) 진찬의궤 〈奎 14374〉	내진찬(12월 6일)	대왕대비, 전하, 왕비, 대원군, 부대부인, 좌우명부, 종친, 의빈, 척신	7(10)	무녕 지곡
		대전회작(12월 11일)	전하, 진찬소 당상·낭청, 종친, 의빈, 척신	7(10)	무녕 지곡
고종 10년 (1873)	(계유) 진작의궤 〈奎 14375〉	내진작(4월 18일)	대왕대비, 전하, 왕비, 대원군, 부대부인, 좌우명부, 종친, 의빈, 척신, 진찬소 당상·낭청	11(14)	–
		야진작(4월 18일)	대왕대비, 전하	4(4)	–
		대전회작(4월 20일)	전하, 명부, 진찬소 당상·낭청	7(8)	–

18 『園行乙卯整理儀軌』003책, 13~22쪽.

19 한국학중앙연구원 편, 『조선후기 궁중연향문화 권2』, 민속원, 2005, 243쪽.

20 성무경·이의강, 『정재무도홀기』, 보고사, 2005, 153쪽. '무령지곡'은 '무력으로 안녕을 이룬다'는
뜻이다.

연도	의궤	행사명(일자)	참여자	검기무 설행순서 (전체 정재수)	악곡명
고종 14년 (1877)	(정축) 진찬의궤 〈奎 14376〉	야진찬(12월 6일)	대왕대비, 전하	3(4)	무녕 지곡
		대전회작(12월 10일)	전하, 명부, 진찬소 당상·낭청	5(8)	무녕 지곡
고종 24년 (1887)	(정해) 진찬의궤 〈奎 14405〉	야진찬(1월 27일)	대왕대비, 전하, 왕세자	5(6)	무녕 지곡
		대전회작(1월 28일)	전하, 명부, 진찬소 당상·낭청	8(9)	무녕 지곡
		왕세자회작(1월 29일)	왕세자, 명부, 진찬소 당상·낭청	6(9)	무녕 지곡
고종 29년 (1892)	(임진) 진찬의궤 〈奎 14428〉	내진찬(9월 25일)	전하, 왕비, 왕세자, 왕세자빈, 좌우명부, 왕세자종친, 척신	27·28 (28)	무녕 지곡
		야진찬(9월 25일)	전하, 왕비, 왕세자	18·19 (19)	무녕 지곡
		왕세자회작(9월 26일)	왕세자, 명부, 진찬소 당상·낭청	5(8)	무녕 지곡
고종 광무 5년 5월 (1901)	(신축) 진찬의궤 〈奎 14446〉	내진찬(5월 13일)	명헌태후, 폐하, 황태자, 황태자비, 군부인, 좌우명부, 종친, 척신, 진찬소 당상·낭청	7(13)	무녕 지곡
		익일회작(5월 16일)	폐하, 명부, 진찬소 당상·낭청	8(9)	무녕 지곡
		황태자회작(5월 18일)	황태자, 명부, 진찬소 당상·낭청	8(9)	무녕 지곡
고종 광무 5년 7월 (1901)	(신축) 진연의궤 〈奎 14464〉	내진연(7월 27일)	폐하, 황태자, 황태자비, 친왕, 군부인, 좌우명부, 종친	19(19)	무녕 지곡
		야진연(7월 27일)	폐하, 황태자	12(12)	무녕 지곡
		황태자회작(7월 29일)	황태자, 명부, 진연청 당상·낭청	7(8)	무녕 지곡
고종 광무 6년 4월 (1902)	(임인) 진연의궤 〈奎 14494〉	내진연(4월 24일)	폐하, 황태자, 황태자비, 친왕, 군부인, 좌우명부, 종친, 척신	31(31)	무녕 지곡
		야진연(4월 24일)	폐하, 황태자	12(12)	무녕 지곡
		황태자회작(4월 25일)	황태자, 명부, 진연청 당상·낭청	7(8)	무녕 지곡

연도	의궤	행사명(일자)	참여자	검기무 설행순서 (전체 정재수)	악곡명
고종 광무 6년 11월 (1902)	(임인) 진연의궤 〈奎 14499〉	내진연(11월 8일)	폐하, 황태자, 황태자비, 친왕, 군부인, 좌우명부, 종친	26(26)	무녕 지곡
		야진연(11월 8일)	폐하, 황태자	16(16)	무녕 지곡
		황태자회작(11월 9일)	황태자, 명부, 진연청 당상·낭청	7(8)	무녕 지곡

3) 궁중 검기무 여령의 명단과 상전(賞典) 기록

궁중연향에 검기무가 처음 등장하는 을묘년(1795) 진찬에서는 여령 2명이 참가하였다.[21] 윤2월 11일 진찬 습의(習儀) 때 검무를 연습[22]한 것으로 확인된다. 그러나 아쉽게도 실제 정재가 행해진 윤2월 13일의 봉수당 진찬 기록에는 검기무의 연희 기록이 보이지 않는다.[23]

한편 순조대에 처음 검기무가 설행된 기축년(1829) 진찬[24] 때는 여령 외에 동기 2명과 집사(執事) 1명이 포함되어 있다. 그러나 헌종대의 무신년(1848) 진찬[25]이나 정축년(1877) 진찬[26]의 검기무에는 여령 6명과 동기 2명이 참가하였다.

그리고 고종 5년(1868) 무진년 진찬[27]과 10년(1873) 계유년의 진작[28], 24년 (1887)의 정해 진찬[29], 29년(1892)의 임진 진찬[30], 대한제국 광무 5년(1901)의 신축년 진찬·진연[31], 광무 6년 11월의 임인년 진연[32]에는 4명의 여령이 참여하였다. 고종 때의 궁중정재 절차를 기록한 『정재무도홀기』에서도 검기무 여령의 수와

---

21 『園行乙卯整理儀軌』 006책, 70쪽.
22 『園行乙卯整理儀軌』 002책, 100쪽.
23 『園行乙卯整理儀軌』 003책, 13~22쪽.
24 『(己丑)進饌儀軌』 004책, 19쪽.
25 『(戊申)進饌儀軌』 004책, 23, 25쪽.
26 『(丁丑)進饌儀軌』 004책, 44, 45쪽.
27 『(戊辰)進饌儀軌』 002책, 83, 85쪽.
28 『(癸酉)進爵儀軌』 001책, 118, 121, 122쪽.
29 『(丁亥)進饌儀軌』 004책, 51, 53, 57쪽.
30 『(壬辰)進饌儀軌』 004책, 101, 102, 103쪽.
31 『(辛丑)進饌儀軌』 004책, 42, 47, 51쪽; 『(辛丑)進宴儀軌』 004책, 77, 81, 83쪽.
32 『(壬寅)進宴儀軌』 下, 서울대학교규장각, 1996, 270, 274~275, 277쪽.

이름, 소속 등이 파악되는데 정재여령은 모두 4명이었고 상방(尙房) 소속이거나 의녀(醫女)들이었다.[33] 단 광무 6년(1902) 4월 고종의 기로소 입소를 기념한 진연의 〈함녕전내진연〉, 〈함녕전야진연〉, 〈함녕전익일황태자회작의〉[34]에서는 가장 많은 인원이 참여하였다. 여령 8명의 쌍검기무가 확인된다. 이처럼 궁중검기무 여령의 수는 경우에 따라 달랐지만 4명이 추는 경우가 많았음을 알 수 있다.

『의궤』의 「상전」 기록을 통해 연향을 마친 후 검기무 여령에게 어떤 상을 내렸는지 알 수 있는데, 〈표 2〉는 12종 『의궤』에 나타난 검기무 여령·동기의 명단과 연향을 마친 후 그들에게 내린 보상 기록을 정리한 것이다. 을묘년 봉수당 진찬에는 일반 여령들에게 상전으로 무명, 주(紬), 베 등을 내렸는데 그 명단 속에 검기무 여령으로 기록되어 있는 춘운과 운선에 대한 보상 기록은 보이지 않는다.[35] 따라서 을묘년의 검무는 설행되지 않은 것으로 보인다. 기축년의 경우에는 여령이 원하면 면천(免賤)을 해 주기도 하였다.[36] 그 외에는 대부분 1~2필 정도의 주(紬)나 백목(白木) 등을 상으로 내렸다.[37]

표 2. 『의궤』에 나타난 검기무 차비 명단과 상전 내용

연도	의궤	행사내용 (장소)	행사명(일자)	차비	상전
정조19년 (1795)	(원행을묘) 정리의궤	혜경궁 회갑 (봉수당)	진찬(윤2월 13일)	春雲·雲仙	–
순조29년 (1829)	(기축) 진찬의궤	순조 사순 (창경궁 자경전)	내진찬(2월 12일) 야진찬(2월 12일) 왕세자회작(2월 13일)	一隊 錦貝·玉眞 二隊 蓮紅·蓮月 三隊 錦花·允月 童妓隊 降仙·金鶴 執事 蓮紅	錦貝·玉眞 원하면 면천 그 외 紬 1필, 白木 2필

33 성무경·이의강, 앞의 책, 153, 363, 472, 700, 756, 775, 933쪽.

34 『(壬寅)進宴儀軌』 004책, 68, 72, 74쪽.

35 『園行乙卯正理儀軌』 006책, 104~105쪽.

36 『(己丑)進饌儀軌』 004책, 78쪽.

37 『(戊申)進饌儀軌』 004책, 25쪽; 『(戊辰)進饌儀軌』 002책, 96쪽; 『(癸酉)進爵儀軌』 001책, 134~135쪽; 『(丁丑)進饌儀軌』 004책, 95쪽; 『(丁亥)進饌儀軌』 004책, 88쪽; 『(壬辰)進饌儀軌』 004책, 135쪽; 『(辛丑)進饌儀軌』 004책, 75쪽; 『(辛丑)進宴儀軌』 004책, 134쪽; 『(壬寅)進宴儀軌』 004책, 112쪽; 『(壬寅)進宴儀軌』 下, 서울대학교 규장각, 1996, 329쪽.

연도	의궤	행사내용 (장소)	행사명(일자)	차비	상전
헌종14년 (1848)	(무신) 진찬의궤	순원왕후 육순 (창경궁 통명전)	야진찬(3월 17일)	1대 雲姬·暎月 2대 瓊貝·鳳娘 3대 彩鸞·月香 童妓隊 箕珠·綠珠	雲姬 등 2명 각 명주2필, 백목3필
			대전회작(3월 19일)		
고종5년 (1868)	(무진) 진찬의궤	신정왕후 환갑 (경복궁 강녕전)	내진찬(12월 6일)	1대 月香·竹葉 2대 點紅·瓊貝	月香 등 4명 각 紬1필, 木1필
			대전회작(12월 11일)		
고종10년 (1873)	(계유) 진작의궤	신정왕후 책봉 40년 (경복궁 강녕전)	내진작(4월 18일)	1대 瓊貝·彩雲 2대 桂月·玉香	瓊貝 등 4명 각 春紬 1필, 백목 2필
			야진작(4월 18일)		
			대전회작(4월 20일)		
고종14년 (1877)	(정축) 진찬의궤	신정왕후 칠순 (창경궁 통명전)	야진찬(12월 6일)	1대 鶴喜·花仙 2대 竹葉·菊花 3대 秋月·蓮香 童妓隊 小淡·蘭心	鶴喜 등 8명 각 주2필, 백목3필
			대전회작(12월 10일)		
고종24년 (1887)	(정해) 진찬의궤	신정왕후 팔순 (경복궁 만경전)	야진찬(1월 27일)	1대 錦紅·香梅 2대 春雲·錦仙	錦紅 등 4명 각 주2필, 백목3필
			대전회작(1월 28일)		
			왕세자회작(1월 29일)		
고종29년 (1892)	(임진) 진찬의궤	고종 망오·등극 30년 (경복궁 강령전)	내진찬(9월 25일)	左舞 香蘭·紅梅 右舞 蘭喜·珊玉	香蘭 등 4명 각 주2필, 백목3필
			야진찬(9월 25일)		
			왕세자회작(9월 26일)		
고종 광무5년 (1901.5)	(신축) 진찬의궤	명헌태후 칠순 (경운궁 경운당)	내진찬(5월 13일)	1대 暎月·花香 2대 翡翠·翠連	暎月 등 4명 각 주2필, 백목3필
			익일회작(5월 16일)		
			황태자회작(5월 18일)		
고종 광무5년 (1901.7)	(신축) 진연의궤	고종 탄생 50년 (경운궁 함령전)	내진연(7월 27일)	左舞 翠連·翡翠 右舞 暎月·花香	翠連 등 4명 각 주2필, 백목3필
			야진연(7월 27일)		
			황태자회작(7월 29일)		
고종 광무6년 (1902.4)	(임인) 진연의궤	고종 기로소 입소 (경운궁 함령전)	내진연(4월 24일)	左舞 暎月·翠連 右舞 飛蓮·桂花 左舞 連花·蘭珠 右舞 蘭草·竹葉	桂花 등 8명 각 주2필, 백목3필
			야진연(4월 24일)		
			황태자회작(4월 25일)		
고종 광무6년 (1902.11)	(임인) 진연의궤	고종 육순· 즉위40년 (덕수궁 관명전)	내진연(11월 8일)	左舞 綠珠·桂香 右舞 玉喜·連紅	綠珠 등 4명 각 주2필, 백목3필
			야진연의(11월 8일)		
			황태자회작(11월 9일)		

3. 『의궤』 속 궁중 검기무 복식 분석

1) 『의궤』 별 「권수」·「공령」의 검기무 복식과 회화자료 비교

12점의 『의궤』의 「권수」 정재도와 도병·화첩 등의 회화자료를 비교해 보고 「권수」의 〈복식도〉와 「공령」 부분의 검기무 복식 기록을 개별적으로 살펴보면 다음과 같다.

(1) 을묘년(1795) 진찬의 검무 복식

『원행을묘정리의궤』는 을묘년(정조 19) 윤2월에 화성행궁(華城行宮) 봉수당 (奉壽堂)에서 열린 혜경궁 회갑 잔치 기록이다. 12종의 의궤 중 유일하게 정재 의 명칭이 '검무'로 기록되어 있는데 이는 당시 여항에서 유행하던 검무 수용의 방증일 수 있다. 〈표 3〉의 「권수」 정재도에는 양 손에 칼을 들고 서서 춤추는 상대기무(相對起舞) 2명의 여령만 묘사[38]되어 있다. 그런데 「상전」 부분에 검무 여령에 대한 보상 기록이 없듯이, 복식도와 「공령」에도 검무 관련 자료가 보이 지 않는다. 〈표 3〉에 제시된 채색 도상은 19세기의 것으로 추정되는 『원행정리 의궤도(園幸整理儀軌圖)』의 검무[39] 모습인데 이는 『원행을묘정리의궤』 「권수」 정재도의 모습과 같다. 단지 검무 도상에 채색을 했을 뿐이다.

관련 도병이나 회화자료 중에서는 동국대학교 박물관 소장본 〈그림 5〉[40]과 교토대학종합박물관 소장본 〈그림 6〉[41] 〈봉수당진찬도〉 등 2점에서만 검무의 흔적이 보이는데 검무 여령의 모습은 보이지 않고 봉수당 왼쪽 모퉁이에 놓인 검무용 전립 1쌍과 검(劍) 2쌍만 확인된다. 이렇듯, 을묘년 기록 외에 그림 자료 에서도 검무의 설행 증거가 분명하지 않다.

---

38 『(園行乙卯)整理儀軌』 001책, 41쪽.
39 국립중앙박물관 편, 『조선시대 궁중행사도 Ⅲ』, 국립중앙박물관, 2012, 154쪽.
40 수원화성박물관 편, 『정조대왕의 수원행차도』, 수원화성박물관, 2016, 148쪽.
41 위의 책, 164쪽.

표 3. 『원행을묘정리의궤』 「권수」・「공령」의 검기무 복식과 회화자료

연도	「권수」 〈복식도〉 목록	「공령」	「권수」 〈정재도〉	『원행정리의궤도』
정조 19년 (1795 윤2)	-	-		

그림 5. 동국대학교 소장 〈봉수당진찬도〉의 검기무 흔적 『정조대왕의 수원행차도』

그림 6. 교토대학종합박물관 소장 〈봉수당진찬도〉의 검기무 흔적 『정조대왕의 수원행차도』

(2) 기축년(1829) 진찬의 검기무 복식

기축년(순조 29) 『진찬의궤』는 순조의 사순을 기념한 연향 기록이다. 〈표 4〉의 정재도에는 '검기무'라는 명칭으로 제시되어 있으며 4명의 검기무 여령이 묘사되어 있다. 무릎을 꿇고 마주 하고 있는 상대궤무(相對跪舞)[42] 자세의 두 여령 중 뒷면을 보이고 있는 여령은 두 손에 검기를 들고 있는 반면, 정면을 향한 다른 여령은 검기 두 개를 모두 바닥에 내려 놓고 손을 벌린 모습을 하고 있다. 그러나 국립중앙박물관 소장의 《기축진찬도병》의 〈자경전진찬도〉[43]에는 양 손에 칼을 들고 서서 춤추는 상대기무(相對起舞) 2명의 여령만 묘사되어 있다. 이는 을묘년(1795) 정재도의 검무 여령 모습과 유사하다. 두 여령 모두 흑색 전립을 쓰고 흰색 거들지가 달린 견마기와 남색 치마 차림에 아청색 괘자를

---

42 손선숙, 「의궤의 검기무 정재도 연구」, 『한국무용기록학회지』 제14권, 한국무용기록학회, 2008, 130쪽.

43 서인화・박정혜・주디반자일 편, 『조선시대 진연 진찬 진하병풍』, 국립국악원, 2000, 33쪽.

입고 전대를 뒤로 맨 모습으로 묘사되어 있다. 이런 점을 볼 때 기축년 검기무 여령과 복식은 을묘년 검무의 연장선상에 있는 것으로 파악된다.

표 4. 『(기축)진찬의궤』「권수」·「공령」의 검기무 복식과 회화자료

연도	「권수」〈복식도〉 목록	「공령」	「권수」〈정재도〉	《기축진찬도병》
순조 29년 (1829.2)	戰笠 紫的紗掛子 戰帶	戰笠 鴉青甲紗掛子 藍戰帶 紅綃裳 草綠鞋		

한편 복식도에는 전립과 자적사괘자, 전대 등 세 개의 도상만을 제시하였고 「공령」에는 전립과 아청갑사괘자, 남전대, 홍초상, 초록혜 등 5종의 복식을 제시하였다. 〈복식도〉보다는 「공령」에 더 구체적인 기록을 제시하고 있음을 알 수 있다. 그리고 괘자의 색상이 '자적'과 '아청'으로 다르게 기록되어 있으나 이는 같은 것으로 보아도 무방하다. 이에 대해서는 뒷장에서 검토하고자 한다.

(3) 무신년(1848) 진찬의 검기무 복식

무신년(헌종 14)『진찬의궤』는 순원왕후(純元王后, 1789~1857)의 육순을 기념한 진찬 기록이다. 〈표 5〉의 정재도[44]에는 4명의 여령이 검기무를 추는 것으로 묘사되어 있다. 상대궤무의 두 여령 중 한 여령이 검 하나를 오른 손에 들고 검 하나는 바닥에 내려 놓은 모습이다. 이러한 모습은 두 칼을 모두 내려놓은 기축년의 모습과는 다르다. 검 하나를 들고 있는 무신진찬의 여령 모습은 정해년(1887) 진찬의 정재도까지 유지된다. 국립중앙박물관 소장《무신진찬도병》제6폭 〈통명전야진찬도〉[45]에는 정재도의 자세와 동일한 4명의 여령이 묘사되어 있다. 머리에는 흑색 전립을 쓰고 남치마와 짧은 홍수(紅袖)의 금향협수 위에 아청색 괘자를 입고 전대를 뒤로 묶었다. 홍초상은 서 있는 두 여령만 입고 있는 것으로 확인된다. 의궤 기록과 도병이 일치하지 않다. 도병의 묘사가 정

---

44 『(戊申)進饌儀軌』 001책, 48쪽.
45 국립중앙박물관 편, 앞의 책, 116쪽.

확하지 않은 것으로 보인다.

〈복식도〉[46]에는 전립과 자적괘자, 금향협수, 남전대의 도상이 보인다. 비로소 검기무복으로 금향색 협수[金香挾袖]가 등장하였다는 점에서 의미가 있다. 그러나 「공령」[47] 기록은 오히려 기축년 「공령」 기록과 동일하다. 즉 금향협수를 착용하였음에도 불구하고 협수 기록은 보이지 않는다. 전립, 협수, 괘자, 대, 홍초상, 초록혜로 구성된 무신년의 검기무 복식은 중간에 변화가 있기는 하지만 대체로 대한제국기까지 유지된다.

표 5. 『(무신)진찬의궤』 「권수」·「공령」의 검기무 복식과 회화자료

연도	「권수」〈복식도〉목록	「공령」	「권수」〈정재도〉	〈무신진찬도병〉
헌종 14년 (1848.3)	戰笠 紫的掛子 金香挾袖 藍戰帶 紅綃裳	戰笠 鴉靑甲紗掛子 藍戰帶 紅綃裳 草綠鞋		

(4) 무진년(1868) 진찬의 검기무 복식

무진년(고종 5) 『진찬의궤』는 신정왕후(神貞王后, 1808~1890)의 회갑을 기념한 진찬 기록이다. 〈표 6〉의 정재도[48]는 무신년 정재도와 동일하다. LACMA 소장 《무진진찬도병》 제3~4폭의 〈강녕전진찬도〉에 4명의 검기무 여령[49]이 그려져 있는데 흑색 전립과 금향협수, 괘자, 남전대, 홍초상 웃치마가 묘사되어 있다.

복식도[50]에는 무신년의 다섯 종류 복식에서 홍초상이 생략되어 네 종류 도상만 실려 있다. 이후의 고종대 연향에서는 모두 무진년과 동일한 〈복식도〉로 묘사하였다. 그러나 「공령」에는 다른 기록들과 달리, 오색한삼이 추가되어 있다. 그러나 도병에는 오색한삼이 보이지 않는다. 또 초록혜가 흑혜[51]로 기록되

---

46 『(戊申)進饌儀軌』 001책, 82쪽.
47 『(戊申)進饌儀軌』 004책, 18쪽.
48 『(戊辰)進饌儀軌』 004책, 30쪽.
49 국립고궁박물관 편, 『조선의 왕비와 후궁』, 국립고궁박물관, 2015, 83쪽.
50 『(戊辰)進饌儀軌』 001책, 61쪽.

어 있는데 초록혜가 흑혜로도 기록될 수 있음은 검기무 복식 개별 분석에서 다루고자 한다.

표 6. 『(무진)진찬의궤』 「권수」·「공령」의 검기무 복식과 회화자료

연도	「권수」〈복식도〉 목록	「공령」	「권수」〈정재도〉	《무진진찬도병》
고종 5년 (1868.12)	戰笠 紫的掛子 金香裌袖 藍戰帶	戰笠 鴉靑甲紗掛子 藍戰帶 紅絹裳 五色汗衫 黑鞋		

(5) 계유년(1873) 진작의 검기무 복식

계유년(고종 10) 『진작의궤』는 신정왕후 책봉 40년을 기념한 진작 기록이다. 경복궁 강녕전에서 검기무가 설행되었는데 〈표 7〉에서 볼 수 있듯이, 〈정재도〉와 복식도 부분이 소실되어 확인이 불가능하고 「공령」 부분의 기록만 확인된다. 이 기록에는 홍초상과 초록혜 기록은 빠져 있는 반면, 12종 『의궤』의 「공령」 기록 중 유일하게 '금향협수'가 기록되어 있다.[52] 계유년 진작 도병은 없기에 당시 검기무의 모습은 확인할 수 없다.

표 7. 『(계유)진작의궤』 「권수」·「공령」의 검기무 복식과 회화자료

연도	「권수」〈복식도〉 목록	「공령」	「권수」〈정재도〉	《계유진작도병》
고종 10년 (1873.4)	-	戰笠 紫的甲紗掛子 金香裌袖 藍戰帶	-	-

(6) 정축년(1877) 진찬의 검기무 복식

정축년(고종 14) 『진찬의궤』는 신정왕후의 칠순 잔치 기록이다. 〈표 8〉의 정

---

51 『(戊辰)進饌儀軌』 001책, 80쪽.

52 『(戊辰)進饌儀軌』 002책, 80쪽.

재도의 검기무 도상[53]은 무신년『진찬의궤』이후의 정재도와 같다. 그러나 계유년 진작의 경우처럼, 도병이 아직 확인되지 않기에 구체적인 여령의 모습은 확인할 수 없다.

복식도[54]에는 전립, 아청괘자, 금향협수, 남전대 등 네 종류가 제시되어 있는데 이 기록은 마지막 연향인 고종 광무 6년(1902) 11월 기록까지 동일하다. 한편「공령」[55]에서는 나열 순서가 바뀌어 전립, 홍초상, 아청갑사괘자, 남전대, 초록혜 순으로 기록되어 있는데 이후 의궤의「공령」은 모두 이 기록을 따르고 있다. 즉 정축년 정재도와 복식도가 이후 의궤의 본보기가 된다는 점에서 중요한 의미를 지닌다. 또한 이 의궤에는 유일하게「악기풍물」부분에 연습용 전립과 전복, 전대 등[56]이 기록되어 있어 검기무 복식자료에 있어 사료로서의 특별한 가치를 지닌다.

표 8. 『(정축)진찬의궤』「권수」·「공령」의 검기무 복식과 회화자료

연도	「권수」〈복식도〉목록	「공령」	「권수」〈정재도〉	《정축진찬도병》
고종 14년 (1877.12)	戰笠 鴉靑掛子 金香挾袖 藍戰帶	戰笠 紅綃裳 鴉靑甲紗掛子 藍戰帶 草綠鞋		−

(7) 정해년(1887) 진찬의 검기무 복식

정해년(고종 24)『진찬의궤』는 신정왕후의 팔순 잔치를 기록한 것이다. 〈표 9〉의 〈정재도〉의 검기무 도상[57]은『기축진찬의궤』의 정재도와 동일하다. 즉 마주보고 앉아 있는 상대궤무의 한 여령이 검기 두 개를 바닥에 모두 내려 놓고 있는 모습이다. 국립중앙박물관에 소장되어 있는《정해진찬도병》의 제9폭에 검기무[58]가 그려져 있는데 흑색 전립을 쓰고 협수, 남치마, 홍색 웃치마, 남색

---

53 『(丁丑)進饌儀軌』001책, 52쪽
54 『(丁丑)進饌儀軌』001책, 86쪽.
55 『(丁丑)進饌儀軌』004책, 38쪽.
56 『(丁丑)進饌儀軌』004책, 80쪽.
57 『(丁亥)進饌儀軌』001책, 58쪽.

전대 등 이전의 도병과 동일한 복식으로 묘사되어 있다. 복식도의 복식목록은 정축년의 복식도를 따르고 있다. 또 「공령」[59] 역시 정축년의 기록 방식을 따랐다.

표 9. 『(정해)진찬의궤』 「권수」·「공령」의 검기무 복식과 회화자료

연도	「권수」〈복식도〉 목록	「공령」	「권수」〈정재도〉	〈정해진찬도병〉
고종 24년 (1887.1)	戰笠 鴉靑掛子 金香挾袖 藍戰帶	戰笠 紅綃裳 鴉靑甲紗掛子 藍戰帶 草綠鞋		

(8) 1892년 임진 진찬의 검기무 복식

임진년(고종 29) 『진찬의궤』는 고종의 망오(望五)와 등극 30년을 기념한, 조선조 마지막 연향 기록이다. 〈표 10〉의 정재도[60]는 기축년 정재도의 모습처럼, 한 여령의 검 2개가 모두 바닥에 내려져 있는 것으로 묘사되어 있다. 이후 4명의 여령이 묘사된 1901년 신축년 5월 진찬과 7월 진연, 1902년 임인년 11월 진연의 검기무에는 기축·임진년의 이 도상을 따랐다. 〈복식도〉의 복식목록[61]은 정축년의 목록과 동일하다. 「공령」[62]은 정축년 『진찬의궤』 방식을 따랐다. 도병이 아직 확인되지 않아 도병에 묘사된 검기무 모습은 알 수 없다.

표 10. 『(임진)진찬의궤』 「권수」·「공령」의 검기무 복식과 회화자료

연도	「권수」〈복식도〉 목록	「공령」	「권수」〈정재도〉	〈임진진찬도병〉
고종 29년 (1892.9)	戰笠 鴉靑掛子 金香挾袖 藍戰帶	戰笠 紅綃裳 鴉靑甲紗掛子 藍戰帶 草綠鞋		-

58 국립중앙박물관 편, 『조선시대 궁중행사도 Ⅰ』, 국립중앙박물관, 2010, 150쪽.

59 『(丁亥)進饌儀軌』 004책, 46쪽.

60 『(壬辰)進饌儀軌』 001책, 87쪽.

61 『(壬辰)進饌儀軌』 001책, 142쪽.

62 『(壬辰)進饌儀軌』 004책, 295쪽.

(9) 1901년 5월 신축 진찬의 검기무

신축년(광무 5) 5월의『진찬의궤』는 대한제국의 첫 연향 의궤로, 헌종의 계비 명헌태후(明憲太后, 1831~1904)의 칠순 기념 연향을 기록한 것이다. 〈표 11〉의 정재도[63]는 기축년의 것을 따르고 복식도의 복식목록[64]은 정축년의 것을 따랐다. 또한「공령」[65]은 임진년과 마찬가지로 정축년(1877)『진찬의궤』의 방식을 따랐다.

이 행사의 모습을 담은 국립고궁박물관 소장의《신축진찬도병》[66] 속 검기무 모습은 의궤 속 정재도의 모습과는 달리, 무신년 〈정재도〉와 같은 도상으로 그려졌다. 즉 두 검을 모두 내려 놓은 모습이 아니라 한 손에 들고 있는 모습이다.

표 11. 『(신축)진찬의궤』「권수」·「공령」의 검기무 복식과 회화자료

연도	「권수」〈복식도〉 목록	「공령」	「권수」〈정재도〉	《신축진찬도병》
고종 광무5년 (1901.5)	戰笠 鴉靑掛子 金香挾袖 藍戰帶	戰笠 紅綃裳 鴉靑甲紗掛子 藍戰帶 草綠鞋		

(10) 1901년 7월 신축 진연의 검기무

신축년(광무 5) 7월의『진연의궤』는 고종 탄생 50년을 기념한 연향 기록이다. 〈표 12〉의 정재도[67]와 복식도[68],「공령」[69] 모두 앞 시기인 임진년 검기무 자료와 동일하다. 연세대학교 박물관 소장의《신축진연도병》[70]에서 검기무 여령을 확인할 수 있는데 정재도와는 달리, 오른 손에 검을 들고 하나는 바닥에 내려놓은 자세로 묘사되어 있다.

---

63 『(辛丑)進宴儀軌』 001책, 81쪽.
64 『(辛丑)進宴儀軌』 001책, 99쪽.
65 『(辛丑)進饌儀軌』 004책, 77, 81, 83쪽.
66 서인화·박정혜·주디반자일 편, 앞의 책, 86쪽.
67 『(辛丑)進宴儀軌』 001책, 81쪽.
68 『(辛丑)進宴儀軌』 001책, 150쪽.
69 『(辛丑)進宴儀軌』 004책, 77, 81, 83쪽.
70 서인화·박정혜·주디반자일 편, 앞의 책, 105쪽.

표 12. 『(신축)진연의궤』「권수」·「공령」의 검기무 복식과 회화자료

연도	「권수」〈복식도〉목록	「공령」	「권수」〈정재도〉	《신축진연도병》
고종 광무5년 (1901.7)	戰笠 鴉靑掛子 金香挾袖 藍戰帶	戰笠 紅綃裳 鴉靑甲紗掛子 藍戰帶 草綠鞋		

(11) 1902년 4월 임인 진연의 검기무

임인년(광무 6) 4월의 『진연의궤』는 고종의 기로소 입소를 경축한 진연 기록이다. 〈표 13〉의 정재도[71]가 크게 달라져서 8명의 검기무 여령이 묘사되어 있다. 기축년 진찬 정재도와 무신년 진찬 정재도를 합친 모습이다. 복식도와 「공령」은 모두 앞 시기의 검기무 자료와 동일하다.

표 13. 『(임인)진연의궤』「권수」·「공령」의 검기무 복식과 회화자료(4월)

연도	「권수」〈복식도〉목록	「공령」	「권수」〈정재도〉	《임진진연도병》
고종 광무6년 (1902.4)	-	戰笠 紅綃裳 鴉靑甲紗掛子 藍戰帶 草綠鞋		-

(12) 1902년 11월 임인 진연의 검기무

임인년(광무 6) 11월의 『진연의궤』는 고종의 육순·즉위 40년을 기념한 진연 기록이다. 〈표 14〉의 정재도에는 여령 4명의 검기무[72] 형태로 묘사되어 있는데 칼 2점을 모두 내려 놓은 기축년 의궤의 정재도와 같은 형상이다. 아모레퍼시픽 미술관 소장 《임인진연도병》[73]에서도 4명의 검기무 여령을 확인할 수 있는데 정재도와는 달리, 한 손에 검을 들고 있는 모습을 하고 있다.

---

[71] 『(壬寅)進宴儀軌』 001책, 81쪽.

[72] 『(壬寅)進宴儀軌』 001책, 87쪽.

[73] 아모레퍼시픽 미술관 제공.

복식도[74]는 무진년(1868)『진찬의궤』기록과 동일하고「공령」[75] 기록은 정축년(1877)『진찬의궤』기록과 같다.

표 14. 『(임인)진연의궤』「권수」·「공령」의 검기무 복식과 회화자료(11월)

연도	「권수」〈복식도〉목록	「공령」	「권수」〈정재도〉	《임인진연도병》
고종 광무6년 (1902.11)	戰笠 鴉靑掛子 金香挾袖 藍戰帶	戰笠 紅綃裳 鴉靑甲紗掛子 藍戰帶 草綠鞋		

이상의 12종의『의궤』에 제시된「권수」와「공령」, 회화자료 등의 검기무 복식 기록과 도병의 검기무 여령 모습을 시대별로 비교할 수 있도록 정리해 보면〈표 15〉와 같다.

〈표 15〉『의궤』와《도병》에 나타난 검기무 관련 내용

연도	『의궤』의 검기무 관련 내용				회화자료
	의궤명	복식도 목록	「공령」	정재도	
정조 19년 (1795 윤2)	(원행을묘) 정리의궤	–	–		
순조 29년 (1829.2)	(기축) 진찬의궤	戰笠 紫的紗掛子 戰帶	戰笠 鴉靑甲紗掛子 藍戰帶 紅綃裳 草綠鞋		
헌종 14년 (1848.3)	(무신) 진찬의궤	戰笠 紫的掛子 金香挾袖 藍戰帶 紅綃裳	戰笠 鴉靑甲紗掛子 藍戰帶 紅綃裳 草綠鞋		

74『(壬寅)進宴儀軌』001책, 152쪽.

75『(壬寅)進宴儀軌』004책, 146쪽.

연도	『의궤』의 검기무 관련 내용				회화자료
	의궤명	복식도 목록	「공령」	정재도	
고종 5년 (1868.12)	(무진) 진찬의궤	戰笠 紫的掛子 金香挾袖 藍戰帶	戰笠 鴉靑甲紗掛子 藍戰帶 紅綃裳 五色汗衫 黑鞋		
고종 10년 (1873.4)	(계유) 진작의궤	–	戰笠 紫的甲紗掛子 金香挾袖 藍戰帶	–	
고종 14년 (1877.12)	(정축) 진찬의궤	戰笠 鴉靑掛子 金香挾袖 藍戰帶	戰笠 紅綃裳 鴉靑甲紗掛子 藍戰帶 草綠鞋		–
고종 24년 (1887.1)	(정해) 진찬의궤	戰笠 鴉靑掛子 金香挾袖 藍戰帶	戰笠 紅綃裳 鴉靑甲紗掛子 藍戰帶 草綠鞋		
고종 29년 (1892.9)	(임진) 진찬의궤	戰笠 鴉靑掛子 金香挾袖 藍戰帶	戰笠 紅綃裳 鴉靑甲紗掛子 藍戰帶 草綠鞋		–
고종 광무5년 (1901.5)	(신축) 진찬의궤	戰笠 鴉靑掛子 金香挾袖 藍戰帶	戰笠 紅綃裳 鴉靑甲紗掛子 藍戰帶 草綠鞋		
고종 광무5년 (1901.7)	(신축) 진연의궤	戰笠 鴉靑掛子 金香挾袖 藍戰帶	戰笠 紅綃裳 鴉靑甲紗掛子 藍戰帶 草綠鞋		
고종 광무6년 (1902.4)	(임인) 진연의궤	–	戰笠 紅綃裳 鴉靑甲紗掛子 藍戰帶 草綠鞋		–

연도	『의궤』의 검기무 관련 내용				회화자료
	의궤명	복식도 목록	「공령」	정재도	
고종 광무6년 (1902.11)	(임인) 진연의궤	戰笠 鴉靑掛子 金香挾袖 藍戰帶	戰笠 紅綃裳 鴉靑甲紗掛子 藍戰帶 草綠鞋		

2) 『의궤』 「품목」과 「악기풍물」을 통해 본 검기무 복식

복식별 재료에 대한 구체적인 기록은 각 의궤의 「품목」이나 「악기풍물」에 제시되어 있다. 의궤별 특징을 간단히 살펴보면, 기축년(1829) 『진찬의궤』 「품목」에는 검기무 여령 복식과 동기 복식의 재료에 차이를 두었음이 확인된다.[76] 그리고 무신년(1848) 『진찬의궤』 「악기풍물」에는 가장 상세한 검기무 복식 재료가 기록되어 있어[77] 검기무 복식 연구에 크게 도움이 된다. 또 정축년(1877) 『정축진찬의궤』의 「악기풍물」에는 검기무 습의(習儀)에 사용된 전립과 전복, 전대 등의 재료가 유일하게 기록되어 있어[78] 실제 연향에서 사용하는 재료와 습의용에 사용하는 재료를 비교할 수 있다.

반면에 무진년(1868) 『진찬의궤』의 「품목」[79]과 「악기풍물」[80]에는 검기무 복식에 관련된 기록이 누락되어 있다. 신축년 『진찬의궤』 「품목」[81]과 『진연의궤』 「품목」[82]에는 정재여령이 입는 복식을 규정에 의해 100냥, 150냥씩 지급하라고 하였을 뿐, 구체적인 기록이 없다.

(1) 전립(戰笠)

1848년 『진찬의궤』 「악기풍물」에 검기무용 전립 재료가 상세하게 기록되어

---

76 『(己丑)進饌儀軌』 004책, 15~17쪽.
77 『(戊申)進饌儀軌』 004책, 86~87쪽.
78 『(丁丑)進饌儀軌』 004책, 80~81쪽.
79 『(戊辰)進饌儀軌』 001책, 50~56쪽.
80 『(戊辰)進饌儀軌』 002책, 86~88쪽.
81 『(辛丑)進饌儀軌』 002책, 10쪽.
82 『(辛丑)進宴儀軌』 003책, 45쪽.

있다.⁸³ 이때부터 검기무에 산홍모(散紅毛) 전립이 사용되었는데 산홍모는 홍색
전(氈)을 말한다. 홍색 전립에 남색 운문단을 안감으로 받치고 흑삼승(黑三升)
으로 내선을 두른 '남색 운문단 안올린 홍색 벙거지'를 사용하였다. 〈그림 7
·8〉⁸⁴에서 볼 수 있듯이, 전립 유물 중에는 붉은색의 전립이 확인된다. 따라서
무신년부터 검기무에 산홍모 전립을 사용하였음이 입증된 셈이다. 그럼에도
불구하고 도병이나 행렬도 등에서는 홍색 전립이 전혀 확인되지 않는다.

그림 7. 홍전립
『조선시대의 관모』

그림 8. 홍전립
『유길준과 개화의 꿈』

전립 모정의 형태 변화는 〈표 16〉⁸⁵에서 확인된다. 기축년(1829)까지의 전립
은 모정이 뾰족한 형태였으나 헌종 무신년(1848) 진찬부터는 모정이 둥근 것으
로 변화하였다. 이와 같은 전립의 모정 형태 변화는 풍속화나 초상화에서도 확
인할 수 있다.

---

83 『(戊申)進饌儀軌』004책, 86~87쪽, "散紅毛戰笠四立[內供藍雲紋緞 方一尺四片, 內縮次 黑三升
一尺, 藍眞絲一錢 縫造 絲一錢], 象毛四件 筒四箇次[天銀七錢], 孔雀羽二件 筒二箇次[天銀九錢
七分] 纓子次[藍眞絲二錢], 紅氈徵道里四箇, 造蜜花耳錢四件, 纓子次[紅眞絲四錢], 頂子四件內
[二件貿用 二件所入 : 天銀三兩五錢五分, 鍍黃金六分, 銅絲八尺, 紅氈二片 各方二寸] 銀纓子四
件次[天銀四錢], 纓子四件次[宮綃 各長二尺 廣三寸]".
84 온양민속박물관 편, 『朝鮮時代의 冠帽』, 온양민속박물관, 1988, 34쪽; 국립중앙박물관·조선일
보사 편, 『유길준과 개화의 꿈』, 국립중앙박물관, 1994, 93쪽.
85 『(己丑)進饌儀軌』001책, 115쪽; 『(戊申)進饌儀軌』001책, 82쪽; 『(戊辰)進饌儀軌』001책, 61쪽;
『(丁丑)進饌儀軌』001책, 86쪽; 『(丁亥)進饌儀軌』001책, 100쪽; 『(壬辰)進饌儀軌』001책, 142
쪽; 『(辛丑)進饌儀軌』001책, 99쪽; 『(辛丑)進宴儀軌』001책, 150쪽; 『(壬寅)進宴儀軌』001책,
142쪽; 『(壬寅)進宴儀軌 下』, 150쪽.

표 16. 『의궤』 〈복식도〉의 전립

기축진찬의궤	무신진찬의궤	무진진찬의궤	정축진찬의궤	정해진찬의궤
笠 戰	笠 戰	笠 戰	笠 戰	笠 戰
임진진찬의궤	신축진찬의궤	신축진연의궤	임인진연의궤	임인진연의궤
笠 戰	笠 戰	笠 戰	笠 戰	笠 戰

　신윤복의 「쌍검대무」〈그림 1〉와 「안릉신영도」〈그림 2〉 외에 이삼(李森, 1677~1735) 초상화 〈그림 9〉[86]와 이창운(李昌運, 1713~1791)의 초상화 〈그림 10〉[87] 에서 전립의 모정이 뾰족한 것을 볼 수 있다. 그리고 모정이 둥근 전립은 「동래부사 접왜사도」〈그림 3〉와 1913년 안필호 초상화 〈그림 11〉[88] 등에서 확인할 수 있다.

그림 9. 이삼 초상
『초상화의 비밀』

그림 10. 이창운 초상
『초상화의 비밀』

그림 11. 안필호 초상
『육군박물관 소장 군사복식』

---

86 국립중앙박물관 편, 『초상화의 비밀』, 국립중앙박물관, 2011, 192쪽.
87 위의 책, 44쪽.
88 육군박물관 편, 『육군박물관 소장 군사복식』, 육군박물관, 2012, 23쪽.

　　전립의 정자(頂子)는 신분에 따라 재료에 차이가 있었는데[89] 검기무 차비의 산홍색 전립에는 도금한 정자를 사용하였다. 그리고 정자〈그림 12〉[90] 측면에 달린 고리에는 은통에 꽂은 상모와 공작우〈그림 13〉[91]를 달았다.

　　모자와 챙이 연결되는 부위에는 징두리를 두르는데 기축년 진찬[92] 때는 성성전(猩猩氈)으로 기록되어 있으나 그 이후로는 홍전(紅氈)[93]으로 기록되어 있다. 성성전과 홍전은 같은 것인데 〈그림 14〉[94]와 같이 둘러 장식하였다. 징두리의 좌우에는 귀돈[耳錢]을 장식하였는데 기축년 진찬에는 밀화 귓돈과 조금패(造錦貝) 귓돈[95]을 장식하였고 무신년 진찬부터는 조밀화(造蜜花)[96] 귓돈을 장식하였다. '조(造)'는 '모조' 또는 '인조'를 말하므로 가짜 금패와 가짜 밀화 등이 사용된 것이다. 〈그림 15〉[97]의 황랍매미 등이 조밀화의 일종이다.

그림 12. 전립 정자
『전통 남자 장신구』

그림 13. 공작우
『한민족역사문화도감』

그림 14. 전립
『전통 남자 장신구』

　　전립 안쪽에는 끈을 연결할 은영자(銀纓子)〈그림 16〉[98]를 달았다. 은영자에는

---

89 강순제 외, 『한국복식사전』, 민속원, 2015, 368쪽.

90 장숙환, 『전통 남자 장신구』, 대원사, 2003, 107쪽.

91 국립민속박물관 편, 『한민족역사문화도감: 의생활』, 국립민속박물관, 2005, 78쪽.

92 『(己丑)進饌儀軌』 003책, 16쪽.

93 『(戊申)進饌儀軌』 004책, 86쪽;『(癸酉)進爵儀軌』 004책, 128쪽;『(丁丑)進饌儀軌』 004책, 74쪽;『(丁亥)進饌儀軌』 004책, 71쪽;『(壬辰)進饌儀軌』 004책, 99쪽,;『(壬寅)進宴儀軌』 004책, 80쪽;『(壬寅)進宴儀軌』 下, 288쪽.

94 장숙환, 앞의 책, 99쪽.

95 『(己丑)進饌儀軌』 003책, 16쪽.

96 『(戊申)進饌儀軌』 004책, 86쪽;『(丁丑)進饌儀軌』 004책, 74쪽;『(丁亥)進饌儀軌』 004책, 71쪽;『(壬辰)進饌儀軌』 004책, 99쪽;『(壬寅)進宴儀軌』 004책, 80쪽;『(壬寅)進宴儀軌』 下, 288쪽.

97 장숙환, 앞의 책, 106쪽.

궁초로 만든 너비[廣] 3촌, 길이[長] 1척의 끈을 달았다. 전립에 사용하는 보패류 끈인 패영(貝纓) 기록은 보이지 않는다. 따라서 비단끈만 사용하고 보패끈은 사용하지 않은 것으로 짐작된다. 복식도의 전립 도상에도 패영은 보이지 않는다.

그림 15. 황랍 매미
『전통 남자 장신구』

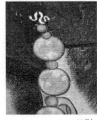

그림 16. 은영자
『전통 남자 장신구』

한편 〈표 17〉에서 볼 수 있듯이, 1829년 기축년 진찬 기록에서는 여령과 동기의 전립 재료를 비교할 수 있다.[99] 대체로 같은 재료를 사용하였으나 정자의 재료에서 차이를 보이는데 여령은 도금한 은정자를 사용한 대신, 동기는 목정자를 사용하였다. 그리고 전립 안감은 대부분 '남운문단'으로 기록되어 있으나 기축년 진찬에서는 '남색 한단'[100]으로 기록되어 있다. 기록은 달라도 차이는 없는 것으로 짐작된다.

한편 정축년(1877) 『진찬의궤』 「악기풍물」에는 공연용 전립과 연습용 전립의 자료가 실려 있다. 앞부분에는 실제 사용하는 재료가 기록되어 있고[101] 뒷부분에는 습의건(習儀件)[102]이라 하여 연습용 품목의 재료가 기록되어 있다. 공연용과 연습용의 차이는 전립의 안감과 정자에서 나타나는데 안감은 남운문단과 남릉(藍綾)을 각각 사용하였고, 정자는 도금한 은정자와 조정자(造頂子)를 각각 사용하여 구별하였다.

---

98 장숙환, 앞의 책, 124쪽.

99 『(己丑)進饌儀軌』 003책, 15~17쪽.

100 『(己丑)進饌儀軌』 003책, 16쪽.

101 『(丁丑)進饌儀軌』 004책, 74~75쪽, ""劍器舞差備所着服飾四件所入 散紅毛戰笠四立 [內拱次 藍雲紋緞 方七寸四片 內下] 象毛四件 孔雀羽四件[並內下筒八箇靑羽一百五十箇並貿易]紅氈徵 道里四件 造蜜花耳錢四件[纓子次紅眞絲四錢餘在取用] 銀頂子四件 銀纓子四件 纓子次[宮綃各 長兩尺廣三寸內下]".

102 위의 책, 80쪽, "〈習儀件〉 … 劍器舞差備所着服飾四件所入 散紅毛戰笠四立 [內供藍綾 方七寸四片] 纓子四件 銀纓子四件 象毛孔雀羽 各四件[內下] 造頂子四箇 造蜜花耳錢四件 紅氈徵道里四件".

표 17. 『의궤』「품목」과 「악기풍물」의 전립 재료 비교

의궤		전립	영자 감	장식
(기축) 진찬의궤 (1829)	女伶	戰笠(內拱 藍漢緞) 猩猩氈 徵道理	宮綃纓子 銀纓子 銀筓	銀頂子 蜜花耳錢·造錦貝耳錢 孔雀羽·靑羽·象毛
	童妓	戰笠(內拱 藍漢緞) 猩猩氈 徵道里	宮綃纓子 銀纓子 銀筓	木頂子 蜜花耳錢·造蜜花貝纓 孔雀羽·靑羽·象毛
(무신) 진찬의궤(1848)		散紅毛戰笠 (內供藍雲紋緞, 內縇次黑三升, 藍眞絲 縫造 絲) 紅氈 徵道里	纓子(宮綃) 銀纓子(天銀) 纓子次(藍眞絲) 纓子-次(紅眞絲)	頂子(天銀, 鍍黃金, 銅絲, 紅氈) 造蜜花耳錢 孔雀羽·象毛 筒四箇次(天銀七錢) 銀筒四箇(天銀九錢七分)
(계유) 진작의궤(1873)		散紅毛戰笠	－	象毛
(정축) 진찬의궤(1877)		散紅毛戰笠 (內拱 藍雲紋緞) 紅氈 徵道里	纓子(宮綃) 銀纓子 纓子-次(紅眞絲) 麻絲	銀頂子 造蜜花耳錢 孔雀羽·靑羽·象毛(編結)
(정해) 진찬의궤(1887)		散紅毛戰笠 (內供 藍雲紋緞) 紅氈 徵道里	銀纓子 紫的甲紗纓子	銀頂子 造蜜花耳錢 孔雀羽·象毛
(임진) 진찬의궤(1892)		紅毛戰笠 (內供 藍雲紋緞, 藍眞絲) 紅氈 徵道里	紫的甲紗纓子	銀頂子 造蜜花耳錢 孔雀羽·象毛
(임인) 진연의궤 (1902. 4)		散紅毛戰笠 (內拱 藍雲紋緞) 紅氈 徵道里	銀纓子 紫的甲紗纓子	銀頂子 造蜜花耳錢 孔雀羽·象毛
(임인) 진연의궤 (1902. 11)		散紅毛戰笠 (內拱 藍雲紋緞) 紅氈 徵道里	銀纓子 黑宮綃纓子	銀頂子 造蜜花耳錢 孔雀羽·象毛

(2) 협수(夾袖)

협수는 두루마기와 비슷하지만 양옆과 뒤 중심에 트임이 있는 좁은 소매의 옷이다〈표 18〉[103]. 그중에서도 이색(異色) 소매가 달린 경우, '동다리(彤多里)'라고

---

103 『(戊申)進饌儀軌』001책, 82쪽; 『(戊辰)進饌儀軌』001책, 61쪽; 『(丁丑)進饌儀軌』001책, 86쪽;
『(丁亥)進饌儀軌』001책, 100쪽; 『(壬辰)進饌儀軌』001책, 142쪽; 『(辛丑)進饌儀軌』001책,
99쪽; 『(辛丑)進宴儀軌』001책, 150쪽; 『(壬寅)進宴儀軌』001책, 142쪽; 『(壬寅)進宴儀軌』上,

하였는데 정조대 이후에는 대체로 홍색을 덧대어 그 부분을 '홍수(紅袖)'라고
하였다.[104] '홍수'는 말이 붉은색에 익숙해져서 매달아 놓은 수급(首級)을 보고도
놀라지 않게 하려는 의도라고 한다. 본래는 짧던 홍수가 19세기 말에는 길어졌는
데[105] 검기무 협수 재료 중 홍수감 분량도 증가되었음을 〈표 19〉[106]에서 확인할
수 있다.

표 18. 『의궤』〈복식도〉의 협수

기축진찬의궤	무신진찬의궤	무진진찬의궤	정축진찬의궤	정해진찬의궤
-	袖挾香金	袖挾香金	袖挾香金	袖挾香金
임진진찬의궤	신축진찬의궤	신축진연의궤	임인진연의궤	임인진연의궤
袖挾香金	袖挾香金	袖挾香金	袖挾香金	袖挾香金

표 19. 『의궤』『악기풍물』의 협수 재료

의궤	협수	수구(홍수)	동정
무신진찬의궤(1848)	蒙道里黃花紋甲紗 (每件)長十一尺	袖口紅鱗紋甲紗 長五寸	同正白花紋甲紗 長二寸
정축진찬의궤(1877)	袂袖黃花紋甲紗 (每件)十六尺	袖口紅鱗紋甲紗一尺	同正白甲紗九寸
정해진찬의궤(1887)	袂袖黃花紋甲紗 四十四尺	袖口紅鱗紋甲紗三尺	同領白花紋甲紗八寸
임진진찬의궤(1892)	袂袖黃花紋甲紗 四十四尺	袖口紅鱗紋甲紗三尺	同領白花紋甲紗八寸
임인진연의궤(1902.4)	袂袖黃花紋甲紗 四十四尺	袖口紅鱗紋甲紗三尺	同領白花紋甲紗八寸
임인진연의궤(1902.11)	袂袖金香鱗紋甲紗 四十四尺	袖口紅鱗紋甲紗三尺	同領白花紋甲紗一尺

150쪽.

104 이은주, 「〈서장대야조도〉의 이본 비교를 통해 본 정조대 군사훈련 복식」, 『정조대왕의 수원행차
도』, 수원화성박물관, 2016, 329쪽.

105 李裕元, 『林下筆記』 卷28, 春明逸史.

106 『(戊申)進饌儀軌』 004책, 87쪽; 『(丁丑)進饌儀軌』 004책, 74쪽; 『(丁亥)進饌儀軌』 004책, 72쪽;
『(壬辰)進饌儀軌』 004책, 99쪽; 『(壬寅)進宴儀軌』 004책, 81쪽; 『(壬寅)進宴儀軌』 下, 288쪽.

〈그림 17·18〉[107]은 고려대학교 박물관 소장 김병기(金炳冀, 1818~1875)의 동다리 유물이다. 헌종 대 훈련대장을 거쳐 철종 13년(1862) 판교령부사, 고종 초에 좌찬성을 지낸 후 고종 12년(1875)에 사망한 인물인데, 동다리 홍수의 길이가 진동선 가까이까지 길어진 것이 확인된다. 진동선까지 길어진 홍수의 협수는 19세기 말의 유물이라는 것을 의미한다. 따라서 김병기의 협수로 보기는 어렵다.

협수에 즐겨 사용한 금향색은 '붉은 빛을 띤 검정에 누렁이 섞인 빛'[108]이다. 19세기의 동다리의 색상으로 사용되었는데[109] 동다리 유물〈그림 17·18〉을 통해 색상을 확인할 수 있다.

그림 17. 금향색 협수(동다리)　　　　그림 18. 금향색 협수(동다리)와 전복
『名品圖錄』　　　　　　　　　　　『名品圖錄』

무신년『진찬의궤』복식도에는 금향협수(金香挾袖)로 표기되어 있으나 「악기풍물」에는 '몽도리(蒙道里)'로 기록되어 있다. '몽도리'의 재료 기록[110]을 통해 협수임을 알 수 있다. 몽도리는 흔히 '몽두리(蒙頭里)'라고도 하는데 조선후기 여령들이 입는 '황초삼(黃綃衫)'을 말한다. 조선후기는 물론, 16세기 〈화산양로연도(花山養老燕圖)〉나 〈기영회도(耆英會圖)〉의 기녀들도 황색 몽두리를 착용하였음을 볼 수 있다.[111] 따라서 「악기풍물」의 몽도리 기록은 협수의 이명(異名)인 '동다리(形多里)'의 오기로 보인다.

107 고려대학교 박물관 편, 『名品圖錄』, 고려대학교 박물관, 2007, 149~150쪽.

108 文世榮, 『朝鮮語辭典』, 朝鮮語辭典刊行會, 1938, 231쪽.

109 황문환 외, 『정미가례시일기 주해』, 한국학중앙연구원 출판부, 2010, 37쪽.

110 『(戊申)進饌儀軌』 004책, 87쪽.

111 박성실, 「조선시대 蒙頭衣에 관한 연구」, 『服飾』 제55권 8호, 한국복식학회, 2005, 62~65쪽.

한편 검기무 여령은 협수 안에 견마기를 착용하였다. 을묘년(1795) 화성 잔치에 참여한 이희평(李羲平)의『화성일기(華城日記)』에는 봉수당 진찬 시의 여령 복식을 다음과 같이 묘사하고 있다.

"기생 50인이 다 누른 사 관대에 수의 초록 곁막이요, 남치마 앞에 홍색 휘건을 두르고 관대 앞에, 강구연월(康衢煙月)과 태평만세(太平萬歲)를 수놓고 진홍 띠에 수복(壽福)을 수놓고 화관을 썼는데 오색 채화로 얽었더라."[112]

누른 사 관대는 몽도리, 즉 황초삼을 말하는 것이고 초록견마기와 남색 치마, 그리고 그 위에 홍초상을 입었음을 말한다. 정해년『진찬의궤』「품목」에는 선천 여령이 입을 견마기의 재료가 확인된다.[113] 백색 팔량주 거들지를 달고 자지색[紫芝] 팔량주 고름[係]을 단 초록색 팔량주(八兩紬) 견마기임을 짐작할 수 있다.

(3) 괘자(掛子)

그림 20

그림 21

그림 19: 괘자 권기수 초상『한국 전통 매듭』
그림 20: 자적 괘자『문화재대관2 복식·자수편
그림 21: 아청 전복『한민족역사문화도감』

그림 19

괘자는 조선 후기 무관이 협수 위에 입는 군복의 하나였지만, 1880년대 이후부터는 왕 이하 사대부의 통상예복으로 입혀지게 된 옷이다. 권기수의 초상

---

112 姜漢永 校註, 『意幽堂日記·華城日記』, 新丘文化社, 1974, 87쪽.
113 『(丁亥)進饌儀軌』003책, 14~15쪽, "絹莫只九件外供次草綠八兩紬五十四尺價錢一百八十九兩 每尺三兩五錢 巨等乙只 白八兩紬六尺價錢二十一兩 每尺三兩五錢 內供次洋紗二十三尺價錢二 十二兩 每尺九錢六分 係次紫芝八兩紬三尺五寸價錢十二兩二錢五分 每尺三兩五錢".

화〈그림 19〉[114]에서 통상예복으로 착용한 괘자를 확인할 수 있다.

괘자와 전복을 둥근 깃이 달린 것과 깃이 없는 것으로 구분하기도 하는데 『(무신)진찬의궤』의 「악기풍물」에는 '전복'이라 하였고, 「공령」과 「권수」 복식도에서는 '괘자'라고 기록되어 있다. 전복과 괘자가 유사하기에 혼란이 있는 것으로 짐작된다.

한편 『(기축)진찬의궤』의 복식도에서는 '자적괘자'로 〈표 4〉의 「공령」에서는 '아청괘자'로 기록된 것을 확인할 수 있었다. 〈그림 20〉[115]과 같이 박신용 장군의 자적괘자 유물도 있으나 『의궤』의 기록처럼 괘자에 사용된 옷감이 갑사(甲紗)인 경우, 아청색 갑사 겉감에 홍색 안감이 겹쳐지면 비치는 옷감이므로 자적색으로 보일 수도 있기 때문에 〈표 20〉[116]에서와 같이 기축년과 무신년, 무진년처럼 '자적괘자'로도 기록될 수 있다.[117] 아청색 겉감과 홍색 안감을 사용한 유물이 〈그림 21〉[118]에서 확인된다.

표 20. 『의궤』 〈복식도〉의 괘자

기축진찬의궤	무신진찬의궤	무진진찬의궤	정축진찬의궤	정해진찬의궤
子掛紗的紫	子掛的紫	子掛的紫	子掛青鴉	子掛青鴉
임진진찬의궤	신축진찬의궤	신축진연의궤	임인진연의궤	임인진연의궤
子掛青鴉	子掛青鴉	子掛青鴉	子掛青鴉	子掛青鴉

114 국립중앙박물관 편, 『한국 전통 매듭』, 국립중앙박물관, 2004, 167쪽.

115 문화재청 편, 『문화재대관 중요민속자료 2: 복식·자수편』, 문화재청, 1997, 185쪽.

116 『(己丑)進饌儀軌』 001책, 115쪽; 『(戊申)進饌儀軌』 001책, 82쪽; 『(戊辰)進饌儀軌』 001책, 61쪽; 『(丁丑)進饌儀軌』 001책, 86쪽; 『(丁亥)進饌儀軌』 001책, 100쪽; 『(壬辰)進饌儀軌』 001책, 142쪽; 『(辛丑)進饌儀軌』 001책, 99쪽; 『(辛丑)進宴儀軌』 001책, 150쪽; 『(壬寅)進宴儀軌』 001책, 142쪽; 『(壬寅)進宴儀軌』 上, 150쪽.

117 南厚先, 「劍器舞服飾에 關한 硏究」, 『복식문화연구』 제5권 3호, 복식문화학회, 1997, 448쪽.

118 국립민속박물관 편, 『한민족역사문화도감』, 국립민속박물관, 2005, 138쪽.

표 21. 『의궤』「품목」과 「악기풍물」의 전복 재료

의궤	겉감	안감
기축진찬의궤 (1829)	鴉靑甲紗 長八尺 (四件次)	眞紅甲紗 長八尺 (四件次)
무신진찬의궤 (1848)	鴉靑鱗紋甲紗 長六尺五寸(四件所 每件)	紅鱗紋甲紗 長六尺五寸(四件所 每件)
정축진찬의궤 (1877)	鴉靑鱗紋甲紗 長二十尺(四件次)	紅鱗紋甲紗 長二十尺(四件次)
정해진찬의궤 (1887)	鴉靑鱗紋甲紗 長十三尺(二件次)	紅鱗紋甲紗 長十三尺(二件次)
임진진찬의궤 (1892)	鴉靑鱗紋甲紗 長二十六尺(四件次)	紅鱗紋甲紗 長二十六尺(四件次)
임인진연의궤 (1902.4)	鴉靑鱗紋甲紗 二十六尺(四件次)	紅鱗紋甲紗 二十六尺(四件次)
임인진연의궤 (1902.11)	鴉靑鱗紋甲紗二十八尺(四件次)	紅鱗紋甲紗 二十六尺(四件次)

『정축진찬의궤』 습의 건에 대한 전복 재료 4건이 '內供紅綿紬六十尺 外供黑生綃六十尺'[119]으로 기록되어 있다. 실제 공연용에는 〈표 21〉[120]과 같이 갑사를 매건 5척에서 6척 5촌 가량 사용한 반면, 연습용에는 겉감에 생초 7척 5촌, 안감에 면주 10척 5촌[121]을 사용하여 옷감에 차이를 두었다. 『탁지준절』에 사(紗)의 폭이 1척 3촌[122]으로 약 61cm이고, 면주는 7촌[123]으로 약 32cm로, 옷감의 폭은 다르지만 전복에 사용된 옷감의 양은 서로 유사하다.

(4) 전대(戰帶)

전대 역시 조선시대 무관들이 군복에 착용하던 남색의 넓은 허리띠이다. 복식도 〈표 22〉[124]에 보이는 전대는 〈그림 22〉[125]처럼 옷감을 사선으로 접어가면

119 『(丁丑)進饌儀軌』 004책, 80쪽.
120 『(己丑)進饌儀軌』 003책, 16쪽; 『(戊申)進饌儀軌』 004책, 87쪽; 『(丁丑)進饌儀軌』 004책, 75쪽; 『(丁亥)進饌儀軌』 004책, 72쪽; 『(壬辰)進饌儀軌』 004책, 99쪽; 『(壬寅)進宴儀軌』 004책, 81쪽; 『(壬寅)進宴儀軌』 下, 289쪽.
121 『(丁丑)進饌儀軌』 004책, 80쪽.
122 『度支準折』, (서울대학교 규장각, 가람古 336.2-T126t), 3쪽.
123 위의 책, 11쪽.

서 원통형으로 제작하여 신축성이 좋고 양끝이 제비부리처럼 뾰족한 것이 특징
이다. 〈그림 23〉[126]에서 볼 수 있듯이, 검기무 여령의 전대는 앞으로 묶는 군복
용 전대와는 달리, 원삼의 대대처럼 등 부분에 좌우 고리를 내어 묶었다. 〈표
23〉[127]에서 볼 수 있듯이, 검기무용 전대는 길이 2~3척에 너비 3척~3척5분의
개기주[加只紬]와 인문갑사(鱗紋甲紗) 등으로 제작하였다.

표 22. 『의궤』〈복식도〉에 제시된 검기무 여령의 전대 도상

기축진찬의궤	무신진찬의궤	무진진찬의궤	정축진찬의궤	정해진찬의궤
帶 戰	帶 戰 藍	帶 戰 藍	帶 戰 藍	帶 戰 藍
임진진찬의궤	신축진찬의궤	신축진연의궤	임인진연의궤	임인진연의궤
帶 戰 藍	帶 戰 藍	帶 戰 藍	帶 戰 藍	帶 戰 藍

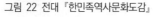

그림 22 전대 『한민족역사문화도감』

그림 23. 검기무 여령의 전대 묶는 법
《무신진찬도병》

124 『(己丑)進饌儀軌』001책, 115쪽; 『(戊申)進饌儀軌』001책, 82쪽; 『(戊辰)進饌儀軌』001책, 61
쪽; 『(丁丑)進饌儀軌』001책, 86쪽; 『(丁亥)進饌儀軌』001책, 100쪽; 『(壬辰)進饌儀軌』001책,
142쪽; 『(辛丑)進饌儀軌』001책, 99쪽; 『(辛丑)進宴儀軌』001책, 150쪽; 『(壬寅)進宴儀軌』001
책, 142쪽; 『(壬寅)進宴儀軌』上, 150쪽.

125 국립민속박물관 편, 앞의 책, 270~271쪽.

126 국립중앙박물관 편, 앞의 책, 116쪽.

127 『(己丑)進饌儀軌』003책, 16쪽; 『(戊申)進饌儀軌』004책, 87쪽; 『(丁丑)進饌儀軌』004책, 75
쪽; 『(壬辰)進饌儀軌』004책, 99쪽; 『(壬寅)進宴儀軌』下, 289쪽.

〈표 23〉 『의궤』 「품목」과 「악기풍물」에 기록된 검기무 여령의 전대 재료

의궤	재료	바느질용 실
기축진찬의궤(1829)	藍加只紬 長十二尺 (四件次)	-
무신진찬의궤(1848)	藍鱗紋甲紗 長八尺 廣三寸五分 (四件次)	藍眞絲 二錢(四件次)
정축진찬의궤(1877)	藍鱗紋甲紗 長九尺 廣三寸 (四件次)	-
임진진찬의궤(1892)	藍鱗紋甲紗 長八尺 廣三寸五分 (四件次)	-
임인진연의궤(1902, 11)	藍鱗紋甲紗 長九尺 廣三寸 (四件次)	

(5) 홍초상(紅綃裳)

검기무 여령은 정재여령의 기본복식인 견마기와 남치마, 웃치마인 홍초상을 입고 그 위에 검기무 복식을 추가하여 착용하였다. 복식도에서 검기무 여령의 치마가 별도로 제시되지 않았으므로 그 모습은 일반 여령의 '홍초상'도상 〈표 24〉[128]를 통해 짐작할 수 있다.

홍초상의 재료에 대한 기록은 「악기풍물」이나 「품목」의 춘앵전 차비복식에서 볼 수 있다. 〈표 25〉[129]에서 홍색 도류문 갑사나 인문 갑사 치마감에 흰색 갑사 허리 끈 감이 확인된다. 《무신진찬도병》〈통명전야진찬도〉 등에 나타난 검기무 여령은 남색 치마 위에 앞치마형의 홍색 치마를 입고 있다. 이는 정재여령이 안에 '남색상[裏藍色裳]'을 입고 겉에 '홍초상[表紅綃裳]'[130]을 착용하는 것과 같다.

---

128 『(己丑)進饌儀軌』 001책, 115쪽; 『(戊申)進饌儀軌』 001책, 82쪽; 『(戊辰)進饌儀軌』 001책, 61 쪽; 『(丁丑)進饌儀軌』 001책, 86쪽; 『(丁亥)進饌儀軌』 001책, 100쪽; 『(壬辰)進饌儀軌』 001책, 142쪽; 『(辛丑)進饌儀軌』 001책, 99쪽; 『(辛丑)進宴儀軌』 001책, 150쪽; 『(壬寅)進饌儀軌』 001 책, 142쪽; 『(壬寅)進宴儀軌』 上, 146쪽.

129 『(己丑)進饌儀軌』 003책, 14쪽; 『(戊申)進饌儀軌』 004책, 84쪽; 『(丁丑)進饌儀軌』 004책, 76 쪽; 『(丁亥)進饌儀軌』 004책, 72쪽; 『(壬辰)進饌儀軌』 004책, 94쪽; 『(壬寅)進饌儀軌』 004책, 84쪽; 『(壬寅)進宴儀軌』 下, 287쪽.

130 『(戊申)進饌儀軌』 004책, 18쪽.

표 24. 『의궤』 「권수」 〈복식도〉의 공용(일반여령 · 검기무여령) 홍초상 도상

기축진찬의궤	무신진찬의궤	무진진찬의궤	정축진찬의궤	정해진찬의궤
裳綃紅	裳綃紅	裳綃	裳綃紅	裳綃紅
임진진찬의궤	신축진찬의궤	신축진연의궤	임인진연의궤	임인진연의궤
裳綃紅	裳綃紅	裳綃紅	裳綃紅	裳綃紅

표 25. 『의궤』 「악기풍물」 · 「품목」의 홍초상 재료

의궤	재료	허리끈 감
기축진찬의궤(1829)	紅綃 長九尺五寸(稟目條 기록)	–
무신진찬의궤(1848)	眞紅桃榴紋甲紗 長三尺	白花甲紗 二尺
정축진찬의궤(1877)	眞紅桃榴紋甲紗 長三尺	白甲紗 兩尺
정해진찬의궤(1887)	紅綃 長九尺五寸(稟目條 기록)	–
임진진찬의궤(1892)	紅鱗紋甲紗 三尺	白花甲紗 一尺
임인진찬의궤(1902, 4)	眞紅桃榴甲紗 長三尺	白甲紗 兩尺
임인진찬의궤(1902, 11)	紅鱗紋甲紗 四尺	白甲紗 兩尺

(6) 초록혜

검기무 여령의 신발 기록이 없는 계유년(1873) 『진작의궤』[131]를 제외하고는 대체로 일반 정재여령과 마찬가지로 초록혜를 신은 것으로 기록되어 있다〈표 26〉.[132] 단 무진년(1868) 『진찬의궤』의 경우, 「권수」 〈복식도〉에는 동기(童妓)의 수초혜(繡草鞋) 도상만 보인다. 그리고 「공령」에 검기무 여령을 비롯하여 일반 여령의 신발로 '흑혜'[133]가 기록되어 있다.

---

131 『(癸酉)進爵儀軌』, 001책, 115쪽.

132 『(丁丑)進饌儀軌』 001책, 86쪽; 『(丁亥)進饌儀軌』 001책, 100쪽; 『(壬辰)進饌儀軌』 001책, 138쪽; 『(辛丑)進饌儀軌』 001책, 99쪽; 『(辛丑)進宴儀軌』 001책, 146쪽; 『(壬寅)進宴儀軌』 001책, 148쪽; 『(壬寅)進宴儀軌』 上, 146쪽.

133 『(戊辰)進饌儀軌』 003책, 80쪽.

표 26. 『의궤』 「권수」 〈복식도〉의 공용(일반여령·검기무여령) 초록혜 도상

기축진찬의궤	무신진찬의궤	무진진찬의궤	정축진찬의궤	정해진찬의궤
-	-	-	鞋綠草	鞋綠草
임진진찬의궤	신축진찬의궤	신축진연의궤	임인진연의궤	임인진연의궤
鞋綠草	鞋綠草	鞋綠草	鞋綠草	鞋綠草

흑혜는 초록혜와 같은 것으로 추정해 볼 수 있는데 초록색을 흑색으로 표현하는 사례[134]가 있기 때문이다. 대표적인 예가 짙은 녹색[柳綠色·玄綠色]으로 만든 단령을 흑단령(黑團領)이라고 칭하는 경우이다. 이 때의 흑색은 블랙(black)을 의미하는 것이 아니라 남색, 녹색, 청색, 아청색을 포함하는 넓은 범주의 어두운 색, 또는 짙은 색을 의미한다.[135]

따라서 무진년『진찬의궤』에서 흑혜라고 기록한 것은 여전히 초록혜를 의미하는 것으로 볼 수 있다. 따라서 흑혜로 기록되어 있다고 해서 신발의 색상이 변화된 것으로 보는 것은 적절하지 않다. 따라서 무진년 검기무 여령의 흑혜는 초록혜라고 보아도 무리가 없을 것이다.

그림 24. 안동권씨 습신
『경기도박물관 명품선』

그림 25. 전주이씨 습신
『조선시대 여인의 옷』

그림 26. 무연고 묘 습신
『다시 태어난 우리 옷, 환생』

---

134 『度支準折』, 86전.

135 이은주, 「한국전통복색에서의 청색과 흑색」, 『한국의류학회지』 제18권 1호, 한국의류학회, 1994, 127쪽.

한편 복식도의 초록혜 앞코에 장식이 보인다. 신발에 장식한 '국화동(菊花童)'이다. 국화동은 의궤의 장정이나 문고리 등에서 국화꽃 모양으로 생긴 못을 말하기도 하지만 견사로 만든 신발 등의 장식물을 말하기도 한다.[136] 또 화동(花童)이라고도 하는데 1696년『(경종세자)가례도감의궤』에는 세자빈의 온혜 재료에 화동 재료로 대홍, 초록사 5푼씩이 기록되어 있다.[137] 초록실과 홍색실로 만들었음을 알 수 있다. 안동권씨(安東權氏, 1664~1722) 습신〈그림 24〉[138], 청주(淸州) 출토 전주이씨(全州李氏, 1722~1779) 습신〈그림 25〉[139], 18세기 추정 무연고묘 습신〈그림 26〉[140] 등에서 국화동이 확인된다.

(7) 오색한삼

'오색한삼'은 무진년(1868)『진찬의궤』「공령」[141] 기록에만 유일하게 보인다. 무진년『진작의궤』의 오색한삼 기록에 대해서는 두 가지 측면에서 가능성을 생각해 볼 수 있다.

첫째는 기록의 오류 가능성이다. 이는 지금까지 살펴본 12종의 연향 관련 의궤 정재도는 물론, 그 외의 관련 도병 등에서 오색한삼의 흔적을 찾아볼 수 없기 때문이다. 검기무 정재 시 여령들의 양손에는 검기만 들려 있을 뿐이다. 무진년「공령」에 검기무 복식으로 오색한삼이 추가된 이유를 찾아본다면 바로 직전의 진찬 기록인 1848년 무신『진찬의궤』의 복식도에 여령 복식과 검기무 복식 도상이 한 면(面)[142]에 실리면서 여령복식의 일부인 오색한삼이 검기무 여령 복식으로 인식되어 야기된 혼란이 아닐까 한다. 무진년 이후의 첫 진찬인 정축년(1877) 진찬부터는 다시 검기무 복식용 오색한삼 기록이 사라진 것을 볼

---

136 최연우, 「국화동菊花童에 진주 올리고 … 석舃」, 『조선시대의 신』, 이화여자대학교 담인복식미술관, 2016, 114쪽.

137 이은주, 「덕온공주가례등록」을 통해 본 공주가례복식」, 『韓國服飾』 제32호, 단국대학교 석주선기념박물관, 2012, 112~113쪽.

138 경기도박물관 편, 『경기도박물관 명품선』, 경기도박물관, 2004, 311쪽.

139 충북대학교박물관 편, 『조선시대 여인의 옷』, 충북대학교박물관, 2008, 74쪽.

140 서울역사박물관·단국대학교 석주선기념박물관 편, 『다시 태어난 우리 옷, 환생』, 서울역사박물관·단국대학교 석주선기념박물관, 2006, 35쪽.

141 『(戊辰)進饌儀軌』 002책, 80쪽.

142 『(戊申)進饌儀軌』 001책, 82쪽.

때 이러한 오류 쪽에 무게가 실린다.

두 번째로 고려해 볼 수 있는 것은 본격적인 검무 공연을 하기에 앞서 오색한 삼을 끼고 손춤을 추었을 것이라는 가정이다. 전라도와 경상도에 전승되고 있는 검무 중에 색한삼을 사용하는 경우가 있다[143]고 보고된 바 있다. 또 최근의 진주 검무[144]에서도 오색한삼을 사용하고 있다. 즉 검을 사용하여 본격적인 검무를 추기 전, 손춤을 출 때 한삼을 끼고 있다. 그럼에도 불구하고 오색한삼의 사용 여부에 대해서는 단정짓기 어렵기에 추후 논의의 여지를 남겨 두고자 한다.

4. 맺음말

궁중 검기무는 민간에서 성행하던 기녀들의 검무가 궁중의 정재로 편입된 춤이다. 조선후기와 대한제국기의 『의궤』 중 검기무가 기록되어 있는 12종의 연향 관련 『의궤』를 중심으로 궁중 검기무 설행의 특징, 검기무 여령의 구성, 상전(賞典), 검기무 복식의 종류와 변화양상 등을 살펴본 결과는 다음과 같다.

첫째, 숙종대 이후 민간에서 유행하기 시작한 기녀들의 검무는 『원행을묘정 리의궤』에 '검무'라는 기록으로 처음 궁중에 선보이기 시작하여 기축년 『진찬 의궤』부터 '검기무'로 명칭이 정착된 후 대한제국의 마지막 임인년 11월 진연까 지 유지되었다.

둘째, 궁중 검기무 정재가 기록된 조선후기 『의궤』는 1795년의 『원행을묘정 리의궤』부터 1902년 11월 『임인진연의궤』까지 총 12종인데 의궤에 따라 약간 의 차이는 있으나 대체로 「권수」의 정재도·복식도, 「악장」, 「의주」, 「품목」 또 는 「악기풍물」, 「공령」, 「상전」 등에서 관련 기록이 확인되었다. 「의주」 기록 을 통해 검기무는 연향의 후반부나 마지막 부분에 설행되었음을 확인하였으며 이에 따라 진연·진찬《도병》에서는 후반부 장면에 묘사되는 경우가 많았다. 무신년 진찬부터는 검기무의 음악으로 일정하게 '무녕지곡(武寧之曲)'이 연주되

---

143 남미화, 앞의 글, 103~106쪽.

144 진주검무[검색일 2018. 5. 15], https://www.youtube.com/watch?v=qPALDSm5yo0

었음을 확인하였다. 검기무 정재여령의 인원은 많게는 동기와 집사를 포함하여 8~9명으로 구성되기도 하였으나 실제는 4명 정도가 추는 경우가 많았으며 1902년 4월 임인년 진연에만 8명이 참가한 쌍검기무가 설행되었다. 또한 「상전」 기록을 통해 행사가 끝난 후 검기무 여령으로 참여한 이들은 면천(免賤)되거나 1~2필 정도의 주(紬)나 백목(白木) 등을 차등있게 상으로 받았다.

셋째, 12종의 『의궤』에서 확인할 수 있는 〈정재도〉와 〈복식도〉, 〈공령〉 등의 기록에 따르면 검기무 정재복식은 무신년(1848) 진찬 이후 산홍모전립(散紅毛戰笠), 금향협수(金香挾袖), 아청이나 자적 괘자(掛子), 남전대(藍戰帶), 홍초상(紅綃裳), 초록혜(草綠鞋)로 착용하기 시작하였는데 동일 기록이 유지되는 것은 정축년(1877) 『진찬의궤』부터였다.

넷째, 검기무 전립은 흑색으로 알려져 있었으나 무신년(1848) 『진찬의궤』부터는 붉은색 전립인 산홍모전립이 사용된 것으로 확인되었다. 회화자료에서는 홍전립을 확인할 수 없었으나 유물로는 확인되었다. 그리고 무신년(1848) 이후 전립의 모정은 뾰족한 형태에서 둥근 형태로 변화하였음을 알 수 있었으며 남색 비단 안감을 댄 '안올린 벙거지'로, 모정에는 도금 정자를 달고 정자 고리에 상모와 공작우를 달았다. 모자와 테가 연결된 부분에 홍전 징두리를 두르고 좌우에 조밀화(造蜜花) 귓돈을 장식하였으며 전립 안쪽 좌우에 단 은영자에 궁초 끈을 달았다. 군복용 전립과는 달리, 패영은 사용하지 않았다. 그 외에 재료에서 차이가 있는 연습용 전립의 존재도 확인되었으며 여기와 동기의 전립에도 재료 차이를 두었음을 확인하였다.

다섯째, 협수는 무신년부터 등장하였는데 무신년 『진찬의궤』의 「악기풍물」 재료 부분에 협수를 일반 여령들이 착용하는 '몽두리(蒙頭里)'로 기록되는 오류가 있었으며 협수의 소매 부분에서 홍수 길이가 후대로 갈수로 길어진다는 사실을 홍수 감의 분량과 유물을 통해 확인할 수 있었다.

여섯째, 치마는 남치마를 기본으로 착용하고 그 위에 앞치마형의 홍초상을 착용하였다. 괘자는 아청이나 자적색을 사용하였으며 전복(戰服)이라고도 기록되어 있어 두 용어가 혼용되었음을 알 수 있었다. 괘자 위에는 남색 전대를 사용하였는데 묶는 방식은 군복용 전대와는 달리, 원삼의 대대처럼 등 뒤에서 묶었다. 신발은 국화동이 있는 초록혜를 신었는데 흑혜로 기록되기도 하였다. 한편 무진년(1868) 『진찬의궤』에는 검기무 복식으로 오색한삼(五色汗衫)이 처음이자 마지막으로 확인되었는데 여령복식과 검기무복식의 도상이 한 면에 실리면서 생긴 오류이거나 현행 진주검무처럼 본격적인 검무를 하기 전에 도입부분에서 일시적으로 사용하였을 가능성이 있는 것으로 파악되었다.

이상과 같이, 『의궤』를 중심으로 조선후기 궁중 검기무 복식의 구성물과 변화양상, 특징 등을 살펴보았다. 연구결과가 검기무 공연이나 왕실 연향 재현 등에 활용되기를 기대한다. 마지막으로 궁중 검기무 복식이 이후 지방 검기무 복식에 어떤 영향을 미쳤는지 등에 대해서는 추후의 과제로 남겨둔다.

이 논문은 『국악원논문집』 제37집(국립국악원, 2018)에
실린 내용을 수정·보완한 것이다.

자료출처

그림번호	출처	소장처
그림 1	『朝鮮時代 風俗畵』, 국립중앙박물관(2002), 162쪽.	간송미술관 소장 〈쌍검대무〉
그림 2	『朝鮮時代 風俗畵』, 국립중앙박물관(2002), 43쪽.	국립중앙박물관 소장 〈안릉신영도〉
그림 3	『朝鮮時代 風俗畵』, 국립중앙박물관(2002), 40쪽.	국립중앙박물관 소장 〈동래부사접왜사도〉
그림 4	『독일 라이프치히그라시민속박물관 소장 한국문화재』, 국립문화재연구소(2013), 137쪽.	독일 라이프치히그라시민속박물관 소장 〈부사내행도임도〉
그림 5	『정조대왕의 수원행차도』, 화성박물관(2016), 148쪽	동국대학교 소장 〈봉수당진찬도〉
그림 6	『정조대왕의 수원행차도』, 화성박물관(2016), 164쪽	교토대학종합박물관 소장 〈봉수당진찬도〉
그림 7	『朝鮮時代의 冠帽』, 온양민속박물관(1988), 34쪽	온양민속박물관 소장 (홍전립)
그림 8	『유길준과 개화의 꿈』, 국립중앙박물관(1994), 93쪽	미국 피바디에섹스박물관 소장 (홍전립)
그림 9	『초상화의 비밀』, 국립중앙박물관(2011), 192쪽.	백제박물관 소장 〈이삼 초상〉
그림 10	『초상화의 비밀』, 국립중앙박물관(2011), 44쪽.	개인 소장 〈이창운 초상〉
그림 11	『육군박물관 소장 군사복식』, 육군박물관(2012), 26쪽	육군박물관 소장 〈안필호 초상〉
그림 12	『전통 남자 장신구』, 대원사(2003), 91쪽.	이화여자대학교 담인복식미술관 소장 (전립정자)
그림 13	『한민족역사문화도감: 의생활』, 국립민속박물관(2005), 78쪽.	이화여자대학교 담인복식미술관 소장 (공작우)
그림 14	『전통 남자 장신구』, 대원사(2003), 99쪽.	동아대학교 박물관 소장 (전립)
그림 15	『전통 남자 장신구』, 대원사(2003), 107쪽.	이화여자대학교 담인복식미술관 소장 (황 랍 매미)
그림 16	『전통 남자 장신구』, 대원사(2003), 124~125쪽.	이화여자대학교 담인복식미술관 소장 (은 영자)
그림 17	『名品圖錄』, 고려대학교박물관(2007), 116쪽	고려대학교 박물관소장 (금향색 협수(동다리))
그림 18	『名品圖錄』, 고려대학교박물관(2007), 117쪽	고려대학교 박물관소장 (금향색 협수(동다리)와 전복)
그림 19	『한국 전통 매듭』, 국립중앙박물관(2004), 167쪽.	국립중앙박물관 소장 〈권기수 초상〉

그림 20	『문화재대관 중요민속자료 2: 복식·자수편』, 문화재청(1997), 185쪽.	국가민속문화재 제110호 국립부여박물관에 위탁 소장 (자적괘자)
그림 21	『한민족역사문화도감』, 국립민속박물관(2005), 138쪽.	국립민속박물관 소장 (아청전복)
그림 22	『한민족역사문화도감』, 국립민속박물관(2005), 270~271쪽.	국립민속박물관 소장 (전대)
그림 23	『조선시대 궁중행사도 Ⅰ』, 국립중앙박물관(2010), 116쪽.	국립중앙박물관 소장《무신진찬도병》 검기무 여령의 전대 묶는 법
그림 24	『경기도박물관 명품선』, 경기도박물관(2004), 311쪽.	경기도박물관 소장 (안동권씨 습신)
그림 25	『조선시대 여인의 옷』, 충북대학교박물관(2008), 74쪽.	충북대학교박물관 소장 (전주이씨 습신)
그림 26	『다시 태어난 우리 옷, 환생』, 서울역사박물관·단국대학교 석주선기념 박물관(2006), 35쪽.	개인(신성수) 소장 무연고 묘 습신

표 번호	의궤, 도병 명칭	소장처
표 3	『원행정리의궤도』	국립중앙박물관 소장
표 4	《기축진찬도병》	국립중앙박물관 소장
표 5	《무신진찬도병》	국립중앙박물관 소장
표 6	《무진진찬도병》	LA주립박물관(LACMA) 소장
표 9	《정해진찬도병》	국립중앙박물관 소장
표 11	《신축진찬도병》	국립고궁박물관 소장
표 12	《신축진연도병》	연세대학교박물관 소장
표 14	《임인진연도병》	아모레퍼시픽 미술관 소장

조선 후기 칼춤 그림과 『武藝圖譜通志』「雙劍」 동작의 비교

허인욱

1. 서론

검무는 전립(戰笠)과 전복(戰服)·전대(戰帶)의 복식을 갖춘 4명의 무용수들이 칼을 들고 마주서서 추는 춤으로 검무(劍舞)·검기무(劍技舞) 또는 황창무(黃昌舞)·황창랑무(黃昌郎舞)라고 한다. 검무·검기무는 무용의 도구로 칼을 사용하는 춤이라는 뜻에서, 황창무·황창랑무는 칼춤이 황창랑으로부터 시작되었다는 연기설화와 관련되어 비롯된 명칭이다. 칼춤은 민간에서 가면무(假面舞)로 행해지다가 조선 순조 때 궁중정재(宮中呈才)로 채택되어 오늘날까지 전승되어 오고 있다. 궁중연회에서 시연된 후 가면은 사라지고, 1900년대 이후로는 칼도 무용도 구화하면서 검 길이도 짧아지고 손잡이가 꺾이는 형태로 바뀌었다.[1]

그런데 현재 전하는 조선 후기 그림들 가운데는 긴 칼을 사용하는 것들이 전한다. 이 그림들은 조선 후기 검무의 모습을 일부나마 보여준다는 점에서 의미가 있다. 특히 현재 전하는 진주검무에서 사용하는 무기(舞器)의 길이가 33cm 정도의 무기를 사용하는 반면, 앞서 나열한 그림에 보이는 무기는 60~70cm 정도 된다는 점에서 동작에도 다소 차이가 날 수 있음을 말해준다.

---

[1] 임수정, 「검무(劍舞)의 진행방식에 관한 연구: 여기(女妓) 검무를 중심으로」, 『동양예술』 11, 2006; 김미영, 「문학작품에 표현된 18세기 교방검무의 미적 특성」, 『한국무용사학』 6, 2007; 조혁상, 「조선조 검무의 무술적 성격에 관한 고찰」, 『한국무용사학』 10, 2009; 김미영, 「무예도보통지」 검술을 기초로 한 조선검무의 춤동작과 사상성 연구」, 『대한무용학회논문집』 69, 2011; 이태호, 「한국 검무의 발생 배경과 조선 후기 풍속화·기록화의 여성 쌍검무」, 『인문과학논총』 37-2, 명지대학교, 2016.

이 글에서 조선 후기 검무를 이해하기 위해 '진주검무'의 동작을 참고하였다. 국내 검무 중 본래의 모습을 어느 정도 유지하고 있으며 검기가 목이 꺾이지 않아,[2] 무예적 요소가 조금은 남아 있다고 여겨지기 때문이다.[3] 하지만 이 또한 비교를 위한 참고이지 절대적인 기준이지는 않다.

이 글에서는 먼저 검무와 무예의 관계를 이야기한 후, 기록을 통해 조선 후기 검무의 모습을 대략적으로 그려보고, 그림들을 통해 그 모습을 구체적으로 살펴보고자 한다. 조선 후기 검무는 무예로서도 가치가 있다고 생각되므로, 『무예도보통지』의 '쌍검'과 비교해 조선 후기 검무의 무예적인 측면을 드러내고자 한다.[4]

2. 검무와 무예

춤은 기본적으로 시각적 아름다움을 추구하고 무예는 강함을 추구한다. 물론 무예 또한 기와 힘이 적절하게 조화되었을 때 예술적인 아름다움을 느낄 수 있음도 분명하다. 움직임에 절제를 담고 깊이 있게 무예를 수련하는 나이 지긋한 무예가의 모습, 또는 힘줄이 불거지고 탄탄한 몸을 가진 젊은 무인의 날렵하면서도 힘차게 움직이는 동작들에서, 혹은 우아하면서도 날카롭게 검을 휘두르는 여성 무인의 모습에서 춤과는 다른 아름다움을 느낀다. 이런 점에서 영어 단어 'Martial art'는 우리가 상상하는 무예를 가장 적절하게 표현한 것인지도 모르겠다. 무예의 관점에 볼 때, 칼춤과 검술 사이에는 크게 구분이 가지 않을 수도 있다. 검술의 달인이 검술을 시연하면, 그것은 마치 춤추는 모습처럼 보일 수가 있기 때문이다.[5]

검무는 '황창랑무'라고도 부른다. 이는 황창이라는 신라 소년으로 인해 검무

---

2 성계옥·차옥수, 『진주검무』, 화산문화, 2002, 79쪽(이하 진주검무에 대해서는 이 책 참조).

3 밀양검무에서는 30cm의 짧은 칼이 아닌 70cm 정도 되는 긴 칼을 사용해 전수가 이루어지고 있으나, 밀양 출신의 검무로 유명한 운심의 이야기와 『무예도보통지』의 쌍검 등을 바탕으로 복원한 것이다.

4 역사와 관련된 이 부분은 허인욱, 『옛 그림에서 만난 우리무예 풍속사』(푸른역사, 2005)에서 서술하였다. 이 논문은 그 내용을 좀 더 보완하였음을 밝혀둔다.

5 허인욱(2005), 앞의 책, 84쪽.

가 시작되었다고 전하고 있기 때문이다. 고려 말 조선 초를 살았던 이첨 (1345~1405)의 『동경잡기』에 실려 있는 '검무지희(劍舞之戲)'조를 보면, 황창이 라는 7세 소년이 백제의 시가에 들어가 칼춤을 추다가 소문이 나 백제 임금의 귀에도 들어갔고 임금 앞에서 시연하다가 틈을 봐 백제 임금을 시해했다고 한 다. 물론 황창랑이 백제인에게 죽임을 당했을 것임은 당연하다. 이후 이를 슬 퍼한 신라인들이 그의 얼굴을 본 딴 탈을 만들어 쓰고 칼춤을 추었는데, 그 춤 이 『동경잡기』를 찬술할 때까지 전하고 있다[6]는 내용이다. 즉 검무의 시작은 황창랑이 추던 춤을 모방한 데서부터 시작되었다고 보고 있는 셈이다.

이와 관련해 이첨은 『동경잡기』 관창편에서 황창랑의 고사를 한 번 더 언급 하고 있어 주목된다. 이첨이 경주에 가서 칼춤을 추는 동자를 보게 되었고, 그 동자로부터 황창과 관련된 내용을 전해 들었다는 내용이다. 그러면서 그는 황 산벌에서 백제와 신라의 국운을 건 싸움에서 계백에게 죽은 관창의 이야기가 와전된 것이 아닌가 보았다. 여하튼 『동경잡기』에서 이첨이 을축년인 1385년 겨울에 검무희를 봤다고 하는 것으로 봐서는 적어도 고려 말까지 황창과 관련 된 이야기가 칼춤과 함께 전승되고 있었음만은 분명하다. 칼춤은 조선시대에 들어서도 지속적으로 경주지역에서 전승되고 있었는데, 이는 점필재 김종직(佔 畢齋 金宗直, 1431~1492)의 『동도악부(東都樂府)』를 통해서 확인이 된다. 김종직 은 『동도악부』의 황창랑조에서 동도(東都), 곧 경주(慶州)에서 석자가 못되는 아이가 시연한 황창무희를 보고 감동받은 사실을 서술하고 있는데, 이는 조선 전기에도 경주에 검무가 전승되고 있었음을 말해준다.

칼춤이 무예와 관련이 있음은 효종(孝宗) 때 후원(後苑)에서 무예 재주를 시 험하였는데, 임금이 너무 가까운 곳에서 관람하는 것은 불가하다고 하면서, 그 예로 황창랑의 검무 일화를 인용한 사실[7]에서 알 수 있다. 칼춤 추는 이에 의한 임금의 암살을 걱정한 것이다. 이는 당시 황창랑 설화가 누구나 다 아는, 널리 회자되는 이야기였을 뿐만 아니라, 칼춤이 무예와 관련이 있음을 보여주는 사 례라 할 수 있다. 검무와 무예와의 관련은 안석경(安錫儆, 1718~1774)의 「검녀

---

6 『東京雜記』 風俗 劍舞之戲.
7 『顯宗實錄』 卷8, 顯宗 5年 6月 壬寅.

(劍女)」이야기에서도 엿볼 수 있다. 그 이야기를 보면, 주인집 아씨와 그 집의 비(婢)였던 두 명의 여성 검객이 원수 집으로 가서 재주를 보여주는 체하며 달빛을 타고 춤을 추다[乘月舞之]가 검을 날려 원수를 갚았다고 하며, 원수를 갚은 뒤 소응천(蘇凝天, 1704~1760)의 첩이 된 비가 연화검(蓮花劍) 한 쌍을 꺼내 검술을 보여주고 떠났다[8]는 내용으로 구성되어 있다. 달빛을 타고 춤을 추었다는 것은 검무를 추었음을 보여주며, 이는 검무와 검술이 큰 차이가 없었음을 말해준다. 검무가 검술과 무관치 않은 사실을 보여주는 대목이다.

실제로 검을 가지고 검무를 추려면 상당한 검술의 수련 없이는 어려운 일이다. 아마도 검무의 시작은 무장들이 술좌석이나 어떤 모임에서 여흥을 돋우거나 자신의 실력을 은근히 과시하기 위해 가지고 있던 칼을 뽑아 들고 춤의 형태를 빌어 검술의 동작을 보여주던 것에서 출발하였다고 본다.[9] 이는 박래겸(朴來謙)의 『북막일기(北幕日記)』에서 온성(穩城)과 경원(慶源), 경흥(慶興) 세 고을의 군사들이 고이도(古珥島)에서 사냥을 하고 무사들이 칼과 창을 빼들어 일제히 덩실덩실 춤을 추었는데, 장관이었다[10]는 내용에서도 자연스럽게 무기를 가지고 자신의 흥을 발하는 모습을 살필 수 있다.

검무가 검술과 관련이 있음은 이인좌(李麟佐)의 난에 관한 기록을 통해서 알 수 있다. 이인좌는 영조 4년(1728)에 영조와 노론을 제거하고 밀풍군(密豊君) 탄(坦)을 왕으로 추대하고자 일어났던 무신란을 주도하던 자였다. 이 난이 평정된 후, 주모자 이인좌의 아들을 죽이라는 요청을 신하들이 영조에게 올렸다. 그런데 이인좌의 아들을 죽이라고 요청한 이유는 이인좌의 아들이 나이가 겨우 이제 다섯 살인데, 검무를 하는 모양을 흉내 내면서 '내가 어찌 살겠는가.'라는 말을 했기 때문이라는 것이다. 일찍 죽이지 않으면 나중에 후환이 있을 것[11]을 우려한 모양이다. 나이 다섯 살인 아이가 실제로 그렇게 했을 것인가 하는 점에는 의문이 들지만, 당시 칼춤과 검술을 동일한 기예로 봤고, 혹시나 있을 후환

---

8 『삽교별집(雪橋別集)』 卷5, 漫錄6 '丹翁日聞之湖南人'. 『삽교별집』에는 제목이 붙어 있지 않은데, 이우성·임형택이 『이조한문단편집』을 내면서 「검녀」라는 제목으로 달았다(이우성·임형택, 『이조한문단편집』, 일조각, 1992, 20~24쪽).

9 육태안(1990), 『우리무예이야기-다시 찾은 수벽치기-』, 학민사, 56쪽.

10 『북막일기』 10月 17日.

11 『영조실록』 권18, 영조 4年 7月 癸酉.

을 두려워한데서 기인한 것임을 알 수 있다. 그만큼 검무와 검술은 밀접한 관련
을 맺고 있었음을 알 수 있다.

검무는 남성들도 하였음은 연산군이 좋은 말을 후원에 들이게 하여 스스로
말을 달리며 활 쏘고 검무를 추었다거나,[12] 인조가 천 3백여 명이 넘은 군사들
을 위해 위로연을 베풀었는데, 그 잔치를 주관한 사람 중의 하나인 이귀(李貴,
1557~1633)가 장사(將士)들로 하여금 검무를 추게 하고 스스로도 일어나 춤을
추며 즐기다가 파하였다[13]는 내용을 통해서도 알 수 있다.

숙종 8년(1682) 역관으로 통신사를 따라 일본에 갔다 온 홍우재(洪禹載)의
『동사록(東槎錄)』과 김지남(金指南)의 『동사일록(東槎日錄)』에는, 사행이 예천
(醴泉)을 지날 때 마상재인(馬上才人) 오순백(吳順伯)을 시켜 검무를 추게 했다
고 하고 있어 남자들도 검무를 추었음이 확인된다. 오순백은 왜관과 일본에 파
견되어 왜검을 배워 온 김체건(金體乾)이 아닐까 생각되는데,[14] 춤으로 표현되
어 있기는 하지만, 무예로서 검술에 가까운 형태였을 것으로 봐도 하등 이상할
것이 없다. 남성들이 검무를 추었음은 김광택(金光澤)과 탁문한(卓文漢) 등의 사
례에서도 찾을 수 있다. 김광택은 아버지인 김체건에게 검술(劍術)을 배우고
김홍기(金弘基)에게 선술(仙術)을 배워 검선이라 불리는 인물로,[15] 그에 관한 기
록을 보면, "무검(舞劍)이 입신(入神)의 경지에 들어 만지낙화세(滿地落花勢)를
지으면, 몸이 숨겨져 보이지 않았다"[16]고 하며, 탁문한 또한 어릴 적부터 검무
에 통달해 회풍낙화지상(廻風洛花之狀)을 할 줄 알았다고 한다. 이 때문인지 탁
문한의 검무를 본 당시 사람들은 김광택이 죽은 지 백년 만에 탁문한이 그 신기

---

12 『중종실록』 권18, 중종 8年 4月 丁未.

13 『인조실록』 권1, 인조 1年 3月 戊申.

14 『무예도보통지』 등의 기록을 종합하면 김체건은 숙종 8년 5월부터 11월까지의 사행에 동행했던
   것으로 보인다. 당시 사행의 목적은 덕천강길(德川綱吉)가 장군직을 물려받은 것에 대한 축하사절
   이었다. 당시 역관 김지남(金指南, 1654~1718)이 지은 『동사일록(東槎日錄)』에는 통신사 일행의
   명단이 기재되어 있는데, 김체건의 이름이 보이지 않는다. 김체건의 직위가 낮았기 때문이라고
   생각할 수도 있지만, 그가 맡은 임무를 드러낼 수 없었고 또 본명을 사용할 수 없어, 의심을
   덜 받을 수 있는 마상재인으로 간 것이 아닐까 추정된다. 김체건에 대해서는 허인욱·김산, 「金體
   乾과 武藝圖譜通志에 실린 倭劍」, 『체육사학회지』 8-1, 2003 참조.

15 김광택에 대해서는 허인욱, 「'劍仙' 金光澤 연구」, 『무예연구』 2-2, 2008 참조.

16 『間菴文藁』 金光澤傳.

함을 터득했다고 말했다는 내용이 전한다.[17] 명칭으로 볼 때, 만지낙화세와 회풍낙화지상은 유사한 기법으로 보이며, 꾸준히 전승되고 있었음을 보여주는 기록이 아닌가 생각된다.

3. 기록으로 보는 조선 후기 검무

현재 전하는 검무 가운데 전승이 상대적으로 잘 이루어진 것은 진주검무이다. 진주검무는 검기(劍器)의 목이 꺾이지 않는다[18]는 점을 고려하면, 춤으로서의 특징 뿐만 아니라, 무예로서의 특징이 어느 정도 살아있다고 판단할 수 있다. 그런데 진주검무의 모습은 정약용(1762~1836)의 시 「무검편증미인」을 통해 알 수 있다. 진주 촉석루에서 기생의 검무를 묘사하고 있다는 점 때문이다. 정약용이 활동할 당시의 진주검무 동작을 추정할 수 있다고 여겨지는 것이다.

> 나-1) 계루고(鷄婁鼓) 한 소리에 풍악이 시작되니
> 　　　넓디넓은 좌중이 가을 물처럼 고요한데
> 　　　진주성 성안 여인 꽃 같은 그 얼굴에
> 　　　군복으로 단장하니 영락없는 남자 모습
> 　㉮ 보라빛 괘자(掛子)에다 청전모(靑氈帽) 눌러쓰고
> 　　　좌중 향해 절한 뒤에 발꿈치를 들고서
> 　　　박자 소리 맞추어 사뿐사뿐 종종걸음
> 　　　쓸쓸히 물러가다 반가운 듯 돌아오네.
> 　㉯ 나는 선녀처럼 살짝 내려앉으니
> 　　　발밑에 번쩍번쩍 가을 연꽃 피어난다.
> 　　　몸 굽혀 쓰려져 꼽은 채 웅크린지 오래
> 　　　열 손가락 뒤집으니 뜬구름 같네.

---

17 『後吾知可』卓文漢紀實. 탁문한에 대해서는 안대회(2010), 「18·19세기 탈춤꾼·산대조성장인 탁문한 연구」, 『정신문화연구』 33권 4호 참조.

18 성계옥·차옥수(2002), 앞의 책, 79쪽.

　　㉰ 한 용(龍)은 땅에 있고 한 용은 뛰어오르니
　　　　푸른 뱀이 백 번이나 가슴을 휘감는 듯
　　㉱ 홀연히 쌍칼 잡자 사람 모습 사라지니
　　　　삽시간에 구름 안개 허공에 피어나네.
　　　　왼쪽 오른쪽으로 휘둘러도 칼끝 서로 닿지 않고
　　　　치고 찌르고 뛰어 오르니 소름이 쫙 끼친다.
　　　　회오리바람 소나기가 차가운 산에 몰아치듯
　　　　붉은 번개 푸른 서리 빈 골짝서 다투는 듯
　　　　놀란 기러기 높이 날아 안 돌아올 듯하다가
　　　　성난 새매 내려덮쳐 쫓아가지 못할레라.
　　㉲ 쨍그렁 칼 땅에 던지고 사뿐히 돌아서니
　　　　호리호리한 허리는 처음 모습 그대로일세.
　　　　서라벌의 여악은 우리나라 으뜸인데
　　　　황창무보(黃昌舞譜)가 예로부터 전해오네.

　　이 내용은 정약용이 19세인 1780년에 진주의 촉석루에서 진주기생의 검무를 보고 즉석에서 지어 준 시의 일부이다. 그 내용을 통해 당시 검무의 모습을 그려보면, 풍악 소리와 함께 전복(戰服)을 차려 입은 무희들이 관객에게 절을 하고 물러났다가 다시 등장을 하고(㉮) 앉아서 몸을 땅바닥에 붙이고 손을 뒤집는 동작을 한 다음(㉯), 한 칼을 잡고 춤을 추고(㉰) 두 칼을 잡고 춤을 추는데, 회전을 하며 서로 공방을 주고받은 다음(㉱)에 칼을 던져 마무리(㉲)하는 것으로 이해된다.

　　현재 전하는 진주검무가 '**한삼사위**[평사위 → 배맞추기 → 숙인사위 → 뿌릴사위 → 쌍어리 → 결삼사위 → 낙삼사위]' → '**맨손사위**[깍지떼기(맨손입춤) → 방석돌이 → 삼진삼퇴 → 앉은사위(자락사위, 앉은 맨손 칼사위, 앉은 칼사위)]' → '**칼사위**[위엄사위 → 삼진삼퇴 → 원형대형 만들기 → 연풍대(겨드랑사위, 옆구리사위, 쌍칼사위, 외칼사위) → 원형대형 풀기 → 일자형 대형 만들기(윗사위, 옆사위, 칼엇걸기) → 인사]' 순으로 이어지는 것과 비교해 볼만한 부분들이 있다.

　　이 가운데 ㉯는 맨손사위 가운데 앉은 상태로 다섯 손가락을 모은 한 손을 이마 위에, 또 다른 한 손은 가슴 앞에서 튕기는 깍지떼기, 즉 맨손입춤의 모습을 표현한 것으로 보이며, ㉰는 한 용은 땅에 있고 다른 한 용은 뛰어오른다고

묘사되어 있는 동작은 앉은 상태에서 외칼사위를 하는 모습으로 이해된다. 또
㉣는 일어선 상태에서 공방을 주고받는 칼사위 가운데 연풍대 등의 모습을 표
현한 것이 아닌가 짐작된다. 다만 현재 전해지는 진주검무에서 보이는 한삼사
위를 보여주는 부분이 없다는 점이 참고 된다.

　　검무의 모습은 박제가(朴齊家, 1750~1815)의 「검무기(劍舞記)」나 고종 30년
(1893)에 간행된 『정재무도홀기』의 내용을 통해서도 살필 수 있다.

　　나-2) 기생 둘이 검무를 추는데 융복(戎服)을 입고 전립(氈笠)을 썼다. 잠깐 절을
하고서 돌아서서 마주하더니 천천히 일어난다. …… ㉠버선발을 들어 치마를 툭
차더니 소매를 치켜든다. 검은 앞에 놓였건만 보지도 않은 채 느긋이 빙빙 돌며
다만 제 손만 살핀다. …… 이때 두 기생이 나란히 나와 한동안 서로 으르다가 소매
를 펼쳐 하나가 되고 어깨를 나란히 하여 나누어진다. ㉡어느 새 펄럭이며 앉더니
눈은 칼을 주목하여 가져올 듯 말 듯 아끼고 또 아끼며 다가설 듯 물러나며, 잡으려
다 문득 놀란다. 잡았는가 싶어 보면 어느새 놓아 두어 헛되이 그 빛을 움켜쥐었다
가 잠깐 만에 그 옆으로 낚아챈다. 소매는 칼을 쓰는 것 같고 입은 칼을 물려는
것만 같다. 겨드랑이로 눕고 등으로 일어나 앞으로 숙였다가 뒤로 접친다. …… 문
득 기세가 꺾여 열손가락은 힘이 쭉 빠진 듯하여 쓰러질 듯 다시 일어난다. 바야흐
로 춤사위가 빨라지자 손은 마치 인끈을 흔드는 듯하더니만 ㉢번드쳐 일어나자 칼
은 어느새 간 곳이 없다. 고개를 들어 이를 던지자, 칼 두 자루가 서리처럼 떨어지는
데, 느리지도 빠르지도 않게 허공에서 이를 낚아챈다. 칼날로 팔뚝을 재듯 고개를
들고 물러선다. 순식간에 서로 공격하는데, 사납기가 칼로 찌를 것만 같다. 검이
몸에 닿은 것이 한 치도 안 되겠고 찌를 듯 말 듯 하는 것이 양보하는 것만 같다.
번득이듯 번득이지 않는 것은 마치 내키지 않는 듯하다.…… 순식간에 갈라져서
동서로 나뉘어 서니 서쪽의 기생은 땅에다 칼을 꽂고 팔을 늘어뜨리고 서 있다.
동쪽 기생이 검을 날개처럼 내달아 옷을 찌르고 우러러 뺨을 벤다. 서편 기생은
꼼짝 않고 서서 까딱 않으니 마치 영인(郢人)의 자질과 다름없었다. 내달아 온 기생
이 한 차례 펄쩍 뛰며 그 앞에서 용맹을 뽐내고 무예를 자랑하며 돌아온다. 서 있던
기생이 이를 쫓아가 그이를 보복하려는지, 말이 힝힝거리듯 몸을 추켜 갑자기 성난
돼지처럼 고개를 숙이고 곧장 달려든다. 흡사 비를 무릅쓰고 바람을 거슬러 내달리
는 것만 같다. 싸우려 해도 싸울 수가 없고 멈추려고 해도 멈출 수가 없다. 두 어깨
를 순식간에 부딪쳐 각자 생각지 않게 발꿈치를 물고 도는데, 마치 문지도리가 물려
돌아가는 것만 같았다. 잠깐 만에 동쪽에 있던 기생은 서쪽으로 가 있고, 서쪽에

있던 기생은 어느새 동쪽으로 가 있다. 일시에 몸을 돌려 이마가 부딪칠 듯 위에서 내려오고 아래에서 솟구친다. 검이 어지러워지자 얼굴은 보이지 않는다. 혹 제 몸을 가리키며 그 능함을 뽐내고 혹 허공에 나아가 그 자태를 다한다. …… ㉣이윽고 쨍그렁 소리가 나자 검을 던지고 절을 하니 춤사위가 끝났다.[19]

나-3) 무령지곡(武寧之曲)을 연주하면(鄕樂과 唐樂을 교차해 연주한다), 악사는 전(殿) 가운데 왼쪽과 오른쪽에 검기(劍器)를 놓고 나온다. 박(拍)을 치면 춤을 추는데 서로 마주하여 춤추며 나가고 춤추며 물러선다. 바꾸어 서는데, 혹은 등을 대하고, 혹은 얼굴을 대하여 춤을 춘다. ㉠서로 마주하여 무릎을 꿇고 농검(弄劍)을 하고 ㉡칼을 잡아 회오리바람 같이 놀리고 ㉢아울러 일어서서 춤추기 시작한다. ㉣각기 재주를 부려 (제비가 집을 찾아 돌아가듯 하는) 연귀소(燕歸巢)와 (대자리를 걷는 바람 같은) 연풍대(筵風擡)를 추며 나아가 춤추고 물러나 춤추며 그친다.[20]

나-2)는 박제가의 「검무기」, 나-3)은 『정재무도홀기』의 검기무의 내용이다. 박제가는 검무를 추는 모습을 실제 검술인 듯 묘사하고 있는데, 검무가 단순히 춤으로만 설명할 수 없었던 까닭이 아닐까 여겨진다. 나-2)의 내용을 토대로 동작을 정리하면, 검을 바닥에 둔 후, 맨손입춤동작을 하고(㉠) 자리에 앉아 맨손사위(㉡)에서 칼사위(㉢)로 진행을 한 후 칼을 던져 절을 하고 마무리(㉣)하는 순서로 연결되고 있음을 알 수 있다. 앞서 언급한 나-1)의 「무검편증미인」하고 크게 다르지 않다.

다만 ㉢에서 칼을 던져 받는 동작은 나-1)에서는 전혀 언급되지 않았다는 점에 대해서는 주목할 필요가 있다. 이와 관련해 임수간(任守幹, 1665~1721)의 『동사일기』에는 숙종 37년(1711) 5월 경북 의성(義城)의 문소루(聞韶樓)에서 본 청송(靑松) 기생 두 사람의 검무를 언급하면서, 쌍검을 던졌다가 한 손으로 받는 그 솜씨가 참으로 뛰어난 기예였다[21]고 한 내용이 참고 된다. 임수간의 기록은 당시 검무에 칼을 던져 받는 동작이 존재했음을 보여주는 서술이기 때문이다. 다만 정약용의 「무검증편미인」에는 검을 던져 잡은 동작이 묘사되어 있지

---

19 『정유각집(貞蕤閣集)』 2, 「묘향산소기(妙香山小記)」 附 「검무기(劍舞記)」.

20 『정재무도홀기』 검기무.

21 『東槎日記』 乾, 辛卯年 5月 26日.

않는데, 진주검무에는 존재하지 않았던 탓인지 아니면 정약용이 묘사를 하지 않은 것인지는 분명치가 않다. 다만 다른 이들의 눈에 경이롭게 보이는 칼을 던져 잡는 동작을 정약용이 놓칠 리가 없다는 점에서 당시 진주검무에는 존재하지 않았을 가능성에 좀 더 무게가 실린다. 검을 던진 후 받는 것과 관련해서는 예도(銳刀)의 여선참사세(呂仙斬蛇勢)에서 도움을 받을 수 있기는 하다. 다만 이것을 어떻게 봐야할지는 좀 더 고민이 필요하다.

나-1)의 「무검증편미인」에 보이는 진주검무의 모습과 유사한 것은 나-3)의 『정재무도홀기』의 검기무이다. 『정재무도홀기』의 내용을 순서대로 보면, 서로 마주하고 춤추며 나아가고 물러선다는 사실은 검무가 대무(對舞) 형식으로 이루어지는 입춤 맨손사위임을 말해준다. 그리고 나아가고 물러선다는 내용은 삼진삼퇴 동작으로 판단된다. 삼진삼퇴 후에 무희는 무릎을 꿇고 농검을 한다(㉠)고 하는데, 이는 앉은사위 가운데 칼사위 동작임을 짐작할 수가 있다. 이어 춤추며 일어난다고 하는 동작은 칼을 잡고 춤을 춘 뒤 일어나서 춤을 추는, 즉 '앉은 칼사위'(㉡)에서 '선 칼사위'(㉢)로 변화하는 모습을 묘사하고 있다. 그리고 '제비가 집을 찾아 돌아가듯'이나 '자리가 바람에 움직이도록 앞으로 나갔다'(㉣)는 연귀소와 연풍대로 마무리를 장식했음을 엿볼 수 있는 대목이다. 내용이 짧기 때문에 조심스럽기는 하지만, 칼을 던져 받는 동작은 묘사가 되어 있지 않으며, 칼을 던지며 마무리하는 모습 또한 기재되어 있지 않은데, 이는 검무가 궁중정재로 자리 잡으면서 정적이면서도 우아한 면을 보이기 위해 변화한 때문이 아닌가도 조심스럽게 추정해 볼 수 있다.

이상 문헌을 통해 살펴본 조선 후기의 검무의 형태에서는 한삼사위의 모습을 찾기는 힘들다는 사실을 알 수 있다. 한삼사위를 제외한 나머지 동작은 크게 다르지 않는데, 선 상태에서 맨손사위를 하고, 앉아서 맨손사위 및 칼사위로 이어진 후에, 다시 일어나 칼사위로 마무리한다는 점은 다르지 않다. 이어 그림에 나타나는 검무의 동작을 살펴보자.

4. 검무 그림과 『무예도보통지』「쌍검」 동작의 비교

『정재무도홀기』검기무   『통명전 야진찬』부분

그림 1. 『정재무도홀기』와 「통명전야진찬도」의 검무 부분

조선 후기 검무를 묘사한 그림을 정리하면, 김홍도(1745~1805)가 그린 것으로 추정되는 「평양감사향연도(平壤監司饗宴圖)」가운데 '부벽루연회도(浮碧樓宴會圖)'와 작자 미상의 「평양감사향연도」·신윤복(1758~?)의「쌍검대무(雙劍對舞)」·작자 미상의 성시도(城市圖) 그리고 「무신년진찬도(戊申年進饌圖)」(헌종 14·1848) 가운데「통명전야진찬도(通明殿夜進饌圖)」·『정재무도홀기(呈才舞圖忽記)』(고종 30·1893) 등이 있다. 그런데 이 그림들에 보이는 검무는 기본적으로 현재 행해지는 무기(舞器)의 길이가 다르다는 점에서 주목된다.

조선 후기 검무의 구체적인 모습을 유추할 수 있는 자료는 앞서 언급한『정재무도홀기』의 무보이다. 앞서 살펴본 바대로, 『정재무도홀기』의 검무는 선 상태에서 맨손사위로 시작하여 앉은 자세로 바뀌고 그 상태에서 농검을 한 후에 다시 일어나서 칼사위를 추는 순서로 이어진다. 『정재무도홀기』가 간행된 시기인 1893년에는 한삼사위가 존재하지 않았음을 앞서 언급했는데, 당시 검무는 맨손사위와 칼사위만 존재했다고 할 수가 있다. 이는 〈그림 1〉과 〈그림 2〉를 통해서도 알 수가 있다.

〈그림 1〉은 앉아서 하는 동작과 서서 하는 동작으로 크게 나뉘고 있음을 볼 수 있다. 진주검무는 '한삼사위', '맨손사위', '칼사위'로 나누고 다시 앉아서 하는 사위와 서서 하는 사위로 나눌 수가 있다. 앉아서 하는 사위를 '앉은사위'라고 한다면, 서서 하는 사위는 '선사위'라 부를 수 있을 듯하다. 이 글에서는 맨손사위와 칼사위를 '앉은사위'와 '선사위'로 구분하고자 한다. 그렇다면『정재

그림 2. 『정재무도홀기』와 「통명전야진찬도」와 검무 동작 순서

무도홀기』의 검기무 그림과 1848년에 그려진 「통명전야진찬도」의 검무 그림은
앉은사위 가운데 맨손사위(①)와 칼사위(②·③), 선사위 가운데 칼사위(④·⑤)
로 나눌 수가 있다.

먼저 앉은사위(①·②·③)를 살펴보자. ①을 보면, 칼을 X자 형태로 교차한
상태로 둔 채 앉은 채 맨손사위(①)를 하고 있다. 앞서 언급한『정재무도홀기』
의 내용이나 또는 진주검무의 동작 흐름을 보면, 맨손사위를 한 후에 외칼사
위로 그리고 쌍칼사위로 이어진다. 이 점을 고려하면, 그 다음에 이어지는 동
작은 외칼사위인 ② 그리고 칼사위로 두 칼을 사용하는 ③순으로 이어진다고
봐도 크게 문제가 없을 듯하다. 이는 앞서 살펴 본 정약용의 시「무검편증미
인」에서도 앉아서 몸을 땅바닥에 붙이고 손을 뒤집는 동작을 한 다음(⑭)에 한
칼을 잡고 춤을 추고(⑮) 이어 두 칼을 잡고 춤을 추는 쌍칼사위로 이어지고
있다는 사실을 통해서도 충분히 수긍이 간다. 전체 동작을 순서대로 정리하면
〈그림 2〉와 같다.

현재 전하는 19세기 중반 이전의 검무 그림은 대개 검 두 개를 사용하는 쌍
칼사위이다. 이 그림들의 동작은 현재 전하는 진주검무와는 차이를 보일 수밖
에 없다. 검 길이의 차이에서 오는 동작의 차이를 먼저 고려해야만 하기 때문이
다. 조선시대 그림에 보이는 칼의 길이가 70cm 정도로 보인다. 무게 등을 같이
고려하면 검기 운용에 있어 손목만을 돌려 검을 몸 안쪽을 향해 회전시키는
것은 의외로 쉽지 않은 동작이다. 따라서 현재 진주검무의 동작을 조선 후기

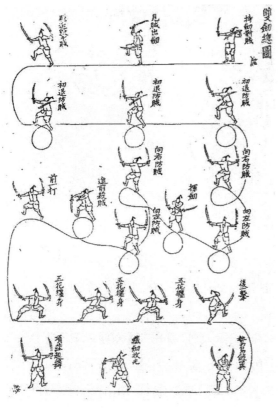

그림 3. 『무예도보통지』 쌍검 총도

70cm 정도 되는 검무의 동작과 연결시켜 이해하는 것은 조심해야 한다. 또 무예적 요소를 자못 담고 있다고 하는 진주검무의 경우에 현재 날을 세우지 않고 동작들을 행하고 있는데, 이는 연풍대나 옆구리사위 또는 겨드랑사위 등을 할 때 자칫 발생할 수 있는 위험을 처음부터 제거하기 위한 의도에서이다. 이는 검무의 춤사위와 무예의 검술과는 어느 정도 차이가 존재할 수밖에 없음을 받아들이고 검무 동작에 대한 탐구를 해나가야 함을 의미한다. 따라서 진주검무의 동작을 조선 후기 검무와 곧바로 연결시켜 이해하는 것은 조심스러울 필요가 있다. 다만 그 시작을 무예와 떼놓고 생각할 수 없음도 사실이다. 따라서 비교 대상이 필요한데, 여기에 도움을 주는 것이 『무예도보통지』의 「쌍검」이다.

『무예도보통지』의 쌍검은 「쌍검총도(雙劍總圖)」〈그림 3〉에 의하면, '지검대적(持劍對賊)-견적출검(見賊出劍)-비진격적(飛進擊賊)-초퇴방적(初退防賊)-초퇴방적-초퇴방적-향우방적(向右防賊)-향좌방적(向佐防賊)-휘검(揮劍)(향적(向賊))-향우방적-향좌방적-진적살적(進前殺賊)-전일타(前一打)(격(擊))-오화전신(五花纏身)-오화전신-오화전신-후일격(後一擊)-지조염익(鷙鳥斂翼)-장검수광(藏劍收光)-항장기무(項莊起舞)'로 이어진다. 『무예도보통지』의 쌍검 동작과 구체적으로 비교해 보자.

작가를 알 수 없는 「평양감사향연도」에는 크게 두 가지 형태의 칼사위가 묘사되어 있다. 그 그림은 다음과 같다.

〈그림 4〉의 사위는 크게 가-①과 ②, 나-①과 ②의 네 가지 동작으로 나뉜

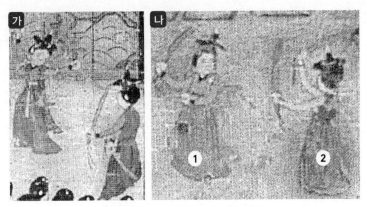
그림 4. 평양감사향연도 중 검무 부분

그림 5. 쌍검의 '지검대적세'와 검무의 '위엄사위'

다. 가-①의 동작은 왼손에 든 칼은 상대방을 가리키고 오른 손에 든 칼은 머리 뒤에 위치하고 있다. 오른 손의 칼로 상대방을 공격하는 동작일 수도 있으나, 중심이 뒤편에 있는 오른발에 있는 것으로 보인다. 그런데 이 동작은 진주 검무의 사위 가운데 위엄사위와 유사한 형태라 여겨진다. 위엄사위는 칼을 잡은 한 팔은 위로 들고 다른 한 팔은 앞으로 내밀고 전진하는 동작으로, 적에게 심리적 위압감을 주기 위한 동작[22]이라 한다. 이와 관련해 주목되는 것이 쌍검의 '지검대적세(持劍對賊勢)'이다.〈그림 5〉

'지검대적세'는 왼손을 상대 이마 부근에 위치해 적을 겨누고 오른 손의 칼은 어깨에 멘 상태로 있는 동작이다. 물론 〈그림 4〉-가-①의 동작이 어깨에

---

22 성계옥·차옥수(2002), 앞의 책, 141쪽.

메고 있는 것이 아니기 때문에 '지검대적세'와 동일한 동작이 아니라는 반론도
충분히 제기할 수 있다. 하지만 검을 상대방을 향해 겨누고 위압감을 준다는
점에서 동일한 목적을 가진 동작일 가능성은 충분하다. 이와 관련해서 주목되
는 것이 앞서 나온 『정재무도홀기』나 「통명전야진찬도」 등의 '선사위'이다(〈그
림 1〉-④). 앉은사위에서 일어난 후 이어지는 위엄사위로 짐작되고 쌍검의 '견
적출검세'와 유사하다고 여겨지기 때문이다.

　　작자미상의 「평양감사향연도」 가운데 보이는 동작 가운데, 다른 하나는 쌍검
의 '견적출검세'와 비교가 가능하다. '견적출검세'는 말 그대로 적을 향해 검을
겨누는 자세이다. 오른 발을 들어 앞으로 나아가며 적을 향하는 듯한데, 「평양감
사향연도」의 〈그림 6〉의 묘사 또한 발을 드는 장면이 묘사되지는 않았지만,
'견적출검세'와 유사한 동작으로 보인다. 이러한 형태는 18세기 후반에 그려진
것으로 보이는 「성시도(城市圖)」에서도 찾아진다.[23] 「성시도」에는 여러 풍속이
묘사되어 있는데, 그 가운데 검무도 포함되어 있는 것이다. 두 기녀가 쌍검을
들고 북소리 등에 맞춰 검무를 추고 있다. 이 가운데 〈그림 4〉-나-② 동작이
'견적출검세'로 보이는 것이다. 이 동작들은 〈그림 6〉처럼 하나의 연결동작으로
이해해 볼 수 있다.

그림 6. 연속 과정으로 본 쌍검의 '견적출검세'와 검무 동작

---

23 「성시도」는 「성시전도(城市全圖)」라고도 하는데, 도성의 전경을 그린 것이다. 이 글에서 이용한
　「성시도」는 18세기 후반의 것으로, 국립중앙박물관(덕수4481)에 소장하고 있다. 이 「성시도」에
　보이는 인물들은 중국식의 복장을 하고 건물도 중국식이다. 다만 조선 후기 풍속화의 소재가
　될 수 있는 각종 장면이 망라되어 있어, 생활사 등에 참고할 만하다.

「평양감사향연도」〈그림 4〉의 가-②는 한 칼은 들고 다른 한 칼은 다른 손의 겨드랑이 밑에 위치하고 있다. 이 동작은 겨드랑이 아래에서 위로 칼을 차례대로 올려 베는 형태일 가능성이 높다. 따라서「쌍검」의 '진전살적세' 또는 '장검수광세'와 유사한 형태라 짐작된다. 이 형태는 김홍도가 그렸다고 전하는「평양감사향연도」 중「부벽루연회도」의 검무 동작과도 유사한 형태가 아닐까 추정된다. 두 무희가 마주보며 칼을 잡은 한 쪽은 머리 위로, 다른 한 쪽은 아래편에 위치하고 있는데, 시간차를 두고 차례대로 양손으로 올려 베는 동작을 표현한 것으로 보이기 때문이다.〈그림 7〉 물론 이는 다양한 해석이 가능하기 때문에 주의가 필요하며, 아울러 쌍검의 '진적살적세' 또는 '장검수광세'의 동작 또한 정확히 어떤 형태인지 명확하지 않으므로, 조심스럽게 접근할 필요가 있음은 분명하다.

작자미상,　　쌍검,　　　　　「평양감사향연도」 중
「평양감사향연도」　진전살적세(장검수광세)　부벽루연회도

그림 7. 쌍검 '진적살적세' 또는 '장검수광세'와 검무 동작 비교

* 이 그림에서 보이는 동작은 올려 ㉠쪽의 칼을 먼저 올려 베고, ㉡쪽을 따라서 올려 베는 형태가 될 것으로 판단된다.

이어 살펴볼 수 있는 그림은 신윤복의 〈그림 8〉의「쌍검대무」이다. 그림을 보면, 두 무희가 마주 대하고 쌍검을 들고 움직이고 있다. 두 무희의 동작은 서로 다른 동작을 취하고 있는 것처럼 보인다. 두 무녀가 들고 있는 검의 위치나 발의 위치가 서로 다르기 때문이다. 하지만 이 그림은 ①에서 ②로 움직임이 연결되는 동작이다. 오른편에서 왼편으로 회전하는 ①의 결과 ②와 같이 마무리되는 것이다.

「쌍검대무」에서 유추할 수 있는 동작은 칼춤에서 가장 언급이 많이 되는 기술인 연귀소나 연풍대가 아닌가 생각된다. 연풍대는 기생들이 노래를 부를 때에

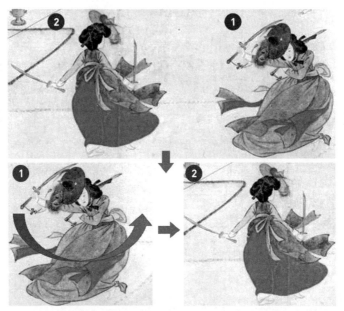

그림 8. 「쌍검대무」의 검무 동작

빙빙 돌아다니는 것, 또는 농악무에서 장구를 치는 사람이 한번 뛰어 허공에서 재주를 넘는 동작을 말한다. 검무에서도 도는 동작이 가미된 기술을 연풍대라고 하는데, 좌우 방향으로 회전하면서 이동하는 동작을 말한다. 진주검무에서는 칼을 양어깨에 대고 한발을 축으로 하고, 또 한발은 무릎을 굽혀 발을 위로 올리고 내리면서 원주상(圓周上)을 좌우로 회전하는 춤사위로 허리를 앞뒤로 젖히며 돌아간다. 하지만 조선 후기 검무에서의 연풍대는 현재 전하는 진주검무의 연풍대와는 사뭇 달랐을 것으로 생각된다. 칼날이 있고 길이가 70cm 정도 되는 검을 들고 겨드랑사위나 옆구리사위를 하기는 어렵다고 여기기 때문이다. 몸 안으로 칼날을 향하는 행위는 신체에 위해를 가할 수 있기 때문이다. 그렇다면 칼날이 밖으로 향하며 도는 동작들로 연풍대가 이루어졌을 것으로 여겨지는데, 그것이 「쌍검대무」의 동작이라 여겨지는 것이다.

　연풍대가 검무에 있어, 가장 화려한 기술임은 조선 후기의 사행기록인 『기유록(奇遊錄)』에 용천(龍川)과 용만(龍灣) 기생을 불러, 진변헌(鎭邊軒)에서 검무 시합을 시켰는데, 하나의 투화연(鬪花宴)이었다고 하면서 계낭(桂娘)이라는 용천 기생이 좌우로 돌며 연풍대를 잘하는 것으로 능히 주름잡았다[24]고 하는 데서

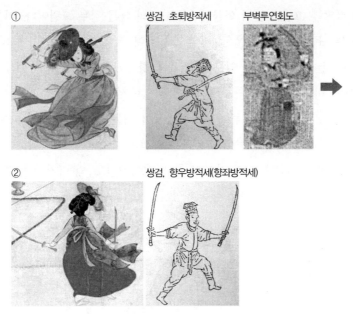

그림 9. 「쌍검대무」의 동작과 「쌍검」의 동작 비교

찾아볼 수가 있다. 연풍대에 대해 프랑스 한 여행가는 "또 가장 긴장감을 준 것은 칼춤으로 무녀들의 전쟁터에서 싸우는 무장한 병사 복장을 하고 나왔다. 서너 명씩 무리를 이루며 활기 있는 음악에 맞추어 작은 칼을 휘두르며 빠르게 회전하는 모습에서 야릇한 전율을 맛보았고, 특히 칼로 목에 상처를 내는 듯한 동작에서는 긴장감이 감돌았다."[25]고 하여 묘사하기도 했다.

그런데 「쌍검대무」의 동작 ①은『무예도보통지』쌍검의 초퇴방적세와 유사한 것으로 판단된다. 이는 부벽루연회도의 나-①동작도 초퇴방적세와 유사한 동작, 즉 「쌍검대무」의 ①과 같은 동작이다. 이어 「쌍검대무」의 ②동작은 향우방적세 혹은 향좌방적세와 유사한데, 이는 앞서 ②동작에서 ①동작으로 연결된다는 추론과도 연결되는 것이어서 주목된다. 쌍검에서 회전을 하며 상대방의 공격을 방어하고 공격하는 초퇴방적세에서 곧바로 향우(좌)방적세로 이어지기 때문이다. 「쌍검대무」의 동작과 동일하다고 할 수 있다.

---

24 『기유록』 신해(辛亥)年 11月 17日.

25 백성현·이한우, 『파란 눈에 비친 하얀 조선』, 새날, 1999, 257쪽 재인용.

이어 살펴볼 그림은 앞서 언급한 「성시도」의 다른 검무 그림이다. 이 그림은
두 발과 두 팔을 벌리고 칼을 몸 바깥으로 하여 두 칼과 머리가 마치 뫼 산(山)
자처럼 보이는 모양을 하고 있는데, 쌍검의 항장기무세와 유사한 동작으로 판
단이 된다. 비슷한 동작은 「통명전야진찬도」에서도 찾아진다. 항장기무세의
설명을 보면, "왼쪽 칼로 오른편을 한 번 씻어 대문(大門)을 만들고 마친다."고
되어 있다. 따라서 그림에 보이는 동작은 쌍검의 마지막 동작인 대문이 아닌가
한다. 이는 앞서 언급을 하지 않았던 「통명전야진찬도」의 마지막 동작〈그림1-
⑤〉도 항장기무세와 유사함을 볼 수 있다.

「쌍검」 항장기무세   〈성시도〉   〈통명전야진찬도〉

그림 10. 「쌍검」 항장기무세와 유사한 그림

이상의 비교를 통해, 조선 후기 검무에 쌍검과 유사한 동작들이 존재한다는
사실을 알 수 있었다. 물론 이에 대해서는 재론의 여지가 있는 부분도 있다.
앞서 언급한 것처럼 박제가의 「검무기」에는 앉은사위에서 선사위로 변하는 과
정에서 칼을 던져 받는 동작은 예도의 '여선참사세'와 관련 있는 동작이라 할
수가 있다. 그러한 점을 고려하면, 『무예도보통지』의 여러 검술이 검무의 형성
에 영향을 미쳤다고도 할 수 있는데, 이는 다른 자료의 보완이 좀 더 있어야만
하는 부분이다. 추후 다른 자료의 발굴을 기대해 본다.

5. 결론 및 제언

이상의 논의를 통해, 기록과 그림에 보이는 조선 후기 검무에 대해 살펴봤다. 현재 전하는 진주검무와 달리 한삼사위는 존재하지 않았으며, 앉은사위·맨손사위와 외칼사위, 선사위·쌍칼사위 등으로 구성되어 있었음을 알 수 있었다. 이는 검무 그림을 통해서도 확인이 된다. 검무 그림의 선사위 동작들을『무예도보통지』의 쌍검 동작과 비교해 가능한데, 지검대적세나 견적출검세, 진적살적세나 장검수광세, 초퇴방적세와 향우(좌)방적세 그리고 항장기무세 등의

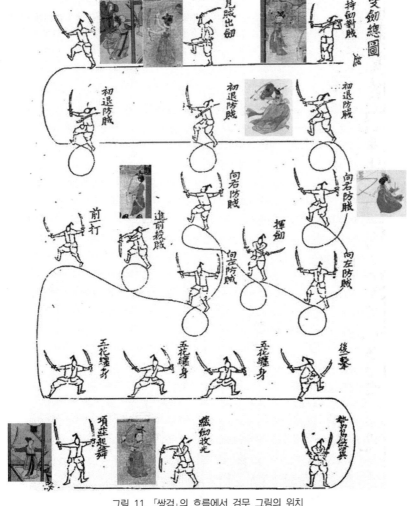

그림 11. 「쌍검」의 흐름에서 검무 그림의 위치

동작과 유사성을 살폈다. 물론 그렇다고 이 논의가 완벽하다는 것을 말할 수는 없다. 그림을 통해 옛 동작을 풀이해 낸다는 것은 어떤 면에서는 불가능에 가깝기 때문이다. 다만 이러한 논의의 필요성은 옛 춤이나 무예 동작을 이해하는 첫걸음이라는 데서 그 의미가 있을 수 있다. 아울러 이러한 논의를 통해서 긴 검으로 하는 쌍검무에 대한 논의의 진행이 이루어지고 좀 더 정확한 해석을 하는데 작은 실마리라도 제공될 수 있기를 바란다.

이 논문은 2017년 김영희춤연구소 검무심포지움 II에서 발표한
「조선 후기 검무 그림과 『무예도보통지』 쌍검의 자세 비교」를
수정·보완하여, 『무예연구』 제13권 제4호 통권 제31호
(한국무예학회, 2019.)에 게재되었다.

4부

想思

조선 후기 예인의 표현양상인 俠

최성애

1. 들어가는 글

조선 후기에 시정을 중심으로 유협(遊俠)들이 활발하게 활동하였고, 임협적 (任俠的) 기질과 풍모를 보이는 기생들 또한 다수 출현했다. 우리가 기생의 삶과 그들의 예술활동을 이해할 때 협의 요소는 매우 중요하며, 협의 가치와 정신을 실천해 나간 이들의 삶을 협의 범주로 접근하는 것은 조선 후기 기생 사회와 문화를 여러 가지 다른 측면으로 이해하는 방법의 하나이다. 본고에서는 이들로 범주화할 수 있는 일군의 기생들을 중심으로 그들이 무엇을 추구하고자 했으며 그들에게 있어 협(俠)은 어떤 의미를 가졌는지에 대해 살펴보고자 한다.

조선조의 역사 기록과 고전문학 속에서는 여러 분야에서 활동했던 예인들의 모습을 찾아볼 수가 있다. 예인들은 삶에 있어 각자가 처한 사회적 환경을 그들이 지닌 예술적 기질과 재능으로 극복하고 자유롭게 자기 모습으로 살아가는 것을 볼 수 있다.[1] 고전문학 속에서 절(節)·의(義)[2]·효(孝)·지(智)·의협심(義俠

---

1 李能和, 『朝鮮解語花史』 「第三十二章 節妓·義妓·孝妓·智妓」: "妓之能詩詞者有之ㅎ고, 能辯說者有之ㅎ고, 而至於妓之有節은 如晉州妓論介와 咸興妓 金蟾과 平壤妓 桂月香ㅎ며, 有義는如洪原妓洪娘ㅎ고, 有孝는 如咸興妓晚香ㅎ고, 有智는 如晉州老妓者는 蓋鮮矣로다."("기생으로서 詩詞에 능한 자가 있고, 辨說에 능한 자가 있다. 기녀의 節槪가 있는 자로는 晉州 기생 論介·함흥 기생 金蟾·평양 기생 桂月香이 있고, 義理가 있는 자로는 洪原 기생 洪娘, 효성이 있는 자로는 함흥 기생 晚香, 智慧가 있는 진주의 늙은 기생") 이능화·이재곤 옮김, 『조선해어화사』, 東文選, 1992, 422쪽. 원문은 이능화·이재곤 옮김, 위의 책, 266쪽.
   절개에 관한 논개의 글로 柳夢寅(1559~1623)의 『於于野談』과 정약용의 『與猶堂集』, 그리고 張志淵의 『逸士遺事』, 안민영의 『金玉叢部』 138수 등이 있다. 기생 김섬의 내용은 『名臣錄』에 기록되어 있고, 계월향은 洪良浩의 『耳溪集』과 『평양지』에 기록되어 있다. 의를 지닌 嘉山 기생 蓮紅은 『枕雨談草』에 기록되어 있다. 孝誠에 대한 기록은 함흥 기생 晚香의 이야기가 尹定鉉(1793~1874)의 『熙朝逸史』에 수록되어 있다. 또한 지혜를 지닌 노기의 글은 金時讓(1581~1643)

心)³ 등은 기녀들이 지닌 예술적 기질인 협의 의식과 상통된다고 할 수 있으며,
협은 기녀들의 삶 속에 내재되어 각자의 예술세계를 펼치는 기질로 사용되었다
고 할 수 있다.⁴ 예인들의 예술 행위는 표현하는 행위자와 보고 느끼는 향수자
가 가진 아름다움에 대한 태도와 마음의 의식상태가 중요하게 작용한다. "예술
에서 일정한 대상을 접하여 특수한 정신적 활동에 의한 미적 가치의 체험이
일어날 때 이것을 미의식(美意識)"⁵이라고 한다. 미의식이 마음의 상태를 뜻한
다는 점에서 그 속에 인간의 가치체계를 담고 있다고 할 수 있다. 이러한 미의
식 속에 기생의 삶과 그들의 문화를 이해할 때 협의 요소는 매우 중요하다고
생각한다. 정우봉은 "협의 가치와 정신을 실천해 나간 이들의 삶을 협기(俠妓)⁶
의 범주로 접근"⁷하고 있다. 기생들의 협의 실천 행위를 통해 우리는 조선 후기
사회 주변인으로 천시받던 기생들 사회에서 자신들의 삶의 조건을 딛고 당당하
게 독립된 인격체로서 자신을 완성해 나가는 역동적이고 다양한 여성상의 모습
이 뚜렷하게 파악되리라고 기대한다.

의『涪溪記聞』에 기록되어 있다.(위의 책, 422~427쪽 참조) 그리고 張志淵『逸士遺事』에도 春節
이라는 청주에서 이름난 기생이 얼굴도 아름다운데다 노래와 춤도 잘하여 재주와 용모가 아울러
뛰어났으며, 절개를 지켰다는 내용이 기록되어 있다. 허경진 편역, 『樂人列傳』, 한길사, 2005,
426쪽 참조.

2 成大中(1732~1809)의『靑城雜記』에 '의리를 지킨 기생'인 咸陽 출신 기생 翠蟾에 관한 내용이
있다. 취섬의 온갖 재주를 百藝를 지닌 기녀로 기록하면서 그녀를 의리를 지킨 기생으로 소개하고
있다. 그리고 '기생 雲心의 풍류'라는 글에서는 운심을 멋들어진 풍류와 氣槪를 지닌 기녀로 표현
하고 있다. 또한, 운심의 칼춤 솜씨가 당세의 으뜸이고, 關西 지방의 칼춤을 추는 기생들은 대부분
그의 제자였다고 기록하고 있다. 성대중·김종태 외 옮김, 『국역 청성잡기』, 민족문화추진회,
2006, 159~163쪽 참조; 성대중·박소동 엮음, 『궁궐 밖의 역사』, 열린터, 2007, 126~130쪽 참조.
안대회, 『조선의 프로페셔널』, 휴머니스트, 2007, 181~215쪽 참조.

3 義俠心의 한 예로 李鈺(1760~1812)이 쓴「挾娼紀聞」에는 금전적 가치로 우정을 계산하는 세인들
의 가식적 형태에 경종을 울리는 의미를 끌어내기 위해 기생의 행동에서 가장 기대하지 않았던
기생의 삶의 존재를 통해 의리와 협객의 정신을 찾아내려 한 것이다. 이 제목에서 俠娼은 '의협심
을 가진 창기'라는 의미이다. 안대회, 『고전산문산책』, 휴머니스트, 2008, 363쪽 참조.

4 최성애, 「조선 후기 협의 미의식 – 使行錄과 劍舞詩를 중심으로」, 『대한무용학회논문집』제60호,
대한무용학회, 2009, 참조.

5 정병호, 『한국춤』, 열화당, 1985, 277쪽.

6 俠妓를 임협적 기질과 풍모를 지닌 기녀로 범주화시켰다. 정우봉, 「조선후기 협기의 유형과 그
의미」, 『고전문학연구』제30회, 한국고전문학회, 2010, 432~463쪽 참조. 필자 또한 기생들의
俠의 행위나 기질을 俠妓라는 범주에 동의하여 표현하고자 한다.

7 정우봉, 「조선후기 협기의 유형과 그 의미」, 2010, 432쪽.

특히 한국전통 무용 중 검무(劍舞)에서의 협의 정신·협의 기운·협의 동작으로 표현되고, '여협(女俠)'·'기협(氣俠)'으로 확장되고 있다. 이러한 협의 의미와 조선후기 협기의 기질로 여성으로서의 역동적인 삶과 예술활동의 원동력으로 협을 거시적 핵심개념으로 확장하는데 의미가 있다.

본 논문의 목적은 조선후기 협(俠)의 의미를 파악하고, 조선후기 예인들[협기(俠妓)]의 삶과 예술활동의 원동력인 협의 표현양상을 살펴보자 한다.

2. 조선 후기 협(俠)의 의미

1) 협(俠)의 의미

협(俠)[8]의 새로운 관점과 유행은 조선 후기의 특징적인 문화 현상이었다. "17세기를 기점으로 문헌 자료에 협에 대한 언급이 급증하기 시작하고, 협을 소재로 한 문학 작품이 활발하게 창작되었다. 계층과 신분을 막론하고 사회 전반에 걸쳐 협이라는 인간형을 긍정하는 분위기가 조성되었음을 알 수 있다."[9] 조선

---

8 俠의 의미는 ① 俜也, 以力輔人. 『說文解字』:「俠, 俜也 從人夾聲」;『史記』「季布·欒布傳」:「爲氣任俠」;『漢書』「季布傳」:「爲任俠有名」師古注:「俠之言挾也, 以權力俠輔人也」: 빙이다. (豪俠한다는 뜻이다) 힘으로써 다른 사람을 돕는다는 뜻이다. 『설문해자』에 따르면 협은 호협하다는 뜻이다. 人을 따르고 夾이 소리를 나타낸다. 『사기』「계포·난포전」에는 "의기가 임협하다. 즉 정의를 위해 무력을 사용한다."라고 되어 있다. 『漢書』「季布傳」에는 "임협으로 이름이 났다."라고 되어 있다. 『韓非子』「八說」에 "관직을 버리고 사귐을 더 중히 여기면 이를 협기가 있다고 말한다."(棄官寵交謂之有俠), "협기 있는 자는 관직을 등한히 하는 자이다."(有俠者, 官職曠也) ② 輕也. 『淮南子』「說山訓」:「喜武非俠也」注:「俠, 輕也」가볍다는 뜻이다. 무술을 좋아한다고 俠者가 아니다. 협을 경이라 해석하지 않고 원래의미대로 해석한 예도 있다. 이석호 옮김, 『淮南子』(세계사) ③ 年少也.『呂氏春秋』「季夏紀·音律」:「安壯養俠」注:「俠, 少也」나이가 젊다는 뜻이다. 장성한 이를 편안하게 하고 젊은이를 양육한다. ④ 敗也.『廣雅』「釋詁」:「俠, 敗也」지다, 패하다는 뜻이다. ⑤ 肆欲也.『韓非子』「八說」:「人臣肆意陳欲, 曰俠」신하된 자가 하고자하는 대로 마음대로 하는 것을 뜻한다. ⑥ 美人. 朱駿聲『說文通訓定聲』:「俠, 美人之稱, 謂借爲」;『漢書』「禮樂志」:「俠嘉夜」如淳曰:「嘉俠, 皆美人之稱也」미인을 뜻한다. 가와 협은 모두 미인을 일컫는 말이다. ⑦ 快意也, 與悏通. 淸 朱駿聲『說文通訓定聲』;「俠; 叚借爲悏」『漢書』「禮樂志」『俠嘉』「按: 快也」유쾌하다는 뜻이다. ⑧ 與挾通.『漢書』「叔孫通傳」:「殿下郎中俠陛」師古注:「俠與挾同, 挾其兩旁」;낄협과 통한다. ⑨ 接續也, 與桫通. 朱駿聲『說文通訓定聲』「俠, 叚借爲桫」;『說文解字』:「桫, 續木也」;『昭明文選』「左思·吳都賦」:「俠棟陽路」善曰:「俠棟, 棟相俠也」접속하다, 잇다. 이을 접과 통한다. 十. 與達帀通. 朱駿聲『說文通訓定聲』「俠, 叚借爲帀」,『韓詩』:『使不俠四方』『毛詩』作挾, 傳:『挾, 達也』」두루 통달하다. 이르다는 뜻과 통한다.

초·중기까지 협은 유흥과 사치를 즐기며 사회 규범을 어기거나 국가 질서를 해치는 식으로 제도권의 안정을 위협하는 존재 또는 그러한 속성을 가리켰다.[10] 17세기에 이르면 협의 긍정적인 어감을 갖는 경우가 점차 증가하기 시작하며, 하나같이 의로움을 실천하는 속성에 중점을 두고 협이라는 표현으로 대두된다.[11] 반면, 협이 법규와 예법에 아랑곳하지 않는 무뢰배를 가리키는 경우도 적지 않게 찾아볼 수 있지만, 반규범적인 방탕아보다는 정의의 사도로서 협을 인식하는 경우가 늘어났고, 그에 따라 다양한 문학 작품이 만들어졌다고 보아야 할 것이다. 협은 반규범과 비윤리로 사회 기강을 해치는 부정적 존재에서 의로움·기개·겸허함 등의 속성을 지닌 긍정적 존재로 달리 인식되었다.

조선시대의 협은 고대 중국에서 나타나는 협의 초기 의미와 그것에서 파생한 의미의 변화와 무관하지 않다. 따라서 이러한 상관성을 검토하기 위해 고대 중국에서 협(俠) 혹은 협의 미(美)가 어떻게 전개되었는가를 검토하고자 한다.

먼저 중국 사회에서 협의 의미가 구체적으로 부각되기 시작한 시기는 중국의 전국시대(戰國時代, 기원전 403~221)이다.[12] 당시에 협이 어떻게 사회 속에서

---

9 민선홍, 「조선 후기 협(俠) 서사의 유형과 의미」, 한양대학교 석사학위논문, 2017, 2쪽 인용. 민선홍은 협 서사의 유형을 네 가지로 구분하고 있다. 첫 번째는 '응징자 협 서사'이다. 주인공의 행위 양상은 '응징', 이야기에서 문제시되는 현실은 '악인(惡人)에 대한 처벌의 부재'이다. 두 번째 유형은 '구휼자 협 서사'이다. 주인공의 행위 양상은 '구휼', 이야기 속 문제적 현실은 '돈에 경도된 세태'이다. 세 번째 유형은 '순절자 협 서사'이다. 주인공의 신분은 기생이며, 그 행동 양상은 정인을 따라 殉節하는 것이다. 마지막 유형은 '대리자 협 서사'이다. 주인공의 행동 양상은 '국가의 대리', 문제적 현실은 '국가 기관의 무능과 부패'이다.

10 민선홍, 위 논문, 2017, 16쪽 참조.

11 중종대 1513년 기록 중 성희안(成希顔)과 신용개(申用漑)의 졸기에서 사관은 두 인물이 '호협하고 협기가 있었다.'라고 평가하면서 강개함, 소탈함, 타인에게 얽매이지 않음, 의롭고 기개 있음 등의 긍정적 자질과 연관 지었다. (『중종실록』1513년 7월 27일 조: "史臣曰: '希顔, 少任俠多奇節, 立朝慷慨, 志尙不苟, 性復坦率, 不見畦畛, 好賢樂善, 出於天性. 靖國之際, 實倡大義, 指縱規畵, 人皆仰成.'") 1796년에는 제주의 老妓 사업가 萬德이 흉년으로 굶주린 백성들을 구휼한 사건이 있었다. 정조는 만덕이 "비록 천민이지만 의기가 옛 열협에 부끄럽지 않다"고 표현했다. (『일성록』1796년 11월 25일 조 및 『승정원일기』93책 정조 20년 11월 25일 조: "渠雖賤物, 義氣不愧古之烈俠.")

12 당시의 중국 사회는 西周의 宗法制度가 지닌 혈연적 유대의 제약이 상당히 약화되어 있었고, 士 계층이 확대되고 있었다. 그러나 종법적 봉건질서가 무너지면서 卿大夫 아래 계층으로 있었던 士 혹은 國人 계층은 사회경제적 토대에 위협을 받게 됨에 따라 큰 불만 세력으로 확대될 가능성이 커지게 되었다. 따라서 이들을 상급귀족이 포용하여 시혜를 베풀어야 하는 결합 관계가 생겼고 이것이 중국 고대사회의 중요한 인적 결합 관계인 任俠 질서로까지 발전하게 되었다. 박한제 외 지음, 『아틀라스 중국사』, 사계절, 2007 1판 1쇄, 2008 1판 3쇄, 27쪽 참조.

비치고 해석되었는가를 두 가지 유형으로 나누어 살펴보고자 한다.

첫째 사회 혼란의 주범이라는 부정적 의미에서 평가된 유형이다. 대표적으로 법가 사상가 한비(韓非)는 나라를 좀먹는 다섯 좀벌레[五蠹]의 한 예로 유협을 들고 있다. 즉 그에 따르면 선비는 학문으로 법을 어지럽히는 반면 협객은 무력으로 금령을 범하고, 군주는 이들을 예우하고 있는 게 바로 이것이 세상을 어지럽히는 원인이라는 것이다.[13] 구체적으로는 신하된 자가 군주의 의지가 아니라 자신이 하고자 하는대로 행한다는 의미로 규정하고 있다.[14] 또한, 그러한 유협, 협의 기질로 관직을 버리거나 등한히 여기고 오히려 사귐을 더 중히 여기는 특성을 들고 있다.[15] 즉 한비자는 국가의 안녕과 조정의 질서에 혼란을 가져오는 부정적 인간형으로 협을 비판하고 있다고 할 수 있다. 그런데 한비자의 비판적 언급 속에서 협의 기질이 있어 관직을 버리거나 등한히 하고 오히려 인적 유대로서 사귐과 교제를 더 중시하는 맥락에 주목할 필요가 있다. 왜냐하면, 협의 일반적 특성이라고 할 수 있는, 자신을 알아주는 자를 위해 자신을 버릴 수 있다는 의미가 협·협기의 해석 속에 보이기 때문이다.

둘째, 바로 이러한 협의 기질과 특성으로 의기(義氣)와 기개(氣槪)를 갖춘 자가 자신을 알아주는 군주를 자신의 무력(武力)으로 돕는다거나, 관직보다는 상호 간의 사귐의 도리를 더욱 중시하는 맥락에서 사용된 점이다. 협의 의미가 이러한 문맥에서 사용된 대표적 예는 사마천(司馬遷)의『사기(史記)』「유협열전(遊俠列傳)」에 잘 나타나 있다. 그는 위에 언급한 한비자의 부정적 시각이 결국 유자와 협객 모두를 똑같이 비난하고 있는 것이라고 한다.[16] 왜냐하면, 사마천에 따르면 유협/협의란 한비자가 사용한 의미와 달리 사회가 규정한 정의를 따르지는 않지만, 협의 성격에 대해 자신의 언행이 일치하는 신의와 실천성을 갖고 있으며 자신의 몸을 아끼지 않고 환란에 빠져 있거나 곤궁에 처한 사람을 도울 뿐만 아니라, 자신의 능력을 자랑하지 않고 공덕 자랑하기를 부끄럽게 여기는 자를 가리키고 있기 때문이다.[17] 따라서 협으로 이름났다는 것은 의기(義

13『韓非子』「五蠹」: "儒以文亂法, 俠以武犯禁."

14『韓非子』「八說」: "人臣肆意陳欲, 日俠."

15『韓非子』「八說」: "棄官寵交謂之有俠 … 有俠者, 官職曠也."

16『史記』「遊俠列傳」: "韓子曰, '儒以文亂法, 而俠以武犯禁.' 二者皆譏."

氣)가 있고, 사귐의 도에 신뢰로써 올바른 상호 간의 도를 지키며, 그것을 위해 자신을 희생할 수 있는 기개를 간직한 자를 의미하였다. 그는 상황에 의해 자신의 태도를 바꾸는 것이 아니라 끝까지 시비(是非)를 함께 할 수 있는 자로 평가된다.[18]

이를 통해 보면 고대 중국에서는 협의 의미는 법령에 대한 위반과 관계되어 있었으나 동시에 신의와 의기를 지키는 대명사처럼 높게 평가되었음을 알 수 있다. 아울러 문(文)의 가치와 구별되는 태도의 표현으로서[19] 자신을 알아주는 자에 대하여 신의를 지키고, 권세와 무력으로 타인을 도우며[20] 약자에 대해 실천적 도움을 준다는 의미에서 사용되고 있었음을 알 수 있다.

그리고 흥미로운 것은 전국시대 이후 한대(漢代)의 경우 협은 '아름다울 가(嘉)'와 통용되어 미인(美人)의 의미로도 나타나 있다는 점이다.[21] 협과 관련어로는 항협(伉俠)[22] · 임협(任俠)[23] · 협사(俠士)[24] · 협소(俠少)[25] · 유협(遊俠)[26] · 협객(俠客)[27]

---

17 『史記』「遊俠列傳」: "今遊俠, 其行雖不軌於正義, 然其言必信, 其行必果, 已諾必誠, 不愛其軀, 赴士之阨困, 旣已存亡死生矣, 而不矜其能, 羞伐其德, 蓋亦有足多者焉." 司馬遷, 정범진 외 역, 「遊俠列傳」, 『史記列傳』下, 까치, 1995 초판, 2000 4판, 1083쪽 참조.

18 『史記』「季布傳」: "同是非爲俠."「集解」를 보면, "서로 더불어 믿는 것을 任이라고 하고, 是非를 함께하는 것을 俠이라고 한다. 이른바 주와 리에서 힘을 행사하고 힘으로 공후를 제압하는 자이다. 相與信爲任, 同是非爲俠, 所謂權行州里, 力折公侯者也"라고 규정하고 있다.

19 『漢書』「灌夫傳」: "不好文學, 喜任俠."

20 『漢書』「季布傳」 顔師古注: "以權力俠輔人也."; 許愼 撰, 『說文解字』: "俠, 俜也 從人夾聲."

21 美人: 朱駿聲, 『說文通訓定聲』「俠, 美人之稱, 謂借爲」; 『漢書』「禮樂志」: 「俠嘉夜」 如淳曰: 「嘉俠, 皆美人之稱也」 미인을 뜻한다. 가와 협은 모두 미인을 일컫는 말이다.

22 伉俠: 伉健任俠也. 『漢書』「朱博傳」: 「伉俠好交, 隨從士大夫, 不避風雨」 師古注: 「伉, 健也」 항협은 남과 교유하길 좋아하는데, 사대부를 따르고 풍우[어려운 환난]을 피하지 않는다. 항은 강건하다는 뜻이다.

23 任俠: 협의의 일을 행하는 것을 말한다. 서로 더불어 믿는 것을 임이라고 하고, 옳고 그름을 함께 하는 것을 협의라고 한다. "謂行俠義之事也. 相與信爲任, 同是非爲俠." 『史記』「季布傳」: 「의기가 爲氣任俠, 有名於楚」 集解: 「孟康」 曰 : 사귐의 도에 신뢰가 있는 것을 임이라고 한다. 信交道曰任. 「如淳」 曰 : 서로 더불어 믿는 것을 임이라고 하고, 시비를 함께하는 것을 협이라고 한다. 이른바 주와 리에서 힘을 행사하고 힘으로 공후를 제압하는 자이다. 相與信爲任, 同是非爲俠, 所謂權行州里, 力折公侯者也; 『漢書』「灌夫傳」: 문학을 좋아하지 않고 임협을 좋아하다. 不好文學, 喜任俠.

24 俠士: 謂豪俠之士也. 호협한 사이다. 물질적인 추구를 멀리하고 義氣를 숭상하니 옛날의 협사의 기풍이 있다. 『元史』「任速哥傳」: 「疏財而尙氣, 有古俠士風」 王維 「少年行」 "新豐美酒斗十千, 咸陽遊俠多少年, 相逢意氣爲君飮, 繫馬高樓垂柳邊."(신풍 땅의 좋은 술은 한 말에 만전이고 함양의 유협 중에는 [협기를 갖고 노는 이들엔] 젊은이들이 많다. 서로 만나면 의기로 상대 위해 술 마시느라, 높은 누각 수양버들 옆에 말을 매둔다.)

등이 있다. 중국의 협은 각 시대의 사회·정치적 구조, 역사적 조건에 따라 차이가 있음을 알 수 있다.

한편 "협의 개념은 의(義)와 열(烈) 등과 일정한 연관을 지닌다. 과거 문인들의 기록을 보면 '의창(義娼)', '의기(義妓)'라는 말을 주로 사용했는데 그 가운데에는 협기에 해당되는 경우도 많다. 그만큼 의(義)와 협(俠)은 서로 넘나드는 관계에 있다. 그리고 협과 열(烈)[절(節)]의 개념 또한 명확하게 구획하기 어려운 경우도 많다."[28] 때로는 의협(義俠), 열협(烈俠), 절협(節俠)의 이름으로 이들을 포괄해서 이해하는 시각이 필요하다.

2) 조선후기 협의 의미

조선 시대에서의 협에 대한 인식 틀은 사마천의『사기(史記)』「유협열전(遊俠列傳)」처럼 유협이 갖는 언신행과(言信行果), 사의(私義) 등의 미덕을 찬양해 놓고 있다. 조선 초중기 실록의 용례에서 "협은 대체로 '호협(豪俠)'이라는 표현으로 나타난다. 개인이나 풍속의 사치방탕유흥 등 반규범적 비윤리적 성격과 연관성을 지니는 것이 특징이다."[29] 조선 초중기까지 협은 유흥과 사치를 즐기

---

25 俠少: 협기를 가진 젊은이를 말한다. "謂有俠氣之少年也."

26 遊俠: 협기를 가지고 노는 사람. "기세를 세우고, 권세를 부리며, 사사로운 교재를 맺음으로써 세상에 강함을 내세우는 사람을 유협이라 부른다."(立氣勢, 作威福, 結私交, 以立强于世者, 謂之遊俠.) 荀悅;『前漢紀』권10. 진보량·이치수 옮김, 『중국유맹사』, 아카넷, 2001, 18쪽 참조.

27 俠客: 사마천은『사기』'유협열전'에서 "협객의 행동이란 말하자면 사회 규범에서 벗어난 행동이다. 그러나 행동은 늘 과감하고 일단 맡은 일은 끝까지 해내고야 만다. 나이가 신명을 바쳐 위난을 구하려 하고, 무슨 일이든 목숨을 바쳐 일을 하며, 그 능력을 자랑하거나 타인에게 신세 지는 일은 하지 않는다. 협객의 무리들은 일개 서민이라도 은혜는 반드시 갚고, 맡은 것은 반드시 해낸다. 가령 1,000리에 장애가 있다 하더라도 굳게 의를 지켜 그것을 위해서는 죽음도 두려워하지 않고 세상의 눈치 같은 것은 아랑곳하지 않는다. 한편 박지원은 협객을 이렇게 얘기했다. "힘으로 남을 구하는 것을 俠이라 하고, 재물로 남에게 은혜를 베푸는 것을 顧라 한다. 고일 경우 名士가 되고 협일 경우 傳으로 남는다. 협과 고를 겸하는 것을 義라 한다." 김영호,『조선의 협객 백동수』, 푸른역사, 2002, 65쪽. 조선의 협객을 소개한 글은『청성잡기』에 '협객 오도옥', '협객 양익표' 그리고 '협객도 없는 세상' 등이 있다. 여기서의 협은 호협과 남의 어려움을 돕고 의로움에 앞장서는 사람을 의미하며, 한량의 의미도 지니고 있다.

28 정우봉, 「조선후기 협기의 유형과 그 의미」,『고전문학연구』제30회, 한국고전문학회, 2010, 440쪽.

29 민선홍, 위의 글, 15쪽. 예를 들면 딸과 손자가 근친 간에 성적인 관계를 맺은 대신(『세종실록』, 1439년 4월 27일 조: 柳殷之少有豪俠, 荒淫自恣, 日以歌吹爲事.), 기생첩을 두고 서로 다툰 대신들(『세종실록』1428년 10월 20일 조: 黃象爱自小時, 巧言令色, 服美于人, 恣驕淫之行, 得遊俠之

며 사회 규범을 어기거나 국가 질서를 해치는 식으로 제도권의 안정을 위협하
는 존재 또는 그러한 속성을 가리켰다. 그러나 조선 후기에 들어서면서 반규범
적인 방탕아보다는 정의의 사도로서 협을 인식하는 경우가 늘어났다. 협은 반
규범과 비윤리로 사회 기강을 해치는 부정적 존재에서 의로움 기개 겸허함 등
의 속성을 지닌 긍정적 존재로 달리 인식되었다.[30]

  조선 후기에 유협(遊俠)이 등장하는 이유를 박희병은 조선 후기 사회·경제
의 특징으로 상품화폐경제가 발달하여 도시의 발달에 따른 시정(市井)공간의
확대와 상공업의 발달에 의해 성립될 수 있었던 배경으로 보고 있다. 이러한
상품화폐경제의 활기찬 움직임 속에 시정에는 온갖 부류의 사람들이 모여들어
영리와 자생(資生)을 도모하였다. 또한 조선후기 봉건적 사회질서의 혼란과 동
요는 권력에 대한 민간인의 불신을 초래로 공적 질서의 해이(解弛)와 문란은
사람들로 하여금 공적 윤리의 정당성에 대한 회의를 가져오게 되었다. 이러한
공인된 기존의 도덕과 법률의 불신은 민간에 있어 새롭게 대처할 수 있는 사적
질서와 윤리를 요구하게 되고, 이러한 시정인의 요구를 맡고 나선 존재가 바로
유협이었던 것이다. 조선 후기의 유협은 민간에 있어서의 시비의 분변과 민간
인의 사적(私的) 윤리를 유지시켜 주는 지주적(支柱的) 존재였다. 이러한 유협
의 역할은 조선 후기에 사회적으로 유협의 칭송과 숭상의 분위기가 형성되어
많은 유협전(遊俠傳)[31]이 창작되었다.[32] 사회적 분위기의 협의 숭상으로 창작된
유협전의 인물들은 조선 후기 유협이 중소상공인층을 중심으로 하는 시정인과

名.), 국상 중에 음악을 연주하며 연회를 벌인 인물(『문종실록』 1450년 12월 2일 조: 此人本豪俠,
宜其爲此也.) 39), 유부녀와 간통을 일삼은 인물(『문종실록』 1453년 3월 28일 조: 瀞有容儀,
日以豪俠爲事, 淫縱無已.) 등을 비판하거나 탄핵할 때 호협, 유협(游俠), 임협(任俠)이라는 표현
이 사용되었다.

30 위의 글, 16쪽 참조.
31 유협전은 18·19세기에 산생되었고, 유협전의 작품으로는 鄭來橋(1681~1757)의 「林俊元傳」, 申
昉(1685~1736)의 「金萬最傳」, 蔡濟恭(1720~1799)의 「李忠伯傳」, 朴趾源(1737~1805)의 「廣文
者傳」, 李鈺(1760~1812)의 「張福先傳」, 趙秀三(1762~1849)의 「乾坤囊」과 「金五興」, 趙熙龍
(1789~1866)의 「張五福傳」, 金允植(1835~1922)의 「權兼山傳」등 유협으로 표상된 인물형의 유
협전이다. 박희병, 「조선후기 민간의 유협숭상과 유협전의 성립」, 『한국고전인물전연구』, 한길
사, 1992, 279쪽 참조. 조선 후기 협객에 관한 글로는 성대중의 『청성잡기』에 「俠客 梁益標」,
「협객도 없는 세상」, 「俠客 吳道鈺」 등이 기록되어 있다. 조선 후기의 협은 다양한 인물형에
따라 민간에게 숭상되고 여러 계층에 관심과 이해로 퍼져나갔다고 할 수 있다.
32 박희병, 「조선후기 민간의 유협 숭상과 유협전의 성립」, 앞의 책, 288~326쪽 참조.

밀접히 관련되었을 뿐만 아니라 상공인층 자체내에서도 배출되고, 또한 예인들의 독창적인 인간 유형이 주목되면서 생활상의 유협이 전(傳)으로 나타났고, 예인들을 주목하는 양식이 성립되어 18·19세기 문학적 현상으로 대두되었다. 그리고 더 나아가 유협전은 예인전(藝人傳)[33]에도 깊은 영향을 미쳤다.

예인전의 형성 배경 또한 유협전(遊俠傳)의 형성 배경인 조선 후기 사회·경제에 있어서 상품화폐 경제의 발달과 이로 인한 예술활동에 있어 물질적, 정신적 토대를 제공함으로써, 예능인들의 수적(數的) 증대와 그 활발한 예술활동으로 인해 많은 예능인이 자유로이 활발해짐에 따라 문인들의 시선을 끌면서 사전(私傳)으로 창작되었다. 그리고 예능인 자신에 있어서도 존재와 의식의 변화와 작가들이 예인을 대하는 태도에서도 예능인을 단순히 '장인(匠人)'으로서가 아니라 재능과 자발성을 지닌 특수한 종류의 인간으로 보는 인식의 전환과 그에 관한 관심과 흥미는 작전(作傳)의 계기가 되고 예인전의 성립과 전개과정이 되었다.[34] 예인들에 관한 관심은 조선 후기 개인 문집이나 한시(漢詩)와 산문 등 다양한 문학으로 창작되었다. 이러한 문학을 통해 예인들의 내면적 의식인 협은 예인의 삶과 예술활동에서 드러나게 된다.

3. 예인의 삶과 예술활동의 협(俠)

조선 후기에 이르면 협기(俠妓)로 불리는 기생들이 다수 등장한다. 임협(任俠)의 기풍이 사회 전반으로 확산하면서 중서층 이외에 양반층에서도 유협이 나왔고 여성 중에서도 임협적 기질과 풍모를 갖춘 인물들이 다수 등장했다. 특히 기생은 시정공간 내의 협객들과 접촉할 기회가 많았으며 실제 이들과 함께

---

33 藝人傳이라 부를 수 있는 유형의 傳記는 조선 후기에 처음 나타난 것은 아니었다. 고려 시대와 조선 전기에서도 일부 발견되지만, 서술의 형태가 인물의 덕성이나 재능의 비범함을 드러내는 초점이 맞춰져 있어 공식적인 역사 기록으로서의 성격을 드러낸다. 전의 작성자가 자유로운 견해로 자신의 문학적 상상력과 문제의식을 발휘하기 위해서는 '私傳'의 형식이 알맞은데, 충효전이나 열녀전 등은 이런 형식으로 많이 출간되었지만, 사전 형식의 예인전은 조선 후기에 출현하였다. 박희병, 「조선후기 예술가의 문학적 초상」, 『한국고전인물전연구』, 349쪽 참조.

34 박희병, 「조선후기 예술가의 문학적 초상」, 『한국고전인물전연구』, 338~354쪽 참조.

연회를 벌이고 풍류를 즐기었다. 그러면서 기생들 또한 자연스럽게 협객의 풍
모와 기질을 따르고자 하는 분위기가 점차 고조되어 갔을 것이다. 예컨대 검무
로 이름을 떨쳤던 운심(雲心)이 당시 시정의 협객으로 활동했던 광문과 어울리
는 것이나 협객 장복선을 구원하기 위해 평양 기생들이 모두 나와 노래를 불렀
다는 것[35]에서 이 같은 분위기를 짐작할 수 있다.

물론 조선후기 예인들의 협기 성행을 시정공간에서의 임협적 기풍의 확산만
으로 설명할 수는 없다. 기생의 외모뿐만 아니라 그들의 재주와 능력을 평가하
는 분위기의 확산, 재예(才藝)에 뛰어난 시기(詩妓)와 예기(藝妓)들이 활발하게
활약하게 되는 이 시기 기생문화의 변화 그리고 현실적 제약과 모순을 극복하
고자 하였던 기생들의 자각적인 노력 등이 함께 고려되어야 할 것이다. 조선
후기 기생들의 지위와 생존 조건 삶의 환경 등을 함께 고려한다면, 그 당시 유
협들과 다른 협기의 특징적인 면모를 보다 선명하게 파악할 수 있을 것이다.

협기(俠妓)들의 삶과 행적을 알 수 있는 자료로는 시화서를 포함한 필기 잡록
류가 많고 그 기록 또한 단편적인 경우가 많다. 그렇지만 특정 협기를 대상으로
한 작품도 상당수이다. 이른바 '협기전'으로 명명할만한 작품으로 「만덕전(萬德
傳)」, 「의창전(義娼傳)」, 「가련전(可憐傳)」, 「백양월전(百洋月傳)」, 「우온전(禹媼
傳)」 등이 있으며, 그밖에 『추재기이(秋齋紀異)』와 『청성잡기(靑城雜記)』에도 인
물소전의 형태로 협기가 다수 수록되어 있다. 『녹파잡기(綠波雜記)』에도 일부
협기의 범주로 귀속할 수 있는 인물이 보인다.[36] 정우봉은 협기의 유형과 의미
를 4가지 기준으로 구분하며 기생의 이름을 나열하였다. "첫째 지기(知己)의 만
남과 애정 추구의 의미를 지닌 연희(蓮嬉), 장애애(張愛愛), 홍윤애(洪允愛), 복
덕(福德), 취섬(翠蟾), 백양월(百洋月) 그리고 둘째, 신분을 넘어서고자 하는 꿈
의 의미를 지닌 일타홍(一朶紅), 합정(合貞), 셋째 더불어 사는 삶, 겸애(兼愛)의
실천의 의미를 지닌 만덕(萬德)과 차앵(次鸎), 네 번째 사회적 규범과 금기에
도전한다는 의미를 지닌 곤생(昆生), 가련(可憐), 조생(趙生)"[37]을 꼽았다. 천시받

---

35 본 논문 각주 2번 참조와 沈魯崇(1762(영조 38)~1837(헌종 8)) 『孝田散稿』에 실려 있는 내용으로,
   심판관은 장복선을 조선 최고의 진정한 협객이라 일컬었다. 실학자 이옥은 『장복선전』을 써 널리
   읽혔다.
36 정우봉, 「조선후기 협기의 유형과 그 의미」, 앞의 글, 440쪽.

앴던 그녀들의 삶은 조선후기 사회에서 자신들의 삶의 조건을 딛고 당당하게 독립된 인격체로서 자신을 완성해 나가는 역동적 여성으로 활동하였다.

　본 논문에서는 네 가지 이외에도 예술적 기질과 기량, 예술 활동의 원동력으로 협기의 유형과 의미의 구분을 더하고자 한다. 예능인들이 지닌 예능적 기질과 내면의 경지로 드러나는 협(俠)의 경지를 표현한 것으로 보고, 당시의 다방면에 재능이 있는 기녀가 스스로 여협(女俠)으로 칭하기도 했다.[38] 조선 후기 작가의 문구들에서 확인된다. 그 당시의 기녀들은 자신의 분야에 전문성을 지녔고, 그 대가로 최소한의 생계를 보장받았지만, 사회적으로 승인까지는 얻지 못했다. 하지만 그들이 하는 일에 탁월한 전문적인 재능을 지녔고, 수련과 더불어 예능인으로서의 자존심을 엿볼 수 있다.

　박지원(朴趾源, 1737~1805)은 협에 대해 언급한 것이 있는데 "힘으로 남을 구하는 것을, 협(俠)이라 하고, 재물로 남에게 은혜를 베푸는 것을 고(顧)라 한다. 고일 경우 명사(名士)가 되고 협일 경우 전(傳)으로 남는다. 협과 고를 겸하는 것을 의(義)라 한다."[39]고 하였다. 이 같은 협객(俠客)[40] 중 무술이 뛰어난 인물이 무협인데, 협에 대한 위의 정의를 참고해 볼 때, "무(武)는 일종의 수단이고, 협은 목적이 된다. 무력이라는 수단을 통해서 협의라는 목적을 달성하는 것"[41]이라고 본다면 예인들이 추는 검무는 예술 활동의 수단이 되고 협은 기녀

---

37 정우봉, 「조선후기 협기의 유형과 그 의미」, 위의 글, 443쪽.

38 함흥의 기녀로서 이름이 '可憐'이라는 이가 있었는데, 얼굴이 매우 아름다웠고 성격이 소탈하고 기개가 있었다. 詩文을 제법 이해하여 제갈량의 〈出師表〉를 낭랑하게 외웠고, 술을 잘 마셨으며, 노래를 잘 할 뿐 아니라 검무에도 능하고, 거문고를 타고 퉁소를 품평하기도 잘하며, 바둑과 雙陸에도 능하였다. 사람들이 모두 그를 '才妓'라고 일컬었으며, 스스로도 '女俠'이라고 자부하기도 했다. "咸興之妓, 有名可憐者, 顔色甚好, 性倜儻如也. 粗解詩文, 誦諸葛亮出師表琅琅也, 善飮酒, 善歌, 兼能舞劒, 能撈琴品簫, 能棊與雙陸, 人皆稱之爲才妓, 而顧自許以俠也."(李鈺『石湖別稿』「北關妓夜哭論」(전통예술원,『조선후기문집의 음악사료』, 민속원, 2002, 121쪽 인용); 허경진 편역, 앞의 책, 420~423쪽 참조.

39 김영호, 앞의 책, 65쪽.

40 俠客: 사마천은『사기』'유협열전'에서 "협객의 행동이란 말하자면 사회 규범에서 벗어난 행동이다. 그러나 행동은 늘 과감하고 일단 맡은 일은 끝까지 해내고야 만다. 나아가 신명을 바쳐 위난을 구하려 하고, 무슨 일이든 목숨을 바쳐 일하며, 그 능력을 자랑하거나 타인에게 신세 지는 일은 하지 않는다. 협객의 무리는 일개 서민이라도 은혜는 반드시 갚고, 맡은 것은 반드시 해낸다. 가령 1,000리에 장애가 있다 하더라도 굳게 의를 지켜 그것을 위해서는 죽음도 두려워하지 않고 세상의 눈치 같은 것은 아랑곳하지 않는다. 위의 책, 65쪽.

41 조혜란, 「조선의 女俠, 劍女」, 『한국고전여성문학연구』 제12집, 2006, 270쪽.

의 예술적 표현의 방식과 낮은 신분을 극복하고 삶을 극복하려는 목적이 된다
고 볼 수 있다. 조선 후기의 협은 전반적으로 사회적 흐름으로 인식되고 예인들
에게도 협은 예술의 영역에서 더욱 의미가 확장되었다. 그리고 더 나아가 유협
전은 예인전에 깊은 영향을 미쳤다고 볼 수 있다.

　예인전의 형성 배경은 예능인의 예술 활동에 있어 물질적, 정신적 토대가
되었다. 그리고 예능인들의 수적(數的) 증대와 활발한 예술 활동으로 인해 많은
예능인이 문인들의 주목을 끌면서 예인전으로 산생되었다. 예인전에서는 예능
인 자신의 존재와 의식 변화로 인하여 예술 활동에 있어 자유로운 삶의 추구와
예술가의 자의식의 성장에 대한 근대적 변모양상을 엿볼 수 있다.[42] 또한, 작자
들이 예인을 대하는 태도에서도 예능인을 단순히 '장인(匠人)'으로서가 아니라
재능과 자발성을 지닌 특수한 종류의 인간으로 보는 인식의 전환과 그에 관한
관심과 흥미는 작전(作傳)의 계기가 되고 예인전의 성립과 전개과정이 되었
다.[43] 이처럼 조선 후기 작자 중 예능인에 관한 관심과 흥미는 문학적으로 형상
화되어 예인의 삶과 예술활동의 기질적 면모가 협으로 드러난다. 즉 예능인의
문학적 형상화는 조선 후기 사행록(使行錄)과 개인문집이나 한시(漢詩)와 산문,
그리고 전(傳)에 기록되어 예인들의 내면적 의식인 협의 다양한 문학으로 창작
되었다.

　'협'은 조선 후기 예술적 활동의 출발점으로 많이 쓰였다. 『조선후기 문집의
음악사료』에는 풍류를 즐기는 사람이나 천성적으로 예술적인 끼가 있는 사람을
나타내는 말로 '협'이란 글자를 썼다. 유득공(柳得恭, 1749~1807)의 『영재집(泠齋
集)』 「유우춘전(柳遇春傳)」,[44] 이옥(李鈺, 1760~1812)이 쓴 『석호별고(石湖別稿)』

---

42 藝人傳의 목록으로 박희병은 傳을 악사, 가객, 화가 등으로 구분하고 아홉 작품을 집중적으로
　분석하였다. 아홉 작품은 李起浡(1602~1662)의 『西歸遺稿』 「宋慶雲傳」, 鄭來僑(1681~1757)의
　『浣巖集』 「金聖基傳」·「畵師金鳴國傳」, 柳得恭(1748~1802)의 『泠齋集』 「柳遇春傳」, 南公轍
　(1760~1840)의 『金陵集』 「崔七七傳」, 李鈺(1760~1812)의 『潭庭叢書』 「歌者宋蟋蟀傳」, 丁若鏞
　(1762~1836)의 『與猶堂全書』 「張天慵傳」, 趙熙龍(1789~1866)의 『壺山外記』 「金弘道傳」 「崔北
　傳」 등이다. 박희병, 「조선후기 예술가의 문학적 초상」, 『한국고전인물전연구』, 348쪽 참조.
43 박희병, 앞의 책, 338~354쪽 참조.
44 "雲卿少任俠 善騎射"("운경이란 분은 소시부터 협기가 있어 말달리기와 활쏘기를 잘하였다.")
　전통예술원, 『조선후기문집의 음악사료』, 105쪽, 110쪽 인용. 여기서의 협은 무예나 예술적 끼가
　있는 사람을 의미한다.

「북관기야곡론(北關妓夜哭論)」에서 예술적 재능이 많은 사람을 협으로 표현한
문구가 있다. 「북관기야곡론」에는 가련(可憐)이라는 기녀가 제갈량의 「출사표
(出師表)」를 낭랑하게 외웠고, 검무에도 능해, 사람들이 모두 그를 '재기(才妓)'
라고 일컬었으며, 기녀가 스스로 여협(女俠)으로 칭하기도 했다.⁴⁵ 가련(可憐)이
라는 기녀가 스스로 여협(女俠)이라고 자부하면서 자신과 같은 사람을 얻고자
하는 내용에 있어 모든 것에 재능을 지닌 사람을 만나고자 하는 문구에 관한
내용이다.

> 시에 능하면서 술을 마실 줄 모르는 자는 내 짝이 아니요, 술을 잘 마시면서
> 노래에 능하지 않은 자는 내가 좋게 여기는 바가 아니요, 노래에 능하면서 거문고를
> 타지 못하는 자는 내 마음에 드는 사람이 아니요, 거문고를 잘 타면서 바둑에 능하
> 지 않은 자는 나와 어울리는 사람이 아니요, 바둑에 능하면서 춤에 능하지 못한
> 자는 나의 맞수가 아니요, 쌍륙과 퉁소에 이르기까지 모두 내가 능한 바를 능한
> 이후라야 바야흐로 '이 사람'이라 할 만하다.⁴⁶

위의 내용은 스스로 남성다움이 있다고 자인(自認)하여 '여협'이라고 자부하
면서 모든 것에 재능을 지닌 사람을 만나고자 하는 문구에 관한 내용과 다재다
능(多才多能)한 예술적 재기가 있는 사람을 '협'으로 표현했음을 알 수 있다.
조선 중기 유몽인(柳夢寅, 1559~1623)의 『어우야담(於于野談)』에 황진이를
여인들 가운데 남에게 매이기를 싫어하고 의협심이 있는 사람으로 표현하고
있다. 황진이가 지닌 협 또한 예술가의 예능적 기질을 표현하고 있다.⁴⁷ 기녀들

---

45 李鈺『石湖別稿』「北關妓夜哭論」: "咸興之妓, 有名可憐者, 顔色甚好, 性倜儻如也. 粗解詩文,
誦諸葛亮出師表琅琅也, 善飮酒, 善歌, 兼能舞劍, 能撝琴品簫, 能萁與雙陸, 人皆稱之爲才妓, 而
顧自許以俠也."("함흥의 기녀로서 이름이 '可憐'이라는 이가 있었는데, 얼굴이 매우 아름다웠고
성격이 소탈하고 기개가 있었다. 詩文을 제법 이해하여 제갈량의 「出師表」를 낭랑하게 외웠고,
술을 잘 마셨으며, 노래를 잘 할뿐 아니라 검무에도 능하고, 거문고를 타고 퉁소를 품평하기도
잘하며, 바둑과 雙陸에도 능하였다. 사람들이 모두 그를 '才妓'라고 일컬었으며, 스스로도 '女俠'
이라고 자부하기도 했다.") (李鈺『石湖別稿』「北關妓夜哭 論」, 121쪽 인용과 420~423쪽 참조.)
예술적 기질이 있음을 협으로 표현했다.
46 李鈺『石湖別稿』「北關妓夜哭論」: "能詩而不能酒, 非吾偶也, 能酒而不能歌, 匪吾多也, 能歌而
不能琴, 非吾心也. 能琴而不能萁, 非吾儀也, 能萁而不能舞, 非吾數也. 以之雙陸洞簫, 皆能吾所
能者而後, 方可爲此人也." 李鈺『石湖別稿』「北關妓夜哭論」, 위의 책, 128쪽.
47 황진이는 시문 또한 능했다. 그녀의 작품으로는 김경원을 보내며[別金慶元], 반달을 노래함[詠半

은 예술적 기질과 시문도 뛰어났다.[48]

이옥의 『문무자문초(文無子文鈔)』 「가자(歌者) 송실솔전(宋蟋蟀傳)」[49]에서 천성적으로 지닌 협끼를 협으로 표현했다. 심노숭(沈魯崇, 1762~1837)의 『효전산고(孝田散稿)』 「계섬전(桂纖傳)」[50]에서는 풍류를 즐기는 한량을 협으로 표현하기도 있다. 이능화의 『조선해어화사』에는 "기녀의 절개(節槪)가 있는 자로는 진주(晉州) 기생 논개(論介)·함흥 기생 김섬(金蟾)·평양 기생 계월향(桂月香)이 있고, 의리(義理)가 있는 자로는 홍원(洪原) 기생 홍랑(洪娘), 효성이 있는 자로는 함흥 기생 만향(晚香), 지혜(智慧)가 있는 진주의 늙은 기생"[51]이 있었다고 한다. 이러한 절·의·효·지 등은 의협심을 지닌 기녀들의 협의 의식과 상통한다.

절개에 관한 글로 논개의 내용은 유몽인(柳夢寅, 1559~1623)의 『어우야담(於于野談)』과 정약용(丁若鏞, 1762~1836)의 『여유당집(與猶堂集)』 그리고 장지연(張志淵)의 『일사유사(逸士遺事)』, 안민영(安玟英, ?~?)의 『금옥총부(金玉叢部)』 138수 등이 있다. 함흥 기생 김섬(金蟾)의 내용은 『명신록(名臣錄)』에 기록이 되어 있고, 계월향은 홍양호(洪良浩)의 『이계집(耳溪集)』과 『평양지』에 기록되어 있다. 의를 지닌 가산(嘉山) 기생 연홍(蓮紅)은 『침우담초(枕雨談草)』에 기록되어 있다. 효성(孝誠)에 대한 기록은 윤정현(尹定鉉, 1793~1874)의 『희조일사(熙朝逸史)』에 함흥 기생 만향(晚香)의 기록이 있다. 지혜를 지닌 노기의 글은 김시양(金時讓, 1581~1643)의 『부계기문(涪溪記聞)』에 기록되어 있다.[52] 장지연

月], 송양곡을 보내며[送別蘇陽谷], 만월대를 생각하며[滿月臺懷古], 박연폭포[朴淵], 송도를 노래함[松都] 등이 대표작이다. 김지용, 『한국의 女流漢詩』, 여강출판사, 1991, 72~221쪽 참조.
48 예를 들면 勝二喬(1568~1608, 小名은 億春으로 진주의 명기), 翠蓮은 의주기생으로 시와 가무에 능함), 小紅, 평양의 기생, 梅鶴은 花山기생), 桂月은 평양의 명기, 小玉花, 거제기생), 於于同은 湖西기생 등등 많은 기녀들이 시문과 가무에 능했다. 김지용, 위의 책, 72~221쪽 참조.
49 "西平君 公子 李橈는 부자로 豪俠 하였으며, 성품이 음악을 좋아하는 분이었다(西平君公子橈, 富而俠, 性好音樂)." 전통예술원, 앞의 책, 133쪽, 원문은 136쪽.
50 "계섬은 서울의 이름난 기생인데 본디 황해도 松禾縣에 사는 女婢였고 사람이 침착하고 재주가 있었으며 눈은 초롱초롱 빛났다. … 열여섯 살에는 주인집의 丘史에게 창을 배워 제법 이름이 났다. 그리하여 귀족 집의 잔치마당, 한량들의 술판에 계섬이 없으면 부끄럽게 여겼다.(桂纖京師名娼也. 本松禾縣婢, … 爲人優如, 眼溜亮如照. … 十六歲隸主家丘史學昌, 頗自名, 候家曲宴, 俠少群飮, 無纖恥之)." 전통예술원, 위의 책, 142쪽, 원문은 149쪽.
51 이능화·이재곤 옮김, 앞의 책, 422쪽.
52 이능화·이재곤 옮김, 앞의 책, 422~427쪽 참조.

의 『일사유사』에도 춘절(春節)이라는 청주에서 이름난 기생으로 얼굴도 아름다운 데다 노래와 춤도 잘하여, 재주와 용모가 아울러 뛰어났으며, 절개를 지켰다는 내용이 기록되어 있다.[53] 이처럼 의리와 절개 그리고 의협심을 뜻하는 말로도 협은 사용되었다.

성대중(成大中, 1732~1809)의 『청성잡기(靑城雜記)』[54]에 '의리를 지킨 기생'인 함양(咸陽) 출신 기생 취섬(翠蟾)에 관한 내용이 있다. 취섬은 온갖 재주를 백예(百藝)를 지닌 기녀로 기록하고 있다.[55] 그리고 '기생 운심(雲心)의 풍류'의 글에는 운심의 멋들어진 풍류와 기개(氣槪)를 지닌 기녀로 표현하고 있다. 또한, 운심의 칼춤 솜씨가 당세의 으뜸이고, 관서(關西) 지방의 칼춤을 추는 기생들은 대부분 그의 제자였다고 기록하고 있다.[56] 이처럼 풍류를 알고 예술적 기질을 지닌 조선 후기 기녀들에게 표현되는 미적 의식표현으로 협은 예능인에게 사용되었을 때는 천부적인 예술적 기질을 지니고 있고, 이러한 기질을 예능적 끼로 표출되었을 때 협의 의미를 지니게 된다. 그리고 협을 지닌 예인의 예술 활동의 기질과 의미를 잘 표현해주는 것이 곧 검무이며, 검무는 협의 미적 의식을 표현하는 대표적인 춤이라 할 수 있다.

예인들의 협의 기질을 사실감 있게 표현하고 있는 자료 중 하나가 사행록이다. 사행록의 작가들은 사행(使行)의 길목에서 보고 즐겼던 연희를 글로 표현했다. 그중 기녀들이 공연하는 모습을 사실적이고 생동감 있게 표현하였고, 또한 기녀들이 지닌 개인적 기량과 예술적 기질을 글로 표현하고 있다. 작가들이 표현한 감흥과 흥취에서 표현된 미적 용어 중에서 예능인들이 지닌 예술적 기질

---

53 허경진 편역, 앞의 책, 426쪽 참조.

54 『靑城雜記』는 성대중이 쓴 글로 조선 후기 풍속과 시대 풍경을 담고 있는 일화, 기층민의 삶을 문학으로 형상화한 한문 단편류, 학문 경향에 관한 날카로운 지적 등이 고스란히 담겨 있는 중요한 자료이다. 또한, 18세기 문학 현상 가운데 중요한 지점이 되는 자료다. 『靑城雜記』는 고금의 역사와 인물에 대하여 장단 득실을 헤아려 쓴 揣言, 사물의 이치를 분석하여 명쾌하게 일러주는 質言, 역사적인 사건이나 인물에 얽힌 일화와 격언 등을 통해 사람의 심성을 깨우치는 醒言의 세 부분으로 이루어져 있다.

55 성대중·김종태 외 옮김, 앞의 책, 159~161쪽 참조. 성대중·박소동 엮음, 앞의 책, 126~128쪽 참조.

56 성대중·김종태 외 옮김, 위의 책, 162~163쪽 참조. 성대중·박소동 엮음, 위의 책, 129~130쪽 참조.

인 정신적 기교적 미의식인 '협(俠)'을 엿 볼 수 있다.

조선 후기의 사행록에는 작가들의 의식세계에 의협(義俠)의 의미가 담겨 있
다.[57] 그리고 각 지방 기녀들의 월등한 기예를 지닌 부분들을 표현한 문구에도
기협(氣俠)을 찾아볼 수 있다. 다양한 문학 중 사행록에서 기녀들의 협의 기질
을 표현한 사료를 살펴보고자 한다.

연행록에서는 이해응(李海應, 1775~1825)의 『계산기정(薊山紀程)』(1803)과 『연
원일록』, 통신사행록에서는 김인겸(金仁謙, 1707~1772)의 『일동장유가(日東壯遊
歌)』에서 기녀의 '협'을 표현하고 있다.

연행록에서 이해응의 『계산기정(薊山紀程)』을 살펴보면, 기생 운향에게 증
정하는 칠언 절구[贈雲香妓七絕]를 보면 의주 기생으로 이름이 운향(雲香)이며,
용모와 자태가 풍만하고 훤칠하여 장부의 기상이 있다고 표현하였다.

魁然特立綺羅叢　　걸출하게 기생 무리 중에 우뚝이 섰네!
歌舞場中有俠風　　가무하는 장중에 협의 풍모가 있구나
爛用千金西島獵　　서쪽 섬 사냥에 천금을 마구 써서
錦鞍裝出玉花驄　　비단 안장 옥화총(玉花驄)을 꾸며 내었다.[58]

윗글에서 알 수 있듯이 작가는 용모와 자태가 풍만하고 훤칠하여 장부의 기
상이 있는 기녀에 대해 긍정적으로 평가하면서, 이해응은 노래와 춤추는 모습
에서 '협풍(俠風)'을 지니고 있음을 표현하고 있다. 여기에서 '풍'은 "결정의 미
학으로서의 억제의 극치가 오히려 결정(結晶)의 형태를 넘어서 무형의 뭔지 모
르게 떠돌 듯이 승화된 하늘에 부유하는 바람으로 변해가는 과정"[59]을 의미한다

---

57 조선 후기 작가들의 중국에 대한 시각은 청에 대한 의식변화와 조선 선비로서 문명과 예의의
　 나라 조선의 자존의식과 여진족에 대한 멸시의식이 작용했다. 이러한 의식변화 속에 이루어지는
　 조공관계는 작가들의 의식에 의협심을 표현하는 계기가 되었다. 특히 통신사행록에서는 기녀들의
　 춤에서 '의협'을 느낀 작가의식이 나타난다. 작자의 인식은 표면적으로는 對等交隣이었지만, 그
　 이면에는 羈縻交隣이라는 이중적인 구조를 가진 것이었다. 조선의 입장에서 사행원들의 사행의무
　 를 다하려는 의지와 文化優越觀의 의식적 틀이 문학 표현의 계기가 되었다. 이러한 중·일 관계에
　 있어 조선의 작가들은 다양한 문학적 표현으로 그들의 의식을 표현했고, '의협'은 기녀들의 춤을
　 표현한 '검무시'에서 잘 드러난다.
58 『薊山紀程』 卷之一, 癸亥十一月二十二日 條.
59 이마미치 도모노루(今道友信) 저·조선미 역, 『동양의 미학』, 다할미디어, 2005, 273쪽.

고 볼 수 있다. 협의 기질을 극대화하여 협풍으로 표현한 것이라 할 수 있다. 김영희는 「전통춤의 움직임에 드러난 '풍'의 양상 연구」에서 풍류를 시(詩), 문(文), 필(筆), 화(畵), 주(酒), 기(棋), 금(琴), 검(劍)을 풍류의 주요한 매체이며 기예들이었음을 밝히고 있다.[60] 조선조의 여성 예인들, 다시 말하면 가무에 능했던 예기(藝妓)들의 다재다능한 풍모는 정신적·기교적으로 표현되는 협의 의식에서 표출되었다고 할 수 있다. 시문과 가무에 능하고 총명함과 지혜, 호협한 성격을 지닌 다재다능한 기녀들은 자기 생을 주체적으로 주도하는 전형적인 예술가로서의 협의 기질을 지니고 있다.[61]

다음은 『연원일록』의 기록된 협의 의식을 살펴보고자 한다. 『연원일록』에 1889년 5월 28일 서흥 기녀 연화(蓮花)는 여러 가지를 낭송하고 독창하며, 음영(吟詠)하자 저자가 감탄한다.[62] 그리고 연화가 〈추성부(秋聲賦)〉의 의미를 알지 못하고 애절하게 불러, 저자가 연화의 곡조에 감탄하면서 한시의 의미를 몰라 함에 시의 뜻을 풀이해 준 것이다. 저자의 풀이에 연화는 쉽게 이해하여 재능을 칭찬하는 대목도 있다.[63] 그 뒤 연화는 저자의 곧은 성품에 대해 감탄하고 저자는 연화의 재능과 현명함에 서로 칭찬한다. 연화와 저자의 대화 대목이다.

(연화) 원컨대 상공(저자)께서는 스스로를 중하게 여기고, 스스로를 아끼셔서 태산과 같은 무거운 목숨을 기러기 털 같이 가볍게 여기지 마십시오. (저자)연방 탄성

---

60 김영희, 「전통춤의 움직임에 드러난 '풍'의 양상 연구」, 성균관대학교 박사학위논문, 2013, 95쪽.
61 진주 기생 勝二喬, 의주 기생 翠蓮, 평양 기생 小紅, 화산 기생 梅鶴, 평양 기생 桂月, 거제 기생 小玉花, 湖西 기생 於于同, 개성 기생 黃眞伊 등등 많은 기녀들이 시문과 가무에 능했다. (김지용, 앞의 책, 72~221쪽 참조)
62 蓮花가 연행했던 종목은 〈藥山東臺〉·〈將進酒〉·〈七月篇〉·〈赤壁賦〉·〈秋聲賦〉 등이다. 『燕轅日錄』 권6, 1889년 5월 28일 참조.
63 『燕轅日錄』 권6, 1889년 5월 28일의 기록에 의하면, 연화가 〈秋聲賦〉를 음영할 때 저자가 "渥然丹者爲枯木, 黟然黑者爲星星."(진하게 붉은 것이 고목이 되고 윤이 나게 검은 것이 하얗게 세었네.)에 이르러 浮虛한 인생에 대해 탄식하고 그 이유를 설명하자 연화가 "妾乃蒲柳野質, 素無學識, 僅誦其文, 而不解其義矣. 今聞相公之言, 妾心頓悟, 而茅塞始開, 一遍想起來, 幾乎腸欲斷而魂欲消矣."(첩은 부들과 버들 같은 자질로 본래 학식이 없어 겨우 그 문장을 읊조리고 그 뜻은 알지 못하였습니다. 이제 상공의 말을 들으니 첩의 마음이 갑자기 깨달아져서 막혔던 것이 비로소 열리게 되었습니다. 한편으로 생각이 일어나서 애가 끊어지려하고 혼이 삭으려 들려고 합니다.)라고 답하고 있다. 김남기, 「『연원일록』에 나타난 기녀의 생활과 애환」, 앞의 글, 91쪽.

하면서 말하기를 "지극하구나. 너의 말이여!" 사사로움을 물리쳐서 욕되지 않게 하고, 이치를 밝혀서 구차하지 않으니 진실로 여인중의 열협(烈俠)이다.[64]

저자는 자색과 재능을 겸비하면서 사사로운 욕심을 갖지 않고 이치에 맞는 현명함을 지닌 연화에게 '열협(烈俠)'으로 칭찬하고 있다. 이처럼 예인의 기질에 있어서 예술가의 재능과 삶의 기질을 협으로 표현하고 있다.

다음은 통신사행록 중 김인겸(金仁謙, 1707~1772)의 『일동장유가(日東壯遊歌)』(1764)에서 기녀들의 '협기(俠氣)'를 표현한 두 가지 예이다.

> 우장(雨裝)하고 성에 들어/ 세 문사(文士) 찾아보니/ 양의(良醫)도 거기 왔다./ 시온(時韞)의 수청기생(守廳妓生)/ 비점(翡點)[65]의 조카로서/ 말 잘하고 협기(俠氣) 있어/ 저희 기생 중에 대기(大妓)로다./ 세 사람이 글을 지어/ 노래로 불려보니/ 불구(不久)에 떠날지라./ 애원강개(哀怨慷慨)하여/ 장사(壯士)가 충관(充冠)하고/ 행인(行人)이 단장(斷腸)할 때/ 남으로 내려온 후 이 놀음 으뜸이다.[66]

이 부분은 경주 기생인 비점의 조카인 기생에 대한 것으로 김인겸은 비점의 조카인 기생의 이름은 알지 못하나 그녀에게 '협기'가 있음을 인정하면서 저희 무리에 있는 기생 중에 대기(大妓)라고 표현하고 있다. 기생에게 시를 지어주어 노래를 불러 보게 하고 그 노랫소리를 감탄하고 있다. 기생의 노래가 슬픈 소리로 원망하여 의기가 복받쳐 내고, 소름이 치솟고 창자가 끊어 질 듯하다고 표현하면서 사행길인 남쪽에 온 이후 이 놀음이 으뜸이라고 기록하고 있다. 노랫소리와 말 잘 하는 기생의 예술적 기질을 높이 평가하면서 김인겸은 기생을 '협기'가 있다고 표현하였다. 작가들의 협기에 대한 표현은 기녀들의 내면의식에 '협의 의식'을 지니고 있었음을 확인하는 좋은 예라 할 수 있다.

다음은 경주(慶州) 기생인 종애(鐘愛)에 대한 기협을 표현한 부분이다. 이 부

---

64 『燕轅日錄』 권6, 1889년 5월 28일: "顧相公自重自惜, 勿以泰山之中, 視於鴻毛之輕也. 余蓮聲嘆日, 至哉你言也. 屛私以不辱, 明理而不苟, 眞個是女中烈俠也."

65 翡點: 慶州 老妓의 이름.

66 원문은 이상보, 『18세기 가사전집』, 민속원, 1991, 204~205쪽. 번역은 김인겸·최강현 역주, 『日東壯遊歌』, 보고사, 2007, 125쪽.

분은 기녀의 예술적 기질 중에서 자신의 삶에 있어서 생사를 걸고 정인을 찾아
가는 호협(豪俠)의 기질을 보여주는 부분이다.

> 경주 기생(慶州妓生) 종애(鐘愛)란 년/ 유지의 소면(所眄)으로/ 자식 역질(疫疾)
> 핑계하고/ 도망하여 내려오되/ 죽기를 기약하고 호혈(虎穴)로 말을 몰아/ 하룻밤
> 하루 낮에/ 이백 리(二百里)를 달려오니/ …… '제 비록 기생이나/ 정인(情人)을 보
> 려 하고/ 죽음을 무릅쓰고 달려온 일/ 그 뜻이 가상하오./ 협기(俠氣)도 있다.' 할
> 세./ … '상방(上房)에서 전갈(傳喝)한 일/ 어이 하면 좋을 손가?/ 이 기생의 호협기
> (豪俠氣)는/ 쇠세에는 드문지라./ 이리 좋은 풍류사(風流事)를/ 성취(成就)를 하오
> 소서.[67]

이 글은 경주의 종애라는 한 관기가 사행원의 일행 중 한 남자를 찾아 200여
리를 밤새워 달려 부산까지 온 사실을 알고, 노발대발 화를 내며 그 기녀를 잡
아 오게 사람을 보낸 경주부윤(慶州府尹)을 달래어 두 사람의 사랑을 이룰 수
있게 하여 준 일이다. 김인겸은 정인을 보기 위해 죽음을 무릅쓰고 달려온 관기
종애를 '협기'를 지니고 있다고 표현하면서 관기인 종애의 '호협'의 기질을 현
세에 가장 드문 일로 여기고 있다. 위의 내용으로 보면, 관기라 할지라도 자기
소신껏 행하는 행동에 대해 작가가 기협으로 표현한 것은 예인들을 보는 의식
의 변모양상이라 할 수 있다. 비록 예인들의 재능이 사회적 지위를 얻거나 크게
인정은 받지 못했지만, 그들이 행하는 예술적 기예(技藝)가 탁월하고 자신의
분야에 전문성을 지녔음을 의미한다. 그리고 예인들의 고도의 수련의 경지와
더불어 예능인으로서의 자존심이 서려 있었다. 기녀의 천한 신분이기는 하나
예술적 기질과 예술적 기량으로 자신의 삶을 개척해 나가는 원동력은 스스로를
'여협'으로 칭할 수 있는 힘이라 할 수 있을 것이다. 또한 「협창기문」에는 금전
적 가치로 우정을 계산하는 세인들의 가식적 형태에 경종을 울리는 의미를 이
끌어 내기위해 기생의 삶의 존재를 통해 의리와 협객의 정신을 찾아내려 한
것이다. 이 제목에서 협창(俠娼)은 "의협심을 가진 창기"라는 의미이다.[68] 「협창

---

67 원문은 이상보, 앞의 책, 205쪽. 번역은 김인겸 / 최강현 역주, 앞의 책, 126~128쪽.
68 안대회, 『고전산문산책』, 휴머니스트, 2008, 363쪽 참조.

기문」의 앞부분에는 기생의 신분은 천하지만 재예가 다재다능하고 자기의 삶과 벗을 스스로 선택하는 내용이 기록되어 있다.[69] 또한, 기생의 의협심을 한(漢)나라의 인물인 관부(灌夫)[70]에 비유하면서 의협심을 칭송하고 있다. 이러한 내용을 살펴보면, 예술적 재능이 많은 사람으로 자신의 삶을 스스로 개척하려는 의식을 지닌 예인을 자칭 '협'으로 표현하고 있다. 이처럼 기녀의 삶 속에는 다양한 예술적 기질을 자유롭게 발휘할 수 있는 협의 의식이 내면의식 속에 내재되어 있는 것이다. 조선 후기 사행록에는 기녀들의 예술적 기질과 재능, 그리고 예술 활동과 삶을 스스로 개척하는 원동력을 '협'으로 표현하고 있음을 알 수 있다.[71] 이 당시의 협은 계급과 계층과 관계없이 다양한 층에서 인정되고, 협의 내포한 의미들은 다양한 의미[72]와 인물들에게 적용되고 있다.[73]

지금까지 사행록에 기록된 사료들을 토대로 예인의 삶과 예술 활동에 표현되는 협의 미의식에 관한 문예적 표현을 표로 정리하면 다음과 같다.

---

69 "한양에 기생 하나가 있어 용모와 기예가 한 시대의 최고였다. 그녀는 몸가짐이 몹시 도도하여, 존귀하고 부유하지 않은 손님에게는 예우하지 않았다. 존귀하고 부유한 손님일지라도 또 반드시 용모와 풍채가 아름답고, 세상에 명성을 떨치며, 풍류를 즐길 줄 아는 자만을 가려서 벗으로 삼았다."(京師有一娼, 姿色技勢, 爲一世最. 律其身甚高, 客非貴與副, 不爲禮. 於其中, 又必擇美容神, 聲名著于世, 閑於風流者, 而後友之.) 원문은 위의 책, 713쪽. 번역은 같은 책, 360쪽.

70 灌夫는 "漢나라의 인물로 吳楚의 반란 때 용맹을 떨쳤던 사람으로 자신의 위험을 생각지 않고 의협심을 발휘한 인물로 유명하다." 위의 책, 362쪽 각주 2)번 인용.

71 최성애, 「조선 후기 협의 미의식 ─ 使行錄과 劍舞詩를 중심으로」, 『대한무용학회논문집』 제60호, 대한무용학회, 2009, 357~362쪽 참조.

72 沈魯崇(1762~1837), 『孝田散稿』「桂纖傳」: "桂纖京師名娼也. 本松禾縣婢, ……. 爲人優如, 眼溜亮如照. ……, 十六歲隸主家丘史學昌, 頗自名, 候家曲宴, 俠少群飮, 無纖恥之."(계섬은 서울의 이름난 기생인데 본디 황해도 松禾縣에 사는 女婢였고 ……. 사람이 침착하고 재주가 있었으며 눈은 초롱초롱 빛났다. …… 열 여섯 살에는 주인집의 丘史에게 창을 배워 제법 이름이 났다. 그리하여 귀족 집의 잔치마당, 한량들의 술판에 계섬이 없으면 부끄럽게 여겼다.) 전통예술원, 앞의 책, 142쪽 인용. 원문은 같은 책, 149쪽. 이 내용에서는 협을 풍류를 알고 즐기는 한량의 의미로 표현하고 있다. 유득공의 『泠齋集』「柳遇春傳」: "雲卿少任俠 善騎射"(운경이란 분은 소시부터 협기가 있어 말달리기와 활쏘기를 잘하였다.) 전통예술원, 앞의 책, 105쪽, 110쪽. 이 내용에서는 협을 무예적 기량이 있는 사람을 의미한다.

73 이옥의 『文無子文鈔』「歌者 宋蟋蟀傳」에서는 천성적으로 예술적 기질을 지닌 사람을 호협으로 표현하고 있다. "西平君公子標, 富而俠, 性好音樂."(西平君 公子 李橞는 부자로 豪俠하였으며, 성품이 음악을 좋아하는 분이었다) 원문은 전통예술원, 『조선후기 문집의 음악사료』, 위의 책, 136쪽. 번역은 같은 책, 133쪽.

<표 1> 사행록에 기록된 예인의 삶과 예술 활동에 표현된 협

작가	제목	원문	예인의 협의 미의식
김인겸	『일동장유가』	우장(雨裝)하고 성에 들어 세 문사(文士) 찾아보니 양의(良醫)도 거기 왔다. 시온(時韞)의 수청기생(守廳妓生) 비점(翡點: 경주 노기의 이름)의 조카라서 말 잘하고 협기(俠氣) 있어 저희 기생 중에 대기(大妓)로다.	경주 기생인 비점의 조카인 기생에 대한 것으로 김인겸은 비점의 조카인 기생의 이름은 알지 못하나 그녀에게 협기가 있음을 인정하면서 저희 무리에 있는 기생 중에 대기(大妓)라고 표현하고 있다.
		'제 비록 기생이나, 정인(情人)을 보려 하고, 죽음을 무릅쓰고 달려온 일 그 뜻이 가상하오. 협기(俠氣)도 있다.' 할 세. …… '상방(上房)에서 전갈(傳喝)한 일 어이 하면 좋을 손가? 이 기생의 호협기(豪俠氣)는 쇠세에는 드문지라. 이리 좋은 풍류사(風流事)를 성취(成就)를 하오소서.	정인을 보기 위해 죽음을 무릅쓰고 달려온 관기 종애를 협기를 지니고 있다고 표현하면서 관기인 종애의 호협의 기질을 현세에 가장 드문 일로 치고 있다.
이해응	『계산기정』	魁然特立綺羅叢. 歌舞場中有俠風.	걸출하게 기생 무리 중에 우뚝히 섰네. 가무하는 장중에 협의 풍모가 있구나.
작가 미상	『연원일록』	屏私以不辱, 明理而不苟, 眞個是女中烈俠也.	사사로움을 물리쳐서 욕되지 않니하고, 이치를 밝혀서 구차하지 않으니 진실로 여인 중의 열협(烈俠)이다.

사행록의 작자들은 사행의 길목에서 보고 즐겼던 연희를 글로 표현했고, 그 중 기녀들이 공연하는 모습을 사실적이고 생동감 있게 표현하였다. 특히 기녀들이 지닌 개인적 기량과 예술적 기질, 그리고 삶 속에서 작가에 의해 표현된 기녀의 내·외적 모습을 통해 협이 드러났음을 확인할 수 있었다. 특히 기녀의 기교적·정신적 기질에서 표현되는 용맹스럽고 씩씩한 호기한 기상과 협기의 분위기, 그리고 의협심 등 넓은 의미에서 협(俠)은 검무(劍舞)의 핵심적 특징으로 협이 내재되어 표현되었다.[74]

74 김미영, 「문학작품에 표현된 18세기 교방검무의 미적 특징」, 『한국무용사학』 6호, 2007. 최성애, 「조선 후기 협의 미의식 - 使行錄과 劍舞詩를 중심으로」, 『대한무용학회논문집』 제60호, 대한무용학회, 2009.

4. 맺는 글

본 논문에서는 조선후기 협(俠)의 의미를 파악하고, 조선후기 예인들[협기 (俠妓)]의 삶과 예술 활동에 원동력인 협의 표현양상을 살펴보았다.

정리해보면, 협은 고대에서부터 조선 후기까지 호협(豪俠)의 특성을 보이지 만 시대의 변천에 따라 미인과 아름다움의 뜻과 더불어 절개, 의리, 지혜 등의 의미를 내포하고 있다. 또한 호기(豪氣)와 기개, 의리, 신뢰의 기풍을 드러내는 맥락에서 협의 사용되었다. 그리고 협은 다양한 인물형에 따라 민간에게 숭상 되고 여러 계층에 관심과 이해로 퍼져나갔다고 할 수 있다. 이러한 사회적 흐름 으로 인식되고 예인들에게도 협은 예술의 영역에서 더욱 의미가 확장되었다. 그리고 더 나아가 유협전은 예인전에 깊은 영향을 미쳤다고 볼 수 있다.

특히 조선 후기 예인전의 가장 핵심적 사항으로 예인들의 예술 활동에 있어 자유로운 삶과 예술 활동의 추구 등 예술가의 자의식 성장과 근대적 변모양상 을 엿볼 수 있었다. 그러나 이러한 협은 조선 후기 예술의 영역에서는 좀 더 넓은 내포를 갖게 되었다. 협 자체의 의미보다 예술의 표현의 수단으로 협의 정신, 협의 기운을 드러내는 방식으로 드러나고 사용되었다. 또한 조선 후기 개인의 문집이나 산문에서도 기생의 예술적 기질과 기량을 협기로 표현하고 있다. 이러한 협기는 예능인들이 지닌 정신적·기교적 기질을 지닌 사람으로 협의 의식에 내포되어 있다. 기녀들의 내면의식에서 예술적 활동의 출발점으 로 드러나는 것이 '협'이다. 이러한 의미에서 '협'은 조선 후기 예인들의 예술적 표현양식으로 가장 잘 드러낼 수 있는 중요한 핵심개념이라고 할 수 있다.

이 논문은 「조선후기 '俠'의 미의식」이라는 제목으로 김영희춤연구소 주최 검무심포지움 Ⅲ에서 발표한 내용을 수정·보완한 글이다.

조선조 기녀검무의 문학적 형상화에 대한 고찰

검무시(劍舞詩)를 중심으로

조혁상

1. 서론

조선시대의 검무는, 융복(戎服)을 입은 기녀의 쌍검무라는 전형성을 지닌다. 백제왕을 암살한 신라의 소년 황창랑(黃昌郎)의 쌍검무인 황창무에 근간을 둔 조선의 기녀검무는, 18세기에 들어서서 전국적으로 유행을 하게 된다.

조선의 기녀검무는, 근본적으로 협기(俠氣)와 무용(武勇)을 나타내기 위한 춤이다. 검무를 추는 기녀의 복장 자체가 조선의 전투복인 융복이고, 검을 휘두르는 동작 하나하나가 살상을 위한 공격과 방어를 의미하며, 2인 검무와 4인 검무로 이루어진 춤의 대형도 각각 1:1의 검술 대결 장면을 보여주기 위한 것이다.

그런데, 기녀검무의 경우 어리고 아리따운 기녀가 추는 춤이고, 그 성격이 무술수련과 살상을 위한 검무에서 공연예술을 위한 검무로 바뀌었기 때문에, 조선시대의 산문과 검무시 속에서 형상화된 기녀검무는 무사와 협객의 무용(武勇)이 지닌 협기(俠氣)를 보여줌과 동시에, 무희(舞姬)인 기녀의 여성적인 면모를 드러내주는 곱디 고운 의상(意象), 즉 자색(姿色)이 담긴 자태(姿態)를 드러내기도 한다.

졸고 「조선조 검무시의 일연구」에서는 조선의 검무시에 대한 전반적인 소개를 시도하였고, 「조선조 검무시에 나타난 검의 이미지」와 「조선조 검무시 연구」에서는 검무시에 나타나는 도검의상과 조선조 검무시의 특징에 대해 알아보았다. 그리고 「조선조 검무의 무술적 성격에 대한 고찰」에서는 조선 검무의 무술적 연원을 탐구했었다. 본고는 이러한 기존의 연구성과를 바탕으로 하여, 우선 적으로 기녀검무의 성격과 그 특질에 대해 알아보고, 기녀검무의 문학적 형상화가 지닌 세 가지 양태-비장미, 검술형상, 자색-에 대해 살펴보고자 한다.

2. 기녀검무의 성격과 그 특질

조선의 기녀검무는, 쌍검을 든 여인의 검무이기 때문에 기본적으로 협기와 자색을 함께 담고 있다. 무사와 협객의 검술이 상징하는 무용(武勇)이 춤 속에서 표출되는 동시에, 무희로서의 기녀가 지닌 여성적인 고운 자태가 아울러 드러난다.

이러한 기녀검무의 성격과 그 특질을 일목요연하게 보여주는 글이, 바로 초정 박제가(楚亭 朴齊家, 1750~1805)의 〈검무기(劍舞記)〉이다.

> 기생 둘이 검무를 추는데 갑옷을 입고 전립(氈笠)을 썼다. 잠깐 절을 하고서 돌아서서 마주하더니 천천히 일어난다. 귀밑머리 쓸어 올리고 옷깃을 여민다. 버선발 가만히 들어 치마를 툭 차더니 소매를 치켜든다. 검은 앞에 놓였건만 알은 체도 하지 않고 날듯이 몸을 돌리며 손끝만을 쳐다본다.
>
> 방 모퉁이에서 풍악이 시작되어 북은 둥둥 피리는 시원스럽다. 그제야 기생 둘이 나란히 앞에 나와 앞서거니 뒤서거니 한참을 논다. 소매를 활짝 펴고 모이더니 어깨를 스치면서 떨어진다. 그러더니 살포시 앉아서는 앞에 놓인 검을 쳐다본다. 취하려다 취하지 않고, 탐[愛]하려다 다시 아끼려는 듯하고, 가까이 갔다가 문득 물러서고, 손을 대려다가 갑자기 놀라고, 그것을 얻을 것 같다가 또 그것을 놓쳐버린다. 빈 나팔이 번쩍이듯 갑자기 그 옆을 잡았다. 소매로는 휩쓸어 가려는지, 입으로는 물려는지, 겨드랑이를 깔고 눕다가 등으로 일어나고, 앞으로 기우뚱 뒤로 기우뚱거린다.
>
> 그러니 옷과 띠, 머리털까지 휘날린다. 문득 멈칫하여 열 손가락 맥이 빠진 듯, 쓰러질 듯 다시 일어난다. 춤이 막 빨라져서 손이 칼끝을 흔드는가 하였더니 나래 펄럭이듯 일어나자 검은 간 데 없다. 머리를 치켜들고 던진 쌍검이 서리처럼 떨어지는데 느리지도 빠르지도 않게 공중에서 앗아간다. 칼날로 팔뚝을 재는 듯 하다가 헌거롭게 물러선다.

홀연 서로 공격하여 사납게 찌르는 듯, 검이 몸에 겨우 한 치 떨어졌다. 마땅히 쳐야 하는데 치지 않은 것은 서로 양보하는 듯하고, 피하려다가 피하지 않은 것은 허락하지 않는 듯하다. 끌어왔으나 펴지 못하고, 얽혀져서 풀지 못한다. 싸울 적에는 네 자루요, 갈리니 두 자루다. 검의 기운이 벽에 어른거리니 파도 속의 용과 물고기의 형상 같다.

문득 갈라져 한 사람은 동쪽에, 또 한 사람은 서쪽에 선다. 서쪽 기생은 칼을 땅에 꽂아놓고 팔을 늘어뜨리고 섰는데 동쪽 기생이 달려든다. 검을 날개로 삼아서 달려가서는 옷을 찌르고, 치켜들어 뺨을 스쳐보기도 한다. 서쪽 기생은 까딱 않고 선채 얼굴빛도 바꾸지 않으니 옛날 영인(郢人)의 몸가짐 같다. 달려온 기생이 훌쩍 날뛰며, 앞에서 용맹을 뽐내고 무예를 자랑하다가 돌아가자, 서 있던 기생이 그를 쫓아 보복한다. 흥분하여 말이 웃는 듯 하다가 갑자기 돼지가 성낸 것처럼 머리 숙이고 곧장 달려가니 비를 무릅쓰고 바람을 거슬러서 전진하는 듯하다.

그러나 정작 곁에 가서는 싸우려다 싸우지도 못하고, 말자해도 말지도 않았다. 두 어깨가 슬쩍 부딪치더니 각자가 불의에 서로 발꿈치를 물고 돌아가는 모양이 마치 지도리를 박은 무슨 물체가 도는 듯하다. 어느새 아까 동쪽에 있던 기생은 서쪽으로, 서쪽에 있던 기생은 동쪽으로 위치를 바꾸었다. 일시에 함께 회전하니, 이마를 서로 부딪고, 형용이 위로 향하다가 아래로 날아내린다.

검광이 현란하여 그 얼굴이 드물게 보인다. 혹은 스스로 자신을 가리키며 그 능력을 보이고, 혹은 방[室]에 거짓으로 맞아들이는 듯 그 자태를 다한다. 가볍게 걷다가 도약함이 마치 땅을 밟지 않은 듯하다. 보폭을 늘였다 줄였다 하며 남은 기운을 다한다. 무릇 치고, 던지고, 나아가고, 물러나고, 위치를 바꾸어 서고, 스치고[拂者], 찢고[扯者], 빠르고, 느리고 하는 동작들이 다 음악의 장단에 합치되어 멋을 자아낸다.

이윽고 쨍그랑 소리가 나더니 검을 던지고 절하였다. 춤이 다 끝난 것이다. 온 좌석이 빈 것 같이 고요하여 말이 없다. 음악이 그치려는지 여음이 가늘게 흔들려 소리를 끌었다.

검무를 시작할 때 왼손을 가슴에 대고 바른 손으로 전립을 잡고 절하고는 천천히 일어나는 자태가 몸을 이기지 못할 것 같으니 이것이 시조리(始條理)이다. 귀밑머리가 흐트러지고 옷자락이 어수선하게 나풀거리며 순간 몸을 뒤집으며 훌쩍 검을 던지는 것이 종조리(終條理)이다.

이번에 내가 본 검무는 검무의 극치는 아니다. 그러므로 그 기이한 변화를 자세하게 얻어 보지는 못하였다. (근세의 검무를 추는 기생으로는 밀양의 운심(雲心)을 일컫는다. 이들은 그의 제자이다.)[1]

　　박제가는 글의 도입부에서 기녀의 옷차림과 춤에 임하는 자태를 설명하고, 기녀가 춤추는 동작과 표정에 대해서도 구체적으로 묘사하였으며, 연희를 시작하는 처음의 옷매무새에서 칼을 던지고 마치는 과정까지 상세히 기술하고 있다.[2] 박제가의 이 글은, 당시 유행했던 밀양검무의 실제적인 형상을 전반적으로 자세하게 보여준다는 점 때문에, 시대의 변천에 따라 형태가 변형되었던 20세기의 밀양검무를 다시금 옛 모습에 맞게 복원하는데 있어서 중요한 근거가 되었다.[3]

　　다음으로 소개할 글은, 영재 유득공(泠齋 柳得恭: 1748~1807)의 〈검무부(劍舞賦)〉이다.

　　　16살 눈동자 맑은 두 아름다운 아낙이여. 오늘밤 화려한 잔치에서 사람들 중에 참으로 뛰어나도다. 녹색옷 입은 기녀는 군사복의 굳센 무장(武裝)을 짝하였는데, 비단허리띠 비껴 동여매고 붉은 치마 둘렀도다. 쪽진 검은 머리에 비취색 전립쓰니

1　『貞蕤閣集』卷1〈劍舞記〉: 二妓舞劍, 甲服氈笠. 囊拜廻對, 徐徐而起. 旣掠其鬢, 又整其襟. 翹襪蹴裳, 以擧其袖. 劍器在前, 若將不顧, 悠揚折旋, 惟視其手. 室之隅樂作, 鼓隆·笛亮. 於是二舞齊進, 頡頏久之. 張衰而合, 亞肩而分. 酒翩然而坐, 目注於劍. 欲取未取, 愛而復惜, 將近忽却, 將襯忽驚, 如將得之, 又將失之. 虛喇其光, 乍攫其旁. 袖欲與之掃, 口欲與之唧. 腋臥背起, 欷前側後. 以至衣帶毛髮, 無不飛揚頓挫, 而十指無力, 幾委復擧. 舞之方促, 手如搖綏, 翻然而起, 劍不知處. 仰首擲之, 雙墜如霜, 不徐不疾, 奪之空中. 以鐔尺臂, 昂然而退. 颯然相攻, 猛如可刺, 劍至於身, 不能以寸. 當挈不挈, 若相讓者, 欲閃未閃, 如不肯者. 引而莫伸, 結而莫解. 合而爲四, 分而爲二. 劍氣映壁, 若波濤龍魚之狀. 驀焉分開, 一東一西. 西者挿劍于地, 垂手而立, 東者奔之. 劍爲之翅走而剗衣, 仰而刮頰. 西者寂然, 立不失容, 若郢人之質也. 奔者一躍, 賈勇于前, 耀武而還, 立者逐之, 以報其事. 掀如馬笑, 忽如豕怒, 俯首直赴, 如冒雨逆風而前趁也. 鬪而不能鬪, 止而不可止. 二肩俊搏, 各自不意, 踖隨而旋, 如幹福機. 俄之東者己西, 而西者己東. 一時俱回, 額與之撞, 容與于上, 飛騰于下. 劍爲之眩, 希見其面. 或自指于身, 以示其能, 或虛迎于室, 以盡其態. 輕步而跳, 若不履地. 盈之縮之, 以達餘氣. 凡擊者·擲者·進者·退者, 易地而立者·拂者·扯者·疾者·徐者, 皆以樂之, 節而隨其數焉. 已而鏗然有聲, 投劍而拜. 能事畢矣. 四坐如空, 寂然無言. 樂之將終, 細其餘音, 以搖曳之. 其始舞而拜也, 左手捧心, 右手鉗笠, 遲遲而立, 若將不勝者, 始條理也. 鬘髥其鬢, 顚倒其裾, 焂忽俯仰, 翻然擲劍而拜者, 終條理也. 余之觀, 匪其至者焉. 故其奇變, 不可得而詳之也. (近世舞劍, 稱密陽姬雲心. 此盖弟子.)

2　노한나, 「밀양검무의 춤사위 분석에 따른 미학적 성격 연구」, 성균관대학교 무용학과 박사학위논문, 2014, 31쪽.

3　밀양권번 출신의 기녀에게서 검무를 직접 사사한 김은희 밀양검무보존회장이 20세기 중반에 밀양검무를 교습했을 당시에는, 칼몸과 손잡이가 일체화 되어있는 고정형 칼(FIXED BLADE)이 아닌 칼목이 돌아가는 검무용 칼을 사용했고, 이 때문에 검무의 동작도 고정형 칼이 사용되었던 18세기에 비해 간소화되어 있었다. 그러나 현재에는 김은희 회장이 무구(舞具)를 고정형 칼로 바꾸고 검무의 동작도 〈검무기〉를 바탕으로 하여 다시 복원하였다.

용모가 어떠한가? 사람들을 향하여 비녀를 구걸하여 서방을 부끄럽게 하도다. 장구
한 장단에 나란히 소매를 들어 올렸다가, 미미하게 떨면서 조금 겁먹은 듯 하더니
몸을 늘어뜨렸다가 다시 펴네. 엉긴 눈동자 맑고 맑아서 뜻을 지키며 마음을 굳게
한 듯하고, 박자를 따라서 서서히 나아가다가 가볍게 치마를 밟네. 단단하게 짜인
비단옷 꿈틀대며 서로 교차하고, 장딴지 두드리며 손가락 튕기니 어느새 음악과
합쳐지네. 흩어져서 나뉘다가 재빠르게 가는데, 저 예쁜 처자들은 한결같이 어찌
그리 날렵한가. 악기소리 시끄럽다가 홀연히 머무른 곳이 없는데, 정(情)과 소리는
통하지만 그 자연스러움을 알지 못하겠네. 벌과 나비 머무는데 조용하여 바람이
없고, 버들개지와 낙화가 비내리듯 하늘을 채우네. 정신을 집중하다가 의지를 거두
듯 매번 뒤돌아보더니, 3척의 추련검을 중앙에서 교차시키네. 돌아날다가 꺾여 도니
생각이 이곳에 있는 듯하다가, 느릿느릿했다가 빨라지니 생각하거나 잊을 겨를도
없도. 어째서 내 옷자락을 당기더니 멀찍이 돌아서 지나쳐 가는가? 너를 보면
떠나보내는 듯 한데 어찌 그리 지엄한가. 옷을 펄럭거리며 빠르게 가다가 홀연히
다시 돌아오고, 끝내 검을 버릴 수 없는 듯 하다가 또 어째서 탐하는가. 팔은 굽히고
손가락 피며 곁눈으로 흘겨보는데, 의태와 아리따움이 어찌 그리 무르익었는가. 몸
을 돌리며 소매 들자 붉은 안감이 나부끼니, 남몰래 기뻐하고 놀랐는데 또 어떤
몸짓하려는가? 반복하여 더욱 전개되니 그칠 수 없을까 걱정되는데, 성대하며 끊이
지 않아 실로 내 마음을 수고롭게 하네. 음악이 절주가 바뀜에 이르러 가뿐하게 꿇
어앉으니, 비단치마는 바람에 날리고 사람은 보이지 않네. 새가 나래를 펴고 곰이
직행하는 듯 고개 들었다가 다시 구부리니, 백가지 맥이 절주에 응해서 금을 밟는
듯. 비녀를 꽂고 머리를 정돈하며 거듭 전립끈을 매고, 검을 떨쳐 도리어 서니 어찌
그리 사내다운가? 먼저 소나기가 내리자 그것을 이끌다가, 돌개바람타고 내달리더
니 뒤에 돌아온다. 불빛은 흩어졌다 만났다가 함을 비추는데, 자줏빛 번개를 쏘고
빛나는 우레를 날린다. 바람 앞의 등불 밝아 혼망함을 씻어버리는데, 돌고 도는
질풍의 회전은 때도 없구나. 쾅하는 소리나게 검을 던지고는 등돌려 서서 검을 두드
리는데, 향기나는 땀이 당(堂)을 가득 채우며 날려 흩어지니 진주와 비취를 줍는
듯 하도다.

　이 부의 요지를 말하자면; 비단물결이 넘실넘실 흘러서 머물지 않고, 문왕의 옛
도읍에 여러 산들이 푸르네. 한 쌍의 나무같은 미인이 소매 날리며 춤춰 붉은 정자
를 날리고, 은촛대와 얇은 등잔불은 별 같이 흐릿하네. 피리와 북소리 파도에 비끼
며 푸른 빛 도는 술을 거르고, 미인이 일어나 춤추니 쓸쓸함을 날려 보내네. 눈동자
돌리며 곁눈질하니 친밀함을 알겠고, 멀리 하늘가를 바라보니 선창(船窓)을 들어
올린 듯 하네. 강북과 강남에 비내려 어둑어둑하구나.[4]

〈검무기〉와 〈검무부〉 두 작품은, 기녀검무의 성격과 그 특질을 잘 드러내고 있다. 기녀 두 명이서 융복을 입고 쌍검을 들고 추는 검무는, 검술의 대결을 춤으로 형상화했다는 점에서 필연적으로 협기어린 무용(武勇)의 의상(意象)을 드러낼 수밖에 없으며, 무희인 기녀의 춤사위와 표정, 옷매무새, 심지어는 땀 한 방울에 대한 묘사까지도 기녀검무의 여성적인 면모, 즉 자색을 언뜻언뜻 보여주고 있다. 그리고 이 두 작품에서 보이는 협기와 자색은, 검무에 포함된 검술의 형상과 어우러져 검무에 관한 한시인 검무시에서 문학적으로 자주 형상화된다.

이 두 작품은 무예의 원형이 남아있는 검무에 대한 조선 사대부의 관심이 어떻게 문학 속에 반영되었는지를 보여준다.[5] 문체의 종류는 비록 다르지만 기녀검무의 형용이 나타난 검무시의 경우, 이 글들처럼 연회에서 목도한 검무의 실상에 대해 감명을 받아 씌여진 작품이 대부분을 차지하는데, 이러한 점은 당시대 양반들이 향유했던 고급 유흥문화 속에서 검무가 상당한 비중을 차지하고 있었다는 사실을 방증해준다.[6]

---

4 『冶齋集』卷14〈劍舞賦〉: 二八淸揚雙美婦兮, 今夕華筵洶超羣. 綠紗對襟軍健裝兮, 斜纏錦帶弸紅裙. 鴉鬢翠笠兮若何爲容, 向人乞簪兮羞夫君. 腰鼓一聲兮齊袖擧, 微顰細忕兮弛復張. 凝眸瀏瀏兮秉志貞固, 按節徐赴兮輕跋裳. 繾綣纏綿兮蜿相交, 拊膊彈指兮潛合章. 渙散分北兮沛然征, 彼姝者子兮一何仙仙. 絲管嘈啾兮忽無處所, 情與聲通兮莫知其然. 蜂停蝶住兮潛無風, 柳絮落花兮漫漫滿天. 凝神斂志兮每反顧, 三尺秋蓮兮交中央. 回翔折旋兮念在斯, 悠悠忽忽兮無想忘. 胡胃余裔兮迂回過之, 視爾若遺兮何其嚴也. 去翩翩兮忽復來, 終不可捨之兮又何餒也. 彎臂伸指兮斜側視, 意態妖嬌兮何其酣也. 回身揭裾兮飄紅裏, 竊喜潛驚兮又何態也. 反復浸淫兮恐不可旣, 滔滔未央兮實勞我心. 音至節改兮仙然跑, 風裙綷縩兮無人見. 鳥伸熊經兮昂復俯, 百脉應節兮如跳糸戔. 安簪整鬙兮重結縷, 拂劍却立兮何雄哉. 先驅詗使導之兮, 乘回風兮駁後來. 晃爛燁其離合兮, 抨紫電兮翼文雷. 風燭熒煌兮蕩迷離, 旋轉飄廻兮無時已. 鏗然擲劍兮背立彈, 香汗滿堂霏霏兮拾珠翠.

亂曰: 錦水湯湯兮流不停, 文王古都兮羣山靑. 雙樹婆娑兮飛紅亭, 銀燭紗籠兮眇如星. 簫鼓橫波兮醲綠酉靈, 美人起舞兮飄伶俜. 回眸眄睞兮知丁寧, 遙望天際兮杳揚舲. 江北江南兮雨冥冥.

5 상기 두 작품을 본장에서 소개한 이유는 조선조 검무의 전반적인 모습을 이해하는데 있어서 도움이 되기 때문이다. 검무시의 경우 전체적인 검무를 전부 자세하게 묘사하지는 않기 때문에, 조선조 검무에 대한 이해가 선행되어야만 검무시를 제대로 분석할 수 있다.

6 2장은 졸고 「조선조 검무시 연구」(『민족무용』 제5호, 2004)에서 48~52쪽을 수정 및 보완하였다.

3. 기녀검무의 문학적 형상화 양상

기녀검무의 다양한 문학적 형상화 양상을 가장 잘 살펴볼 수 있는 조선시대 작품은, 바로 검무에 대해 노래한 검무시이다. 지방관이나 부유한 양반이 개최하는 잔치에 참가한 사대부들이 기녀검무의 실상을 직접 목도하고 그에 대한 감흥을 문학적으로 표출시킨 작품들인 기녀검무시는, 조선시대의 검무를 연구하는데 있어서 중요한 자료가 된다.[7] 본장에서는 검무시에 나타난 기녀검무의 비장미와 검무에서 드러나는 검술의 형상, 그리고 기녀의 아름다운 외양과 맵시를 묘사한 자색에 대한 문학적 형상화가 어떠한 방식으로 검무시에 담겼는지에 대해 논하고자 한다.

1) 비장미(悲壯美)

조선의 기녀검무는 나라와 부친의 원수를 갚기 위해 백제왕을 암살한 신라의 소년자객 황창랑의 황창무에 그 기원을 두고 있으며, 춤 동작 하나하나가 살상을 위한 검술수련의 방편이었던 고대의 검무에서 변형된 것이다. 그러하기 때문에, 검무가 지닌 근원적 비장미는 황창랑의 검무에 관한 검무시에서 잘 드러나고 있으며, 이러한 심상은 종종 형가(荊軻)와 섭정(聶政), 왕기(汪踦), 진무양(秦舞陽), 부개자(傅介子)와 같은 중국 협객들의 고사와 결부되어 문학적으로 형상화되기도 한다.[8] 그리고, 이와 같은 황창랑검무시의 특성은 기녀검무시에서도 그대로 유전되어 나타난다.

먼저 황창랑검무시 중 기녀검무시의 특질도 아울러 표현되고 있는 작품을 하나 보도록 하자. 서포 김만중(西浦 金萬重, 1637~1692)의 〈관황창무(觀黃昌舞)〉이다. 이 시에서는 무장을 갖춘 기녀가 쌍검을 들고 황창무를 추는 장면을

---

7 검무시와 검무자료에서 언급되는 지명인 경주와 선주, 전주, 평양, 의주, 수원, 치성, 진주, 용천 등은 전부 검무가 성행했던 조선 당시의 지방들이다. 각 지역에 분포되어있던 검무는 그 형태와 공연양상이 지방에 따라 전부 다르게 나타난다. 하지만 문학의 영역인 검무시에 있어서는 그 구분이 명확하게 이루어지지 않으며, 검무 자체의 지역적 특질보다는 황창랑검무시와 기녀검무시로 대표되는 문학적 특질이 더 확연하게 표출되고 있다.
8 황창랑 검무의 비장미에 대해서는 졸고 「조선후기 도검문학의 비장미에 대한 고찰」(『동방한문학』 제49집, 2011)에서 자세하게 정리하였다.

초반부에 묘사하면서, 황창무의 본 주인공인 황창랑이 14살의 나이로 중국의
협객들처럼 자신의 목숨을 내던져서 백제왕을 암살했음을 이야기하고 있다.

繁絃欲停催撾鼓	번다한 현악 멈추고 북치는 것 재촉하니
翠眉女兒黃昌舞	파란 눈썹의 여아 황창무를 추네
短後之衣頭虎毛	단후의에 호랑이털 모자를 쓰니
頗似木蘭行負羽	자못 목란이 화살통 짊어지고 출정나가는 듯 하네.
長袖洋洋拂地起	긴 소매 넘실넘실 땅을 떨치고 일어나는데
欻驚腰下秋蓮吐	갑자기 놀랍게도 허리 아래로 추련검을 토해내네
左盤右旋勢轉急	좌로 소용돌이쳤다 우로 되돌아오며 기세가 빠르게 도는데
風雨颯颯雷霆怒	비바람이 슉슉 천둥이 노하네
弓彎舞袖眞嫌俗	허리를 뒤로 제치고 춤추는 소매 참으로 혐오스런 풍속이나
公孫劒器何足數	공손대랑의 칼춤을 어찌 헤아릴 수 있으랴
吾聞海東昔三分	내가 들으니 해동이 옛날 셋으로 나뉘어
日尋干戈相侵侮	날마다 싸우며 서로 침모(侵侮)하였네
惠文好劒風俗成	혜문(惠文)이 검을 좋아하여 풍속이 성하였는데
黃昌十四勇如虎	황창은 열네살 용기가 범과 같았네.
洗國深羞報君王	나라의 깊은 수치 씻어내고 임금 은혜 갚아서
功成身死名萬古	공을 이루고 몸은 죽으니 만고에 이름났도다.
項莊鴻門謾掉箾	항장은 홍문연에서 부질없이 소(箾)를 흔들었고
荊卿遺恨在銅柱	형가의 남은 한은 구리기둥[銅柱]에 남아있네.
舞陽色變秦王宮	진무양의 안색은 진왕(秦王)의 궁에서 변하였나니
唉彼竪子非爾伍	아! 저 더벅머리 아이 너희들이 아닌가.
聖代昇平文敎敷	성대(聖代)에는 태평하여 문교(文敎)를 펴니
故國遺民齊變魯	옛 나라의 유민 제(齊)를 노(魯)로 바꾸었네.
庠序絃誦達四境	서당에서 글읽는 소리 사방에 닿았고
巍峩章甫委蛇步	우뚝한 선비들은 점잖게 걷네.
烈士風聲久寂寞	열사의 소문이 오래도록 적막하나
賴有此舞傳樂府	이 춤에 힘입어 악부에나마 전하네.
奉化賓舘開勝宴	봉화의 빈관(賓舘)에서 성대한 잔치를 열었으니
北客初看毛髮豎	북쪽 손님 보고는 머리가 곤두섰네
願見北地傅介子	원컨대 북쪽땅의 부개자(傅介子)를 보고 싶지만

杜陵老儒心良苦　　두릉(杜陵) 늙은 선비 마음이 참으로 쓰라리다네.
如今鬢眉男子且巾幗　지금 풍채좋은 남자들조차 건괵(巾幗)을 썼으니
嗚呼黃昌之舞竟何補　아! 황창무가 끝내 무슨 도움이 되겠는가?[9]

　풍채 좋은 남자들조차 유자(儒子)의 모자인 건괵을 쓰게 된, 무풍(武風)이 퇴색되어버린 당대 현실을 개탄한 김만중의 이 시를 보면 황창무의 다채로운 동작이 자세하게 묘사되어 있고, 황창랑검무시에서 자주 언급되는 황창랑의 의연한 죽음에 대한 칭송과 함께 중국 의협과의 비교도 역시 보여지고 있으며, 이를 통해 황창무의 비장미가 자연스럽게 드러나게 된다.

　그런데, 이 시 속에서 중국 의협에 덧붙여서 당 현종 때의 유명한 무희인 공손대랑이 언급된다. 이는 황창무가 단순히 의협을 숭상하는 무무(武舞)의 성격을 넘어서 공손대랑의 검무와 마찬가지로 예술적 성격을 가진 검무로 변화했음을 의미한다. 그리고 동시에 김만중이 은연 중에 황창무 자체가 보여주는 화려함이 지니는 예술적 가치를 인정하고 있음을 보여준다.

　황창랑의 검무를 중심으로 한 검무시에서 기녀의 검무를 중심으로 한 검무시로 바뀌면서 나타나는 내용상의 가장 큰 특징은, 바로 시 속에 나타나는 검무의 공연자가 남성이 아닌 여성으로 바뀐다는 점이다. 시대가 바뀌고 검무의 공연양상이 변화함에 따라 바로 문학 속에 등장하는 주인공의 성(性: gender) 자체가 완전히 뒤바뀌게 되는 것이다. 검무를 다루는 양식에 있어서 서사적이고 기록문학적인 성격이 강한 황창랑 검무시에서 표현상 예술적 성향이 강한 기녀 검무시로의 변화는, 어찌보면 근원적인 황창랑 검무가 가졌던 용맹과감한 남성적 특질이 기녀의 검무로 전승되면서 섬세하고 아름다운 여성적 특질과 융화되는 과정과도 일치한다고 보여진다.

　조선의 검무시, 그 중 주로 악부시에서 두루 취급되는 '황창랑 고사'는 그 속에서 황창랑의 용감성과 호협 기질을 극명하게 드러내어 보여주며, 황창랑이 내뿜는 협기(俠氣)는 바로 비장미와 직결된다. 그리고 그 고사 속에 등장하는 검무는 예술성을 내포하는 검무가 아닌 살인동작으로서의, 무술로서의 검

---

9 『西浦集』卷2.

무이다. 복수를 위한 무술적 성격을 강하게 가지고 있던 황창랑의 검무는 시대의 변천에 따라 기녀의 예술적·유희적인 검무로 탈바꿈하게 되는데, 이렇게 변화된 검무는 양반계층의 고급 유흥문화로서 자리매김을 하게 되었으며, 이 때문에 공연예술로서의 검무를 본 감상을 표현한 검무시가 점차 등장하게 된 것이다. 황창랑을 다룬 검무시가 영웅적 인물묘사에 중점을 두었던 점에 비해, 기녀의 검무를 다룬 검무시는 주로 동작의 예술성을 부각시키는 문학적 비유와 묘사를 보여주고 있다.[10]

그러나, 이렇게 검무의 성격이 변화되었어도 황창랑검무의 비장미는 기녀검무 속에 녹아들게 되었으며, 그 흔적은 기녀검무시 속에서도 다양한 양상으로 존재하게 된다. 특히 도곡 이의현(陶谷 李宜顯, 1669~1745)의 〈관검무유감 차두보무검기행운(觀劍舞有感 次杜甫舞劍器行韻)〉에서는,

羅時意氣可復見　　신라 때의 의기를 다시 볼 수 있으니
撫劍悲歌涕自出　　검을 쓰다듬으며 슬픈 노래하는데 눈물이 절로 나네.
吾輩何曾異鬚婦　　우리들이 어찌 일찍이 수염난 부인과 다르겠는가
但向燕路驅車疾　　다만 연행길을 향하여 수레만 빨리 몰아대네.[11]

라 하였는데, 삼국시대에 가졌던 용맹스러움이 쇠퇴한 당시 조선의 세태에 입각해서 화려한 검무를 울분에 찬 시각으로 바라볼 수밖에 없었던 작자의 비애가 '수염난 부인[鬚婦]'이라는 자조섞인 시어로 나타나며, 검을 쓰다듬으며 슬픈 노래를 부르자 눈물이 저절로 흐른다는 싯구에서 시 속의 협기와 비장미가 극대화되는 것을 확인할 수 있다.[12]

---

10 조혁상, 「조선조 검무시에 나타난 검의 이미지」, 『학예지』 제11집, 육군사관학교 육군박물관, 2004, 112쪽 참조.

11 『陶谷集』 卷3.

12 김미영의 경우 「문학작품에 표현된 18세기 교방검무의 미적 특징」에서 문학적 표현의 미적 요소를 비경미·격동미·격정미·여협미·비장미·강개미·기예미 등의 용어로 다양하게 표현하였으나, 각 용어의 개념 정의와 구분이 다소 애매모호하기 때문에 본장에서는 기존의 문학적 미학용어인 비장미를 중심으로 하여 검무시를 설명하였다.

2) 검술형상(劍術形狀)

조선은 기본적으로 문이재도(文以載道)를 근간으로 한 문(文) 중심의 문화적 양태를 보였다. 숭문천무(崇文賤武)의 경향성이 두드러지게 나타난 조선사회에서는 비록 무반(武班)이 양반이기는 했으나 문반(文班)으로부터 암묵적인 멸시와 차별을 받았으며, 이로 인해 무(武)와 관련된 문화도 체계적·조직적으로 발전하기보다는 정립된 양상을 보인 문(文)에 비해 상당히 비체계적·산일적으로 진화되어갔다.[13] 그렇기 때문에 문(文)의 영역에 있었던 수많은 사대부들의 경우 특별히 무예에 취미가 있거나 군사(軍事)를 담당하는 직책에 있지 않았다면 무(武)의 영역을 접할 기회는 그리 없었다. 다만 연회문화 속에서 검무를 통해 무(武)의 면모를 조금이나마 맛볼 뿐이었다.

김정중(金正中)의 연행록(燕行錄)인 「기유록(奇遊錄)」[14]에 실린 신해년(辛亥年: 1791, 정조 15) 11월 17일의 기사를 보면, 용천과 의주의 기녀를 불러서 검무로 춤대결을 펼치게 한 기록이 남아있는 것을 확인할 수 있다.

　　흐림. 사신이 용천(龍川)과 용만(龍灣) 두 고을의 기생을 불러서 진변헌(鎭邊軒) 안에서 검무로 승부를 겨루게 하니, 바로 하나의 투화연(鬪花宴)이었다. 계랑(桂娘)이라는 용천 기생이 있어 좌우로 돌며 연풍대(軟風臺)를 잘하는데, 이것으로 능히 주름잡았다.[15]

---

13 검의 문화를 중시하는 왜(倭)의 경우 오랜 전란의 시기를 거치면서 무(武)의 개념과 무술의 종류, 아울러 병기의 발전이 조선에 비해 구체적·체계적으로 발전해나갔다. 임진왜란시 풍신수길의 명에 의해 왜군이 가져온 병기 규격이 침략 직전 통일된 점은 차치하더라도, 17세기에는 무사도의 이론서인『하가쿠레[葉隱]』가 등장하면서 일본 무(武)의 성격이 정형화되었으며 그 외에도 부단한 진화가 있어왔던 반면, 조선의 경우에는 무기 전문 생산기관의 부재로 인한 병기규격의 비규격화와 비체계화가『무예제보(武藝諸譜)』나『무예도보통지(武藝圖譜通志)』가 등장할 무렵이 되어서야 겨우 개선되기 시작했으며, 20세기 초 안확의『조선무사영웅전(朝鮮武士英雄傳)』이 등장하기 전에는 조선 고유의 '무(武)'라는 것에 대한 개념정의를 한 텍스트가 존재하지도 않았었다. 그 이전까지는 다만 일부 병서들에서 용병술이나 진법 정도만 연구되었을 따름이다.

14 김정중의 「기유록(奇遊錄)」에서는 그가 1791년 11월 4일, 9일, 11일, 17일에 검무를 구경하였음을 밝혔다. 그 중 11월 9일조에서는 관서 42고을에서 용천지방의 검무가 유명함을 언급했으며, 난심(蘭心)이라는 기녀에게 '검무시'를 지어주었다고 기록했다.

15 『燕行錄』「奇遊錄」: 陰. 使家招龍川, 龍灣二州之妓, 以劍舞角勝于鎭邊軒中, 便一鬪花宴. 龍川有桂娘者, 左旋右轉, 善作軟風臺, 以此能擅場.

　　기녀검무를 공연할 때에는 일본검술의 약속대련인 쿠미타치[組太刀]처럼 두 명 혹은 네 명의 기녀가 쌍검으로 1:1 공방을 주고받는 형식으로 춤을 추었는데, 이 검무의 공방에서 다채로운 검술의 형상이 보이게 된다. 이러한 검술형상은 조선 사대부의 검무시에서 자주 문학적으로 형상화되어, 조선 검무시의 특징 중 하나로 자리잡게 되었다.

　　지금부터 이와 같은 검술형상이 보이는 검무시들을 하나씩 살펴보도록 하자. 먼저 청성 성대중(靑城 成大中, 1732~1809)이 구포 이명연(瞿圃 李明淵, 1758~?)의 검무시에 차운한 〈차옥류자이여량(명연)검무시 영황창무(次玉流子李汝亮(明淵)劒舞詩 詠黃昌舞)〉를 검토해보자.

雞林童子姓名香	계림 동자의 이름은 향기롭고
樂府猶傳假面粧	가면분장은 악부에 오히려 전하네.
始至綽約如欲笑	처음에는 지극히 아름다워 웃으려는 듯 하다가
少焉跳盪不勝狂	조금 뒤에 뛰어다니며 광기를 이기지 못하는 듯 하네.
初疑彩雲泛繡茵	애초에 오색구름이 비단방석을 띄우는가 의심하였는데
却驚飛燕掠雕樑	도리어 날으는 제비가 조각된 대들보를 채어가니 놀랐네.
轉眄渾失雲燕狀	돌아보며 곁눈질하니 제비의 형상은 전부 잃어버렸고
但見花毬滾華堂	다만 곤화당(滾華堂)의 화구(花毬)를 보았네.
猩紅戰笠杏子杉	성성이처럼 붉은 전립에 살구빛 저고리를 입었는데
半腰縫辮祿衣娘	반쪽허리로 푸른 치마입은 낭자인줄 겨우 분별하겠네.
冷眼斜睨遽逼人	차가운 눈빛으로 흘겨보아 사람을 쫓아버리고
尖袖輕擡忽閃鋩	첨수(尖袖)를 가볍게 걷어올리니 갑자기 번쩍하는 칼날.
滿堂陰森杯酒寒	당(堂)을 가득채운 어두컴컴함에 잔술은 차가우니
壯夫當之攝魂忙	장부가 그것을 당하여 혼이 빠짐을 추스르네.
席間倒灑燕趙風	자리 사이에 연조풍(燕趙風)이 도리어 불어오는데
空邊橫捩斗牛芒	허공 언저리에 두우성의 끝자락이 비끼네.
百濟山河一投手	백제의 산하에 한 번 손을 던지니
半月樓臺尙盪光	반월 비친 누대 오히려 빛이 흔들리네.
飜身擲劒却躊躇	몸을 뒤치며 검을 던지고는 도리어 머뭇거리는 듯
繡襪猶沾滿地霜	수놓은 버선은 오히려 젖어있고 서리는 땅에 가득하네.
惜渠生不壬丙際	그 사람 임진·병자년 시기에 태어나지 못함이 아까우니

悍酋寧勞一劒當	사나운 오랑캐추장도 어찌 수고로운 한 칼에 해당되리오.
徒能技冠女樂部	한갓 기예 능한 악부의 관쓴 여기(女妓)
只許嬌舞踊蒼茫	다만 교태로운 춤을 허락하였는데도 아득함에 이르네.
靑城老子別悄然	청성(靑城) 늙은이는 별다르게 초연하나
蠻海歸來卅年涼	바다에서 돌아오니 20년은 서늘하겠네.[16]

　　성대중의 이 시는 그가 경주에서 목도한 황창무의 실상을 보여주는데, 검무의 형상이 잘 형용되어 있다. 신라의 동자인 황창랑의 이름은 그 무용(武勇)으로 인해 향기롭고, 황창랑을 기리는 가면무희로서의 검무가 악부에서 전해졌지만 실제 공연된 검무에서는 가면을 사용하지 않았다. 처음에는 기녀의 자태가 지극히 아름다워 웃으려는 듯 하다가 조금 뒤에 뛰어다니며 검무를 추는 모습을 보니, 마치 광기를 이기지 못하는 듯 했다. 춤추는 기녀의 치마는 마치 오색구름과 같아 비단방석을 띄울 듯 하고, 제비가 둥지로 돌아가는 듯한 연귀소(燕歸巢) 동작은 조각된 대들보를 채어가듯 재빠르다. 돌아보며 곁눈질하니 기녀가 검무를 추며 회전하는 모습이, 마치 곤화당에서 꽃이 수놓인 공이 도는 것과 같다. 춤추는 기녀가 성성이처럼 붉은 전립에 살구빛 저고리를 입었는데, 성인남성의 반쪽 밖에 안되는 가는 허리를 보고서야 푸른 치마입은 낭자인 줄 겨우 분별하였다. 무희가 차가운 눈빛으로 흘겨보아 사람을 쫓아버리고, 첨수를 가볍게 걷어올리니 갑자기 번쩍하는 칼날이 드러난다. 해질 녘 어두컴컴한 당 안에서 추는 황창무는 차가운 술에 의지하지 않으면 장부가 얼이 빠질 정도로 격렬하고도 화려하다. 자리 사이에 전국시대 연나라와 조나라의 협객의 무풍(武風)을 의미하는 연조풍이 불어오자, 허공 언저리에 두성과 우성의 끝자락이 비긴다. 황창랑으로 분장한 기녀가 백제의 산하에 한 번 손을 던지니, 반월이 비친 누대에 검광이 비끼자 오히려 빛이 흔들린다. 몸을 뒤치며 검을 던져서 춤을 끝내고는 도리어 머뭇거리는 듯 한데, 수놓은 버선은 오히려 젖어있고 서리는 땅에 가득하다. 이러한 검술재주를 지닌 기녀가 임진왜란과 병자호란 즈음에 태어나지 못했음이 아까우니, 만약 그 때 태어났다면 사나운 오랑캐추장

---

16 『靑城集』卷3.

이라도 단칼에 베어버렸을 것이라고 성대중은 읊으면서, 한갓 기예가 능한 악
부의 관을 쓴 기녀도 사대부의 정신을 아득하게 할 정도의 검무를 보여주었다
고 말하고 있다. 그리고 성대중 자신은 검무의 모습을 보고도 초연하게 앉아있
었으나, 돌아오는 길에는 20년간이나 가슴이 서늘할 정도라고 하며 검무의 감
상을 표현하였다.

한편, 다산 정약용(茶山 丁若鏞, 1762~1836)의 〈무검편증미인(舞劍篇贈美人)〉
에서는 진주검무의 실상이 극명히 드러난다. 이는 정약용이 1789년 19세 때에
아내와 함께 영남우병마절도사였던 장인 홍화보가 있는 진주로 와서는 장인이
촉석루에서 베푼 연회에서 진주검무가 공연되는 장관을 직접 목격하고 그것을
형용한 작품이다.

雞婁一聲絲管起	계루고 한 소리에 풍악이 시작되니
四筵空闊如秋水	넓디 넓은 좌중이 가을물처럼 고요한데.
矗城女兒顔如花	진주성 성안 여인 꽃같은 그 얼굴에
裝束戎裝作男子	군복으로 단장하니 영락없는 남자 모습.
紫紗掛子靑氈帽	자주색 쾌자에다 청전모 눌러 쓰고
當筵納拜旋擧趾	좌중 향해 절한 뒤에 발꿈치를 들고서.
纖纖細步應疏節	박자소리 맞추어 사뿐사뿐 종종걸음
去如怊悵來如喜	쓸쓸히 물러가다 반가운 듯 돌아오네.
翩然下坐若飛仙	나는 선녀처럼 살짝 내려앉으니
脚底閃閃生秋蓮	발밑에 번쩍번쩍 추련검이 피어난다.
側身倒揷蹲蹲久	몸 굽혀 거꾸로 서서 한참 동안 춤추는데
十指翻轉如浮雲	열 손가락 번득이니 뜬구름과 흡사하네.
一龍在地一龍躍	한 칼은 땅에 두고 한 칼로 휘두르니
繞胸百回靑蛇纏	푸른 뱀이 백 번이나 가슴을 휘감는 듯.
倏忽雙提人不見	홀연히 쌍칼 잡자 사람 모습 사라지니
立時雲霧迷中天	삽시간에 구름 안개 허공에 피어났네.
左鋌右鋌無相觸	전후 좌우 휘둘러도 칼끝 서로 닿지 않고
擊刺跳躍紛駭矚	치고 찌르고 뛰고 굴러 소름이 쫙 끼치는구나.
颷風驟雨滿寒山	회오리바람 소나기가 차가운 산에 몰아치듯
紫電靑霜鬪空谷	붉은 번개 푸른 서리 빈 골짝서 다투는 듯.

驚鴻遠飛疑不反	놀란 기러기 높이 날아 안 돌아올 듯 하다가
怒鶻回搏愁莫逐	성난 새매 내리덮쳐 쫓아가지 못할레라.
鏗然擲地颯然歸	쨍그렁 칼 던지고 사뿐히 돌아서니
依舊腰支纖似束	호리호리한 허리는 처음 모습 그대로네.
斯羅女樂冠東土	서라벌의 여악은 우리나라 으뜸이요
黃昌舞譜傳自古	황창무보는 예로부터 전해오네.
百人學劒僅一成	백 사람이 칼춤배워 겨우 하나 성공할 뿐
豐肌厚頰多鈍魯	살찐 몸매 가진 자는 흔히 둔해 못한다네.
汝今靑年技絶妙	너 이제 젊은 나이 그 기예 절묘하니
古稱女俠今乃覩	옛날 소위 여중호걸 오늘날에 보았는데.
幾人由汝枉斷腸	얼마나 많은 사람 너로 인해 애태웠나
已道狂風吹幕府	거센 바람 장막 안에 몰아친 걸 알 만하네.[17]

이 시의 도입부에서는 풍악소리와 대비되는 좌중의 침묵을 통해 앞으로 시작될 검무에 대한 기대감과 정신적 긴장감을 고조시키고 있고, 그 다음 구절에서는 꽃과 같은 미모를 가진 여인이 쾌자에 청전모를 쓴 군복 복장을 갖추고 등장하여 종종걸음을 치다가 땅에 놓아둔 칼 쪽으로 가서 천천히 앉는 모습을 보여준다. 곧이어 무희가 춤을 추다가 우선 한 자루 검을 집어들고 휘두르자 그 광채가 마치 푸른 뱀이 온 몸을 휘감는 듯 보이는 광경이 묘사되어 있고, 두 자루 검을 다 집어들고 자신의 형상이 보이지 않을 정도로 빠르게 검을 놀리는 무희의 형용과 검무의 역동성을 보여주다가 칼을 땅에 던지고 돌아서서 춤을 마치는 동작까지도 자세하게 설명하고 있다. 그리고 시의 말미에서, 정약용은 진주검무를 황창무의 연장선상에서 파악하고 있으며 검기(劍妓)의 기예를 찬미하였다.[18]

정약용은 진주검무에 있어서 시각적 효과의 형용에 상당히 많은 비중을 두고 있다. 복장과 걸음걸이의 묘사는 물론이고 칼 한 자루로 시작되는 검무의 화려함이 쌍검으로 인해 증폭됨을 점차적으로 보여줌으로서, 시를 보는 이의

---

17 『與猶堂全書』 卷1.

18 졸고 「朝鮮朝 劍舞의 武術的 性格에 대한 考察」, 『한국무용사학』 제10호, 2009, 한국무용사학회, 146~147쪽 참조.

감정을 아울러 고조시켜주는 역할을 한다. 그리고, 푸른 뱀과 구름과 안개, 회오리바람과 소나기, 붉은 번개와 푸른 서리, 놀란 기러기와 성난 새매처럼 검술의상을 문학적으로 형상화한 표현들은, 검무의 역동성을 한층 더 생동감있게 드러내준다.

또, 도애 홍석모(陶厓 洪錫謨, 1781~1850)의 검무시는 기녀의 검무 그 자체의 화려함과 아름다움에 더 주목하고 있다. 그는 〈등동원관검무(登東園觀劍舞)〉에서,

繡袂低昂對舞廻	비단소매 오르락내리락 대무(對舞)하며 도는데
劍光閃閃日光猜	검광은 번쩍번쩍 태양빛도 시샘하네.
秋水影翻揮手處	가을 강물에 그림자 뒤집으며 손을 휘두르는 곳에
寒風嚴雪袖間來	차가운 바람 매서운 눈발이 소매 사이에서 불어오네.[19]

라 하였는데, 첫 구에서는 기녀들이 검무를 추자 검광이 번쩍거리는 검무의 모습을 생생하게 그려내고 있으며, 뒤이어 가을날 검무를 추는 기녀의 검이 마치 소매 사이에서 차가운 바람과 매서운 눈발을 불러일으키는 듯한 느낌을 주는 것을 묘사하고 있다. 그리고 《악부십이무곡사(樂府十二舞曲詞)》 중 〈검무〉에서는 다음과 같이 노래하였다.

錦帶結束	비단 허리띠 졸라매고
纖腰雙手	가는 허리 쌍검들었네.
揮擲秋蓮	추련검 휘두르니
倏如驚風	순식간에 거센 바람 일어나는 듯.
飄雨紛紛	빗방울은 어지러이 흩날리고
花落繡氈	소매와 전모(氈帽)는 꽃처럼 떨어지네.[20]

이 시에서는 비단 허리띠를 두르고 쌍검을 손에 든 기녀의 모습을 보여주면서, 검을 휘두르자 바람과 비가 몰아쳐서 꽃이 떨어지는 것과 같아보이는 검무

---

19 『陶厓詩集』 卷1.

20 『陶厓詩集』 卷5.

의 다채로운 형상을 형용하고 있다.

이처럼 검술형상이 검무시 속에서 문학적으로 형상화되는 경우를 살펴보면, 검술이나 검광(劍光)의 의상이 주로 바람과 구름·안개·소나기·눈서리·번개와 같은 다양한 기상현상과 어룡이나 뱀처럼 긴 동물, 혹은 기러기나 새매·송골매 등으로 묘사되곤 한다. 이러한 문학적 형상화의 표현들 속에는 당시의 사대부들이 검무에서 받았던 감명과 인상이 녹아들어있기에, 조선조의 검무시를 문학과 무용학의 양 측면에서 주목해야 할 필요가 있는 것이다.

3) 자색(姿色)

노가재 김창업(老稼齋 金昌業, 1658~1721)의 〈화백씨간검무(和伯氏看劍舞)〉는 평안북도 선주(선천)에서 본 검무를 노래한 작품이다.

宣州妓樂作邊聲   선주(宣州)의 기악(妓樂)은 변방의 노랫소리 내고
舞劍佳人結束輕   검무하는 미인은 가볍게 띠를 묶었네.
曲罷華堂霜月白   서릿달 밝은 화당(華堂)에서 곡이 끝나자
臥聽門鼓打三更   문고(門鼓)가 삼경(三更)치는 소리 누워서 듣네.[21]

맏형 김창집(金昌集)의 시에 화답한 김창업의 시는, 비록 검무의 동작에 대한 묘사는 없지만 노래와 검무가 어우러진 연회가 늦은 밤까지 계속되었음을 알 수 있게 해준다. 그의 이 시는 양반계층의 고급 유흥문화인 검무가 연회라는 특정 배경에서 공연되는 모습을 간략하게 드러내준다.

이 짧은 시에서, 무검가인(舞劍佳人)이라는 표현이 우리의 눈을 사로잡는다. 조선의 기녀검무는 아름다운 기녀가 추는 검무라는 점에서 독특한 매력을 지니고 있었다. 전투복인 융장(戎裝)과 쌍검이 주는 협기(俠氣)의 의상과 엄숙하고 장엄한 형용, 그 속에서 느껴지는 비장미(悲壯美)가 일종의 남성적인 미학을 지닌다고 한다면, 무희로서의 기녀가 지닌 미인 본래의 농염한 아름다움과 검무에서 간간이 보이는 섬세한 춤사위는, 일종의 여성적인 미학을 지닌다고 평할

---

21 『老稼齋集』 卷5.

수 있다.

본절에서 논한 자색(姿色)은 본디 여인의 미모를 지칭하는 용어로, 예로부터 기녀의 중요한 자질 중 하나로 언급되어왔다.[22] 검무 중에 드러나는 여기(女妓)의 자색은 검무시에서 자주 문학적으로 형상화되었으며, 이러한 자색을 지닌 기녀의 검무에서 우러나오는 농염한 자태도 아울러 시 속에서 드러나게 되었다.

학암 조문명(鶴巖 趙文命, 1680~1732)과 귀록 조현명(歸鹿 趙顯命, 1690~1752) 형제의 검무시를 살펴보면, 예술영역 속의 검무의 모습이 문학적 表現을 통해 다채롭게 묘사되고 있다. 조문명은 〈낙산사이화정 월야관검무(洛山寺梨花亭 月夜 觀劍舞)〉에서, 검무에 나타난 검술형상의 의상을 별자리의 운행과 어룡의 회전으로 표현함과 동시에, 가인(佳人)과 선연(嬋娟)이라는 시어를 통해서 기녀의 자색을 보여주고 있다.

蒼凉老木蔚藍天	쓸쓸한 노목(老木)은 울창하여 하늘을 가리고
海濶佳人倚劍前	바다는 넓고 미인은 칼 앞에 기댔네.
渺渺飛回漳水月	아득하게 장수(漳水)에 비친 달을 날아 돌다가
輕輕踏破洛波烟	가볍게 낙수(洛水)의 파도와 안개를 밟아 깨뜨리네.
劃來星宿奔騰落	갑자기 다가오던 별자리 내달리며 올라갔다 내려오고
閃處魚龍辟易旋	번쩍이는 곳의 어룡은 미친 듯 도네.
舞罷愀然脫錦褶	춤 끝나자 낯빛 바꾸고 비단겹옷 벗으니
座中依舊一嬋娟	좌중(座中)의 미인 한 명 옛날과 변함없네.[23]

춤이 끝나자 낯빛을 바꾼다는 표현은, 기녀가 검무를 추는 동안에는 협객과도 같은 매서운 표정을 짓다가, 검무가 끝나자 원래대로 어여쁜 표정을 지은 것을 의미한다. 그리고 치마 위에 덧입었던 비단쾌자를 벗자, 검무를 통해 남성적인 강인함을 뽐내던 무사는 탈의를 통해 기녀의 모습으로 탈바꿈하게 된

---

22 『朝鮮王朝實錄』「燕山君日記」卷59 11년 9월 18일조에, 채홍사(採紅使) 임사홍(任士洪)이 언급한 연산군의 유지(諭旨)는 다음과 같다. '자색(姿色)이 있고 음률(音律)을 알고 호기(豪氣)가 있는, 이 세 가지를 겸한 자를 뽑아오라. 만약 재주가 성취하지 못할 자라면 왕래하는 폐해만 있을 뿐이다(以有姿色解音律有豪氣, 兼斯三者取來. 若不成才, 徒爲往來有弊而已).'
23 『鶴巖集』册1.

다. 이러한 의상(意象)의 변화 자체가 당시대의 사대부들에게 있어서는 하나의 매력으로서 느껴졌기에, 조문명은 이를 검무시 속에 표현해놓은 것이다.

그리고, 조문명의 동생인 조현명은 〈부은아검무(賦銀娥劍舞)〉에서, 검선(劍仙)과도 같은 기녀들이 검무를 추는 정경을 보며 그 속에서 농염한 꽃의 웃음을 발견해낸다. 이러한 웃음도 결국 기녀의 자색을 상징하는 시어라 할 수 있다.

黯黯龍泉匣	새까만 용천검 검갑에
盈翡翡翠裙	비취색 치마를 펼치네.
誰知粉黛籍	누가 알랴, 분바르고 눈썹그린 기녀 명단에
還有劍仙羣	도리어 검선(劍仙) 무리가 있을 줄을.
轉面濃花笑	얼굴돌리니 농염한 꽃이 웃는 듯
揮鋩驟雰粉	칼날을 휘두르니 빗방울이 내달리는 듯.
帳中着紅線	장막 안에서 홍선처럼 입었으니
宜爾樹奇勳	마땅히 네가 뛰어난 공훈을 세웠구나.[24]

기녀의 검무는 여인의 춤답지 않게 원초적인 무(武)의 형상을 많이 지니고 있기 때문에, 조문명과 조현명 형제는 그들의 시에서 우회적으로 그러한 점을 표현해내고 있다. 꽃같던 기녀가 무복을 갖춰 입고 정색을 하고 검무를 추는 모습은 평소 때와는 전혀 다른 장중함을 가지고 있으면서도, 무희로서의 아름다운 자태가 표정과 몸짓에서 그대로 드러난다. 이러한 기녀의 모습이 주는 충격과 감동은 다른 기녀 검무시들 속에서도 계속적으로 나타난다.

석북 신광수(石北 申光洙, 1712~1775)가 평양 연광정에서 검무를 추는 추강월이라는 기생에게 지어준 시인 〈연광정증검무기추강월(練光亭贈劍舞妓秋江月)〉은 다음과 같다.

青鬟戰笠紫羅裳	푸른색 전립에 붉은 바탕 치마 입으니
第一西關劍舞娘	서관(西關)에서 제일가는 검무랑(劍舞娘)일세.
落日魚龍來極浦	해 떨어지니 어룡은 수평선으로 오고

---

24 『歸鹿集』 卷1.

晴天風雨集虛堂	날이 개자 풍우는 빈 집으로 모여드네.
蛾眉顧眄能生氣	아미(蛾眉)로 돌아보니 생기가 넘치고
珠袖飜回合斷腸	구슬장식 소매 훨훨 나부끼며 사람의 애를 끊게 하네.
更下蘭舟歌一曲	다시 배로 내려와 한 곡조의 노래 부르니
水光山色遠蒼蒼	물빛과 산색은 저 멀리서 파릇파릇.[25]

　신광수의 시에서는 평양검무의 화려함과 검무기(劍舞妓)의 재주에 대한 칭송에 시의 본의를 더 치중하고 있다. 검무 중에 짙은 눈썹으로 돌아보는 기녀의 생기 넘치는 얼굴과 검무를 출 때 뒤쳐서 돌아가는 구슬장식 소매는, 기녀검무의 여성성을 부각시키면서 동시에 자색을 드러내는 시어라 할 수 있다.

　죽하 김익(竹下 金熤, 1723~1790)이 함경북도 치성(경성)에서 본 검무를 담은 〈관치성기검무(觀雉城妓劍舞)〉에서는 기녀의 땀 한 방울도 역시 자색을 상징한다.

春回綿袖劍花明	봄에 도는 비단소매 검화(劍花)는 빛나고
來若含情去若驚	정을 머금은 듯 오다가 놀란 듯 가네.
汗透香腮鳴珮歇	땀은 향기로운 뺨에 흐르다가 노리개를 울리며 마르고
歌筵一笑楚雲橫	노래하는 연회에서 한 번 웃으니 남쪽 구름이 비끼네.[26]

　검무를 추는 기녀의 땀방울이 향기로운 뺨에 흐르다가, 가슴에 매인 노리개를 울리며 마른다. 땀 한 방울 조차도 자색을 드러내는 문학적형상화의 대상이 되고 있는 것이다. 그리고 이 시에서 우리는 검무의 예술성을 묘사하기 위해 다각적인 표현방식이 사용되는 것을 알 수 있다. 가령 검화(劍花)는 검광을 꽃으로서 비유한 단어인데, 다른 검무시들에서도 자주 보이는 표현이다. 이외에도 대부분의 검무시에서 비단옷과 검광, 무용동작이 보여주는 다채로운 모습들이 집중적으로 묘사되는 것을 확인할 수 있으며 비단 김익 뿐만 아니라 다른 작가들도 모두 검무시 속에 검무의 모습을 함축적으로 담기 위해서 검무의 특징적인 부분들을 뽑아서 시 속에 형상화해 놓고 있다.

---

25 『石北集』 卷2.
26 『竹下集』 卷3.

마지막으로 역동적인 검무 속에서 자색이 담긴 자태가 잘 드러난 시 두 편을
보도록 하자.

美人花頰夜潮籠	미인의 꽃다운 뺨 밤의 밀물을 담은 듯
唱邈行雲舞亦工	창(唱)이 끊기고 구름이 흘러가니 춤이 또한 공교롭구나.
一霎輕身鴻對翠	한 줄기 가랑비같이 몸은 가볍고 기러기는 푸른 눈썹에 짝하는데
千般作意蝶窺紅	천 번 돌기를 뜻대로 하니 나비가 미인을 엿보네.
影寒翻動三江雪	그림자는 차갑게 날며 세 강의 눈을 움직이는데
勢急駈逈九郡風	기세 급하게 멀리 아홉 고을의 바람을 몰아대네.
汝輩猶能傳至妙	너희 무리 아직도 지극한 묘함을 전할 수 있으니
大娘渾脫術無窮	공손대랑의 혼탈무 기술은 무궁하도다.[27]

저암 유한준(著菴 俞漢雋, 1732~1811)의 〈검무〉에서는 미인의 꽃다운 뺨과
한 줄기 가랑비처럼 가벼운 몸, 푸른 눈썹이라는 시어를 통해 기녀의 자색을
보여주면서, 천 번이나 도는 듯한 연풍대 동작에 그림자도 따라 날고 검광이
세 강(江)의 눈을 움직이는 듯 하며, 기녀들이 검으로 대결하며 앞뒤로 움직이
는 모습이 마치 기세 급하게 멀리 있는 아홉 고을의 바람을 몰아대는 듯 하다고
표현하고 있다. 시의 말미에는 기녀의 무리가 아직도 검무의 지극한 묘함을 전
할 수 있으니, 당나라의 검무희 공손대랑의 혼탈무 기술이 끝없이 이어진다고
하였다.

그리고, 금릉 남공철(金陵 南公轍, 1760~1840)의 〈한벽당관검무(寒碧堂觀劍
舞)〉를 보면,

紅粧輕快舞回旋	붉은 화장하고 경쾌하게 춤추며 도니
氍笠風吹冒玉鈿	전립이 바람에 날리며 옥비녀를 당기네.
來去春蛾迷彩燭	봄나방이 왔다가니 화려한 등촉이 흐려지고
浮沉秋燕掠華筵	가을제비가 떠올랐다 잠기며 화려한 잔치를 노략질하네.
遲廻下手晴潛電	더디게 돌던 늘어뜨린 손, 마른 하늘에 벼락치는 듯

倏忽回腰霧罷天   순식간에 도는 허리, 안개가 하늘을 뒤덮는 듯.
共說公孫傳劒器   공손의 검기무가 전승됨을 함께 말하다가
尙思張旭學書年   또한 장욱이 서예를 배우던 시절을 생각하였네.[28]

　붉은 화장을 한 기녀가 경쾌하게 검무를 추며 돌자, 머리에 쓴 전립이 바람에 날리며 옥비녀를 당기는 모습이 시의 첫 구절에서부터 부각된다. 그리고 검무의 검광과 그림자가 마치 봄나방과 가을제비와 같아서, 화려한 잔치자리를 노략질하는 듯 하다고 표현하고 있다. 또 기녀의 손동작과 허리돌림은, 마른 하늘에 벼락이 치고 안개가 하늘을 뒤덮는 상황을 떠올리게끔 한다. 시의 말미에서 남공철은 전주 한벽당에서 본 전주검무를 통해서, 공손대랑과 그녀의 검무를 보고 서예의 극의를 깨우친 초서(草書)의 대가 장욱이 살던 당나라 시대를 회고한다.
　앞서 소개한 검무시들에서 보이듯이 속도감이 넘치는 검무를 추는 기녀의 모습에서 비친 자색은, 검무시 속에서 다양한 시어로 형상화되어 기녀검무의 의상을 형성하는데 있어서 중점적인 역할을 하고 있다. 이러한 점을 생각해볼 때, 자색과 기녀검무가 서로 불가분의 관계임을 쉽게 파악할 수 있게 된다.

4. 결론

　조선의 검무시 중 황창랑검무시가 황창랑이라는 신라시대의 독특한 소년영웅에 대한 칭송과 그 의협심에 대한 찬양의 산물이었다면, 본고에서 집중적으로 연구한 기녀검무시는 양반이라는 특수 지배계층만이 향유할 수 있었던 고급 유흥문화였던 기녀검무의 연희에 대한 감상에서 나온 결과물이라고 할 수 있다.
　이러한 조선조의 기녀검무시는 기녀라는 인물에 대한 문학적 형상화보다는 기녀의 검무라는 무용 그 자체에 더 주목하여 작성되었다는 점에서 서술목적 자체가 확실히 구분된다. 조선시대의 양반이 특정계층인 기녀에 의해 공연된

---

28 『金陵集』 卷2.

검무라는 무용양식을 관찰한 데에서 나온 문학적 산물인 기녀검무시는, 도검 문학의 성행시기인 18세기에 집중적으로 창작되었다.

조선조 도검문학의 전성기인 17~18세기와 기녀검무의 유행시기가 맞물리고, 이러한 경향성으로 인해 기녀검무에 대한 검무시가 집중적으로 18세기에 창작되었다는 사실은, 조선의 문학과 무용의 상관관계를 연구하는데 있어서 중요한 단초가 되며, 기녀검무시의 조선시로서의 특색을 상징하기도 한다.

본고에서는 기녀검무의 문학적형상화가 지닌 세 가지 양태, 즉 비장미와 검술형상, 자색에 대해 살펴보았다. 우선 검무의 전체적인 공연양상을 알기 위해 박제가의 〈검무기〉와 유득공의 〈검무부〉를 일람했으며, 비장미를 설명할 때에는 김만중의 〈관황창무〉, 이의현의 〈관검무유감 차두보무검기행운〉를 예시로 들었고, 검술형상에 대해서는 김정중의 연행록인 「기유록」기사와 성대중의 〈차옥류자이여량(명연)검무시 영황창무〉, 정약용의 「무검편증미인」, 홍석모의 〈등동원관검무〉와《악부십이무곡사》중 〈검무〉를 언급했으며, 자색을 논할 때에는 김창업의 〈화백씨간검무〉, 조문명의 〈낙산사이화정 월야관검무〉, 조현명의 〈부은아검무〉, 신광수의 〈연광정증검무기추강월〉, 김익의 〈관치성기검무〉, 유한준의 〈검무〉, 남공철의 〈한벽당관검무〉를 분석하였다. 기녀검무시 속에서 이 세 가지 양태는 동시에 드러나거나 혹은 두 가지나 한 가지만 표현되기도 하는데, 이러한 양태는 단지 검무시의 특징일 뿐만 아니라 조선시대 기녀검무가 지닌 무용적 특징으로 이해될 수 있으며, 조선시대의 검무를 연구 및 복원하는데 있어서도 주요한 실마리가 된다.

이 논문은 『東方漢文學』 제64집(東方漢文學會, 2015)에 게재되었으며, 김영희춤연구소 주최 검무심포지움 Ⅰ에서 수정·보완하여 발표되었다.

검무 구조 분석 시론

문헌과 음악을 중심으로

김영희

1. 서론

전통춤들은 각 계열별 춤마다 고유한 내용과 형식을 갖고 있다. 그 내용과
형식 속에는 고유한 철학적 배경과 주제의식을 포함하고 있으며, 이를 표현하
는 전개구조를 갖추고 있다. 그러므로 이에 대한 이해는 해당 춤의 공연과 전
승, 보존에서 매우 중요한 사안이라고 하겠다.

그리고 전통춤은 오랜 세월 전승되며 시대적 흐름을 반영했기에 단편적인
정보로 춤을 이해하기보다 여러 측면을 함께 고려할 필요가 있다. 즉 춤사위,
춤 의상, 소품, 음악, 노래, 공간 등에 춤의 내용, 주제의식, 특징, 전개구조
등을 담고 있으며, 춤이 추어졌던 시대의 사상이나 흐름, 사건 등도 반영되어
있는 것이다.

오랜 역사를 갖고 있는 검무(劍舞)도 마찬가지이다. 고구려 고분벽화나 신라
의 황창랑 설화에서 한국 검무의 연원(淵源)을 살펴볼 수 있으며, 조선시대까지
의례, 민속예능, 궁중연향, 풍류 등에서 다양한 양식의 검무가 추어졌었다.[1] 그
중 조선 후기에 기녀들이 민간과 궁중에서 추었던 검무에 대한 기록들을 보면,
일정한 전개구조를 갖으며 역동적이고 검기(劍氣)를 가득 담은 춤이었음을 알
수 있다. 일제강점기에는 검무의 칼이 짧아지고, 칼의 목이 돌아가게 되었으
며, 기예적이고 완상(玩賞)을 위한 춤으로 미의식이 변질되었다.[2] 그래도 검무

---

1 김영희, 「한국 춤의 역사에 등장한 검무의 양상」, 『전통춤평론집 춤풍경』, 보고사, 2016, 86~113쪽.
2 김영희, 「한국 근대춤에서 검무의 변화 연구」, 『한국무용사학』 10호, 한국무용사학회, 2009,

는 인기 있는 레퍼토리였다. 그러나 해방과 한국전쟁을 겪고 서구화가 진행되는 와중에 전통 공연예술이 침체되면서 검무는 관심을 받지 못했다. 다행히 진주권번 출신으로 검무를 추었던 전승자들에 의해 1967년에 진주검무가 국가무형문화재로 지정되었다. 하지만 진주검무 외에는 온전한 전승이 어려웠으니, 각 지역에서 전승자가 노쇠하거나 아예 없는 상황이었기 때문이다. 다행히 1980년대에 전통춤 전반에 대한 관심이 높아지면서 여러 지역에서 검무가 복원되기 시작했고, 현재 여러 검무가 공연되고 있다.[3] 현재 전승되고 있는 기녀 검무들은 의식(儀式)성이 강하고 단아하다. 시대를 겪으며 춤의 정조(情調)가 변한 듯하다.

이렇게 문헌으로 확인 가능한 조선후기부터 현재까지 기녀 검무가 전승되는 상황에서 미의식과 정조가 변화했는데, 검무의 핵심적인 전개구조와 모티브는 무엇인지에 대한 의문이 들게 되었다. 특히 현행 검무를 조선후기에 기록된 검무의 모습과 비교하면 그 과정(過程)이나 정조에 있어서 차이가 있기에 검무의 내적 구조를 분석해볼 필요성이 제기되었다.

기녀 검무에 대한 연구는 각 지역 검무[4], 여러 검무의 비교[5], 검무의 의상[6], 검무의 역사[7], 검무의 예술적 특성[8] 등으로 다양하지만, 내적 구조에 대한 연구

274쪽.

3 한진옥류 호남검무, 통영검무, 해주검무, 이매방류 호남검무, 정소산류 달구벌 검무, 평양검무, 경기검무, 밀양검무를 말한다.

4 노한나, 「밀양검무의 춤사위 분석에 따른 미학적 성격 연구」, 성균관대학교 박사학위논문, 2015; 박경미, 「해주검무의 춤사위 고찰」, 숙명여자대학교 석사학위논문, 2005; 성계옥 차옥수 공저, 『진주검무』, 화산문화, 2002; 신혜정, 「경기검무 기본 춤사위 무보 및 용어정리」, 대진대학교 석사학위논문, 2009; 엄옥자, 「嶺南劍舞의 춤사위 연구 – 통영·진주 검무를 중심으로」, 경희대학교 석사학위논문, 1974; 임수정, 「조선시대 궁중검무 공연 양상」, 『공연문화연구』 14권, 한국공연문화학회, 2007; 임순자, 『호남검무』, 태학사, 1998; 정미선, 「호남검무에 관한 연구 : 무보 중심으로」, 숙명여자대학교 석사학위논문, 2010; 차옥수, 「진주검무의 표현 기법과 춤사위 분석」, 한국체육대학교 박사학위논문, 1998; 황지윤, 「평양검무 춤사위에 관한 연구」, 단국대학교 석사학위논문, 2005.

5 김영란, 「평양검무와 진주검무의 비교연구」, 국민대학교 석사학위논문, 2006; 백경우, 「이매방류 光州劍舞와 晋州劍舞에 관한 比較 硏究」, 용인대학교 석사학위논문, 2000; 이왕진, 「晋州劍舞·統營劍舞의 比較硏究」, 중앙대학교 석사학위논문, 1997; 정수연, 「문헌에 나타난 궁중검무와 각 지역 검무의 비교분석」, 중앙대학교 석사학위논문, 2000.

6 남미화, 「朝鮮後期 記錄畵에 나타난 劍器舞 服飾에 관한 연구」, 이화여자대학교 석사학위논문, 2003; 최윤희, 「조선시대 궁중검기무 복식에 관한 연구」, 건국대학교 석사학위논문, 2010.

는 거의 시도되지 않았다. 다만 임수정의 연구에서 6종목의 기녀 검무를 대상으로 한삼춤(없는 검무도 있다.) → 선 손춤 → 앉은 손춤 → 앉은 칼춤 → 선 칼춤 → 연풍대 → 제행이무 → 인사로 진행된다고 분석했다.[9] 검무의 외형적인 진행 방식을 연구한 결과이다. 음악에 대해서도 검무의 전개구조와 결부시킨 연구는 아직 수행되지 않았다.

그러므로 본 연구는 현재 다양한 전개를 보여주는 검무를 외형적으로 드러나는 구성만으로 이해하는 것이 아니라, 이면에 검무 전개의 구조와 핵심적 모티브가 있을 것이라는 전제 하에, 검무와 관련한 문학작품, 무보, 음악을 분석하고자 한다. 특히 음악의 시간적 디자인은 검무의 전개구조를 이해하는데 중요한 단서를 제공할 것이라고 본다. 현행 검무와 조선 후기 검무의 구조를 교차하여 연구할 것이며, 검무에 관한 기록물들을 먼저 살펴보고, 현행 검무의 음악을 분석할 것이다.

2. 문헌 기록에서 보는 검무의 구조

조선후기에 추어진 검무의 구조를 알 수 있는 문헌 기록은 민간의 문학작품이나 기록물들과 왕실의 공적 기록물들이다. 18세기 초에 검무가 전국적으로 유행하게 되면서[10] 민간에서 먼저 검무에 대한 다양한 시문들이 작성되었고,

---

7 김영희, 「한국 근대춤에서 검무의 변화 연구」, 『한국무용사학』 제10호, 한국무용사학회, 2009; 김운태, 「韓國 劍舞史 研究」, 청주대학교 석사학위논문, 1998; 손은형, 「조선후기의 시대적 변화가 궁중검무에 미친 영향」, 이화여자대학교 석사학위논문, 2010; 이종숙, 「〈진주검무〉 중요무형문화재 지정 이후의 변화에 관한 소고」, 『문화재』 49권 1호, 국립문화재연구소, 2016.3; 조경아, 「일제 강점기 기록을 통해 본 검무의 계승양상」, 『한국음악사학보』 51권, 한국음악사학회, 2013; 조혁상, 「조선조 검무시의 일연구」, 성균관대학교 석사학위논문, 2004.

8 김미영, 「문학작품에 표현된 18세기 교방검무의 미적 특징」, 『한국무용사학』 제6호, 한국무용사학회, 2007; 배계영, 「승전무 통영검무와 통영북춤에 내재된 미적 특징 연구」, 이화여자대학교 석사학위논문, 2010; 임수정, 「한국 여기검무의 예술적 형식과 지역적 특성 연구」, 용인대학교 박사학위논문, 2007; 최성애, 「18·19세기 使行錄에 표현된 劍舞 '俠'의 특징 연구」, 성균관대학교 박사학위논문, 2010; 황미숙, 「현상학적 접근을 통한 통영검무의 미적 연구 : 통영검무의 형식미를 중심으로」, 부산대학교 석사학위논문, 2002.

9 임수정, 「검무의 진행방식에 관한 연구: 여기 검무를 중심으로」, 『동양예술』 제11호, 한국동양예술학회, 2006.

18세기 말인 1795년의 화성 궁중잔치에 검무가 추어지면서 19세기에 이르러 의궤와 홀기에 검무가 기록되었다. 본 장에서는 민간의 시문들을 먼저 살피고, 무보라 할 수 있는 의궤와 홀기, 『교방가요』를 살펴보고자 한다.

1) 문학 작품에서 보는 검무 구조

(1) 박제가의 〈검무기〉

조선후기 문인들은 여러 공간에서 행한 검무들을 다양한 문학형식으로 기록했다.[11] 이를 통해 검무의 구조와 전개를 살필 수 있다. 그중에 비교적 상세하게 검무를 관찰한 박제가(朴齊家, 1750~1805)의 〈검무기(劍舞記)〉와 정약용(丁若鏞, 1762~1836)의 〈무검편증미인(舞劍篇贈美人)〉을 본 논문에서 분석할 것이다.

박제가는 20살이었던 1769년 묘향산 유람 중 용문사에서 본 검무를 〈검무기〉에 남겼다.[12] 이 글에서 검무의 복식, 검무의 전개, 춤사위, 관객의 반응 등을 알 수 있으니, 춤의 흐름에 따라 단락을 나누어 살펴보겠다.

> A.
> 기생 둘이 검무를 추는데 갑옷을 입고 전립(氈笠)을 썼다. 잠깐 절을 하고서 돌아서서 마주하더니 천천히 일어난다. 귀밑머리 쓸어 올리고 옷깃을 여민다. 버선발 가만히 들어 치마를 툭 차더니 소매를 치켜든다. 검은 앞에 놓였건만 알은 체도 하지 않고 날듯이 몸을 돌리며 손끝만을 쳐다본다. 방(室) 모퉁이에서 풍악이 시작

---

10 이에 대해서는 김창업(金昌業, 1658~1721)이 1712년 중국 사행에서 돌아오는 길에 검무를 관람한 기록에서 알 수 있다. 『老稼齋燕行日記』권9 癸巳 3월 18일: "우리가 어릴 적에는 검무를 보지 못했지만 수십 년 사이에 성행하더니 근래에 8도에서 유행하고 있다. 기생이 있는 고을에서는 모두 춤 도구를 갖추고 풍악을 울릴 때는 반드시 먼저 검무를 춘다. 이렇듯 어린아이도 이런 춤을 출줄 아니 거의 세태가 변화한 것이다."(劍舞, 我輩兒時所未見, 數十年來漸盛, 今遍于八道. 有妓邑, 皆具其服色, 動樂必先呈此妓, 如此小兒, 亦能爲此, 殆世變也.)

11 조선 후기에 검무가 유행하게 된 배경에 대한 연구는 본격적으로 진행되지 않았다. 다만 임진, 병자년의 양난을 겪은 후 상무(尙武)정신이 높아지기 시작했고, 18세기부터 양반사대부들의 풍류에 검무가 빠지지 않고 추어졌다. 양반사대부들의 시대적 지향이 반영되었을 가능성이 있으며, 그 양상은 조혁상의 연구인 「조선조 검무시의 일연구」(성균관대학교 석사학위논문, 2004.)에서 엿볼 수 있다.

12 안대회, 「무용가, 운심-검무로 18세기를 빛낸 최고의 춤꾼」, 『조선의 프로페셔널』, 휴머니스트, 2007, 201쪽 참고.

되어 북은 둥둥 피리는 시원스럽다. 그제야 기생 둘이 나란히 앞에 나와 앞서거니
뒤서거니 한참을 논다. 소매를 활짝 펴고 모이더니 어깨를 스치면서 떨어진다.

(二妓舞劒, 甲服甋笠. 曇拜廻對, 徐徐而起. 旣掠其鬟, 又整其襟. 翹襪蹴裳, 以舉
其袖. 劒器在前, 若將不顧, 悠揚折旋, 惟視其手. 室之隅樂作, 鼓隆·笛亮. 於是二舞齊
進, 頡頏久之. 張裏而合, 亞肩而分.)[13]

이 단락에서 검무를 2명이 추었으며, 처음에 좌중에 절을 하는 과정이 있었
음을 알 수 있다. 검은 앞에 놓여있다고[劒器在前] 했으니, 누군가 검을 미리
갖다 놓았다. 손춤으로 춤이 시작되었으며, 두 춤꾼이 앞서거니 뒤서거니 춤을
추었다. 검무의 도입부분이라 하겠다.

B.

그러더니 살포시 앉아서는 앞에 놓인 검을 쳐다본다. 취하려다 취하지 않고, 탐
하려다가 다시 아끼려는 듯하고, 가까이 갔다가 문득 물러서고, 손을 대려다가 갑자
기 놀라고, 그것을 얻을 것 같다가 또 그것을 놓쳐버린다. 빈 나깔이 번쩍이듯 갑자
기 그 옆을 잡았다. 소매로는 휩쓸어 가려는지, 입으로는 물려는지, 겨드랑이를 깔
고 눕다가 등으로 일어나고, 앞으로 기우뚱 뒤로 기우뚱거린다. 그러니 옷과 띠,
머리털까지 휘날린다. 문득 멈칫하여 열 손가락 맥이 빠진 듯, 쓰러질 듯 다시 든다.
춤이 막 빨라져서 손이 칼끝을 흔드는가 하였더니 나래 펄럭이듯 일어나자 검은
간 데 없다.

(酒翻然而坐, 目注於劒. 欲取未取, 愛而復惜, 將近忽却, 將覝忽驚, 如將得之, 又將
失之. 虛喇其光, 乍攫其旁. 袖欲與之掃, 口欲與之啣. 腋臥背起, 歕前側後. 以至衣帶毛
髮, 無不飛揚頓挫, 而十指無力, 幾委復擧. 舞之方促, 手如搖綏, 翻然而起, 劒不知處.)

B 단락은 앞서서 검을 잡는 과정과 잡은 후 일어나기까지의 모습이다. 앉아
서 검을 금방 잡은 것이 아니라, 여러 번 망설이며 잡을 듯 말 듯 하다가[欲取未
取, 愛而復惜, 將近忽却] 춤추는 중에 불현듯 검을 잡는다. 잡은 후에는 다양한
동작을 하며 검무를 춘다. 그렇게 놓칠 뻔하다가 다시 잡았고, 그 후에는 춤이

---

13 『貞蕤閣文集』卷1〈劒舞記〉. 번역은 조혁상의 「朝鮮朝 妓女劒舞의 文學的形象化에 대한 考察-
劒舞詩를 중심으로」(『동방한문학』 64집, 동방한문학회, 2015.) 93쪽을 참고했다. 이하 F단락까
지 동일.

빨라지고 자리에서 일어난다. 검기를 잡기 전부터 잡은 후의 춤동작들이 순순히 진행되지 않았고, 내적 갈등의 과정이 있음을 보여주고 있다. 갈등의 동기(動機)는 물론 검(劍)이다. 처음에는 망설이면서 신중하게 벼르다가 문득 검을 잡았고, 머리카락이 흩날릴 정도로 검을 다루어 보았다. 그리고 일어났는데 검이 간데 없다고 했다. 이를 C 단락의 내용과 연결하면 분위기가 전환됨을 예고한 것이다.

C.
머리를 치켜들고 던진 쌍검이 서리처럼 떨어지는데 느리지도 빠르지도 않게 공중에서 앗아간다. 칼날로 팔뚝을 재는 듯하다가 헌거롭게 물러선다. 홀연 서로 공격하여 사납게 찌르는 듯, 검이 몸에 겨우 한 치 떨어졌다. 마땅히 쳐야 하는데 치지 않은 것은 서로 양보하는 듯하고, 피하려다가 피하지 않은 것은 허락하지 않는 듯하다. 끌어왔으나 펴지 못하고, 얽혀져서 풀지 못한다. 싸울 적에는 네 자루요, 갈리니 두 자루다. 검의 기운이 벽에 어른거리니 파도 속의 용과 물고기의 형상 같다.

문득 갈라져 한 사람은 동쪽에, 또 한 사람은 서쪽에 선다. 서쪽 기생은 칼을 땅에 꽂아놓고 팔을 늘어뜨리고 섰는데 동쪽 기생이 달려든다. 검을 날개로 삼아서 달려가서는 옷을 찌르고, 치켜들어 뺨을 스쳐보기도 한다. 서쪽 기생은 까딱 않고 선채 얼굴빛도 바꾸지 않으니 옛날 영인(郢人)의 몸가짐 같다. 달려온 기생이 훌쩍 날뛰며, 앞에서 용맹을 뽐내고 무예를 자랑하다가 돌아가자, 서 있던 기생이 그를 쫓아 보복한다. 흥분하여 말이 웃는 듯하다가 갑자기 돼지가 성낸 것처럼 머리 숙이고 곧장 달려가니 비를 무릅쓰고 바람을 거슬러서 전진하는 듯하다.

그러나 정작 곁에 가서는 싸우려다 싸우지도 못하고, 그만 두자해도 그만 하지도 않았다. 두 어깨가 슬쩍 부딪치더니 각자가 불의에 서로 발꿈치를 물고 돌아가는 모양이 마치 지도리를 박은 무슨 물체가 도는 듯하다. 어느새 아까 동쪽에 있던 기생은 서쪽으로, 서쪽에 있던 기생은 동쪽으로 위치를 바꾸었다. 일시에 함께 회전하니, 이마를 서로 부딪고, 형용이 위로 향하다가 아래로 날아내린다.

(仰首擲之, 雙墜如霜, 不徐不疾, 奪之空中. 以鐔尺臂, 昂然而退. 颯然相攻, 猛如可刺. 劍至於身, 不能以寸. 當挈不挈, 若相讓者, 欲閃未閃, 如不肯者. 引而莫伸, 結而莫解. 合而爲四, 分而爲二. 劍氣映壁, 若波濤龍魚之狀. 驀焉分開, 一東一西. 西者揷劍于地, 垂手而立, 東者奔之. 劍爲之翅, 走而剚衣, 仰而刮頰. 西者寂然, 立不失容, 若郢人之質也. 奔者一躍, 賈勇于前, 耀武而還, 立者逐之, 以報其事. 掀如馬笑, 忽如豕怒, 俯首直赴, 如冒雨逆風而前趍也. 鬪而不能鬪, 止而不可止. 二肩䡅搏, 各自不意, 踵隨而

旋, 如斡樞機. 俄之東者己西, 而西者己東. 一時俱回, 額與之撞, 容與于上, 飛騰于下.)

춤꾼들이 자리에서 일어나자마자 검을 허공에 던지고 다시 여유롭게 손으로 잡아채는 모습[不徐不疾, 奪之空中]에서 긴장감과 함께 기녀들의 세련된 검술(劍術)을 보게 된다. 사납게 찌르는 듯하나 자로 잰 듯 한 치의 간격을 유지하며, 얽혀져 있다고 했다. 그 모습에서 마치 파도 속에서 용과 물고기가 꿈틀거리고 겨룰 때[若波濤龍魚之狀]의 기운을 느꼈다는 것이다. 또 서쪽과 동쪽에 선 기녀들이 교전(交戰)하는 모습을 보여주고 있다.[一東一西, 西者揷劍于地, 垂手而立, 東者奔之] 또 뺨을 스칠 정도로 근접한 움직임은 날래며, 담대하면서도 용맹한 기녀들의 검무 솜씨를 칭송하고 있다. 검을 쥐는 갈등을 겪은 B 단락의 전개구조 후에 절정으로 치닫는 대목이라고 하겠다.

D.
검광이 현란하여 그 얼굴이 드물게 보인다. 혹은 스스로 자신을 가리키며 그 능력을 보이고, 혹은 방[室]에 거짓으로 맞아들이는 듯 그 자태를 다한다. 가볍게 걷다가 도약함이 마치 땅을 밟지 않은 듯하다. 보폭을 늘였다 줄였다 하며 남은 기운을 다한다. 무릇 치고, 던지고, 나아가고, 물러나고, 위치를 바꾸어 서고, 스치고, 찢고, 빠르고, 느린 동작들이 다 음악의 장단에 합치되어 절주에 맞고 따른다.
(劍爲之眩, 希見其面. 或自指于身, 以示其能, 或虛迎于室, 以盡其態. 輕步而跳, 若不履地. 盈之縮之, 以達餘氣. 凡擊者擲者進者退者, 易地而立者, 拂者扯者疾者徐者, 皆以樂之, 節而隨其數焉.)

D 단락은 기녀 2인이 검술을 펼치는 과정에서 본 동작들을 박제가가 춤으로 보며 느낀 내용들이다. 땅을 밟지 않은 듯 날렵하고 가벼우며, 치고, 던지고 나아가고 물러가고 자리를 바꾸고, 스치고 찢고 빠르고 느린 동작들이 모두 음악과 어울려 절주를 따르고 있다[皆以樂之, 節而隨其數焉]고 평가했다. 절정과정이다.

E.
이윽고 쨍그랑 소리가 나더니 검을 던지고 절하였다. 춤이 다 끝난 것이다. 온 좌석이 빈 것 같이 고요하여 말이 없다. 음악이 그치려는지 여음이 가늘게 흔들려

소리를 끊었다.

(已而鏗然有聲, 投劒而拜. 能事畢矣. 四坐如空, 寂然無言. 樂之將終, 細其餘音, 以搖曳之.)

E 단락은 검무의 종결과정이다. 검을 던지고 인사를 하며[已而鏗然有聲, 投劒而拜] 마치는 과정을 설명했고, 그 후에 검기(劍氣)와 긴장감으로 가득 차 찬물을 끼얹은 듯 고요한 좌중의 분위기를 표현했다.[四坐如空, 寂然無言]. 또 음악의 여운조차 미세한 기운으로 감지되는 긴장감[細其餘音, 以搖曳之]을 표현했다. 한바탕 검무를 춘 후 만들어진 검무의 정조(情調)를 감지할 수 있으니, 상무정신과 더불어 협(俠)을 추구했던 조선후기 검무의 주제의식을 알 수 있다.

F.
검무를 시작할 때 왼손을 가슴에 대고 바른 손으로 전립을 잡고 절하고는 천천히 일어나는 자태가 몸을 이기지 못할 것 같으니 이것이 시조리(始條理)이다. 귀밑머리가 흐트러지고 옷자락이 어수선하게 나풀거리며 순간 몸을 뒤집으며 훌쩍 검을 던지는 것이 종조리(終條理)이다.
이번에 내가 본 검무는 검무의 극치는 아니다. 그러므로 그 기이한 변화를 자세하게 얻어 보지는 못하였다. 근세의 검무를 추는 기생으로는 밀양의 운심(雲心)을 일컫는다. 이들은 그의 제자이다.

(其始舞而拜也, 左手捧心, 右手鉗笠, 遲遲而立, 若將不勝者, 始條理也. 鬖髿其鬘, 顚倒其裾, 倏忽俯仰, 翻然擲劒者, 終條理也. 余之觀, 匪其至者焉. 故其奇變, 不可得而詳之也. (近世舞劒, 稱密陽姬雲心. 此盖弟子.))

마지막 F 단락은 조선후기에 박제가가 검무를 이해하고 있는 내용들이다. '검무를 시작할 때 왼손을 가슴에 대고 바른 손으로 전립을 잡고 절하고는 천천히 일어나는 자태가 몸을 이기지 못할 것 같으니 이것이 시조리이다.(其始舞而拜也, 左手捧心, 右手鉗笠, 遲遲而立, 若將不勝者, 始條理也.)'라는 설명과 '귀밑머리가 흐트러지고 옷자락이 어수선하게 나풀거리며 순간 몸을 뒤집으며 훌쩍 검을 던지는 것이 종조리이다.(鬖髿其鬘, 顚倒其裾, 倏忽俯仰, 翻然擲劒者, 終條理也.)'라는 설명에서 검무의 첫 장면과 마지막 장면의 분위기를 알 수 있다. 검무의 시작은 자태를 보이며 조심스럽지만, 마지막에는 열정을 다해 역동적

인 검무를 추고 검을 던지며 맺는다는 것이다. 그리고 박제가는 밀양 기생 운심
(雲心)의 검무를 극찬했고[近世舞劍, 稱密陽姬雲心.], 그날 본 검무에서 기이한
변화를 끌어내지 못한 점[故其奇變, 不可得而詳之也.]을 아쉬워했다.

(2) 정약용의 〈무검편증미인〉

정약용의 〈무검편증미인(舞劍篇贈美人)〉에서도 진주에서 추어졌던 검무의
진행과 구조를 알 수 있다. 이 시는 정약용이 1789년 19세 때에 영남우병마절
도사였던 장인 홍화보(洪和輔)가 베푼 진주 촉석루의 연회에서 진주 기생이 춘
검무를 감상하고 쓴 시이다. 〈무검편증미인〉 역시 검무의 흐름에 따라 단락별
로 나누어 살펴보겠다.

　가.
　　계루고 한 소리에 풍악이 시작되니　　　　鷄婁一聲絲管起
　　넓디 넓은 좌중이 가을물처럼 고요한데　　四筵空闊如秋水
　　진주성 성안 여인 꽃같은 그 얼굴에　　　蠱城女兒顔如花
　　군복으로 단장하니 영락없는 남자 모습　　裝束戎裝作男子
　　자주색 쾌자에다 청전모 눌러 쓰고　　　　紫紗褂子靑氈帽
　　좌중 향해 절한 뒤에 발꿈치를 들고서　　當筵納拜旋擧趾
　　박자소리 맞추어 사뿐사뿐 종종걸음　　　纖纖細步應疏節
　　쓸쓸히 물러가다 반가운 듯 돌아오네　　　去如怊悵來如喜[14]

가. 단락에서 검무의 복색은 전복(戰服)으로, 5행에서 자주색 쾌자에 청전모
를 썼음[紫紗褂子靑氈帽]을 알 수 있다. 6행에서 좌중에 절을 하고[當筵納拜] 춤
을 시작했으며, 8행에서 물러갔다[去] 돌아오는[來] 동작은 무퇴(舞退)무진(舞
進)하는 춤사위일 것이다. 검무의 도입과정이다.

---

14 『與猶堂全書』詩集 卷1〈舞劍篇贈美人〉. 번역은 김지용이 역주한 『정다산시문선』(교문사, 1991),
　　56~57쪽을 참고했다. 이하 마 단락까지 동일.

나.

나는 선녀처럼 살짝 내려앉으니	翩然下坐若飛仙
발밑에 번쩍번쩍 추련검[15]이 피어난다	脚底閃閃生秋蓮
몸 굽혀 거꾸로 서서 한참 동안 춤추는데	側身倒挿蹲蹲久
열 손가락 번득이니 뜬구름과 흡사하네	十指翻轉如浮雲
한 칼은 땅에 두고 한 칼로 휘두르니	一龍在地一龍躍
푸른 뱀이 백 번이나 가슴을 휘감는 듯	繞胸百回靑蛇纏
홀연히 쌍칼 잡자 사람 모습 사라지니	焂忽雙提人不見
삽시간에 구름 안개 허공에 피어났네	立時雲霧迷中天

　나.단락의 1행에서는 검을 잡기 위해 내려앉았으며[下坐], 2행에서 검이 바닥에 놓여져 있음을 알 수 있다. 앉은 자세에서 몸을 굽혀 춤을 추는데, 4행에서 열 손가락을 번득인다고[十指翻轉] 했으니 이는 검무에만 들어가는 '완대'[16]라는 춤사위를 표현한 것으로 추측할 수 있다. 그렇게 춤을 추다가 5행에서 한 칼로 휘두른다는[一龍躍] 표현은 하나의 칼만 집어서 춤추는 과정을 말한다. 그리고 7행에서 쌍검을 잡고 일어나면서 사람 모습이 사라졌다고 했으니, 8행부터 검무의 국면이 전환되는 것이다. 검무에서 전개과정의 모습이다.

다.

전후 좌우 휘둘러도 칼끝 서로 닿지 않고	左鋋右鋋無相觸
치고 찌르고 뛰고 굴러 소름이 쫙 끼치는구나	擊刺跳躍紛駭矚
회오리바람 소나기가 차가운 산에 몰아치듯	飇風驟雨滿寒山
붉은 번개 푸른 서리 빈 골짝서 다투는 듯	紫電靑霜鬪空谷
놀란 기러기 높이 날아 안 돌아올 듯하다가	驚鴻遠飛疑不反
성난 새매 내리덮쳐 쫓아가지 못할레라	怒鶻回搏愁莫逐

　다.단락은 박제가의 〈검무기〉에서 C.단락의 전개와 유사하다. 1행에서 두 춤꾼이 서로 검을 휘두르고 겨누어도 칼끝이 닿지 않게[左鋋右鋋無相觸] 춤추

---

15 추련검(秋蓮劍)은 임경업(1594~1646)장군의 검이다.
16 완대는 전통춤 중에 검무에만 있는 동작으로, 손목 안쪽을 서로 마주하여 손바닥을 바깥으로 보이는 춤사위이다. 장단의 첫 박에 손바닥을 빳빳하게 피는데, 두 손을 모아서 하기도 하고 팔을 벌려서 하기도 한다.

며, 2행에서는 검을 들고 치고 찌르고 뛰어오르고 구르는 동작[擊刺跳躍紛駭矚]
을 상상할 수 있다. 검술의 동작들을 기녀들이 행한 것이다. 그리고 나머지
3~6행에서 검무의 분위기를 표현하였다. 긴박하고 날렵하며 역동적이며 긴장
감이 도는 기운을 느낄 수 있다.

　　라.
　　쨍그렁 칼 던지고 사뿐히 돌아서니　　　鏗然擲地颯然歸
　　호리호리한 허리는 처음 모습 그대로네　依舊腰支纖似束

　검무의 마지막 장면이다. 〈검무기〉의 E.단락의 내용과 마찬가지로 1행은 칼
을 던지고 사뿐히 돌아와[鏗然擲地颯然歸] 춤을 마무리하는 과정을 보여준다.
조선후기 검무는 칼을 던지면서 끝마쳤음을 알 수 있다. 2행은 검무를 끝낸
기생의 날렵한 모습을 표현했다.

　　마.
　　서라벌의 여악은 우리나라 으뜸이요　　　斯羅女樂冠東土
　　황창무보는 예로부터 전해오네　　　　　黃昌舞譜傳自古
　　백 사람이 칼춤 배워 겨우 하나 성공할 뿐　百人學劒僅一成
　　살찐 몸매 가진 자는 노둔함이 많다네　　豐肌厚頰多鈍魯
　　너 이제 젊은 나이 그 기예 절묘하니　　　汝今靑年技絶妙
　　옛날 소위 여중호걸 오늘날에 보았는데　　古稱女俠今乃覿
　　얼마나 많은 사람 너로 인해 애태웠나　　幾人由汝枉斷腸
　　거센 바람 장막 안에 몰아친 걸 알 만하네　已道狂風吹幕府

　마지막 마.단락에서는 2행에서 검무의 연원을 황창무로 설명하고, 3행에서
'백 사람이 칼춤 배워 겨우 하나 성공하며[百人學劒僅一成]', 4행에서 '살찐 몸매
가진 자는 춤이 몹시 둔하다[豐肌厚頰多鈍魯]'고 했다. 검무의 수련과정이 쉽지
않음을 말했다. 나머지 5~7행에서는 촉석루에서 본 기녀의 검무 솜씨를 칭찬
했다. 그리고 마지막 행에서 거센 바람이 장막 안에 한바탕 몰아친듯한 검무의
여운을 표현했다.

이상 박제가의 〈검무기〉와 정약용의 〈무검편증미인〉의 내용에서 검무의 전개 과정을 분석해보니, 도입 – 전개 – 절정 – 결말의 과정으로 춤이 진행되었다.

표 1. 〈검무기〉와 〈무검편증미인〉에서 검무의 전개구조

단락	〈검무기〉	구조	〈무검편증미인〉	단락
A	• 처음에 절을 한다. • 검은 앞에 놓여있다[劍器在前] (시작 전에 누군가 갖다 놓았다.) • 손춤으로 춤이 시작된다.	도입	• 검무의 복색은 전복으로 자주색 쾌자에 청전모를 썼다. • 좌중에 절을 하고 춤을 시작한다. • 물러갔다[去] 돌아오는[來] 무퇴(舞退)무진(舞進)을 한다.	가
B	• 검 앞에 앉는다. • 앉아서 검을 잡기 전에 여러 번 망설이며 갈등하다가 검기를 잡는다. • 잡은 후에는 다양한 동작으로 검을 사용하며 춤춘다. 놓칠 번 하다가 다시 잡는다. • 춤이 빨라지고 자리에서 일어난다. 춤이 적극적으로 변한다.	전개	• 검 앞에 내려앉는다. • 앉은 자세애서 몸을 굽혀 춤추는데, 열 손가락을 번득이는 동작을 한다. • 검을 하나만 잡아서[一龍躍] 춤춰본다. • 쌍검을 잡고 춤추며 일어나는데, 춤꾼이 사라진 듯 하다.	나
C	• 자리에서 일어나자마자 검을 허공에 던지고 여유롭게 잡아챈다. • 검술을 보여주며 상대하며 춤을 춘다. 정밀하고 담대하며 세련되었다. • 두 기녀가 교전(交戰)하는 모습이 파도 속에서 용과 물고기가 겨루듯 한다. • 기녀들의 검무가 용맹하다.	절정 1	• 두 춤꾼이 서로 검을 휘두르며 검술을 보여준다. • 겨누어도 칼끝이 닿지 않으며, 검술 동작으로 춤을 춘다. • 검무의 분위기는 긴박하고 날렵하고 비장하며 상무(尙武)의 기운을 느낄 수 있다.	다
D	• 땅을 밟지 않은 듯 날렵하고 가벼우며 나아가고 물러가고 자리를 바꾸고, 스치고 찢고 빠르고 느린 동작들이 모두 음악과 어울려 절주를 따르고 있다.(예술적 평가)	절정 2	•	
E	• 검을 던지며 검무를 마친다. • 검기(劍氣)와 긴장감으로 가득 찬 좌중은 말이 없고, 음악의 여운조차 비장하고 용맹한 기운으로 채워진다. (검무에 대한 관객의 반응)	결말	• 칼을 던지고 사뿐히 돌아와[鏗然擲地颯然歸] 춤을 마무리한다. • 기생의 날렵한 모습을 표현했다.	라
F	• 검무의 시조리(始條理)는 자태를 보이며 조심스러운데, 종조리(終條理)는 열정을 다한 모습이다. • 밀양 기생 운심의 검무를 극찬했고, 기이한 변화를 끌어내지 못했다고 검무를 평가했다.	부언	• 검무의 연원을 황창랑 설화로 설명했다. • 검무 수련이 쉽지 않으며, 기녀의 검무 솜씨를 칭찬했다. • 거센 바람이 장막 안에 한바탕 몰아친 듯한 검무의 여운을 표현했다.	마

　도입과정에서는 춤이 시작되기 전에 좌중에 절을 하고 무진 무퇴하며 손춤을 춘다. 전개과정에서는 춤꾼에게 검이 제기되는데, 검 앞에 앉아서 검을 잡을 것인지 망설이고 갈등하다가 검 하나를 먼저 집어들고 칼춤을 추다가 쌍검을 들고 춘다. 그리고 자리에서 일어나 숙련된 검술과 교전(交戰)하는 모습을 검무로 보여주고, 연풍대로 바람(기운)을 일으키는 절정과정이 이어진다. 결말과정에서는 칼을 던지고 춤을 마무리하는데, 물을 끼얹은 듯 조용한 좌중에 검기(劍氣)가 가득 차게 된다. 부언으로 작성된 끝부분의 내용들은 검무의 구조와 직접 관련되지는 않지만, 당시 검무를 어떻게 이해하고 있었는지를 알 수 있다.

2) 무보에서 보는 검무 구조

(1) 의궤와 홀기

　검무를 알 수 있는 또 다른 기록으로 의궤와 홀기가 있다.

　의궤의 경우 「악장(樂章)」에 각 정재에 대한 기본적인 설명을 담고 있다. 여러 의궤 중 헌종 무신년의 『진찬의궤』에서 〈검기무〉[17]의 내용을 볼 수 있다.

> 검기무(劍氣舞). 잡무곡(雜舞曲)에 이르기를, 건무(巾舞)이다. 항장이 검무를 추자 항백이 소매로 막으며 항장에게 공막(公莫)이라고 말하였는데, 후에 검무가 되었다. 또 검기무라고도 하는데, 향악(鄕樂)에 사용했다. ○ 여기 4인이 전립을 쓰고 전복을 입은 채 각각 검 2자루를 쥐고 2대로 나누어 서로 맞대하며 춤을 춘다.
>
> (劍氣舞. 雜舞曲云, 巾舞也. 項莊舞劍, 項伯以袖隔之, 若語莊云公莫, 後爲劍舞. 又稱劍氣舞. 鄕樂用之. ○ 女妓四人, 戴戰笠, 着戰服, 各持二劍, 分二隊, 相對以舞.)[18]

　이 내용에서는 중국 진나라 말기 항우와 유방이 만났던 홍문연(鴻門宴) 고사에서 항장(項莊)과 항백(項伯)이 춘 검무를 검무의 연원으로 설명했다. 향악에 사용했다는 말은 민간에서 행했다는 의미이다. 검기무의 구조를 알 수 있는 내

---

17 〈검무〉는 18세기에 민간에서 활발히 추어지다가, 정조 19년(1795) 윤 2월 13일 수원 화성의 봉수당 진찬에서 2인 검무로 처음 궁중연향에서 추어졌다. 이 연향에서는 춘운(春雲)과 운선(雲仙)이라는 경기(京妓)가 춤추었다. 그런데 검무는 순조 기축년(1929) 연향부터 〈검기무(劍器舞)〉로 이름이 바뀌었고, 칼의 모양도 한 쪽에만 날이 있는 도(刀)로 바뀌었다.

18 전통예술원 편, 『국역헌종무신진찬의궤』 권1, 민속원, 2004, 146~147쪽.

용은 '여기 4인이 각 두 개의 검을 들고, 2대로 나누어, 상대하며 춤을 춘다는 것이다.[女妓四人, 各持二劍, 分二隊, 相對以舞.]'는 정도이다. 검무에서 가장 기본이 되는 설명이다.[19]

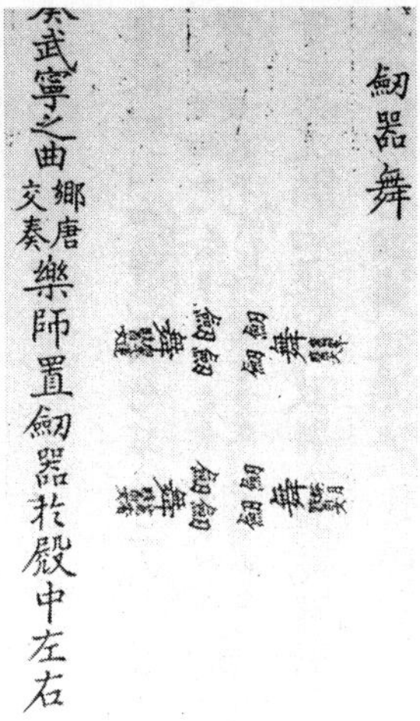

『정재무도홀기』에서도 검기무를 볼 수 있다. 이는 무보(舞譜)이기에 좀 더 자세한 설명을 담고 있다. 『정재무도홀기』에 검기무를 다음과 같이 기록했다.

그림1. 『정재무도홀기』
검기무 초입배열도

> 검기무.
> 음악은 무령지곡(武寧之曲)이며 향악과 당악을 함께 연주했다. 악사는 어전 가운데 좌우에 검기(劍器)를 놓고 나온다. 박을 치면 상대하여 춤추는데, 춤추며 나가고 춤추며 물러서고 바꾸어 선다. 혹은 등을 지고, 혹은 마주 보며 춤춘다. 서로 마주하여 꿇어앉아 춤추고 놀리다가 칼을 잡는다. 칼을 이리저리 뒤집으며 바람이 일듯이 하고 소매를 나부끼며 칼춤을 춘다. 나란히 일어나 서서 춤추기 시작하는데, 각기 재주를 부려 제비가 집을 찾아 돌아가듯[鷰歸巢] 대자리가 바람에 움직이도록[筵風擡] 춤추며 앞으로 나갔다 뒤로 물러났다 하다가 음악을 그친다.
>
> (劍氣舞.
> 樂奏武寧之曲鄕唐交奏 樂士置劍器於殿中左右而出. ○ 拍舞作相對, 舞進舞退換立, 或背或面, 而舞相對跪, 舞弄劍執, 劍翻飄而弄袖劍舞, 並起入舞, 作各用才鷰歸巢筵風擡, 舞進舞退樂止.)[20]

우선 검기무 제목 다음에 초입배열도가 그려져 있다. 이에 의하면 기녀가 2명씩 2열로 마주보고 서있다. 각 열 2명씩 4명이 대무로 춤이 진행됨을 확인할 수 있다.

본문의 첫머리에 검기무의 반주는 무령지곡(武寧之曲)이라 했는데, 이는 조

---

19 검무 계열의 정재인 〈첨수무〉와 〈공막무〉의 경우 의궤에 작품의 유래와 의상이 간단히 소개되었을 뿐, 춤의 진행에 대한 설명은 없다.

20 이흥구·손경순 역, 『정재무도홀기』, 열화당, 2000, 222쪽.

선시대 정재의 반주음악의 한 곡명이며, 향당교주(鄕唐交奏)나 원무곡(圓舞曲)의 아명이다.[21] 그런데 검기무가 민간에서 들여온 춤이기 때문에 민간의 음악 형식을 그대로 썼을 수도 있고, 궁중의 악곡 형식으로 변형시켰을 수도 있다. 이에 대한 별도의 연구가 필요하다고 본다.

검기무는 대개 4인의 기녀가 대무로 추었고, 창사와 의물이 없는 점은 민간에서 추었던 검무가 궁중에서 행해지면서 기본 구성을 크게 변모시키지 않았음을 의미한다. 그리고 검을 악사가 무대에 놓고 나간다[樂士置劍器於殿中左右而出] 했으니, 처음에 기녀는 손춤을 춘 것이다. 또 혹은 뒤로 혹은 얼굴을 보며 춤춘다는 것은 상배 상대하며 추는 모습이다. 마주보고 꿇어앉는다는 대목[舞相對跪]까지 민간에서 춘 검무의 진행과 같다. '칼을 뒤집기도 하고[翻] 회오리바람[飄]이 일듯이 놀리며 춤을 춘다.'는 대목을 보면 교방에서 추던 역동적인 검술 동작을 궁중에서도 추고자 했음을 알 수 있다. 그리고 제비가 집을 찾아 돌아간다는 연귀소(鷰歸巢) 동작과 대자리가 바람에 움직이도록 춤추는 연풍대(筵風擡) 동작은 가볍고 빠르며 날듯한 움직임을 말한다. '연귀소'나 '연풍대'는 검무의 특정한 동작에 대해 동작이 주는 인상이나 느낌을 토대로 붙인 명칭인 듯하다. 위에서 전개된 〈검기무〉의 구조를 표로 정리해보았다.

표 2. 홀기에서 보는 검기무의 전개 구조

순서	동작	구조
(1)	악사가 중앙의 좌우에 칼을 놓고 나간 후에 춤이 시작한다.	도입
(2)	박을 치면 기녀들은 2열로 상대하며 앞으로 나가고 뒤로 물러나며 춤을 춘다.	도입
(3)	자리를 바꿔 선다.	도입
(4)	열대로 서로 뒤로 돌기도 하고 마주 보기도 하며 춤춘다.	도입
(5)	마주 보고 꿇어앉아 칼을 잡고 놀린다.	전개
(6)	검을 뒤집기도 하고[翻] 회오리바람[飄]이 불듯이 검을 놀리며 춤을 춘다.	전개
(7)	나란히 일어나 춤춘다.	절정
(8)	재주를 다해 연귀소와 연풍대를 춤춘다.	절정
(9)	앞으로 나아갔다 뒤로 물러나며 춤추다가 악이 끝나면 춤도 마친다.	결말

---

21 송방송, 『한겨레음악대사전』, 보고사, 2012, 619쪽 참고.

(1)에서 먼저 악사가 중앙의 좌우에 칼을 놓고 나간 후에 춤을 시작한다고 했는데, 민간에서 출 때도 누군가 미리 칼을 갖다놓았다는 점이 동일하다. (2)의 순서에서 박을 치면 기녀들은 2열로 상대하며 앞으로 나가고 뒤로 물러나며 춤을 춘다[拍舞作相對, 舞進舞退]고 했다. 민간에서 춘 검무는 2인이 상대했지만, 2열로 4인이 추도록 확대했음을 알 수 있다. 그리고 (3)부터 (9)까지의 춤 동작들은 박제가나 정약용이 보고 기록한 검무에서 보았던 모습들이다.

이 과정을 앞 절에서 분석한 구조와 비교해보면, (1)~(4)는 검무의 도입, (5)~(6)은 검무의 전개, (7)~(8)은 검무의 절정, (9)는 검무의 결말이라고 하겠다. 민간에서 추어지던 검무가 궁중에 들어가서 인원이 늘어났지만, 창사나 다른 의물이 삽입되지 않았고, 춤의 전개와 구조에 있어서 크게 변형되지 않았음을 확인할 수 있다.

(2) 『교방가요』

의궤나 홀기 외에 1800년대 후반 경남 진주의 교방에서 행하던 가무를 기록한 『교방가요』에서도 검무의 전개과정을 알 수 있다. 그 내용은 다음과 같다.

네 명의 기녀가 나란히 절을 하고 일어서면 풍악을 울린다. 두 번째 북이 울리면 한 손을 들어올리고, 다섯 번째 북이 울리면 두 손을 들어올리거나 혹 한 손은 들어올리고 한 손은 내리기도 한다.

(四妓齊拜而立, 作樂. 第二鼓擧一袖, 製五鼓擧二袖, 或一擧一休)

쌍쌍이 마주하여 춤을 추다가 서로 마주앉아 칼을 희롱하는데 먼저 칼 한 자루를 집어들고 다음에 또 한 자루를 집어들고 춤을 추다가 곧 일어나서 춤을 춘다.

(雙雙對舞. 對坐戲劍, 先拾一劍, 次拾一劍而舞, 乃起而舞.)

나아가고 물러서기를 몇 차례하며 서로 쫓고 서로 칼을 치다가 마침내 연풍대(宴豊臺)를 한다. 칼을 휘두르고 몸을 돌리면서 원을 그리며 나가는 것으로 일명 연풍대(軟風隊)라고도 한다. 칼을 겨드랑이에 끼고 한번 돌고, 칼 하나를 휘두르며 한 번 돌고, 쌍칼을 휘두르며 한 번 돌고, 칼을 찌르며 한 번 돈다. 한 명의 기녀가 춤출 때 세 명의 기녀는 쉰다.

(進退如數, 相逐上擊, 終爲宴豊臺. 卽揮劍旋身周行一名軟風隊. 挾劍一回, 揮一劍一回, 揮雙劍一回, 刺劍一回. 每一妓舞時三妓休.)

칼을 던지고 절하고 나간다.
(擲劍拜出.)[22]

그림 2. 『교방가요』 중 〈검무〉

네 명의 기생이 절을 하고 일어나[四妓齊拜而立] 춤춘다고 했으니, 검무를 4인이 추었음을 알 수 있다. 참고로 『교방가요』〈검무〉의 마지막 설명에 '小妓 二 戎服, 童妓 二 黃衫'[23]이라는 기록이 있다. 소기(小妓) 2인이 융복(戎服)을 입고, 동기(童妓) 2인이 황삼(黃衫)을 입고서, 4인이 검무를 추었다는 것이다. 그리고 춤추기 전에 내려앉아 절을 하는 과정이 있고, '擧一袖', '擧二袖' 하는 손춤이 진행되니 칼도 이미 갖다놓았음을 짐작할 수 있다.

이어서 쌍쌍이 마주하여 춤춘다거나 서로 마주앉아 칼을 희롱하거나[雙雙對舞, 對坐戲劍], 칼을 차례로 잡은 후 일어나서 춤추고[先拾一劍, 次拾一劍而舞, 乃起而舞], 진퇴하거나 서로 쫓고 겨누며[進退如數, 相逐上擊] 추는 동작들은 박제가의 〈검무기〉나 정약용의 〈무검편증미인〉에서도 볼 수 있는 동작들이다.

그리고 연풍대에 대한 설명은 비교적 상세하다. 홀기에서도 그 명칭을 볼 수 있는데, 여기에는 '宴豊擡' 또는 '軟風隊'라 칭한다고 했다. 또 연풍대의 다양한 동작들을 설명한 것으로 보아 검무에서 이 동작의 비중이 높았음을 알 수 있다. 『교방가요』의 검무에 대한 기록은 진주 기생이 춘 검무를 보고 쓴 〈무검편증미인〉에 비해 약소하지만, 홀기에 기록된 〈검기무〉의 설명보다는 상세하다.

---

22 정현석 편저 성무경 역주, 『교방가요』, 보고사, 2002, 191쪽.
23 위의 책, 192쪽.

표 3. 『교방가요』중 검무의 전개 구조

순서	동작	구조
1	네 명의 기녀가 나란히 절을 하고 일어서면 풍악을 울린다.	도입
2	두 번째 북이 울리면 한 손을 들어올리고, 다섯 번째 북이 울리면 두 손을 들어 올리거나 혹 한 손은 들어올리고 한 손은 내리기도 한다.	도입
3	쌍쌍이 마주하여 춤을 추다가 서로 마주앉아 칼을 희롱하는데 먼저 칼 한 자루를 집어들고 다음에 또 한 자루를 집어들고 춤을 추다가 곧 일어나서 춤을 춘다.	전개
4	나아가고 물러서기를 몇 차례하며 서로 쫓고 서로 칼을 치다가 마침내 연풍대 (宴豊擡)를 한다.	절정
5	칼을 겨드랑이에 끼고 한번 돌고, 칼 하나를 휘두르며 한 번 돌고, 쌍칼을 휘두 르며 한 번 돌고, 칼을 찌르며 한 번 돈다.	절정
6	칼을 던지고 절하고 나간다.	결말

위의 표에서 『교방가요』에 기록된 〈검무〉의 구조를 앞 절에서 분석한 바와 같이 도입 - 전개 - 절정 - 결말로 구분해 보았다. 등장해서 절을 하고 손춤을 추는 1~2는 도입 과정이고, 쌍쌍이 대무하다가 앉아서 칼을 잡고 춤추다 일어 나는 3의 순서는 전개 과정이다. 마주 서서 진퇴하고 쫓고 치며, 다양한 연풍대 를 추는 4~5의 순서는 절정의 과정이다. 그리고 칼을 던지고 인사를 하고 나가 는 6의 순서는 결말 과정이다.

3. 음악으로 보는 검무의 구조

앞 장에서 조선 후기 문헌기록들을 통해 검무의 진행과정과 구조를 분석해 보았다. 그런데 검무의 전개를 음악의 진행과 함께 살펴본다면 검무의 구조를 좀 더 입체적으로 살펴볼 수 있을 것이라고 본다.

조선 후기 검무의 음악에 대해서는 홀기에 '무령지곡향당교주(武寧之曲鄕唐交 奏)'라는 언급만 있는데, 이 곡목에 대해서는 앞 장의 2절 1)항에서 언급하였다. 여기서는 현행 검무들을 중심으로 분석할 것이므로, 〈진주검무〉, 〈통영검무〉, 〈해주검무〉, 〈호남검무〉와 국립국악원의 〈검기무〉를 선정했다. 비교적 역사성 이 있다고 판단하는 검무들을 중심으로 음악과 전개과정을 검토할 것이다.

우선 각 검무의 음악구성을 보면, 〈진주검무〉는 염불 - 타령 - 자진타령 - 타령 - 자진타령으로,[24] 〈통영검무〉는 염불 - 자진타령 - 타령 - 자진타령으로,[25] 〈해주검무〉는 만가락(자진모리) - 늦은타령 - 자진타령 - 타령 - 자진타령 - 만가락으로,[26] 〈호남검무〉는 염불 - 타령 - 자진타령 - 타령 - 자진타령으로,[27] 국립국악원의 〈검기무〉는 타령 - 자진타령 - 타령 - 자진타령으로[28] 반주한다.

이 반주 장단들에서 각 검무가 전개하는 주요한 동작과 전개들을 구분해 보았을 때, 조선후기에 교방에서 궁중으로 들어가서도 검무의 구성은 크게 변하지 않았다. 기본적으로 서서 손춤 추기 → 앉아서 손춤 추기 → 칼을 잡고 앉아서 칼춤 추기 → 일어서서 칼춤 추기로 전개되었는데, 현행 검무도 이러한 구성이 유지되고 있다. 다만 진주검무, 통영검무, 호남검무의 경우 초입에 서서 손춤을 추기 전에 한삼을 끼고 춤추는 과정이 첨가되어 있다. 이러한 과정과 음악의 전개를 분석한다면 어떤 공통점이나 차이점이 드러날 것이다. 이를 표로 정리하면 다음과 같다.

표 4. 현행 주요 검무의 장단별 전개

장단	진주검무 (한삼춤 유)	통영검무 (한삼춤 유)	해주검무 (한삼춤 무)	호남검무 (한삼춤 유)	국립국악원 검기무 (한삼춤 무)
염불	• 마주보고 <u>인사</u>하며 칼을 내려 놓음 • 대무 배무 • 한삼 사위	• 일렬종대 등장 • 일렬횡대 <u>인사</u> • 이열 종대 대무 • 엇갈려 돌기 • <u>쌍오리</u>	• 염불은 없고, 만가락(자진모리) • 칼 들고 일렬종대 등장	• 칼은 놓여있음 • 서서 한삼춤	
타령	• <u>쌍오리</u> • 대열 교차 • 한삼 빼고 손춤		• 칼 내려놓고 손춤 • <u>왜대</u>로 손모았다 벌렸다	• 대무 무진무퇴·<u>쌍오리</u> • 숙였다가 피며 <u>왜대</u>	• 서서 손춤 • 대무 배무 • 대열 교차하기

24 유튜브 동영상 '임수정 전통춤판 선경풍류' 2016.7.27, 국립국악원 풍류사랑방. 출연 진주검무보존회 10분 41초.

25 유튜브 동영상 '승전무 발표공연 및 우리춤의 향연' 2014.11.16, 통영 시민문화회관 대극장. 출연 승전무보존회. 14분 55초.

26 DVD '검무전 I', 2012.4.12, 한국문화의집(KOUS). 출연 해주검무보존회. 12분 34초.

27 유튜브 동영상 '하늘에서 내려온 춤꾼 우봉 이매방 재조명', 2016.3.23, 국립국악원 풍류사랑방. 출연 이매방춤보존회. 11분 19초.

28 유튜브 동영상 '국립국악원 토요명품공연 나형', 2014.3.15, 국립국악원 우면당. 출연 국립국악원 무용단. 6분 4초.

• <u>와대</u>		• 손바닥 옆으로 밀기 • 일렬로 만나 뒤로 젖히기 • <u>쌍오리</u> • 앉아서 어르기 • 빈 손으로 칼 돌리는 동작	• 대열 교차 • <u>와대로 앉기</u> • 엎드려 어르기	
자진타령 ·빈손으로 칼 돌리는 동작하며 무진 • 잠깐 서서 손춤 • 앉아서 쾌자 잡고 놀리다가·쾌자 허리 뒤로 묶기 • <u>차례로 칼 잡는 과정</u> • 앉아서 칼춤	• 서서 한삼춤 • 이열 종대 진퇴 • 대무 서서 기울고 젖히기 • 대무로 엇갈려 돌기 • 한삼 끼고 칼 돌리는 사위 • 엇갈려 제자리돌기	• <u>한 번에 앉아서 칼 잡기</u> • 앉아서 칼춤	• 앉아서 손춤 추다가 칼 잡기 • 앉아서 칼춤 • 칼 돌리며 <u>일어나기</u> • 대열 교차 • 연풍대 시계방향 • 어깨 등지고 돌기 • 만났다 물러나기	• 서서 손춤 • 양손에 잡는 시늉 • <u>앉아서 손춤</u> • <u>칼 잡는 과정</u> • 앉아서 칼춤
타령 • 칼 잡고 <u>일어나</u> 대열 교차 (3장단)	• 한삼 뒤에 놓기 • 동녀가 칼 놓은 후 한삼 걷어가기 • 앉아서 손춤 • 앉아서 <u>와대</u> • 칼 잡기 전 어르기 • 와대하고 한 칼 잡고 어르기	• 칼을 땅에 찍었다가 <u>일어나기</u> • 칼 아래로 찍은 자세로 뒤로 물러나기 • 오른팔만 천천히 돌리기 • 대열 교차		• 칼을 아래로 늘어뜨리고 <u>일어나기</u> • 서서 칼춤
자진타령 • 서서 칼춤 • 미지기 • <u>연풍대 1</u> • 뛰면서 이열 종대 • <u>연풍대 2,3</u> • 일렬 횡대로 • 무대 앞으로 갈 때 약간 느려짐	• 앉아서 칼춤 • 한 칼 돌리며 춤 • <u>나머지 한 칼 잡고 일어나기</u> • 서서 칼춤 • 한 열은 서있고 상대 열이 갈지자 나갔다 물러나기 • 미지기 • <u>연풍대</u> 1, 2, 3 일렬 횡대	• 대무로 칼 돌리기 • 땅에 칼 꽂기 • 다가가 칼 부딪치기 • 큰 동작으로 칼 돌리기 • <u>연풍대</u> • 이열 종대 • 바닥에 칼 찍으며 연풍대	• 앞으로 뛰면서 칼을 땅에 꽂는 동작 • 제자리 돌기 • <u>연풍대</u> • 미지기 • 갈지자 줄 교차 • 정면 일렬로 빠른 동작	• 서서 칼춤 • 칼을 크게 위아래로 번갈아 들기 • 교차하기 • <u>연풍대</u> • 일렬로 서서 칼춤 추고 인사

* 위 표에서 밑줄 친 동작은 검무 전개에서 공통적으로 추어지는 중요한 대목들이다. 인사하기, 쌍오리, 와대, 한 칼을 잡거나 두 칼을 잡기, 일어나기, 연풍대를 표시하였다.

　　검무의 장단은 기본적으로 타령(늦은타령) – 자진타령 – 타령 – 자진타령이지만, 진주검무, 통영검무, 호남검무는 타령 앞에 염불 장단이 있다. 염불 장단이 추가된 것은 도입과정의 연장이라고 하겠다. 염불이나 타령의 초입에서 춤꾼이 등장하는데, 전복과 전립을 갖춘 기녀라는 캐릭터가 제시되고, 2대로 나눈 대열에서 상대(相對)하는 기본적인 대열을 보여준다. 검무의 도입 과정이 시작되고 있다.

타령에서 여러 춤사위가 있지만 주요한 춤사위는 쌍오리와 완대이다. 쌍오리는 한삼을 낀 채로 또는 손춤으로 하는데, 두 춤꾼이 가까이 다가가 상대방의 어깨에 오른손을 얹고 왼손은 허리를 감싸는 동작이다. 그 상태에서 한 두 장단 어르며 춤을 추고 물러난다. 완대는 손춤으로 춘다. 완대는 빳빳하게 핀 손바닥을 보이는 동작으로, 동작의 유래는 분명치 않으나, 모든 검무에서 행한다. 양 손의 손목을 붙여서 양손으로 하거나, 팔을 벌려 하기도 한다. 혹은 머리 위에서 두 손을 기울여 대칭으로 하기도 하고, 앉은 순서에서 하기도 한다. 완대 동작은 검을 잡기 전에 하는 예비동작이라고 생각한다. 장단의 첫 박에서 멈칫 정지하며 손바닥을 보이거나, 손바닥을 바꾸어 뒤집을 때의 느낌이 검을 사용할 때 언뜻 보이는 섬광(閃光)과 유사하기 때문이다.

그리고 검무의 전개 과정이 시작된다. 타령에서 진(陣)이 변하기 시작하는데, 2열(2隊)이 마주보고 같은 방향으로 무진(舞進)무퇴(舞退)를 하거나, 마주 본 상태에서 각 열대로 무퇴했다가 무진한다. 또는 2열이 교차하는 진(陣)도 보여준다. 조선후기 시문에 기록된 검무에서는 이러한 진(陣)이 보이지 않는데, 그 이유는 단 2명이 열을 짓지 않고 자유롭게 대무하기 때문일 것이다. 타령에서 추는 동작들은 느리고 여유 있으며, 격한 춤사위는 아직 없다. 검도 아직 만나지 않았다.

이어서 자진타령으로 넘어가면 춤이 좀 더 활기를 띤다. 자진타령에서 통영검무를 제외한 모든 검무가 앉아 있거나 앉게 된다. 곧 검을 잡는 과정에 들어가는데, 검을 잡는 과정은 다양하다. 앉아 있는 경우에는 타령 후반부터 검 앞에서 여러 장단 동안 손춤을 추는데, 이는 검을 잡을지 말지를 망설이며 갈등한다. 롱검(弄劍)의 과정이다. 박제가의 〈검무기〉 중 '취하려다 취하지 않고, 탐하려다가 다시 아끼려는 듯하고, 가까이 갔다가 문득 물러서고[欲取未取, 愛而復惜, 將近忽却, 將視忽驚]'라는 표현에서 이 과정이 선명하게 드러나 있다. 그렇게 먼저 잡은 하나의 검을 들고 춤추다가, 나머지 검도 들고 돌리며 춤을 춘다. 또는 시차를 두지 않고 두 개의 검을 잡고 칼춤을 추기도 한다. 아니면 통영검무의 경우 나머지 검을 손에 쥐고 바로 일어난다. 자진타령에서 검을 잡는 과정을 전개시킴으로써 속도를 빠르게 전환하며 긴장감을 고조시키고, 검무의 전개를 진전키는 것이다. 여기까지가 검무의 전개 과정이다.

이어서 느린 타령장단이 짧게 배치되었는데, 갈등을 겪으며 잡은 검들을 쥐고 일어나는 대목이다. 진주검무, 해주검무, 검기무가 느려진 타령에서 일어난다. 이렇게 빠른 장단에서 느린 장단으로 전환시키는 방식을 다른 전통춤에서는 별로 사용하지 않는다. 대개 느린 장단에서 빠른 장단으로 서서히 나아가다가 춤의 마무리에서 느린 장단으로 돌아가기 때문이다. 하지만 이렇게 음악을 빠르게 나아가다 갑자기 느린 장단을 배치한 것은 검무의 진전되는 긴장감을 잠시 끌어내려 숨을 고르게 했다가, 자진타령으로 다시 속도를 높임으로써, 검무 전개의 묘미를 높이는 효과가 있다고 본다. 절정 과정으로 넘어가는 대목이다.

타령장단이 짧게 지나간 후에 다시 빨라진 자진타령에서는 검무의 동작들이 더욱 폭이 크고 역동적으로 펼쳐진다. 통영검무의 경우 한 대열이 다른 대열을 향해 칼춤 동작을 하며 갈지자로 다가갔다가 돌아오는 동작을 번갈아 반복한다. 또 해주검무의 경우 칼을 땅에 꽂는 동작이 있고, 가까이 다가가 마주보고 칼을 서로 부딪히는 동작도 있다. 그리고 자진타령에서 대열을 교차하는 진을 사용하면서, 대열이 마주보고 밀고 당기는 – 농악의 미지기와 같은 진을 보여준다. 검의 기예와 교전하는 모습은 절정 과정의 첫 번째 단계라고 하겠다.

이어서 검무의 대미를 장식하는 연풍대를 추는데, 이 역시 점점 고조된 자진타령의 빠르고 힘 있는 장단에 맞춰 다양한 연풍대를 하게 된다. 자진타령에서 검무는 더욱 활력 있고, 폭이 큰 동작들을 하며 절정에 이르는 것이다. 절정 과정의 두 번째 단계이다.

마지막 결말과정의 반주는 자진타령을 더욱 재촉하는데, 현행 검무에는 검을 던지는 장면은 없다. 하지만 절정 과정의 여세를 유지한 채 춤꾼들은 일렬로 서서 검을 휘두르며 춤추다가, 인사를 하고 춤을 마친다.

4. 결론

춤의 내적 구조를 온전히 이해하기 위해서는 춤 내부의 이야기나 배경, 춤사위, 음악의 전개와 같은 춤 자체에 대한 분석과 함께, 춤 외부에서 본 감상이나 평가도 꼼꼼히 살펴봐야 한다. 이를 통해 춤의 구조를 이해할 수 있는 단서들을 발견할 수 있기 때문이다.

본고에서는 검무와 관련하여 조선후기 문헌기록으로 박제가의 〈검무기〉와 정약용의 〈무검편증미인〉을, 의궤와 홀기에서 〈검기무〉와 『교방가요』의 〈검무〉를 분석하였다. 그 결과 검무는 도입 - 전개 - 절정 - 결말의 구조로 진행되었음을 알 수 있었다.

도입과정에서는 춤이 시작되기 전에 좌중에 절을 하고 춤꾼의 캐릭터를 보여주고, 무진 무퇴하며 손춤을 춘다. 전개과정에서는 춤꾼에게 검이 등장하는데, 검 앞에 앉아서 검을 잡을 것인지 갈등하는 롱검을 하다가 하나를 먼저 집어들고 칼춤을 추다가 쌍검을 들고 춘다. 그리고 일어나서 숙련된 검술(劍術)에 가까운 칼춤으로 교전(交戰)의 모습도 보여주고 연풍대로 바람 즉 기운을 일으키는 절정과정이 이어진다. 결말과정에서는 궁중에서 추었던 검기무의 경우 인사를 하고 마치지만, 교방에서 추었던 검무의 경우 칼을 던지고 춤을 마무리한다. 물을 끼얹은 듯 조용한 좌중에 검기(劍氣)가 가득 차게 된다.

이러한 구조를 전제로 현행 검무의 반주 장단인 염불 - 타령 - 자진타령 - 타령 - 자진타령의 순서에 따라 춤사위들을 장단과 결부하여 분석해보았다. 염불 장단이 있는 검무도 있고, 없는 검무도 있는데, 염불이나 타령의 초입에서 춤꾼이 등장하며 도입과정이 시작된다. 염불 장단이 있는 경우는 타령 장단의 도입이 연장된 것이다. 2대로 나눈 대열은 상대하며 검무의 핵심적인 배열도를 보여준다. 쌍오리와 왓대 동작이 진행되고, 타령에서 춤사위들은 서두름 없이 여유롭고 우아하게 진행된다.

전개과정은 타령에서 이어지거나, 자진타령으로 시작할 수도 있다. 자진타령에서 통영검무를 제외하고 춤꾼들이 검 앞에 앉아 있거나 앉게 된다. 그리고 집검(執劍)의 갈등이 진행되다가 결국 쌍검을 잡고 힘차게 춤추게 된다.

그러다가 속도를 늦춰 타령 장단으로 춤꾼이 일어나는데, 빠르게 진행하던 속도를 갑자기 늦추어 숨을 고르게 했다가, 다시 자진타령으로 속도를 낸다. 즉 검무 전개의 진전되는 긴장감을 잠시 끌어내 숨을 고르게 했다가, 자진타령으로 다시 속도를 높여서, 이 춤이 절정으로 가기 전에 검무의 묘미를 높이는 효과를 만드는 것이라고 하겠다. 다시 자진타령으로 속도를 내면서 동작들은 더욱 폭이 크고 역동적으로 펼쳐진다. 빠른 장단에서 대결의 양상을 보이는 춤사위들과 연풍대를 추게 된다. 자진타령으로 절정과정이 진행된 것이다.

그리고 더욱 빨라진 자진타령으로 결말과정이 이어진다. 조선후기 교방의 검무는 마지막에 칼을 던져 결말을 짓지만, 현행 검무들은 연풍대의 여세를 몰아 일렬로 서서 검을 휘두르며 춤추다가, 인사를 하고 춤을 마친다.

이상과 같이 염불 – 타령 – 자진타령 – 타령 – 자진타령으로 이어지는 반주음악은 검무의 도입, 검무의 전개, 검무의 절정, 검무의 결말이라는 구조 속에서 각 과정을 선명히 드러내는 역할을 하며 검무의 미감을 완성시키고 있다.

조선후기에 문헌으로 기록된 기녀들의 검무와 현행 검무가 약간의 차이를 보이고 있지만, 그러한 차이 속에서 시대를 관통하는 검무의 핵심적인 구조를 인식할 수 있었다. 이러한 인식을 바탕으로 기녀 검무를 다양하게 감상할 수 있을 것이다.

이 논문은 『공연문화연구』 34집(한국공연문화학회, 2017)에 게재되었다.

附

검무심포지움 후기

검무의 칼은 무엇으로 만드나?

이진원

    2015년 11월 20일 오후 동승동 예술가의집 다목적홀에서 김영희춤연구소가 "검무의 역사와 미의식"을 주제로 '검무 심포지움 I'을 마련하였다. 필자는 2부 및 종합토론 사회로 그 자리에 참가할 수 있었다.

    심포지움에서는 한국공연예술사 속에서 등장하는 다양한 검(劍)을 활용한 춤을 조명하였는데, 김영희 소장은 「한국 춤의 역사에 등장한 검무의 양상」을, 홍익대 조혁상 겸임교수는 「조선조 기녀검무의 문학적 형상화에 대한 고찰 — 검무시를 중심으로」를, 명지대 미술사학과 이태호 교수는 「옛 그림에 보이는 칼춤 이미지」를, 한국인문과학예술교육원의 박선식 원장은 「동북아 역사상 한국의 칼잠개다룸(刀劍使用)과 겨룸짓(武藝) 및 칼춤의 상관성」이라는 논문을 발표하였다. 열띤 질의와 답변이 이어지고, 그 과정 속에서 검무에 대한 여러 사실들을 새롭게 알 수 있었던 유익한 자리가 되었다.

    그리고 학술대회 끝에 의문 하나가 남았다. 그렇다면 검무에 사용된 검[1]은 어떠한 재질로 만들었을까. 박선식 박사는 필자에게 둑제(纛祭)에 사용되었던 검이 남아있는데 목검(木劍)이라는 사실을 알려주었다. 그래도 의문이 남았다. 초정(楚亭) 박제가(朴齊家)가 남긴 〈검무기〉에는 아래와 같이 검의 재질을 의미하는 구절이 보이기 때문이다.

---

1 박선식 박사는 검과 도의 구분에 대하여 우리나라에서는 엄격한 구분이 존재하지 않았음을 발제를 통해 밝힌 바 있다. 따라서 검무에 사용된 검의 형태가 엄격한 의미로 검, 혹은 도로 사용되었다고 해도 본고에서는 구분하지 않았음을 밝힌다.

도판 1·2. 『악학궤범』에 보이는
〈정대업지무〉 및 둑제 사용 검

검광이 현란하여 그 얼굴이 드물게 보인다. 혹은 스스로 자신을 가리키며 그 능력을 보이고, 혹은 방에 거짓으로 맞아들이는 듯 그 자태를 다한다. 가볍게 걷다가 도약함이 마치 땅을 밟지 않은 듯하다. 보폭을 늘였다 줄였다 하며 남은 기운을 다한다. 무릇 치고, 던지고, 나아가고, 물러나고, 위치를 바꾸어서고, 스치고, 찟고, 빠르고, 느리고 하는 동작들이 다 음악의 장단에 합치되어 멋을 자아낸다. 이윽고 쨍그랑 소리가 나더니 검을 던지고 절하였다. 춤이 끝난 것이다.[2]

여기서 "쨍그렁 소리가 나더니"(鏗然有聲)라는 표현은 금속 소리가 났다는 것을 의미한다. 따라서 박제가가 보았던 검무에서는 금속 재질의 검이 사용된 것이라 보는 것이 타당하지 않을까. 물론 검에 장식된 금속성 재질의 부품이 "쨍그렁" 소리를 낼 가능성도 무시할 수는 없다.

따라서 아래에서는 학술대회가 끝난 후 필자가 찾아본 몇 가지 자료 속에 등장하는 검무에 사용된 검의 재질에 대한 기록을 정리해 보았다. 물론 자료 속 검무는 조선시대의 것으로 한정할 수밖에 없다.

조선시대 왕실 의례 중 검무는 종묘대제(宗廟大祭), 둑제에 사용되었다. 『악학궤범』에는 정대업지무(定大業之舞)에 사용되는 검에 대해 아래와 같이 소개하고 있다.

검(劍)은 나무로 만든다. 칼날에는 은박(銀箔)을 붙인다. 칼자루는 어피(魚皮)로 싼다. 양마(陽亇)와 칼자루 끝의 운두(雲頭)는 금박을 붙인다. 끈(纓子)은 홍색 줄(條兒)과 녹색 술(垂兒)을 쓴다.[3]

---

2 조혁상, 「조선조 기녀검무의 문학적 형상화에 대한 고찰 – 검무시를 중심으로」, 『김영희춤연구소 심포지움 I 검무의 역사와 미의식』, 김영희춤연구소, 2015, 심포지움 발표집, 2쪽 번역 인용.

3 이혜구 역주, 『신역 악학궤범』, 국립국악원, 2000, 495~496쪽. 『악학궤범』은 9권 3책으로 1493년(성종 24)에 예조판서 성현, 장악원제조 유자광(柳子光), 장악원주부 신말평(申末平), 전악

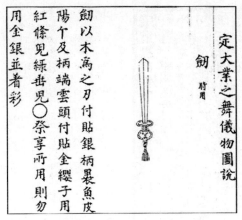

도판 3. 『종묘의궤』에 보이는 〈정대업지무〉 사용 검

〈정대업지무〉 일무에 사용하는 검이 목검이라는 것을 위 인용을 통해 알수 있다. 『종묘의궤』에도 〈정대업지무〉에 사용되는 검에 대해서 상세히 소개가 되어 있다.

> 검은 나무로 만들고 칼날은 은(銀) 칠을 하고 칼자루 안쪽은 어피(魚皮)를 감고,
> 운두(雲頭)는 금(金) 칠을 하고 영자(纓子)는 홍록(紅綠) 실을 겹쳐서 늘인다. 제향
> (祭享)에 사용하는 것은 모두 채색한다.[4]

『악학궤범』에 비해 후대에 나온 『종묘의궤』에는 금은박(金銀箔)으로 붙이는 대신 금은칠을 하는 것으로 되어 있어 검 제작에 차이가 생긴 것을 알 수 있다. 『악학궤범』에는 둑제에 사용하는 검 또한 소개되어 있는데 "검은 나무로 만들어 청색 칠을 한다."고 기록되어 있다.

궁중 연향에서는 검무는 정조가 혜경궁 홍씨의 환갑을 축하하는 궁중잔치를 수원 화성에서 진행하였을 때 처음으로 추어졌다고 한다. 이후 검기무(劍器舞)로 이름을 바꾼 후 1829년에서 1902년까지 궁중의 각 연향에서 32회가 추어졌

박곤(朴棍)·김복근(金福根) 등이 왕명을 받아 새로운 악규책(樂規册)을 편찬한 것임.

4　이흥구·손경순 공저, 『한국궁중무용총서⑥ 역대 악제 및 일무』, 보고사, 2009, 185쪽. 『종묘의궤』
　는 원집 4책, 속록 5책, 합 9책의 필사본임. 원집은 1697년(숙종 23)에 만들어졌으며, 속록은
　1741년(영조 17) 2책, 1819년(순조 19) 1책, 1842년(헌종 8) 2책이 만들어짐.

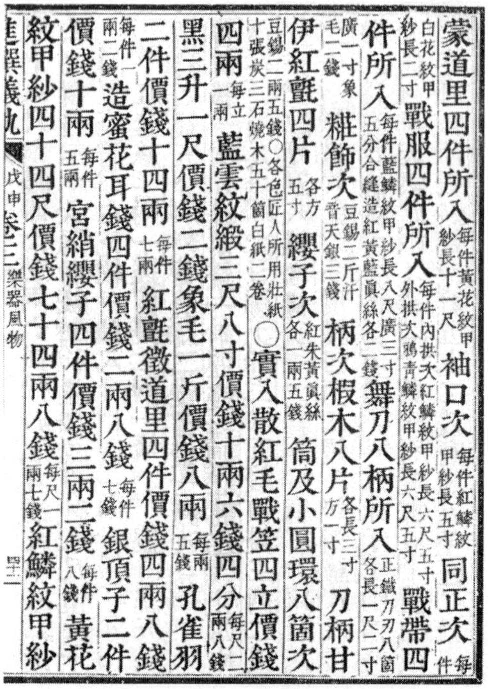
蒙道里四件所入每件黃花紋甲紗長十一尺袖口次每件紅鱗紋甲紗長五寸同正次每件
白花紋甲紗長二寸戰服四件所入每件內拱次紅鱗紋甲紗長六尺五寸外拱次鴉靑鱗紋甲紗長六尺五寸戰帶四
件所入每件藍鱗紋甲紗長八尺廣三寸五分合縫造紅黃藍眞絲各二錢舞刀八柄所入正鐵刀刃八箇各長一尺二寸
廣一寸象毛二錢粧飾次豆錫二斤汗音天銀三錢柄次椵木八片各長三寸方一寸刀柄甘
伊紅氈四片各方五寸纓子次紅朱黃眞絲各一兩五錢筒及小圓環八箇次
豆錫二兩五錢○各色匠人所用壯紙十張炭三石燒木五十箇白紙二卷○實入散紅毛戰笠四立價錢
四兩每立一兩藍雲紋緞三尺八寸價錢十兩六錢四分每尺二兩八錢
黑三升一尺價錢二錢象毛一斤價錢八兩每兩五錢孔雀羽
二件價錢十四兩每件七兩紅氈徵道里四件價錢四兩八錢
每件一兩二錢造蜜花耳錢四件價錢二兩八錢每件七錢銀頂子二件
價錢十兩每件五兩宮綃纓子四件價錢三兩二錢每件八錢黃花
紋甲紗四十四尺價錢七十四兩八錢每尺一兩七錢紅鱗紋甲紗
進饌儀軌 戊申 卷三 樂器風物

도판 4. 『헌종무신진찬의궤』 검기무에 사용된 검의 재료들(우축에서 3째줄부터 참조)

다고 한다.[5]

연향에 사용된 검무 검에 대해서는 『헌종무신진찬의궤』를 통해 살펴볼 수 있다. 이 의궤는 1848년 헌종 14년 3월에 창경궁 통명전에서 순원왕후(純元王后)의 육순을 경축하여 베푼 연향에 대한 기록이다. 이 의궤 악기풍물(樂器風物)에는 “검기무차비의 복식 4건에 들어간 것”이 보이는데 이 기록에 검기무에 사용된 검에 대한 소개가 보인다.

> 무도(舞刀) 8자루에 들어간 것: 정철칼날(正鐵刀刃) 8개[각 길이는 1자 2치, 너비 1치], 상모(象毛) 2돈, 장식(裝飾)감[두석(豆錫) 2근, 땜질용[汗音] 천은(天銀) 3돈], 자루(柄)감으로 가목(椵木) 8조각[각 길이는 3치, 사방 1치], 칼자루를 감싸는 감으로 홍전(紅氈) 4조각[각 사방 5치], 끈감[홍·주황진사(紅·朱黃眞絲) 각 1냥 5돈], 통(筒) 및 작은둥근고리[小圓環] 8개 감으로 두석(豆錫) 2냥 5돈.[6]

이상을 보면 검기무에서 사용된 검은 정철로 시우쇠로 무쇠를 불려서 만든 쇠붙이의 한 가지라고 한다. 따라서 궁중 연향에서 추어졌던 검무의 검은 시우쇠로 만든 것임을 알 수 있다.[7] 그렇다고 하면, 아마도 궁중 연향에서 실제의

---

5 김영희, 「한국 춤의 역사에 등장한 검무의 양상」, 『김영희춤연구소 심포지움 I 검무의 역사와 미의식』, 김영희춤연구소, 2015, 심포지움 발표집, 7~9쪽. 이에 대한 이전 연구인 조경아 등의 논문은 본 자료집 참조.

6 한국예술학과 음악사료강독회, 『국역헌종무신진찬의궤 권삼』, 한국예술종합학교 전통예술원, 2006, 179~181쪽 참조.

7 도검의 모습은 〈도판 5·6〉에 소개한 것과 같다. 이와 같은 형태의 실제 도검이 조선 선조의 임란 공신인 김명윤에서 한 쌍이 하사되어 오늘에 전한다. 박선식, 「동북아 역사상 한국의 칼잠개다룸(刀劍使用)과 겨룸짓(武藝) 및 칼춤의 상관성」, 『김영희춤연구소 심포지움 I 검무의 역사와 미의식』, 김영희춤연구소, 2015, 심포지움 발표집, 41쪽.

검을 사용할 수는 없었을 것이고 검의 날이 세워져 있지 않은 무딘 무구(舞具)로서 검이 제작되었다고 해도 과언은 아닐 것이다.

이상에서 살펴본 바와 같이 궁중의 제례에 사용되었던 검은 목검이었으며 용도에 따라서 은색이나 청색을 띠기도 하였고, 연향에서 추어졌던 검무의 검은 정철검 즉, 시우쇠로 만든 검이었음을 알았다. 본고에서는 논의하지 않았지만, 공막무(公莫舞)나 첨수무(尖袖舞)의 경우 또한 검기무의 것과 유사하지 않았을까 추정해 볼 수 있다. 물론 이에 대한 정확한 자료를 통해 앞으로 다양한 검무의 검의 재질에 대해서 논의가 필요하다고 할 수 있다. 또한 궁중에서 추어진 다양한 검무의 검의 재료가 다양하듯이 조선시대 회화에 보이는 관아나 민간의 검무 또한 다양하리라고 볼 수 있을 것이다.

신윤복의 검무 그림에서 보이는 역동적인 검무의 모습이 현실에서 사라진 오늘, 김영

도판 5·6. 『헌종무신진찬의궤』에 보이는 검기무와
〈무신진찬도병〉에 보이는 검기무

희춤연구소의 심포지움은 매우 큰 의미를 지니고 있다고 할 수 있다. 2012년부터 세 차례 이어진 공연 〈검무전(劍舞展)〉이 그냥 전(展)이 아니라 전(傳)이 되어 옛 검무가 21세기에 다시 현신하기를 바라마지 않는다.

이 글은 월간 『몸』 2015년 12월호에 게재되었다.

문화 양상으로 포착한 검무의 자취

박자은

    초겨울의 정취가 이른 봄만큼 따사로웠던 11월 20일, 김영희춤연구소의 첫 번째 심포지움이 동숭동 예술가의 집 다목적홀에서 열렸다. "검무의 역사와 미의식"을 주제로 한 이번 심포지움은 2012년부터 공연으로 매 해 시리즈 III까지 기획된 〈검무전(劍舞展)〉의 연장이었다. 강당 입구에 이르자 낯익은 무용인들의 모습보다 학계의 원로 선생님들과 먼저 눈이 마주쳤고, 다행히 예의 목례로 그 어색함을 추스릴 수 있었다. 이번 심포지움이 '무용'에 국한한 것이 아니었음을 그때서야 조금 파악이 되는 순간이었다.

    논문발표에 앞서, 김영희 춤연구소장의 개회사로 심포지움의 첫 인사를 대신했다. 아담한 체구와 간결하고도 담백한 어조로, 그간의 〈검무전〉 공연과 이번 심포지움의 상관성을 청중들에게 압축했다. 이어 부산대 채의완 명예교수의 축사가 있었다. 그는 쿠르트작스의 『춤의 세계사』 책에 수록된 1900년대 한국기녀의 검무사진이, 한국춤에서 검무가 갖는 상징성과 가치를 대변하는 것임을 각별히 전했다. 또한 한국 근대춤사에서 '칼노래·칼춤'에 대한 연구가 포괄적으로 진행되지 못함에 대해 적잖은 아쉬움을 내색하기도 했다.

    심포지움은 이종숙 한국전통악무연구소장과 이진원 한예종전통원 교수의 사회로 1부와 2부로 나뉘어 진행되었다.

    첫 번째 발제는 김영희(김영희춤연구소장)의 「한국 춤의 역사에 등장한 검무의 양상」이었다. 신라시대 황창랑 설화로부터 연원한 검무의 역사를 되짚으며, 한국춤사에서 읽혀지는 다양한 검무를 시대별 양상으로 설명했다. 궁중검무, 기녀검무, 검결의 칼춤, 권번의 기녀 검무, 신무용의 검무, 민속에서의 검무 그리고 유교제례무인 일무에서의 무무와 1960년대 이후의 검무(진주검무, 통영

'검무심포지움 I - 검무의 역사와 미의식' 발표 장면

검무, 호남검무, 해주검무, 평양검무, 밀양검무, 경기검무 등)를 소개하며 검무의 양
상을 상세히 소개했다. 김영희의 논지를 종합하면, 검(劍)과 검무(劍舞)는 우리
문화에서 오랫동안 회자되어 온 중요한 텍스트로, 각각의 다양성을 인식하고
이를 바탕으로 현재화해야 한다는 내용이었다.

　두 번째 발제자인 조혁상(홍익대 겸임교수)은 「조선조 기녀검무의 문학적 형
상화에 대한 고찰 -검무시를 중심으로-」를 발표했다. 그는 논문에서 기녀검무
의 문학적 형상화가 지닌 세 가지 양태로 비장미(悲壯美), 검술형상(劍術形狀),
자색(姿色)을 들었다. 또한, 조선조의 검무시는 기녀라는 문학적 형상화보다는
기녀가 추는 무용자체에 더 주목해야 한다며, 문학적 텍스트는 실제로 서술목
적 자체가 확실히 구분됨을 강조했다. 때문에 조선조 기녀검무는 17~18세기
도검문학의 전성기와 맞물리는 것이라 정리하고 있다. 특히 검무시는 문학과
무용의 상관관계를 연구하는 매우 중요한 단서로써, 조선조의 검무를 연구하
고 복원하는데 매우 중요한 실마리가 된다고 하였다.

　세 번째 발제는 이태호(명지대 미술사학과 교수)의 「옛 그림에 보이는 칼춤
이미지」였다. 발표에서는 고분벽화로부터 확인되는 검(劍)과 무(舞), 18세기 조
선조의 문인과 여협화(女俠畵), 18세기 후반부터 19세기와 20세기 초 대한제국
의 검무도(劍舞圖) 등 수십 편의 그림자료가 차례로 소개되었다. 이들 사료의

가치는 4~7세기 고구려시대 고분벽화에서 우리 민족의 검무 원형을 추정가능
하다는 사실이었다. 실제로 안악 3호분 행렬도에는 2인의 남성무용수가 외날
의 칼(刀)과 활모양의 도구를 들고 춤추는 형상을 확인할 수 있다. 19세기 전반
의 그림에서 보이는 2인 대련(對鍊)의 이미지는 19세기 중후반 〈헌종무신진찬
도병〉에서 검무의 도상이 4인 검무로 드러남을 구분했다. 이밖에 화폭에 담겨
진 검의 다양한 군상을 통해 춤의 빠르기나 검의 손잡이 형태의 변모 혹은 유소
장식의 변화마저 볼 수 있었으며, 이러한 형식의 변화는 일제강점기 칼춤 공연
으로 전승되는 것임을 설명했다.

마지막 발제는 박선식(한국인문과학예술교육원 원장)의 「동북아 역사상 한국
의 칼잠개 다룸과 겨룸짓 및 칼춤의 상관성」이었다. 논문은 무예로서 칼잠개
다룸과 겨룸이 칼춤과 어떠한 상관성을 지니는가에 대한 것으로, 동북아 특히
한반도의 역사를 배경으로 각 시대의 도(刀)와 검(劍)의 운용, 무예(武藝)와 검
객(劍客) 그리고 무객(舞客) 기예 등을 구분한 방대한 편장(編章)의 구성이 인상
적이었다. 이 논문의 핵심은 마지막 주석에서 확인할 수 있었다. 전통적으로
겨룸짓(무예)은 생사를 결정짓는 것이라 했다. 그러므로 검을 다루는 예술인들
의 행위가 '무예의 모방인지, 검기를 바탕한 춤사위인지'를 반드시 구분해야 한
다는 것이다. 발표 초입에서 우리말의 정체성에 대한 해답을 강조한 이유도 바
로 그것이었다. '칼잠개다룸과 겨룸짓 및 칼춤의 상관성'을 밝히고 구분하는 연
구는 또 하나의 전통성 회복이라는 점을 말하고 있었다.

종합토론은 이진원 교수의 사회로 김영희춤연구소장을 비롯한 4인의 발제
자들과 이종숙(한국전통무악연구소장), 백현순(한체대 교수), 최성애(성균관대 박
사), 임수정(경상대 교수)이 패널로 참석했다. 김영희춤연구소의 제1회 심포지
움 "검무의 역사와 미의식"은 한 나절을 다 보내고 해가 지고서야 끝을 맺었다.
다섯 시간을 육박한 이번 심포지움 현장이 유독 훈훈했던 이유는, 연구자들의
열정 그리고 종합토론까지 자리를 함께 한 대다수 청중들의 진지한 경청이 있
었기 때문이었다. 무엇보다 한국무용사에서 습관적으로 인식하던 검무의 역사
적 실체를 한 차원 진보한 문화 코드로 읽어내었다는 점은 이번 심포지움의
큰 수확이 아닐 수 없었다.

지난 달 '학제간 융합'의 한 국제심포지움에 토론자로 참가했던 필자는, 이

번 심포지움에서도 공통된 트렌드를 읽을 수 있었다. 인물을 키워드로 다양한 분야(무용, 영화. 광고, 다큐멘터리)의 연구자들이 서로의 관점을 공유할 수 있었던 국제심포가 그러했듯, 이번 심포지움은 검(劍)이라는 오브제의 목적성(춤추다 혹은 대련하다)에서 출발한 다각화된 관점(춤과 문학, 춤과 미술, 춤과 무예)으로 한 차원 진화된 접근방식을 보여주었다는 점에서 동일한 의의를 찾을 수 있었기 때문이다.

만신 김금화(중요무형문화재 82호 서해안배연시굿 예능보유자)는 작두 위에서의 검무조차 일품이었다고 한다. 우리가 신칼을 든 무인(巫人)에게서조차 검무의 양상을 발견할 수 있는 것은 검무가 무속의식(巫俗儀式)의 한 절차로, 또 우리 문화의 한 부분으로 절절하게 녹아있음을 의미한다. 이는 발표자들의 논지에서도 드러난다. 춤의 도구로 전환하기 이전 검이 내포한 다양한 인문학적 배경들, 도상학적 관점에서 하나의 코드로 인식되는 검의 형상, 검무를 춤추는 기녀들의 복색, 검무진의 구성인원 등을 비롯 무예의 한 편린(片鱗)에서도 검무는 다시금 재해석되고 움직임으로 복원되고 또 창작의 모티브가 된다. 연구자들이 일깨운 새로운 화두가 후속 연구의 실질적 촉매가 되듯이 말이다.

"우리 전통춤에 존재하는 검무들을 다시 보자."는 의도로 시작된 〈검무전(劍舞展)〉은 2016년도에도 계속된다고 한다. 차기 〈검무전〉에서는 '진주검무'(중요무형문화재 제12호)를 비롯해, 3차에 걸친 공연에서 미처 소개하지 못한 검무들을 펼쳐본다고 한다. 기왕이면 이번 심포지움에서 만난 문학·미술·무예 속 검무의 자취가 다음 공연에서 더욱 다채로운 모티브로 활용되었으면 한다. 역사와 미의식이 기운생동(氣韻生動)하는 〈검무전〉을 기대하는 이유이다.

이 글은 《춤웹진》 2015년 12월호(76호) '춤, 현장'에 게재되었다.

참고문헌

• 원전 및 원서

『園行乙卯整理儀軌』.
『(癸酉)進爵儀軌』.
『(己丑)進饌儀軌』.
『(戊申)進饌儀軌』.
『(戊辰)進饌儀軌』.
『(辛丑)進宴儀軌』.
『(辛丑)進饌儀軌』.
『(壬寅)進宴儀軌』.
『(壬辰)進饌儀軌』.
『(丁丑)進饌儀軌』.
『(丁亥)進饌儀軌』.
『고종실록』.
『세종실록』.
『영조실록』.
『인조실록』.
『정조실록』.
『중종실록』.
『현종실록』.
『康熙字典』.
『계산기정』.
『高麗史』.
『古事記』.
『舊唐書』.
『國語』.
『歸鹿集』.
『金陵集』.
『奇遊錄』.
『老稼齋燕行日記』.
『論語』.
『凌虛關漫稿』.
『岱史』.
『大典會通』.
『陶厓詩集』.
『東經大全』〈布德文〉.
『東京雜記』.
『東史綱目』.

『東槎日記』.

『路史』.

『武藝圖譜通志』.

『問菴文藁』.

『비변사등록』.

『史記』.

『山海經』.

『三國史記』.

『三皇內文遺秘』.

『雪橋別集』.

『尙書正義』.

『上淸含象劍鑑圖』.

『西浦集』.

『石北集』.

『釋氏稽古略』.

『說文解字』.

『續東文選』.

『續夷堅志』.

『승정원일기』.

『시용무보』

『新增東國輿地勝覽』.

『악학궤범』

『與猶堂全書』.

『燕行錄』.

『靈寶六丁秘法』.

『泠齋集』.

『五洲衍文長箋散稿』.

『往還日記』.

『瑤池記』.

『龍潭遺詞』.

『雲笈七籤』.

『李忠武公全書』.

『益齋集』.

『日本書紀』.

『臨瀛誌』.

『著菴集』.

『前漢紀』.

『呈才舞圖忽記』.

『制勝方略』.

『周易』.

『竹下集』.

『增補文獻備考』.

『晉書』.

『靑鶴集』.

『度支準折』.

『太白陰經』.

『太白眞訓』.

『太平御覽』.

『通典』.

『罷寂錄』.

『鶴巖集』.

『韓非子』.

『漢書』.

『韓詩』.

『海東傳道錄』.

『華軒罷睡錄』.

『皇覽·塚墓記』.

『淮南子』.

『後吾知可』.

『後漢書·列傳』.

姜瑋, 『古歡堂收艸』.

김경선, 『연원직지』.

金萬重, 『西浦先生集』.

金壽民, 『箕東樂府』.

김정중, 『연행록』.

金宗直, 『東都樂府』.

_____, 『佔畢齋集詩集』.

김창업, 『老稼齋燕行日記』.

沈光世, 『休翁集』.

閔周冕, 『東京雜記』.

朴琮, 『鐥洲集』.

박사호, 『심전고』.

박제가, 『貞蕤閣文集』.

成大中, 『靑城集』.

成汝信, 『浮査集』.

成原默, 『東京雜記』.

吳光運, 『藥山漫稿』.

_____, 『海東樂府』.

俞漢雋, 『自著』.

尹愭, 『無名子集』.

李瀷, 『星湖全集』.

李匡師, 『圓嶠集』.

李令翊, 『信齋集』.

李裕元, 『嘉梧藁略』.

_____, 『林下筆記』.

이유준, 『몽유연행록』.

李宜顯, 『陶谷集』.

李鼎益, 『甘華文集』.

李學逵, 『洛下生集』.

丁若鏞, 『茶山詩文集』.

_____, 『與猶堂全書』.

鄭顯奭, 『敎坊歌謠』.

조헌, 『중봉선생문집』.

陳暘, 『樂書』.

최덕중, 『연행록』.

홍순학, 『병인연행가』.

• 단행본

姜漢永 校註, 『意幽堂日記·華城日記』, 新丘文化社, 1974.

경기도박물관 편, 『경기도박물관 명품선』, 경기도박물관, 2004.

고려대학교박물관 편, 『고려대학교박물관 名品圖錄』, 고려대학교박물관, 2008.

_____ 편, 『조선시대 기록화의 세계』, 2001.

국립경주박물관, 『唐代 명품전』 중국 섬서역사박물관 소장전 도록, 2012.

국립광주박물관, 『공재 윤두서』, 2014.

국립국악원 편, 『樂學軌範』, 국립국악원, 2011.

국립문화재연구소 편, 『독일 라이프치히그라시민속박물관 소장 한국문화재』, 국립문화재연구소,
        2013.

_____ 편, 『미국 로스앤젤레스 카운티박물관 소장 한국문화재』, 국립문화재연구소,
        2012

국립문화재연구소, 『보존과학 연구』 제16집, 1995.

국립민속박물관 편, 『한민족역사문화도감: 의생활』, 국립민속박물관, 2005.

국립중앙박물관 편, 『조선시대 궁중행사도 Ⅰ』, 국립중앙박물관, 2010.

_____ 편, 『조선시대 풍속화』, 국립중앙박물관, 2002.

_____ 편, 『초상화의 비밀』, 국립중앙박물관, 2011.

국립중앙박물관·조선일보사 편, 『한국풍물 유길준과 개화의 꿈』, 미국 피바디에섹스박물관 소장
        100년 전 도록, 1994.

기태완 선역, 『당시선』 上, 보고사, 2008.

김대문 저 조기영 편역, 『花郞世紀』, 도서출판 장락, 1997.

金東縉 著, 『四千年間 朝鮮俚語解釋』, 京城 德興書林 發行, 昭和 1928(3년).

김말애, 『韓中日 宮中舞踊의 變遷史』, 경희대학교 출판국, 1996.

김매자, 『한국무용사』, 삼신각, 2002.

김선영, 『조선무용사연구』, 사회과학출판사, 2010.

김선풍·김경남 공저, 『강릉단오제 연구』, 보고사, 1998.

김영호, 『조선의 협객 백동수』, 푸른역사, 2002.

김영희·김채원·김채현·이종숙·조경아, 『한국춤통사』, 보고사, 2014.

김인겸·최강현 譯註, 『일동장유가』, 보고사, 2007.

김정녀·성기숙, 『무형문화재조사 보고서 (19) 입춤·한량무·검무』, 문화재관리국, 1996.

김종수, 『조선시대 궁중연향과 여악연구』, 민속원, 2003.

_____, 『조선시대 궁중연향의 본질과 여악제도의 변천』, 민속원, 2018.

김종수·인남순 공역, 『여령정재홀기』, 민속원, 2001.

김지용, 『한국의 女流漢詩』, 여강출판사, 1991.

김진영·안영훈 역주, 『김유신전』, 고려대학교 민족문화연구소, 1996.

김채원, 『최승희춤-계승과 변용』, 민속원, 2008.

김천흥·박헌봉·유기룡, 『무형문화재 조사보고서 제89호 진주검무』, 문화재관리국, 1966.

김천흥·성경린·김기수, 『무형문화재 조사보고서 제29호 종묘일무』, 문화재관리국, 1966.

김혜정 외, 『韓國舞踊史의 理解』, 형설출판사, 2003.

리봉옥, 『朝鮮古傳舞踊』, 한국문화사, 1996.

리순정, 『우리나라 민속무용』. 예술교육출판사, 1991.

문화재연구회, 『중요무형문화재』, 대원사, 1999.

문화재청 편, 『문화재대관 중요민속자료 2: 복식·자수편』, 문화재청, 1997.

박선식, 『위풍당당 한국사』, 베이직 북스, 2008.

_____, 『치세에 붓을 들고 난세에 칼을 차니』, 연경미디어, 2005.

박성실 외, 『어진에 옷을 입히다』, 민속원, 2016.

박승률, 『대풍류』, 어울림, 1999.

박정혜, 『조선시대 궁중기록화 연구』, 일지사, 2000.

박종성, 『조선민속무용』, 문예출판사, 1991.

박한제 외 지음 『아틀라스 중국사』, 사계절, 2007 1판 1쇄, 2008, 1판 3쇄.

박희병, 『韓國古典人物傳硏究』, 한길사, 1992.

백성현·이한우, 『파란 눈에 비친 하얀 조선』, 새날, 1999.

부산박물관, 『조선시대 통신사와 부산』, 2015.

司馬遷·정범진 외 역, 「遊俠列傳」, 『史記列傳』下, 까치, 1995 초판, 2000 4판.

사진실, 『공연문화의 전통』, 태학사, 2002.

사회과학원 역사연구소, 『조선전사24』, 과학백과사전출판사, 1981.

서울역사박물관·단국대학교 석주선기념박물관 편, 『다시 태어난 우리 옷, 환생』, 서울역사박물관·단국대학교 석주선기념박물관, 2006.

서인화·박정혜·주디반자일 편, 『조선시대 진연 진찬 진하병풍』, 국립국악원, 2000.

성경린, 『한국의 무용』, 세종대왕기념사업회, 2000.

_____, 『한국의 전통무용』, 일지사, 1979.

_____, 『韓國傳統舞踊』, 일지사, 1995.

성계옥·차옥수, 『진주검무』, 화산문화, 2002.

성대중, 『靑城集』, 『한국문집총간』 248, 민족문화추진회, 2000.

성대중·김종태 외 옮김, 『국역 청성잡기』, 민족문화추진회, 2006.

성대중·박소동 엮음, 『궁궐 밖의 역사』, 열린터, 2007.

성무경·이의강 번역, 『정재무도홀기』 보고사, 2005.

손선숙, 『궁중정재 용어사전』, 민속원, 2005.

송방송, 『한겨레음악대사전』, 보고사, 2012.

송방송·김은자·이정희, 『國役 純祖己丑進饌儀軌: 卷二』, 민속원, 2007.

송방송·김종수, 『國役 純祖己丑進饌儀軌: 卷首·卷一』, 민속원, 2007.

송방송·박정련 외, 『國譯 肅宗己亥進宴儀軌』, 민속원, 2001.

송방송·조경아·이재옥·송상혁, 『國役 純祖己丑進饌儀軌: 卷三』, 민속원, 2007.

송수남, 『韓國舞踊史』, 금광, 1988.

수원화성박물관 편, 『정조대왕의 수원행차도』, 수원화성박물관, 2016.

_____, 『정조, 8일간의 수원행차』 정조대왕 을묘년 수원행차 220주년 기념 특별기획전, 2015.

『時用舞譜·呈才舞圖笏記』, 銀河出版社, 1989, 韓國音樂學資料叢書 4.

안대회, 『고전산문산책』, 휴머니스트, 2008.

_____, 『벽광나치오 : 한 가지 일에 미쳐 최고가 된 사람들』, 휴머니스트 출판그룹, 2011.

_____, 『조선의 프로페셔널』, 휴머니스트, 2007.

안민영·김신중 역주, 『역주 금옥총부』, 박이정, 2003.

안확 저 최원식·정해렴 편역, 『安自山 國學論選集』, 현대실학사, 1996.

엄경흠, 『漢詩에 담긴 신라 천년의 향기』 Ⅰ, 전망출판사, 2000.

呂氏春秋·이운구 옮김, 『荀子』, 「成相」, 한길사, 2006.

온양민속박물관 편, 『朝鮮時代의 冠帽』, 온양민속박물관, 1988.

원중거, 김경숙 옮김, 『조선후기 지식인, 일본과 만나다』, 소명출판, 2006.

유득공, 『泠齋集』 권14, 『한국문집총간』 260, 민족문화추진회, 2000.

劉安·이석호 옮김, 『淮南子』, 세계사, 2005.

육군박물관 편, 『육군박물관 소장 군사복식』, 육군박물관, 2012.

윤광봉, 『조선후기의 연희』, 박이정, 1998.

윤석산, 『동경대전』, 동학사, 1996.

_____, 『용담유사 연구』, 민족문화연구소, 1987.

이능화, 『朝鮮解語花史』, 동문선, 1992.

李能和·이재곤 옮김, 『조선해어화사』, 東文選, 1992.

이도학, 『새로 쓰는 백제사』, 푸른역사, 1997.

이마미치 도모노루(今道友信), 조선미 역, 『동양의 미학』, 다할미디어, 2005.

이민홍, 『韓國 民族禮樂과 詩歌文學』, 대동문화연구소, 2001.

이병옥, 『한국무용통사: 고대편』, 민속원, 2013.

이보형, 『무형문화재 조사 보고서 4-삼현육각』, 문화재관리국, 1984.

이보형·정병호, 『무형문화재 조사보고서 제 169호 통영검무』, 문화재관리국, 1985.

이상보, 『18세기 가사전집』, 민속원, 1991.

이영주·임도현·신하윤 역, 『이태백 시집』, 학고방, 2015.

이의강 번역, 『순조무자진작의궤』, 보고사, 2006.

이종숙, 『종묘제례악 일무의 왜곡과 실제』, 민속원, 2012.

이철원, 『여가학의 질적연구방법론』, 레인보우북스, 2013.

이태호, 『풍속화』(하나, 둘), 대원사, 1995, 1996.

이태호·유홍준, 『고구려 고분벽화』, 풀빛, 1995.

이해응, 『薊山紀程』, 『국역연행록선집 Ⅷ』, 민족문화문고간행회, 1976; 1982.

이혜구 譯註, 『신역악학궤범』, 국립국악원, 2000.

이화여자대학교 편, 『조선시대의 신』, 이화여자대학교 담인복식미술관, 2016.

이홍구·손경순 역, 『정재무도홀기』, 열화당, 2000.

_____·_____, 『조선궁중무용』, 열화당, 2000.

임기중, 『연행가사연구』, 아세아문화사, 2003.

임수정, 『한국의 교방검무』, 민속원, 2011.

임순자, 『호남검무』, 태학사, 1998.

장사훈, 『세종조 음악연구(세종대왕의 음악정신)』, 서울대학교 출판부, 1983.

_____, 『韓國舞踊槪論』, 대광문화사, 1997.

장숙환, 『전통 남자 장신구』, 대원사, 2003.

전경욱, 『한국의 전통연희』, 학고재, 2004.

전통예술원 편, 『국역헌종무신진찬의궤』 권1, 민속원, 2004.

_____, 『조선후기문집의 음악사료』, 민속원, 2002.

정병설, 『나는 기생이다: 『소수록』 읽기』, 문학동네, 2007.

정병호, 『한국 무용의 미학』, 집문당, 2004.

_____, 『한국의 전통춤』, 집문당, 1999.

정병호·양소운, 『해주검무』, 전통문화사, 1993.

정수웅, 『최승희』, 눈빛, 2004.

정약용 저, 김지용 역주, 『정다산시문선』, 교문사, 1991.

정영문, 『조선시대 사행록의 텍스트와 콘텍스트』, 학고방, 2011.

정은혜, 『정재연구 1』, 대광문화사, 1993.

『呈才舞圖笏記』, 韓國精神文化硏究院, 1994.

정현석 편저, 성무경 역주, 『교방가요』, 보고사, 2002.

조선의 민속전통 편찬위, 『조선의 민속전통 6』, 과학백과사전종합출판사, 1995.

진보량, 이치수 옮김, 『중국유맹사』, 아카넷, 2001.

최승희, 『조선민족무용기본』, 조선예술출판사, 1958.

_____, 『최승희무용극 대본집』, 조선예술출판사, 1958.

충북대학교박물관 편, 『조선시대 여인의 옷』, 충북대학교박물관, 2008.

『韓國 箕東樂府 註解』, 신장섭 역, 국학자료원, 1997.

『韓國宮中舞踊』 1, 이홍구 외 역, 열화당, 2000.

『韓國宮中舞踊』 2, 이홍구 외 역, 은하출판사, 2003.

한국예술학과 음악사료강독회 역주, 『고종신축진연의궤: 卷一』; 『고종신축진연의궤: 卷二』; 『고종
　　신축진연의궤: 卷三』, 한국예술종합학교 전통예술원, 2001~2002.

　　　　　　　　　　　　　 역주, 『국역 헌종무신진찬의궤: 卷首·卷一』; 『국역 헌종무신진찬의
　　궤: 卷二』; 『국역 헌종무신진찬의궤: 卷三』, 한국예술종합학교 전통예술원, 2004~2006.

한국학중앙연구원 편, 『조선후기 궁중연향문화』 권2, 민속원, 2005.

허경진 편역, 『樂人列傳』, 한길사, 2005.

허인욱, 『옛 그림에서 만난 우리무예 풍속사』, 푸른역사, 2005.

홍양호, 『耳溪集』, 『한국문집총간』 241, 민족문화추진회, 2000.

황문환 외, 『정미가례시일기 주해』, 한국학중앙연구원 출판부, 2010.

『明淸風俗畵』, 故宮博物院藏文物珍品, 2008.

『文淵閣四庫全書電子版: 原文及全文檢索版』, 香港: 迪志文化出版有限公司, 1999.

范文瀾, 『中國通史簡編』 第一編, 南回出版社, 1954.

『中國畵像石全集』 1,2,3 山東漢畵像石, 4 江蘇·安徽·浙江, 6 河南漢畵像石, 7 四川漢畵像石, 山東美術出版社·河南美術出版社, 2000.

中村金城, 『朝鮮風俗畵譜』, 富里昇進堂, 1910.

『二十四史 史記(1)』, 北京: 中華書局, 1997.

• 논문

강성문, 「양대박의 운암전 고찰」, 『학예지』 제5집, 육군사관학교 육군박물관, 1997.

권혜경, 「조선후기 교방의 연행활동 연구: 춤을 중심으로」, 이화여자대학교 석사학위논문, 2005.

김기종, 「나주삼현육각에 관한 연구」, 중앙대학교 석사학위논문, 1996.

김남기, 「『연원일록』에 나타난 기녀의 생활과 애환」, 『돈암어문학』 20집, 돈암어문학회, 2007.

김덕순, 「라바노테이션 원리를 이용한 무산향 기록법에 관한 연구」, 조선대학교 미간행 석사학위논문, 2000.

김매자, 「궁중무용에 나타난 한국인의 미의식」, 『한국전통예술의 미의식』, 한국정신문화연구원, 1985.

김명원, 「진주검무 반주음악의 시대적 변천과정」, 진주교육대학교 석사학위논문, 2017.

김미영, 「『武藝圖譜通志』 검술을 기초로 한 조선검무의 춤동작과 사상성 연구」, 『대한무용학회논문집』 69, 2011.

_____, 「문학작품에 표현된 18세기 교방검무의 미적 특징」, 『한국무용사학』 6, 무용역사기록학회, 2007.

김영운, 「國立國樂院 所藏 『呈才舞圖笏記』의 再檢討」, 『근대로의 전환기적 음악양상: 조선후기편』, 한국예술종합학교 전통예술원, 2003.

김영희, 「검무 구조 분석 시론: 문헌과 음악을 중심으로」, 『공연문화연구』 제34집, 한국공연문화학회, 2017.

_____, 「전통춤의 움직임에 드러난 '풍'의 양상 연구」, 성균관대학교 박사학위논문, 2013.

_____, 「한국 근대춤에서 검무의 변화 연구」, 『한국무용사학』 10, 한국무용사학회, 2009.

_____, 「한국 춤의 역사에 등장한 검무의 양상」, 『전통춤평론집 춤풍경』, 보고사, 2016.

김용, 「한국궁중무용의 춤사위 기록법 연구」, 『한국사상과 문화』 제33호, 한국사상문화학회, 2006.

_____, 「현행종묘일무의 작무법에 대한 비평」, 『한국사상과 문화』 제23집, 한국사상문화학회, 2004.

김용·정재만·차수정·신정재, 「시용무보와 현행 종묘일무의 술어요체 및 무절구조 비교 분석 도보집」, 조선조악무보존회, 2007.

김운태, 「한국 검무사 연구」, 청주대 석사학위논문. 1998.

김은자, 「조선후기 성천 교방의 공연활동 및 공연사적 의미」, 『한국전통무용의 변천과 전승』, 보고사, 2005.

김은자, 「조선후기 평양교방의 규모와 공연활동」, 『한국음악사학보』 31집, 한국음악사학회, 2003.

김은정, 「선천의 '항장무'를 보고」, 『문헌과해석』 통권 18호, 문헌과 해석사, 2002.

김진성, 「서도 대풍류의 선율구조 연구」, 한국예술종합학교 전문사학위논문, 1999.

김창식, 「국제 무대에서의 조선의 민족무용」, 『노동신문』, 1957.

김채원, 「북한의 무용분야 무형유산의 실재」, 『2019 국립무형유산원 학술대회자료집』, 국립무형유
산원, 2019.

김태준, 「연행노정, 그 세계로 향한 길」, 『연행노정, 그 고난과 깨달음의 길』, 박이정, 2004.

김혜림, 「한국 검무의 변천과정에 관한 연구」, 상명대학교 석사학위논문, 1998.

남미화, 「朝鮮後期 記錄畵에 나타난 劍器舞 服飾에 관한 연구」, 이화여자대학교 석사학위논문,
2003.

남후선, 「劍器舞服飾에 關한 硏究」, 『복식문화연구』 제5권 3호, 복식문화학회, 1997.

노수철, 「검무의 변천과정과 형태적 비교분석」, 세종대학교 석사학위논문, 1994.

노한나, 「밀양검무의 춤사위 분석에 따른 미학적 성격 연구」, 성균관대학교 무용학과 박사학위논
문, 2014.

도기현, 「정대업지무의 검술적 용법과 표현용어에 관한 연구」, 연세대학교 박사학위논문, 2017.

문화재청, 「종묘제례(일무) 관련 요청자료 송부」, 문서번호: 무형86730-378, 2002.05.21.

민선홍, 「조선 후기 협(俠) 서사의 유형과 의미」, 한양대학교 석사학위논문, 2017.

민태금, 「진주 검무와 해주 검무의 비교 연구」, 중앙대학교 석사학위논문, 1984.

박경미, 「해주검무의 춤사위 고찰」, 숙명여자대학교 석사학위논문, 2005.

박길수, 「〈용담검무〉의 역사와 의의」, 《용천검 날랜칼은 일월을 희롱하고》 팸플릿, 용담검무보존
회·(사)한국검예도협회, 2003.9.27.

박선식, 「동북아 상고시기 技術權力層의 强大邑落 經營과 王儉朝鮮 初期執政勢力의 技術文化主導
樣相 - 관련 문헌자료와 고고자료의 비교를 중심으로」, 『恩鄕』 12호, 은평향토사학회, 2015.

_____, 「동아시아 상고시대 탁록전쟁의 시론적 검토」, 『2001년 제1회 치우학술대회』, 치우학회,
2001.

_____, 「조선시대 刀劍의 실측과 분석」, 『학예지』 제5집, 육군사관학교 육군박물관, 1997.

_____, 「蚩尤 祭祀의 역사적 사례와 문화적 의미」, 『2012년 치우학술대회』(관왕묘 보존문제 및
치우천왕사당 복원의 당위성), 치우학회, 2012.

_____, 「탁록 戰鬪說話에 반영된 동북아 상고邑落社會內 집단적 갈등과 상고시기 旗幟鼓角의 군
사적 운용 - 防禦 聚落 遺蹟과 樂器 遺物을 비교하여」, 『학예지』 21집, 육군사관학교 육군박물
관, 2014.

_____, 「太白眞訓 上篇에 담긴 주요의미의 이해」, 『杏村會報』 43호, 행촌학술문화진흥원, 2013.

_____, 「太白眞訓 中篇에 담긴 주요의미의 이해」, 『杏村會報』 44호, 행촌학술문화진흥원, 2014.

_____, 「太白眞訓 下篇에 담긴 주요의미의 이해」, 『杏村會報』 45호, 행촌학술문화진흥원, 2014.

_____, 「한국 선사인의 竝置巨石物 조형행위와 生殖崇拜 및 豐饒祈願意識의 상관성 검토 - 경기
도 파주 심학산의 線狀竝置巨石物의 造形樣態와 그에 표현된 凹面 형상을 중심으로」, 『명과학
연구』 제5호, JH지식곳간채, 2015.

_____, 「한국의 持劍文化 및 劍舞의 역사성과 '잠개춤'의 동아시아적 연원」, 『한국검무의 재발견』
(한국전통무예진흥학회 추계학술발표회 자료집), (사)한국전통무예진흥학회, 2014.

_____, 「행촌 이암의 자주자강 의식과 외교활동」, 『杏村先生研究叢書』 제2집, 사단법인 행촌학술
문화진흥원, 2006.

박성실, 「조선시대 蒙頭衣에 관한 연구」, 『服飾』 제55권 8호, 한국복식학회 2005.

박진태, 「항장무의 연극적·희곡적 측면」, 『우리말글』 33집, 우리말글학회, 2005.

방승환, 「종묘제향에 나타난 일무에 관한 연구」, 중앙대학교 교육대학원, 1992.

배인교, 「조선후기 지방 관속 음악인 연구」, 한국학중앙연구원 박사학위논문, 2007.

백경우, 「이매방류 광주 검무와 진주 검무에 관한 비교 연구」, 용인대학교 석사학위논문, 2000.

사진실, 「개화기 한국연극의 근대적 발전 양상 연구 – 연극전통의 계승과 혁신을 중심으로」, 『한국
    연극연구』 3집, 2000.

_____, 「고려시대 정재의 공연방식과 연출원리」, 『정신문화연구』 73호, 한국정신문화연구원,
    1998.

_____, 「선유락의 공연양상과 연극사적 의의」, 『동양연극연구』 1호, 동양연극학회, 2000.

_____, 「조선시대 궁정 공연공간의 양상과 극장사적 의의」, 『서울학연구』 15호, 서울학연구소,
    2000.

서만일, 「최승희의 예술과 활동 1」, 『조선예술』 10월호, 문학예술종합출판사, 1957.

서영교, 「고구려 고분벽화에 보이는 고구려의 전술과 무기」, 『고구려발해연구』 17, 고구려발해학
    회, 2004.

서정록, 「항장무연구」, 『민족무용』 1집, 세계민족무용연구소, 2002.

성무경, 「呈才〈項莊舞〉의 연희전승과 극 연출 방식」, 『민족문화연구』 36호, 고려대학교 민족문화
    연구원, 2002.

_____, 「조선후기 지방교방의 관변풍류(官邊風流)와 악·가·무(樂歌舞)」, 『교방가요』, 보고사,
    2002.

손선숙, 「의궤의 검기무 정재도 연구」, 『한국무용기록학회지』 제14권, 한국무용기록학회, 2008.

손은형, 「조선후기의 시대적 변화가 궁중검무에 미친 영향」, 이화여자대학교 석사학위논문, 2010.

신동숙, 「제례악의 지도방안 연구 : 종묘·문묘 제례악을 중심으로」, 용인대학교 교육대학원, 2008.

신명숙, 「신라 가면무에 관한 연구 : 처용무, 검무를 중심으로」, 경희대학교 석사학위논문, 1987.

신장섭, 「동일 소재 영사악부의 시적 변모에 따른 작가의 세계관:〈황창랑(黃昌郎)〉과〈성상배(城
    上拜)〉를 중심으로」, 『경민대학연구논총』 2, 경민대학 산학기술연구소, 1999.

신혜영, 「延世大學校 博物館所藏 光武5年 進宴圖의 服飾」, 이화여자대학교 석사학위논문, 1990.

엄원대, 「詠史樂府의 春秋大義的 硏究 : 新羅素材의 反復的 모티브를 中心으로」, 경성대학교 박사
    학위논문, 1999.

王永平, 「唐代劍器舞考」, 『青海師範大學學報(社會科學版)』, 1990.

왕홍원, 「중국 검기무에 대한 연구: 기원전 21세기부터 기원 907년」, 중앙대학교 석사논문, 2014.

유행수, 「종묘일무의 술어에 관한 연구 – 정대업지무의 검기법적 해석을 중심으로」, 숙명여자대학
    교, 2000.

윤빛나, 「조선시대 입식(笠飾) 연구: 공작깃·호수·상모를 중심으로」, 이화여자대학교 석사학위논
    문, 2014.

윤석산, 「〈용담검무〉의 역사성과 현재성」, 『동학연구』 제17호, 한국동학학회, 2004.

_____, 「후천을 열어가는 검가와 검무」, 《용천검 날랜칼은 일월을 희롱하고》 팸플릿, 용담검무보
    존회·(사)한국검예도협회, 2003.9.27.

윤지원, 「劍舞 服飾의 연원과 변천양상에 관한 연구」, 『服飾』 제 57권 7호, 한국복식학회, 2007.

윤필영, 「朝鮮後期 樂府詩의 東都樂府 受容樣相」, 대구한의대학교 석사학위논문, 2011.

이경진, 「조선시대 정치사회상에 나타난 궁중검무의 변화에 관한 연구」, 수원대학교 석사학위논문,

2003.

이보형, 「시나위권의 무악음악」, 『한국문화 인류학』 4, 한국문화인류학회, 1971.

이소영·조용진, 「그림기법을 통하여 본 시용무보의 제작정황 추정」, 『한국사상과 문화』 제21호, 한국사상문화학회, 2003.

이수미, 「국립중앙박물관 소장 〈태평성시도〉 병풍 연구」, 서울대학교 박사학위논문, 2004.

이숙희, 「"종묘제례악 일제 왜곡" 보도에 대한 해명」, 국립국악원 보도자료, 2003.3.20.

이순전, 「검무고」, 서울대학교 석사학위논문, 1974.

이연순, 「점필재 김종직의 악부시 연구」, 이화여자대학교 석사학위논문, 2000.

李英·楊愛華·呂宏·趙云書, 「劍舞考論」, 『體育文化尋刊』, 2004.

이왕진, 「진주검무, 통영검무의 비교연구」, 중앙대학교 석사학위논문, 1997.

이은주, 「덕온공주가례등록을 통해 본 공주가례복식」, 『韓國服飾』 제32호, 단국대학교 석주선기념박물관, 2012.

_____, 「한국전통복색에서의 청색과 흑색: 청색의 범주문제를 중심으로」, 『복식』 제18권 1호, 한국복식학회, 1994.

이장섭, 「전통예술로서의 〈용담검무〉 정립방향 소고」, 『동학학보』 제7호, 동학학회, 2004.

이종숙, 「시용무보 무절 구조분석과 현행 종묘일무 비교 연구」, 용인대학교 박사학위논문, 2003.

이지양, 「17세기 조선의 한문학에 나타난 음악과 무용 풍속 – 별곡, 호무, 항장무를 중심으로」, 『한문학보』 17집, 우리한문학회, 2007.

_____, 「18세기 악·가·무의 사적 전승경로」, 『한문학보』 제3집, 우리한문학회, 2000.

_____, 「한문학에 나타난 우리 음악과 무용」, 『한국한문학연구』 제37집, 한국한문학회, 2006.

이지연, 「이봉애의 평양 검무 연구」, 중앙대학교 석사학위논문, 2004.

이지영, 「라바노테이션의 표기법을 통한 시용무보의 재해석 연구」, 숙명여자대학교 석사학위논문, 2004.

이태호, 「벽화로 본 고구려」, 『대고구려역사 중국에는 없다』, 예문당, 2004.

_____, 「옛 그림에 보이는 한국 칼춤의 이미지」, 『검무의 역사와 미의식』, 검무심포지엄 자료집, 김영희춤연구소, 2015.

_____, 「한국 검무의 발생 배경과 조선 후기 풍속화·기록화의 여성 쌍검무」, 『인문과학논총』 37-2, 명지대학교, 2016.

이태호·양숙향, 「간송미술관 소장 혜원풍속화첩을 통해 본 19세기(순조~고종년간) 민간의 복식과 생활상」, 『강좌미술사』 15, 한국미술사연구소, 2000.

임수정, 「검무의 진행방식에 관한 연구: 여기 검무를 중심으로」, 『동양예술』 제11호, 한국동양예술학회, 2006.

_____, 「승전무 음악연구」, 『음악과 민족』 제23호, 민족음악학회, 2002.

_____, 「조선시대 궁중검무 공연 양상」, 『공연문화연구』 14권, 한국공연문화학회, 2007.

_____, 「조선시대 궁중검무의 유형별 고찰」, 『우리춤연구』 9, 한양대학교 우리춤연구소, 2009.

_____, 「한국 여기검무의 예술적 형식」, 『공연문화연구』 17권, 한국공연문화학회, 2008.

_____, 「한국의 검무 음악 연구」, 『음악과민족』 제28호, 민족음악학회, 2004.

임영상, 「CIS 고려인 사회의 전통 공연예술: 고려극장과 소인예술단」, 『'2012 해외 전승 무형문화유산 학술조사연구 사업' CIS 고려인 공동체 무형유산 전승실태 연구성과 발표회』, 문화재청, 2012.

임재해, 「탈춤 기원론의 쟁점과 상고시대 탈춤문화의 뿌리」, 『韓國民俗學』 Vol.50, 한국민속학회,

2009.

임혜정, 「해주삼현육각고」, 『한국음반학』 제13호, 한국고음반연구회, 2003.

＿＿＿, 「향제삼현육각 긴염불 연구」, 『한국음반학』 제12호, 한국고음반연구회, 2002.

장효선, 「〈용담검무〉를 복원하며」, 《용천검 날랜칼은 일월을 희롱하고》 팸플릿, 용담검무보존회
　　　·(사)한국검예도협회, 2003.9.27.

＿＿＿, 「용담검무의 춤사위와 검결의 문화적 가치에 관한 연구」, 명지대학교 박사학위논문, 2015.

정말숙, 「진주·통영·해주 검무의 비교연구」, 동아대학교 석사학위논문, 1987.

정병모, 「무예도보통지의 판화」, 『진단학보』 91, 진단학회, 2001.

정수연, 「궁중검무와 각 지역 검무의 비교 분석」, 중앙대학교 석사학위논문, 2000.

정영문, 「〈항장무〉의 변이양상과 의미에 대한 연구」, 『온지논총』 31집, 온지학회, 2012.

정우봉, 「조선후기 협기의 유형과 그 의미」, 『고전문학연구』 제30회, 한국고전문학회, 2010

정은경, 「조선시대 선상기(選上妓)에 의한 궁중정재와 민간연희의 교섭」, 『韓國民俗學會』 39,
　　　2004.

조경아, 「成川의 童妓 降仙, 궁중무대에 서다: 純祖 己丑年 進饌의 呈才 공연과정」, 『근대 궁중무
　　　의 계승과 변화: 정재연구회 10주년 기념 논문집』, 보고사, 2007.

＿＿＿, 「純祖代 孝明世子 代聽時 呈才의 演行樣相」, 한국예술종합학교 전문사학위논문, 2004.

＿＿＿, 「조선후기 儀軌를 통해 본 呈才 연구」, 한국학중앙연구원 박사학위논문, 2009.

＿＿＿, 「조선후기 의궤의 정재도(呈才圖) 기록 현황」, 『무용예술학연구』 37집, 한국무용예술학회,
　　　2012.

조선중앙통신, 「최승희무용연구소 예술인들의 공연을 소련신문들 광범위 논평」, 『노동신문』, 1957.

조혁상, 「조선 후기 刀劍贈與에 대한 고찰」, 『한국문화연구』 27, 이화여자대학교 한국문화연구원,
　　　2014.

＿＿＿, 「조선조 검무시 연구」, 『민족무용』 제5호, 세계민족무용연구소, 2004.

＿＿＿, 「朝鮮朝 劍舞詩에 나타난 劍의 이미지」, 『학예지』 제11집, 육군사관학교 육군박물관,
　　　2004.

＿＿＿, 「조선조 검무시의 일연구」, 성균관대학교 석사학위논문, 2004.

＿＿＿, 「조선조 劍舞의 武術的 성격에 대한 고찰」, 『한국무용사학』 10, 무용역사기록학회, 2009.

＿＿＿, 「朝鮮朝 妓女劍舞의 文學的 形象化에 대한 考察 – 劍舞詩를 중심으로」, 『동방한문학』 64
　　　집, 동방한문학회, 2015.

조혜란, 「조선의 女俠, 劍女」, 『한국고전여성문학연구』 제12집, 한국고전여성문학회, 2006.

종묘제례악보존회, 「종묘제례악 일제왜곡 보도에 따른 종묘제례악보존회 입장」, 2003.04.

진윤경, 「항장무에 관한 고찰」, 이화여자대학교 석사학위논문, 1989.

최미희, 「光武6년(1902) 進宴儀軌에 나타난 呈才服飾」, 명지대학교 석사학위논문, 1997.

최성애, 「18·19세기 사행록에 표현된 劍舞 '俠'의 특징 연구」, 성균관대학교 박사학위논문, 2010.

＿＿＿, 「조선 후기 협의 미의식 – 使行錄과 劍舞詩를 중심으로」, 『대한무용학회논문집』 제60호,
　　　대한무용학회, 2009.

최순희, 「조선왕조실록에 나타난 일무에 관한 고찰」, 경기대학교 석사학위논문, 2004.

최승희, 「무용소품의 사상예술적 높이를 위해」, 『조선예술』 9월호, 문학예술종합출판사, 1966.

＿＿＿, 「예술적 기량과 예술적 련마」, 『조선예술』 3월호, 문학예술종합출판사, 1964.

＿＿＿, 「형제나라들의 방문공연」, 『조선예술』 3월호, 문학예술종합출판사, 1957.

최식, 「황창과 황창무의 문헌적 고찰」, 『민족무용』 제6호, 세계민족무용연구소, 2005.

최윤희, 「조선시대 궁중검기무 복식에 관한 연구」, 건국대학교 석사학위논문, 2010.
하문식, 「중국 동북지역 청동기 시대 동굴 유적: 太子河 상류지역을 중심으로」, 『우리나라 선사시대의 동굴유적과 문화』, 연세대학교 박물관, 2004.
한경자, 「남북한 검무의 형태와 미적 가치 비교」, 『한국체육학회지』 제46권 제5호, 한국체육학회, 2007.
허흥순, 「보태평·정대업 악무보 소고」, 『한국문화연구논총』 제12집, 이화여자대학교, 1968.
황인덕, 「'黃倡舞' 研究: 黃倡의 由來문제를 中心으로」, 『한국민속학』 20호, 한국민속학회, 1987.
황혜영·소황옥, 「향제 검무와 복식에 관한 연구」, 『服飾』 제61권 6호, 한국복식학회, 2011.

• 인터넷 및 기타자료

『(癸酉)進爵儀軌』, 왕실도서관 장서각 디지털 아카이브.
『(己丑)進饌儀軌』, 왕실도서관 장서각 디지털 아카이브.
『(戊申)進饌儀軌』, 왕실도서관 장서각 디지털 아카이브.
『(戊辰)進饌儀軌』, 규장각 한국학연구원.
『(辛丑)進宴儀軌』, 왕실도서관 장서각 디지털 아카이브.
『(乙卯)整理儀軌』, 왕실도서관 장서각 디지털 아카이브.
『(壬寅.11月)進宴儀軌』, 왕실도서관 장서각 디지털 아카이브.
『(壬寅.4月)進宴儀軌』, 왕실도서관 장서각 디지털 아카이브.
『(壬辰)進饌儀軌』, 왕실도서관 장서각 디지털 아카이브.
『(丁丑)進饌儀軌』, 왕실도서관 장서각 디지털 아카이브.
『(丁亥)進饌儀軌』, 왕실도서관 장서각 디지털 아카이브.
강순제 외, 『한국복식사전』, 민속원, 2015.
『국립국어원 표준국어대사전』, http://www.korean.go.kr
국립민속박물관 편, 『한국민속예술사전』, 국립민속박물관, 2016.
김현식, 『동아세계대백과사전』 권4, 동아출판사, 1992, 4권.
文世榮, 『朝鮮語辭典』, 朝鮮語辭典刊行會, 1938.
『세종실록』, 인터넷 원문 서비스, 한국고전번역원, http://www.itkc.or.kr
『신증동국여지승람(新增東國輿地勝覽)』, 한국고전번역원 DB.
이가원·안병주 감수, 『大漢韓辭典』, 교학사, 1998; 2007, 7쇄.
『임하필기(林下筆記)』, 한국고전번역원 DB.
『점필재집(佔畢齋集)』, 한국고전번역원 DB.
『한국민족문화대백과사전 16』, 한국정신문화연구원, 1993.
『漢語大詞典』 CD-Rom.
『海東樂府集成』, 여강출판사, 1988.
《경향신문》 2009.2.23.
《뉴스메이커》 2008.7.22., 「동학은 근세 민족종교의 시발점」.
《서울신문》 2005.12.22.
《천지일보》 2010.4.17.
규장각 한국학연구원(http://e-kyujanggak.snu.ac.kr)

네이버중국인물사전, 한국인문고전연구소(https://terms.naver.com/?)
네이버고전문학사전(https://terms.naver.com)
네이버한자사전(https://hanja.dict.naver.com/)
동학농민혁명기념재단 홈페이지(http://www.1894.or.kr/)
무용 칼춤(https://www.youtube.com/watch?v=DAFAmmrAAyE)
문화재청 국가문화유산 포털, 문화재검색(http://www.heritage.go.kr/)
서울대학교 규장각한국학연구원(http://kyujanggak.snu.ac.kr/)
왕실도서관 장서각 디지털 아카이브(http://yoksa.aks.ac.kr/main.jsp)
한국고전번역원 DB(http://www.itkc.or.kr)
한국민족문화대백과사전(http://encykorea.aks.ac.kr/)

• 영상자료

〈검기무〉 유튜브 동영상 '국립국악원 토요명품공연 나형', 2014.3.15, 국립국악원 우면당, 출연 국립국악원 무용단.
〈사도성의 이야기〉, 조선국립영화촬영소, 1956.
〈조선의 민속놀이〉, 모란비데오, 제작년대 1980년대 후반 추정.
〈진주검무〉 유튜브 동영상 '임수정 전통춤판 선경풍류' 2016.7.27, 국립국악원 풍류사랑방, 출연 진주검무보존회.
〈통영검무〉 유튜브 동영상 '승전무 발표공연 및 우리춤의 향연' 2014.11.16, 통영 시민문화회관 대극장, 출연 통영승전무보존회.
〈해주검무〉 DVD '검무전 I', 2012. 4. 12, 서울 한국문화의집(KOUS), 출연 해주검무보존회.
〈호남검무〉 유튜브 동영상 '하늘에서 내려온 춤꾼 우봉 이매방 재조명', 2016.3.23, 국립국악원 풍류사랑방, 출연 우봉이매방춤보존회.

색인

검무 심포지움 I - 검무의 역사와 미의식

2015. 11. 20
서울 대학로 예술가의집

한국 춤의 역사에 등장한 검무의 양상	김영희 (김영희춤연구소 소장)
조선조 기녀검무의 문학적 형상화에 대한 고찰	
– 검무시를 중심으로	
	조혁상 (홍익대 교수)
옛 그림에 보이는 칼춤 이미지	이태호 (명지대 교수)
동북아 역사상 한국의 칼잠개다룸(刀劍使用)과	
겨룸짓(武藝) 및 칼춤의 상관성	박선식 (한국인문과학예술교육원 원장)
토론	이종숙 (한국전통악무연구소 소장)
	백현순 (한체대 교수)
	최성애 (성균관대 박사)
	임수정 (경상대 교수)

검무 심포지움 II - 검무의 부흥과 다양성

2017. 11. 24
서울 대학로 예술가의집

문화사의 시각으로 본 조선후기 궁중검무	조경아 (한예종 무용원 교수)
교방 검무 음악의 구조 분석과 지역적 특성	임수정 (경상대 교수)
조선 후기 검무 그림과	
『무예도보통지』 쌍검의 자세 비교	허인욱 (한남대 교수)
무속(巫俗)의례에서의 칼춤	양종승 (샤머니즘 박물관 관장)
토론	박자은 (춤문화포럼)
	강연진 (성균관대)
	조혁상 (홍익대)
	김채원 (춤비교문화연구소)

검무 심포지움 Ⅲ - 검무의 격정(激情)

2019. 7. 16
서울 대학로 예술가의집

조선후기 예인의 표현양상인 협(俠)	ㅣ 최성애 (춘천교대 교수)
사행록에 기록된 조선후기 항장무 공연	ㅣ 정영문 (숭실대 교수)
『시용무보』의 정대업지무 중 탁정(濯征) 분석을 통한 검무동작 연구	ㅣ 도기현 (연세대 교수)
최승희 춤의 전승 – 북한의 검무	ㅣ 김채원 (춤비교문화연구소 소장)
토론	ㅣ 김영희 (김영희춤연구소 소장)
	ㅣ 박은영 (한예종 전통원 교수)
	ㅣ 조혁상 (홍익대 교수)
	ㅣ 한경자 (강원대 교수)

'검무심포지움 Ⅰ - 검무의 역사와 미의식'을 마치고
(2015.11.20. 서울 동숭로 예술가의집)

검무전(劍舞展) I ~ IV 프로그램과 출연자

검무전 I

해주검무 | 해주검무보존회

구음검무 | 김미선

영상으로 보는 검무 이야기 | 김영희

검무낭(劍舞娘) | 신미경 (안무 신미경)

휘쟁이춤(영상) | 故 김타업

판소리 '적벽가' 중 적벽대전 | 이영태

한순서류 장검무 | 이주희 반달 백윤정

검무전 II

궁중검무 | 화동정재예술단

호남검무 | 정신혜

밀양검무 | 밀양검무보존회

무예검(영상) | 김영희춤연구소 제작

무예춤 | 박승우 (안무 신미경)

검예(劍藝) | 십팔기보존회

황창(黃昌)의 비(飛) | 안덕기·박상주·김청우 (안무 이종호)

2014 검무전

[1일 프로그램]

궁중검무 | 한예종 전통원 (지도 박은영)

호남검무 | 정신혜

밀양검무 | 밀양검무보존회

무예검 (영상) | 김영희춤연구소 제작

검예(劍藝) | 氣예무단

계월향 | 신미경 (안무 신미경)

'남이환상'중 장검무 | 이주희무용단 (안무 이주희)

무무(武舞) - 다른 공기 | 김용철섶무용단 (안무 김용철)

[2일 프로그램]

정소산류 달구벌검무 | 백년욱무용단

구음검무 | 김미선

항장무 중에서 | K'Arts춤 (지도 박은영)

휘쟁이춤(영상) | 故 김타업

'칼노래 칼춤'중 검결 | 놀이패 한두레

격(格) | 안병헌 (안무 최승희)

한순서류 장검무 | 이주희무용단

검무전 III

통영검무 | 승전무보존회

이매방류 호남검무 | 우봉이매방춤보존회

장홍심 검무(영상) | 故 장홍심

북청사자놀음 중 칼춤 | 북청사자놀음보존회

섬광 | 김경회무용단 (안무 김백봉)

공막무 | 정현도·김서량·최나리·권덕연

정대업지무 | 아악일무보존회

검무전 IV

최영장군당굿 중 검무 | 최영장군당굿보존회

경기검무 | 경기검무보존회

검무 | 양승미 (안무 한순옥)

용인할미성대동굿 중 월도창검무 | 할미성대동굿보존회

쌍검무 | 김지원·박선희·박우정·조수영 (안무 전황)

칼춤 | 재일교포 아리무용단

진주검무 | 진주검무보존회

김영희춤연구소 연혁

풍무(風舞) – 고창농악 고깔소고춤(고창농악보존회와 공동주최)
2011.10.10 | 서울 호암아트홀 | 14회 서울세계무용축제 초청작

검무전 I
2012.4.12 | 서울 한국문화의집(KOUS)

검무전 II
2013.7.18 | 서울 한국문화의집(KOUS)

2014 검무전
2014.10.9.–10 | 서강대학교 메리홀 대극장 | 17회 서울세계무용축제 초청작

검무심포지움 I
2015.11.20 | 서울 동숭로 예술가의집

전통춤이론강좌 – 전통춤 100년 談 1
2016.6월에 4회 | 서울 동숭로 예술가의집

검무전 III
2016.9.27 | 서울 남산골한옥마을 남산국악당

전통춤이론강좌 – 전통춤 100년 談 2
2017.2월에 4회 | 서울 동숭로 예술가의집

검무전 IV
2017.10.11 | 서울 남산골한옥마을 남산국악당

검무심포지움 II
2017.11.24 | 서울 동숭로 예술가의집

검무심포지움 III
2019.7.16 | 서울 동숭로 예술가의집

전통춤이론강좌 12강
2019.8월부터 월1회 | 윤명화무용연구실

소고小鼓 놀음
2020.11.11 | 서울 한국문화의집(KOUS)

저자 소개(게재순)

이태호

홍익대학교 미술대학 회화과를 졸업하고, 동 대학원 미학미술사학과 졸업했다. 국립중앙박물관, 국립광주박물관 학예연구사, 전남대학교 교수, 전남대학교박물관 관장, 명지대학교 미술사학과 교수, 명지대학교 박물관장, 명지대학교 문화예술대학원장, 문화재청 문화재위원 등을 역임하였다. 현재 다산아카데미 원장, 서울산수연구소 소장, 명지대학교 미술사학과 초빙교수이며, 2011년에 우현(고유섭) 학술상을 수상하였다. 저서로 미술평론집 『우리시대 우리미술』, 『그림으로 본 옛 서울』 외 다수의 논저가 있다.

박선식

단국대 문과대와 사범대에서 사학·한문교육학 전공하고, 연세대 대학원과 서울시립대 대학원에서 한국학·국사학을 전공했다. 한국전통무예진흥학회 부회장, 서울시민청 인문학 강좌 강의교수, 한자교육진흥회 고전 역해 강의교수를 역임하였다. 현재는 한국인문과학예술교육원 대표이며, 저서로 「서북한지역 출토 구련문 시문토기의 문화적 의미」, 『공주들의 전쟁』 외 다수의 고고학 관련 논고와 대중역사서물을 출간했다.

이종숙

한양대학교에서 무용을 전공했고, 용인대학교에서 「時用舞譜의 舞節구조 분석과 現行 宗廟佾舞의 비교연구」로 박사학위를 취득했다. 한양대, 성균관대, 한국예술종합학교, 중앙대, 강원대 등에서 강사를 역임했고, 현재는 한국전통악무연구소를 운영하며, 한국무용사 관련 연구를 하고 있다. 무용역사기록학회 이사 및 편집위원이며, 저서로 『처용무보』, 『종묘제례악 일무의 왜곡과 실제』, 『한국춤통사』(공저), 『인물로 본 신무용 예술사: 최승희에서 최현까지』가 있다.

도기현

연세대학교를 졸업하고 미국 인디애나주립대학교에서 체육석사를, 연세대학교에서 '정대업지무의 검술적 용법과 표현용어에 관한 연구'로 박사학위를 받았다. 1982년부터 초대 택견 예능보유자 송덕기에게 택견을, 2001년부터 처용무 예능보유자 김용에게 종묘일무를 사사했다. 무예를 수련하고 연구하는 전통무예가로서 현재 사)결련택견협회 회장이며, 연세대학교 겸임교수이다. 저서로 『택견의 이해』, 『택견 그리고 나의 스승 송덕기』, 『우리무예 택견』, 『택견 교육용 DVD』, 『조선의 비전무예 호패술』이 있다.

조경아

한예종 무용원 이론과 학부와 전통예술원 한국예술학과 대학원을 졸업, 한국학중앙연구원 한국사학 전공으로 문학박사학위를 받았다. 한예종 연구교수를 거쳐 현재 한예종 무용원 강사이다. 박사논문으로 「조선후기 의궤를 통해 본 정재 연구」, 공저로 『한국춤통사』(공저), 『음악, 삶의 역사와 만나다』(공저) 외 다수의 논저가 있다. 주요 연구분야는 춤의 문화사이다.

정영문

문학박사, 숭실대학교 시간강사·겸임교수·강의교수를 거쳐 현재 숭실대학교 국어국문학과 연구교수와 한국문학과예술연구소 연구원을 겸하고 있다. 『조선시대 통신사문학연구』 등의 저·편서와 「최현의 『조천일록』에 나타난 현실인식」 외 다수의 논문들을 발표하였다.

김채원

한양대학교 무용학과를 졸업하고 일본 오차노미즈여자대학 대학원에서 비교무용학을 전공해서 석·박사학위를 취득하였다. 일본 릿교대학 아시아지역연구소와 메이지대학 신체커뮤니케이션연구소 연구원을 역임했다. 현재 춤문화비교연구소 대표이며 한국문화예술교육진흥원 예술강사이고, 북한춤 전문연구자로 재외동포의 춤과 한국춤에 관한 연구를 하고 있다. 저서로 『최승희춤: 계승과 변용』, 『한국춤통사』(공저), 『모란봉이요 대동강이로다』(공저) 등과 역서로 『이시이바쿠의 무용예술』, 『무용의 본질과 창작법』이 있다. 충남 공주에서 〈furever with you〉 창단으로 동물구조 및 지구환경과 생명의 존엄성 가치를 높이는 활동을 겸하고 있다.

임수정

국립경상대학교 민속무용학과 교수, 무용학박사, 한국전통춤예술원 대표를 겸하고 있다. 박병천류 전통춤보존회 1대 회장이자 국가무형문화재 제27호 승무 이수자, 국가무형문화재 제97호 살풀이춤 이수자이다. 제15회 한밭전국국악대회 명무부 대통령상, 2018 한국예술평론가협의회 선정 '올해의 최우수예술가상(전통부문)'을 수상하였다. 저서로 『장구교본』, 『한국의 무속장단』, 『한국의 교방검무』가 있다.

진덕순

서울여자대학교 대학원에서 「『명온공주방상장례등록』 복식연구」로 석사학위를 받은 후 안동대학교 한국문화산업전문대학원에서 「조선 유생의 문과 급제와 복식문화 연구」로 박사학위를 받았다. 현재 안동대학교 문화산업연구소 연구원으로 활동하고 있다. 「1932년 왕손 이구(李玖)의 『의대목록』 복식에 관한 연구」와 「국립고궁박물관 소장 평정모(平頂帽)의 명칭 검토와 제작방법」 등의 논문을 발표하였다.

이은주

서울여자대학교 대학원에서 한국복식 전공으로 학위를 받고 현재 국립안동대학교 한국문화산업전문대학원 융합콘텐츠학과 교수로 재직 중이다. 조선시대 복식, 특히 왕실 의례를 중심으로 왕실 구성원들과 의례 복식에 대해 연구하고 있다. 『즉위식, 국왕의 탄생』(공저), 『왕실의 혼례식 풍경』(공저) 등의 저서가 있다.

허인욱

전북대 사학과, 전남대 사학과 석사를 거쳐 고려대학교에서 박사학위를 취득했으며, 한남대에서 교수로 재직중이다. 역사학도로서 전통무예, 애니메이션에도 관심을 갖고 있다. 저서로『옛 그림에서 만난 우리 무예풍속사』, 『옛 그림 속 양반의 한평생』, 『한국 애니메이션 영화사』 등이 있다.

최성애

숙명여자대학교와 대학원을 졸업하고, 성균관대학교 동양철학과에서 「18·19세기 사행록에 표현된 검무 '협'의 특징」으로 박사학위를 받았다. 대학과 예술고등학교에서 학생들을 지도하며, 동작문화원에서 경영과 행정의 총괄업무를 맡았다. 현재 춘천교육대학교 대학원 강사이다. 19세기 통신사의 수행과정에 서 춤을 중심으로 한 연희현황과 성격도 밝혔으며, 조선후기 문학작품에 나타난 예인의 예술 활동에서 창의성에 관한 연구에 노력을 기울이고 있다.

조혁상

성균관대학교 한문학과 문학박사로 서울대학교 국어국문학과 Post.Doc, 경인미술관 어검당 수석연구원이다. 홍익대학교 교양교육원 겸임교수를 거쳐, 현재는 한국외국어대학교 미네르바교양대학 외래교수로 있다.

김영희

국민대 국사학과, 중앙대 대학원 무용학과를 거쳐 성균관대 동양철학과에서 「전통춤의 움직임에 드러난 風의 양상연구」로 박사학위를 취득했다. 개화 이후 근대기생과 근현대 춤의 역사를 연구하며, 김영희춤연구소 소장, 한국춤비평가협회 회원이다. 한국근현대예술사구술채록연구시리즈에 참가했고, 『고창농악 고깔소고춤』, 『개화기 대중예술의 꽃, 기생』, 『전설의 무희 최승희』(공저), 『한국춤통사』(공저), 『전통춤평론집 춤풍경』, 『심소 김천흥 선생 무악인생록』(편저) 외 다수의 논저가 있다.

이진원

카이스트 화학과, 서울대학교 음악대학 음악이론 전공 졸업, 중국 중앙음악학원 중국전통음악이론 전공으로 문학박사학위를 받았다. 현재 한국예술종합학교 전통예술원 교수로 재직 중이다. 박사논문으로 「중국 통소 음악문화 연구」, 저서로 『한국 고대음악사의 재조명』, 『대금산조 창시자 박종기 평전』, 『한국 영화음악사 연구』 등이 있다. 한국 고대음악사 및 근현대음악사에 대한 관심을 바탕으로 다양한 분야의 연구를 진행하고 있다.

박자은

성균관대학교 무용학과에서 「무용비평가 강이문의 예술관과 비평적 특성에 관한 연구」를 취득했으며, 성균관대 대학원 겸임교수 및 성균관대, 대전대 강사와 두리춤터 프로젝트매니저를 역임하였다. 『공연과 리뷰』, 『댄스포럼』 등에 공연 평문을, 월간『몸』에 월별 서평을 기고했다. 성균관대학교 유가예술문화콘텐츠연구소 수석연구원으로서 총서시리즈 1~5권의 총편집을 맡았다. 2014 '두리무용예술상' 〈평론상〉을 수상하였다.

검무 연구

2020년 12월 31일 초판 1쇄 펴냄

지은이 김영희춤연구소
펴낸이 김흥국
펴낸곳 보고사

책임편집 이경민
표지디자인 손정자

등록 1990년 12월 13일 제6-0429호
주소 경기도 파주시 회동길 337-15 보고사
전화 031-955-9797(대표)
      02-922-5120~1(편집), 02-922-2246(영업)
팩스 02-922-6990
메일 kanapub3@naver.com / bogosabooks@naver.com
http://www.bogosabooks.co.kr

ISBN 979-11-6587-128-4 93680
ⓒ 김영희춤연구소, 2020